Didaktik der beruflichen Fachrichtung Informationstechnik/Informatik

Perspektiven auf Berufsbildung, Arbeit und Technik

Herausgegeben von Axel Grimm, Volkmar Herkner und Reiner Schlausch

Band 1

PETER LANG

Axel Grimm (Hrsg.)

Didaktik der beruflichen Fachrichtung Informationstechnik/Informatik

Band 1: Theoriebildung

PETER LANG

Bibliografische Information der Deutschen Nationalbibliothek
Die Deutsche Nationalbibliothek verzeichnet diese Publikation in der Deutschen Nationalbibliografie; detaillierte bibliografische Daten sind im Internet über http://dnb.d-nb.de abrufbar.

ISSN 2698-8348
ISBN 978-3-631-82998-1 (Print)
E-ISBN 978-3-631-84032-0 (E-PDF)
E-ISBN 978-3-631-84033-7 (EPUB)
E-ISBN 978-3-631-84034-4 (MOBI)
DOI 10.3726/b17786

Peter Lang – Berlin · Bern · Bruxelles · New York · Oxford · Warszawa · Wien

Diese Publikation wurde begutachtet.

www.peterlang.com

Inhaltsverzeichnis

Axel Grimm

Vorwort

An berufsbildenden Schulen und in Ausbildungsbetrieben sowie an anderen Ausbildungsstätten werden seit 1997 Auszubildende in den vier dualen IT-Ausbildungsberufen ausgebildet. Die Anzahl der Auszubildenden über alle vier Ausbildungsberufe steigt seit der Einführung dieser IT-Berufsfamilie kontinuierlich an. In weiteren Bildungsgängen an berufsbildenden Schulen wird Unterricht in den Bereichen Informationstechnik und (berufliche) Informatik erteilt. In der Lehrkräfteausbildung qualifiziert ein Studium in der beruflichen Fachrichtung Informationstechnik/Informatik und das anschließende Referendariat für die Tätigkeit als Lehrkraft in diesen Bereichen.

Die Didaktik der beruflichen Fachrichtung Informationstechnik/Informatik lässt sich zunächst allgemein als Wissenschaft über das Lernen und Lehren bezeichnen. Sie soll das theoretische Fundament liefern, das für die Planung, Durchführung und Reflexion von informationstechnischem Unterricht benötigt wird. Für die Professionalisierung von Lehrkräften wird wissenschaftlich fundierte Theorie benötigt, damit anhand derer eine theoriegeleitete Reflexion des eigenen Handelns erfolgen kann. Studierende bemängeln bisher zu recht, dass für ein solches Studium ein Theoriedefizit existiert. Dadurch besteht die Problemlage, dass Erkenntnisse aus der allgemeinen Didaktik oder aus Beiträgen von Didaktiken anderer beruflicher Fachrichtungen transformiert werden müssen. Das eigenständige Studienprofil leidet darunter und die Abgrenzungen zu Didaktiken anderer beruflicher Fachrichtungen, Didaktiken allgemeinbildender Fächer und der Bildungswissenschaft bzw. Berufspädagogik verwischen. Dieses eigenständige Profil ist aber aus professionstheoretischer Sicht sehr bedeutend für die Lehrkräftebildung und den Aufbau individueller subjektiver Theorien über „guten“ informationstechnischen Unterricht.

Bisher ist die Veröffentlichungslage bezüglich eigenständiger theoretischer Ansätze für eine Didaktik der beruflichen Fachrichtung Informationstechnik/Informatik noch als unzureichend einzuschätzen. Mehrere Gründe können dafür verantwortlich sein. So wurden zunächst die ersten Lehrkräfte für die IT-Ausbildungsberufe aus affinen, anderen beruflichen Fachrichtungen rekrutiert; es gab von 1997 bis 2007 offiziell noch keine berufliche Fachrichtung Informationstechnik. Diese Praxis wird leider bis heute z. T. praktiziert, da es Studiengänge gibt, die bspw. zwischen der beruflichen Fachrichtung Elektrotechnik und der beruflichen Fachrichtung Informationstechnik nicht differenzieren. Erst ab dem Jahr 2017 kann durch die „Ländergemeinsamen inhaltlichen Anforderungen für die Fachwissenschaften und Fachdidaktiken in der Lehrerbildung“ der Kultusministerkonferenz (KMK) auf eine curriculare Rahmung eines Studienganges zur beruflichen Fachrichtung Informationstechnik/Informatik verwiesen werden. Dies ermöglicht es, einheitliche Standards an den verschiedenen Studienstandorten herzustellen. Für eine Theoriebildung werden involvierte Wissenschaftler/-innen, geförderte Projekte und dementsprechende Denominationen bei Professuren benötigt. Nur durch Forschungen und Veröffentlichungen wird dazu beigetragen, dass eine Theoriebildung entstehen kann, indem Einzelaspekte untersucht und kommuniziert werden, damit darauf aufbauend eine Einschätzung bezüglich der Komplexität vorgenommen werden kann. Leider existieren im Bereich der Didaktiken der beruflichen Fachrichtungen immer häufiger Bereichsprofessuren, die mehr als nur eine Didaktik einer beruflichen Fachrichtung vertreten sollen. Bisher existierte bundesweit keine einzige Professur, die alleinig für die Didaktik der beruflichen Fachrichtung Informationstechnik/Informatik ausgewiesen ist. Auch dadurch ist Forschung in diesem Bereich bisher eher weniger stark vertreten.

Ausgehend von diesem Desiderat soll mit dieser Veröffentlichung eine erste Lücke geschlossen werden. Ziel dieses Buches ist es, Gegenstandsbereiche vorzustellen, die für eine Theoriebildung einer Didaktik der beruflichen Fachrichtung Informationstechnik/Informatik von Bedeutung sind. Dazu sind Beiträge eingeholt worden, die eine theoretische Einordnung auf verschiedenen Analyseebenen ermöglichen. Band 1 „Theoriebildung“ schafft somit ein erstes Fundament. Eine weitere Buchveröffentlichung ist unter dem Titel „Unterrichtspraxis in der Informationstechnik“ geplant. Ziel dieses Werkes wird es sein, u. a. aus dem praktischen Handeln von Lehrkräften Basiskonzepte für informationstechnischen Unterricht abzuleiten. Beide Bände sollen dann in einem theoretischen Ansatz münden, der die Trias vollendet. Das beanstandete Theoriedefizit wäre dann nicht mehr vorhanden und der wissenschaftliche Diskurs hätte eine theoretische Basis, um sich weiterzuentwickeln. Als praxisorientierte Veröffentlichungen sollen alle drei Bände Studierenden und Lehrenden eine Basis zum Lernen und zur Professionalisierung bieten.

Wird Didaktik als Wissenschaft des Lernens und Lehrens ausgelegt, so steht in deren Fokus das Lehrkräftehandeln. Die hier zusammengestellten Grundsatzbeiträge und Forschungsbeiträge erlauben in einer ersten Analyse, einen Bezugsrahmen für eben dieses Lehrkräftehandeln in der Informationstechnik aufzuzeigen. Wobei nicht nur die konkrete Ausübung des Handelns in schulischen Kontexten angesprochen wird, sondern auch die Bedingungen für eben dieses.

Eine Didaktik der beruflichen Fachrichtung sollte nun das Spezifische und das Allgemeine in der Form verschränken, dass sie didaktische Theorien und Ansätze der allgemeinen Didaktik, beruflicher Didaktiken sowie von Lehr- und Lerntheorien mit den spezifischen Anforderungen eines informationstechnischen Unterrichts zusammenbringt. Keine didaktische Theorie gestaltet dabei eine allgemeingültige Antwort im Sinne eines didaktischen Gesamtkonzeptes. Ansätze und Theorien bieten jeweils für sich additionale Anregungspotenziale für das eigene professionelle Selbst, dass eine theoriegeleitete Reflexion zur Weiterentwicklung benötigt und verlangt. Die zu erarbeitende Verschränkung wird dann auch *nur* Anregungspotenzial bieten können; allerdings – so die Hoffnung – in einer fachrichtungsspezifischen, theoriegeleiteten und elaborierten Art und Weise.

Der erste Beitrag von *Axel Grimm* stellt als Einführungs- und Überblicksbeitrag die Problemlagen einer Didaktik der beruflichen Fachrichtung Informationstechnik/Informatik zusammen. Ausgehend von einer historischen Genese, die technische und ordnungspolitische Aspekte umfasst, wird eine disziplinäre Verortung aus einer Hochschulperspektive, einer berufswissenschaftlichen Perspektive und einer ordnungspolitischen Perspektive begründet. Darauf aufbauend werden die Aufgaben und Anforderungen an eine Didaktik der beruflichen Fachrichtung Informationstechnik/Informatik festgestellt. Hierbei werden schulische und außerschulische Aufgabenfelder aufgezeigt. Im Besondern wird begründet, dass die berufliche Fachrichtung Informationstechnik und deren Didaktik sich durch ihren interdisziplinären Charakter auszeichnet: Informatik, Elektrotechnik und Wirtschaft gestalten Referenzpunkte einer berufs- und fachwissenschaftlichen sowie didaktischen Theoriebildung.

Die vier IT-Ausbildungsberufe bestimmen das Lehrkräftehandeln maßgeblich. Im Jahr 2020 fand eine Novellierung der IT-Berufsfamilie statt; die seit 1997 bewährte Ausbildungsstruktur wurde verändert. Der Beitrag von *Axel Grimm, Maik Jepsen* und *Nicolai Ringkewitz* nimmt Stellung zur Novellierung, stellt die Veränderungen der 1997er und 2020er Ausbildungsberufe gegenüber, analysiert die Rahmenlehrpläne und diskutiert die Auswirkungen auf die Gestaltung des Berufsschulunterrichts.

Das Unterrichten an berufsbildenden Schulen kann als nur ein berufliches Handlungsfeld für IT-Lehrkräfte eingeschätzt werden. *Fred Rasch* und *Nicolai Ringkewitz* geben in ihrem Beitrag Einblicke in weitere außerunterrichtliche Handlungsfelder. Die vorgestellten weiteren Felder beziehen sich auf die Lehrkräfteausbildung, die Mitwirkung in Prüfungsausschüssen, die Umgestaltung von Fachräumen, die IT-Administration und die Mitwirkung in Bereichen der regionalen und internationalen Zusammenarbeit sowie auf Aufgaben in der Schulverwaltung. Sie resümieren, dass im Sinne eines nachhaltigen Handelns und der Schonung der „Ressource" IT-Lehrkraft die „Nebentätigkeiten" die eigentliche Aufgabe der Lehrkräfte nicht zu stark überlagern dürfen, damit das Kernelement „Unterricht" nicht zu kurz kommt.

Maik Jepsen betrachtet kritisch die derzeitige Situation an vielen berufsbildenden Schulen, an denen das schulische IT-Management auch ein Handlungsfeld von IT-Lehrkräften darstellt. Die vielfältigen Aufgaben des IT-Managements an berufsbildenden Schulen werden dafür exemplarisch vorgestellt. Es wird erörtert, dass dieses zusätzliche Handlungsfeld in einem Wechselverhältnis zu der Unterrichtsverpflichtung von IT-Lehrkräften steht und dadurch unter bestimmten Voraussetzungen eine Doppelfunktion erfüllen kann, die zu einer innovativen Schulentwicklung und gleichzeitig zur Professionalisierung der Lehrkräfte beiträgt.

Im Beitrag *IT-Weiterbildung mit System – Status Quo und Reaktivierungspotenziale im Kontext digitaler Transformation* gehen *Rita Meyer* und *Maren Baumhauer* der Frage nach, inwieweit Strukturelemente des IT-Weiterbildungssystems – das vor fast 20 Jahren als didaktisch-curriculare Innovation galt – für die Gestaltung beruflicher Lehr- und Lernprozesse unter den Bedingungen der Digitalisierung konzeptionell noch Bestand haben. Das Konzept der *„Arbeitsprozessorientierten Weiterbildung"* (APO-IT) wird hierfür vorgestellt und diskutiert. Festgestellt wird u. a., dass es sich bei dem IT-Weiterbildungssystem um die bisher weitreichendste Institutionalisierung von Weiterbildungsstrukturen in einer Branche handelt. Weiterhin wird kritisch betrachtet, warum das didaktische Konzept des arbeitsprozessorientierten Lernens trotz seiner aufwendigen Konzeption kaum realisiert wurde.

Klaus Jenewein betrachtet Verhältnis der Didaktik der beruflichen Fachrichtung Elektrotechnik zur Didaktik der beruflichen Fachrichtung Informationstechnik/Informatik. Er findet heraus, dass sich die mit diesen beiden Fachrichtungen angesprochenen Ausbildungs- und Ausübungsberufe bis heute nur bedingt differenzieren. Er folgert, dass sich zwei inhaltliche Profile herausbilden, bei denen die neue Berufsgruppe der Informationstechnikberufe sich mehr und mehr von der ingenieurwissenschaftlich geprägten Elektrotechnik entfernt und einer (ehemals eher mathematisch geprägten) Informatik annähert. Des Weiteren werden für beide beruflichen Fachrichtungen ähnliche didaktische Strukturen erörtert, die dann in zweiter Konkretisierungsebene fachrichtungsspezifisch, wenn es etwa um die Erfassung und Beschreibung konkreter

Arbeits- und Lerngegenstände oder um die Auswahl geeigneter Ausbildungs- und Unterrichtsmethoden geht, konkretisiert werden könnten.

Die berufliche Fachrichtung Informationstechnik/Informatik trägt die Dichotomie bereits in ihrem Namen. Somit wird von *Steffen Jaschke* das Verhältnis der Didaktik der Informatik zur Didaktik der beruflichen Fachrichtung Informationstechnik/Informatik analysiert. Er kommt zu dem Ergebnis, dass sich die Informationstechnik mit dem praxisorientierten Einsatz von Artefakten und Systemen auseinandersetzt und dazu die von der Informatik erarbeiteten theoretischen Grundlagen und Konzepte zur automatischen Datenverarbeitung nutzt. Für eine Didaktik der Informationstechnik wird festgestellt, dass sie durch die faktisch stattfindenden und durch die KMK-Vorgaben präzisierten Bildungsprozesse der beruflichen Bildung klar umrissen ist; für die Didaktik der Informatik stellt sich dies aber etwas anders dar: Im Kontrast zur beruflichen Bildung steht in der allgemeinbildenden Informatik nicht die berufliche Wirklichkeit im Vordergrund, sondern die Lebenswelt der Schülerinnen und Schüler.

Inwieweit Ziele und Inhalte der Didaktik der Wirtschaftslehre für eine Didaktik der beruflichen Fachrichtung Informationstechnik/Informatik adaptierbar sind, wird von *Jens Siemon* entwickelt. Dafür sind zunächst deduktiv Anforderungen an eine Didaktik der beruflichen Fachrichtung Informationstechnik/Informatik aufgestellt worden, die nachfolgend durch eine Analyse von Lehrwerken der Didaktik der (allgemeinbildenden) Informatik sowie der Wirtschaftslehre daraufhin untersucht wurden, inwiefern sie diese Anforderungen erfüllen und wo ggf. Leerstellen in den jeweiligen Didaktiken existieren. Hiernach sind spezifische didaktische Ansätze der Wirtschaftslehre daraufhin eingeschätzt worden, inwiefern sie einen besonderen Beitrag für eine noch zu entwickelnde Didaktik der beruflichen Fachrichtung Informationstechnik/Informatik zu leisten in der Lage sind.

Das *Verhältnis zwischen Berufs- und Wirtschaftspädagogik und berufsbezogenen Didaktiken* wird von *Marco Hjelm-Madsen* in einem *Annäherungsversuch am Beispiel der beruflichen Fachrichtung Informationstechnik/Informatik* diskutiert. Er empfiehlt, dass eine auf Eigenständigkeit abzielende Theoriebildung grundsätzlich die Theoriebezüge der Didaktik einer beruflichen Fachrichtung im Kontext von Berufs- und Wirtschaftspädagogik und benachbarten erziehungswissenschaftlichen Disziplinen einerseits sowie Fachwissenschaft und Ausbildungs- und Unterrichtspraxis andererseits zu berücksichtigen hat.

Der zweite Teil *Didaktische Forschungen zur beruflichen Fachrichtung Informationstechnik/Informatik* stellt bedeutende Forschungen der vergangenen Jahre im Forschungsfeld einer Didaktik der beruflichen Fachrichtung Informationstechnik/Informatik vor.

Werner Dostal eröffnet mit einem Beitrag zur *Berufsgenese am Beispiel der Computerberufe.* Die Entwicklung der Computerberufe in den letzten 50 Jahren wird als ein anschauliches Beispiel für die Potenziale und die Defizite einer eher naturwüchsig entstehenden Berufsbildungsstruktur eingeschätzt, die vor dem Hintergrund weiterer technologischer und gesellschaftlicher Innovationen sorgfältig beobachtet und kompetent begleitet werden sollte. Weiterhin wird herausgefunden, dass die Computerberufe sich derzeit immer noch im Geneseprozess befinden. Es kann zwar in einigen Bereichen eine Konsolidierung belegt werden, doch weitere Veränderungen sind durchaus zu erwarten.

Die *Arbeit und Ausbildung von IT-Fachkräften* wird als *Beitrag zur didaktischen Theoriebildung der beruflichen Fachrichtung Informationstechnik* von *Carsten Wehmeyer* thematisiert. Didaktik wird in diesem Beitrag als weitgefasster Begriff einer arbeitsorientierten Berufsdidaktik verstanden, der tradierte Konzepte der Technik- oder Fachdidaktik als Grundlage für die Strukturierung der Ausbildungsprofile, die lernfeldbasierte Curriculumentwicklung und die arbeits- und geschäftsprozessorientierte Ausbildung sowie Unterrichtsgestaltung verdrängt hat. Es wird aufgezeigt, dass die Analyse von Arbeitsprozessen, Handlungsphasen und Arbeitsaufgaben einen empirischen Beitrag zur Gestaltung neuer IT-Berufs- und Fähigkeitsprofile leistet und dadurch folglich einen Beitrag zur Ausgestaltung einer Didaktik der beruflichen Fachrichtung Informationstechnik begründet.

Die *Bedeutung und Entwicklung der vier großen dualen IT-Ausbildungsberufe* analysiert *Henrik Schwarz* in seinem Beitrag. Im ersten Teil wird die Entwicklungsgeschichte der vier großen dualen IT-Berufe im Kontext von Technologietransfer und Fachkräftebedarf betrachtet. Im Anschluss werden Ergebnisse und Empfehlungen der vom Bundesinstitut für Berufsbildung (BIBB) durchgeführten Evaluationsstudie diskutiert und ergänzt um die Ergebnisse der zwischenzeitlich abgeschlossenen Neuordnung der IT-Berufe. Hierfür werden die beruflichen Handlungsfelder der einzelnen neu geordneten IT-Berufe vorgestellt. Weiterhin wird eingeschätzt, dass durch die Modernisierung der Inhalte und die Erweiterung um neue Profile die neuen IT-Berufe für aktuelle und zukünftige Herausforderungen gut gerüstet sind.

Mit dem Beitrag „*Berufsbildung in informationstechnischen Berufen – ein Weg zu gleichen Chancen und Gendergerechtigkeit in der Arbeitswelt?*" ist es gelungen, die Ergebnisse des Wirtschaftsmodellversuchs „IT-Kompetenz und Gender Mainstreaming in der betrieblichen Aus- und Weiterbildung" durch *Angelika Lippe-Heinrich* einzuholen und kritisch hinsichtlich deren Bedeutung für eine Didaktik der beruflichen Fachrichtung Informationstechnik/Informatik bewerten zu lassen. So existieren gelebte und gleichzeitig geleugnete bzw.

verborgene Unterschiedlichkeiten der Geschlechter hinsichtlich ihrer Berufsrollen, Zuschreibungen und antizipierenden Rollenerwartungen. Als ein möglicher Weg darauf zu reagieren, wird der Einsatz von „genderspezifischen Aufgaben" vorgeschlagen. Durch diese „genderintegrierten Lernkonzepte" wird zur Sensibilisierung und Orientierung der Lernenden und damit zu ihrer Kompetenzentwicklung beigetragen.

Die Veränderungen der *Facharbeit und dualen Berufsausbildung unter den Neuerungen von „Voice over Internet Protocol"* thematisiert *Fred Rasch.* Ausgehend von einer qualitativen Erhebung werden Einschätzungen hinsichtlich erforderlicher Lerninhalte und Kompetenzen für die berufsschulische Ausbildung herausgefunden. Die Grundlagen der Netzwerktechnik werden als unverzichtbar eingestuft. Ähnlich, wenn auch nicht ganz so deutlich, sieht es mit den Punkten Konfiguration von VoIP-Komponenten, Bereitstellung von VoIP-Anschlüssen, VoIP-Serviceaufgaben, Umgang mit der VoIP-Protokollumgebung, der Dienstgüte von VoIP und der VoIP-Datensicherheit aus.

Stefanie Hiestand beschäftigt sich mit der *Kompetenzentwicklung im Kontext moderner Wissensarbeit.* Die IT-Facharbeit wird hierbei als Wissensarbeit eingeschätzt, bei der zukünftig ein umfangreiches Fachwissen alleine nicht mehr ausreichen wird, um die Arbeitsprozesse zu bewältigen. Bezüglich der Methodik des Lernens wird festgestellt, dass bisherige lineare Vermittlungsprozesse, bei denen den Lernenden eine passiv-rezeptive Rolle zugewiesen wird, für die Entwicklung einer beruflichen Handlungskompetenz nicht tragfähig sind. Berufliche Handlungskompetenz ist das Ergebnis eines komplexen Entwicklungsprozesses, der einer reflexiven Verknüpfung verschiedener Lernformen bedarf. Bedeutsam für eine kompetenzförderliche Arbeitsstruktur ist die Schaffung einer individuellen Balance zwischen Routine und einer kooperativen, kreativen Arbeitsweise. Es wird herausgefunden, dass die Entwicklung der beruflichen Handlungskompetenz sowohl durch formale, nicht formale und informelle Lern- und Entwicklungsprozesse stattfindet. Dies sollte Auswirkungen auf die Arbeitsgestaltung haben.

Wie *Projektorientiertes Lernen mit Scrum im beruflichen Unterricht* theoretisch zu verorten und praktisch durchzuführen ist, wird von *Nicolai Ringkewitz* vorgestellt. Dazu wird ein theoretischer Einblick in Scrum vorgenommen, da sich Scrum von klassischen Vorgehensmodellen im Projektmanagement stark unterscheidet. Scrum besteht aus komplexen Regeln und verfügt über eine eigene Sprache und Fachbegriffe. Nach der Vorstellung der Methode werden Erfahrungen aus einer qualitativen Studie vorgestellt. Die didaktische Einbettung von Scrum offenbart dessen Potenzial für die Gestaltung von beruflichem Unterricht.

Ob eine *Netzkompetenz als Ziel informationstechnischer Bildung* die Herausforderungen einer digitalisierten Arbeitswelt und Gesellschaft den Weg ebnen könnte, wird von *Jonas Gebhardt* thematisiert. Als Grundgedanke von *Netzkompetenz* und ihrer Ausgestaltung im Unterricht kann das Ziel zusammengefasst werden, dass die Lernenden und Lehrenden in informationstechnisch miteinander verbundenen Prozessen kompetent sind. Als Herausforderung für die didaktische Umsetzung von Netzkompetenz wird eingeschätzt, dass das Verstehen und didaktische Aufbereiten der verschiedenen Inhalte der vernetzten Arbeitsprozesse sowie der Netzwerke der Auszubildenden und der Facharbeit, mit ihren berufsbedingten und individuellen Arbeits- und Lebenswelten zu leisten sei.

Mit dem Thema *Lehrplanentwicklung an Fachschulen* beschäftigt sich *Maik Jepsen*. Er erhebt und bemängelt die bisherige Praxis der Curriculumerarbeitung. So findet er durch eine Befragung heraus, dass die zum Zeitpunkt der Umfrage betrachteten Lehrpläne technischer Fachrichtungen an Fachschulen nur eine sehr begrenzte Arbeits- und Kompetenzorientierung aufweisen. Die im Rahmen der DQR-Einführung geforderte Kompetenzorientierung bzw. Lernergebnisformulierung ist darüber hinaus nur vereinzelnd eingeführt worden. Weiterhin gab die überwiegende Anzahl der Befragten an, dass die derzeitigen Lehrpläne nur einen geringen Beitrag für die unterrichtliche Umsetzung leisten. Trotzdem gelingt es den Lehrkräften, eine Arbeitsorientierung vorzunehmen, indem sie ihre Beziehungen zu Unternehmen nutzen.

Die *Kompetenzanforderungen an IT-Fachkräfte* werden von *Michael Tärre* ermittelt. Im Beitrag werden Forschungsergebnisse zu Tätigkeitsfeldern und Kompetenzanforderungen an dual ausgebildete IT-Fachkräfte aus dem Zeitraum Anfang/Mitte der 2000er Jahre mit aktuellen Forschungsergebnissen verglichen sowie aktuelle Entwicklungen skizziert. Es wird gefolgert, dass IT-Fachkräfte neben der Bedienung von IT-Systemen insbesondere die darauf ausgerichteten Denkmodelle und Methoden beherrschen müssen. Analytische Fähigkeiten repräsentieren ein hohes Anforderungsprofil und erfordern eine umfassende berufliche Handlungskompetenz, die IT-Berufe sind in mehrfacher Hinsicht Querschnitts- bzw. Schnittstellenberufe. IT-Fachkräfte arbeiten sowohl branchenspezifisch bei IT-Entwicklern, -Herstellern und -Anbietern als auch branchenübergreifend aufseiten der Anwenderunternehmen, wo nahezu alle anderen Branchen vertreten sind, da die Digitalisierung der Arbeitswelt annähernd in allen Branchen voranschreitet.

Wie *Kompetenzmatrizen zur Unterstützung der Ausbildung in IT-Berufen* eingesetzt werden, stellt *Torben Karges* vor. Um Kompetenzmatrizen aufzustellen, kommen primär Arbeitsprozessstudien zum Einsatz. Durch sie werden diejenigen Kompetenzen von Fachkräften identifiziert, die für die Bewältigung beruflicher Aufgabenstellungen benötigt werden. Mit Experten-Workshops wird eine Validierung der Kompetenzerhebungen vorgenommen. Kompetenzmatrizen umfassen alle in den Arbeitsprozessstudien vorgefundenen beruflichen Aufgabenstellungen und ermöglichen es Auszubildenden, eine Selbsteinschätzung des eigenen Kompetenzentwicklungsstandes sowie darauf aufbauend eine Selbststeuerung ihres Kompetenzerwerbs vorzunehmen.

Die *Beschulungssituation der IT-Ausbildungsberufe an berufsbildenden Schulen in Schleswig-Holstein* wird von *Axel Grimm* und *Nicolai Ringkewitz* im letzten Beitrag des zweiten Teils thematisiert. Es wird festgestellt, dass Region, Demografie, Migration, Ausbildungsverhalten und Bildungsaspirationen auf das berufliche Schulwesen einwirken. Die Schulart „Berufsschule" als Kern der berufsbildenden Schulen sieht sich hierbei besonderen bildungsökonomischen Zwängen ausgesetzt, die sich aufgrund der zu erwartenden Entwicklungen zunehmend und regional unterschiedlich entwickeln werden. Die Anzahl an Auszubildenden in den IT-Ausbildungsberufen an den berufsbildenden Schulen im Land wächst gegen den allgemeinen Trend an und stellt die Schulen teilweise vor große Herausforderungen.

Mit der Veröffentlichung dieses Sammelbandes ist die Hoffnung verbunden, dass eine Didaktik der beruflichen Fachrichtung Informationstechnik/Informatik als interdisziplinär angelegte aber eigenständig formierte Lehr- und Forschungseinheit an den Hochschulen Verbreitung finden wird und sich dadurch aus ihren historischen Wurzeln emanzipieren darf.

Teil I: Theoretische Bezugspunkte einer Didaktik der beruflichen Fachrichtung Informationstechnik/Informatik

Axel Grimm

Theoretische Annäherung an eine Didaktik der beruflichen Fachrichtung Informationstechnik/ Informatik

Zusammenfassung: *Eine Didaktik der beruflichen Fachrichtung Informationstechnik/ Informatik*[1] *steht historisch, berufswissenschaftlich und ordnungspolitisch in einem Spannungsverhältnis. Die interdisziplinären Praxisfelder – sowohl der Berufsarbeit wie auch des Lehrkräftehandelns – liegen quer zu traditionellen (ingenieurwissenschaftlichen) Bezugsdisziplinen. Als Wissenschaft des Lernens und Lehrens in der beruflichen und für die berufliche Fachrichtung Informationstechnik sind Bezüge aus der Informatik, Elektrotechnik und Wirtschaft konstituierend. Somit grenzen sich die Informatik als allgemeinbildendes Unterrichtsfach und die Informationstechnik als berufliche Fachrichtung voneinander ab, obwohl es Überschneidungsbereiche gibt. Eine auch nur in Ansätzen geschlossene Theoriebildung zur Didaktik der beruflichen Fachrichtung Informationstechnik/Informatik liegt nicht vor. Das verwundert umso mehr, da die Informationstechnologie nicht erst seit der Digitalisierung ein Thema ist, das hohe gesellschaftliche und wirtschaftliche Relevanz aufweist.*

Problematisierung

Im bundesdeutschen Vergleich der Studienstandorte für einen Lehramtsstudiengang in der beruflichen Fachrichtung Informationstechnik überwiegt bei den meisten Standorten eine inhaltliche Nähe zur Elektrotechnik (vgl. Grimm 2018). Nur an wenigen Standorten wird eine eigenständige berufliche Fachrichtung Informationstechnik angeboten, die dann allerdings zumeist im Kanon gewerblich-technischer Studiengänge trotzdem eine inhaltliche Nähe eher zur Elektrotechnik curricular aufzeigt. Dies zeigt sich sowohl bei der Analyse der fachwissenschaftlichen wie auch der fachdidaktischen Veranstaltungen. Dieser Beitrag nähert sich aus verschiedenen Perspektiven einer Didaktik der beruflichen Fachrichtung Informationstechnik und soll aufzeigen, dass sich die Informationstechnik einerseits als eigenständiges interdisziplinäres Beschäftigungsfeld mit einer eigenen Berufsfamilie der IT-Berufe und andererseits als breites Beschäftigungsfeld im Lehrkräftehandeln sowie als eigenständiges Forschungsfeld etabliert hat. Die zuweilen noch nicht voll emanzipierte Sichtweise

1 Die Didaktik der beruflichen Fachrichtung Informationstechnik/Informatik wird im Folgenden auch verkürzt als Didaktik der Informationstechnik bezeichnet.

auf die berufliche Fachrichtung Informationstechnik fußt auf einem Theoriedefizit. So fehlen weitestgehend wissenschaftliche Veröffentlichungen im Themenfeld, die eine Theoriebildung ermöglichen würden. Dies hängt sicherlich auch damit zusammen, dass bisher keine einzige eigenständige Professur für eine Didaktik der beruflichen Fachrichtung Informationstechnik/Informatik bundesweit an den Hochschulen eingerichtet wurde und der Trend eher gegenläufig erscheint, womit die Zusammenlegung von beruflichen Didaktiken angesprochen sein soll.

Politisch, gesellschaftlich und wirtschaftlich sind die Informationstechnik und die informationstechnische Durchdringung weitestgehend aller Lebens- und Arbeitsbereiche mit der Digitalisierung zum Megathema avanciert. Eine Didaktik der beruflichen Fachrichtung Informationstechnik/Informatik hat das Potenzial, auf individuelle, gesellschaftliche und wirtschaftliche Fragestellungen Antworten geben zu können.

Historische Genese – ein technischer Abriss

Die Informationstechnik hat ihre Ursprünge in der Telekommunikation. Historisch hervorgegangen aus den technischen Entwicklungen der Elektrodynamik hat sich noch vor der eigentlichen industriell nutzbaren Elektrotechnik die Telegrafentechnik etabliert. Bereits gegen Ende des 18. Jahrhunderts konnten in Frankreich mit dem sogenannten Flügeltelegrafen Nachrichten über eine Strecke von 10 Meilen versandt werden. Dieses System der optischen Telegrafie kann als unmittelbarer Vorläufer der elektrischen Telegrafie bezeichnet werden und markiert somit den Beginn der modernen Telekommunikation. Seitdem lassen sich variable und komplexe Nachrichten übertragen. Mit der Erfindung des Telefons gegen Ende des 19. Jahrhunderts, gelang es Informationen über weite Distanzen in kürzester Zeit zu übermitteln. Das Telefonnetz wurde sehr schnell ausgebaut und die technischen Entwicklungen der Telekommunikation wurden vorangetrieben. Als nächste einschneidende Veränderung im Bereich der Telekommunikation lässt sich die Mobilfunkentwicklung festhalten (vgl. Aschoff 1995). Waren die ersten Mobilfunkgeräte so groß wie Kofferradios und wogen mehrere Kilogramm, so sind sie heute in Form von Smartphones kaum noch aus dem Alltag wegzudenken. In der Mitte des 20. Jahrhunderts begann die Entwicklung des heutigen Internets durch die ARPA, der Advanced Research Projects Agency einer US-amerikanischen Forschungsbehörde. Zunächst war das Internet nur für Forschungs- und Militärzwecke bestimmt. Allerdings wurde schnell das zivile Potenzial dieser Technologie erkannt. Durch die Vernetzung von Rechnern zum Datenaustausch ließ sich auch die elektronische Post zum

Informationsaustausch realisieren. Erst seit 1990 besteht das World Wide Web, welches heute IP-basiert vielerlei Dienste von der Telefonie bis zum Fernsehen anbietet (vgl. Gillies/Cailliau 2001).

Die heutigen PCs (Personal Computer) fußen auf den Entwicklungen von Konrad Zuse, der bereits 1936 den ersten funktionierenden programmgesteuerten Rechner, der mit einem Dualsystem arbeitete, realisieren konnte. Zunächst funktionierten die Rechner auf der Basis von Elektronenröhren. Ein Betriebssystem gab es noch nicht, sodass für Nutzungsänderungen mechanische Änderungen an der Konstruktion des Rechners durchgeführt werden mussten. Für den Bau, den Betrieb, die Programmierung und das Operating war immer die gleiche Gruppe von Personen zuständig. Die Röhrentechnik wurde gegen Mitte der 1950er Jahre durch die Transistorentechnik ersetzt, die deutlich störungsarmer und kleiner war sowie schnellere Schaltzeichen ermöglichte. Erste Firmen konnten Rechner für Kunden herstellen. Damit begann ebenfalls die Entstehung eines Beschäftigungsfeldes, da beispielsweise Programmierer, Entwickler und Fachkräfte in der Fertigung benötigt wurden. Die integrierten Schaltungen (Integrated Circuit, IC) ermöglichten ab den 1960er Jahren die starke Verkleinerung der Rechner und bewirkten auch eine starke Preissenkung. Seit 1980 gibt es die sogenannten PCs, die als Arbeitsplatzrechner den Arbeitsalltag veränderten (vgl. Bruderer 2018).

Die informationstechnische Durchdringung vieler Arbeitsbereiche und nahezu des gesamten privaten Bereiches erfordert einen Support, der nur von ausgebildeten Fachkräften geleistet werden kann.

Historische Genese – ein ordnungspolitischer Abriss

Die berufliche Fachrichtung „Informationstechnik“ ist eine der jüngeren beruflichen Fachrichtungen. Erst im Jahre 2007 wurde sie zusammen mit der „Fahrzeugtechnik“ von der KMK als letzte berufliche Fachrichtung mit aufgenommen (KMK 2007). Zuvor kann die Informationstechnik als ein spezielles Fachgebiet der (beruflichen) Fachrichtung „Elektrotechnik“ bzw. der (beruflichen) Fachrichtung „Wirtschaft und Verwaltung“ bzw. vor 1995 „Wirtschaftswissenschaften“ angesehen werden. Bereits 1973 wurden neben der Starkstromtechnik die Nachrichtentechnik und die Informatik/Kybernetik angeführt; auch im Bereich der Wirtschaftswissenschaft gab es die Vertiefung Informatik (KMK 1973, Petersen 2010).

Die Entwicklung von beruflichen Fachrichtungen gestaltete sich auf der Grundlage von Berufsfeldern, die in sich über Kriterien wie Artverwandtschaft der Tätigkeit, Berufsmilieu oder Wirtschaftszweig zusammengefügt wurden und historisch eng mit den Entwicklungen des Berufsgrundbildungsjahres verknüpft sind (Herkner 2010). Im Bereich der Informationstechnik kam es durch den zunehmenden Einsatz von elektronischer Datenverarbeitung zu Entsprechungen in der Berufsausbildung. Ausbildungsberufe wie „Datenverarbeitungskaufmann/-kauffrau“ (1969), „Informationselektroniker/-in“ (1972) oder „Kommunikationselektroniker/-in“ (1987) ermöglichten bereits früh, Bedarfen der Wirtschaft zu entsprechen. Parallel gab es Entwicklungen in den vollzeitschulischen Bildungsgängen an berufsbildenden Schulen. Während die Ausbildung im dualen System auf der Grundlage des Berufsbildungsgesetzes (BBiG) bzw. der Handwerksordnung (HwO) bundeseinheitlich geregelt ist, sind die vollzeitschulischen Berufsausbildungen der Berufsfachschulen nach Landesrecht geregelt. Die sogenannten Assistentenberufe sind daher je nach Bundesland als heterogen und vielfältig einzuschätzen, was sowohl die Dauer (zwei bis drei Jahre), die inhaltlichen Schwerpunktsetzungen als auch die formalen Bildungsabschlüsse betrifft. Die Rechtsgrundlage für die Berufsabschlüsse bilden die jeweiligen Schulgesetze der Länder (KMK 2015).

Im Jahr 1997 wurden die vier dualen IT-Ausbildungsberufe neu geschaffen und begründeten eine eigenständige Berufsfamilie. Sie waren die ersten Ausbildungsberufe, die nach dem Lernfeldkonzept gestaltet wurden. Im Jahr 2018 sind im Rahmen einer ersten Überarbeitung der IT-Berufe Änderungen vorgenommen worden, die im Wesentlichen dringende Anpassungsmaßnahmen zum Thema IT-Sicherheit betrafen. Die „Erste Verordnung zur Änderung der Verordnung über die Berufsausbildung im Bereich der Informations- und Telekommunikationstechnik“ integrierte das Wort „IT-Sicherheit“ an verschiedenen Orten und sorgte dadurch für eine inhaltliche Aktualisierung. Bei den gemeinsamen Ausbildungsinhalten wurde das Thema „Datenschutz und Urheberrecht“ zu „IT-Sicherheit, Datenschutz und Urheberrecht“ und beinhaltete seitdem die Themenkomplexe „rechtliche Regelungen und betriebliche Vorgaben zur IT-Sicherheit einhalten“, „Bedrohungsszenarien und Schadenspotenziale erkennen und bewerten“, „Schutzmechanismen für informations- und telekommunikationstechnische Systeme anwenden“ und „Vorschriften zum Datenschutz einhalten sowie Vorschriften zum Urheberrecht einhalten“.

Die sich verändernden Anforderungen in den Bereichen Vernetzung, Internet of Things, Industrie 4.0 und die damit verbundene Digitalisierung aller Wirtschaftsbereiche führte im Jahre 2020 zu Veränderungen. Zum 1. August 2020 treten die neuen Ausbildungsordnungen für die Ausbildungsberufe Fachinformatiker/-in, IT-System-Elektroniker/-in, Kaufmann/Kauffrau für Digitalisierungsmanagement und Kaufmann/Kauffrau für IT-System-Management in Kraft. Ein erster Blick könnte nur geringe Veränderungen erhoffen: Fachinformatiker/-innen gab es auch vorher; allerdings in nur zwei Fachrichtungen und nicht wie jetzt in vier. IT-Systemelektroniker/-innen haben zumindest vom Namen her auch weiter Bestand. Die kaufmännischen Ausbildungsberufe, die früher als IT-System-Kaufmann/-frau und Informatikkaufmann/-frau problematisch zu unterscheiden waren, haben nun neue Profilbildungen.

Den Ausbildungsberuf Fachinformatiker/-in gab es bisher in den Fachrichtungen Systemintegration und Anwendungsentwicklung. Nun wird es zwei weitere Fachrichtungen geben: Daten- und Prozessanalyse sowie Digitale Vernetzung. Somit wurde einerseits auf die Anforderungen im Bereich Big Data – die Fachinformatiker/-innen der Fachrichtung Daten- und Prozessanalyse stellen die Verfügbarkeit sowie Qualität und Quantität von Daten sicher und entwickeln IT-Lösungen für digitale Produktions- und Geschäftsprozesse – und andererseits auf die Anforderungen im Bereich Industrie 4.0 – Fachinformatiker/-innen der Fachrichtung Digitale Vernetzung arbeiten mit der Netzwerkinfrastruktur und den Schnittstellen zwischen Netzwerkkomponenten und cyber-physischen Systemen – reagiert. Der Beruf IT-System-Elektroniker/-in, der als einziger IT-Beruf die Qualifikation zur Elektrofachkraft (also die Befähigung gewerblich elektrotechnische Arbeiten auszuführen und zu überwachen) im Berufsbild enthalten hat, wurde vor allem bei den elektrotechnischen Ausbildungsinhalten aktualisiert. Kaufleute für Digitalisierungsmanagement (vormals: Informatikkaufmann/-frau) managen die Digitalisierung von Geschäftsprozessen auf der operativen Ebene. Bei den Kaufleuten für IT-System-Management (vormals: IT-System-Kaufmann/-frau) liegt der Schwerpunkt auf dem Angebot und der Vermarktung von IT-Dienstleistungen sowie dem Management und der Administration von IT-Systemen (vgl. BIBB 2020).

Für die Lehramtsausbildung war sicherlich die Einführung der eigenständigen beruflichen Fachrichtung Informationstechnik (2007) von großer Bedeutung; allerdings führte dies auch zu einem hohen Grad an Heterogenität bezüglich der Lehramtsausbildung. Erst mit den „Ländergemeinsamen inhaltlichen Anforderungen für die Fachwissenschaften und Fachdidaktiken in der Lehrerbildung" (KMK 2017) besteht nun ein bundeseinheitlicher Rahmen für die Ausbildung von Lehrkräften in der neu bezeichneten beruflichen Fachrichtung „Informationstechnik/Informatik".

Disziplinäre Verortung aus einer Hochschulperspektive

Eine Didaktik Informationstechnik, als die wissenschaftliche Disziplin über das Lernen und Lehren in der beruflichen Fachrichtung Informationstechnik/

Informatik, benötigt i. d. R. eine fach- und berufswissenschaftliche Referenz. Daher stellt sich zunächst die Frage, welche Bezugswissenschaften für eine Didaktik der Informationstechnik herangezogen werden müssen. Hierfür erscheint ein historischer Einblick in die Genese der Entwicklungen an den Hochschulen als ein möglicher Zugang.

In den frühen Anfängen der durch Werner Siemens 1879 geprägten „Elektrotechnik" kam es zu wissenschaftstheoretischen Unwägbarkeiten: Gehörte die Elektrizitätslehre zur Physik und damit zu den Naturwissenschaften oder bildet sich mit ihr eine neue Ingenieurwissenschaft aus. Werner Siemens war es, der im besagten Jahr darauf drängte, die praktischen Anwendungen des Elektromagnetismus und der Elektrotechnik wissenschaftlich zu fundieren. Er forderte, elektrotechnische Lehrstühle an den technischen Hochschulen zu etablieren (vgl. Siemens 1961). Der Weg zu einer eigenständigen Ingenieurwissenschaft dauerte dann je nach Standort ungefähr 40 Jahre. Innerhalb der Elektrotechnik lassen sich bereits seit dem 19. Jahrhundert zwei Entwicklungsstränge die Nachrichtentechnik und die Energietechnik ausmachen. Bis heute lassen sich die Vertiefungsbereiche „Nachrichtentechnik" und „Energietechnik" in ingenieurwissenschaftlichen Studiengängen wiederfinden. Die Nähe der Informatik zur Elektrotechnik verdeutlichen nicht nur die gemeinsamen Fakultäten bspw. in Berlin; die maschinennahe Programmierung war bereits früh ein eher elektrotechnisches Forschungsfeld (vgl. Sjobbema 1999).

Die Anfänge der Informatik lassen sich aber auch aus der Nähe zur Mathematik begründen. George Bool legte mit seiner booleschen Algebra gegen Mitte des 19. Jahrhunderts einen Grundstein für die systematische Behandlung der Logik. Rechenmaschinen und Rechentechnik waren daher auch ein Forschungsfeld der Mathematik (vgl. Bruderer 2018). Eigenständige Studiengänge wurden erst gegen Ende der 1960er Jahre entwickelt und im Rahmen des Überregionalen Forschungsprogramms Informatik (ÜRF) angeschoben. Ausschlaggebend hierfür war der Fachkräftemangel in der Industrie. Anfang der 1970er Jahre konnten die ersten Diplomstudiengänge beginnen. „Programmierung" und „Rechenanlagen" als Soft- und Hardware-Schwerpunkte eines Informatikstudiums existierten bereits frühzeitig.

In der Betriebswirtschaftslehre tat sich bereits in den 1960er Jahren aufgrund der technologischen Entwicklungen und der zunehmenden Bedeutung von IT-Anwendungen und IT-Ausstattungen in der wirtschaftlichen Praxis eine Forschungslücke auf, die in den folgenden Jahren durch eine eigenständige Wirtschaftsinformatik geschlossen wurde. Auch hier haben Ausbildungsengpässe aus der Wirtschaft die Etablierung an den Hochschulen vorangetrieben (vgl.

Lange 2006). Die Entwicklung von Anwendungssystemen, das Management des Informationstechnologieeinsatzes und das Management von Informationen und Wissen über die internen und externen Sachverhalte einer Wirtschaftseinheit (Unternehmen, öffentliche Verwaltung etc.) lassen sich als Hauptrichtungen in Forschung und Lehre anführen, wobei der jeweilige betriebswirtschaftliche Anwendungsbezug konstituierend ist.

Eigenständige Studiengänge der Informationstechnik fungieren als Bindeglied zwischen der klassischen Elektrotechnik und der Informatik. Informationstechnik bezieht sich dann auf die Datenerfassung und -verarbeitung sowie die Bereitstellung der benötigten Hardware. Auch der Studiengang „Technische Informatik" bildet eine Schnittstelle zwischen der Informatik und der Elektrotechnik. Hardwarekomponenten und systemnahe Software sind Studiengegenstände mit dem Ziel, technische Bestandteile von Informations- und Kommunikationssystemen entwerfen, produzieren und betreiben zu können.

Für ein Lehramtsstudium der beruflichen Fachrichtung Informationstechnik sollten die drei Bezugsdisziplinen Informatik, Elektrotechnik und Wirtschaft Anknüpfungspunkte für fach- und berufswissenschaftliche Studieninhalte darstellen. Die Transformation und Zusammenstellung eines berufs- und fachwissenschaftlichen Curriculums für ein Studium der beruflichen Fachrichtung Informationstechnik sollte daher aus den drei Bezugsdisziplinen heraus geschehen. Nur eine Didaktik der Informationstechnik kann diesen Prozess zielgruppenadäquat leisten.

Im bundesdeutschen Vergleich ist die Didaktik der beruflichen Fachrichtung Informationstechnik/Informatik im Kanon gewerblich-technischer Studiengänge verankert. Gewerblich-technische Didaktiken sind entweder näher an der Erziehungswissenschaft/Berufspädagogik (im Sinne einer allgemeinen Berufsdidaktik bzw. einer allgemeinen Didaktik der beruflichen Fachrichtungen) oder an einer Bezugswissenschaft (bspw. der Ingenieurwissenschaft Elektrotechnik als Fachdidaktik Elektrotechnik) verortet. Eine vollständige eigene berufliche Fachrichtung und ihre Didaktik (als ein integrativer Ansatz) ist nur an wenigen Studienstandorten angedacht.

Disziplinäre Verortung aus einer berufswissenschaftlichen Perspektive

Der Ausbau digitaler Kommunikationsnetze und die Veränderungen von Arbeit und Produktion durch den Einsatz von Computern und Automatisierungsgeräten sowie die wirtschaftliche und private Nutzung des Internets führte ab den 1990er Jahren zu einem Fachkräftemangel im Bereich der Informationstechnik. Auf diesen Mangel, der aufgrund von neuen Entwicklungen in Wirtschaft, Technik und Gesellschaft also in einer zunehmend digitalisierten Arbeitswelt auftrat, wurde ordnungspolitisch reagiert. Neben den affin ausgebildeten Fachkräften „tummelten" sich im Erwerbsbereich jede Menge IT-Fachkräfte, die aufgrund von Neigung, Hobby oder Begabung in diesem Sektor arbeiteten.

IT-Fachkräfte informieren und beraten Kunden bei der Anschaffung von IT-Produkten. Sie realisieren kundenspezifische Informations- und Kommunikationslösungen oder passen diese an. Das Beschaffen von Hard- und Software, das Vernetzen von Hard- und Softwarekomponenten zu komplexen Systemen, das Entwickeln und Programmieren von kundenspezifischen Softwareanwendungen, die Projektplanung, Schulungen, die Fehlerdiagnose, die Systemdokumentation, das Durchführen von Werbemaßnahmen sowie das Installieren von IT-Systemen gehört ebenfalls zum Aufgabenbereich. Dazu ermitteln sie deren Anforderungen und stellen passende Angebote zusammen. IT-Systemelektroniker/-innen richten zusätzlich noch die Stromversorgung der IT-Systeme ein und müssen daher Elektrofachkräfte sein.

Im Gegensatz zu klassischen Ingenieurswissenschaften ist das Betätigungsfeld von IT-Fachkräften dadurch geprägt, dass die Grenzen zwischen akademischen und nicht-akademischen Arbeitsaufgaben nicht klar voneinander abgegrenzt sind. Konzeption und Planung sind sowohl für akademisch wie auch für nicht-akademisch ausgebildete Fachkräfte Gegenstand der Arbeit. Etwa gleichviele IT-Fachkräfte verfügen über einen akademischen und nicht-akademischen Berufsabschluss (vgl. BA 2016, S. 5). Die Berufstätigkeiten finden hauptsächlich in den Bereichen Programmierung, Softwareentwicklung, Systemanalyse/Beratung/Vertrieb sowie IT-Netzwerktechnik/Koordination statt (vgl. ebd., S. 5). Eine weitere Besonderheit stellen die Branchenzugehörigkeiten von IT-Fachkräften dar. Sie arbeiten zunehmend auch in Wirtschaftszweigen außerhalb des IT-Sektors (vgl. ebd., S. 6). Daher sind IT-Fachkräfte an Schnittstellen tätig, an denen die Kommunikationsfähigkeit von hoher Bedeutung ist. Dies erscheint insbesondere vor dem Hintergrund der sehr stark ausgeprägten IT-Fachsprache als relevant.

Eine Didaktik der Informationstechnik erforscht aus einer berufswissenschaftlichen Perspektive heraus die Veränderungen von Technik und Arbeit bei IT-Fachkräften und leistet u. a. eine Transformation hinsichtlich relevanter Bildungsinhalte.

Disziplinäre Verortung aus einer ordnungspolitischen Perspektive

Eine Didaktik der beruflichen Fachrichtung Informationstechnik/Informatik gestaltet die Ausbildung von Lehrkräften, die im Bereich der Informationstechnik Unterricht planen, durchführen und evaluieren sowie Curricula entwerfen und die Schulentwicklung voranbringen. Als Kernaufgabe einer Lehrkraft mit der beruflichen Fachrichtung Informationstechnik kann der Unterricht in den vier dualen IT-Ausbildungsberufen angesehen werden. Am 1. August 1997 trat die Verordnung für die IT-Ausbildungsberufe „Informatikkaufmann/-frau", „IT-Systemkaufmann/-frau", „IT-Systemelektroniker/in" und „Fachinformatiker/in" (Fachrichtung „Anwendungsentwicklung" oder „Systemintegration") in Kraft. Im Jahr 2020 wurden Änderungen vorgenommen: Ab dem 1. August 2020 gibt es neue Ausbildungsordnungen für die Ausbildungsberufe Fachinformatiker/-in, IT-System-Elektroniker/-in, Kaufmann/Kauffrau für Digitalisierungsmanagement und Kaufmann/Kauffrau für IT-System-Management. Für das Beschäftigungsfeld der Informations- und Telekommunikationstechnologie ist damit eine eigenständige Berufsfamilie entwickelt worden, die als Hybridberufe keinem bestehenden Berufsfeld zugeordnet werden konnten. Alle vier Berufe weisen gemeinsame Kernqualifikationen sowie berufsspezifische Fachqualifikationen auf. Als „dynamisches Element" können die Betriebe frei gestaltbare Spezialisierungen in Form von Einsatzgebieten bzw. Fachbereichen in die Ausbildung integrieren.

Lehrkräfte der beruflichen Fachrichtung Informationstechnik unterrichten auch in weiteren informationstechnischen Bildungsgängen. Affine Berufsprofile weisen die Ausbildungsberufe „Informationselektroniker/-in", „Mathematisch/technische/-r Softwareentwickler/-in", „Elektroniker/-in für Informations- und Systemtechnik" und „Mikrotechnologe/Mikrotechnologin" auf. Des Weiteren könnten je nach Schulorganisation Lehrkräfte der Informationstechnik die affinen Lernfelder unterschiedlichster dualer Ausbildungsberufe verantworten, z. B. das Lernfeld 4 „Informationstechnische Systeme bereitstellen" aller Elektroberufe.

In der Berufsfachschule an berufsbildenden Schulen werden Assistentinnen und Assistenten mit folgenden informationstechnischen Berufsprofilen ausgebildet (vgl. DQR 2013):

- Staatlich geprüfter Assistent für Wirtschaftsinformatik/Staatlich geprüfte Assistentin für Wirtschaftsinformatik
- Staatlich geprüfter elektrotechnischer Assistent/Staatlich geprüfte elektrotechnische Assistentin – Elektrotechnik und Datentechnik
- Staatlich geprüfter Informatiker/Staatlich geprüfte Informatikerin
- Staatlich geprüfter informationstechnischer Assistent/Staatlich geprüfte informationstechnische Assistentin
  - Automatisierungs- und Computertechnik
  - Informations- und Kommunikationstechnik
  - Informations- und Netzwerksystemtechnik
  - Informations- und telekommunikationstechnische Systeme
  - Informationsverarbeitung – Technik
  - Interaktive Animation
  - IT-Systeme
  - Medieninformation
  - Technische Informatik
  - Wirtschaftsinformatik
- Staatlich geprüfter kaufmännischer Assistent/Staatlich geprüfte kaufmännische Assistentin
  - Informationsverarbeitung
  - Informationsverarbeitung und Wirtschaftsinformatik
- Staatlich geprüfter mathematisch-technischer Assistent/Staatlich geprüfte mathematisch-technische Assistentin
  - Wirtschaftswissenschaft und Wirtschaftsinformatik
- Staatlich geprüfter technischer Assistent für Betriebsinformatik/Staatlich geprüfte Technische Assistentin für Betriebsinformatik
- Staatlich geprüfter technischer Assistent für Informatik/Staatlich geprüfte Technische Assistentin für Informatik

Da die Bildungsgänge in Vollzeit an staatlichen oder privaten (staatlich anerkannten) Berufsfachschulen und Berufskollegs stattfinden und nach landesrechtlichen Regelungen durchgeführt werden, sind die Curricula heterogen. Neben dem theoretischen und fachpraktischen Unterricht umfasst die Ausbildung allgemeinbildende Fächer. Zusätzlich ist in der Regel ein Betriebspraktikum zu absolvieren.

Eine Didaktik der Informationstechnik berücksichtigt aber auch die Anforderungen aller weiteren Schularten und Bildungsgänge – von der Berufsvorbereitung bis zur Fachschule – bei denen Unterricht im Bereich der Informationstechnik durchgeführt wird. Hierbei ist eine Abgrenzung zum allgemeinbildenden Fach

Informatik nicht immer gegeben und sinnvoll, somit können Lehrkräfte mit einer Lehrbefähigung für die berufliche Fachrichtung „Informationstechnik/ Informatik" in vielen affinen Bereichen eingesetzt werden.

Eine Professionalisierung der Lehrkräfte an berufsbildenden Schulen ließ sich formal erst seit der Einführung der beruflichen Fachrichtung Informationstechnik durch die KMK im Jahr 2007 eigenständig entwickeln (KMK 2007). Mit der Veröffentlichung der „Ländergemeinsamen inhaltlichen Anforderungen für die Fachwissenschaften und Fachdidaktiken in der Lehrerbildung" in der Fassung vom 12.10.2017 sind nun auch das Kompetenzprofil und die Studieninhalte der beruflichen Fachrichtung Informationstechnik/Informatik durch die KMK geregelt worden (KMK 2017, S. 100 ff). Der in die Bezeichnung der beruflichen Fachrichtung hineindiffundierte Begriff der Informatik (hinter dem Schrägstrich) verdeutlicht die neue Schwerpunktsetzung. So sollen Studienabsolventinnen und -absolventen „über ein an die dynamischen Entwicklungen anschlussfähiges, fundiertes und breites Fachwissen im Bereich der Informatik" (ebd.) verfügen und „grundlegendes Fachwissen in den Bereichen Elektrotechnik und Wirtschaft" (ebd.). Für die Didaktik der beruflichen Fachrichtung Informationstechnik sind folgende Aufgabenfelder formuliert (ebd.):

- berufs- und fachdidaktische Konzepte und deren Begründungszusammenhänge sowie aktuelle Rahmenvorgaben,
- didaktische Handlungsfelder auf der Makro-, Meso- und Mikroebene des Lehrerhandelns,
- theoriegeleitete Planung, Durchführung, Reflexion sowie Analyse und Evaluation kompetenzorientierter Lehr- und Lernprozesse,
- Methoden, Techniken und Medien zur Erschließung relevanter informationstechnischer und informatischer Inhalte,
- Kenntnis, Analyse und didaktische Aufbereitung von Lehr-Lernsituationen durch didaktische Rekonstruktion und didaktische Reduktion beruflicher Handlungssituationen unter Berücksichtigung des Lernfeldkonzepts sowie der Kompetenzorientierung,
- Berufsbildungsforschung und fachrichtungsspezifische Lehr-Lernforschung,
- Diagnoseverfahren und Konzepte zur individuellen Förderung und Leistungsbeurteilung,
- Umgang mit Heterogenität und Inklusion im Sinne der individuellen Förderung und Leistungsbeurteilung.

Das Lehrkräftehandeln im schulischen Praxisfeld zeigt auf, dass mit einer Facultas „Informationstechnik" für ein breites Feld an Bildungsgängen in allen

Schularten berufsbildender Schulen qualifiziert werden muss und dies sowohl in gewerblich-technischen sowie wirtschaftlichen Bereichen.

Aufgaben und Anforderungen an eine Didaktik der beruflichen Fachrichtung Informationstechnik/Informatik

Die berufliche Fachrichtung Informationstechnik und deren Didaktik zeichnet sich durch ihren interdisziplinären Charakter aus. Informatik, Elektrotechnik und Wirtschaft gestalten Referenzpunkte einer berufs- und fachwissenschaftlichen sowie didaktischen Theoriebildung. Elaborierte didaktische Theorien und Ansätze für eine Didaktik Informationstechnik existieren im Grunde nicht. Somit obliegt es den Hochschulen ein Curriculum zusammenzustellen, das sowohl den fachwissenschaftlichen Ansprüchen der Bezugsdisziplinen als auch den berufswissenschaftlichen Anforderungen der Praxisfelder entspricht sowie für eine berufs- und fachdidaktische Ausgestaltung einer Didaktik der Informationstechnik Sorge trägt.

Für eine Didaktik der Informationstechnik stellen sich in einer engeren Sichtweise mindestens drei Aufgabenfelder für Lehre und Forschung:

1. Analyse und Gestaltung des Praxisfeldes „Lehrkräftehandeln in der Informationstechnik“,
2. Analyse und Transformation des Praxisfeldes „Betrieb und Arbeit in der Informationstechnik“,
3. Curriculumentwicklung für einen Studiengang in der beruflichen Fachrichtung Informationstechnik unter Berücksichtigung vorhandener Bezugsdisziplinen bzw. Konzeption eigenständiger Lehrangebote in einer beruflichen Fachrichtung Informationstechnik.

In einer weiteren Perspektive stellt sich eine Didaktik der Informationstechnik

4. nicht nur den Ansprüchen der Unterrichtspraxis sondern auch der Aus- und Weiterbildungspraxis,
5. auch den Ansprüchen weiterer außerunterrichtlicher Tätigkeitsfelder,
6. als Forschungsgebiet unterschiedlichsten Fragestellungen u. a. in den obigen Kontexten.

Eine Didaktik der Informationstechnik ist daher dafür verantwortlich, dass in der Lehre berufs- und fachwissenschaftliche sowie didaktische Kompetenzen entwickelt werden, die für eine spätere Tätigkeit als Lehrkraft an berufsbildenden Schulen bzw. in der beruflichen Aus- und Weiterbildung benötigt werden, um Lernprozesse zu planen, durchzuführen und zu evaluieren. Die Seminare sollten fachrichtungsspezifisch angeboten werden und so konzipiert sein, dass bereits im Studium bei den Studierenden (hochschuldidaktisch) ein breites Methodenrepertoire angelegt wird. Auf der Grundlage einer Analyse der IT-Berufs- und Arbeitswelt sowie deren aktuellen Veränderungen und der Erwartungen an alle weiteren informationstechnischen Bildungsgänge und Unterrichtsfächer gestalten sich Anforderungen an kompetenzorientierte Lehr-Lernarrangements, deren theoriegeleitete Planung, Umsetzung und Evaluation als Gegenstand forschenden Lernens in die Lehre Integration finden sollte.

Eine Didaktik der beruflichen Fachrichtung Informationstechnik forscht sowohl zu historischen wie auch aktuellen Entwicklungen in der informationstechnischen Berufsarbeit sowie der Aus- und Weiterbildung in den IT-Berufen. Das Lehrkräftehandeln ist ebenfalls ein breites Forschungsfeld für fachdidaktische Fragestellungen. Begegnet man den hochschulpolitischen Realitäten, so muss konstatiert werden, dass eigenständige Lehr- und Forschungseinheiten zu einer Didaktik der beruflichen Fachrichtung Informationstechnik kaum existent sind. Somit können die spezifischen Aufgaben und Anforderungen nur unzureichend erfüllt werden; eine Theoriebildung bleibt aus. Dies erstaunt umso mehr, da politisch und wirtschaftlich es mit dem Megathema der Digitalisierung zu weiteren informationstechnischen Implikationen kommen wird.

Ausblick

Im Kanon der beruflichen Fachrichtungen und den Anforderungen im Lehrkräftehandeln an berufsbildenden Schulen sowie der Forschung im Umfeld von Entwicklungen bezüglich Digitalisierung und „4.0“ könnte eine Didaktik der Informationstechnik eine Mittlerfunktion übernehmen. In die Ausbildungsberufe und in die für eine kompetente Berufsausübung benötigten Kompetenzen der „anderen“ fünfzehn beruflichen Fachrichtungen diffundieren informationstechnische Kenntnisse, Fähigkeiten und Fertigkeiten. Elaborierte Ansätze und Theorien aus einer Didaktik der Informationstechnik könnten dazu beitragen, die Theoriebildung für die Bewältigung von Arbeitsaufgaben in nicht IT-Berufen zu unterstützen. Des Weiteren zeigt sich, dass für die Aufgaben der Schulentwicklung – beispielsweise Lernplattformen, Schul- und Verwaltungsnetz, Webauftritt – die Kompetenzen von Lehrkräften mit informationstechnischem Hintergrund eine Bereicherung darstellen. Da IT-Lehrkräfte oftmals selbst aus einem interdisziplinär arbeitenden Umfeld stammen, fällt es ihnen auch nicht schwer, sich selbst solchen Aufgaben zu stellen und Verantwortung auch in nicht IT-Bildungsgängen zu übernehmen. Vor dem Hintergrund der zukünftigen Herausforderungen könnte – an einigen Studienstandorten wird es bereits so praktiziert – eine Studienkombination von zwei beruflichen Fachrichtungen Handlungsräume erweitern, angesprochen wird hier eine Kombination mit der beruflichen Fachrichtung Informationstechnik/Informatik und einer anderen beruflichen Fachrichtung. Dies sollte nur dann angedacht werden, wenn eigenständige Veranstaltungen zu einer Didaktik der Informationstechnik realisiert werden können. Vertreterinnen und Vertreter einer Didaktik der beruflichen Fachrichtung Informationstechnik können zu Fragestellungen hinsichtlich Arbeit, Technik und Berufsbildung im IT-Sektor forschen und aus einer Berufsbildungsperspektive die Entwicklungen der Digitalisierung kritisch betrachten.

Literatur

Aschoff, V. (1995): Geschichte der Nachrichtentechnik. Berlin, Heidelberg.

BA (Hrsg.) (2016): Bundesagentur für Arbeit (Statistik): Der Arbeitsmarkt für IT-Fachleute in Deutschland. Statistik/Arbeitsmarktberichterstattung. Nürnberg.

BIBB (2020): https://www.bibb.de/de/pressemitteilung_121075.php (07.04.2020).

Bruderer, H. (2018): Meilensteine der Rechentechnik. Oldenbourg.

DQR (2013): Anlage zum Gemeinsamen Beschluss der Ständigen Konferenz der Kultusminister der Länder in der Bundesrepublik Deutschland, des Bundesministeriums für Bildung und Forschung, der Wirtschaftsministerkonferenz und des Bundesministeriums für Wirtschaft und Technologie zur Einführung des Deutschen Qualifikationsrahmens für lebenslanges Lernen (DQR).

Gillies, J.; Cailliau, R. (2001): Die Wiege des Web. Heidelberg.

Grimm (2018): Berufliche Fachrichtung und Fachdidaktik Informationstechnik. In: Franz Kaiser, F.; Kalisch, C. (Hrsg.): Gestaltung berufspädagogischer Lehramtsstudiengänge. Bielefeld.

Herkner, V. (2010): Berufspädagogische Wurzeln und Entwicklungen der beruflichen Fachrichtungen. In: Pahl, J.-P.; Herkner, V. (Hrsg.): Handbuch Berufliche Fachrichtungen. Bielefeld.

KMK (1973): Rahmenvereinbarung über die Ausbildung und Prüfung für ein Lehramt mit Schwerpunkt Sekundarstufe II – Lehrbefähigung für Fachrichtungen des beruflichen Schulwesens.

KMK (2007): Rahmenvereinbarung über die Ausbildung und Prüfung für ein Lehramt der Sekundarstufe II (berufliche Fächer) oder für die beruflichen Schulen (Lehramtstyp 5).

KMK (2008/2017): Ländergemeinsame inhaltliche Anforderungen für die Fachwissenschaften und Fachdidaktiken in der Lehrerbildung (Beschluss der

Kultusministerkonferenz vom 16.10.2008 i. d. F. vom 12.10.2017), Berufliche Fachrichtung Informationstechnik, S. 100–102.

KMK (2015): Dokumentation der Kultusministerkonferenz über landesrechtlich geregelte Berufsabschlüsse an Berufsfachschulen.

Lange, C. (2006): Entwicklung und Stand der Disziplinen Wirtschaftsinformatik und Information Systems. ICB-Report No. 4. Universität Duisburg-Essen.

Petersen, A. W. (2010): Berufliche Fachrichtung Informationstechnik. In: Pahl, J.-P.; Herkner, V. (Hrsg.): Handbuch Berufliche Fachrichtungen. Bielefeld.

Siemens, G. (1961): Der Weg der Elektrotechnik: Die Geschichte des Hauses Siemens. Band 1. Freiburg.

Sjobbema, D. J. W. (1999): Die Geschichte der Elektronik. Aachen.

Axel Grimm, Maik Jepsen, Nicolai Ringkewitz

Schulisches Handlungsfeld IT-Ausbildungsberufe

Zusammenfassung: *Lehrkräfte der beruflichen Fachrichtung Informationstechnik/Informatik werden ausgebildet, um Unterricht in den IT-Ausbildungsberufen und in informationstechnischem Unterricht anderer berufsbildender Bildungsgänge zu erteilen. Die berufsbildungswissenschaftliche Auseinandersetzung mit der IT-Berufsfamilie ist für eine Didaktik der beruflichen Fachrichtung Informationstechnik/Informatik unerlässlich. Der Beitrag zeichnet den Weg zu den aktuellen IT-Ausbildungsberufen nach und analysiert die Rahmenlehrpläne auf unterrichtlich-inhaltliche und organisatorische Aspekte.*

Hinführung

Das Lehrkräftehandeln einer Lehrkraft mit einer Lehrbefähigung in der beruflichen Fachrichtung Informationstechnik/Informatik zeichnet sich i. d. R. durch die Übernahme von Unterrichtsverantwortung in den IT-Ausbildungsberufen aus. Die Bildungsgangarbeit beschäftigt sich mit schulorganisatorischen Fragestellungen der Beschulung der vier IT-Ausbildungsberufe und mit der berufsdidaktischen Transformation der lernfeldorientierten Rahmenlehrpläne in schulinterne Curricula. Die Planung, Durchführung und Reflexion von Unterricht in der Berufsschule und in den weiteren Bildungsgängen der berufsbildenden Schulen sollte als Kernbereich der Berufsarbeit einer Lehrkraft angesehen werden. Außerunterrichtliche Handlungsfelder bestimmen aber insbesondere bei den IT-Lehrkräften ebenso den Arbeitsalltag (siehe die beiden nächsten Beiträge in diesem Buch). Die Auseinandersetzung mit den curricularen Vorgaben und deren Genealogie und Strukturprinzipien gestaltet berufsdidaktisches Erkenntnisinteresse.

Noch bevor an die IT-Ausbildungsberufe überhaupt zu denken gewesen wäre, wurden bereits berufliche Arbeitsaufgaben im Umfeld der Informationstechnik von dual ausgebildeten Fachkräften bewältigt. So gab es von 1969 bis 1997 den industriellen Ausbildungsberuf Datenverarbeitungskaufmann/-kauffrau, der als ein IT-Vorgängerberuf gilt.

Die IT-Berufsfamilie konnte 1997 geschaffen werden, da ausgehend von den Qualifikationsbedarfen der Wirtschaft in einem Antragsgespräch beim zuständigen Bundesministerium, in der Regel dem Bundesministerium für Wirtschaft (derzeit für Wirtschaft und Energie, BMWi), im Einvernehmen mit dem Bundesministerium für Bildung und Forschung sowie im Konsens mit den Spitzenorganisationen der Arbeitgeber und Arbeitnehmer Eckwerte festgelegt wurden, wie den Bedarfen an Erwerbsberufen mit einer passenden Auswahl an Ausbildungsberufen entsprochen werden kann. Diese Eckwerte sind die Grundlage für die Erarbeitung eines Entwurfs der Ausbildungsordnung und deren Abstimmung mit dem Rahmenlehrplan des Sekretariats der Ständigen Konferenz der Kultusminister der Länder (KMK). An diesen Prozessen sind in der Regel kaum Lehrkräfte beteiligt. Erst mit dem Erlass der Ausbildungsordnungen, der durch eine Veröffentlichung im Bundesgesetzblatt geschieht und der Veröffentlichung der Rahmenlehrpläne durch die KMK, kann die Bildungsgangarbeit in den berufsbildenden Schulen beginnen. In der Regel treten neue Ausbildungsordnungen zum folgenden 1. August in Kraft, also zu Beginn eines neuen Ausbildungsjahres. Die Entwicklungsschritte der IT-Berufsfamilie werden nun im Folgenden nachgezeichnet.

1997er IT-Ausbildungsberufe

Im Jahr 1997 wurden die vier dualen IT-Ausbildungsberufe Fachinformatiker/-in, IT-System-Elektroniker/-in, IT-System-Kaufmann/-frau und Informatikkaufmann/-frau als neue Berufsgruppe/Berufsfamilie eingeführt. Die schon damals durch die Digitalisierung veränderten betrieblichen Prozesse verlangten nach nichtakademisch ausgebildeten IT-Fachkräften. Die Anzahl der neu abgeschlossenen Ausbildungsverträge und die moderaten Vertragsauflösungen über die letzten zwei Jahrzehnte entwerfen das Bild eines Erfolgsmodells – wenn auch mit stark unterschiedlich nachgefragten Präferenzen. Der Ausbildungsberuf Fachinformatiker/-in in den beiden Fachrichtungen Anwendungsentwicklung und Systemintegration erhöht kontinuierlich die Anzahl an neu abgeschlossenen Ausbildungsverträgen. Mit diesem Berufsbild – vielleicht sind es in Wirklichkeit auch eher zwei Berufsbilder – werden einerseits diejenigen angesprochen, die in der Softwareentwicklung und Programmierung arbeiten möchten (Anwendungsentwicklung) und andererseits diejenigen, die als Administrator(inn) en gerne IT-Systeme betreuen und verwalten möchten (Systemintegration). Der Ausbildungsberuf IT-Systemelektroniker/-in hat eine zurückgehende Akzeptanz am Ausbildungsmarkt. In diesem Ausbildungsberuf wird die Qualifizierung zur Elektrofachkraft miterworben; diese Fachkräfte installieren und reparieren IT-Systeme. Die Abgrenzung zu einigen Elektroausbildungsberufen ist daher nicht klar gegeben. So bestehen inhaltliche Überschneidungen bspw. zum Ausbildungsberuf Systemelektroniker/-in. Diese setzen bspw. elektronische Geräte und Systeme instand und beraten Kunden z. B. in Beschäftigungsfeldern wie in der Herstellung, Installation, Wartung und Reparatur von Bürosystemen,

Computern sowie medizintechnischen Geräten. Die beiden bisherigen kaufmännischen Ausbildungsberufe IT-Systemkaufmann/-kauffrau – die für die Angebotserstellung und den Verkauf von IT-Lösungen zuständig waren – und Informatikkaufmann/-kauffrau – die für die Betreuung und Verwaltung von IT-Systemen zuständig waren – haben seit Jahren rückläufige Auszubildendenanzahlen und waren von Anfang an in der Kritik, da keine klaren Abgrenzungen untereinander verdeutlicht werden konnten (vgl. Petersen/Wehmeyer 2000). Ein weiteres Strukturmerkmal bei der Einführung der IT-Ausbildungsberufe war die Unterscheidung zwischen Anbieterberuf und Anwenderberuf. Anbieter sind Hersteller von Informations- und Telekommunikationssystemen und -dienstleistungen sowie unternehmensinterne und externe Dienstleister. Sie bilden in den Berufen IT-Systemelektroniker/-in, Fachinformatiker/-in und IT-System-Kaufmann/-frau aus. IT-Anwenderbetrieb, die IT-Systeme einsetzen und aus unterschiedlichen Branchen kommen, sollten im Ausbildungsberuf Informatikkaufmann/-frau ausbilden. Ziel war es, in den jeweiligen Branchen aufbauend auf Kenntnissen über deren Geschäftsprozesse dann IT-Systeme anforderungsgerecht zu planen, einzuführen, zu verwalten und die Benutzer bei der fachgerechten Anwendung der Systeme unterstützen zu können.

Die IT-Ausbildungsberufe gingen 1997 mit dem damals neuen Strukturmodell der gemeinsamen Kernqualifikationen und den berufsspezifischen Fachqualifikationen an den Start (vgl. Abb. 1). Die Kernqualifikationen umfassten ca. 50 % der Ausbildungszeit und leisteten eine Integration von elektrotechnischen, datenverarbeitungstechnischen und betriebswirtschaftlichen Inhalten bei allen vier Ausbildungsberufen. Vom ersten Tag der Ausbildung an sollten berufsspezifische Fachqualifikationen in die Unterrichtsplanung einfließen. Durch eine innere Differenzierung war es somit möglich, je nach Schulsituation zwei oder mehrere IT-Ausbildungsberufe gemeinsam zu beschulen. Dies war ein großer Vorteil für die Schulorganisation und die regionale Angebotsvielfalt von IT-Ausbildungsberufen in Kreisen und Schulbezirken.

Die Übersicht über die Lernfelder und Zeitrichtwerte des schulischen Rahmenplans von den 1997er IT-Ausbildungsberufen verdeutlicht weiterhin, dass die curriculare Struktur nahezu identisch bei allen vier Ausbildungsberufen ist und nur die Zeitrichtwerte variieren (vgl. Abb. 2). Auch dieses Strukturmerkmal eröffnete den Schulen Gestaltungsräume der schulinternen Umsetzung. Die schulpraktische Vielfalt der konkreten Unterrichtsumsetzung reicht von monostrukturierten Klassen mit nur einem Ausbildungsberuf (z. T. in nur einer Fachrichtung) bis zu der gemeinsamen Beschulung aller vier IT-Ausbildungsberufe z. T. noch in Partnerschaft mit affinen informationstechnischen Elektroberufen. Die Curricula von 1997 machten dies möglich.

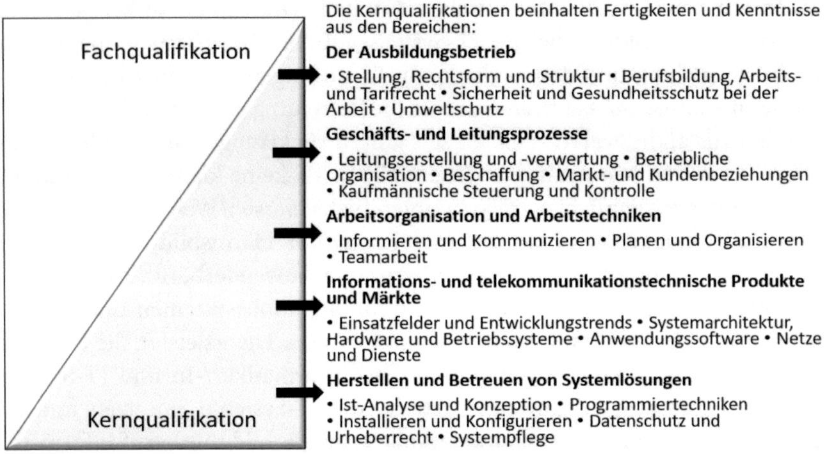

Abb. 1: Strukturmodell der gemeinsamen Kernqualifikationen und der spezifischen Fachqualifikationen

	LF 1	LF 2	LF 3	LF 4	LF 5	LF 6	LF 7	LF 8	LF 9	LF 10	LF 11
IT-System-Elektroniker/-in	20	40	40	120	60	160	180	60	40	120	40
Fachinformatiker/-in FR Anwendungsentw.	20	40	40	100	60	300	100	60	40	80	40
Fachinformatiker/-in FR Systemintegration	20	40	40	100	60	220	140	60	40	120	40
IT-Systemkaufleute	20	80	40	80	60	240	100	100	40	40	80
Informatikkaufleute	20	80	40	80	60	240	100	100	40	40	80

LF 1: Der Betrieb und sein Umfeld	LF 7: Vernetzte IT-Systeme
LF 2: Geschäftsprozesse/betriebliche Organisation	LF 8: Markt- und Kundenbeziehungen
LF 3: Informationsquellen und Arbeitsmethoden	LF 9: Öffentliche Netze/Dienste
LF 4: Einfache IT-Systeme	LF 10: Betreuen von IT-Systemen
LF 5: Fachliches Englisch	LF 11: Rechnungswesen/Controlling
LF 6: Entwickeln/Bereitstellen von Anwendungssystemen	

Abb. 2: Übersicht über die Lernfelder und Zeitrichtwerte des schulischen Rahmenplans

Voruntersuchung IT-Berufe

Das Bundesinstitut für Berufsbildung hat in den Jahren 2015 und 2016 im Auftrag des Bundeswirtschaftsministeriums (BMWi) und des Ministeriums für Bildung und Forschung (BMBF) den Modernisierungsbedarf bei den vier

IT-Ausbildungsberufen untersucht. Mit einem aufwendigen qualitativen und quantitativen Forschungsdesign wurde Fragen nachgegangen, die im Kern darauf zielten, den Novellierungsbedarf insbesondere zu folgenden Bereichen zu erarbeiten:

- Fortschreibung der Berufsprofile,
- Struktur der Berufe,
- künftige Gestaltung der Prüfung,
- Schnittstellen Ausbildung/Fortbildung/Hochschule (vgl. BIBB 2016).

Blitzlichtartig seien hier nur einige der Ergebnisse dieser Untersuchung vorgestellt. So sind inhaltliche curriculare Verankerungen in den Bereichen IT-Security (Datensicherheit, Verfügbarkeit, Datenintegrität und Datenschutz inklusive rechtlicher Aspekte) als wünschenswert herausgestellt worden. Aber auch die Themen Virtualisierung, Cloud-Computing, Big Data, Mobile Computing und Mobile Devices sollten gestärkt werden. Produktionsnahe Inhalte wie etwa Robotik, Sensorik, Produktionssteuerung, 3D-Druck, Virtualisierung, Embedded Systems sind Schnittstellenbereiche der IT zur industriellen Produktion und gleichzeitig Beschäftigungsfelder für IT-Fachkräfte. Daher sollten diese Bereiche in die Ausbildung integriert werden. Die Bedeutung der Entwicklung von personalen und sozialen Kompetenzen in der IT-Facharbeit wurde festgestellt, da diese eine hohe Relevanz für die Bewältigung der Arbeitsaufgaben haben. Die Ergebnisse hinsichtlich einer Überarbeitung der vorhandenen Berufsprofile haben drei Handlungsempfehlungen ergeben: Erstens wurde festgestellt, dass die beiden Fachrichtungen des Fachinformatikers (Anwendungsentwicklung bzw. Systemintegration) in der beruflichen Praxis klar voneinander abgegrenzt sind und nachgefragt werden und daher ggf. noch stärker zu trennen sind. Zweitens bestehen Überschneidungen in den Anforderungen zwischen dem Ausbildungsberuf IT-System-Elektroniker/-in und dem Beruf Fachinformatiker/-in in der Fachrichtung Systemintegration. Zur Diskussion stand daher, ob zum Beispiel die Weiterentwicklung des IT-System-Elektronikers durch Integration von Inhalten des Fachinformatikers der Fachrichtung Systemintegration eine Option wäre. Drittens sind die beiden kaufmännischen Ausbildungsberufe IT-Systemkaufmann/-frau und Informatikkaufmann/-frau am Markt nie als zu unterscheidende Anbieterberufe und Anwenderberufe angekommen. Eine Zusammenlegung der beiden Berufe wäre daher denkbar (vgl. BIBB 2016).

Auch bezüglich des Prüfungswesens sind Empfehlungen erarbeitet worden. So ist das Prüfungsinstrument der „Betrieblichen Projektarbeit" insgesamt positiv bewertet worden, allerdings sind die für die Durchführung der betrieblichen Projektarbeit vorgegebenen Zeiten als nicht praxisgerecht eingeschätzt worden.

Mit der Einführung einer gestreckten Abschlussprüfung verbindet eine Mehrheit der Befragten positive Effekte (vgl. BIBB 2016).

Nachdenklich sollte ein Ergebnis machen: Die Zufriedenheit mit der betrieblichen Ausbildung in den IT-Berufen ist sehr hoch; dagegen fällt die berufsschulische Ausbildung in den IT-Berufen hinsichtlich der Zufriedenheit aber stark ab. Angesprochen werden hiermit die fachliche und methodische Ausbildung der Lehrkräfte und die Abstimmung zwischen den Lernorten (vgl. BIBB 2016).

Erste Veränderungen 2018

Obwohl die Voruntersuchung im Jahr 2016 abgeschlossen wurde, konnten sich die Sozialpartner trotz dieser umfangreichen und validen Datenbasis nicht zügig auf eine Novellierung verständigen. Daher wurde im Jahr 2018 zunächst nur ein inhaltliches Update vorgenommen. Die „Erste Verordnung zur Änderung der Verordnung über die Berufsausbildung im Bereich der Informations- und Telekommunikationstechnik" integrierte das Wort „IT-Sicherheit" an verschiedenen Orten und sorgte dadurch für eine inhaltliche Aktualisierung. Bei den gemeinsamen Ausbildungsinhalten wurde das Thema „Datenschutz und Urheberrecht" zu „IT-Sicherheit, Datenschutz und Urheberrecht" und beinhaltete seitdem die Themenkomplexe „rechtliche Regelungen und betriebliche Vorgaben zur IT-Sicherheit einhalten", „Bedrohungsszenarien und Schadenspotentiale erkennen und bewerten", „Schutzmechanismen für informations- und telekommunikationstechnische Systeme anwenden" und „Vorschriften zum Datenschutz einhalten sowie Vorschriften zum Urheberrecht einhalten". Das kleine Update war sicherlich notwendig; nun, da die neuen Ausbildungsberufe 2020 an den Start gehen, erscheint der Zwischenschritt eher als zu kleinschrittig.

Die neuen IT-Ausbildungsberufe 2020

Am 1. August 2020 treten die neuen Ausbildungsordnungen für die Ausbildungsberufe Fachinformatiker/-in, IT-System-Elektroniker/-in, Kaufmann/Kauffrau für Digitalisierungsmanagement und Kaufmann/Kauffrau für IT-System-Management in Kraft. Ein erster Blick könnte nur geringe Veränderungen erhoffen: Fachinformatiker/-innen gab es auch vorher; allerdings in nur zwei Fachrichtungen und nicht wie jetzt in vier Fachrichtungen. IT-Systemelektroniker/-innen haben zumindest vom Namen her auch weiter Bestand. Die kaufmännischen Ausbildungsberufe, die früher als IT-System-Kaufmann/-frau und Informatikkaufmann/-frau problematisch zu unterscheiden waren, haben nun neue Profilbildungen. Allerdings es trügt der erste Blick: Die Neuordnung hat es nämlich in sich und wird die Schulstandorte vor Herausforderungen stellen.

Neuerungen am Namen und Berufsbild

Den Ausbildungsberuf Fachinformatiker/-in gab es bisher in den Fachrichtungen Systemintegration und Anwendungsentwicklung. Zum neuen Ausbildungsjahr wird es nun zwei weitere Fachrichtungen geben: Daten- und Prozessanalyse sowie Digitale Vernetzung. Somit wurde einerseits auf die Anforderungen im Bereich Big Data – die Fachinformatiker/-innen der Fachrichtung Daten- und Prozessanalyse stellen die Verfügbarkeit sowie Qualität und Quantität von Daten sicher und entwickeln IT-Lösungen für digitale Produktions- und Geschäftsprozesse – und andererseits auf die Anforderungen im Bereich Industrie 4.0 – Fachinformatiker/-innen der Fachrichtung Digitale Vernetzung arbeiten mit der Netzwerkinfrastruktur und den Schnittstellen zwischen Netzwerkkomponenten und cyber-physischen Systemen – reagiert. Der Beruf IT-System-Elektroniker/-in, der als einziger IT-Beruf die Qualifikation zur Elektrofachkraft (also die Befähigung gewerblich elektrotechnische Arbeiten auszuführen) im Berufsbild enthalten hat, wurde vor allem bei den elektrotechnischen Ausbildungsinhalten aktualisiert. Kaufleute für Digitalisierungsmanagement (vormals: Informatikkaufmann/-frau) managen die Digitalisierung von Geschäftsprozessen auf der operativen Ebene. Bei den Kaufleuten für IT-System-Management (vormals: IT-System-Kaufmann/-frau) liegt der Schwerpunkt auf dem Angebot und der Vermarktung von IT-Dienstleistungen sowie dem Management und der Administration von IT-Systemen (vgl. BIBB 2020).

Ziel war es darüber hinaus in allen Ausbildungsberufen die Themen IT-Sicherheit und Datenschutz deutlich auszubauen sowie die Entwicklung von sozialen und personalen Kompetenzen weiter zu stärken.

Strukturmodelle mit Fachrichtungen und Einsatzgebieten

Durch die Novellierung sind zwei Konstruktionsprinzipien für Ausbildungsberufe eingesetzt worden: Einsatzgebiete und Fachrichtungen. Ziel beider Strukturelemente ist die Differenzierung von Ausbildungsberufen. Bei dem Ausbildungsberuf Fachinformatiker/-in mit den vier Fachrichtungen sind die unterschiedlichen Spezialisierungen bereits im Namen ersichtlich und jeweils als eigenständige Teile des Berufsprofils im Ausbildungsberufsbild des Verordnungstextes ausgewiesen. Fachrichtungen fassen in den Berufsbildpositionen wie auch im Ausbildungsrahmenplan somit eigenständige Profile zusammen, für die dann jeweils inhaltlich eigenständige Prüfungsanforderungen formuliert werden. Einsatzgebiete stellen die schwächste Form der Binnendifferenzierung in einem Beruf dar, da weder auf Ebene der Berufsbildpositionen, noch in den Fertigkeiten, Kenntnissen und Fähigkeiten im Ausbildungsrahmenplan Inhalte differenziert ausgewiesen werden. Für Auszubildende eines Ausbildungsberufes mit unterschiedlichen Einsatzgebieten gelten ein und dieselben Prüfungsanforderungen über alle Einsatzgebiete hinweg. Der wesentliche Unterschied zwischen einem Einsatzgebiet und einer Fachrichtung besteht resümierend darin, dass ein Einsatzgebiet im Gegensatz zu einer Fachrichtung nicht zu einer inhaltlich-qualitativen Differenzierung einer Ausbildungsordnung führt und trotzdem den Betrieben Gestaltungsspielräume für die Ausbildung insbesondere in stark spezialisierten Geschäftsfeldern eröffnet.

Zum Berufsbild Fachinformatiker/-in FR Anwendungsentwicklung

Die Einsatzgebiete des Ausbildungsberufes Fachinformatiker/-in in der Fachrichtung Anwendungsentwicklung lauten: kaufmännische Systeme, technische Systeme, Expertensysteme, mathematisch-wissenschaftliche Systeme und Multimediasysteme. Profil gebend für das Berufsbild ist das Konzipieren und Umsetzen von kundenspezifischen Softwareanwendungen und das Sicherstellen der Qualität von Softwareanwendungen.

Zum Berufsbild Fachinformatiker/-in FR Systemintegration

Fachinformatiker/-innen der Fachrichtung Systemintegration werden in folgenden Einsatzgebieten ausgebildet: Rechenzentren, Netzwerke, Client-Server-Architekturen, Festnetze und Funknetze. Sie konzipieren und realisieren dort IT-Systeme. Das Installieren und Konfigurieren von Netzwerken und das Administrieren von IT-Systemen sind weitere Profil gebende berufliche Aufgabenbereiche.

Zum Berufsbild Fachinformatiker/-in FR Daten- und Prozessanalyse

Als Einsatzgebiete für die Fachinformatiker/-innen der Fachrichtung Daten- und Prozessanalyse wurden die Prozessoptimierung, die Prozessmodellierung, die Qualitätssicherung, die Medienanalyse und die Suchdienste festgelegt. Als Profil gebende berufliche Aufgabenbereiche lassen sich das Analysieren von Arbeits- und Geschäftsprozessen, das Analysieren von Datenquellen und das Bereitstellen von Daten benennen. Sie nutzen diese Daten, um Arbeits- und Geschäftsprozesse zu optimieren.

Zum Berufsbild Fachinformatiker/-in FR Digitale Vernetzung

Als Einsatzgebiete der Fachrichtung Digitale Vernetzung lassen sich produktionstechnische Systeme, prozesstechnische Systeme, autonome Assistenz- und Transportsysteme und Logistiksysteme zusammenstellen. Dort analysieren und planen Fachinformatiker/-innen der FR Digitale Vernetzung Systeme zur Vernetzung von Prozessen und Produkten. Sie errichten, ändern und prüfen vernetzte Systeme. Das Betreiben von vernetzten Systemen und das Sicherstellen der Systemverfügbarkeit gehören ebenfalls zu den Profil gebenden Aufgabenbereichen.

Zum Berufsbild IT-Systemelektroniker/-in

IT-Systemelektroniker/-innen werden in einem der folgenden Einsatzgebiete ausgebildet: digitale Infrastruktur, leitungsgebundene Netze, Funknetze, virtuelle Netze, Computersysteme, Endgeräte und Sicherheitssysteme. Prägend für diesen IT-Ausbildungsberuf ist die Elektrofachkraft. So sollen IT-Systemelektroniker/-innen Service- und Instandsetzungsarbeiten an IT-Geräten und IT-Systemen durchführen. Sie installieren IT-Systeme, Geräte oder Betriebsmittel und stellen deren Anbindung an die Stromversorgung her. Weiterhin prüfen sie die elektrische Sicherheit von Geräten und Betriebsmitteln.

Zum Berufsbild Kaufleute für IT-System-Management

Die Einsatzgebiete von Kaufleuten für IT-System-Management lauten: technischer IT-Service, IT-System-Betreuung, Vertrieb im Geschäfts- und im Privatkundenbereich, Marketing sowie Produkt- und Programmentwicklung. Kaufleute für IT-System-Management informieren und beraten dort Kunden und Kundinnen. Sie beurteilen marktgängige IT-Systeme und kundenspezifische Lösungen. Das Entwickeln, Erstellen und Betreuen von IT-Lösungen gehört ebenso zum Aufgabenspektrum wie die Analyse von Anforderungen an IT-Systeme. Sie erstellen Angebote und schließen Verträge ab, dabei wenden sie Instrumente aus dem Absatzmarketing und aus dem Vertrieb an.

Zum Berufsbild Kaufleute für Digitalisierungsmanagement

Kaufleute für Digitalisierungsmanagement werden in den Einsatzgebieten betriebliche Steuerung und Kontrolle, Organisations- und Prozessentwicklung, Produktentwicklung und Marketing sowie IT-Systemlösungen ausgebildet. Sie analysieren dort Arbeits-, Geschäfts- und Wertschöpfungsprozesse. Ihr Aufgabenbereich umfasst das Ermitteln des Bedarfs an Informationen und das

Bereitstellen von benötigten Daten. Sie sind für die digitale Weiterentwicklung von Geschäftsmodellen zuständig. Dafür müssen sie die Schutzziele der Datensicherheit umsetzen und auf das Einhalten der Bestimmungen zum Datenschutz und zu weiteren Schutzrechten achten.

Neue Rahmenlehrpläne

Am 13.12.2019 wurde von der KMK der Rahmenlehrplan für die Ausbildungsberufe Fachinformatiker/-in und IT-System-Elektroniker/-in erlassen. Das ist schon mal die erste Veränderung: Beide Ausbildungsberufe erhalten einen gemeinsamen Rahmenlehrplan. Das könnte auf der operativen Ebene in den Schulen bedeuten, dass beide Ausbildungsberufe zumindest bis zu einem bestimmten Zeitpunkt der Ausbildung gemeinsam unterrichtet werden können. Was für viele Kreisberufsschulen von hoher Bedeutung sein könnte und für die Betriebe die Chance für eine betriebsnahe Beschulung. Ebenfalls am 13.12.2019 wurde durch die KMK der Rahmenlehrplan für die Ausbildungsberufe Kaufmann/-frau für IT-System-Management und Kaufmann/-frau für Digitalisierungsmanagement erlassen. Also auch hier ein gemeinsamer Rahmenlehrplan für die beiden neuen kaufmännischen IT-Berufe. Die Mutmaßung hier: Hohe Gemeinsamkeit und eventuell gemeinsame Beschulung.

Rein quantitativ zählen die erstgenannten 36 Seiten plus 31 Seiten „Liste der Entsprechungen zwischen Ausbildungsrahmenplan und Rahmenlehrplan" gegen 26 Seiten bei den kaufmännischen IT-Berufen plus insgesamt 25 Seiten Liste der Entsprechungen. Zunächst stellt sich die Frage, warum die KMK genau diese Schneidung vorgenommen hat. Wird damit die Berufsfamilie doch in eher gewerblich-technisch und eher kaufmännisch geteilt oder soll der an städtischen Berufsschulen gelebten Trennung von gewerblich-technischen Berufsschulen zu Berufsschulen mit dem Schwerpunkt Wirtschaft und Verwaltung Rechnung getragen werden? Zunächst spricht das Strukturmodell der IT-Berufe nicht für eine notwendige Trennung.

Das Prinzip der Kern- und Fachqualifikationen soll beibehalten worden sein. So sind 50 % der Inhalte für alle Ausbildungsberufe gleich. Diese Gemeinsamkeiten werden durch folgende Berufsbildpositionen beschrieben:

1. Planen, Vorbereiten und Durchführen von Arbeitsaufgaben in Abstimmung mit den kundenspezifischen Geschäfts- und Leistungsprozessen,
2. Informieren und Beraten von Kunden und Kundinnen,
3. Beurteilen marktgängiger IT-Systeme und kundenspezifischer Lösungen,
4. Entwickeln, Erstellen und Betreuen von IT-Lösungen,
5. Durchführen und Dokumentieren von qualitätssichernden Maßnahmen,

6. Umsetzen, Integrieren und Prüfen von Maßnahmen zur IT-Sicherheit und zum Datenschutz,
7. Erbringen der Leistungen und Auftragsabschluss.

Die Elemente beschreiben übergeordnete Kompetenzanforderungen wie z. B. die Fähigkeit zur eigenen Arbeitsorganisation oder einer grundsätzlichen Kundenorientierung. Die Sicherstellung von Qualität und Umsetzung von Maßnahmen zum Datenschutz und IT-Sicherheit verdeutlichen betriebliche und rechtliche Anforderungen, die von allen zukünftigen IT-Fachkräften bewältigt werden müssen. Ferner wird dargelegt, dass die Aufgaben in den gesamten IT-Geschäftsprozess – „entwickeln, erstellen und betreuen von IT-Lösungen" – fallen.

Bei den schulischen Rahmenlehrplänen ist allerdings das Prinzip der identischen Lernfeldbezeichnungen aufgegeben worden. Nun haben alle IT-Ausbildungsberufe nur noch im ersten Ausbildungsjahr die gleichen fünf Lernfelder: Das Unternehmen und die eigene Rolle im Betrieb beschreiben (LF 1), Arbeitsplätze nach Kundenwunsch ausstatten (LF 2), Clients in Netzwerke einbinden (LF 3), Schutzbedarfsanalyse im eigenen Arbeitsbereich durchführen (LF 4) und Software zur Verwaltung von Daten anpassen (LF 5). Im zweiten Ausbildungsjahr ist das Lernfeld 6 „Serviceanfragen bearbeiten" noch für alle Ausbildungsberufe gleich. Danach spalten sich die eher kaufmännischen und die eher technischen Ausbildungsberufe auf. Die Kaufleute haben dann die gemeinsamen Lernfelder „Softwareprojekte durchführen" (LF 7), „Beschaffungsprozesse durchführen" (LF8) und „Netzwerkbasierte IT-Lösungen umsetzen" (LF 9). Für die beiden eher technischen Ausbildungsberufe geht es im Lernfeld 7 mit „Cyberphysischen Systemen ergänzen", im Lernfeld 8 mit „Daten systemübergreifend bereitstellen" und im Lernfeld 9 mit „Netzwerke und Dienste bereitstellen" weiter. Im dritten Ausbildungsjahr bilden nicht nur die Ausbildungsberufe, sondern auch die vier Fachrichtungen des Ausbildungsberufes Fachinformatiker/-in jeweils sehr prägende eigenständige Profile (vgl. Abb. 3).

Analyse der Lernfelder

Der Umfang der Lernfelder variiert zwischen 40 und 120 Stunden. Wobei die Mehrzahl 80 Stunden umfasst. Die Verteilung der Lernfelder auf die einzelnen Ausbildungsjahre ergibt für das erste Ausbildungsjahr 320 Stunden und für das zweite und dritte Ausbildungsjahr 280 Stunden Unterricht. Die Aufteilung der Stunden auf die Lehrjahre ist damit gleich geblieben. Es gibt keine Lernfelder mehr, die über mehrere Ausbildungsjahre gestreckt sind. Daraus folgt, dass die notwendigen Kompetenzen im Hinblick auf die spezifischen Lernfelder im

AJ	LF	IT-System-Elektroniker/-in	Fachinformatiker/-in: FR AE	Fachinformatiker/-in: FR SI	Fachinformatiker/-in: FR DV	Fachinformatiker/-in: FR DP	Kaufmann/-frau für IT-Systemmanagement	Kaufmann/-frau für Digitalisierungsmanagement
3.	13						Netzwerkinfrastruktur planen und kalkulieren	
	12	Instandhaltung planen und durchführen	Kundenspezifische Anwendungsentwicklung durchführen	Kundenspezifische Systemintegration durchführen	Kundenspezifisches cyber-physisches System optimieren	Kundenspezifische Prozess- und Datenanalyse durchführen	Absatzprozesse durchführen und überwachen	Unternehmen digital weiterentwickeln
	11	Betrieb und Sicherheit vernetzter Systeme gewährleisten	Funktionalität in Anwendungen realisieren	Betrieb und Sicherheit vernetzter Systeme gewährleisten		Prozesse analysieren und gestalten	Absatzmarketing-Maßnahmen planen und bewerten	Informationen und Daten aufbereiten
	10	Energieversorgung bereitstellen und die Betriebssicherheit gewährleisten	Benutzerschnittstellen gestalten und entwickeln	Serverdienste bereitstellen und Administrationsaufgaben automatisieren	Cyber-physische Systeme entwickeln	Werkzeuge des maschinellen Lernens einsetzen	Wertschöpfungsprozesse erfolgsorientiert steuern	Wertschöpfungsprozesse erfolgsorientiert steuern und preispolitische Maßnahmen ableiten
2.	9	Netzwerke und Dienste bereitstellen					Netzwerkbasierte IT-Lösungen umsetzen	
	8	Daten systemübergreifend bereitstellen					Beschaffungsprozesse durchführen	
	7	Cyber-physische Systeme ergänzen					Softwareprojekte durchführen	
	6	Serviceanfragen bearbeiten						
1.	5	Software zur Verwaltung von Daten anpassen						
	4	Schutzbedarfsanalyse im eigenen Arbeitsbereich durchführen						
	3	Clients in Netzwerke einbinden						
	2	Arbeitsplätze nach Kundenwunsch ausstatten						
	1	Das Unternehmen und die eigene Rolle im Betrieb beschreiben						

AJ: Ausbildungsjahr
LF: Lernfeld

FR AE: Fachrichtung Anwendungsentwicklung
FR SI: Fachrichtung Systemintegration
FR DV: Fachrichtung Digitale Vernetzung
FR DP: Fachrichtung Daten- und Prozessanalyse

Abb. 3: Verteilung der Lernfelder über die Ausbildungsjahre in den vier IT-Ausbildungsberufen

dritten Ausbildungsjahr bereits durch die vorausgehenden Lernfelder entwickelt werden müssen. Entsprechend führt die KMK an, dass alle Lernfelder spiralcurricular aufgebaut sind (vgl. KMK 2019a). Aus den Lernfeldbezeichnungen geht weiterhin hervor, dass Lernfelder mit ausschließlich betriebswirtschaftlichen Inhalten in den technischen Berufen nicht mehr enthalten sind. Dies stellt eine weitere wesentliche Veränderung zu den 1997er Ausbildungsberufen dar. Dort gehörten betriebswirtschaftliche Inhalte noch zu den gemeinsamen Kernqualifikationen.

Die neuen Lehrpläne sind nicht nur technikneutral formuliert, sondern ermöglichen weitestgehend eine freie inhaltliche Ausgestaltung und unterrichtliche Transformation. Hierin besteht ein wesentlicher Unterschied zu den recht präzisen Inhaltsdarstellungen in den Ausbildungsordnungen. Die Lernfeldbeschreibungen folgen dem Prinzip der prozesshaften Formulierung. Hinweise auf die Notwendigkeit von Planung, Durchführung und Reflexion der durchgeführten Settings werden beschrieben. Die nicht fachlichen Inhalte wie Umweltschutz oder ethische Fragestellungen werden an geeigneten Stellen als zu behandelnde bzw. zu reflektierende Aspekte gefordert. Die vom Arbeitsprozess losgelösten Lernfelder der 1997er Lehrpläne wie „fachliches Englisch" oder „Informationsquellen und Arbeitsmethode" sind nicht mehr existent. Stattdessen beinhalten die neuen Lernfelder zahlreiche Formulierungen, wie die einzelnen Aufgaben – z. B. unter Nutzung fremdsprachlicher Inhalte – zu erfüllen sind.

Alle Lernfelder sind neu benannt. Es gibt Lernfelder, deren Benennung bei den meisten Lehrkräften wohl unmittelbare Assoziationen über mögliche Inhalte auslösen. Andere Lernfelder sind nicht so eindeutig oder die Benennung kann – zumindest bei den Autoren dieses Beitrages – zu unterschiedlichen Interpretationen führen.

Bekannt erscheint vor allem das erste Lernfeld „Das Unternehmen und die eigene Rolle im Betrieb beschreiben", das inhaltlich Ähnlichkeiten zum Lernfeld „Der Betrieb und sein Umfeld" aufweist, aber auch darüber hinausgehende Inhalte benennt und vor allem direkte Vorgaben für die unterrichtliche Umsetzung macht.

„Sie planen und erstellen, auch im Team, adressatengerecht multimediale Darstellungen zu ihrem Unternehmen. Die Schülerinnen und Schüler präsentieren ihre Ergebnisse." (KMK 2019a, S. 11)

Diese Art der direkten methodischen Beschreibung einer unterrichtlichen Umsetzungsstrategie ist neu, tritt an mehreren Stellen auf und ist insgesamt doch eher untypisch für berufsbildende Rahmenlehrpläne.

Das Lernfeld 2 „Arbeitsplätze nach Kundenwunsch ausstatten" ist neu. Die Inhalte sind zwar auch bisher schon unterrichtlich für alle Berufe thematisiert worden, aber in einem wesentlich geringeren Umfang. Dieses Lernfeld korrespondiert stark mit dem Teil 1 der zukünftig in gestreckter Form durchzuführenden Abschlussprüfung.

„Sie vergleichen mögliche Bezugsquellen (*quantitativer und qualitativer Angebotsvergleich*) und bestimmen den Lieferanten. Auf Basis der ausgewählten Produkte und Lieferanten erstellen sie mit vorgegebenen Zuschlagssätzen ein Angebot für die Kunden. Sie schließen den Kaufvertrag ab und organisieren den Beschaffungsprozess unter Berücksichtigung von Lieferzeiten. Sie nehmen die bestellten Komponenten in Empfang und dokumentieren dabei festgestellte Mängel." (vgl. KMK 2019a, S. 12)

Liest man die Lernfeldbeschreibung, dann sind hier wesentlich mehr Inhalte – vor allem auch betriebswirtschaftliche – vorgesehen, als das bloße Auswählen und Aufbauen von Hardware und Peripherie. Aber auch die technischen Tätigkeiten kommen in der Beschreibung vor.

„Sie bereiten die Übergabe der beschafften Produkte vor, integrieren IT-Komponenten, konfigurieren diese und nehmen sie unter Berücksichtigung der Arbeitssicherheit in Betrieb. Sie übergeben den Arbeitsplatz an die Kunden und erstellen ein Übergabeprotokoll." (KMK 2019a, S. 12)

Das dritte Lernfeld „Clients in Netzwerke einbinden" ist inhaltlich ebenfalls eindeutig formuliert. Die Beschreibung der Kernkompetenz lautet: „Die Schülerinnen und Schüler verfügen über die Kompetenz, eine Netzwerkinfrastruktur zu analysieren sowie Clients zu integrieren" (KMK 2019a, S. 13). Wobei Überschneidungen zum zweiten Lernfeld auffallen. Wie soll im Lernfeld 2 ein aktueller Arbeitsplatz an einen Kunden übergeben werden, ohne diesen netzwerktechnisch einzubinden? Hier wurde eine schwer zu vermittelnde Trennung von Grundlagen gewählt. Evtl. wäre eine veränderte Reihenfolge sinnvoller, sodass zuerst Lernfeld 3 und dann Lernfeld 2 unterrichtet wird. Wobei im dritten Lernfeld nicht nur Clients, sondern auch Netzwerkstrukturen sowie Netzwerkkomponenten thematisiert werden. Da beide Lernfelder im ersten Jahr zu unterrichten sind, könnten hier Lernfeld übergreifende Lehr-Lern-Arrangements vorgesehen werden.

Mit dem vierten Lernfeld „Schutzbedarfsanalyse im eigenen Arbeitsbereich durchführen" wird den gestiegenen Anforderungen im Bereich IT-Security Rechnung getragen. Als eine Grundlage für die zukünftig zu behandelnden Inhalte soll offensichtlich die IT-Grundschutzverordnung des Bundesamtes für Sicherheit in der Informationstechnik herangezogen werden.

„Sie planen eine Schutzbedarfsanalyse, indem sie gemäß der IT-Sicherheitsleitlinie des Unternehmens Schutzziele des Grundschutzes (*Vertraulichkeit, Integrität, Verfügbarkeit*) in ihrem Arbeitsbereich ermitteln und eine Klassifikation von Schadensszenarien vornehmen. Sie entscheiden über die Gewichtung möglicher Bedrohungen unter Berücksichtigung der Schadenszenarien. Dazu führen sie eine Schutzbedarfsanalyse in ihrem Arbeitsbereich durch, nehmen Bedrohungsfaktoren auf und dokumentieren diese. Die Schülerinnen und Schüler bewerten die Ergebnisse der Schutzbedarfsanalyse und gleichen diese mit der IT-Sicherheitsleitlinie des Unternehmens ab. Sie empfehlen Maßnahmen und setzen diese im eigenen Verantwortungsbereich um." (KMK 2019a, S. 15)

Für die unterrichtliche Umsetzung wird es schwierig sein, dass die Auszubildenden die Analyse innerhalb des eigenen Betriebes durchführen sollen. Ob vor allem die größeren Betriebe gewillt sind, ihre IT-Sicherheitsrichtlinien zu veröffentlichen bzw. sie über die Schulen zu teilen und bewerten zu lassen, darf zumindest bezweifelt werden. Ebenfalls ist es schwer vorstellbar, dass Auszubildende im ersten Ausbildungsjahr ihren Unternehmen Maßnahmen empfehlen können.

Das fünfte Lernfeld „Software zur Verwaltung von Daten anpassen" ist dem Bereich Programmierung zuzuordnen. Der Name ist in diesem Fall nicht eindeutig und damit aus Sicht der Autoren dieses Beitrages unglücklich gewählt. Auch die Beschreibung der Kernkompetenz „Die Schülerinnen und Schüler verfügen über die Kompetenz, Informationen mittels Daten abzubilden, diese Daten zu verwalten und dazu Software anzupassen" erscheint missverständlich gewählt. Dies wiegt auch deswegen schwer, weil kein einziger verbindlicher Inhalt (kursiv gedruckte Wörter in der Lernfeldbeschreibung) benannt wird. Die fett gedruckten Begriffe (analysieren, planen, entscheiden, implementieren, beurteilen und evaluieren) verdeutlichen lediglich den Umsetzungsanspruch in Form einer „vollständigen Handlung". In diesem Lernfeld sollen – wenn sie auch nicht alle eindeutig benannt werden – mehrere Dinge thematisiert werden. So verwendet die Beschreibung den Begriff Datenformat. Warum man einen mehrdeutigen Begriff wie diesen wählt, ist wiederum nicht nachvollziehbar. Ob damit Daten und Datentypen oder auch Dateiformate gemeint sind, bleibt unklar. So empfiehlt es sich, alle Bedeutungen zu thematisieren. Daneben gibt es Formulierungen, die auf Programmieren, Testen und Dokumentieren hindeuten. Allerdings nicht bloßes Programmieren, sondern in Verbindung mit der Verwaltung von Datenbeständen. Das bedeutet mindestens das Lesen und Schreiben von Dateien, klingt aber schon sehr nach dem Themenbereich Datenbanken. Alles in allem ist es ein ziemlich großes Paket für ein Lernfeld im Umfang von 80 Stunden.

Das sechste Lernfeld „Serviceanfragen bearbeiten" ist thematisch neu. Es weist gewisse Ähnlichkeiten zum Lernfeld 10 „Betreuen von IT-Systemen" der 1997er Rahmenlehrpläne auf. Allerdings liegt der Fokus im neuen Lernfeld auf dem professionellen Umgang mit Kundenanfragen. Der Arbeitsprozess soll durch geeignete Softwarelösungen unterstützt werden. Dabei sind beispielsweise auch Themen wie vertragliche Zusicherungen in Form von Service-Level-Agreements und damit beispielsweise Reaktionszeiten oder die Kostenübernahme zu behandeln. Daneben ist Kommunikation mit dem Kunden ein Thema. Kommunikationsmodelle und Deeskalationsstrategien sind verpflichtende Themen. Das Erstellen von Unterweisungen oder Schulungen wird anders als im 1997er Lernfeld nicht mehr thematisiert.

Die hier beschriebenen ersten sechs Lernfelder stellen für alle Ausbildungsberufe der IT-Berufsfamilie die gemeinsamen Grundlagen – quasi das Fundament – dar. Dieses besteht also aus Grundlagen der IT-Sicherheit, der Netzwerktechnik und der Programmierung und des Kundenkontakts und der Beratung bei der Auswahl von geeigneter Hard- und Software sowie dem Bearbeiten von Kundenanfragen. Die nächsten drei Lernfelder sind – wie bereits dargestellt wurde – nur für alle technischen IT-Ausbildungsberufe und Fachrichtungen gleich bzw. nur für die kaufmännischen IT-Ausbildungsberufe identisch.

Gruppe der technischen IT Berufe

Für das Lernfeld 7 „Cyber-physische Systeme ergänzen" lautet die zu entwickelnde Kernkompetenz: „Die Schülerinnen und Schüler verfügen über die Kompetenz, die physische Welt und IT-Systeme funktional zu einem cyber-physischen System zusammenzuführen" (KMK 2019a, S. 17). Inhaltlich lassen sich Bezüge zu Themen herstellen, die schon immer bei den IT-Berufen eine Rolle gespielt haben wie beispielsweise Mikrocontroller. Diese würden sich eignen, um Themen wie Bibliotheken und Protokolle zu behandeln, die zu den verpflichtenden Inhalten gehören. Weitere Hinweise im Lernfeld lassen die Notwendigkeit geeigneter medialer Artefakte, wie beispielsweise ein Hochregallager oder ein Roboter erkennen, da beispielsweise physikalische Betriebswerte gemessen oder Komponenten mit dem cyber-physischen System funktional zusammengeführt werden sollen. Hier treffen Automatisierungstechnik und Informationstechnik inhaltlich und ausstattungstechnisch zusammen.

„Daten systemübergreifend bereitstellen" ist die Bezeichnung des achten Lernfeldes. Die zusammenfassende Kernkompetenzbeschreibung lautet: „Die Schülerinnen und Schüler besitzen die Kompetenz, Daten aus dezentralen Quellen zusammenzuführen, aufzubereiten und zur weiteren Nutzung zur Verfügung zu stellen." Auch in diesem Lernfeld verwundert es, dass Begriffe wie Datenbanken oder auch Big Data in der Beschreibung nicht vorkommen. Den verpflichtenden Inhalt stellen heterogene Datenquellen dar. Worin die Heterogenität bestehen soll, wird nicht spezifiziert. An anderer Stelle wird geschrieben, dass die Datenquellen „hinsichtlich ihrer Struktur, rechtlicher Rahmenbedingungen, Zugriffsmöglichkeiten und -mechanismen" analysiert werden sollen. Thematisch könnten hier also sowohl das Lesen, Manipulieren und Aggregieren von SQL- und NoSQL-Datenbanken unterschiedlicher Anbieter thematisiert werden.

Das neunte Lernfeld „Netzwerke und Dienste bereitstellen" kann spiralcurricular als die Weiterführung von Lernfeld 3 angesehen werden. Thematisch sollen Netzwerke und Dienste bereitgestellt, erweitert oder konfiguriert werden. Leider weißt das Lernfeld keinerlei verpflichtende Lerninhalte auf und benennt auch keinerlei technische Details, die einen Rückschluss zuließen, ob thematisch damit neben Routern oder Switchen und den Netzwerkdiensten der TCP/IP-Protokollfamilie wie DHCP oder DNS auch Dienste wie beispielsweise E-Mails gemeint sind, die ohne Server und Softwarepakete nicht realisierbar sind. Das neunte Lernfeld ist das letzte gemeinsame Lernfeld aller technischen IT-Ausbildungsberufe bzw. Fachrichtungen. Die inhaltliche Ausgestaltung und Abgrenzung zwischen den einzelnen Berufsprofilen ist daher noch zu leisten.

Die Lernfelder 10 und 11 bzw. bei Kaufleuten für IT-Systemmanagement ebenso Lernfeld 12 zielen unmittelbar auf die Schwerpunktaufgaben der beruflichen Profile ab.

Lernfelder für die FR Anwendungsentwicklung

Das Lernfeld 10 „Benutzerschnittstellen gestalten und entwickeln" generiert den folgenden Outcome: „Die Schülerinnen und Schüler verfügen über die Kompetenz, Benutzeroberflächen für softwarebasierte Arbeitsabläufe und Geschäftsprozesse zu gestalten und zu entwickeln". Bedeutsam erscheinen an diesem Lernfeld vier Details. So soll erstens ein betrieblicher Prozess analysiert werden. Zweitens soll die Umsetzung in einem agilen Prozess bzw. mit agilen Methoden stattfinden. Und drittens sollen bereits vorhandene Module genutzt werden. Außerdem soll viertens eine betriebswirtschaftliche Betrachtung der Kosten der Neuentwicklung und ihrer erzielten organisatorischen Einsparpotenziale erfolgen.

Im elften Lernfeld „Funktionalität in Anwendungen realisieren" könnten die zu verwendenden Module des zehnten Lernfeldes entstehen. Die Beschreibung der Kernkompetenz lautet: „Die Schülerinnen und Schüler verfügen über die Kompetenz, modulare Komponenten zur informationstechnischen Verarbeitung von Arbeitsabläufen und Geschäftsprozessen zu entwickeln und deren Qualität zu sichern" (KMK 2019a, S. 20). Bei der Entwicklung soll iterativ vorgegangen werden. Mit anderen Worten also wiederum agil. Es scheint sinnvoll Lernfeld 11 mindestens zeitgleich oder vor Lernfeld 10 zu unterrichten.

Lernfelder für die FR Systemintegration

Lernfeld 10 thematisiert Serverdienste, die gemäß Kundenanforderungen bereitzustellen und zu administrieren sind. Die Aufgabe beinhaltet den gesamten Prozess von der begründeten Auswahl eines Dienstes inklusive Plattform, über die Konfigurationsplanung, Implementierung, Test und Überwachung. Explizit wird auch auf die Auseinandersetzung mit kritischen Zuständen hingewiesen, zu denen geeignete Maßnahmen zu empfehlen sind. Administrationsprozesse gilt es, in Abhängigkeit der kundenspezifischen Rahmenbedingungen zu automatisieren und zu optimieren.

Das Lernfeld 11 „Betrieb und Sicherheit vernetzter Systeme gewährleisten" adressiert die Schutzmaßnahmen, die unter Beachtung betrieblicher IT-Sicherheitsleitlinien sowie rechtlicher Regelungen zu implementieren sind, um die Wahrscheinlichkeit eines Schadeneintritts zu minimieren. Ausgehend von einer Risikoanalyse auf Basis eines Kundengesprächs werden IT-Sicherheitsmaßnahmen geplant, implementiert, geprüft und das erreichte Schadensniveau hinsichtlich der Kundenanforderung und der Wirtschaftlichkeit bewertet. Dieses Lernfeld ist ebenfalls in der Fachrichtung Digitale Vernetzung sowie bei dem Ausbildungsberuf IT-Systemelektroniker/-in vorhanden.

Lernfelder für die FR Daten- und Prozessanalyse

Der Titel des LF 10c lautet „Werkzeuge des maschinellen Lernens einsetzen". Ohne dass man sich vorher mit dem Berufsbild beschäftigt hat, wird man aus dem Namen des Lernfeldes kaum Schlüsse ziehen können. Auch die Beschreibung der Kernkompetenz „Die Schülerinnen und Schüler verfügen über die Kompetenz, maschinelles Lernen zur Problemlösung anzuwenden und den Lernfortschritt des Entscheidungssystems zu begleiten" ist sehr offen formuliert. Die spezifischen Inhalte des Lernfeldes erschließen sich am besten über die Verordnung des Ausbildungsberufes. Dort heißt es beispielsweise, dass mathematische Vorhersagemodelle anzuwenden sind oder Werkzeuge zur Mustererkennung und zur Modellgenerierung genutzt werden sollen. Thematisch wird man am Thema neuronale Netze oder anderen KI-Technologien somit nicht vorbeikommen. Daneben wird in der Lernfeldbeschreibung zweimal auf ethische Komponenten hingewiesen, die neben datenschutzrechtlichen und wirtschaftlichen Aspekten beachtet bzw. im Anschluss reflektiert werden sollen.

Im Lernfeld 11c „Prozesse analysieren und gestalten“ sollen die Schülerinnen und Schüler vor allem eines, sie sollen analoge Prozesse digitalisieren. Nach Rahmenlehrplan sollen die Schülerinnen und Schüler über die Kompetenz verfügen, durch eine Prozess- und Datenanalyse digitale Geschäftsmodelle zu entwickeln. Die Fachrichtung ist, so kann man es der Verordnung entnehmen, so angelegt, dass Berufsprofil gebende Fertigkeiten, Kenntnisse und Fähigkeiten u. a. das „Nutzen der Daten zur Optimierung von Arbeits- und Geschäftsprozessen sowie zur Optimierung digitaler Geschäftsmodelle“ (KMK 2019a, S. 5) sind. Die Entwicklung von digitalen Geschäftsmodellen ist also nur ein Grund, warum Arbeits- oder Geschäftsprozesse digitalisiert werden sollen. In vielen anderen Fällen steht die Notwendigkeit zur Digitalisierung vor einer kommerziellen Nutzung. In der unterrichtlichen Umsetzung sollen aus kundenspezifischen Prozessdarstellungen Informationsflüsse abgeleitet und weitere Daten ausgewertet werden. Es folgt eine Planung für die digitale Prozesstransformation, d. h. unter Verwendung neuer Technologien können sämtliche Prozesse automatisiert, besser aufeinander abgestimmt und verschlankt werden. Daran schließt sich die Implementierung der Lösung und ihrer Bewertung hinsichtlich ökonomischer und ökologischer Aspekte an. Das perspektivische Ziel liegt darin, mithilfe digitaler Geschäftsprozesse neue digitale Geschäftsmodelle zu entwickeln und neue Wachstumsfelder zu erschließen.

Lernfelder für die FR Digitale Vernetzung

Das zehnte Lernfeld in der Fachrichtung „Digitale Vernetzung“ trägt die Bezeichnung „Cyber-physische Systeme entwickeln“. Ausgehend von der Analyse eines Kundenauftrags planen die Schülerinnen und Schüler diesen Verbund von Software, mechanischen und elektrotechnischen Komponenten, die über verschiedene Netzwerke und Dienste miteinander kommunizieren und interagieren. Anschließend erfolgt die Installation verschiedener Sensoren und Aktoren, die Programmierung und Konfiguration von Schnittstellen und Visualisierungsmöglichkeiten. Der ganzheitlich angelegte Arbeitsprozess beinhaltet die Entwicklung und Anwendung von Testkonzepten sowie eine technische Dokumentation zur Bedienung und Wartung des Systems. Abschließend erfolgt die Bewertung und kritische Reflexion der Lösung vor dem Hintergrund der Wirtschaftlichkeit, Skalierbarkeit, Verlässlichkeit sowie ethischer Aspekte beim Einsatz von künstlicher Intelligenz.

Das Lernfeld elf ist identisch mit dem Lernfeld elf der Fachrichtung Systemintegration bzw. des Berufs IT-Systemelektroniker/-in.

Lernfelder für den Ausbildungsberuf IT-System-Elektroniker/-in

Für IT-Systemelektroniker/-innen bildet das Lernfeld 10 im Hinblick auf die elektrotechnischen Inhalte einen Schwerpunkt. Hinter der Bezeichnung „Energieversorgung bereitstellen und Betriebssicherheit gewährleisten“ stehen die gesamten Handlungsschritte, um eine gesicherte und redundante Energieversorgung für ein IT-System zu realisieren. Ausgehend von einer Anforderungsanalyse planen die Schülerinnen und Schüler die Abläufe zur elektrischen Inbetriebnahme des IT-Systems. Dies beinhaltet neben der Dimensionierung der elektrischen Anlage u. a. die Materialdisposition, die Auswahl von Arbeitsmitteln sowie die eigentliche Installation. Besonders hervorgehoben werden Maßnahmen zur Sicherung der Energieversorgung gegen Ausfälle. Hierzu werden die „Unterbrechungsfreie Stromversorgung“ sowie „Notstromversorgung“ als verbindliche Mindestinhalte aufgeführt.

Die aufgeführten Aspekte verdeutlichen den Anspruch, IT-Systemelektroniker/-innen zu befähigen, fachliche Aufgaben im Bereich der Elektrotechnik zu übernehmen. Der Prüfungsbereich „Anbindung von Geräten, Systemen und Betriebsmitteln an die Stromversorgung“, der als Sperrfach mit mindestens der Note „ausreichend“ bestanden werden muss, spiegelt dies wider. Damit ist die Absicht verbunden, eine anerkannte elektrotechnische Fachqualifikation mit dem Abschluss der Berufsausbildung zu erhalten. Diese gilt als eine Voraussetzung zur Übernahme von Aufgaben als Elektrofachkraft im Sinne der Unfallverhütungsvorschriften der Berufsgenossenschaft (vgl. DGUV 2012, S. 16).

Das Lernfeld elf ist identisch mit dem Lernfeld 11 der Fachrichtungen Systemintegration bzw. digitale Vernetzung.

Abschließendes Projekt-Lernfeld in den technischen IT-Ausbildungsberufen

Das abschließende 120 Stunden umfassende Lernfeld kann als direkte Vorbereitung auf die betriebliche Projektarbeit aufgefasst werden. Darin geht es um die vollständige Durchführung eines kundenspezifischen Projekts im jeweiligen beruflichen Schwerpunkt wie z. B. die kundenspezifische Anwendungsentwicklung. In dem Rahmenlehrplan wurden für alle technischen IT-Berufe identische Formulierungen gewählt, die sich lediglich in der Lernfeldbezeichnung und Zielformulierung unterscheiden. Die Zielformulierungen lauten entsprechend: Die Schülerinnen und Schüler verfügen über die Kompetenz,

- einen Kundenauftrag zur Anwendungsentwicklung vollständig durchzuführen und zu bewerten,
- einen Kundenauftrag zur Systemintegration vollständig durchzuführen und zu bewerten,
- einen Kundenauftrag zur Prozess- und Datenanalyse vollständig durchzuführen und zu bewerten,
- einen Kundenauftrag zur Optimierung eines cyber-physischen Systems vollständig durchzuführen und zu bewerten,
- für vernetzte IT-Systeme eine Instandhaltung zu planen und durchzuführen sowie Maßnahmen zur Gewährleistung der Betriebssicherheit umzusetzen.

Lernfeld 12 : Kundenspezifische ...	**3. Ausbildungsjahr Zeitrichtwert: 120 Stunden**
Die Schülerinnen und Schüler verfügen über die Kompetenz, ... Die Schülerinnen und Schüler **führen** in Zusammenarbeit mit den Kunden eine Anforderungsanalyse **durch** und leiten daraus Projektziele, Anforderungen, gewünschte Ergebnisse, Schulungsbedarfe und Rahmenbedingungen ab. Auf dieser Basis **planen** und kalkulieren sie ein Projekt mit den dazugehörigen personellen und technischen Ressourcen. Die Schülerinnen und Schüler entwickeln Lösungsvarianten, vergleichen diese anhand festgelegter Kriterien sowie unter Berücksichtigung von Datenschutz und Datensicherheit. Sie **wählen** mit den Kunden die beste Lösung **aus**. Für den vereinbarten Auftrag erstellen sie ein Dokument über die zu erbringenden Leistungen und ein Angebot. Die Schülerinnen und Schüler **implementieren** die gewünschte Lösung. Dabei nutzen sie Maßnahmen zur Qualitätssicherung. Sie präsentieren den Kunden das Projektergebnis und führen eine Schulung durch. Sie übergeben den Kunden das Produkt sowie die Dokumentation. Die Schülerinnen und Schüler **bewerten** das Projektergebnis auch hinsichtlich Zielerreichung, Wirtschaftlichkeit, Skalierbarkeit und Verlässlichkeit. Sie **reflektieren** die Projektdurchführung und das Projektergebnis auch unter Berücksichtigung der kritisch-konstruktiven Kundenrückmeldungen.	

Abb. 4: Abschließendes Projekt-Lernfeld 12; für alle technischen IT-Berufe identisch formuliert. KMK (2019a)

Die Lernfeldformulierungen geben nur den Rahmen des Projekts sowie fachunabhängige Anforderungen vor. Ausgehend von einer gemeinsam mit Kunden durchzuführenden Anforderungsanalyse geht es um die Entwicklung und Implementierung der eigentlichen Lösung. Die Schüler/-innen übernehmen das Projektmanagement, wozu ebenfalls die Kalkulation von personellen und technischen Ressourcen zählt. In einem gemeinsamen Kundengespräch wird die beste Lösung ausgewählt und für die zu erbringende Leistung ein Angebot erstellt. Die Kundenorientierung findet in diesem Projekt eine besondere Beachtung. Dies wird nicht zuletzt durch die Übergabepräsentation, der durchzuführenden Schulung und der kritisch-konstruktiven Kundenreflexion deutlich.

Im Hinblick auf die Beschulungsorganisation wäre in dieser Phase eine berufsübergreifende Durchführung durchaus denkbar. Das Lernen in einem Projekt erfordert von sich aus eine hohe Eigenverantwortung und weitestgehend selbstständige Vorgehensweise. Eine gemeinsame Präsentationsphase und Beurteilung der Ergebnisse durch eine kundenorientierte Sichtweise könnte berufsübergreifend erfolgen.

Gruppe der kaufmännischen IT-Ausbildungsberufe

Auch bei den kaufmännischen IT-Ausbildungsberufen besteht das zweite Ausbildungsjahr neben dem für alle gleichen Lernfeld sechs aus drei gemeinsamen Lernfeldern.

Mit dem siebten Lernfeld „Softwareprojekte durchführen“ kann – dank des eindeutigen Namens – schnell eine thematische Assoziation erfolgen. Die in der Beschreibung angegebene Schlüsselkompetenz lautet „Die Schülerinnen und Schüler verfügen über die Kompetenz, Software zu entwerfen, zu implementieren und zu testen“ (KMK 2019b, S. 16). Des Weiteren wird ausgeführt, dass die zu entwickelnde Anwendung einerseits auf einem Geschäftsprozess beruhen und netzwerkbasiert sein bzw. Netzwerkdienste nutzen soll. Was zumindest den Zugriff auf Datenbanken oder einen E-Mail-Dienst bedeuten würde. Eine solche Anwendung in der vorgegebenen Zeit zu entwickeln, zu testen, zu dokumentieren und dafür eine Schulung zu entwickeln, wäre selbst für angehende Anwendungsentwickler/-innen im zweiten Ausbildungsjahr anspruchsvoll. Für Programmieranfänger/-innen, die häufig ihre Leidenschaft für diese Tätigkeit (noch) nicht entdeckt haben, ist es sicherlich eine Herausforderung. Im Gegensatz zu den Lernfeldern der Anwendungsentwicklung fehlt hier ein Hinweis auf agile Methoden.

Das Lernfeld 8 „Beschaffungsprozesse durchführen“ macht aus den kaufmännischen Ausbildungsberufen dann auch genau solche, indem folgendes Ziel im

Fokus steht: „Die Schülerinnen und Schüler besitzen die Kompetenz, Beschaffungsprozesse durchzuführen und zu überwachen sowie die zugrundeliegenden Wertströme zu analysieren" (KMK 2019b, S. 17). Dazu müssen die verschiedenen Vertragsarten und andere rechtliche Regelungen in Beschaffungsprozessen thematisiert werden. Daneben gehören auch Themen wie "Vertragsstörungen zu den verpflichtenden Inhalten". Auch dieses Lernfeld ist prozesshaft entlang eines idealtypischen Beschaffungsvorganges organisiert.

Mit dem Lernfeld 9 „Netzwerkbasierte IT-Lösungen umsetzen" wenden sich die kaufmännischen Berufe wiederum einem eher technischen Handlungsfeld zu. „Die Schülerinnen und Schüler verfügen über die Kompetenz, netzwerkbasierte IT-Lösungen anforderungsgerecht zu planen, einzurichten und zu dokumentieren" (KMK 2019b, S. 18). Der Lernprozess soll von einem visualisierten Geschäftsprozess ausgehen und in Ergänzung zur zitierten Kernkompetenz auch eine Mitarbeiter(innen)schulung enthalten, die ebenfalls geplant, durchgeführt und reflektiert wird.

Lernfelder des Berufes Kaufmann für IT-System-Management bzw. Kauffrau für IT-System-Management

Mit dem Lernfeld 10 „Wertschöpfungsprozesse erfolgsorientiert steuern" wird die Ausbildung der betriebswirtschaftlichen Fundamente fortgesetzt. Nach Abschluss des Lernfeldes sollen die Schülerinnen und Schüler über die Kompetenz verfügen, die betriebliche Kosten- und Leistungsrechnung durchzuführen und mithilfe der Ergebnisse zur Steuerung des Unternehmens beizutragen (vgl. KMK 2019b, S. 19). Die zugeordneten verpflichtenden Inhalte sind Vorwärts- und Differenzkalkulation, Handelsspanne, Deckungsbeiträge, Betriebsergebnis, Gewinnschwelle und Preisuntergrenze.

Die Bezeichnung von Lernfeld 11 lautet „Absatzmarketing-Maßnahmen planen und bewerten". Das Ziel des Lernfeldes lässt sich so beschreiben: Es sollen Maßnahmen zur Kundengewinnung, Bestandskundenbindung und Kundenreaktivierung geplant, durchgeführt und evaluiert werden. Die Ergebnisse des eigenen Handels müssen präsentiert und gerechtfertigt werden, wobei ein Augenmerk auch auf ethisches und kultursensibles Vorgehen gelegt werden sollte.

Das Thema von Lernfeld 12 „Absatzprozesse durchführen und überwachen" lässt sich aus dem Namen gut ableiten. Es betrachtet nach dem Einkaufsprozess im Lernfeld 10 diesmal den Verkaufsprozess. Auch hier soll der gesamte Ablauf des Prozesses innerhalb des Lernfeldes betrachtet und softwarebasiert – integrierte Unternehmenssoftware ist als verpflichtendes Thema benannt – umgesetzt werden. Ebenfalls verpflichtend sind die gegenteiligen Vertragsstörungen wie Nicht-Rechtzeitig-Zahlung und Nicht-Rechtzeitige-Annahme zu thematisieren.

Im Lernfeld 13 „Netzwerkinfrastruktur planen und kalkulieren" sollen die Schülerinnen und Schüler projekt- und teambezogen eine Netzwerkinfrastruktur planen, die sowohl kabelgebundene wie auch kabellose Komponenten umfasst und die Kosten kalkulieren. Beginnend mit den Kundenanforderungen soll die Planung mit Instrumenten des Projekt- und Qualitätsmanagements erfolgen. Daneben sollen Aspekte der IT-Sicherheit beachtet und die Lösung adressatengerecht dem Kunden präsentiert werden. Abschließend soll der Gruppenprozess reflektiert werden.

Lernfelder des Berufes Kaufmann für Digitalisierungsmanagement bzw. Kauffrau für Digitalisierungsmanagement

Lernfeld 10 „Wertschöpfungsprozesse erfolgsorientiert steuern und preispolitische Maßnahmen ableiten" ähnelt den Lernfeldern zehn und elf der Kaufleute für IT-System-Management und behandelt betriebswirtschaftliche Grundlagen des Berufes. „Die Schülerinnen und Schüler verfügen über die Kompetenz, die betriebliche Kosten- und Leistungsrechnung durchzuführen, preispolitische Maßnahmen abzuleiten und mithilfe der Ergebnisse zur Steuerung des Unternehmens beizutragen" (KMK 2019b, S. 23). Unterrichtlich sollen deswegen Grenzkostenbetrachtungen für digitale Geschäftsmodelle thematisiert und aus diesen Spielräumen zur Preisgestaltung und Preisdifferenzierung abgeleitet werden.

Im Lernfeld 11 „Informationen und Daten aufbereiten" erkennt man die Ähnlichkeit zur Fachrichtung Daten- und Prozessanalyse des Berufs Fachinformatiker/-in. „Die Schülerinnen und Schüler verfügen über die Kompetenz, Informationen und Daten zu erfassen, zusammenzuführen, zu kategorisieren, zu filtern und sie so nutzbar zu machen" (KMK 2019b, S. 24). Dabei sollen die Schülerinnen und Schüler die Daten hinsichtlich Validität, Reliabilität und Vollständigkeit bewerten. Sie wägen unterschiedliche Techniken und Methoden ab und wählen eine geeignete Vorgehensweise aus. Unterrichtlich spannend wird die Umsetzung des folgenden Punktes „Die Schülerinnen und Schüler bereiten Daten auf und übernehmen Verantwortung für die technische Realisierung im multiprofessionellen Team" (ebd.). Realisieren lassen sich die multiprofessionellen Teams nur im Falle eines berufsübergreifenden Unterrichts.

Das Lernfeld 12 „Unternehmen digital weiterentwickeln" ist wie bei allen anderen Ausbildungsberufen von Fachrichtungen der IT-Berufsfamilie ein Projekt. Ziel desselben ist es, im Team Geschäftsmodelle und Geschäftsprozesse zu analysieren und Vorschläge für eine marktgerechte digitale Weiterentwicklung zu erarbeiten. Die Schülerinnen und Schüler sollen auftragsbezogen die Reorganisation bestehender Prozesse planen. Eine technische Umsetzung ist dabei nicht vorgesehen, sondern nur die Erarbeitung von Vorschlägen zur technischen Realisierung, die dem Kunden präsentiert werden sollen. Außerdem ist eine Reflexion beispielsweise des Teamprozesses vorgesehen.

Prüfungen

Bisher hatten die Ausbildungsberufe der IT-Berufsfamilie noch die Zwischenprüfung und eine Abschlussprüfung. Diese Aufgliederung hatte in der Praxis die bekannten Schwächen: Der Ernstcharakter fehlte, da die Zwischenprüfung i. d. R. keine unmittelbare Auswirkung auf den Ausbildungserfolg hatte. Dies hat sich nun geändert. Die gestreckte Abschlussprüfung wird eingeführt. Nun wird auch hier die Prüfung in zwei zeitlich voneinander getrennten Teilen stattfinden. Anstelle der Zwischenprüfung wird ein erster Teil der Abschlussprüfung durchgeführt. Die Abschlussprüfung besteht also für die neuen Kohorten aus zwei Teilen, die zeitlich voneinander getrennt sind und nicht einzeln zertifiziert werden. Teil 1 findet im vierten Ausbildungshalbjahr statt; Teil 2 wird am Ende der Berufsausbildung absolviert. Den jeweiligen Zeitpunkt legen die zuständigen Stellen fest.

Neu ist auch, dass eine einheitliche Abschlussprüfung Teil 1 für alle IT-Ausbildungsberufe angedacht ist. Bisher gab es in der Zwischenprüfung zumindest in einem Prüfungsbereich Differenzierungen. Nun findet sich im Prüfungsbereich Teil 1 der Abschlussprüfung der einheitliche Prüfungsteil „Einrichten eines IT-gestützten Arbeitsplatzes". Hier sollen die Auszubildenden nachweisen, dass sie in der Lage sind, Kundenbedarfe zielgruppengerecht zu ermitteln, Hard- und Software auszuwählen und ihre Beschaffung einzuleiten, einen IT-Arbeitsplatz zu konfigurieren und zu testen sowie dabei die Bestimmungen und die betrieblichen Vorgaben zum Datenschutz, zur IT-Sicherheit und zur Qualitätssicherung einzuhalten. Weiterhin sollen Kunden und Kundinnen in die Nutzung des Arbeitsplatzes eingewiesen werden und die Leistungserbringung ist zu kontrollieren und zu protokollieren. Die Prüfungsaufgaben sollen praxisbezogen sein. Der Prüfling hat die Aufgaben schriftlich zu bearbeiten. Die Prüfungszeit beträgt 90 Minuten. Die Abschlussprüfung Teil 2 variiert dann je nach Ausbildungsberuf und Fachrichtung.

Das damals revolutionär eingeführte und nun bewährte Prüfungsinstrument „Betriebliche Projektarbeit" wird beibehalten. Die betriebliche Projektarbeit wurde als kompetenzorientierte Prüfungsform konzipiert und ist somit nur konsequente Weiterführung einer auf berufliche Handlungskompetenz ausgelegten Berufsausbildung. Im Mittelpunkt steht daher keine eigens für Prüfungszwecke entwickelte Aufgabenstellung. Die Auszubildenden generieren zusammen mit ihren Ausbildungsbetrieben eine Aufgabenstellung, die einen realen, im Ausbildungsbetrieb anstehenden Arbeitsauftrag, als Grundlage hat. Dieser wird bei der zuständigen Stelle vorgeschlagen und – nach Genehmigung durch den Prüfungsausschuss – im Ausbildungsbetrieb durchgeführt. Für die Bewertung werden eine Dokumentation und eine Präsentation sowie ein Fachgespräch in die Notenfindung einbezogen. Die Dokumentation stellt den Projektverlauf – einschließlich Ausgangssituation, getroffener Entscheidungen, erzieltem Ergebnis – zusammen. Die Präsentation geschieht vor dem Prüfungsausschuss. Im Rahmen eines Fachgespräches wird die individuelle Kompetenzentwicklung nochmals geprüft. Die Zeitvorgaben für den betrieblichen Auftrag in den IT-Ausbildungsberufen waren auf einem eher niedrigen Niveau (35 bzw. 70 Stunden). Die Zeiten sind nur geringfügig erhöht worden. Nun stehen 40 Stunden für die betriebliche Projektarbeit zur Verfügung; im Bereich Fachinformatiker/-in FR Anwendungsentwicklung 80 Stunden.

Die in den 1997er Ausbildungsberufen geprüften gemeinsamen spezifischen Kernqualifikationen werden in den neuen Verordnungen im Prüfungsteil 2 durch profilspezifische Prüfungsbereiche ersetzt:

Fachinformatiker/-in FR Anwendungsentwicklung	1. Planen und Umsetzen eines Softwareprojektes 2. Planen eines Softwareproduktes 3. Entwicklung und Umsetzung von Algorithmen
Fachinformatiker/-in FR Systemintegration	1. Planen und Umsetzen eines Projektes der Systemintegration 2. Konzeption und Administration von IT-Systemen 3. Analyse und Entwicklung von Netzwerken
Fachinformatiker/-in FR Daten- und Prozessanalyse	1. Planen und Durchführen eines Projektes der Datenanalyse 2. Durchführen einer Prozessanalyse 3. Sicherstellen der Datenqualität
Fachinformatiker/-in FR Digitale Vernetzung	1. Planen und Umsetzen eines Projektes zur digitalen Vernetzung 2. Diagnose und Störungsbeseitigung in vernetzten Systemen 3. Betrieb und Erweiterung von vernetzten Systemen

IT-Systemelektroniker/-in	1. Erstellen, Ändern oder Erweitern von IT-Systemen und von deren Infrastruktur 2. Installation von und Service an IT-Geräten, IT-Systemen und IT-Infrastrukturen 3. Anbindung von Geräten, Systemen und Betriebsmitteln an die Stromversorgung
Kaufleute für Digitalisierungsmanagement	1. Digitale Entwicklung von Prozessen 2. Entwicklung eines digitalen Geschäftsmodells 3. Kaufmännische Unterstützungsprozesse
Kaufleute für IT-System-Management	1. Abwicklung eines Kundenauftrages 2. Einführen eiern IT-Systemlösung 3. Kaufmännische Unterstützungsprozesse

Neben der betrieblichen Projektarbeit (jeweils erster Punkt der Aufzählungen) und der schriftlichen Prüfung zur Wirtschafts- und Sozialkunde existieren nunmehr zwei schriftliche, spezifische Prüfungsbereiche (zweiter und dritter Punkt der Aufzählungen). Diese Änderung der Prüfungskonzeption untermauert die fachlichen Abgrenzungen der einzelnen Ausbildungsprofile.

Handlungsbedarfe in den Schulen

Im Rahmen der Schulorganisation wird die Neuordnung der IT-Berufe 2020 zu umfangreichen Veränderungen führen. Statt einer Reduzierung auf weniger Ausbildungsprofile ist die Anzahl der IT-Berufsprofile gestiegen. Aus der in diesem Beitrag durchgeführten ersten Analyse der Ordnungsmittel geht gleichfalls hervor, dass sich die Aufgabenbereiche der Profile nachvollziehbar abgrenzen. Bisherige Schulorganisationsformen müssen auf den Prüfstand gestellt werden. Die organisationale Vielfalt bei der Organisation des Unterrichts für die IT-Ausbildungsberufe an berufsbildenden Schulen ist groß. So existieren meist berufsgemischte Klassen, bei denen manchmal nur zwei oder auch alle vier Ausbildungsberufe gemeinsam beschult werden. Eine berufshomogene Beschulung ist selbst an großen Standorten nicht durchgängig möglich, da schulorganisatorische Erfordernisse wie ausreichende Anzahl von Lehrkräften, genügend ausgestattete Räume oder Klassengrößen nicht eingehalten werden können. An Standorten mit mehreren beruflichen Schulen verschiedener Fachrichtungen findet oftmals eine Aufteilung nach kaufmännischen oder technischen Ausbildungsberufen statt. Wobei sich Schulen hierbei auch die Verantwortlichkeit nach Lernfeldern aufteilen. Dies führt dazu, dass Schülerinnen und Schüler tage-/stundenweise die Schule wechseln müssen. An diesen Organisationsformen werden nun zum Ausbildungsjahr 2020 durch die Einführung der neuen IT-Ausbildungsberufe Veränderungen vorgenommen werden müssen.

Die erste Analyse verdeutlicht, dass die Lernfelder unterschiedlich stark differieren. Daher, so eine erste Einschätzung, wird eine gemeinsame Beschulung von kaufmännischen und technischen Ausbildungsberufen ab dem zweiten Ausbildungsjahr eher schwierig werden. Ab dem dritten Ausbildungsjahr scheinen möglichst homogene Klassen notwendig.

Resümierend kann an dieser Stelle festgehalten werden, dass im ersten Ausbildungsjahr an der 1997er Struktur der gleichen Lernfelder festgehalten wurde. Im zweiten Ausbildungsjahr trennen sich die Lernfelder zwischen den eher technischen und den eher kaufmännischen Ausbildungsberufen auf und im dritten Ausbildungsjahr ist die Differenzierung innerhalb der IT-Ausbildungsberufe und der vier Fachrichtungen bei dem Ausbildungsberuf Fachinformatiker/-in nun sehr stark ausgeprägt. Daher stellt sich die Frage, ob das Strukturprinzip der gemeinsamen Kernqualifikationen und den berufsspezifischen Fachqualifikationen tatsächlich nach der Novellierung noch trägt oder ob es sich de facto nicht um ein neues Prinzip in Form von einer Stufenausbildung handelt?

Dadurch, dass das erste Ausbildungsjahr die gleichen neuen Lernfelder in allen vier Ausbildungsberufen aufweist, sollten sich die Bildungsgangteams zunächst um die inhaltlichen Änderungen kümmern. Dazu gehört die Transformation der Lernfelder in Lehr-Lernarrangements und die Gestaltung des konkreten Unterrichts mit den Überlegungen über die Ziele, die Inhalte, die Medien und die Methoden. Sicherlich muss die Ressourcenfrage sowohl für die Anzahl und Qualifikation der verantwortlichen Lehrkräfte als auch für neu benötigte Technik (cyber-physische Systeme) gestellt und diskutiert werden. Hier können Synergien zu den „Lernfabriken 4.0" bzw. zur Automatisierungstechnik geprüft werden. Weiterhin müssen dann Fragen beantwortet werden, die die gesamte Schulorganisation – teilweise auf Kreis- oder Landesebene – betreffen. Hierfür muss zunächst auch abgewartet werden, wie gut die neuen Berufe angenommen werden, um über Klassenzusammensetzungen, Bezirksfachklassen oder Landesberufsschulen (ab dem dritten Ausbildungsjahr?) nachzudenken. Ziel sollte es sein, möglichst die Ausbildung an berufsbildenden Schulen in der Nähe zu den ausbildenden Betrieben vorzuhalten; dies aber auch nicht um jeden Preis. Somit müssen Aufwand und mögliche Ausbildungsqualität mit einer in höheren Ausbildungsjahren besser möglichen Mobilität gut austariert werden. Ob die Wirtschaft die neuen Ausbildungsberufe bzw. neuen Fachrichtungen annimmt, wird auch durch die Bildungsgangarbeit an den jeweiligen berufsbildenden Schulen bestimmt. Kommt es dort zu einer berufsbildorientierten Profilbildung, so stehen die Chancen gut, dass die Betriebe nach ihren Einsatzgebieten und tatsächlichen Bedarfen ausbilden werden.

Ausblick

Die IT-Ausbildungsberufe 2020 sind eine Antwort auf die Megathemen Digitalisierung und Informatisierung der Wirtschaft. Als keinem Berufsfeld zugeordnete Ausbildungsberufe werden dual ausgebildete IT-Fachkräfte an der Umsetzung der digitalen Agenda mitwirken; im Sinne der Berufsbildung werden sie diese mitgestalten.

Die Novellierung war überfällig und geht in ihrer Umsetzung deutlich weiter, als dies die Voruntersuchung erahnen ließ. Ob sie geeignet ist, die Erfolgsgeschichte der IT-Berufe fortzusetzen, wird die Zukunft zeigen.

Die Zuschneidung und die Formulierungen der Lernfelder zeigen insgesamt – im Vergleich zu den 1997er Lehrplänen – eine deutliche Weiterentwicklung. Die durchgängig als Prozesse formulierten Lernfelder beinhalten zahlreiche evaluierende Formulierungen. Sie geben Hinweise, wie bzw. unter welchen Anforderungen bestimmte Aufgaben zu erledigen sind.

An den Schulen sollten kurzfristig neue Lernsituationen gestaltet werden, mittelfristig die bisherigen Strukturen der Ausbildung innerhalb der Schule auf die neuen Anforderungen hin geprüft werden und langfristig sollte eine Personalplanung die zu erwartenden Kompetenzanforderungen bei den Lehrkräften erheben und Forderungen an die Aus- und Weiterbildung stellen.

Literatur

BIBB (2016): Voruntersuchung IT-Berufe. Abschlussbericht. https://www.bibb.de/tools/dapro/data/documents/pdf/eb_42497.pdf (07.04.2020).

BIBB (2020): Die neuen IT-Berufe sind da! https://www.bibb.de/de/pressemitteilung_121075.php (07.04.2020).

BMWi (2020a): Verordnung über die Berufsausbildung zum Fachinformatiker und zur Fachinformatikerin (Fachinformatikerausbildungsverordnung – FIAusbV). Bundesgesetzblatt Jahrgang 2020 Teil I Nr. 9, S. 250.

BMWi (2020b): Verordnung über die Berufsausbildung zum IT-System-Elektroniker und zur IT-System-Elektronikerin (IT-System-Elektroniker-Ausbildungsverordnung – ITSEAusbV). Bundesgesetzblatt Jahrgang 2020 Teil I Nr. 9, S. 268.

BMWi (2020c): Verordnung über die Berufsausbildung zum Kaufmann für Digitalisierungsmanagement und zur Kauffrau für Digitalisierungsmanagement

(Digitalisierungsmanagement-Kaufleute-Ausbildungsverordnung – DigiManKflAusbV). Bundesgesetzblatt Jahrgang 2020 Teil I Nr. 9, S. 290.

BMWi (2020d): Verordnung über die Berufsausbildung zum Kaufmann für IT-System-Management und zur Kauffrau für IT-System-Management (IT-System-Management-Kaufleute-Ausbildungsverordnung – ITSManKflAusbV). Bundesgesetzblatt Jahrgang 2020 Teil I Nr. 9, S. 280.

DGUV (2012): Elektrofachkräfte. DGUV Information. Hrsg. Berufsgenossenschaft Holz und Metall (DGUV Informationen, 203–002).

Grimm (2018): Berufliche Fachrichtung und Fachdidaktik Informationstechnik. In: Franz Kaiser, F.; Kalisch, C. (Hrsg.): Gestaltung berufspädagogischer Lehramtsstudiengänge. Bielefeld.

KMK (1973): Rahmenvereinbarung über die Ausbildung und Prüfung für ein Lehramt mit Schwerpunkt Sekundarstufe II – Lehrbefähigung für Fachrichtungen des beruflichen Schulwesens.

KMK (2007): Rahmenvereinbarung über die Ausbildung und Prüfung für ein Lehramt der Sekundarstufe II (berufliche Fächer) oder für die beruflichen Schulen (Lehramtstyp 5).

KMK (2008/2017): Ländergemeinsame inhaltliche Anforderungen für die Fachwissenschaften und Fachdidaktiken in der Lehrerbildung (Beschluss der Kultusministerkonferenz vom 16.10.2008 i. d. F. vom 12.10.2017), Berufliche Fachrichtung Informationstechnik, S. 100–102.

KMK (2019a): Rahmenlehrplan für die Ausbildungsberufe Fachinformatiker und Fachinformatikerin IT-System-Elektroniker und IT-System-Elektronikerin, vom 13.12.2019.

KMK (2019b): Rahmenlehrplan für die Ausbildungsberufe Kaufmann für IT-System-Management und Kauffrau für IT-System-Management Kaufmann für Digitalisierungsmanagement und Kauffrau für Digitalisierungsmanagement, vom 13.12.2019.

Petersen, A. W. (2010): Berufliche Fachrichtung Informationstechnik. In: Pahl, J.-P.; Herkner, V. (Hrsg.): Handbuch Berufliche Fachrichtungen. Bielefeld.

Petersen, A. W.; Wehmeyer, C. (2000): Die neuen IT-Berufe auf dem Prüfstand. In: BWP, 29. Jahrgang, Heft 6/2000, Bielefeld.

Fred Rasch, Nicolai Ringkewitz

Außerunterrichtliche Handlungsfelder von IT-Lehrkräften

Zusammenfassung: *Außerunterrichtliche Handlungsfelder gewinnen bei der Berufsausübung von Lehrkräften an Bedeutung und verdrängen teilweise die eigentliche Kernaufgabe von Lehrkräften: die Unterrichtsgestaltung. Dies gilt allgemein für alle Lehrkräfte und im Speziellen für Lehrkräfte der Informationstechnik. Basierend auf vorliegenden Studien wird auf die Arbeitsbelastungen durch außerunterrichtliche Aufgaben eingegangen. Praxisbeispiele bestätigen und ergänzen die zitierten Studien. Die beispielhaften Darstellungen betreffen Tätigkeiten im Zusammenhang von Lehrkräfteausbildung, Prüfungsausschüssen, Umgestaltung von Fachräumen, IT-Administration, regionaler und internationaler Zusammenarbeit und Schulverwaltung.*

Einführung

Lehrkräfte der beruflichen Fachrichtung Informationstechnik sind in erster Linie Lehrkräfte. Sie planen Unterricht, führen ihn durch und evaluieren diesen. Darüber hinaus wird aus Schulleitungssicht nach Mohr „in den folgenden Jahren der beruflichen Genese einer Lehrkraft (…) die Bereitschaft zur Übernahme von Aufgaben, die nicht im direkten Zusammenhang mit dem Unterricht stehen" (Mohr 2018, S. 384) erwartet. Damit haben sie wie alle Lehrkräfte auch einen bedeutenden Anteil ihrer Arbeitszeit außerhalb des Unterrichts zu erfüllen und unterscheiden sich nicht von Kolleg(inn)en anderer Schulformen.

Als Stichworte für diese außerunterrichtlichen Handlungsfelder nennt die GEW „Vor- und Nachbereitung des Unterrichts, Vorbereitung und Korrektur von Klassenarbeiten/Klausuren und ähnlichen Leistungsnachweisen, Konferenzen, Klassenfahrten, Eltern- und Schülergespräche und vieles mehr" (GEW 2019). Bei Lehrkräften im beruflichen Schulwesen kämen beispielsweise die Kontaktpflege zu Betrieben und Organisationen, die Mitarbeit in Prüfungsausschüssen der Kammern, persönliche Fortbildungen, aber auch das Anbieten von Fortbildungen für Dritte, die Ausbildung von Lehrkräften im Vorbereitungsdienst und das Betreuen von Praktikant(inn)en hinzu. Diese Liste ist sicherlich nicht vollständig. Eine Metastudie der Georg-August-Universität Göttingen kommt zu dem Schluss, dass sich die Tätigkeit von Lehrkräften im Laufe der Jahre stark gewandelt hat und das eigentliche Unterrichten heute weniger als 50 % der Arbeitszeit ausmacht. Insbesondere bei Gymnasiallehrkräften entspricht die

Unterrichtszeit nur 30 % der Arbeitszeit (vgl. Hardwig/Mußmann 2018, S. 99). Für die beruflichen Schulen liefert die Studie leider keine Ergebnisse.

Eine Untersuchung der Universität Bremen aus dem Jahr 2010 in Zusammenarbeit mit der Bundesarbeitsgemeinschaft Elektro-, Informations-, Metall- und Fahrzeugtechnik hat die berufliche Situation von Lehrkräften der beruflichen Fachrichtungen Elektro- und Informationstechnik thematisiert. Insgesamt haben 567 Teilnehmer/-innen an der Umfrage teilgenommen, dabei wurden 323 Fragebögen vollständig ausgefüllt. Diese bilden die Grundgesamtheit der Auswertung. Ein Teil der Untersuchung – der für diese Veröffentlichung relevant ist – widmete sich der Frage nach den besonderen Herausforderungen der Lehrkräfte an berufsbildenden Schulen in den genannten beruflichen Fachrichtungen. Dazu wurden drei Fragen gestellt, bei denen die Antworten auf einer Fünfer-Skala von „überhaupt nicht“ bis „voll und ganz“ bzw. „sehr stark“ vorzunehmen waren. (vgl. Schmitz-Justen/Howe 2010, S. 13 ff.). Die Untersuchung liefert aufgrund ihres Designs zwar keine Zeit- oder Prozentwerte, um das Ausmaß der individuellen Belastung mit unterrichtsfernen Themen zu quantifizieren, erfragte aber die persönliche Wahrnehmung der Teilnehmenden. Die erste Frage thematisierte, wie stark die Teilnehmerinnen und Teilnehmer im Schuljahr 2007/2008 in verschiedene außerunterrichtliche Maßnahmen der Schule eingebunden waren. Die zweite und dritte Frage untersucht, ob diese Einbindung ein zeitliches Problem bzw. ein methodisch/inhaltliches Problem für die Lehrenden darstellt. Die Antworten auf die erste Frage zeigen zusammenfassend, dass 54 % eine sehr starke oder starke persönliche Einbindung in die „Umsetzung des Lernfeldkonzepts“ wahrnehmen, was die größte Herausforderung darstellt. In die „Planung, Beschaffung oder Instandsetzung von Fachraumausstattungen“ fühlen sich 53 % der Teilnehmenden sehr stark oder stark eingebunden. Auf dem dritten Platz folgt die Einbindung in „Verwaltung und Schulorganisation“ (42 %). Die Lehrkräfte verspüren durch die beschriebenen Tätigkeiten im Bereich der Lernraumausstattung, der Schulorganisation und Verwaltung vor allem eine zeitliche und keine inhaltlich/methodische Herausforderung. Das Themenfeld der Lernfeldumsetzung wird sowohl inhaltlich/methodisch als auch zeitlich als belastend empfunden (vgl. Reinhold/Howe 2012, S. 260 ff.). In einem weiteren qualitativen Teil der Untersuchung wird der Fokus auf eine Belastungsquelle gelenkt, die nicht zu den abgefragten Bereichen gehörte, nämlich die Administration der schulischen Netzwerke und PCs. Diese Aufgabe stellt sowohl eine besondere zeitliche als auch inhaltlich/methodische Belastung für die Lehrkräfte dar (vgl. ebd., S. 261).

Die Digitalisierung der Schulen und der Schulorganisation ist ein weiterer Grund für eine zunehmende Beschäftigung der IT-Lehrkräfte mit außerunterrichtlichen Aufgaben. Die beruflichen Schulen sind in Bezug auf Digitalisierung im Kanon aller Schulformen von jeher führend, vor allem die Ausstattung betreffend. Oft bringt der Einsatz neuer digitaler Medien veränderte Datenschutzerfordernisse mit sich und vor allem Unsicherheit, was erlaubt ist und was nicht. In der Vergangenheit waren interessierte Lehrkräfte dabei mit ihren individuellen Lösungen den offiziellen Angeboten zeitlich weit voraus. Mittlerweile sind beispielsweise in Schleswig-Holstein Stellen als Medienberaterinnen und Medienberater für alle Schularten – auch die berufsbildenden Schulen – eingerichtet. Diese sollen Kolleginnen und Kollegen zum Einsatz digitaler Medien im Unterricht beraten. Neben diesem direkten unterrichtlichen Einsatz digitaler Medien wurden in den Schulen in den letzten Jahren neue Softwarelösungen für digitale Stundenpläne und Vertretungspläne eingeführt oder die Schwarzen Bretter digitalisiert. Statt der papierenen Klassenbücher haben einzelne Schulen bereits digitale Lösungen etabliert, das landesweite Rollout des digitalen Klassenbuchs steht in Schleswig-Holstein jedoch noch aus. Die meisten Schulen haben inzwischen einheitliche dienstliche Kommunikations- und Kollaborationssysteme aufgebaut. Auch zu diesem Themenkomplex gibt es Musterlösungen vom Land. Auf der Hardwareausstattung der Schulen liegt in dieser Gemengelage ein deutlicher Veränderungsdruck, der neben der dringenden Aktualisierung der Ausstattung auch einen Zuwachs an Geräten bedeutet. So kam im Jahr 2015 eine Studie für das Land Schleswig-Holstein zu dem Ergebnis, dass einerseits die Zahlen von PCs pro Schüler(innen) in den letzten Jahren gestiegen sind (vgl. Olsen et al. 2015, S. 33) gleichzeitig aber weiterhin Nachholbedarf besteht. Vor allem hat die Studie ein weiteres Problemfeld identifiziert, nämlich die mangelhafte Administration und Wartung der IT-Ausstattungen an den Schulen, die „nicht selten in einem Zustand sind, der die Benutzung erschwert“ (ebd.). Die Umsetzung all dieser Neuerungen und das Einarbeiten der Kolleginnen und Kollegen erfordert Aufwand und Zeit und häufig das Engagement von Lehrkräften der beruflichen Fachrichtung Informationstechnik/ Informatik.

Wie vielfältig das Engagement von Lehrkräften der beruflichen Fachrichtung Informationstechnik ist, wird im Folgenden anhand von exemplarischen Beispielen aus der Praxis des Lehrkräftehandelns dargestellt.

Praxisbeispiele außerunterrichtliche Handlungsfelder

Tätigkeit als Ausbildungslehrkraft

Die Betreuung von Lehrkräften im Vorbereitungsdienst (LiV) und von Studierenden im Praktikum in Form einer Mentorenschaft gehört zum Aufgabengebiet von erfahrenen Lehrkräften. Dazu wird in Schleswig-Holstein den Ausbildungslehrkräften vor der ersten Übernahme einer Mentorenschaft für eine LiV der Besuch einer einschlägigen Fortbildungsreihe dringend empfohlen. Sie schließt mit einem Zertifikat für die Tätigkeit als Ausbildungslehrkraft ab und umfasst acht Nachmittagsveranstaltungen. Themen der Fortbildung sind die Aufgaben einer Ausbildungslehrkraft und die Ausbildungs- und Prüfungsordnung (APO II). Im Detail werden die Gestaltung der Orientierungs- und Beratungsgespräche thematisiert, die Rolle des Portfolios, das von den LiV ausbildungsbegleitend anzufertigen ist sowie allgemeine Fragen der Planung, Durchführung und Analyse von Unterricht (vgl. Keudel 2006).

Das Mentoring selbst ist zeitintensiv und wird in Schleswig-Holstein in der Regel mit einer Unterrichtsentlastung von zwei Stunden honoriert (vgl. IQSH 2011, S. 5). Die Tätigkeit als Mentor/-in umfasst vor allem viel Beratung, Erklärung und Austausch. Insbesondere in der Anfangszeit des Vorbereitungsdienstes sollen die Ausbildungslehrkräfte ihren Mentees die Orientierung an der Schule erleichtern und beispielsweise Ansprechpartner/-innen an der Schule vorstellen, die Fachräume und Medienausstattung und ihre Handhabung sowie den Vertretungs- und Stundenplan erläutern, außerdem Termine, Mitteilungsbuch und die Regelungen für die Pausenaufsicht erklären (vgl. ebd., S. 6). Vor allem gehört die gemeinsame Unterrichtsplanung, die Erörterung der Unterrichtsplanung der Mentees vor oder nach Hospitationen, die Hospitation und Reflexion des eigenständigen Unterrichts der Mentees zu den Aufgaben der Ausbildungslehrkräfte. Je nach Schule und Ausbildungskonzept der Schule sind zusätzlich Abstimmungsprozesse mit dem/der Ausbildungskoordinator/-in, der Schulleitung, dem Landesseminar oder der Universität von Nöten.

Mitarbeit im Prüfungsausschuss der IHK

Die Mitarbeit in einem Prüfungsausschuss der IHK ist eine freiwillige und ehrenamtliche außerunterrichtliche Tätigkeit von IT-Lehrkräften. Allerdings ist die Mitarbeit in den Prüfungsausschüssen auch durch das Berufsbildungsgesetz vorgeschrieben, sodass die Freiwilligkeit hier eingeschränkt wird. Die Mitglieder der Prüfungsausschüsse – eine Lehrkraft sowie jeweils eine Vertreterin bzw. ein Vertreter von Arbeitnehmer- und Arbeitgeberseite – werden von den jeweiligen Industrie- und Handelskammern ernannt. Im speziellen Fall der Ausbildung in den IT-Berufen umfasst die Mitarbeit Tätigkeiten im Zusammenhang mit der Zwischen- und Abschlussprüfung. Häufig sind Lehrkräfte an der Zwischenprüfung als Experten für das Durchführen von Prüfungen beteiligt. Das heißt, sie kontrollieren die Anwesenheit, führen die Aufsicht und überwachen die Prüfungszeiten. Dazu teilen sie die unterschiedlichen Prüfungsbögen zu den jeweiligen Teilaufgaben aus und nehmen sie nach Bearbeitung wieder entgegen. Die Korrektur der Zwischenprüfungen erfolgt maschinell, sodass die Lehrkräfte in diesen Prozess nicht involviert sind. Bei den zentralen Abschlussprüfungen ist der Aufwand für die Lehrkräfte im Prüfungsausschuss deutlich größer und beginnt schon vor der eigentlichen Prüfung, da die Abschlussprüfung aus einem praktischen und einem schriftlichen Teil besteht, die zu unterschiedlichen Terminen geprüft werden. Der praktische Prüfungsbereich besteht aus drei Teilen: einem betrieblichen Projekt inklusive Dokumentation, einer Projektpräsentation und einem Fachgespräch. Das betriebliche Projekt ist von den Auszubildenden selbstständig vor der schriftlichen Prüfung zu bearbeiten und zu dokumentieren. Vor der Durchführung sind die betrieblichen Projekte von den Auszubildenden und ihren Unternehmen in einem Formblatt beim Prüfungsausschuss zu beantragen. Der Projektantrag wird vom Prüfungsausschuss begutachtet und kann genehmigt oder abgelehnt werden. Ablehnungsgründe sind beispielsweise mangelnde oder zu große Komplexität oder ein fehlender Projektcharakter. Einige Wochen vor dem Prüfungstag müssen die von den Auszubildenden angefertigten Projektdokumentationen dem zuständigen Prüfungsausschuss vorliegen und werden von diesen bewertet. Am eigentlichen Tag der praktischen Prüfung nimmt der Prüfungsausschuss die Präsentationen der Projekte und die Fachgespräche ab, dokumentiert die Ergebnisse und übergibt die Prüfungsunterlagen an die IHK. Der Ablauf der schriftlichen Abschlussprüfung ist dem der Zwischenprüfung sehr ähnlich. Die Durchführung erfolgt zeitgleich an den Standorten aller IHK (mit Ausnahme von Baden-Württemberg). Bei der Abschlussprüfung können die Prüfungsbögen nicht maschinell ausgewertet werden, sondern dies geschieht durch die Prüfungsausschüsse selbst und hier meist durch die Lehrkräfte.

Der Ort der Prüfungen variiert und viele Prüfungen finden nicht in Räumen der IHK statt. An manchen Standorten finden die schriftlichen Zwischen- und Abschlussprüfungen traditionell an den Schulen statt und die Organisation von freien Räumen und eine geeignete Bestuhlung sind von den Schulen vorzunehmen. An anderen Standorten sind die Lehrkräfte es gewohnt, zu den Prüfungen externe Veranstaltungsorte oder die IHK aufzusuchen. Ist der Prüfungsort außerhalb der zuständigen IHK, müssen die Unterlagen im Anschluss an die Prüfung bzw. die Korrektur an die jeweilige IHK übergeben werden.

Für Prüfungsausschussmitglieder ist die Teilnahme an den Prüfertagen, die von der IHK jährlich angeboten werden, von Bedeutung. Vorträge und Workshops rund um die Prüfungen der IHK, beispielsweise über Veränderungen am

Prüfungswesen aber auch Seminare zur Einführung in das Prüfungswesen für neu berufene Mitglieder der Prüfungsausschüsse, werden dort angeboten.

Planung der Ausstattung von neuen integrierten Fachräumen

Durch die steigende Anzahl junger Menschen in der IT-Ausbildung (vgl. Grimm/Ringkewitz in diesem Band) einerseits und die bevorstehende Neuordnung der IT-Berufe zum anderen besteht in den berufsbildenden Schulen zusätzlicher Bedarf an Unterrichtsräumen für Netzwerktechnik sowie Anwendungsentwicklung.

Als ein Ergebnis der Untersuchung zu der geplanten Neuordnung der IT-Berufe wurde eine Aktualisierung von Ausbildungsinhalten gefordert, die auch neue Ausstattung an den Schulen notwendig machen würde.

„Über alle IT-Berufsprofile hinweg muss das Thema IT-Security (Datensicherheit, Verfügbarkeit, Datenintegrität und Datenschutz inklusive rechtlicher Aspekte) deutlich gestärkt werden. Dies betrifft, neben einem für alle (IT-) Berufe vertieften Grundverständnis für Fragen der IT-Sicherheit, je unterschiedliche Ausprägungen in den einzelnen Fachprofilen (z. B. Risikoanalyse, Technische Maßnahmen zum Schutz der Hardware und der Netze/Infrastruktur, Verschlüsselung, Berechtigungen, rechtliche Anforderungen an die IT-Sicherheit, Zertifizierung, Schulung etc.). Weitere relevante Themen sind Virtualisierung, Cloud-Computing, Big Data, Mobile Computing, Mobile Devices“(BIBB 2016, S. 110).

Im Folgenden wird am Beispiel einer realen Umsetzung einer Fachraumplanung und -realisierung dieses spezifische außerunterrichtliche Handlungsfeld dargestellt. Im Fachbereich Informationstechnik einer gewerblich-technischen Schule in Kiel hat das IT-Lehrkräfteteam die Anforderungen, die an den neuen Lehrraum gestellt werden, gemeinsam erarbeitet. Dieses gemeinsame Vorgehen ist besonders wichtig, da die vorab zu treffenden didaktischen Entscheidungen lange nachwirken werden und oft gar nicht oder nur unter hohem Kostenaufwand zu korrigieren sind. Basierend auf den Erfahrungen anderer in Betrieb befindlicher Labore wird die Anzahl von 24 Schülerarbeitsplätze plus einen speziellen Arbeitsplatz für die Lehrkraft übernommen. Zudem ist zu berücksichtigen, dass kein Neubau geplant wird, sondern die Umgestaltung eines bestehenden Raumes, der eine größere Anzahl an Arbeitsplätzen ausschließt. In diesem Zusammenhang muss sowohl die elektrische als auch die netzwerktechnische Verkabelung erneuert bzw. erstmalig erstellt werden.

Folgende Kriterien wurden als relevant für die Neugestaltung ermittelt:

- Der neu gestaltete Raum soll sowohl Unterricht in den Sozialformen Gruppen-, Partner- und Einzelarbeit ermöglichen und traditionelle wie moderne Medien zur Verfügung stellen.
- Für die IT-Ausstattung der 24 Schülerarbeitsplätze ist gewünscht, dass sowohl die schuleigene Hardwareausstattung, als auch von den Schülerinnen und Schülern mitgebrachte Geräte genutzt werden können. Dazu soll sowohl die notwendige Netzwerkverbindung zum allgemeinen Schulnetz mit Internetzugang möglich sein, als auch eine Verbindungsmöglichkeit mit den unterrichtlich zu nutzenden Netzwerkkomponenten erfolgen können. Die Verkabelung soll möglichst strukturiert und ohne „fliegende" Kabel umgesetzt werden.
- Für die unterrichtliche Nutzung sollen mehrere identische Ausstattungspakete zur Verfügung stehen, die sowohl Router, Firewall als auch Layer-3-Switche umfassen, die von Gruppen von Lernenden konfigurierbar sind.

Die notwendigen Planungen der Neugestaltung und des Umbaus mussten von IT-Lehrkräften und der IT-Administration außerhalb der Unterrichtszeit durchgeführt werden. Das entwickelte Konzept für den integrierten Fachraum sieht folgende Lösungen vor (vgl. Abb. 1.):

- Neben einer klassischen zweiflächigen Pylonen-Tafel werden digitale Medien wie Dokumentenkamera und Beamer zum Einsatz kommen. Letzterer ist über das Netzwerk von allen Arbeitsplätzen aus steuerbar. Zusätzlich ist eine interaktive Tafel geplant.
- Die 24 Rechner für die Lernenden werden im Labor auf sechs Inseln verteilt und es werden drei Racks für die Netzwerktechnik-Ausstattung angeschafft. Jedes Rack versorgt somit drei Inseln. Pro Insel werden zugehörig im Rack, drei Router, drei Layer-3-Switche und eine Firewall installiert.
- Weiter werden pro Insel vier zusätzliche LAN-Kabel der Kategorie 7 zum Rack verlegt, um flexibel Geräte wie Accesspoints und IP-Telefone anschließen zu können. Für den Lehrkräfte-Labortisch werden Lautsprecher fest angeschlossen.
- Die Monitore wurden so ausgewählt, dass sie über einen zweiten HDMI-Anschluss verfügen, um den Monitor auch mit persönlicher Hardware der Lernenden einsetzen zu können. Mit einer entsprechenden zusätzlichen Leitung können sie ohne die bestehende Verkabelung zu lösen, von den Lernenden genutzt werden.
- Die Rechner werden – neben dem obligatorischen Zubehör wie Maus und Tastatur – als Mini-PC mit zwei Netzwerkkarten und Konsolen-Port angeschafft

und mit einer entsprechenden Halterung an die Monitore geschraubt. Das wirkt sich zum einen platzsparend aus und hat zum anderen den Vorteil, dass die eigentlich lose Verkabelung durch Kabelbinder gesichert werden kann. Ein positiver Nebeneffekt ist, dass durch diese Bauweise weniger Kabel von Schülerinnen und Schülern gelöst werden. Die beiden Netzwerkkarten werden zu unterschiedlichen Zwecken eingesetzt. Eine Netzwerkkarte wird direkt mit dem Schulnetzwerk verbunden. Somit stehen stabile Internetverbindungen zur Verfügung. Die zweite Netzwerkkarte und der Konsolen-Port werden direkt mit einem der beiden zu installierenden Racks verbunden und dort an Patchfeldern abgelegt. Hier wird darauf geachtet, dass die Leitungen und die Beschriftungen für die Netzwerktechnik in Gelb und für die Leitungen und Beschriftungen der Konsole in Blau vorgenommen werden. So können Verwechslungen minimiert werden, die eine Gefährdung für einzelne Baugruppen aufgrund unterschiedlicher Spannungspegel bedeuten können. Außerdem ist es möglich, durch Patchen am Rack jeden Rechner mit jeder Netzwerktechnik-Komponente zu verbinden und zu konfigurieren.
- Zusätzlich werden für die Inseln Steckdosenleisten und USB 3.0 Anschlüsse bereitgestellt, sodass moderne Kommunikationsgeräte elektrisch geladen werden können.

Die fortlaufende Betreuung des Raumes obliegt als außerunterrichtliche Tätigkeit einer Lehrkraft und umfasst die Wartung und das Updaten der PCs sowie der Netzwerkkomponenten. Dazu gehören der Überblick und die Kontrolle auf

Abb. 1: Laborraum für den IT-Unterricht

fehlende oder dysfunktionale Kabel und Ähnliches, um jederzeit möglichst störungsfreies Unterrichten zu ermöglichen.

Wartung und Administration von IT-Ausstattungen

Die in der Einführung bereits zitierte Studie zur IT-Ausstattung der Schulen in Schleswig-Holstein kommt zu dem Ergebnis, dass der Support für die schulische IT-Ausstattung zu 50 % von Lehrkräften erbracht wird. In Kombination mit den Ergebnissen der ebenfalls zitierten Bremer Studie liegt der Schluss nahe, dass an berufsbildenden Schulen vor allem Lehrkräfte der beruflichen Fachrichtung Informationstechnik dieses besondere Engagement im Bereich der Schul-IT erbringen. Dies kann von unterrichtsnahen Tätigkeiten wie der Verantwortlichkeit für die IT-Ausstattung einzelner Räume oder mobiler Ausstattungen wie Klassensätze Laptops/Tablets über eher unterrichtsferne Themen wie den Internetauftritt der Schule bis hin zur Gesamtverantwortung der Schul-IT reichen. Dieses Engagement wird zumindest in Teilen auch in Form von Reduzierungen des eigenen Stundendeputats gewürdigt.

Insbesondere die Wartung und Pflege der unterrichtlich genutzten Hardware bedeutet einen hohen Zeitaufwand für die Lehrkräfte. Dies liegt zum einen daran, dass es für einige Schülerinnen und Schüler eine Herausforderung darstellt, die Einstellungen der Geräte so zu verstellen, dass die Benutzung für nachfolgende Lernendengruppen deutlich erschwert wird. Manche Schulen behelfen sich dadurch, dass sie in die PCs spezielle Mechanismen einbauen, die jeden PC nach dem Herunterfahren in den Ursprungszustand zurückversetzen. Häufig bringt ein solcher Ansatz aber auch Schwierigkeiten mit sich, da ein Fortsetzen der Arbeiten in der nächsten Stunde mit extra Aufwänden in der Datensicherung verbunden ist. In Klassen der IT-Berufe ist ein solcher Ansatz ebenso schwierig, wie der Ansatz über restriktive Einschränkungen der Benutzerrechte vorzugehen, da unterrichtlich häufig Vorteile oder sogar Notwendigkeiten bestehen, über volle Zugriffsrechte auf den Rechnern zu verfügen. Auch wenn dazu keine Daten vorliegen, so kann man davon ausgehen, dass schulisch genutzte PCs viel häufiger neu installiert werden müssen, als beispielsweise die PCs in einem Unternehmen. Gleichzeitig ist eine automatisierte Neuinstallation mittels Deployment-Systemen aber auch nur schwer umsetzbar, sodass hier ein hoher manueller Aufwand entsteht.

Aus der Erfahrung heraus muss leider auch festgestellt werden, dass an Schulen trotz aller Aufmerksamkeit der Lehrkräfte immer wieder Mäuse, Netzwerkkabel oder Ähnliches verschwinden, was gerade am Anfang der Unterrichtsstunden zu Verzögerungen führt. Auch die Ersatzbeschaffung und das Anbringen der fehlenden Komponenten erfordert Zeit.

Neben den Arbeiten rund um die unterrichtlich genutzte Hardware entstehen zusätzliche Aufwände aus dem Bereich der Schulverwaltung und -organisation fortwährend neu. Es ist davon auszugehen, dass jede berufliche Schule über einen Internetauftritt verfügt, der betreut und aktualisiert werden muss. Manche Schulen haben dazu Webhosting-Pakete erworben, die neben der Webseite auch E-Mail-Adressen und Webmail für jede Lehrkraft ermöglichen. Auch die Schulverwaltungssoftware muss betreut, aktualisiert und gewartet werden. Vor allem kurz vor den Zeugnissen und Prüfungen gibt es hier immer wieder Probleme mit der Eintragung von Noten oder dem Zeugnisdruck. Und auch diese Aufgaben liegen häufig in den Händen von IT-Lehrkräften.

Ein weiteres Thema, dass häufig von engagierten Lehrkräften organisiert wird, ist das Betreiben einer eigenen Lernplattform wie beispielsweise Moodle. Dabei sind einzelne Lehrkräfte häufig nicht nur für den Betrieb der Plattform für die gesamte Schule verantwortlich, sondern auch für das Anlegen der sogenannten Kurse. Die Ausgestaltung eines einzelnen Kurses dagegen obliegt dann der jeweiligen Lehrkraft und ist dem Themenfeld der Unterrichtsvorbereitung zuzuordnen. Die Schülerinnen und Schüler können sich über einen Mechanismus selbst in die Kurse einschreiben und auch erstmalig als Benutzer der Plattform registrieren, sodass zumindest hier der Aufwand für die Lehrkräfte gering gehalten wird. Zum Themenkomplex Lernplattformen gehören auch Kooperationen mit bspw. Cisco und Microsoft. Beide bieten speziell im Bereich beruflicher Bildung genutzte Services an. Bei Cisco handelt es sich dabei um eine echte Lernplattform. Einschreiben und Anlegen der Nutzerinnen und Nutzer erfolgt auch hier in einem ähnlichen Mechanismus durch die Lernenden selbst. Im weiteren Verlauf der Nutzung der Plattform wird die Zuordnung von Kursen und Lernenden von den Lehrkräften vorgenommen. Im Bereich der Unterrichtsvorbereitung ermöglicht die Plattform inzwischen auch ein Anpassen der Lerninhalte. Die Aufgaben für die Lehrkraft sind ansonsten eher organisatorischer Art. Beispielsweise müssen neue Kurse angelegt werden oder die Mechanismen zur Selbsteinschreibung aktiviert werden. Eine Lehrkraft muss gegenüber dem Unternehmen als Ansprechperson benannt werden. Von dieser Lehrkraft wird erwartet, an den entsprechenden Meetings der beteiligten Schulen teilzunehmen und die Informationen weiter ins Kollegium zu tragen. Bei Microsoft handelt es sich um ein Portal, aus dem sich Lehrende und Lernende affiner beruflicher Bildungsgänge Software wie Betriebssysteme, Datenbanken, Groupware oder Entwicklungsumgebungen zu privaten nicht gewerblichen Zwecken oder der unterrichtlichen Verwendung herunterladen können. Auch hier müssen die Listen der berechtigten Personen von den jeweiligen Lehrkräften gepflegt werden.

Das Schulnetzwerk und vor allem das WLAN einer berufsbildenden Schule benötigen regelmäßige Wartung und Pflege. Bei den schuleigenen WLANs haben in der Vergangenheit beispielsweise veränderte gesetzliche Vorschriften beim Datenschutz oder die sogenannte Störerhaftung dazu geführt, dass das Betreiben zwischenzeitlich nicht mehr nur mit der Bereitstellung eines offenen WLANs erfolgen konnte, sondern die Schulen eine Benutzerverwaltung und Zugriffsbeschränkungen einzurichten hatten, um rechtssicher aufgestellt zu sein. Neuere rechtliche Entwicklungen lassen Lösungen mit weniger Aufwand zu; dadurch zeigt sich vor allem, dass auch die schulischen IT-Anforderungen einem ständigen Wandel unterliegen und die Umsetzung häufig Aufgabe der IT-Lehrkräfte ist.

Funktionsstelle Abteilungsleitung „Informationstechnik"

In den technisch-orientierten berufsbildenden Schulen existiert in der Regel eine Abteilung „Informationstechnik". Die Aufgaben der verantwortlichen Abteilungsleitung sollen nachfolgend exemplarisch für einen schleswig-holsteinischen Schulstandort beschrieben werden.

Drei Aufgabenbereiche gilt es, mit dieser Funktion im Besonderen abzudecken. So ist Verantwortung für Lehrkräfte, Schülerschaft und Unterricht zu übernehmen. Die eingesetzten IT-Lehrkräfte sind fachlich zu führen und entsprechend ihrer Facultas, Kenntnisse und Fähigkeiten in den Unterricht der Lernfelder und Fächer unter Berücksichtigung der Stundentafel einzusetzen. Das erfordert zum einen eine dezidierte Ermittlung des Lehrkräftebedarfes und der Einsetzung in den Stundenplan. Zum anderen setzt es voraus, dass die Anzahl der Lehrkräfte, die für den IT-Unterricht benötigt werden, zur Verfügung stehen. Grade der letzte Punkt gestaltet sich in letzter Zeit schwierig, da die Anzahl der Studierenden und somit die der potenziellen Bewerber/-innen seit Jahren den Bedarf der Berufsschulen nicht decken können. Das führt zwangsläufig zu Maßnahmen, die es Quereinsteiger(inne)n ermöglicht in „Mangelfachrichtungen" wie der Informationstechnik in den Schuldienst einzusteigen. Weiter gilt es, im Rahmen der Personalentwicklung die IT-Lehrkräfte sowohl fachlich durch erforderliche Schulungen als auch personell zu fördern. Beides lässt sich in durchzuführenden Mitarbeiter/-innen-Jahresgesprächen ermitteln und nachfolgend umsetzen. Dabei gilt es im Besonderen die Aus- und Fortbildung der IT-Lehrkräfte zu koordinieren, um gut auf den Unterricht und technisch relevante Innovationen vorbereitet zu sein. Zusätzliche Aufgaben der Abteilungsleitung für das Umfeld Lehrkräfte sind die Vertretungsplanung, die Organisation von

Schulentwicklungstagen, die Vorbereitung und Durchführung von Konferenzen und die abteilungsinterne Haushaltplanung.

Ein Schwerpunkt der Arbeit von IT-Abteilungskräften bildet die Verwaltung um die Schülerinnen und Schüler herum. So gilt es, neben der Durchführung des eigenen Unterrichtes Verwaltungsaufgaben wie Ein-, Um- und Ausschulungen, Klassenbildung und Zeugnisdruck wahrzunehmen. Weiter sind Kurse wie Wahlpflichtbereiche, Arbeitsgemeinschaften und Projektphasen zu planen.

Auch enge Kontakte zu den Dualpartnern und den Industrie- und Handelskammern sind zu halten. Daneben sind Ausbilder/-innen-Arbeitskreise in regelmäßigen Abständen von ein bis zwei Jahren vorzubereiten und auszurichten.

Schließlich ist der Webauftritt der IT-Abteilung zu pflegen und es sind Informationsmaterialien zur IT-Ausbildung für die Auszubildenden selbst und die Betriebe bereitzuhalten. Zu guter Letzt gilt es, den Bildungsgang stetig weiter zu entwickeln. Dieses ist sowohl im kleineren Umfang wie bei der Arbeit um ein neues Projektthema herum als auch im größeren Umfang wie bei der bevorstehenden Neuordnung der IT-Berufe durchzuführen. Letzteres muss sehr aufmerksam begleitet, nach der Einführung dezidiert untersucht und gemeinsam mit der gesamten Abteilung didaktisch und methodisch aufbereitet werden, damit ein darauf abgestimmtes schulinternes Curriculum entworfen werden kann. Es gilt, gezielt Lernsituationen aus den neuen bzw. neu gestalteten Lernfeldern heraus zu entwickeln, die die berufliche Handlungskompetenz fördern (vgl. Gehlert/Pohlmann 2010, S. 24).

Koordination der internationalen (berufsbildenden) Kontakte

Die außerunterrichtliche Tätigkeit im Themenfeld „Internationalisierung berufsbildender Schulen" umfasst neben der Beantragung von Projektmitteln, die Durchführung und Abwicklung der Projekte und die Verstetigung der Kontakte. Dabei sind interessierte Schülerinnen und Schüler sowie Lehrkräfte in ihren internationalen Interessen zu unterstützen und das eigene schulische Austauschangebot stetig weiter zu entwickeln. Schließlich umfasst die Koordination der internationalen Kontakte die Betreuung internationaler Besuchergruppen und die Außendarstellung in Schule, Tageszeitung und digitalen Medien.

In der Regel pflegen berufsbildende Schulen internationale Kontakte mit befreundeten Schulen im Ausland. Die Gründe liegen auf der Hand: „Internationale Berufserfahrungen sind immer häufiger Teil des beruflichen Anforderungsprofils. Auslandsaufenthalte in der beruflichen Aus- und Weiterbildung stellen eine hervorragende Möglichkeit dar, internationale Berufskompetenzen zu erwerben" (vgl. NA-BIBB 2019). Der Titel Europaschule ist in diesem

Zusammenhang als Aushängeschild und Qualitätsmerkmal äußerst begehrt. Die Verstetigung der Kontakte erfordert jedoch kontinuierliche Arbeit im internationalen Netzwerk. Diese Arbeit wird neben der unterrichtlichen Tätigkeit geleistet. In den Schulen kümmert sich entweder ein „internationales Team" oder auch nur eine Einzelperson um das Zustandekommen und die Pflege derartiger Netzwerke. So ist auch die Abteilung der Informationstechnik prädestiniert, entsprechende Projekte für ihre Schülerinnen und Schüler zu organisieren, da die Fachsprache der Informationstechnik mit ihren englischen Fachbegriffen die Kommunikation mit internationalen Partnern im Vergleich zu anderen beruflichen Fachrichtungen eher einfach gestaltet.

Zu den konkreten internationalen Aufgaben gehört die Kontaktpflege zu den Partnerschulen nach Möglichkeit mit wechselseitigen Besuchen. Um diese im Partnerland zu ermöglichen, bedarf es der Beantragung von Projektmitteln. Anträge können beispielsweise bei dem Pädagogischen Austauschdienst der Kultusministerkonferenz (PAD) oder der Nationalen Agentur beim Bundesinstitut für Berufsbildung (NA-BIBB) gestellt werden. Beide Stellen unterstützen Projekte unter dem Programmnamen Erasmus +. Nachteilig wirken sich die ausgeprägten bürokratischen Erfordernisse aus. Die Anträge selbst, die Zwischenberichte und die Abschlussberichte umfassen oft mehr als vierzig DIN-A4-Seiten pro Bericht.

Entschieden weniger aufwendig ist es, monetäre Mittel aus bilateralen Länderkooperationen zu beantragen und zu erhalten. Im Gegensatz zu Erasmus + erfordert das Antragsverfahren und die Verwaltungsarbeit in Form von Berichterstellungen deutlich weniger Zeit. Ein Beispiel ist PROTANDEM, die Deutsch-Französische Agentur für den Austausch in der beruflichen Bildung. Ein zweites Beispiel ist das Deutsch-Polnische Jugendwerk. Die wesentliche Voraussetzung für ein bilaterales Projekt ist, dass die beiden beteiligten Länder ein Abkommen auf politischer Ebene unterzeichnet haben, Mittel bereitstellen und sich um die Vergabe dieser kümmern.

Vernetzung mit IT-Lehrkräften anderer Schulen

Die Vernetzung mit Lehrkräften anderer Schulen hat in Schleswig-Holstein im Bereich der Ausbildung in den IT-Berufen eine Tradition, die auf das Jahr 1997 und damit auf den Beginn der IT-Berufe zurückgeht. Der sogenannte „Expertenkreis IT" wird vom Landesfachberater am IQSH organisiert. Jede Schule des Landes, die im Bereich Informationstechnik beschult, entsendet nach Möglichkeit mindestens eine Teilnehmerin oder einen Teilnehmer. Der Expertenkreis unterstützt sich gegenseitig in Fragen der Ausstattung und berät gemeinsam über Angebote und Bedarfe zu Lehrkräftefortbildungen. Identifizierte Fortbildungsbedarfe sollen durch entsprechende Angebote abgedeckt werden, wobei dem Landesfachberater bzw. der Landesfachberaterin die Organisation und das rekrutieren von externen Experten obliegt. In der Geschichte des Arbeitskreises haben aber häufig auch einzelne Mitglieder Fortbildungen persönlich angeboten und organisiert, die über die Zusammenarbeit mit dem Landesseminar für interessierte Lehrkräfte des Landes offenstanden. Für einzelne Lehrkräfte ist somit nicht nur die Teilnahme am Arbeitskreis, sondern auch die Organisation der Fortbildungen eine weitere außerunterrichtliche Tätigkeit.

Fazit

Die Liste der aufgeführten Tätigkeiten hat nicht den Anspruch das außerunterrichtliche Handlungsfeld von IT-Lehrkräften vollumfänglich darzustellen. Die beschriebenen außerunterrichtlichen Tätigkeiten sind vielmehr nur exemplarisch. Die Liste ließe sich fortsetzen. Mohr (2018) gestaltet aus Schulleitungsperspektive einen Handlungsrahmen, indem er noch „Projekte zur strategischen Schulentwicklung, Schulversuche, schulweite Prävention zu unterschiedlichen Themen, Mitarbeit bei der Erstellung von Lehr- und Stoffverteilungsplänen, Projekte zur strategischen Unterrichtsevaluation und Qualitätssicherung, Presse und Öffentlichkeitsarbeit, Teilnahme an Wettbewerben oder die Vorbereitung von Messen und Ausstellungen“ (ebd., S. 385) benennt.

Lehrkräfte der beruflichen Fachrichtung Informationstechnik/Informatik sind in erster Linie Lehrkräfte, die für die Durchführung eines qualitativ hochwertigen Unterrichts an den berufsbildenden Schulen eingestellt worden sind; das Feld der außerunterrichtlichen Tätigkeiten von Lehrkräften kann insbesondere im IT-Bereich viele weitere Aufgabenbereiche umfassen. Im Sinne eines nachhaltigen Handelns und der Schonung der „Ressource“ IT-Lehrkraft sollten die „Nebentätigkeiten“ die eigentliche Aufgabe der Lehrkräfte nicht zu stark überlagern, damit das Kernelement „Unterricht“ nicht zu kurz kommt.

Literatur

BIBB (2016): Voruntersuchung IT-Berufe. Abschlussbericht – Teil A. Bonn: Internet https://www.bibb.de/tools/dapro/data/documents/pdf/eb_42497.pdf (Zuletzt geprüft 13.03.2019).

Gehlert, B.; Pohlmann, H. (2010): Praxis der Unterrichtsvorbereitung. Troisdorf.

GEW (2019): Arbeitszeit und Unterrichtszeit. Online: https://www.gew.de/beamte/arbeitszeit-und-unterrichtszeit/ (Zuletzt geprüft 04.09.2019).

Hardwig, T.; Mußmann, F. (2018): Zeiterfassungsstudien zur Arbeitszeit von Lehrkräften in Deutschland, Konzepte, Methoden und Ergebnisse von Studien zu Arbeitszeiten und Arbeitsverteilung im historischen Vergleich. Göttingen.

IQSH (2011): Handreichungen für Ausbildungslehrkräfte. Online: https://www.schleswig-holstein.de/DE/Landesregierung/IQSH/Arbeitsfelder/LSBB/Ausbildung/Material/handreichnungenAlk2011.html (Zuletzt geprüft 18.09.2019).

Keudel, U. (2006): Das Zertifikat für die Tätigkeit als Ausbildungslehrkraft. (Erlass des MBF – III 40 – v. 16. Juni 2006). Kiel.

Mohr, S. (2018): Auftrag des biat aus Sicht der RBZ und berufsbildenden Schulen. In: Becker, Matthias; Grimm, Axel; Herkner, Volkmar; Schlausch, Reiner (Hrsg.): Flensburger Perspektiven zur Lehre und Forschung für die Berufsbildung, 20 Jahre biat. Berlin.

NA-BIBB (2019): Mobilität – Auslandsaufenthalte in der Berufsbildung. Online: https://www.na-bibb.de/erasmus-berufsbildung/mobilitaet/ (Zuletzt geprüft 08.09.2019)

Olsen, Ch.; Ramm, G.; Lamm, H.; Münte-Goussar, St.; Kühn, T.; Filk, Ch.; Sievers, J. (2015): Landesweite Umfrage zur IT-Ausstattung der Schulen in Schleswig-Holstein. Kronshagen.

Reinhold, M.; Howe, F. (2012): Status der beruflichen Fachrichtung Elektrotechnik und Informationstechnik. In: Becker, M.; Spöttl, G.; Vollmer, T. (Hrsg.): Lehrerbildung in Gewerblich-Technischen Fachrichtungen. Bielefeld, S. 257–277.

Schmitz-Justen, F.; Howe, F. (2010): Berufssituation und Herausforderungen von Berufsschullehrkräften in den Berufsfeldern Elektrotechnik und Informationstechnik. ITB Forschungsberichte 47/2010, Bremen.

Maik Jepsen

IT-Management in beruflichen Schulen – ein Handlungsfeld von IT-Lehrkräften?

Zusammenfassung: *Die digitale Informations- und Datenverarbeitung ist schon seit geraumer Zeit fester Bestandteil im Schulalltag. Neben der digitalen Mediennutzung im Rahmen des Unterrichts erfolgen Verwaltungsaufgaben mithilfe digitaler Infrastrukturen. Deren Einführung und insbesondere Betreuung stellt für viele Schulen eine große Herausforderung dar. Darüber hinaus bestehen an beruflichen Schulen der gewerblich-technischen Fachrichtungen häufig individuelle Anforderungen, die speziell angepasste Lösungen erfordern. Die Realisierung dieser Aufgaben wird häufig durch IT-affine Lehrkräfte insbesondere aus der beruflichen Fachrichtung Informationstechnik/Informatik unterstützt bzw. umgesetzt. In dem folgenden Beitrag werden die vielfältigen Aufgaben des IT-Managements an berufsbildenden Schulen am Beispiel des RBZ Eckener-Schule Flensburg dargestellt. Dieses für IT-Lehrkräfte zusätzliche Handlungsfeld steht in einem Wechselverhältnis zu ihrer Unterrichtsverpflichtung. Unter bestimmten Voraussetzungen kann diese Doppelfunktion zu einer innovativen Schulentwicklung und gleichzeitig zur Professionalisierung der Lehrkräfte beitragen.*

Einführung/Problemstellung

Informationstechnologien sind bereits seit vielen Jahren fester Bestandteil in Schulen. Schülerverwaltungsdatenbanken, Zeugniserstellungssoftware, E-Mail-Kommunikation, Informationssysteme und Stundenplanungswerkzeuge sind Beispiele aus der Schulorganisation, deren Abläufe zunehmend digitaler werden. Der digitale Wandel in Arbeit und Gesellschaft wirkt darüber hinaus auf das Bildungssystem. Dessen Aufgabe besteht darin, die Veränderungen in entsprechende Bildungsprozesse einfließen zu lassen. Dies äußert sich z. B. in der KMK-Strategie zur „Bildung in der digitalen Welt“, in der sich die Länder auf klar formulierte Ziele und einer gemeinsamen inhaltlichen Ausrichtung verständigt haben (KMK 2016). Das Lernen im Kontext der Digitalisierung wird künftig integraler Bestandteil des Bildungsauftrags sein (vgl. KMK 2016, S. 6). „Kompetenzen für ein Leben in der digitalen Welt werden zur zentralen Voraussetzung für soziale Teilhabe, denn sie sind zwingend erforderlich für einen erfolgreichen Bildungs- und Berufsweg.“ (ebd.) Dazu werden zunehmend digitale Medien im unterrichtlichen Alltag genutzt, um Lernprozesse zu unterstützen bzw. neue, digitale Kompetenzen der Schüler/-innen zu fördern. Diverse Medien, wie mobile Endgeräte, gleichfalls aus dem persönlichen Bestand der

Schüler/-innen und der Lehrkräfte sowie von den Schulen bereitgestellt, können hierzu einen Beitrag leisten, sofern sie auf eine entsprechende IT-Infrastruktur an den Schulen zurückgreifen können.

Gleichzeitig wachsen dadurch die Herausforderungen an den Schulen, diesen Wandel zu begleiten bzw. erfolgreich zu gestalten. Insbesondere hängt es von den Möglichkeiten des Schul- bzw. Anstaltsträgers ab, inwieweit für Aufwendungen zur Ausstattung und deren laufenden Unterhaltung gesorgt wird. Dabei gestaltet sich die Anschaffung von Hardware wie z. B. Computersystemen als weniger problematisch. Die viel größere Herausforderung besteht darin, auf die speziellen Bedürfnisse zugeschnittene Konzepte zu erstellen sowie für die dauerhafte Wartung und Betriebsführung des Equipments zu sorgen. Hierzu fehlt schlicht das notwendige, qualifizierte Personal. Als Richtgröße hierzu hat Grepper bereits Anfang der 2000er Jahre Empfehlungen für einen Betreuungsschlüssel von einer Fachkraft für je 100 Rechner gegeben (vgl. Grepper/Döbeli 2001). Der durch die Landesämter zur Verfügung gestellte Support kann diesen Bedarf gewöhnlich auch nicht lindern, da die Komplexität insbesondere an beruflichen Schulen weit über die Empfehlungen zur Basisausstattung hinausgeht (MSB-SH 2015).

Die hohe Bedeutung des bislang eher vernachlässigten IT-Managements wird im aktuell zwischen Bund und Ländern ausgehandelten DigitalPakt Schule deutlich. Die bundesweite Förderung von insgesamt fünf Mrd. Euro für digitale Infrastruktur an Schulen schließt explizit sämtliche Kosten für Betrieb, Wartung und IT-Support aus (vgl. BMBF 2019, S. §3(4)). Stattdessen müssen Antragsteller bestätigen, dass eine auf mehreren Ebenen verteilte und an die Investition gekoppelte Supportstruktur sichergestellt wird (vgl. BMBF 2019, Anlage 2). Für Schulen, Kommunen und Länder wird es nun unumgänglich, das Thema IT-Management nachhaltig zu professionalisieren.

In einer historischen Betrachtung übernehmen häufig IT-affine Lehrkräfte – analog zur Betreuung herkömmlicher Labore Aufgaben im schulweiten IT-Management. Als fachliche Ansprechpartner kompensieren sie fehlendes Personal. Allerdings stehen diese zusätzlichen Aufgaben zunehmend im Konflikt mit ihrer Unterrichtsverpflichtung. So bezweifeln Breiter et. al, dass aufgrund steigender Komplexität, Informationssicherheit und rechtlicher Rahmenbedingungen „immer weniger Lehrkräfte bereit (und in der Lage) sind, für den laufenden technischen Betrieb [nebenbei] zu sorgen“ (Breiter et al. 2015, S. 27). Die Übernahme von IT-Managementaufgaben kann sich aber auch andersartig auf das didaktische Handeln der Lehrkräfte auswirken. Schließlich beinhaltet das IT-Management Aufgaben aus dem beruflichen Einsatzfeld von IT-Fachkräften, also die Arbeitswirklichkeit, die z. B. Auszubildende in den IT-Ausbildungsberufen in ihrem späteren Berufsalltag ausüben. Fischer et. al bekräftigen bereits Anfang der 2000er Jahre diesbezüglich: „Ein wissenschaftlich fundiertes curriculares und didaktisches Handeln von Berufspädagogen setzt berufs-, und arbeitsfeldspezifisches Wissen über Inhalte und Formen der IT-gestützten Facharbeit und über die spezifischen Entwicklungs- und Gestaltungspotenziale voraus." (Fischer et al. 2001, S. 14)

Insgesamt stellt sich daher die Frage, welche Rolle die IT-Lehrkräfte in dem schulischen IT-Management einnehmen und welche Auswirkungen dies auf Schulentwicklung sowie das didaktische Handeln hat.

In diesem Beitrag werden zunächst die übergeordneten Aufgabenbereiche des IT-Managements an Schulen dargestellt. Zur Einordnung des Umfangs einer schulischen IT-Landschaft wird exemplarisch die Ausstattung der RBZ Eckener-Schule präsentiert. Darüber hinaus wird das gemeinsam von Schule und Kommune getragene Personalkonzept dargestellt, worauf der laufende Betrieb und IT-Support basiert. Die dargestellten Erfahrungen reflektieren die besondere Situation an beruflichen Schulen und zeigen Möglichkeiten auf, wie involvierte IT-Lehrkräfte davon in ihrer Lehrverpflichtung profitieren können.

IT-Management – ein Baustein im Rahmen der Medienintegration und Schulentwicklung

„Unter IT-Management lässt sich die Gesamtheit der Aufgaben auf strategischer, taktischer und operativer Ebene subsumieren, die sich mit dem Einsatz von Informations- und Kommunikationstechnik beschäftigen." (Breiter et al. 2006, S. 255). In Bezug auf Schulen lassen sich für dieses eigenständige Managementfeld folgende Aufgabenbereiche definieren:

- Beschaffung,
- Betrieb und technischer Support (auch Datenschutz und Datensicherheit),
- Pädagogischer Support und Fortbildung,
- Controlling und Evaluation (Breiter 2001, S. 135).

Die Aufgabenbereiche des IT-Managements an Schulen sind normalerweise Bestandteil einer übergeordneten Medienintegration und Schulentwicklung. Breiter stellt hierzu fest, dass dabei „die Bereitstellung einer lernförderlichen IT-Infrastruktur (…) eine notwendige, wenn auch nicht hinreichende Bedingung für die Integration digitaler Medien in Lern- und Lehrprozesse einer Schule" darstellt (Breiter et al. 2015, S. 47). In dem von ihm entwickelten Modell werden die verschiedenen Handlungsdimensionen der Medienintegration und Schulentwicklung auf verschiedenen Ebenen dargestellt (vgl. Abb. 1).

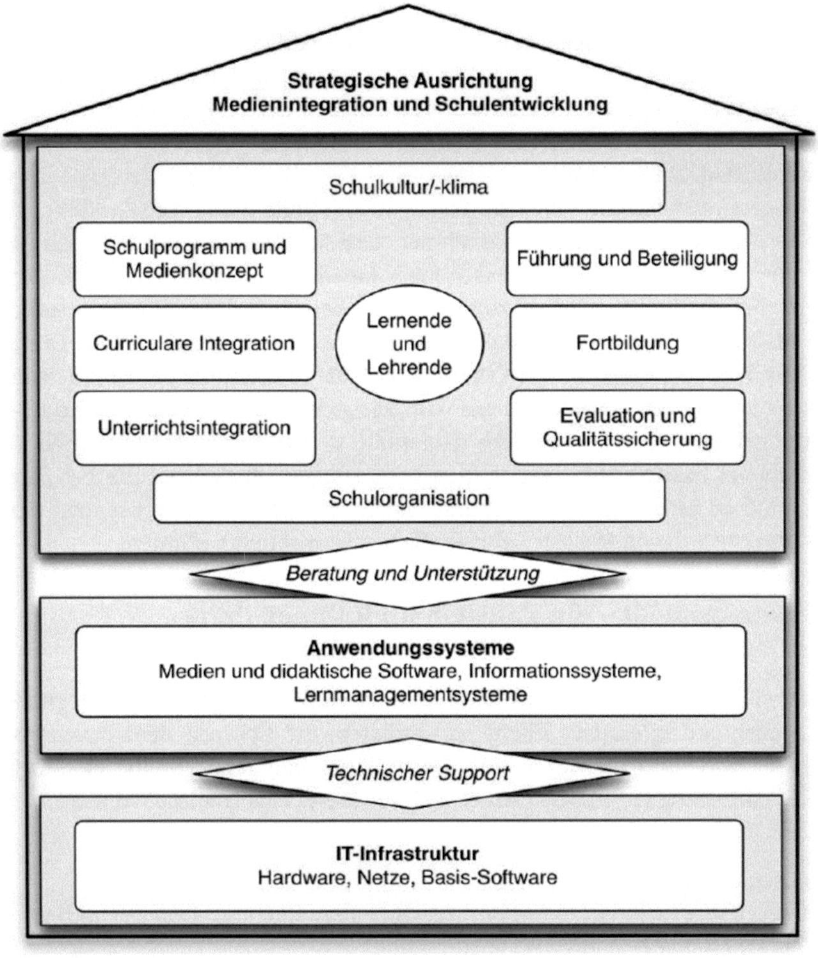

Abb. 1: Handlungsdimensionen schulischer Medienintegration (Breiter et al. 2010, S. 16)

Die gesamtstrategische Ausrichtung und Verantwortung muss nach den Empfehlungen von Breiter bei der Schulleitung liegen. In den darunterliegenden Handlungsfeldern stehen Lernende und Lehrende im Mittelpunkt. Sie stehen dabei mit vielfältigen Aspekten wie z. B. curriculare und unterrichtliche Integration, Fortbildung, Evaluation und Qualitätssicherung in Beziehung. Dem

Medienkonzept einer Schule kommt eine besondere Bedeutung zu. Es dient insbesondere als Basis für die Bereitstellung entsprechender IT-Systeme. Folgende Leitfragen können zur Erstellung des Medienkonzepts herangezogen werden:

- Welche Zielrichtung hat unsere schulische Medienarbeit? Welche Schwerpunkte setzen wir uns?
- Welche Kompetenzen wollen wir vermitteln? Wie gewährleisten wir, dass möglichst alle Schülerinnen und Schüler diese erwerben?
- Wie können wir dafür sorgen, dass digitale Medien regelmäßig zum Einsatz kommen?
- Wie legen wir systematisch die Umsetzung der Medienarbeit in den einzelnen Fächern fest?
- Welche Endgeräte (Festrechner, Laptop, Tablet) eignen sich am besten für unsere angedachte Medienarbeit?
- Sollten sie mobil sein oder sich an festen Standorten befinden? Welche festen Standorte eignen sich am besten (Computerraum, Medienecke, Klassenraum, …)?
- Wie sorgen wir für eine möglichst hohe Auslastung der Endgeräte/Räume (häufig ein Problem bei Computerräumen)?
- Wollen wir schülereigene/lehrereigene Endgeräte in die Konzeption einbeziehen?
- Benötigen wir digitale Projektionsmöglichkeiten? Sind diese mobil einsetzbar oder werden diese in einigen oder allen Räumen fest installiert?
- Wie sollen Inhalte und Dateien miteinander ausgetauscht werden? Ist auch ein Zugriff von zu Hause sinnvoll und notwendig?
- Welche Qualifizierung benötigen die Lehrerinnen und Lehrer zur Integration der Medien in ihren Unterricht?
- Wie können wir Eltern und Schüler/-innen in die Konzeptionsarbeit einbeziehen? (IQSH 2015, S. 5).

Zur Realisierung dieser pädagogisch geprägten Ziele sind weitere Teilkonzepte zu erarbeiten:

- Technisches Ausstattungskonzept,
- Supportkonzept,
- Finanzierungskonzept (vgl. IQSH 2015).

Die technische Ausstattung resultiert aus den pädagogischen Überlegungen. Hinzu kommen der Bedarf aus der Schulorganisation, (datenschutz-)rechtliche Vorgaben sowie Erfordernisse, die aus der Administration der IT-Landschaft resultieren.

Support und Administration

Neben der technischen Ausstattung sind für eine erfolgreiche Medienintegration weitere Dienstleistungen nötig. Hardware, Netze und Software benötigen eine dauerhafte Administration, um zuverlässig zu arbeiten. Aus den Erfahrungen an der Eckener-Schule gehören hierzu u. a.:

- Überwachung/Monitoring/Reparatur der Anwendungssysteme, Hardware und Netzwerke (Auslastung, Sicherheit, Verfügbarkeit),
- Protokollierung von Nutzungsaktivitäten,
- Durchführung von Software- und Hardware-Aktualisierungen (Versionspflege, Lizenzmanagement, Sicherheitsupdates, Hardwaretausch, Datensicherung),
- Konfigurationsänderungen, Erweiterungen (Einbindung neuer Arbeitsplätze, Maschinen, Labore, Netzwerke, Anwendungssysteme, Nutzerrechte, anlassbezogene Konfigurationsänderung),
- Benutzerdatenverwaltung (E-Mail-Adressen, Zugangsdaten zu Informationssystemen, Lernplattformen, Schülerverwaltungsprogrammen, Netzwerken),
- Verwaltung von (mobiler) Hardware (Ausleihverfahren, Inventarisierung).

Hinzu kommen vielfältige Entwicklungs-, Beratungs- und Unterstützungsaufgaben. Diese beinhalten u. a.:

- Technische Hilfeleistung, Einweisung und Schulung für Lehrkräfte und Schüler/-innen,
- Beratung hinsichtlich neuer Hardwareanschaffung (Kosten- und Funktionsanalysen),
- Beratung und Unterstützung bei der Erstellung von Medienentwicklungsplänen,
- Erstellung von Datenschutz-/Datensicherheitskonzepten,
- Konzepterstellung für skalierbare, langfristige IT-Infrastruktur,
- Etablierung von Service-Prozessen,
- Abstimmung mit externen Dienstleistern, Anstaltsträgern, Landesämtern, Entwicklung von Dienstleistungsmodellen,
- Analyse und Optimierung von Verwaltungsprozessen als ständige Aufgabe,
- Einkauf und Beschaffung von IT-Infrastruktur.

IT-Management am RBZ Eckener-Schule Flensburg

Infrastruktur und Anwendungssysteme

Um einen Eindruck über den Umfang und die Komplexität der IT-Infrastruktur und der Anwendungssysteme zu gewinnen, wird beispielhaft die derzeitige Situation des RBZ Eckener-Schule Flensburg dargestellt. Die berufsbildende Schule bietet eine Vielzahl von Bildungsangeboten in gewerblich technischen Fachrichtungen sowohl in Teilzeit und Vollzeit an. Insgesamt arbeiten ca. 150 Lehrkräfte bei ca. 2500 Schüler/-innen am RBZ (ESFL 2016). Hinzu kommen acht Mitarbeiter/-innen in der Verwaltung.

Um den Betreuungsaufwand besser abschätzen zu können, wird die vorhandene IT-Infrastruktur in mehreren Ebenen differenziert dargestellt (vgl. Abb. 2).

Die Ebene 1 beinhaltet Endgeräten, mit denen die Benutzer unmittelbar arbeiten. Derzeit werden ca.

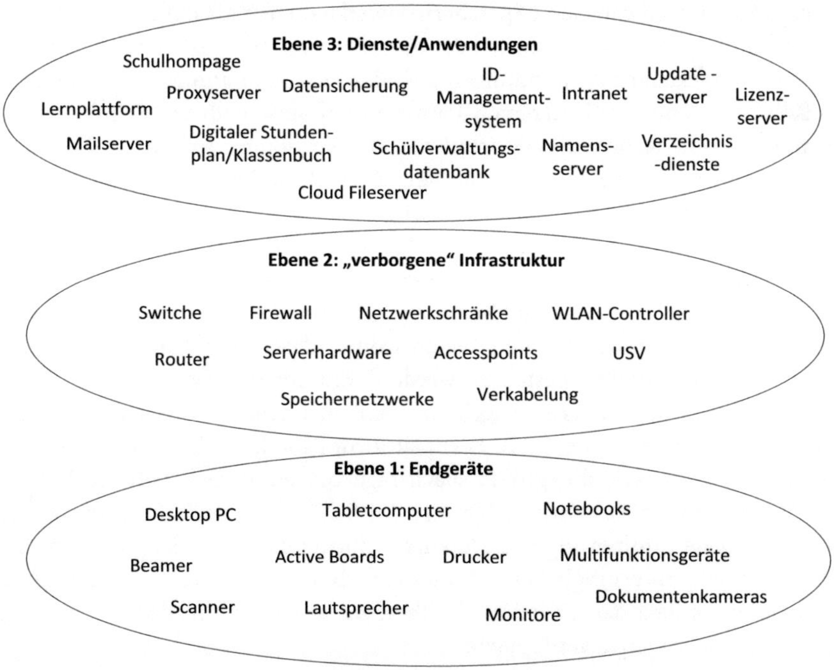

Abb. 2: IT-Infrastruktur am RBZ Eckener-Schule Flensburg

- 250 PCs,
- 450 mobile Rechner (Tablets, Notebooks),
- 100 Beamer,
- 75 Dokumentenkameras und
- 100 Drucker

verwendet. Unter Berücksichtigung der Lehrkräfte- und Verwaltungsarbeitsplätze ergibt sich daraus eine Ausstattungsquote von drei bis vier Schüler/-innen pro Computer. Zum Vergleich: Im Jahre 2014 lag diese Quote bei sechs Schüler/-innen pro Computer (Jepsen 2014). Der Trend zu einer höheren Computerdichte hält demnach an. Darin nicht berücksichtigt sind die von den Schüler(inne)n selbst mitgebrachten Geräte.

Die zweite Ebene beinhaltet IT-Infrastruktur, die dem Nutzer meist verborgen bleibt (vgl. Abb. 1). Allein zum Aufbau eines schulweiten WLAN (Wireless Local Area Network) existieren 92 Access Points. Diese bilden mit ca. 45 Switchen in 32 Netzwerkschränken sowie Firewall und Routern das Netzwerk ab. Weitere Serverhardware samt Speichernetzwerke dienen als Basis für vielfältige Dienste und Anwendungen, die auf der obersten Ebene dargestellt sind. Von den in Abb. 2 dargestellten Anwendungen befinden sich Schulhomepage, Mailserver und die Stundenplan/Klassenbuch-Plattform auf außerhalb der Schule gehosteten Systemen. Neben diesen schulweit zur Verfügung stehenden Diensten existieren in den einzelnen Bildungsgängen mittlerweile ca. 130 verschiedene berufs- und fachspezifische Softwarelösungen.

Die folgende Abb. 3 beinhaltet einen Auszug aus der Netzwerkstruktur.

Mithilfe virtueller LANs (VLAN) lassen sich unterschiedliche Anwendungsbereiche, z. B. pädagogische und Verwaltungsnetzwerke sicher und ökonomisch differenzieren. Darüber können Datenströme klassifiziert und nach unterschiedlichen Prioritäten gesteuert werden. Ein mehrstufiges Firewall Konzept ermöglicht den sicheren Zugriff von z. B. aus dem Internet auf die in der Schule betriebenen Server (z. B. Lernplattform Moodle). Gegenwärtig erfährt das WLAN-Netzwerk die größte Nachfrage bei einer täglichen Auslastung von 500 bis 1000 gleichzeitigen Nutzern im Schülernetzwerk. Hierbei ist eine gerätebezogene Limitierung der Datenrate notwendig, um allen Nutzern den Internetzugang zu ermöglichen. Das monatlich aus dem Internet übertragene Datenvolumen liegt derzeit bei ca. 21 Terabyte, wobei sich in den letzten zwei Jahren die Datenmenge verdoppelte.

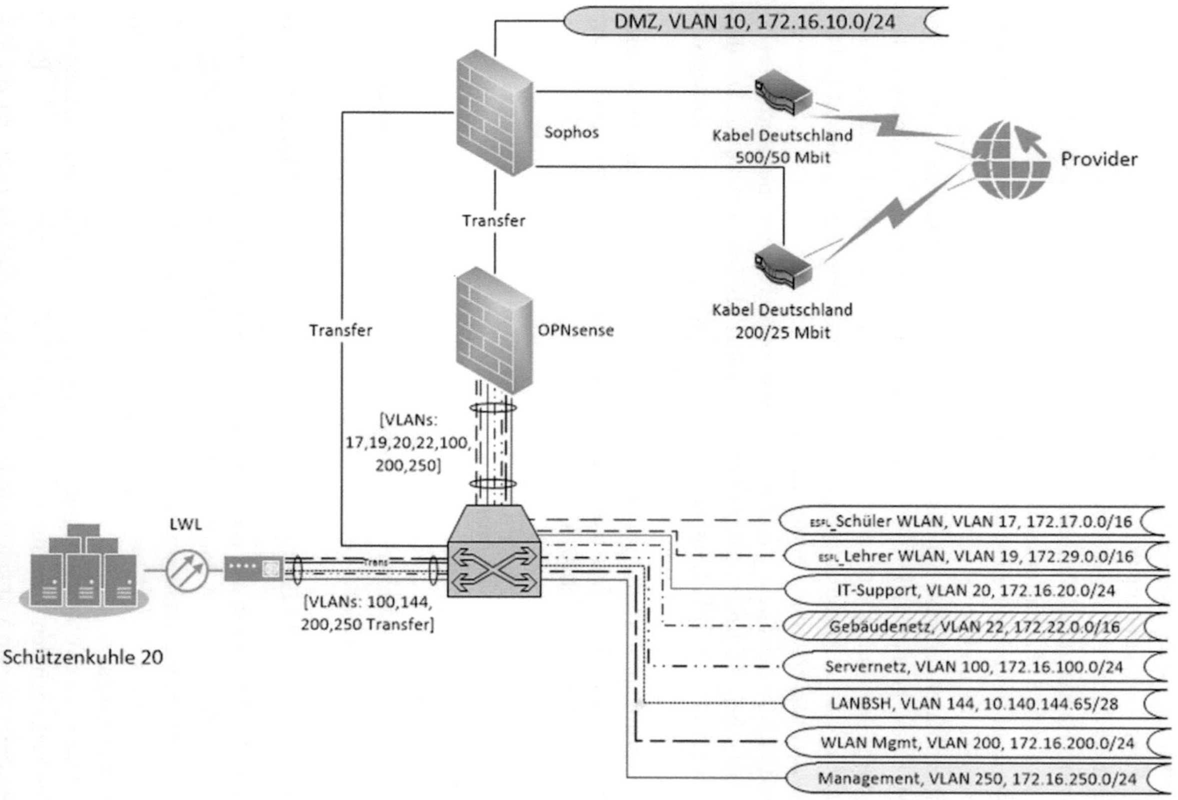

Abb. 3: Netzwerk- und Firewall-Konzept der Eckener-Schule (vgl. Janke 2018, S. 30)

Technische und pädagogische Systembetreuung

Die technische Systembetreuung, Support, Administration, Konzepterstellung, Beschaffung und Beratung (vgl. die oben aufgeführten Aufgabenfelder) erfolgen größtenteils durch ein in der Schule gebildetes IT-Support-Team. Dieses besteht aus einem Fachlehrer der Informationstechnik/Informatik sowie fünf Auszubildenden zum/zur „Fachinformatiker/-in" in der Fachrichtung Systemintegration. Das Konzept basiert auf einer gemeinsamen IT-Ausbildungsinitiative des RBZ Eckener-Schule und der Stadtverwaltung, die vor ca. 15 Jahren initiiert wurde. Die Auszubildenden sind bei der städtischen Verwaltung angestellt, verbringen aber zu einem großen Teil ihre Ausbildungszeit in der Schule. Zum schulischen IT-Support bestehen diverse externe Schnittstellen. Hier verläuft z. B. die Koordination mit dem Anstaltsträger, den Verantwortlichen der Landesnetze, Landesdatenschutz, externen Dienstleistern usw.

Zusätzlich zu den operativen Aufgabenfeldern besteht ein übergeordnetes IT-Team aus einem IT-Koordinator (Abteilungsleiter als Schnittstelle zur Schulleitung) und vier IT-Lehrkräften. In dem Team werden vornehmlich strategische Themenfelder erarbeitet und abgestimmt. Darüber hinaus existieren diverse Digitalisierungsprojekte im Rahmen der Schulentwicklung, in denen gewöhnlich IT-Lehrkräfte im Rahmen der pädagogischen Betreuung eingebunden sind. Derzeit sind dies (ESFL 2019, S. 17 f.):

- Digitales Klassenbuch,
- Open Source im Klassenzimmer,
- Digitaler Vertretungsplan,
- Digitaler Unterrichtsraum am Beispiel D-310,
- Verstetigung und schulweite Nutzung von Moodle als strategische Lern- und Informationsplattform.

Problemfelder und Lösungsansätze des schulischen IT-Managements

Aus der Durchführung des schulischen IT-Managements über mehrere Jahre lassen sich die in Abb. 4 dargestellten, zentralen Problemfelder identifizieren. Diese hängen in unterschiedlicher Weise zusammen. Im Folgenden werden die einzelnen Aspekte isoliert voneinander betrachtet und deren praktische Erfahrungen dargestellt.

Kosten: Die gewöhnlich begrenzten finanziellen Mittel zur Ausstattung von Schulen bedingen den Investitionsumfang im IT-Management. Die in der Praxis z. T. vorherrschende Mangelverwaltung erfordert es, dass die begrenzt zur Verfügung stehenden finanziellen Mittel möglichst effektiv eingesetzt werden bzw.

Abb. 4: Problemfelder des IT-Managements an Schulen

dauerhaft Wege mit einem guten Kosten-Leistungsverhältnis gesucht werden. Beispielsweise wurden durchaus gute Erfahrungen mit gebrauchter Switch-Hardware im Core Netzwerk gemacht. Die heutzutage meist überdimensionierte Rechenleistung von PCs ermöglicht es ebenfalls, ausgetauschte Rechner der Stadtverwaltung nach Um- und Aufrüstung mit Arbeitsspeicher und SSD für klassische Office Arbeit in Schulen einzusetzen. Die Palette von Kosteneinsparungen reicht weiter über Softwaresammellizenzen und Open Source-Einsatz. Das in Flensburg praktizierte Ausbildungsmodell ermöglicht zudem, Personalkosten für Betrieb und Support gering zu halten und weitgehend auf externe Wartungsverträge zu verzichten.

Sicherheit: Insbesondere Datenschutz und Datensicherheit sind nach Inkrafttreten der Europäischen Datenschutzgrundverordnung (EU 2016) in aller Munde. Die damit verbundenen technischen Erfordernisse sind für nicht IT-affine Personen nur schwer abzuschätzen. Dies kann zu falschen oder überzogenen Investitionen führen. Eine an der Eckener-Schule durchgeführte Bachelorarbeit eines ehemaligen Auszubildenden zeigt, wie sich diese gesetzlichen Vorgaben auch mit begrenzten Mitteln umsetzen lassen und zugleich zu einer Qualitätsverbesserung führen (vgl. Janke 2018, Jepsen 2019).

Komplexität: Die Entwicklungen in der Informationstechnologie führen zu einem ständig steigenden Funktionsumfang. Dies führt häufig dazu, dass sehr komplexe IT-Lösungen entwickelt werden, die in keinem Verhältnis mit den Anforderungen der schulischen Umgebung stehen. Gleichzeitig bedingt dies eine zunehmende Komplexität der IT-Infrastruktur. Zahlreiche Fehler und steigende Ausfallzeiten sind oftmals die Folge. Darüber hinaus kann dies zur Überforderung des Wartungspersonals aber auch der Nutzer/-innen führen. Beispielsweise mussten Schüler/-innen und Lehrkräfte für den drahtlosen Internetzugang anfangs noch MAC-Adressen der Endgeräte ermitteln sowie komplizierte aufwendige Proxyeinstellungen in ihrem Browser vornehmen. Eine schrittweise Optimierung des WLAN-Zuganges macht diese Schritte nunmehr überflüssig. Gleiches gilt für das Design von Netzwerkstrukturen und Konzepten zur Erhöhung der Ausfallsicherheit. Insgesamt wird empfohlen, möglichst einfache Strukturen zu entwickeln.

Wirksamkeit: Schulische IT-Lösungen sind nur sinnvoll, wenn sie eine hohe Wirksamkeit aufweisen. Allerdings existieren viele Beispiele, bei denen erst im praktischen Einsatz eine begrenzte Wirksamkeit zutage tritt. Dies gilt gleichermaßen für administrative Prozesse, Infrastruktur sowie Lernförderlichkeit. Z. B. haben Analysen und Evaluation ergeben, dass interaktive Smartboards nur einen begrenzten Beitrag zum Unterricht leisten. Aufgrund der meist komplizierten Bedienung wurden die teuren Geräte auf die Beamer-Funktion reduziert. Stattdessen ermöglicht die Ausstattung von Klassenräumen mit Dokumentenkameras in Verbindung mit Nahdistanzbeamern eine hohe Wirksamkeit. Overhead-Projektoren gehören seitdem der Vergangenheit an.

Zuverlässigkeit: Der nachhaltige Einsatz digitaler Medien setzt eine zuverlässige Infrastruktur voraus. In der Vergangenheit wurden die negativen Auswirkungen deutlich, wenn z. B. Netzwerk und Lernplattformen nicht dauerhaft zur Verfügung stehen. So stand u. a. aufgrund von Ausfällen vorbereitetes Material nicht zur Verfügung oder es konnten geplante Onlineprüfungen nicht durchgeführt werden. Bei den Lehrkräften führte dies häufig zu Frust und auch zu einer Abkehr von diesen Medien.

Offenheit für neue Anforderungen: Die beständige Weiterentwicklung von Informationstechnologien, Nutzungsverhalten usw. bedingt eine dauerhafte Offenheit für neue oder veränderte Anforderungen an das IT-Management. So zeigt sich z. B., dass einerseits die Anzahl der durch die Schüler/-innen selbst mitgebrachten mobilen Geräte ständig zunimmt (Bring Your Own Device – BYOD), sich diese Geräte aber vermehrt auf Smartphones reduzieren. Mit diesen lässt sich allerdings z. B. nicht der Umgang mit Office-Anwendungen erlernen. Die Schule muss weiterhin Möglichkeiten z. B. zur Ausleihe (Get Your Own Device – GYOD) schaffen. Kontinuierlich entstehen neue Bedürfnisse aus dem pädagogischen Bereich, auf die ein IT-Management eingehen muss. Ein weiteres Beispiel hierzu sind kompetenzorientierte Prüfungen mit digitalen Medien. Aufgrund von geringen Erfahrungen lässt sich z. B. eine effektive Prüfungskonstellation nur durch Offenheit, Ausprobieren und Weiterentwicklung bestehender Verfahren erreichen. Der Bereich der Geräteadministration zeigt weitere Beispiele. Permanent wechselnde Softwareanforderungen, Sicherheits- und Versionsupdates sowie Konfigurationsänderungen für Prüfungssituationen erfordern einen erheblichen Aufwand bei der hohen Anzahl und Vielfalt von

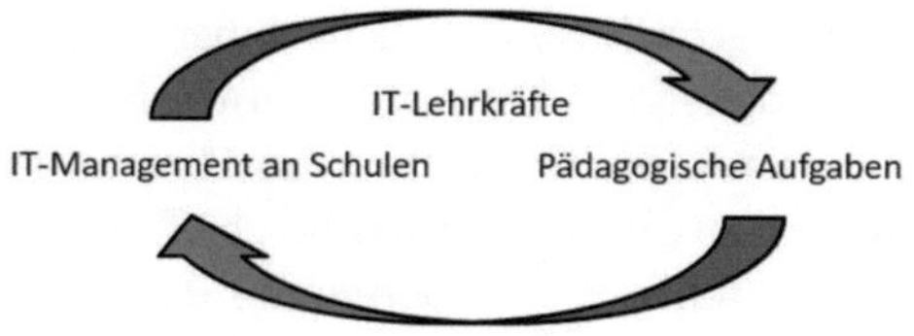

Abb. 5: Wechselwirkung zwischen den Aufgabenbereichen von IT-Lehrkräften

Endgeräten. So optimiert das IT-Support-Team diesbezüglich ständig seine Verfahren und Werkzeuge, um diesen besonderen Anforderungen in einer Schulumgebung möglichst effektiv zu begegnen.

Akzeptanz: Eine Schwierigkeit für das schulische IT-Management besteht darin, die Akzeptanz ihrer Nutzer/-innen insbesondere der Lehrkräfte sowie des Verwaltungspersonals bei der Einführung digitaler Lösungen zu erreichen. Als Begründung werden häufig Argumente wie „zu kompliziert“, „nicht erkennbarer Mehrwert“ oder „zusätzliche Arbeitsbelastung“ genannt. Hierbei sind die Einwände häufig berechtigt, da diverse Software und Prozesse durchaus Mängel in der Benutzerfreundlichkeit ausweisen. Des Weiteren werden die unterschiedlichen Voraussetzungen der Nutzer/-innen zu wenig berücksichtigt. Während Technik- und IT-affine Lehrkräfte dem Umgang digitaler Medien häufig offen gegenüberstehen, bedarf es für IT-ferne Lehrkräfte einer besonderen Unterstützung. Die Erfahrungen zeigen, dass die Akzeptanz von IT-Lösungen eine entsprechende Nutzer- bzw. Kundenorientierung bedingt. So wird z. B. die Einführung des digitalen Klassenbuchs durch langfristige Unterstützungsangebote durch eine IT-Lehrkraft begleitet.

IT-Lehrkräfte in verschiedenen Rollen – Auswirkungen

Die Doppelrolle von IT-Lehrkräften einerseits im IT-Management an Schulen und andererseits im Rahmen des Unterrichts hat verschiedene Folgen. Zunächst kann eine Wechselbeziehung zwischen den beiden Tätigkeitsfeldern festgestellt werden. Die Arbeit im IT-Management beeinflusst einerseits die pädagogischen Aufgaben. Andererseits wirkt der pädagogische Beschäftigungsbereich auf das IT-Management in der Schule. Abb. 5 verdeutlicht diese Wechselwirkung.

IT-Management – Kompetenzentwicklung der Lehrkraft

Bei der Übernahme von Aufgaben im Rahmen des IT-Managements an Schulen erfahren die Lehrkräfte unmittelbar selbst Anforderungen, die an IT-Fachkräfte in der beruflichen Praxis gestellt werden. Je nach beruflicher Vorerfahrung hat dies Auswirkungen auf die eigene Kompetenzentwicklung. So musste sich die für den IT-Support verantwortliche Lehrkraft in Flensburg z. B. betriebswirtschaftliche Kompetenzen im Bereich Warenbeschaffung, Garantieabwicklung und Budgetverwaltung aneignen. Die Betreuung der vielfältigen IT-Systeme angefangen von PCs über Serversysteme, Netzwerkspeicher bis hin zu Firewalls erfordern zudem Kenntnisse über aktuelle technologische Entwicklungen sowie entsprechendes Arbeitsprozesswissen. Diese Professionalisierung der Lehrkräfte in der IT-Praxis zeigt didaktische Auswirkungen. So werden bestimmte IT-Aufgaben der Schule als Impulsgeber in der Ausgestaltung des Lernfeldunterrichts in IT-Klassen verwendet. Im Rahmen des WLAN Ausbaus wurden beispielsweise verschiedene Projekte zur Netzabdeckung in den Schulgebäuden durchgeführt und deren Ergebnisse in nachfolgenden Netzerweiterungen berücksichtigt.

Die im schulischen IT-Support praktizierte Fachinformatiker(innen)ausbildung beinhaltet regelmäßige Projektarbeiten der Auszubildenden. Dabei stammen die Problemstellungen aus dem schulischen IT-Umfeld. Viele Ergebnisse dieser Arbeiten werden dauerhaft berücksichtigt und bilden einen innovativen Beitrag zur Weiterentwicklung des schulischen IT-Managements. Eine Lösung wie z. B. die Einführung eines Captive Portals zur Vereinfachung des Internetzuganges erfuhr darüber hinaus im Rahmen der BITKOM d-elina Nominierung überregionale Anerkennung (BITKOM 2015). Weiterhin können die Kompetenzen, die IT-Lehrkräfte im Zusammenhang mit ihrer Lehrtätigkeit erwerben, dem schulischen IT-Management zugutekommen. Mit der Etablierung einer Cisco Networking Academy (www.netacad.com) an der Eckener-Schule, waren beispielsweise diverse Fortbildungen für IT-Lehrkräfte verbunden. Diese Trainerzertifizierung führte insbesondere zur Professionalisierung der Lehrkräfte im Netzwerkbereich, wovon unmittelbar die schulweite Netzwerkinfrastruktur profitierte.

Darüber hinaus sind IT-Lehrkräfte im Rahmen ihrer Lehrkräfterolle mit Fachleuten aus der IT-Branche vernetzt. Hierzu gehören gewöhnlich die Lernortkooperation, die Mitarbeit in IT-Prüfungsausschüssen sowie die Vernetzung mit IT-Lehrkräften anderer Schulen z. B. im Rahmen von Fortbildungen. Der Erfahrungsaustausch mit anderen beruflichen Schulen erweist sich dabei als besonders effektiv. Sie stehen in der Regel vor gleichartigen Herausforderungen. Teilweise bieten hierzu IT-Lehrkräfte landesweite Fortbildungen an. So konnte das Flensburger RBZ bei der Einführung der Moodle Lernplattform insbesondere von den Erfahrungen der Kieler Wirtschaftsschule profitieren, die in einer landesweiten Fortbildung geteilt wurde.

Überforderung und Überlastung

Die Übernahme von Supportaufgaben durch Lehrkräfte kann ebenso zu Überforderungen und Überlastungen der Betroffenen führen. Dies kann sowohl den laufenden Betrieb als auch die Weiterentwicklung der IT-Integration in der Schule beinträchtigen. Die Gründe hierzu sind vielschichtig. Zum einen kann die Doppelbelastung aus Unterrichtsverpflichtung und Wartung der Systeme zu zeitlichen Konflikten führen. So führen insbesondere Ausfälle von Systemen während des Unterrichts unvermeidlich zu Stresssituationen. Ähnliche Konflikte entstehen, wenn Aufgaben aus dem Tagesgeschäft (z. B. Nutzersupport, Kommunikation) mit Planung und Konzeptentwicklung zusammenfallen. Unzureichende Fach- und Personalkompetenzen können zu einer Überforderung bei den mit den Aufgaben betrauten Personen führen. Dies kann einerseits zu fehlerhaften, zu komplexen oder auch nicht zielführenden Lösungen führen. Andererseits werden die Aufgaben uneffektiv ausgeführt, was wiederum eine hohe Arbeitsbelastung nach sich zieht und folglich zu einer Überlastung führt. Aus den Erfahrungen wird deutlich, dass der Umfang des IT-Managements mit dem eines mittelständischen Unternehmens verglichen werden kann. Die Überforderung sowie Überlastung der Mitarbeiter/-innen kann vermieden werden, wenn das schulische IT-Management auf entsprechend vergleichbare Strukturen inklusive personeller Ressourcen auf verschiedenen Qualifikationsniveaus basiert.

Diskussion der Ergebnisse

Die Integration von digitalen Medien in Schulen zusammen mit der Entwicklung digitaler Kompetenzen bei den Schüler(inne)n – kurz: die digitale Transformation – bildet ein zentrales Beschäftigungsfeld vieler beruflicher Schulen. Aus dem dargestellten Praxisbeispiel geht hervor, wie komplex die hiermit zusammenhängenden Aufgabenfelder des IT-Managements an Schulen ausfallen. Es ist unbestritten, dass die digitale Transformation mit einem funktionierenden IT-Management an Schulen einhergeht.

Aus der historischen Betrachtung der digitalen Medienintegration wird die besondere Rolle von IT-affinen Lehrkräften deutlich, die diesen Prozess häufig initiierten und weiter begleiteten. Die geschilderten Praxiserfahrungen decken sich mit den von Breiter dargestellten Phasen, angefangen von der Initialisierung bis hin zur Institutionalisierung (vgl. Breiter 2001, S. 41 ff.). Die Einbettung des IT-Managements am Flensburger RBZ hat dementsprechend bereits die höchste Stufe – die Institutionalisierung eines IT-Managements – erreicht.

Dabei zeigt sich, dass IT-Lehrkräfte diesen Prozess in sämtlichen Phasen begleitet haben und weiterhin in diversen Bereichen unterstützen. Im Hinblick auf die eingangs gestellte Frage kann daher bestätigt werden, dass IT-Lehrkräfte neben ihrer unterrichtlichen Verpflichtung mit Aufgaben im IT-Management an beruflichen Schulen betraut sind. Durch dieses Engagement entstehen übergeordnete Lösungen zur Medienintegration, die zur gesamten Schulentwicklung beitragen können. Für die am IT-Management beteiligten Lehrkräfte bedeutet dies ein Rollenwechsel, in dem sie sich den Ansprüchen professioneller IT-Arbeit stellen. Die dargestellten Aufgabenfelder weisen dabei sowohl ein breites fachliches Spektrum als auch verschiedene Anforderungsebenen auf. Diese reichen von einfachen Unterstützungsaufgaben, über Facharbeit bis hin zur Übernahme von Leitungs- und Führungsaufgaben. Die Ansprüche sind dabei vergleichbar mit denen eines mittelständigen Unternehmens. Dafür müssen sich die Lehrkräfte mit aktuellen technischen Entwicklungen, rechtlichen Fragen usw. auseinandersetzen und professionelle IT-Kompetenzen aufbauen.

Die dargestellten Beispiele zeigen, wie sich diese fachliche Professionalisierung positiv auf das didaktische Handeln auswirken kann. Es kann daher die These bestätigt werden, wonach berufs- und arbeitsfeldspezifisches Wissen eine Voraussetzung für wissenschaftlich fundiertes curriculares didaktisches Handeln bildet. Es wird aber auch deutlich, dass die Aufgaben des IT-Managements kritisch in Bezug auf die gleichzeitig zu erbringende unterrichtliche Verpflichtung zu betrachten sind. Um Überlastungen und Überforderungen zu vermeiden, sind zeitliche Entlastung sowie die Institutionalisierung des IT-Managements unabdingbar. Zum jetzigen Zeitpunkt ist es unklar, wie sich die personelle und organisatorische Struktur im schulischen IT-Management entwickeln wird. Es ist zu vermuten, dass Beratungs- und Integrationsaufgaben im Zuge der fortschreitenden Digitalisierung noch weiter zunehmen werden, sodass auch in Zukunft auf die Fachkompetenz der IT-Lehrkräfte zurückgegriffen wird.

Literatur

BITKOM (2015): D-elina 2015 Nominierungen und Preisträger.

BMBF (2019): Verwaltungsvereinbarung Digital Pakt Schule 2019 bis 2024 Bundesministerium für Bildung und Forschung (BMBF) (Hrsg.).

Breiter, A. (2001): IT-Management in Schulen. Pädagogische Hintergründe, Planung, Finanzierung und Betreuung des Informationstechnikeinsatzes. 1. Aufl. (Praxishilfen Schule Management).

Breiter, A., Fischer, A.; Stolpmann, B. (2006): IT-Service-Management – neue Herausforderungen für kommunale Schulträger. In: Wind, M.; Kröger, D. (Hrsg.): Handbuch IT in der Verwaltung. 1. Aufl. Berlin, S. 254–274.

Breiter, A.; Stolpmann, B.; Zeising, A. (2015): Szenarien lernförderlicher IT-Infrastrukturen in Schulen. Betriebskonzepte, Ressourcenbedarf und Handlungsempfehlungen.

Breiter, A.; Welling, S. (2010): Integration digitaler Medien in den Schulalltag als Mehrebenenproblem. In: Eickelmann, B. (Hrsg.): Bildung und Schule auf dem Weg in die Wissensgesellschaft. Münster (u.a.): S. 13–25. Online verfügbar unter http://www.e-cademic.de/data/ebooks/extracts/9783830922421.pdf (10.5.2020).

ESFL (2016): Jahresreport 2016. RBZ – Eckener-Schule. Hg. v. RBZ – Eckener-Schule Regionales Berufsbildungszentrum Flensburg AöR und Sven Mohr. Flensburg.

ESFL (2019): Lernen mit digitalen Medien am RBZ Eckener-Schule Medienkonzept 2019 – 2024. Hg. v. RBZ – Eckener-Schule Regionales Berufsbildungszentrum Flensburg AöR.

EU (2016): Verordnung (EU) 2016/679 des Europäischen Parlaments und des Rates vom 27. April 2016 zum Schutz natürlicher Personen bei der Verarbeitung personenbezogener Daten, zum freien Datenverkehr und zur Aufhebung der Richtlinie 95/46/EG (Datenschutz-Grundverordnung). DSGVO. Online verfügbar unter http://eur-lex.europa.eu/legal-content/DE/TXT/PDF/?uri=CELEX:32016R0679 &from=DE

Fischer, M.; Rauner, F.; Stuber, F. (2001): Einführung: Computer-, medien- und netzgestützte Arbeit als Herausforderung für die Berufsbildungsforschung. In: Petersen, A. W.; Rauner, F.; und Stuber, F. (Hrsg.): IT-gestützte Facharbeit – gestaltungsorientierte Berufsbildung. Ergebnisse der 12. HGTB-Konferenz. 1. Aufl. Baden-Baden (Bildung und Arbeitswelt, 4), S. 13–18.

IQSH (2015): Themenpapier Medienentwicklungsplanung Institut für Qualitätsentwicklung an Schulen Schleswig-Holsteins, IQSH (Hrsg.).

Janke, F. (2018): Technische Realisierbarkeit der EU-DSGVO und BDSG (neu) in EDV-Anlagen. Bachelor Thesis. unveröffentlicht.

Jepsen, M. (2014): IT-Infrastruktur und IT-Service an beruflichen Schulen – Eine große Herausforderung. In: *„lernen & lehren“ Elektrotechnik-Informatik und Metalltechnik 29* (114), S. 78–81.

Jepsen, M. (2019): EU-DSGVO – Auswirkungen auf die Qualität der IT-Infrastruktur an Schulen. In: *Bildung und Beruf. Zeitschrift des Bundesverbandes der Lehrkräfte für Berufsbildung e. V.* (1).

KMK (2016): Bildung in der digitalen Welt Strategie der Kultusministerkonferenz. Kultusministerkonferenz.

MSB-SH (2015): Empfehlungen für die schulische IT- und Medienausstattung in Schleswig-Holstein Ministerium für Schule und Berufsbildung des Landes Schleswig-Holstein (Hrsg.). Kiel.

Rita Meyer, Maren Baumhauer

IT-Weiterbildung mit System – Status Quo und Reaktivierungspotenziale im Kontext digitaler Transformation

Zusammenfassung: *Mit dem IT-Weiterbildungssystem wurde bereits Ende der 1990er Jahre der Versuch unternommen, die berufliche Weiterbildung in der dynamischen IT-Branche zu systematisieren und zu flexibilisieren. Aufgrund vielfältiger Strukturdefizite hat sich dieses System bis heute jedoch nicht am Markt durchsetzen können. Vor dem Hintergrund der digitalen Transformation wird in diesem Beitrag der Frage nachgegangen, inwieweit Strukturelemente des IT-Weiterbildungssystems – das vor fast 20 Jahren als didaktisch-curriculare Innovation galt – für die Gestaltung beruflicher Lehr- und Lernprozesse unter den Bedingungen der Digitalisierung konzeptionell noch Bestand haben.*

Ausgangssituation

Im Kontext der digitalen Transformation ist die berufliche Facharbeit branchenübergreifend einer dynamischen Entwicklung ausgesetzt, wobei sich Tätigkeitsbereiche und Arbeitsprozesse kontinuierlich verändern. Eng damit verbunden sind bildungspolitische Forderungen nach einer *Neuausrichtung beruflicher Weiterbildung* (vgl. BIBB 2017). Gerade die IT-Branche muss auf die vielfältigen sowohl technischen als auch organisatorischen Veränderungsprozesse in Unternehmen möglichst schnell und flexibel reagieren können. Dies erfordert ein hohes Maß an Innovationsorientierung der IT-Fachkräfte (vgl. Bitkom 2018). Als Konsequenz der Restrukturierung von Organisationskonzepten und der Digitalisierung von Arbeit erfährt zudem die Verbindung von Arbeiten und Lernen eine Renaissance (vgl. Dehnbostel 2018). Problematisch ist in diesem Zusammenhang, dass zukünftige Qualifikationsanforderungen noch weitgehend unbestimmt sind. Aus *berufspädagogischer* Perspektive stellt die Unsicherheit der Bildungs- und Qualifizierungsbedarfe eine zentrale Herausforderung im Kontext des technologischen Wandels dar (vgl. Meyer 2019). Vor diesem Hintergrund wird hier der Frage nachgegangen, inwieweit Strukturelemente des IT-Weiterbildungssystems – das mit seiner Begründung vor fast 20 Jahren als *didaktisch-curriculare Innovation* galt, sich aber am Markt nicht durchsetzen konnte – für die Gestaltung beruflicher Lehr- und Lernprozesse unter den Bedingungen der Digitalisierung konzeptionell noch Bestand haben. Angesichts der wachsenden Bedeutung lern- und kompetenzförderlicher Arbeitsgestaltung in digitalisierten Arbeitsumgebungen (vgl. u. a. Dehnbostel 2019; Ahrens 2018; Cernavin 2018) liegen – so eine These des Beitrags – in dem Konzept „*Arbeitsprozessorientierte Weiterbildung*“ (APO-IT) besondere Potenziale für eine Reaktivierung.

Formale Organisation der IT-Weiterbildung

Für den Bereich der IT-Tätigkeiten wurde bereits Ende der 1990er Jahre erstmals versucht, berufliche Weiterbildung einerseits zu institutionalisieren und andererseits ein System zu schaffen, das eine möglichst große Offenheit und Flexibilität für zukünftige Entwicklungen gewährleisten sollte. Dieses System hat sich jedoch nicht flächendeckend durchsetzen können. Zentrale Begründungspunkte dafür stellen die nach wie vor geringe Bekanntheit der IT-Weiterbildung als Aufstiegsmöglichkeit sowie die starke Dominanz produktbezogener und spezialisierter Weiterbildungen in der IT-Branche dar (vgl. Schenk et al. 2012, S. 60).

Im Vergleich zu anderen Branchen zeichnete sich der IT-Sektor vor der Einführung des IT-Weiterbildungssystems durch eine besonders geringe Strukturierung und Transparenz aus und damit verbunden mangelte es auch an Karrierepfaden für die Absolvent(inn)en der IT-Ausbildungsberufe (vgl. Rohs/Mattauch 2001). Vor diesem Hintergrund war das Ziel der Partnerinnen und Partner, die an der Entwicklung und Gestaltung des IT-Weiterbildungssystems beteiligt waren, die *bundeseinheitliche Strukturierung* der beruflichen Kompetenzentwicklung von Arbeitnehmer(inne)n über den Bereich der Erstausbildung hinaus.

Auf drei verschiedenen Qualifikationsebenen (*IT-Spezialisten, Operative Professionals, Strategische Professionals*) sind in sechs Fortbildungsverordnungen und einer zusätzlichen Vereinbarung über die „Spezialisten-Profile“ insgesamt 35 Abschlüsse entwickelt worden, um der bis dahin herrschenden Unübersichtlichkeit der Weiterbildungslandschaft im IT-Bereich entgegenzuwirken. Für sechs Berufe der beiden oberen Qualifikationsebenen bestehen Rechtsverordnungen des Bundes, auf deren Grundlage ein Nachweis der beruflichen Qualifikation durch die Prüfung an einer Industrie- und Handelskammer erbracht werden muss (nach § 46 BBiG). Dabei handelt es sich um zwei Berufsprofile mit Qualifikation für Leitungsfunktionen auf der Ebene von „Strategischen Professionals“ und vier Berufe mit Qualifikation für mittlere Fach- und Führungskräfte auf der Ebene von „Operativen Professionals“.

Das IT-Weiterbildungssystem ist seit seiner Einführung im Jahr 2002 mehrfach überarbeitet worden. Ein Ergebnis dieser Entwicklung ist die Reduzierung der Gesamtzahl der Abschlüsse auf der ersten Qualifikationsebene der IT-Spezialisten (vgl. Abb. 1). Die unübersichtliche Fülle bestehender Profil- und Abschlussbezeichnungen wurde kontinuierlich weiter eingegrenzt, um mehr Transparenz in der IT-Weiterbildung zu schaffen und langfristig sicherzustellen.

Arbeitsprozessorientierung als didaktisch-curriculares Prinzip

Mit dem Konzept der „*Arbeitsprozessorientierten Weiterbildung*" (APO-IT) ist auf der Spezialistenebene erstmalig ein didaktisch-curriculares Modell zur Umsetzung der konkreten Qualifizierung in den Betrieben empfohlen worden. In dieser didaktisch-curricularen Konzeption arbeitsbezogenen Lernens geht es u. a. darum, durch weitgehend modularisierte Lernstrukturen eine Verknüpfung von formellen und informellen Lernprozessen herzustellen. Im Rahmen der Curriculumentwicklung erfolgte zunächst eine exemplarische Herauslösung berufstypischer Referenzprojekte aus dem Arbeitsprozess. Diese wurden in idealisierten und abstrahierten Modellen in Form von Ablaufdiagrammen dargestellt und bildeten als curriculare Vorgabe die Grundlage für die Qualifizierung und für die Zertifizierung. An der Ausarbeitung dieser Referenzprozesse waren sowohl Unternehmen als auch Bildungsdienstleister der IT-Branche beteiligt.

Die Qualifizierung einer Weiterbildung nach dem APO-IT-Konzept verläuft idealtypisch wie folgt: Die Teilnehmenden einer Weiterbildung zum IT-Spezialisten bearbeiten im Rahmen einer Qualifizierung Teilprozesse von profiltypischen Arbeitsprozessen und halten diese in einer Dokumentation fest, die dann die Grundlage für eine Zertifizierung bildet. Der Lernprozess wird von den Lernenden selbstständig organisiert und mit inhaltlicher und methodischer Unterstützung von betrieblichen Fachberaterinnen und Fachberatern sowie Lernprozessbegleiterinnen und Lernprozessbegleitern reflektiert und dokumentiert. Für diese Unterstützungsfunktionen hat das Fraunhofer Institut für Software- und Systemtechnik (ISST) detaillierte Rollenbeschreibungen erarbeitet (vgl. Einhaus/Loroff 2004). Fachberaterinnen und Fachberater stehen in den Unternehmen als Ansprechpartnerinnen und Ansprechpartner für allgemeine Fragen sowie für die unternehmensspezifische Ermöglichung der Weiterbildungsmaßnahme zur Verfügung. Die Teilnehmenden werden bei der Abstimmung ihrer Lernprozesse auf unternehmensspezifische Besonderheiten unterstützt und bei der Auswahl lernrelevanter Fachinhalte beraten.

Die *Lernprozessbegleitung* bildet ein Kernelement in dem APO-IT-Konzept. Sie berät und begleitet die Weiterbildungsteilnehmenden individuell und

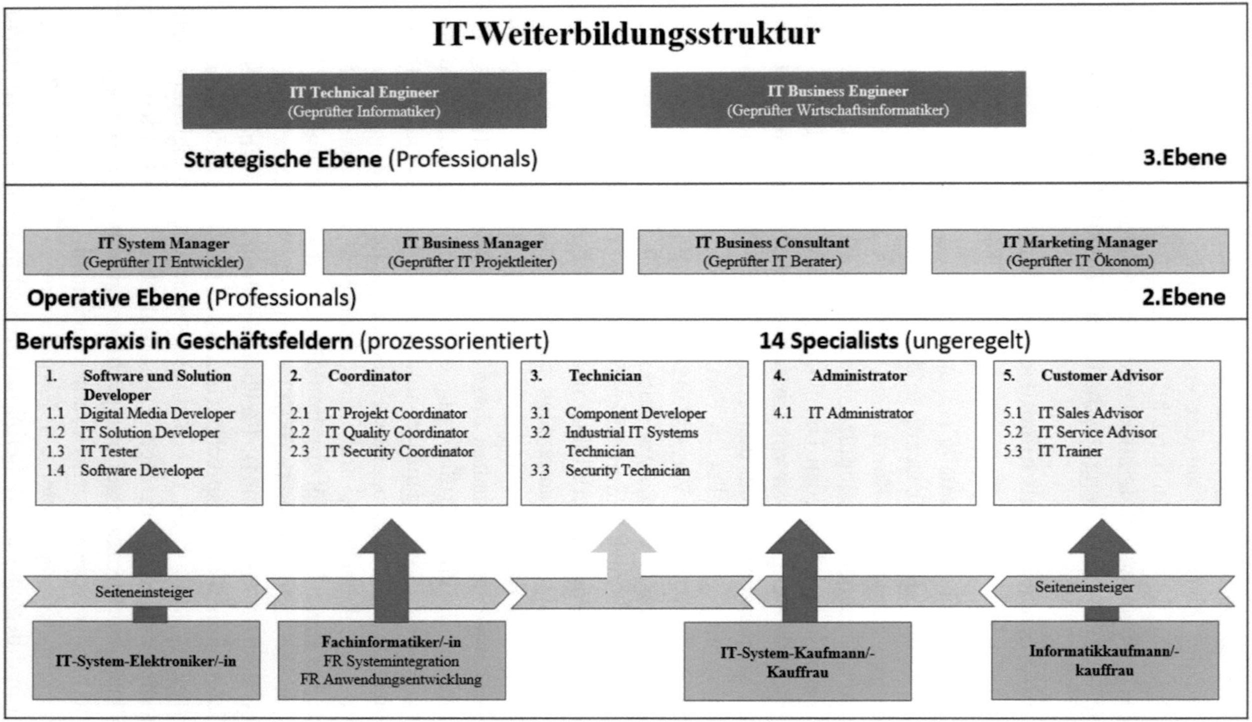

Abb. 1: IT-Weiterbildung als System

zeitnah während des gesamten Lernprozesses. Zentrale Aufgaben bilden neben der Durchführung von Kompetenz- und Potenzialanalysen die Strukturierung und Moderation regelmäßiger *Reflexionsgespräche* und die gemeinsame Festlegung geeigneter Weiterbildungsschwerpunkte. Damit soll u. a. der Aufbau von Erfahrungswissen gefördert werden. Zwischen den Weiterbildungsteilnehmenden und den Lernprozessbegleitenden werden in diesem Rahmen Qualifizierungsvereinbarungen getroffen, in denen u. a. die Lernziele definiert werden, die die Teilnehmenden dann selbst aktiv verfolgen und realisieren sollen. In den Reflexionsgesprächen mit den Lernprozessbegleitenden werden zudem Schlüsselsituationen im Lernprozess identifiziert. Es wird dabei davon ausgegangen, dass durch die Reflexion dieser Schlüsselsituationen, die sowohl positive wie auch negative Lernerlebnisse beinhalten können, ein Lernzuwachs bei den Weiterbildungsteilnehmenden erfolgt. Die Reflexion der Schlüsselsituationen und die Dokumentation des Lernprozesses bilden zugleich die Grundlage für das *Prüfungsgespräch*, das im Rahmen der Zertifizierung durchgeführt wird.[1]

Ein wichtiger Bestandteil des APO-IT-Konzepts war eine *Medienplattform*, auf der elektronische Lernmaterialien zur Verfügung gestellt wurden. Dieser sogenannte „APO-Pilot“ stellte zum einen Wissen bereit, indem er eine „prozessorientierte Navigation durch die Referenzprozesse der Weiterbildungsprofile“ (Caumanns/Manski/Fuchs-Kittowski 2001, S. 90) ermöglichte. Zu jedem Prozess wurden ergänzende Selbstlernmaterialien zur Verfügung gestellt, wobei die Weiterbildungsteilnehmenden die Art der Medienunterstützung individuell auswählen konnten. Darüber hinaus wurden Foren angeboten, in denen ein Austausch der Lernenden mit Fachexpertinnen und Fachexperten erfolgen konnte.

Strukturdefizite und mangelnde Durchsetzungskraft des IT-Weiterbildungssystems

Grundsätzlich ist festzuhalten, dass es sich bei dem IT-Weiterbildungssystem um die bisher weitreichendste Institutionalisierung von Weiterbildungsstrukturen in einer Branche handelt (vgl. Meyer 2006). Die Vorbildfunktion dieses Systems wird vor allem daran deutlich, dass eine Übertragung auf die Automobilindustrie erwogen wurde und auch für die Elektroindustrie als Chance für betrieblich-berufliche Karrierewege diskutiert wird (vgl. Elsholz et al. 2017). Dies ist in gewisser Weise erstaunlich, als dass sich das IT-Weiterbildungssystem

1 Mit dem IT-Weiterbildungssystem sind zwei Zertifizierungsstellen geschaffen worden: zum einen *Cert-IT*, eine Ausgründung des Fraunhofer ISST und zum anderen um *IHK-Cert*, eine Tochter des DIHT.

trotz mehrfacher Reform am Markt nicht durchsetzen konnte. Bis heute sind äußerst geringe Absolvent(inn)enzahlen der Weiterbildungsberufe zu verzeichnen: Seit 2002 sind trotz mehrfacher Neuordnung und Evaluation des IT-Weiterbildungssystems nur 600 Abschlüsse auf der Ebene der operativen Professionals zertifiziert worden (gegenüber rund 16.000 Ausbildungsabschlüssen, auf die diese Weiterbildung aufbaut). Einen Abschluss auf der Ebene der Strategischen Professionals erwarben sogar nur 54 Absolvent(inn) en (vgl. Schneider/Schwarz 2019). Evaluationsstudien (vgl. Schenk et al. 2012; Diettrich/Kohl 2007) zeigen darüber hinaus, dass die fehlende Akzeptanz des IT-Weiterbildungssystems – neben seinem äußerst geringen Bekanntheitsgrad – auch auf das nach wie vor ungeklärte Verhältnis des Operativen Professionals zum Bachelor zurückgeführt werden kann. Innerhalb des Systems wird als problematisch bewertet, dass die Spezialistenebene und Professionalebene in der Praxis wenig Bezug zueinander haben.

Offensichtlich wurde das didaktische Konzept des arbeitsprozessorientierten Lernens trotz seiner aufwendigen Konzeption kaum realisiert. Die konkreten Umsetzungsaktivitäten zur Realisierung des IT-Weiterbildungssystems auf der Spezialistenebene richteten sich vor allem auf die Phase der Entwicklung und Konzeption von APO-IT. Diese wurden mit finanzieller Unterstützung seitens des Bundesministeriums für Bildung und Forschung (BMBF) durchgeführt und vom Fraunhofer-Institut ISST begleitet und evaluiert (vgl. Loroff/Kubath/ Hüttner 2004). Unabhängig davon sind systematische Umsetzungsprojekte und Qualifizierungsmaßnahmen, die von betrieblicher Seite finanziert werden, nicht bekannt. Die Qualifizierung der IT-Professionals findet in erster Linie in traditionellen Lehrgangskonzepten statt (vgl. Dittrich/Kohl 2007).

Im Folgenden wird vor diesem Hintergrund in didaktischer und in bildungspolitischer Perspektive nach den möglichen Ursachen dafür gefragt, warum das IT-Weiterbildungssystem seit seinem Entstehen ein Dasein als eine bildungspolitische Karteileiche fristet.

Didaktisch-curriculare Schwächen

Ein wesentlicher Schwachpunkt von APO-IT in didaktischer Hinsicht ist die unzureichende theoretische Fundierung des Konzepts sowohl aus pädagogischer als auch aus lernpsychologischer Sicht. Dies führt auf der Ebene der konkreten Umsetzung in der Praxis insofern zu Problemen, als zwar die Referenzprozesse für die einzelnen Spezialistenprofile sehr detailliert ausgearbeitet wurden, dass aber bei APO-IT kaum Hinweise zur methodischen Umsetzung gegeben werden. Das APO-IT-Konzept bietet so zwar eine gute Orientierungshilfe in Bezug darauf, was gelernt werden soll, wenn es jedoch darum geht, wie eine arbeitsprozessorientierte Qualifizierung umzusetzen ist, sind potenzielle Interessent(inn)en auf Beratung und Unterstützung angewiesen.

Dokumentation und Zertifizierung

Da im traditionellen deutschen Prüfungswesen überwiegend Wissen abgefragt und attestiert wird, soll mit dem Verfahren der Dokumentation und der Zertifizierung in dem APO-IT-Konzept der *Prozessorientierung* Rechnung getragen werden, wobei im besten Fall auch informell erworbenes Wissen zertifiziert wird. In allen Erfahrungsberichten des ISST wird übereinstimmend betont, dass sich die Dokumentation, die eine Voraussetzung für die Zertifizierung ist, als einer der schwierigsten Aspekte in der Durchführung der Qualifizierungsmaßnahme herausstellte (vgl. Manski/Küper 2002, S. 85). Zu bedenken ist, dass ein funktionierendes Zertifizierungswesen auch hoch qualifiziertes Personal erfordert. Bei der Gestaltung der Weiterbildungsstrukturen im IT-Sektor hat jedoch der Aspekt der Professionalität des Personals nur marginal Berücksichtigung gefunden. Insofern ist hier großer Handlungsbedarf hinsichtlich der Entwicklung von Qualitätsstandards zu identifizieren.

Eine große Herausforderung bestand schon bei der Konzeptionierung des IT-Weiterbildungssystems darin, die *organisatorisch-strukturelle* und die *lernorganisatorische* Gestaltung von Qualifizierungsprozessen zu leisten, allerdings ohne genau zu wissen, welche *konkreten* fachlichen Qualifikationserfordernisse sich in der IT-Branche zukünftig ergeben. Die Curriculumkonstruktion, die im Rahmen der Entwicklung des IT-Weiterbildungssystems mit dem APO-IT-Konzept für eine gesamte Branche geleistet wurde, ist positiv zu würdigen: Mit der Festlegung von Referenzprozessen als curriculare Orientierung ist hier einerseits versucht worden, die Curriculumentwicklung aus den konkreten Arbeitsanforderungen, aber andererseits dennoch betriebsübergreifend zu entwickeln. Zu Umsetzungsschwierigkeiten führt vor allem die unzureichende Passung der Referenzprozesse: Die Erfahrungen bei der Umsetzung des APO-IT-Konzeptes haben gezeigt, dass sich Probleme in der betrieblichen Qualifizierung aufgrund der nicht immer gegebenen Übereinstimmung der vorgegebenen Referenzprozesse mit der betrieblichen Arbeitsrealität ergaben (vgl. Manski/Küper 2002). Im Rahmen einer arbeitsbezogenen Qualifizierung wird die berufliche Weiterbildung grundsätzlich vor Ort als betriebliche Weiterbildung gestaltet. Dieser Aspekt erfordert im Rahmen einer lernorganisatorischen Gestaltung jedoch die konsequente Erschließung der *Arbeitsplätze als Lernorte* und die Entwicklung angemessener Methoden.

Lernorganisatorische und methodische Gestaltung

Die oben thematisierte, nicht immer „stimmige“ Passung zwischen dem APO-IT-Curriculum (d. h. den Referenzprozessen) und der betrieblichen Arbeitsrealität wird auf der Ebene der konkreten lernorganisatorischen Gestaltung zu einer weiteren Herausforderung. Es fällt auf, dass durch die explizite Ausweisung von Referenzprozessen, die als eine „Schablone“ für weiterbildungsrelevante Arbeitsprozesse gelten sollen und aus denen Qualitätsmerkmale für die Zertifizierung abgeleitet werden (vgl. Rohs 2002, S. 82), der Lernprozess letztlich von der Arbeitsrealität wieder entkoppelt wird. Die Diskrepanz besteht darin, dass auf der einen Seite reale betriebliche Projekte bearbeitet, dokumentiert und abschließend auch zertifiziert werden sollen, auf der anderen Seite sich der Lernprozess jedoch an Referenzprojekten orientiert, die – eben idealtypisch und nicht realistisch – aus dem Arbeitsprozess herausgelöst werden.

Die Weiterbildungsteilnehmenden müssen folglich in ihrem Lernprozess eine hohe Transferleistung erbringen und das Verhältnis von konkreten zu abstrakten Sachverhalten permanent neu bestimmen: Mit der Orientierung am Arbeits- und Geschäftsprozess und dem *Situationsbezug* ist eine Konkretisierung der Lerninhalte am realen Arbeitsgeschehen zu verzeichnen. Dies erhöht einerseits die unmittelbare Anwendbarkeit von Wissen und Erfahrung. Andererseits kann im Zuge der Prozessorientierung für den Lernenden der Transfer des Gelernten, also die Übertragbarkeit auf andere Bereiche zu einer Herausforderung werden, weil die Lernenden eine Abstraktionsebene erreichen müssen, die das Erkennen komplexer Zusammenhänge und das Denken in Systemen, auch losgelöst von der jeweils konkret vorgefundenen Realität, erfordert. Wenn dies nicht gelingt, können Flexibilität und letztlich auch Mobilität jedoch gerade durch die Arbeitsprozessorientierung auch behindert werden. Wenn man die Prozessorientierung als ein *pädagogisches Prinzip* ernst nimmt und sie nicht in erster Linie auf die Orientierung an Geschäfts- und Arbeitsprozessen reduziert, dann müsste sich konsequenterweise die didaktische und methodische Gestaltung auch stärker am *individuellen Lernprozess* der Weiterbildungsteilnehmenden orientieren.

Mangelnde bildungspolitische Implementierung

Im Vergleich zu der beruflichen Erstausbildung, wo der Staat durch die Gestaltung beruflicher Curricula, die verbindlich umgesetzt werden müssen, eine stark regulierende Funktion hat, hat sich der Staat im IT-Weiterbildungssystem mit inhaltlicher Einflussnahme auf der Ebene der Spezialistenprofile deutlich zurückgehalten. Dies wird z. B. daran deutlich, dass das Bundesinstitut für Berufsbildung (BIBB) an diesem Gestaltungsprozess, verglichen mit dem Entstehen von Aus- und Fortbildungsverordnungen, eher eine untergeordnete Rolle spielte: So wurde die Erarbeitung der Spezialistenprofile einschließlich der didaktischen Umsetzung nicht an das BIBB, sondern an das Fraunhofer-Institut ISST in Berlin delegiert.[2]

Während die Gewerkschaften eine konsequente Umsetzung des IT-Weiterbildungssystems einschließlich seiner didaktisch-curricularen Orientierung nach APO-IT verfolgten und auch der *Bundesverband Informationswirtschaft, Telekommunikation und neue Medien e. V.* (Bitkom) die Umsetzung des Systems maßgeblich vorantrieb – wobei er eine enge Kooperation mit Arbeitnehmerverbänden einging – hielten sich die Kammern in diesem Prozess zurück. Dies wird u. a. daran deutlich, dass die Industrie- und Handelskammern (IHK) auch nach dem Inkrafttreten der Weiterbildungsverordnung noch lehrgangs- und seminarorientierte Weiterbildungen anboten, deren Inhalte gegenüber den von APO-IT ausdifferenzierten Spezialistenprofilen deutlich reduziert waren, und dafür auch nach wie vor eigene Abschlusszertifikate vergaben. Die Gewerkschaften kritisierten am Vorgehen der Kammern, dass diese Zertifikate nicht den vereinbarten Qualitätsstandards entsprechen und dass damit das gesamte IT-Weiterbildungssystem untergraben werde (vgl. Ehrke/Hesse 2002).

Im Fall des IT-Weiterbildungssystems steht dem hohen Engagement der Sozialpartner die ordnungspolitische Zurückhaltung des Staates gegenüber. Damit befördert der Staat eine Privatisierung beruflicher Qualifizierungsprozesse. Dies lässt sich auch an der marginalen Beteiligung des Bundes und der Länder festmachen: Träger der Weiterbildungsmaßnahmen sind zunächst einmal nach wie vor die Betriebe, die ihre Beschäftigten für eine Weiterbildungsmaßnahme freistellen, sowie die einzelnen Arbeitnehmerinnen und Arbeitnehmer, die an dieser Maßnahme teilnehmen. Das impliziert, dass die Betriebe und die Beschäftigten im Wesentlichen auch die Finanzierung der Qualifizierung leisten und darüber hinaus die Lernorte bestimmen bzw. die Lernortkombinationen sowie die Lernzeiten individuell regeln. Je weniger Gestaltung auf der politischen Ebene seitens des Bundes und der Länder stattfindet, desto mehr wird also der Betrieb zum Raum sozialer und politischer Aushandlungsprozesse.

---

2 Obwohl eine direkte finanzielle Beteiligung durch Bund und Länder, vergleichbar der Neuordnungsverfahren von Berufsbildern in der Erstausbildung, für die weitere Implementierung nicht vorgesehen ist, war hier der Staat – insbesondere in der ersten Umsetzungsphase – allerdings über Fördermaßnahmen und damit durch eine indirekte Finanzierung an der Umsetzung des IT-Weiterbildungssystems beteiligt.

Anschlussperspektiven und Ausblick

Die IT-Branche ist repräsentativ für moderne Arbeit und auch für erweiterte moderne Formen von Beruflichkeit an der Schnittstelle zwischen Berufs- und Hochschulbildung. Dies gilt angesichts projekt- und prozessorientierter Arbeitsorganisationsformen, hoher Selbststeuerung, eines individualisierten Qualifikationserwerbs durch informelles und Erfahrungslernen, Entgrenzung und Subjektivierung der Arbeit etc. (vgl. u. a. Dehnbostel 2019; Dunkel/Kratzer 2016; Voß/Pongratz 1998). Im Rahmen des Bund-Länder-Wettbewerbs „Aufstieg durch Bildung – offene Hochschulen" werden seit 2014 u. a. berufsbegleitende, weiterbildende so genannte „Anrechnungsstudiengänge" mit qualitätsgesicherten Standards auf Bachelor- und Masterebene[3] im IT-Bereich entwickelt und erprobt. Zielsetzung dieser Studienmodelle ist, berufserfahrenen IT-Fachkräften z. B. Operativen Professionals ohne oder mit schulischer Hochschulzugangsberechtigung die Option einer Weiterqualifizierung auf Hochschulebene inklusive eines akademischen Abschlusses zu eröffnen (vgl. u. a. Städler/von Zobeltitz 2019; Städler/Linke/von Zobeltitz 2018). Aus *bildungspolitischer Perspektive* ist damit – zumindest in formaler Hinsicht – eine neue Anschlussmöglichkeit an die Abschlüsse des IT-Weiterbildungssystems erreicht. Gleichzeitig wird mit dieser Entwicklung der Kritik einer fehlenden In-Bezug-Setzung der beruflichen Weiterbildungsabschlüsse (hier: Operative Professionals) mit dem Bachelorabschluss entgegengewirkt.

Im Sinne einer echten, *didaktisch-curricularen* Verzahnung der Bildungswege wäre zu prüfen, inwiefern mit der Orientierung an dem APO-IT-Konzept in der hochschulischen Bildung ein Brückenschlag zwischen der beruflich-betrieblichen und der hochschulischen Lernkultur (vgl. Meyer 2016) ermöglicht werden könnte. Didaktische Elemente wie z. B. die *Arbeitsprozessorientierung* basierend auf den berufstypischen Referenzprojekten sowie die *Lernprozessbegleitung* und *Lernberatung* bieten hierfür unmittelbar Ansatzpunkte. Insbesondere mit Blick auf die Praxiserfahrung der IT-Fachkräfte können entsprechende Beratungs- und Begleitungsangebote auch eine wichtige *überfachliche Orientierungsfunktion* einnehmen: ausgehend von ihrer beruflichen Vorbildung lernen sie die

---

3 Exemplarisch ist auf das Kooperationsprojekt zwischen dem Institut für Soziologie an der Technischen Universität Darmstadt und dem Institut für Wissensmanagement an der Hochschule Weserbergland „Open IT" zu verweisen. Auf der Basis der Anrechnung beruflicher Vorqualifikationen werden aktuell zwei berufsbegleitende Bachelorprogramme „Wirtschaftsinformatik und IT Business Management" sowie ein Masterprogramm „IT Business Management" erprobt.

Hochschule als eine vollkommen neue Lernumgebung kennen und müssen sich auf diese neue Lern- und Lehrkultur einstellen (vgl. Baumhauer 2017). Anknüpfungspunkte bietet in diesem Zusammenhang die dem APO-IT-Konzept inhärente *Reflexionsorientierung* (z. B. in Form von Reflexionsgesprächen bzw. Reflexionsworkshops). Hierbei wird die vorübergehende Distanz, die IT-Fachkräfte zu ihrer beruflichen Praxis am Lernort Hochschule einnehmen, *didaktisch* relevant. Mit dieser praxisdistanzierten Perspektive eröffnet sich z. B. die Chance für die Lernenden, das vermittelte wissenschaftliche Wissen im Hinblick auf seine Bedeutung für die individuelle berufliche Praxis – im Sinne einer „*Didaktik wissenschaftlich reflektierter (Berufs-)Praxis*" – zu reflektieren. Dabei ist die Distanz zu der unmittelbaren beruflichen Handlungssituation erforderlich, um in den Reflexionsprozess einsteigen zu können (vgl. Baumhauer 2017).

Auf der *Ebene der Betriebe* ist bisher kaum Engagement im Feld der IT-Weiterbildung zu erkennen. Dass der Betrieb als ein dominanter Lernort der beruflichen Bildung sich der staatlichen Regulierung und damit der Etablierung von Qualitätsstandards entzieht, ist aufgrund der engen Verknüpfung von individueller Kompetenzentwicklung und betrieblicher Organisationsentwicklung ohne Weiteres nachzuvollziehen. Zu fragen ist aber, warum Unternehmen die Potenziale betriebspädagogischer Konzepte nicht nutzen und sich in diesem Zusammenhang auch das Konzept APO-IT bisher noch kaum auf betrieblicher Ebene etabliert hat. Letztlich kann die Qualität der beruflichen Weiterbildungsmaßnahmen nur auf der betrieblichen Ebene – und zwar über die *lernorganisatorische Gestaltung arbeitsorientierter Lernformen* sichergestellt werden. Dies zeigen auch aktuelle empirische Ergebnisse eines laufenden Forschungsprojekts „Lernort Betrieb 4.0" zu den Auswirkungen der Digitalisierung innerhalb der Chemieindustrie, als Beispiel innovationsintensiver Branchen (vgl. Baumhauer et al. 2019)[4]. Die Orientierung der Weiterbildungsmaßnahmen am Arbeitsprozess und die prinzipielle Offenheit des Lernprozesses erfordert jedoch von den Betrieben und auch von dem pädagogischen Personal ein hohes Maß an Gestaltungskompetenz und auch -bereitschaft. In diesem Rahmen steht die Qualifizierung und Professionalisierung des Bildungspersonals im IT-Sektor an (vgl. Sloane u. a. 2018), um den Lernprozess in der Projektbearbeitung, der Dokumentation und der Reflexion bestmöglich zu begleiten.

Das Beispiel des IT-Weiterbildungssystems zeigt darüber hinaus, dass kleine und mittlere Unternehmen erhebliche Probleme in der Umsetzung der neuen,

---

4 Das Forschungsprojekt „Lernort Betrieb 4.0" wird durch die Hans-Böckler-Stiftung im Zeitraum 02/2018 bis 07/2020 gefördert.

zumeist dezentralen Lernformen haben. Sie sind daher vor allem in lernorganisatorischer Hinsicht auf externe Unterstützung angewiesen. Vor diesem Hintergrund nehmen *Bildungsträger* und Kooperationsformen, wie z. B. *Netzwerke und Bildungscommunities* eine Schlüsselfunktion ein. Ihnen kommt zukünftig die Aufgabe zu, eine bedarfsorientierte konzeptionelle Gestaltung von arbeitsprozessorientierten Qualifizierungsmaßnahmen sowohl in *didaktisch-curricularer* als auch in *methodischer* Hinsicht zu leisten.

Die Implementierung und Verstetigung moderner Weiterbildungsstrukturen und -konzepte ist eine bildungs- und arbeitspolitische Herausforderung. Dabei geht es nicht um die Implementierung von starren, staatlich reglementierten und auf Dauer gestellten institutionellen Strukturen, sondern vielmehr darum, Weiterbildungsstrukturen so zu gestalten, dass ein hohes Maß an Flexibilität erhalten bleibt und dass im Sinne eines „*Empowerment*" die Betroffenen zu aktiven Beteiligten gemacht werden. Bildungspolitische und betriebliche Akteure sowie die Weiterbildungsteilnehmenden bzw. Beschäftigten selbst sollten diese Prozesse mitgestalten und auch Einfluss darauf haben, die Rahmenbedingungen mitzugestalten.

Literatur

Ahrens, D. (2018): Lernmöglichkeiten in vermeintlich lernfeindlichen Arbeitsumgebungen. In: Denk-doch-Mal.de. Das Online Magazin, H. 2, S. 1–6, http://denk-doch-mal.de/wp/daniela-ahrens-lernmoeglichkeiten-in-vermeintlich-lernfeindlichen-arbeitsumgebungen/ (Stand: 15.11.2019).

Baumhauer, M. (2017): Berufsbezug und Wissenschaftsorientierung. Grundzüge einer Didaktik wissenschaftlich reflektierter (Berufs-)Praxis im Kontext der Hochschulweiterbildung. Detmold.

Baumhauer, M.; Beutnagel, B.; Meyer, R.; Rempel, K. (2019): Produktionsfacharbeit in der chemischen Industrie. Auswirkungen der Digitalisierung aus Expertensicht. Düsseldorf. Online: https://www.boeckler.de/pdf/p_fofoe_WP_144_2019.pdf (Stand: 22.10.2019).

Bitkom (2018): Weiterbildung für die digitale Arbeitswelt, https://www.bitkom.org/sites/default/files/2018-12/20181221_VdTU%CC%88V_Bitkom_Weiterbildung_Studienbericht.pdf (Stand: 15.11.2019).

Bundesinstitut für Berufsbildung (BIBB) (2017): Innovative Ansätze zukunftsorientierter beruflicher Weiterbildung, https://www.bibb.de/dokumente/pdf/25054_BIBB_Broschuere_InnovatWB_BITV_10_2017.pdf (Stand: 15.11.2019).

Cernavin, O. (2018): Ansätze für eine lernförderliche Arbeitsgestaltung 4.0. In: Arbeit. Zeitschrift für Arbeitsforschung, Arbeitsgestaltung und Arbeitspolitik 27, H. 4, S. 295–315.

Caumanns, J.; Manski, K.; Fuchs-Kittowski (2002): Medieninfrastruktur und -instrumente für die IT-Weiterbildung, in: BMBF (Bundesministerium für Bildung und Forschung) (Hrsg.) (2002): IT-Weiterbildung mit System. Neue Perspektiven für Fachkräfte und Unternehmen. (BMBF PUBLIK). Bonn, S. 87–93.

Dehnbostel, P. (2018): Lernorte und Lernräume in der digitalen Arbeitswelt. In: Denk-doch-Mal.de – das online Magazin, http://denk-doch-mal.de/wp/peter-dehnbostel-lernorte-und-lernraeume-in-der-digitalen-arbeitswelt/, Stand: 30.11.2019.

Dehnbostel, P. (2019): Betriebliche Lernorte, Lernräume und Selbstlernarchitekturen in der Digitalisierten Arbeitswelt. In: Magazin Erwachsenenbildung.at, 13 (2019), S. 35–39.

Diettrich, A.; Kohl, M. (2007): Qualifizierung von IT-Fachkräften zwischen arbeitsprozessorientiertem Lernen und formalisierter Weiterbildung. Bonn.

Dunkel, W.; Kratzer, N. (2016): Zeit- und Leistungsdruck bei Wissens- und Interaktionsarbeit. Neue Steuerungsformen und subjektive Praxis. Baden-Baden.

Einhaus, J.; Loroff, C. (2004): Praxiserfahrungen aus der Lernprozessbegleitung in Umsetzungsprojekten der IT-Weiterbildung. In: Rohs, M./Käpplinger, B. (2004) (Hrsg.): Lernberatung in der beruflich-betrieblichen Weiterbildung. Konzepte und Praxisbeispiele für die Umsetzung, Münster/New York, S. 159–176.

Ehrke, M.; Hesse, J. (2002): Das neue IT-Weiterbildungssystem – Eine Neuordnung mit hohem Reformanspruch. In: Gewerkschaftliche Bildungspolitik, 53 (2002) H. 11/12, S. 4–8.

Elsholz, U.; Kallies, H.; Schönhold, R. (2017): Das Weiterbildungssystem in der Elektroindustrie – eine Chance für betrieblich-berufliche Karrierewege. In: Becker, M./Dittmann, C./Gillen, J./Hiestand, S./Meyer, R. (Hrsg.) (2017): Einheit und Differenz in den gewerblich-technischen Wissenschaften – Berufspädagogik, Fachdidaktiken und Fachwissenschaften. Berlin u.a.: LIT, S. 212–225.

Loroff, C.; Kubath, S.; Hüttner, J. (2004): Evaluation der Arbeitsprozessorientierten Weiterbildung. Eine Fallstudie im Rahmen von zwei APO-IT-Projekten in Baden Württemberg, ISST Bericht 76/04.

Manski, K.; Küper, K. (2002): Umsetzung der Weiterbildung zum Network-Administrator. In: Bundesministerium für Bildung und Forschung (Hrsg.): IT-Weiterbildung mit System. Neue Perspektiven für Fachkräfte und Unternehmen. Bonn, S. 80–89.

Meyer, R. (2006): Theorieentwicklung und Praxisgestaltung in der beruflichen Bildung. Berufsbildungsforschung am Beispiel des IT-Weiterbildungssystems. Bielefeld.

Meyer, R. (2016): Da bewegt sich mehr als man denkt…und doch zu wenig. Zum Verhältnis von beruflicher und hochschulischer Lernkultur. In: Denk-doch-Mal.de – das online Magazin, http://denk-doch-mal.de/wp/rita-meyer-da-bewegt-sich-mehr-als-man-denkt-und-doch-noch-zu-wenig/ (Stand: 30.11.2019).

Meyer, R. (2019): „Beruflichkeit 4.0“ – Qualifizierung für die Arbeit heute und morgen: Herausforderungen und Handlungsoptionen. In: Kohlrausch, B./ Schildmann, C./Voss, D. (Hrsg.): Neue Arbeit – neue Ungleichheiten? Folgen der Digitalisierung. Weinheim und Basel, S. 142–163.

Rohs, M. (2002): Arbeitsprozessorientierte Weiterbildung in der IT-Branche: Ein Gesamtkonzept zur Verbindung formeller und informeller Lernprozesse, in: Rohs, M. (Hrsg.): Arbeitsprozessintegriertes Lernen. Neue Ansätze für die berufliche Bildung, Münster u.a., S. 75–94.

Rohs, M.; Mattauch, W. (2001): Konzeptionelle Grundlagen der arbeitsprozessorientierten Weiterbildung in der IT-Branche, ISST-Bericht 59/01, Berlin.

Schenk, H.; Schneider, V.; Tutschner, H.; Wasiljew, E. (2012): Evaluierung des IT-Weiterbildungssystems: Untersuchung des Nutzens der IT-Weiterbildung und des Verbleibs von Operativen und Strategischen Professionals. Bonn.

Schneider, V.; Schwarz, H. (2019): Das IT-Weiterbildungssystem – reformbedürftig. In: Berufsbildung in Wissenschaft und Praxis, (2019) 1, S. 50–51.

Sloane, P. u.a. (2018): Berufsbildung 4.0. Qualifizierung des pädagogischen Personals als Erfolgsfaktor beruflicher Bildung in der digitalisierten Arbeitswelt. Detmold.

Städler, M.; Linke, K.; Zobeltitz von, A. (2018): Anforderungen der Arbeitswelt an akademische Bildungsangebote im Bereich IT-Management. In: Zeitschrift für Hochschulentwicklung, 13 (2018) 3, S. 145–165, doi:10.3217/zfhe-13-03/09.

Städler, M.; Zobeltitz von, A. (Hrsg.) (2019): Erkenntnisse aus der akademischen Weiterbildung von IT-Fachkräften. Schriftenreihe Hochschule Weserbergland. Band 2.

Voß, G. G.; Pongratz, H. J. (1998): Der Arbeitskraftunternehmer. Eine neue Grundform der Ware Arbeitskraft? In: Kölner Zeitschrift für Soziologie und Sozialpsychologie, 50 (1998), S. 131–158.

Weiterbildungs-Informations-System (WIS) (2019): Überblick, https://wis.ihk.de/informationen/spezialthemen/it-weiterbildung/ueberblick.html (Stand: 29.11.2019).

Klaus Jenewein

Zum Verhältnis der Didaktik der beruflichen Fachrichtung Elektrotechnik zur Didaktik der beruflichen Fachrichtung Informationstechnik/ Informatik

Zusammenfassung: *Die Didaktiken der beruflichen Fachrichtungen Elektrotechnik und Informationstechnik/Informatik befassen sich mit zwei Disziplinen und deren Professionalisierung für die Ausbildung beruflicher Lehrkräfte, die bislang inhaltlich nur schwer abgrenzbar sind. Wo sind aus der Perspektive der Fachrichtung Elektrotechnik Gemeinsamkeiten zu finden und wo profilierende Unterschiede? Wo kann eine fachliche und methodische Grundausrichtung der Didaktik der neuen Fachrichtung Informationstechnik/Informatik auf Modelle und Instrumente der Fachrichtung Elektrotechnik zurückgreifen? Der Beitrag versucht, von der Genese der informationstechnischen Berufe hin zu aktuellen Entwicklungen eine Brücke zu schlagen und mit einigen Fragen aufzuzeigen, wo sich für die zukünftige Ausrichtung beider Fachrichtungen gemeinsame Arbeits- und Forschungsgebiete ergeben werden.*

Didaktik einer beruflichen Fachrichtung – Zur Verortung der folgenden Diskussion

Didaktiken beruflicher Fachrichtungen haben als Disziplinen der Berufsschullehramtsausbildung eine besondere Funktion, wie im folgenden Beitrag gezeigt wird: Sie bilden die Brücke zwischen oftmals recht abstrakten wissenschaftlichen Disziplinen einerseits und einer auf betriebliche Fachkräfte bezogenen Ausbildungs- und Arbeitswelt und damit ein zentrales professionalisierendes Element der Lehrkräfte ausbildenden Studiengänge (Jenewein 2019). Dabei bilden sowohl berufliche Fachrichtungen als auch deren Didaktiken keine statischen Wissenschaftsdisziplinen, wie wir das etwa von den Naturwissenschaften und den darauf bezogenen Unterrichtsfächern in der gymnasialen Bildung gewohnt sind. Durch den technologischen Wandel und teilweise weitgreifenden Entwicklungen in der Berufsbildungs- und Arbeitswelt verändern sich die Disziplinen in weitaus stärkerem Maß als traditionelle Wissenschaftsdisziplinen, und es kann durchaus vorkommen, dass sich aus lange etablierten Fachrichtungen wie im vorliegenden Fall der Elektrotechnik neue Disziplinen etablieren. Ein solcher Prozess ist Gegenstand des vorliegenden Beitrags und betrifft die in den vergangenen zwei Jahrzehnten neu etablierte berufliche Fachrichtung Informationstechnik/Informatik.

Wie noch gezeigt werden wird, ist hieraus eine Situation entstanden, in der man die mit diesen beiden Fachrichtungen angesprochenen Ausbildungs- und Ausübungsberufe bis heute nur bedingt differenzieren kann. Wenn jedoch betriebliche Arbeits- und Geschäftsprozesse in beiden beruflichen Fachrichtungen sich teilweise überschneiden und beide Disziplinen zumindest zu großen Teilen auf gleiche Wissensbestände zurückgreifen, welche Konsequenzen hat dies für die Etablierung der für die Lehrkräftearbeit professionalisierenden Didaktiken? Hier sollen aus der Perspektive der Didaktik der beruflichen Fachrichtung Elektrotechnik einige Eckpunkte vorgestellt werden, von denen aus sich Fragestellungen und Handlungsoptionen für eine didaktische Ausbildung in der Informationstechnik aufzeigen lassen.

Grundsätzlich steht in den traditionellen Strukturen der beruflichen Lehrkräfteausbildung die Didaktik in Wechselbeziehungen mit fach- und bildungswissenschaftlichen Bezugsdisziplinen einerseits und zu Ausbildungs- und Arbeitsfeldern andererseits.

Abb. 1 skizziert diesen Kontext in einem Beziehungsgefüge zwischen wissenschaftlichen Bezugsdisziplinen (links) und schulischen sowie betrieblichen Praxisfeldern (rechts) am Beispiel der Didaktik der beruflichen Fachrichtung Elektrotechnik und der Elektroberufe. Dieser Kontext blickt im Rahmen der Verwissenschaftlichung der beruflichen Lehrkräfteausbildung und ihrer

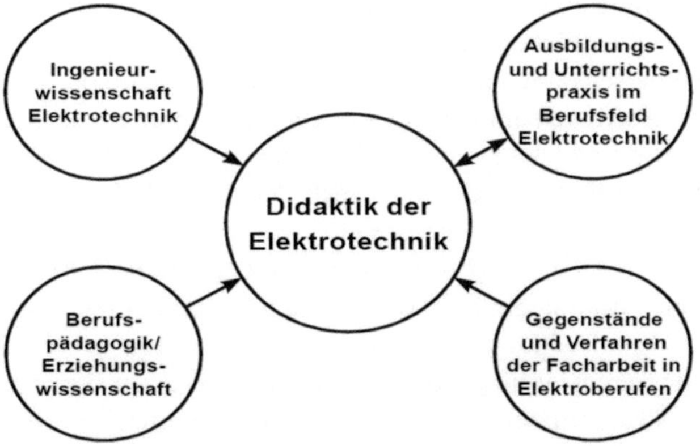

Abb. 1: Berufliche Didaktik – Ihr Verhältnis zu den Bezugsdisziplinen und Praxisfeldern am Beispiel der beruflichen Fachrichtung Elektrotechnik

Etablierung in universitären Strukturen auf eine lange Diskussion unterschiedlicher Ausbildungsmodelle zurück. Im Fokus unterschiedlicher Diskussionslinien steht hier die Frage, ob berufliche Fachrichtungen als eigenständige wissenschaftliche Disziplinen mit einer auf das Handlungsfeld der späteren Lehrkräfte fokussierenden Fachwissenschaft etabliert werden sollen oder als eine Wechselbeziehung aus beruflicher Didaktik und einer – i. d. R. aus korrespondierenden Ingenieurwissenschaften konstituierten – Fachwissenschaft.

An den meisten Hochschulstandorten wird heute das letztgenannte Modell praktiziert, vor allem aus pragmatischen (sprich: kapazitären) Gründen. Die fachwissenschaftliche Ausbildung erfolgt vollständig oder zum überwiegenden Teil in korrespondierenden Ingenieurwissenschaften, der Didaktik kommt somit die Aufgabe zu, die für die Unterrichtstätigkeit erforderlichen Kompetenzen in einer beruflichen Fachrichtung zu sichern. Die Lehrkräfteausbildung für berufliche Schulen folgt mit diesem Modell grundsätzlich den Strukturen der Lehrämter für allgemeinbildende Schulen in den dortigen Unterrichtsfächern.

Für die beruflichen Fachrichtungen kommt durch die in fast allen Bundesländern eingeführte Bologna-Struktur die Polyvalenz der Hochschulausbildung hinzu. Die Studienprogramme beziehen oftmals Aspekte des betrieblichen und überbetrieblichen Aus- und Fortbildungswesens ein, dem nicht nur unter dem Aspekt eines grundlegenden Verständnisses im Kontext der für die Schulen nötigen Lernortkooperation, sondern auch als außerschulische Handlungsfelder eine gewisse Bedeutung zukommt.

Berufliche Bildungspraxis als Handlungsfeld für berufliche Lehrkräfte

Schauen wir zunächst einmal auf die Lehramtsausbildung für berufliche Schulen, so stoßen wir bei der Übertragung des Fachdidaktik-Konzepts allgemeinbildender Lehrämter auf die berufliche Lehrkräftebildung auf ein grundlegendes Problem. Berufliche Bildungsgänge sind allein bezüglich ihrer Wissens- und Kompetenzorientierung kaum mit einem Unterrichtsfach mit einer gesicherten fachlichen Struktur mit entsprechender Orientierung an einer fachwissenschaftlichen Bezugsdisziplin zu vergleichen. Dieser Sachverhalt beruht auf mehrfachen Besonderheiten:

- Herkner weist in seiner Einführung zum Band „Berufsfeldwissenschaft – Berufsfelddidaktik – Lehrerbildung“ auf einen Sachverhalt hin, der bereits seit den 1980er Jahren zu intensiven Diskussionen führte: „Die Didaktik des beruflichen Lernens (…) kann sich nicht ohne weiteres, wie vor allem im Unterricht der allgemein bildenden Schulen praktiziert, an einer einzigen Fachwissenschaft ausrichten. Die Bezugsgröße muss vielmehr (…) die Berufsarbeit und die zu ihrer Ausübung genutzte Technik sein“ (ebd. 2004, S. 26). Reagiert wird mit dieser Diskussion vor allem auf den Sachverhalt, dass die Vielfalt der einer beruflichen Fachrichtung zugeordneten Ausbildungsberufe, Bildungsgänge und Schulformen sich in einzelnen (ingenieur-)wissenschaftlichen Disziplinen nicht abbildet, wenn sich die Fachwissenschaft vollständig an den Anforderungen der Ingenieurarbeit orientiert.[1] In Anlehnung an Pahl fordert Herkner daher die Hinwendung zu einer Berufs(feld)wissenschaft und einer darauf bezogenen Didaktik.

- Durch Rauner (1986) wurde bereits früh die Orientierung der beruflichen Fachrichtung nicht an einer korrespondierenden Ingenieurwissenschaft, sondern an der beruflichen Facharbeit gefordert und hierbei eine gestaltungsbezogene Perspektive auf betriebliche Arbeitsaufgaben eingenommen. Die hieraus entstandene Studienkonzeption einer gewerblich-technischen Wissenschaft wurde an einigen norddeutschen Universitäten umgesetzt und ist vor allem durch ein Selbstverständnis gekennzeichnet, das mit den Themenfeldern Arbeit-Wirtschaft-Technik die Ausbildungs- und Arbeitswelt eines Berufsfelds adressiert und die berufliche Praxis „der Facharbeiter“ sowie „der Lehrer und Ausbilder“ in den Handlungszusammenhang der beruflichen Fachrichtung stellt (Hägele/Pangalos 2012, S. 67). Das hier verfolgte Konzept einer beruflichen Fachrichtung als gewerblich-technische Wissenschaft wurde vor allem an den Standorten Bremen, Flensburg und Hamburg weiterentwickelt (vgl. ebd., S. 68 ff.) und führt dazu, dass nicht systematisch zwischen einer beruflichen Fachwissenschaft und einer beruflichen Didaktik differenziert wird (vgl. das Konzept „Berufliche Fachrichtung als Berufswissenschaft“, Becker 2012, S. 238 ff.). Gleichzeitig ist jedoch auch zu konstatieren, dass die damit verbundenen Ausstattungsvorstellungen heute an keinem Standort realisiert sind (vgl. das sogenannte Norddeutsche Gutachten: Gerds/Heidegger/

1 Bereits Anfang der 1990er Jahre wurde in einer Studie zur Lehrkräftebildung in Nordrhein-Westfalen festgestellt: Die im Rahmen „korrespondierender“ Ingenieurwissenschaften ausgebildeten Lehrkräfte für Elektrotechnik und Metalltechnik gaben an, sich in Bezug auf ingenieurtypische Tätigkeiten (Entwickeln, Konstruieren) überqualifiziert sowie in Bezug auf facharbeitertypische Tätigkeiten (Herstellen, besonderes jedoch Warten und Instandsetzen) defizitär vorbereitet zu sein. Darüber hinaus wurde konstatiert, dass eigene betriebliche Praxiserfahrungen für die künftige Lehrkräftearbeit hinsichtlich der Herausbildung lehramtsspezifischer Fachkompetenz bedeutsamer waren als das fachwissenschaftliche Studium selbst (Jenewein 1994, S. 253 ff.).

Rauner 1998, zitiert in Spöttl/Becker 2012, S. 46). Aktuell ist festzustellen, dass die an den Standorten durchgeführte fachwissenschaftliche Ausbildung sich mehr und mehr im Rahmen ingenieurwissenschaftlicher Studienmodule oder gleich in ingenieurwissenschaftlichen Bachelorprogrammen durchsetzt, die lediglich durch lehramtsbezogene Masterprogramme ergänzt werden (Becker 2012, S. 241 ff.).

Beiden Ansätzen – die Berufs(feld)didaktik einerseits und die gewerblich-technische Wissenschaft andererseits – ist die Orientierung an der beruflichen Facharbeit eigen, wobei diese sich inhaltlich durchweg am Berufsfeldbegriff ausrichtet. Dieser war jedoch im Wesentlichen normativ bestimmt und geht letztlich auf die Regelungen der in den 1970er Jahren eingeführten Berufsgrundbildungsjahr-Anrechnungsverordnung zurück. Die Schwäche der deutschen Berufsfeldsystematik bestand schon immer darin, dass eine relativ große Anzahl von Berufen in den Berufsfeldern nicht erfasst war, was bspw. für die 1997 neu eingeführten IT-Berufe galt; zudem ist das Berufsfeld-Konzept inzwischen zu Gunsten des relativ unbestimmten Berufsgruppen-Konzepts aufgegeben worden. Hinzu kommt der Vorwurf, mit der Orientierung an der betrieblichen Facharbeit ginge eine einseitige inhaltliche Reduzierung des Berufsschullehramts auf die Berufsausbildung einher und die vielfältigen weiteren Schulformen (bspw. die studienqualifizierenden beruflichen Bildungsgänge wie Berufliche Gymnasien, Fachoberschulen, Berufsfachschulen oder berufsvorbereitende Bildungsgänge) fänden keine Beachtung.

Elektro- und IT-Berufe: Zur historischen Entwicklung

Gerade in den gewerblich-technischen Fachrichtungen sind berufliche Didaktiken eng an Strukturen und Inhalte beruflicher Fachrichtungen gebunden. Diese wiederum konstituieren sich mit Bezug auf Berufe und Berufsgruppen in einem Spannungsfeld mit korrespondierenden Wissenschaftsdisziplinen, wie dies bereits herausgestellt worden ist – und zwar erfolgt die Konstituierung oftmals wenig systematisch, sondern in einem eher pragmatisch angelegten Prozess. Dies lässt sich gut an der Entwicklung der Informationstechnik nachvollziehen.

Generell lässt sich aus heutiger Sicht feststellen, dass sich die derzeitige Informationstechnik zum großen Teil historisch aus der Elektrotechnik heraus entwickelt hat, und zwar in einer für dieses Berufsfeld späten Phase. Zur Entstehung der Elektroberufe selbst unterscheidet Howe (2004, S. 41 ff. sowie 2018, S. 160) fünf Phasen, die durch Bauer (2004, S. 6) in insgesamt sieben Phasen ausdifferenziert wurden (Tab. 1, vgl. auch Jenewein 2018, S. 193).

Tab. 1: Entwicklungsphasen im System der Elektroberufe (Howe 2002, S. 102; Bauer 2004, S. 6)

Entwicklungsphasen im System der Elektroberufe	
Phase 1: bis etwa 1880	Etablierung erster handwerklicher elektrotechnischer Berufstätigkeiten bei Siemens und Halske (1847) und Schuckert (1881)
Phase 2: 1880–1933	Herausbildung eines „Systems“ regional- und betriebsspezifischer Elektroberufe
Phase 3: 1933–1945	Etablierung eines Systems einheitlich anerkannter (handwerklicher und industrieller) Elektroberufe
Phase 4: 1945–1969	Affirmation des Systems einheitlich anerkannter (handwerklicher und industrieller) elektrotechnischer Ausbildungsberufe
Phase 5: 1969–1987	Konsolidierung des Systems einheitlich anerkannter (handwerklicher und industrieller) elektrotechnischer Ausbildungsberufe (Erste) Neuordnung der Elektroberufe der Industrie 1972
Phase 6: 1987–2003	(Zweite) Neuordnung der handwerklichen und industriellen Elektroberufe 1987 Neu 1998: Informationselektroniker/-in (Hw), Prozessleitelektroniker/-in (I), Mechatroniker/-in (I)
2003 bis heute	(Dritte) Neuordnung der Metall- und Elektroberufe 2003 Berufsspezifische Neuentwicklungen oder Modernisierungen, wie z. B. Industrieelektriker/-in (2009)

In der sechsten Phase sind – seit 1997 – die heutigen IT-Berufe als eine eigenständige Berufsgruppe entstanden, die neben den informations- und nachrichtentechnischen Wurzeln in den Elektroberufen jedoch auch die Tradition des kaufmännischen Ausbildungsberufs Datenverarbeitungskaufmann/-frau aufnehmen, der mit in dieser Berufsgruppe aufgegangen ist. Etwa gleichzeitig wurden jedoch innerhalb der Berufsgruppe der Elektroberufe auch die Berufe Informationselektroniker/-in, Prozessleitelektroniker/-in und Mechatroniker/-in neu entwickelt, die ebenfalls in bedeutendem Umfang von Digitalisierungsprozessen betroffen sind (vgl. Tab. 1). Man kann daher auch aus heutiger Sicht nicht sagen, dass die fachliche Abgrenzung von Elektrotechnik- zu den Informationstechnikberufen einheitlich geregelt wäre.

Blicken wir einmal auf die Frühzeit der Elektroberufe zurück, ist festzustellen, dass diese traditionell nach so genannten energietechnischen Berufen (Beispiele sind Elektroinstallateur/-in, Starkstromelektriker/-in und der hieraus hervorgegangene Beruf Energieelektroniker/-in) und nach nachrichtentechnischen Berufen (Beispiele sind Fernmeldeelektroniker/-in, Büroinformationselektroniker/-in oder Radio- und Fernsehtechniker/-in) unterteilt werden konnten. Dem entsprachen die Strukturen der ingenieurwissenschaftlichen Studiengänge an den Hochschulen, die durchweg im Abschluss Dipl.-Ing. für Elektrotechnik die Schwerpunkte Energietechnik (einschließlich bspw. der Antriebstechnik) und Nachrichtentechnik etabliert hatten und in den 1970er Jahren an vielen Hochschulen um die Automatisierungstechnik mit ersten Formen der – seinerzeit noch hardwareseitig realisierten – Digitalisierung erweitert wurden. Mit der Zunahme der Digitalisierung auch in der Datenübertragung kam anstelle der Nachrichtentechnik die Bezeichnung Informationstechnik auf, in der die steuerungs- und regelungstechnischen elektronischen Systeme mehr und mehr an Bedeutung gewonnen haben und die klassischen nachrichtentechnischen Tätigkeiten – bspw. in der Telekommunikation – mehr und mehr in den Hintergrund gerückt sind. Dies kann sehr gut in der Telekommunikationstechnik aufgezeigt werden, in der die noch vor einer Generation dominierende analoge Signalübertragung und alle damit verbundenen fachlichen Kompetenzen der dort tätigen Fachkräfte heute faktisch keine Rolle mehr spielen. Das noch vor einer Generation erworbene Berufswissen sowohl der Fernmeldehandwerker/-innen als auch der Radio- und Fernsehtechniker/-innen ist für die heutige Berufs- und Arbeitswelt fast bedeutungslos. Konsequenterweise wurde der ingenieurwissenschaftliche Fakultätentag für Elektrotechnik in Elektro- und Informationstechnik umbenannt; eine Bezeichnung, die bis heute beibehalten worden ist. Für die Lehrkräfteausbildung an berufsbildenden Schulen ist daher eher ein Novum, dass hier neben der heutigen beruflichen Fachrichtung Elektrotechnik[2] eine neue berufliche Fachrichtung Informationstechnik zusätzlich in die Lehramtsausbildung eingeführt worden ist und die neuen IT-Berufe nicht in die berufliche Fachrichtung Elektrotechnik einbezogen worden sind.

Schauen wir auf die heutige Situation der Berufe und deren Entwicklung seit 1997, so ist allerdings zu verzeichnen, dass mit der Einführung der IT-Berufe grundlegende pädagogische Paradigmenwechsel eingeläutet worden sind, durch die die Berufsausbildung auch in vielen anderen Berufsfeldern verändert wurde; dies betrifft alle gewerblich-technischen Didaktiken auch über die hier diskutierten Fachrichtungen hinaus. Diese betreffen unter anderem

2 Mit unveränderter Bezeichnung wurde hier die Umbenennung des ingenieurwissenschaftlichen Fakultätentags nicht nachvollzogen.

- die Aufgabe der bis dahin in den gewerblich-technischen Berufen üblichen Strukturierung der Berufsausbildung nach Grund- und Fachbildung durch das neu eingeführte Modell der Kern- und Fachqualifikationen, was für die Berufsschule eine weit greifende Veränderung nach sich zieht. Bis dahin wurden folgende Schritte unternommen: das Konzept einer berufsfeldbreiten Grundbildung wurde präferiert, Berufe definierten Berufsfeldern zugeordnet, gemeinsame Inhalte an den Beginn der beruflichen Ausbildung gelegt und deren (der beruflichen Grundbildung) Anrechnung auf die Ausbildungsberufe des Berufsfelds[3] rechtlich geregelt. Nunmehr ist seit der Einführung der IT-Berufe das Modell der beruflichen Grundbildung zugunsten einer Strukturierung nach Kern- und Fachqualifikationen aufgegeben und eine nach Ausbildungsberufen differenzierte Ausgestaltung des Unterrichts mit gemeinsamen und berufsspezifischen Ausbildungsanteilen über die gesamte Ausbildungszeit eingeführt.
- die Einführung des Lernfeldkonzepts – seinerzeit beginnend mit der Einführung der IT-Berufe und des Mechatroniker-Berufs, die dazu führt, dass das noch in den 1990er Jahren durchgängig herrschende Fachprinzip in den berufsbildenden Schulen aufgegeben und durch an betrieblichen Arbeitsprozessen orientierte Lernfeldstrukturen ersetzt worden ist.
- die Situationsorientierung und die damit einhergehende Strukturierung des Unterrichts in so genannte Lernsituationen, die das grundlegende Prinzip der heutigen Bildungsarbeit darstellen.[4]

Bemerkenswert ist, dass die heutigen IT-Berufe bei ihrer Einführung noch als informations- und telekommunikationstechnische Berufe bezeichnet worden sind und damit auf ursprüngliche Handlungsfelder der Elektrotechnik-Fachkräfte Bezug genommen wurde. Gleichwohl waren diese Berufe nicht dem Berufsfeld Elektrotechnik zugeordnet, sondern sie bildeten eine selbstständige Berufsgruppe, die vor allem nicht den Regelungen der Berufsgrundbildungsjahr-Anrechnungsverordnung und damit der Berufsgrundbildung Elektrotechnik unterworfen waren. Damit wurde eine Entwicklung ausgelöst, die Zug um Zug auch von den anderen elektrotechnischen Berufen aufgegriffen worden ist,

3 Vgl. die 2006 aufgehobenen Berufsgrundbildungsjahr- und Berufsfachschulanrechnungsverordnungen.

4 Auf die Anbindung dieser Entwicklung – die inzwischen auch die beruflichen Vollzeitbildungsgänge sowie technische Bildung an allgemeinbildenden Schulen betrifft – an internationale Diskussionen zum Situated Learning soll hier nicht spezifisch eingegangen werden (vgl. hierzu Jenewein/Domjahn/Unger 2017 sowie Bünning/Faustin 2014).

die heute – beginnend mit dem Ordnungsverfahren von 2003 – ebenfalls nach der Struktur von Kern- und Fachqualifikationen ausgestaltet und deren Rahmenlehrpläne nach dem Lernfeldkonzept umgesetzt sind.

Die mit diesen Entwicklungen einhergehende Aufgabe des Berufsfeld-Konzepts hat grundlegende Auswirkungen auf die Lehramtsausbildung. Während es bis in die 1990er Jahre üblich war, dass die KMK-Rahmenvereinbarung für den Lehramtstyp 5 (berufsbildende Schulen) die Regelung enthielt, dass sich die Struktur beruflicher Fachrichtungen an Berufsfeldern zu orientierten habe, ist diese in der heutigen Rahmenvereinbarung nicht mehr enthalten. Dies ist insofern konsequent, als die Berufsausbildung sich nicht mehr in eine Berufsfeldstruktur einordnen lässt und stattdessen die – relativ unbestimmte – Bezeichnung Berufsgruppen verwendet wird, bei der zudem die Zuordnung von Berufen zu jeweiligen Berufsgruppen nicht mehr per Verordnung einheitlich geregelt ist. Zudem hat die KMK in der Berufsschullehramtsausbildung die Umbenennung der Elektrotechnik in Elektro- und Informationstechnik nicht übertragen, sondern es wurde 2007 neben der beruflichen Fachrichtung Elektrotechnik eine eigene berufliche Fachrichtung Informationstechnik ausgewiesen (KMK 2007), deren Bezeichnung in der neuesten Verordnung jetzt Informationstechnik/Informatik heißt (KMK 2018).

Die Entwicklung der beruflichen Fachrichtung Informationstechnik/Informatik ist vor diesem Hintergrund noch jung. Dabei ist bereits in Bezug auf die fokussierten Arbeitsfelder deutlich, dass eine trennscharfe Differenzierung nur bedingt möglich ist: Bis heute treten teilweise beträchtliche Überschneidungen zwischen einzelnen IT- und Elektrotechnik-Berufen auf. So adressiert bspw. der Beruf IT-Systemelektroniker/-in ähnliche Geschäfts- und Handlungsfelder wie der Handwerksberuf Informationselektroniker/-in Schwerpunkt Bürosystemtechnik oder der IHK-Beruf Elektroniker/-in für Informations- und Systemtechnik. Die Zuordnung einzelner Lern- und Handlungsfelder, die für Ausbildung und Unterricht in diesen Berufen relevant sind, zur Elektrotechnik oder zur Informationstechnik ist daher z. T. fließend.

Mit der Ablösung des Berufsfeldkonzepts wird auch die Zukunft der Elektroberufe neu diskutiert. In einem BIBB-Projekt über die Zukunft der industriellen Elektroberufe – interessanterweise als „Berufsfeld"-analyse bezeichnet und mit der Zielsetzung der „Bildung einer möglichen Berufsgruppe" verbunden – stehen die aktuellen Diskussionen neben der durchgängig diskutierten Bedeutung der Elektromobilität klar im Zeichen der Digitalisierung rund um Industrie 4.0-Entwicklungen (Zinke et al. 2014).

Durch die BIBB-Autoren wird die Entwicklung der Elektroberufe nach wie vor im Zusammenhang mit den 1997/98 eingeführten IT-Berufen Fachinformatiker/-in und IT-Systemelektroniker/-in betrachtet (Abb. 2). Ebenso wird der noch bis 2013 geführte Elektroberuf „Systeminformatiker/-in" inzwischen als Elektroniker/-in für Informations- und Systemtechnik in der Berufsgruppe der Elektroberufe weitergeführt, während gleichzeitig der Beruf IT-Systemelektroniker/-in bestehen bleibt (ebd.). Die Abgrenzung der Berufe in der Elektrotechnik und der Informationstechnik ist daher aus der Perspektive einer Didaktik der beruflichen Fachrichtung Elektrotechnik bis heute nach wie vor ungelöst.

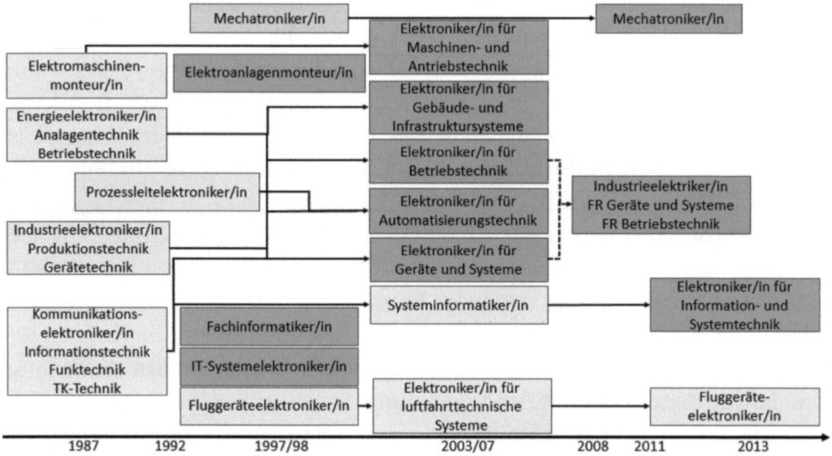

Abb. 2: Entwicklung der industriellen Elektro- und IT-Berufe (1987 – 2013) nach Zinke et al. 2014, S. 6

Hinzu kommt, dass sich nach Einschätzung der BIBB-Autoren aus den Ergebnissen der Berufsfeldanalyse für die Elektroberufe erhebliche Überschneidungen zwischen Einzelberufen ergeben. Ausführlich geht die 2014er Studie auf Überschneidungen zwischen den Berufen Elektroniker/-in für Automatisierungstechnik und Mechatroniker/-in ein (ebd., S. 29) und kommt an diesem Beispiel zum Schluss, dass eine Rückkehr zu Kernberufen mit gemeinsamen Kernqualifikationen geboten sei, die durch spezifizierende Fachqualifikationen differenziert werden könnten. Für die informationstechnischen Elektro- und IT-Berufe wurden solche Untersuchungen bislang allerdings nicht vorgelegt, gleichwohl wäre das Ergebnis in hohem Maße interessant.

Für die Elektroberufe und im Zusammenhang mit der inzwischen grundlegenden Prozessorientierung wird zudem hier eine Gesamtsicht auf die betriebliche Ablaufstruktur eingenommen. Die BIBB-Studie gliedert die betrieblichen Arbeitsprozesse nach einer auftragsorientierten Struktur in

- Auftragsannahme,
- Auftragsplanung,
- Auftragsdurchführung,
- Auftragsabschluss

und benutzt diese Struktur für vergleichende Analysen beruflicher Arbeitsprozesse (ebd., S. 31 ff.).

Herausbildung unterschiedlicher inhaltlicher Orientierungen

Wenn folglich festzustellen ist, dass die beruflichen Fachrichtungen Elektrotechnik und Informationstechnik Berufsgruppen betreffen, deren Unterscheidungsmerkmale wenig trennscharf sind, welche Konsequenzen ergeben sich dann für die berufliche Lehramtsausbildung? Betrachten wir zunächst die aktuellen Regelungen, die sich aus faktischen Entwicklungen heraus ergeben:

Für die derzeit ausgebildeten Elektroberufe ist zu erkennen, dass sowohl die industriellen als auch die handwerklichen Elektroberufe sich vorwiegend auf den Umgang mit gegenständlicher Technik beziehen. Digitalisierungsprozesse verändern zwar die Schnittstelle zwischen den Fachkräften und technischen Systemen und damit auch die Werkzeuge, mit denen elektrotechnische Systeme in Betrieb genommen, gesteuert und konfiguriert werden. Der Fokus bei den meisten Elektrofachkräften liegt jedoch auf den technischen Systemen selbst, auf dem Systemverständnis auch für komplexe und vernetzte Technik und auf der Bewältigung darauf bezogener Arbeitsaufgaben und -prozesse. Dabei ist durchaus charakteristisch, dass Elektrotechnik-Fachkräfte sich innerhalb eines soziotechnischen Verständnisses auf unterschiedliche Aufgaben fokussieren, die im Bereich fertigungstechnischer Aufgaben, aber auch im Bereich des Systembetriebs und der Systeminstandhaltung liegen können (typischer Ausbildungsberuf für die letztere Kategorie ist bspw. der Beruf Mechatroniker/-in, der einen ausgeprägten Fokus auf die Wartung, Inspektion sowie Fehleranalyse und Instandsetzung komplexer industrieller Produktionssysteme legt). Dabei ist in der Elektrotechnik durchaus zu erkennen, dass die Digitalisierung zu erheblichen Konsequenzen für die berufliche Facharbeit führt – allerdings mit Blick auf technische Systeme und deren Realisierung und Betrieb. Dies lässt sich auch am Beispiel der Entwicklung des ehemals größten Elektroberufs – Elektroinstallateur/-in, heute aufgegangen im Beruf Elektroniker/-in (Handwerk) – nachvollziehen: Digitalisierungsprozesse rund ums Gebäude führen hier zu einer erheblichen Veränderung etwa in der Gebäudesystemtechnik mit Busstrukturen und technischen Netzen, die zwar mehr und mehr von den elektrotechnischen Fachkräften installiert, eingerichtet und administriert werden müssen (vgl. Jenewein/Petersen 2002), deren informationstechnische Auslegung jedoch mehr und mehr in Schnittstellen zu IT-Experten erfolgt. Elektrofachkräfte sind tendenziell diejenigen Experten, die informationstechnische Subsysteme als fertige Baugruppen einsetzen und über vorhandene Benutzeroberflächen administrieren.

Schauen wir uns demgegenüber die IT-Berufe an, ist für die Berufsgruppe insgesamt festzustellen, dass bei ihrer Einführung ein direkt technikbezogener Zugang zur Informationstechnik im Wesentlichen nur für Systemelektroniker/-innen intendiert war. Insgesamt wurde diese Berufsgruppe auf Grundlage der folgenden vier Berufe konstituiert:

- Fachinformatiker/-in der Fachrichtungen Anwendungsentwicklung und Systemintegration,
- IT-Systemelektroniker/IT-Systemelektronikerin,
- IT-Systemkaufmann/-frau und
- Informatikkaufmann/-frau.

Wenn wir uns den am ehesten elektrotechnik-affinen Beruf „IT-Systemelektroniker/-in“ anschauen, ist festzustellen, dass sich dieses Berufsbild quantitativ nur wenig etablieren konnte: Von den ca. 18.600 in 2018 neu abgeschlossenen Ausbildungsverträgen betrafen allein über 15.000 den Ausbildungsberuf Fachinformatiker/-in (vgl. dazu Abb. 1 im Beitrag von Schwarz in diesem Buch). Während die Neuvertragszahlen für Fachinformatiker/-innen sich seit 2004 etwa verdoppelt haben, sind diese in den anderen IT-Berufen kontinuierlich zurückgegangen. Die Sozialpartner reagieren aktuell auf diese Entwicklung mit der 2020 erfolgenden Einführung der neuen Fachrichtungen „Digitale Vernetzung“ und „Daten- und Prozessanalyse“ für den Beruf Fachinformatiker/-in, der damit jetzt in vier Fachrichtungen ausgebildet wird. Für die Lehrkräfte an berufsbildenden Schulen bedeutet dies, dass das hiermit verbundene fachliche Profil in der nächsten Zukunft die Unterrichtsaufgaben in der Fachrichtung Informationstechnik weitgehend determinieren wird.

Demgegenüber sind die Neuvertragszahlen in den Elektroberufen etwas breiter gestreut; beginnend mit dem Beruf Elektroniker/-in (HW, etwa 15.000 Neuverträge) kommen hier die Industrieberufe Mechatroniker/-in sowie Elektroniker/-in für Betriebstechnik, für Automatisierungstechnik und für Geräte und Systeme auf zusammen noch einmal über 20.000 Neuverträge. Alles andere betrifft kleine Berufe mit weniger als 1000 Neuverträgen (vgl. BIBB-Erhebung 2019).

Wenn man von einer Ausrichtung beruflicher Didaktiken auf die berufliche Facharbeit und damit verbundene berufliche Arbeitsprozesse ausgeht: Lässt sich aus diesen quantitativen Entwicklungen in den Elektro- und Informationstechnik/Informatik-Berufen vielleicht eine grobe Differenzierung vornehmen? Etwa in folgender Weise:

- Hier die Elektrotechnik-Berufe mit einem Blick auf konkrete technische Systeme, der Gestaltung von Systemen und Arbeitsprozessen mit Aufgaben der Konstruktion, Herstellung, Inbetriebnahme, Bedienung und Instandhaltung bis hin zum Recycling mit einer auf Systemlebenszyklen bezogenen Betrachtung von Fragen der Energieeffizienz und Kreislaufwirtschaft, mit unmittelbar kundenbezogenen Bezügen etwa in der Gebäudetechnik und mit arbeitsteiligen Spezialaufgaben im Bereich der Industrietechnik?
- Dort die Informationstechnik-Berufe mit einem Blick auf vorwiegend durch Software gesteuerte Prozesse mit Blick auf informations- und telekommunikationstechnische Datenübertragung, auf Betriebssysteme und auf Anwendungssoftware etwa in den Bereichen Office und Datenbanken, auf Architekturen komplexer informationstechnischer Gesamtlösungen unter Einbeziehung von Netzwerkstrukturen, Herstellung und Betreuung von programmtechnischen Lösungen sowie ggf. auf Betrieb und Administration von informationstechnisch gesteuerten Systemkomponenten und darauf bezogene Service- und Instandhaltungsdienstleistungen?[5]

Das ist sicherlich zunächst einmal eine sehr oberflächliche Differenzierung, gegen die eingewendet werden kann, dass auch bei Elektroberufen wie Informationselektroniker/-innen erhebliche inhaltliche Überschneidungen zu den am Beispiel der Fachinformatiker/-innen bestehenden Aufgabenfeldern vorliegen. Dennoch kann festgehalten werden, dass sich durch die Ausbildungsschwerpunkte mit einer zum weit überwiegenden Maß auf den Beruf Fachinformatiker/-in bezogenen IT-Ausbildung und der (trotz vielfältiger Entwicklungen im Bereich der Digitalisierung und der Industrie 4.0-Diskussion) weiteren Dominanz der auf klassische elektrotechnische Systeme bezogenen Elektroberufe zwei inhaltliche Profile beider Berufsgruppen herausbilden, bei denen die neue Berufsgruppe der Informationstechnik-Berufe sich mehr und mehr von der ingenieurwissenschaftlich geprägten Elektrotechnik entfernt und einer (ehemals eher mathematisch geprägten) Informatik annähert.

---

5 Die IT-Ausbildungsordnung von 1997 führt etwa für Fachinformatiker/-innen der Fachrichtung Systemintegration die folgenden Einsatzgebiete auf: Rechenzentren, Netzwerke, Client-Server, Fest- und Funknetze (§ 10 (5)).

Inhaltliche Ausrichtung der Lehramtsausbildung

Die inhaltliche Ausgestaltung der Lehramtsausbildung in den beruflichen Fachrichtungen erfolgte nach der Neueinführung der IT-Berufe zunächst in der eigenen Verantwortung der Universitäten und hier oft in Anlehnung an die damals neue IT-Berufsstruktur. Das kann am Beispiel der Universität Magdeburg aufgezeigt werden, in der diese Fachrichtung im gewerblich-technischen Studienprofil zunächst als Hybridfach mit einer inhaltlichen Überschneidung von informatischen und elektrotechnischen Inhalten ausgestaltet worden ist. Neben mathematischen und technikwissenschaftlichen Grundlagen wurden die fachwissenschaftlichen Schwerpunkte der Fachrichtung Informationstechnik in den drei Profilen Fachinformatik, Systeminformatik und Kommunikationselektronik abgebildet, in denen jeweils spezifische fachliche Schwerpunkte der Berufsgruppe adressiert waren (Universität Magdeburg 2005, S. 11 ff.).

Die weitere Entwicklung wird inzwischen durch die inzwischen eingeführten ländergemeinsamen Vorgaben der KMK für die Fachwissenschaften und Fachdidaktiken gesteuert. Im Bereich der gewerblich-technischen Fachrichtungen ist auf die neuen Entwicklungen in den Ausbildungsberufen dadurch reagiert worden, dass diese weiter ausdifferenziert und Fahrzeugtechnik sowie Informationstechnik als neue Fachrichtungen in die KMK-Rahmenvereinbarung aufgenommen wurden (KMK 2007), was bis zur Vereinbarung von 2016 so beibehalten wurde. In der neuesten Fassung der Rahmenvereinbarung wurde die Fachrichtung Informationstechnik noch einmal „nachgeregelt", seither trägt diese Fachrichtung die Bezeichnung Informationstechnik/Informatik (KMK 2018).

Die inhaltliche Ausrichtung kann in den ländergemeinsamen Vorgaben der KMK aufgezeigt werden (KMK 2019). Stellt man die beruflichen Fachrichtungen gegenüber, wird deutlich:

- In der Fachrichtung Elektrotechnik (ebd., S. 80 ff.) besteht eine Orientierung der inhaltlichen Anforderungen auf Inhaltsbereiche, die sich vorwiegend an elektrotechnischen Anwendungsfeldern orientieren. Das Fachprofil führt neben elektro- und informationstechnischen Grundlagen aus: Sicherheitstechnik und -vorschriften, Gebäude- und Infrastruktursysteme, Automatisierungstechnik, Energietechnik sowie Informations- und Kommunikationstechnik.
- Demgegenüber ist die Auslegung der Fachrichtung Informationstechnik/Informatik (ebd., S. 103 ff.) stark an informatikspezifischen Inhalten orientiert. Neben fachlichen Grundlagen des Studiums (Mathematik, Elektrotechnik, BSL und Recht) und einem relativ unspezifischen Inhaltsbereich

„Grundlagen von Informations- und Kommunikationssystemen“ umfasst die Lehramtsausbildung die klassischen informatischen Studiengebiete Algorithmen und Datenstrukturen, Datenmodellierung und Datenbanken, Programmierung/Softwaretechnik, Rechnerstrukturen und verteilte Systeme sowie Vertiefungen in den Bereichen IT-Systementwicklung, -betrieb und -sicherheit sowie betriebswirtschaftliche Anwendungen.

In beiden Fachrichtungen wird zudem die berufs- und fachwissenschaftliche Analyse beruflicher Arbeit explizit als Studieninhalt gefordert. Stellt man diese beiden Fachprofile gegenüber, so ist rasch zu erkennen, dass im Bereich der Informationstechnik inhaltliche und semantische Überschneidungen existieren, gleichzeitig jedoch die Fachrichtung Informationstechnik/Informatik sich deutlich aus der Tradition der klassischen Ingenieurwissenschaft Elektrotechnik abhebt und sich fast vollständig an der Inhaltsstruktur des Unterrichtsfachs Informatik orientiert (vgl. dessen Fachprofil – ebd., S. 35 ff.). Offenbar ist diese Profilierung eher aus pragmatischen Gesichtspunkten der Studierbarkeit an Hochschulstandorten mit eingeführtem Unterrichtsfach Informatik erfolgt als auf der Grundlage von Analysen der beruflichen Handlungsfelder in den Ausübungsberufen der zugehörenden Berufsgruppe.

Folgerungen für die Didaktik

Es entsteht so der Eindruck, dass die inhaltliche Ausrichtung der beruflichen Fachrichtungen den faktischen Entwicklungen im Ausbildungs- und Arbeitsmarkt folgt und die jeweils dominierenden Berufsbilder den Orientierungsrahmen für die Studieninhalte bilden. Generell stellen die ländergemeinsamen Vorgaben für die Fachdidaktik – hier das Beispiel Elektrotechnik – zunächst fest, dass „Kernanliegen der Didaktik dieser beruflichen Fachrichtung ist (…), die auf die berufliche Arbeit und Technik bezogenen beruflichen Bildungs- und Lernprozesse zu analysieren, zu gestalten und berufs- und handlungsbezogen vor dem Hintergrund wissenschaftlicher Erkenntnisse zu reflektieren, um auf dieser Grundlage die Lernenden zur Lösung von berufs- und lebensbedeutsamen Aufgabenstellungen zu befähigen“ (ebd., S. 80). Für die Informationstechnik/Informatik kommt der Hinweis auf die Mehrdimensionalität des Berufsfeldes mit den Bezugsdisziplinen Informatik, Elektrotechnik und Wirtschaft hinzu, die in Teilen nicht mehr klare Abgrenzung zwischen akademischen und nichtakademischen Arbeitsaufgaben sowie die Diffusion der Informationstechnik/Informatik in weitere berufliche Fachrichtungen durch die Veränderungen in Arbeit und Technik.

Die Eckpunkte der fachdidaktischen Profile sind dabei durchaus vergleichbar. Zusammengefasst beziehen diese sich auf

- berufs- und fachdidaktische Konzepte und ihre Begründungszusammenhänge,
- Analyse, Planung, Durchführung und Reflexion beruflicher Bildungs- und Qualifizierungsprozesse. Diese sind im Fachprofil Informationstechnik/Informatik genauer ausdifferenziert: Danach geht es auch um Methoden, Techniken und Medien zur Erschließung der fachspezifischen Inhalte einschließlich Konzepte zur didaktischen Rekonstruktion und Reduktion sowie um die Analyse und Gestaltung von Lehr-Lernsituationen, die auf berufliche Handlungsfelder spezifiziert sind.
- generelle fachdidaktische Prinzipien etwa hinsichtlich individueller Förderung unter den Gesichtspunkten Heterogenität und Inklusion.

Fassen wir hierzu die für die gewerblich-technische Berufsbildung relevanten didaktischen Erklärungsmodelle zusammen, so ergeben sich in erster Näherung Strukturen, die für die Didaktiken beider hier betrachteter Fachrichtungen relevant sind. In der für die aktuellen didaktischen Konzepte üblichen Vorgehensstruktur lässt sich dies am Beispiel der Didaktik Elektrotechnik aufzeigen mit einem analytischen und gestaltungsorientierten Zugriff auf folgende Felder didaktischen Handelns:

- die Identifikation und Beschreibung charakteristischer Arbeitsprozesse in den jeweiligen Ausübungsberufen,
- die Analyse und Beschreibung beruflicher Handlungsfelder unter Berücksichtigung der in den Rahmenlehrplänen und Ausbildungsordnungen vorgenommenen curricularen Entscheidung und der für die Unterrichtsarbeit relevanten Lernfeldvorgaben,
- die Beschreibung von für die beruflichen Handlungsfelder charakteristischen Lern- und Arbeitsaufgaben im Sinne so genannter Lernsituationen und im Kontext einer situationsbezogenen Didaktik sowie
- auf die didaktische Gestaltung konkreter Unterrichtssituationen unter Nutzung von allgemein-didaktischen Theorien und Instrumenten.

Eine gut nachvollziehbare Ausarbeitung von Analyse- und Planungsinstrumenten enthält die von einer Arbeitsgruppe der Universitäten Bremen und Hamburg vorgelegte „Kompetenzwerkstatt“, die zunächst am Beispiel der handwerklichen Elektroberufe entwickelt und ausgestaltet worden ist (Howe/Knutzen 2011–2014).[6] Relevant ist für die didaktische Arbeit die Betrachtung von

6 Vgl. auch die Medien des Projekts Kompetenzwerkstatt (Online unter kompetenzwerkstatt.net, 29.03.2020).

Lehr-Lernprozessen sowohl auf der Makro- (Handlungsfelder) als auch auf der Meso- (Lernsituationen) und auf der Mikro-Ebene (Gestaltung konkreter Unterrichtssequenzen bis hin zur Einzelstundenplanung).

Grundlegend für das didaktische Handeln sind hierbei drei Strukturierungsebenen, deren Zusammenführung am Beispiel der Kompetenzwerkstatt gut aufgezeigt werden kann. Hierbei handelt es sich um:

- Die *Analyse und Beschreibung der Prozessstruktur beruflichen Handelns*. Entlang charakteristischer Phasen betrieblicher Geschäfts- und Arbeitsprozesse strukturiert diese Betrachtungsweise geeignete Lernaufgaben entlang eines auftragsbezogenen Handlungsschemas. Eine solche Betrachtungsweise wurde in den Elektroberufen in den 1990er Jahren für eine auftragsorientierte Lernaufgabenstruktur entwickelt (vgl. Hahne 1999 sowie Meerten 1999) und strukturiert Lernaufgaben entlang der Phasen betrieblicher Auftragsabwicklung. Die Kompetenzwerkstatt verwendet hierzu die gleichen Strukturen wie in der bereits zitierten BIBB-Studie (Zinke et al. 2014, S. 31 ff.) und bezeichnet diese als Arbeitsprozessphasen: Auftragsannahme, Auftragsplanung, Auftragsdurchführung und Auftragsabschluss (vgl. Abb. 3).

Gesetze, Vorschriften, Normen				
Betriebliche Rahmenbedingungen				
Anforderungen des Auftraggebers				
Arbeitsprozessphase	Auftrags-annahme	Auftrags-planung	Auftrags-durchführung	Auftrags-abschluss
Handlungsschritte und Methoden				
Arbeitsgegenstände				

Abb. 3: Arbeitsprozessmatrix – Strukturierungshilfe der Kompetenzwerkstatt für die Analyse und Beschreibung betrieblicher Arbeitsprozesse und –aufgaben (Howe/Knutzen 2014, S. A-6).

- Die *Beschreibung beruflichen Handelns unter Anwendung kompetenzorientierter Zieldimensionen.* Die Umsetzung ist am Beispiel des Elektrohandwerks wiederum in der Kompetenzwerkstatt gut dokumentiert und verwendet hier als Strukturierungshilfen einerseits die Dokumentation einer Anforderungsdifferenzierung nach fachlicher, methodischer und sozialer Handlungskompetenz, andererseits deren Spezifikationen im beruflichen Handlungsfeld nach Erfassung von
  - Technik, Arbeitsgegenständen, Produkten,
  - Gesetzen, Vorschriften, Normen sowie
  - Werkzeugen, Materialien.
- Die *methodische Ausgestaltung von Lehr-Lernarrangements* und deren Einbindung in eine didaktische Handlungsstruktur – analog zu einschlägigen Theorien der Kognitionspsychologie und entsprechender für die berufliche Bildung relevanter didaktischer Arbeiten im Sinne von Strukturen einer vollständigen Handlung. Für die gewerblich-technische Berufsbildung liegen Phasenmodelle in Form von Artikulationsschemata für viele Ausbildungs- und Unterrichtsverfahren durch Pahl (2019) vor, die sich für die didaktische Gestaltung von Lernaufgaben einsetzen lassen, die sich aus konkreten betrieblichen Arbeitsaufgaben ableiten (Beispiele sind etwa Konstruktionsanalyse, Fertigungsaufgabe, Instandsetzungsaufgabe). Darüber hinaus gehende allgemeine Phasenstrukturen orientieren sich häufig an den aus der Leittextmethodik bekannten Phasen der vollständigen Handlung mit den sechs Stufen informieren, planen, entscheiden, durchführen, kontrollieren und bewerten, die auch in der Ausbilderausbildung eine große Bedeutung erlangt haben.
- Obwohl in der berufsdidaktischen Diskussion der letzten Jahrzehnte oft übersehen, ist ebenso die Frage relevant, wie eine Einordnung der in beruflicher Bildung erworbenen Kenntnisse in die *Wissensstrukturen einer technischen Disziplin* gewährleistet werden kann. Diese Frage gewinnt durch die oben zitierte Aussage im KMK-Fachprofil Informationstechnik/Informatik über nicht mehr klare Grenzziehungen zwischen akademischen und nichtakademischen Tätigkeiten zunehmende Bedeutung, wobei Konzepte der didaktischen Rekonstruktion und Reduktion für die pädagogische Tätigkeit der angehenden Lehrkräfte erneut explizit angesprochen werden. Dabei ist das Verhältnis von handlungs- und fachstrukturierter Bildung seit Jahren immer wieder in der Diskussion, siehe bspw. den Disput um handlungsorientiertes Lernen (Jenewein/Nickolaus 2010). Aktualität gewinnt diese Frage auch mit der Einführung neuer wissenschaftspropädeutischer Bildungsgänge wie

des Beruflichen Gymnasiums für Ingenieurwissenschaften, in denen die Unterrichtsbeiträge aus den Fachrichtungen Elektrotechnik und Informationstechnik der Heranführung an ein Grundverständnis für ingenieurwissenschaftliches Denken und Handeln dienen und nicht vorwiegend einer auf unmittelbare berufliche Verwertbarkeit bezogenen Handlungsfähigkeit. Als fachlich-methodische Vorgehensweisen in der Fachdidaktik Elektrotechnik sind hier insbesondere erkenntnisorientierte methodische Großformen zu nennen, die den naturwissenschaftlich-technischen Kenntniserwerb (insbesondere durch das technische Experiment) und das Zusammenhangsverständnis in komplexen technischen Systemen (insbesondere durch die Systemanalyse – vgl. Pahl 2019) in den Fokus nehmen.

Wenn wir diese Aspekte aus der Perspektive der beruflichen Didaktik Elektrotechnik in einen Gestaltungszusammenhang bringen, so ergibt sich als inhaltliche Struktur der didaktischen Ausbildung angehender Lehrer/-innen eine Fokussierung auf die Analyse und Gestaltung der Ausbildungs- und Arbeitswelt in den Elektroberufen durch

- die Heranführung der Studierenden an Methoden und Instrumente der Analyse und Dokumentation beruflicher Arbeitsprozesse in den handwerklichen und industriellen Elektroberufen;
- die Analyse von Ausbildungsberufen, charakteristischen Lernfeldern und beruflichen Kompetenzanforderungen als Makroebene der didaktischen Gestaltung beruflichen Unterrichts;
- die curriculare Umsetzung der Lernfelder auf dem Weg von der Arbeitsaufgabe zur Lernsituation und die damit verbundenen Methoden und Instrumente auf Grundlage der für die Fachrichtung Elektrotechnik charakteristischen methodischen Großformen als Mesoebene der didaktischen Gestaltung beruflichen Unterrichts;
- die Unterrichtsgestaltung als Wechselbeziehung von Zielen, Inhalten, Methoden (einschl. geeigneter Phasenstrukturen sowie Sozial- und Aktionsformen) sowie Hilfsmitteln, Medien und Lernumgebungen für beruflichen Unterricht in der Fachrichtung Elektrotechnik.

Basis der didaktischen Ausbildung bildet dabei die fundierte Auseinandersetzung mit betrieblichen Arbeitsprozessen, Ausbildungsberufen und deren curricularen Anforderungen in der Berufsgruppe Elektrotechnik sowie in den der Fachrichtung zugeordneten Bildungsgängen von der Berufsvorbereitung bis hin zu studienqualifizierenden Bildungsgängen. Eine besondere Bedeutung erhält die didaktische Ausbildung hinsichtlich der Vorbereitung und Begleitung individueller Handlungserfahrungen im Aufgabenfeld im Rahmen der für die Lehramtsausbildung relevanten Schulpraxisphasen. Entsprechend den allgemeinen Zielsetzungen einer kompetenzorientierten Lehrkräfteausbildung (vgl. Jenewein/Henning 2015) werden in diesem Handlungsrahmen aktuelle Schwerpunkte bspw. hinsichtlich einer individuellen und differenzierten Lernförderung sowie der Gestaltung inklusiver Lernsituationen ebenso aufgenommen wie aktuelle Entwicklungen, Erkenntnisse und Methoden der Berufsbildungsforschung und der didaktischen Forschung.

Wechselbeziehungen zur Didaktik der beruflichen Fachrichtung Informationstechnik/Informatik

Es ist bei dem für die Didaktik Elektrotechnik skizzierten Strukturmodell gut zu erkennen: Die leitenden Fragestellungen und Umsetzungsstrategien sind erst in zweiter Konkretisierungsebene fachrichtungsspezifisch, wenn es etwa um die Erfassung und Beschreibung konkreter Arbeits- und Lerngegenstände oder um die Auswahl geeigneter Ausbildungs- und Unterrichtsmethoden geht. Der Autor ist grundsätzlich der Meinung, dass sich die Strukturvorstellungen zur Ausgestaltung der didaktischen Ausbildung ebenso wie eine Vielzahl von darauf bezogenen Methoden und Instrumenten auch auf die Fachrichtung Informationstechnik und die hier vorwiegend adressierten IT-Berufe anwenden lassen.

Wenn man voraussetzt, dass sich die Ausbildung in den IT-Berufen faktisch zu einer weit überwiegenden Orientierung an den beruflichen Handlungsfeldern der Fachinformatik weiterentwickelt und sich damit von einer eher ingenieurwissenschaftlichen zu einer informatikorientierten Disziplin entwickelt hat, stellt sich die Frage, ob Instrumente wie die Arbeitsprozessmatrix und die dafür eingesetzte Auftragsstruktur ebenso auf die Berufsarbeit im Arbeitsfeld Informationstechnik/Informatik übertragen lassen. Während in den großen Berufen des Elektrohandwerks auftragsorientierte Geschäftsprozesse vorherrschen und sich hieraus Aufgabenzusammenhänge rekonstruieren lassen, ist dies für berufliche Handlungsfelder im Bereich Informationstechnik/Informatik zu prüfen.

Für die Elektroberufe liegt inzwischen eine Reihe von Umsetzungsbeispielen vor, für deren Konkretisierung im Kontext der o. a. Aufgabenmatrix verschiedene Beispiele publiziert wurden. Frühe Untersuchungen bspw. von Hägele (2001, S. 137) über typische Arbeitsprozesse des Elektroinstallateurs lassen es zu erkennen, dass sich die Arbeitsaufgaben in den Elektroberufen vor allem auf gegenständliche Technik und damit verbundene Dienstleistungen beziehen (vgl. Jenewein 2018 a, S. 190). Demgegenüber arbeiten Fachinformatiker/-innen zunehmend in verteilten Arbeitssystemen mit vorwiegend vernetzten Strukturen. Vor diesem Hintergrund stellt sich die Frage, in welchem Umfang die für die Elektroberufe entwickelten Instrumente bspw. der Kompetenzwerkstatt und die für die gewerblich-technische Berufsbildung entwickelten methodischen Großformen (Pahl 2019) für die unterrichtsmethodische Umsetzung auch in der Didaktik Informationstechnik/Informatik geeignet sind.

Im vorliegenden Beitrag konnte auch gezeigt werden, dass Elektrotechnik- sowie Informationstechnik/Informatik-Berufe bedingt durch die unterschiedliche Ausdifferenzierung der quantitativ prägenden Berufsbilder zwar unterschiedliche Arbeitsfelder belegen, durch die auf beiden Seiten vorliegende informationstechnische Ausprägung jedoch nicht unbeträchtliche fachliche Überschneidungen besitzen. Hinzu kommt, wie gezeigt werden konnte, dass die Informationstechnik/Informatik-Fachkräfte auch spezialisierte Teilaufgaben in Arbeitsprozessen anderer Berufsgruppen übernehmen und sich daraus ein breites betriebliches Einsatzfeld ergibt. Aus den handwerklichen Elektroberufen und hier besonders aus der Gebäudetechnik ist seit Langem das Problem der gewerkeübergreifenden Zusammenarbeit bekannt und wird seitens der Betriebe als ein Kernproblem der gebäudetechnischen Handwerke beschrieben. Durch die ausgeprägte Informatisierung aller elektrotechnischen Arbeitsfelder bei gleichzeitiger Implementierung von Informationstechnik/Informatik-Expertise in diverse betriebliche Arbeitsfelder stellt sich die Frage nach ähnlichen Entwicklungen im Bereich der Informationstechnik/Informatik-Berufe, etwa in der Form, ob sich nicht die Expertise der Fachinformatiker/-innen gerade in Arbeitsaufgaben konstituieren muss, die intensive Wechselbezüge mit den Aufgaben der Elektrotechnik-Fachkräfte besitzen. Dies hätte weitgreifende Folgen für die Didaktikausbildung der angehenden Lehrkräfte in beiden beteiligten Fachrichtungen.

Letztlich muss hingewiesen werden auf die oben zitierte BIBB-Untersuchung (Zinke et al. 2014) mit dem Schluss, die Berufe Elektroniker/-in für Automatisierungstechnik und Mechatroniker/-in auf gemeinsame Kernberufe mit Differenzierung in den Fachqualifikationen zurückzuführen (was bekanntlich bislang nicht so umgesetzt worden ist). Mindestens für Berufe wie IT-Systemelektroniker/-in und die aktuellen informationstechnischen Elektroberufe wie Elektroniker/-in für Informations- und Systemtechnik liegt eine solche Fragestellung ebenfalls auf der Hand und könnte im Rahmen einer entsprechenden Studie zu einer Neuausrichtung und einem Neuabgrenzen, ggf. auch zu einer Integration bei gleichzeitiger Ausdifferenzierung von unterschiedlichen Teilaspekten der beiden hier angesprochenen beruflichen Fachrichtungen führen.

Wenig Antworten haben wir zudem zu den Konsequenzen der neuen technologischen Entwicklungen rund um die Industrie 4.0-Diskussion. Klar ist: Zur Zukunft der industriellen Facharbeit gehören die Arbeit in cyber-physikalischen Systemen und generell das Zusammenwachsen von beruflichen und akademischen Wissensstrukturen sowie das Verständnis einer erweiterten modernen Beruflichkeit, wie dieses als Leitschnur der IG Metall für die Gestaltung von Berufen ausformuliert worden ist (vgl. Gayer 2015, S. 32). Zudem ist bekannt, dass sich durch das berufliche Handeln in virtuellen Arbeitsumgebungen und den Einsatz virtueller Systeme in allen Phasen des System- und Produktionslebenszyklus weitgehende Veränderungen quer durch die Produktionsberufe ergeben werden (vgl. Jenewein 2018 b). Dass Fachkräfte der Informationstechnik/Informatik an diesen Entwicklungen beteiligt sein werden, kann als gesichert vorausgesetzt werden, dass sie sich hierin in gemeinsamen Arbeitsprozessen mit Fachkräften auch aus der Elektrotechnik wiederfinden werden, ebenso. Es liegt auf der Hand, dass aus diesen Entwicklungen nicht nur Konsequenzen für die Ausgestaltung der gewerblich-technischen Didaktiken ergeben, sondern auch neue Forschungsfragen entstehen, denen sich traditionelle gewerblich-technische Didaktiken gemeinsam mit der Didaktik Informationstechnik/Informatik in einem gemeinsamen Zugriff stellen müssen (vgl. Hägele/Vollmer 2019; Grimm 2019). Mögliche Handlungskonzepte werden erst in Ansätzen beschrieben, bspw. in der fachrichtungsübergreifenden Integration von metall- und elektrotechnischer Lehramtsausbildung in ein Modell „Lernfabrik Industrie 4.0“ in Baden-Württemberg (Windelband/Fasshauer 2018, S. 192 ff.). Mit Sicherheit ergeben sich in diesem Kontext zukünftige Herausforderungen für die didaktische Forschung und Lehre, denen nur in einen der Einzeldisziplinen übergreifenden und insbesondere die Informationstechnik/Informatik integrierenden Gestaltungsansatz sinnvoll begegnet werden kann.

Literatur

Becker, M. (2012): Gewerblich-technisch ausgerichtetes Lehramtsstudium. In: Becker, M.; Spöttl, G.; Vollmer, T. (Hrsg.): Lehrerbildung in Gewerblich-Technischen Fachrichtungen. Bielefeld, S. 229–254.

BIBB-Erhebung (2019): Neu abgeschlossene Ausbildungsverträge zum 30.09., Tabelle 67–2019: Rangliste 2019 der Ausbildungsberufe nach Anzahl der Neuabschlüsse. Online unter https://www.bibb.de/de/103962.php, 22.03.2020.

Bünning, F.; Faustin, K. (2014): Situiertes Lernen im Technikunterricht – Entwicklung von Lernumgebungen für einen innovativen Technikunterricht.

VDI-Landesverband Sachsen-Anhalt (Hrsg.): Schriftenreihe Technische Bildung 3. Magdeburg.

Gayer, T. (2015): Erweiterte moderne Beruflichkeit. In: Dreher, R.; Jenewein, K.; Neustock, U.; Schwenger, U.: Wandel der elektro- und metalltechnischen Berufsbildung. Bielefeld, S. 21–42.

Gerds, P.; Heidegger, G.; Rauner, F. (1998): Berufsbilder von Auszubildenden und Bedarfe in den Fachrichtungen der Berufsschullehrerinnen und -lehrer zu Beginn des nächsten Jahrtausends in Norddeutschland. Bremen.

Grimm, A. (2019): Berufliche Fachrichtung und Fachdidaktik Informationstechnik. In: Kalisch, C.; Kaiser, F. (Hrsg.): Bildung beruflicher Lehrkräfte – Wege in die pädagogische Königsklasse. Bielefeld, S. 141–152.

Hägele, T. (2001): Identifizierung und Strukturierung handwerklicher Arbeitsprozesse. In: Petersen, A. W.; Rauner, F.; Stuber, Franz: IT-gestützte Facharbeit – Gestaltungsorientierte Berufsbildung. Baden-Baden, S. 133–144.

Hägele, T.; Vollmer, T. (2019): Berufliche Fachrichtung und Fachdidaktik Elektrotechnik. In: Kalisch, C.; Kaiser, F. (Hrsg.): Bildung beruflicher Lehrkräfte – Wege in die pädagogische Königsklasse. Bielefeld, S. 107–127.

Hägele, T.; Pangalos, J. (2012): Entwicklung der Gewerblich-technischen Wissenschaften im Zeitraum von 1998 bis 2009. In: Becker, M.; Spöttl, G.; Vollmer, T. (Hrsg.): Lehrerbildung in Gewerblich-Technischen Fachrichtungen. Bielefeld, S. 65–96.

Hahne, K. (1999): Weiterentwicklung des auftragsorientierten Lernens im Handwerk durch Lernortkooperation mit Auftragstypen-Leitfäden. In: Jenewein, K. (Hrsg.): Lernen und Arbeiten in der dualen Berufsbildung. Bremen, S. 201–226.

Howe, F.; Knutzen, S. (2011–2014): Praxisorientiert ausbilden! Handbücher für die Ausbildungs- und Unterrichtspraxis. Bände 1 bis 10. Konstanz.

Howe, F.; Knutzen, S. (2014): Praxisorientiert ausbilden. Lernbaustein 2: Analysieren und Beschreiben von Arbeitsprozessen. Interaktive Arbeitsmappe. Konstanz (zum Download unter https://kompetenz-werkstatt.net/downloads/download-lernbaustein-2, 28.03.2020).

Jenewein, K. (1994): Lehrerausbildung und Betriebspraxis. Bochum: Brockmeyer.

Jenewein, K. (2013a): Forschungen im Berufsfeld Elektrotechnik unter besonderer Berücksichtigung des Berufs „Systemelektroniker/-in“. Handbuch Berufsforschung. Bielefeld, S. 591–605.

Jenewein, K. (2013b): Forschungen zu Qualifikationen und Kompetenzen im Beruf „Elektroingenieur/-in“. In: Handbuch Berufsforschung. Bielefeld, S. 826–839.

Jenewein, K. (2018a): Elektro- und Informationstechnik. In: Rauner, F.; Grollmann, P. (Hrsg.): Handbuch Berufsbildungsforschung. Bielefeld, S. 187–195.

Jenewein, K. (2018b): Arbeit, Technik und Bildung in der virtuellen Realität. In: Rauner, F.; Grollmann, P. (Hrsg.): Handbuch Berufsbildungsforschung. Bielefeld, S. 579–582.

Jenewein, K. (2019): Zum Selbstverständnis beruflicher Fachdidaktiken. In: Kalisch, C.; Kaiser, F. (Hrsg.): Bildung beruflicher Lehrkräfte – Wege in die pädagogische Königsklasse. Bielefeld, S. 89–105.

Jenewein, K.; Petersen, A. W. (2002): Gebäudesystemtechnik und Beruf. Gebäudeleittechnik und Gebäudeenergiemanagement – Neue technische Entwicklungen und Konsequenzen für die berufliche Aus- und Weiterbildung der betrieblichen Fachkräfte. Bielefeld.

Jenewein, K.; Nickolaus, R. (2010): Handlungsorientierung kontrovers – eine Diskussion. In: Lernen & Lehren 25 (2010) 98, S. 73–76.

Jenewein, K.; Henning, H. (2015): Kompetenzorientierte Lehrerbildung. Neue Handlungsansätze für die Lernorte im Lehramt an berufsbildenden Schulen. Bielefeld.

Jenewein, K.; Domjahn, J.; Unger, A. (2017): Situiertes Lernen im beruflichen Gymnasium für Ingenieurwissenschaften – Eine Handreichung für Curriculumentwicklung und Unterrichtspraxis. Magdeburg.

KMK (2007): Rahmenvereinbarung über die Ausbildung und Prüfung für ein Lehramt der Sekundarstufe II (berufliche Fächer) oder für die beruflichen Schulen (Lehramtstyp 5), Beschluss der Kultusministerkonferenz vom 12.05.1995 i.d.F. vom 20.09.2007.

KMK (2018): Rahmenvereinbarung über die Ausbildung und Prüfung für ein Lehramt der Sekundarstufe II (berufliche Fächer) oder für die beruflichen Schulen (Lehramtstyp 5), Beschluss der Kultusministerkonferenz vom 12.05.1995 i. d. F. vom 13.09.2018.

KMK (2019): Ländergemeinsame inhaltliche Anforderungen für die Fachwissenschaften und Fachdidaktiken in der Lehrerbildung (Beschluss der Kultusministerkonferenz vom 16.10.2008 i. d. F. vom 16.05.2019).

Knutzen, S.; Howe, F.; Hägele, T. (2010): Arbeitsprozessorientierung in der Beruflichen Bildung: Analyse und Beschreibung von Arbeitsprozessen mit Hilfe der Arbeitsprozessmatrix. In: Becker, M.; Fischer, M.; Spöttl, G. (Hrsg.): Von der Arbeitsanalyse zur Diagnose beruflicher Kompetenzen. Frankfurt, S. 90–110.

Meerten, E. (1999): Analyse- und Entwicklungsschritte zur Gestaltung einer auftragsorientierten Ausbildung. In: Jenewein, K. (Hrsg.): Lernen und Arbeiten in der dualen Berufsbildung. Bremen, S. 143–156.

Pahl, J.-P. (2019): Ausbildungs- und Unterrichtsverfahren. Kompendium für Lehrkräfte in Schule und Betrieb. Bielefeld.

Rauner, F. (1986): Elektrotechnik-Grundbildung. Überlegungen zur Techniklehre im Schwerpunkt Elektrotechnik der Kollegschule. Soest.

Spöttl, G.; Becker, M. (2012): Wissenschaftsbezüge und Standards für ein gewerblich-technisches Lehrerausbildungsstudium. In: Becker, M.; Spöttl, G.; Vollmer, T. (Hrsg.): Lehrerbildung in Gewerblich-Technischen Fachrichtungen. Bielefeld, S. 35–64.

Universität Magdeburg (2005): Studienordnungen für den Bachelorstudiengang Berufsbildung und für den Masterstudiengang Lehramt an berufsbildenden Schulen vom 06.07.2005.

Windelband, L.; Fasshauer, U. (2018): Die Notwendigkeit der weiteren Professionalisierung der Lehrkräfte/Lehrpersonen im gewerblich-technischen Bereich durch „Industrie 4.0". In: Vollmer, T.; Jaschke, S. & Dreher, R. (Hrsg.): Aktuelle Aufgaben für die gewerblich-technische Berufsbildung – Digitalisierung, Fachkräftesicherung, Lern- und Ausbildungskonzepte. Bielefeld, S. 185–201.

Zinke, G., Schenk, H.; Wasiljew, E. (2014): Berufsfeldanalyse zu industriellen Elektroberufen als Voruntersuchung zur Bildung einer möglichen Berufsgruppe – Abschlussbericht. Bonn: BIBB, Juni 2014.

Steffen Jaschke

Zum Verhältnis der Didaktik der Informatik zur Didaktik der beruflichen Fachrichtung Informationstechnik/Informatik

Zusammenfassung: *Bedingt durch die technische Entwicklung steigt die Relevanz der Didaktik der Informatik und der Didaktik der Informationstechnik (IT). In der aktuellen gesellschaftlichen und politischen Diskussion besteht Konsens, dass der Informatik und Informationstechnik bzw. deren Produkte eine Schlüsselrolle zu weiterem wirtschaftlichen Erfolg in der Bundesrepublik Deutschland zukommt. Unter dem Oberbegriff Digitalisierung wird die omnipräsente Verschiebung von analogen oder durch Menschen gesteuerten zu digitalisierten bzw. durch digitale Systeme gesteuerten Prozessen in Gesellschaft und Wirtschaft verstanden. Dies schließt die Allgegenwärtigkeit digitaler Artefakte ein und erfolgt ausnahmslos durch die Entwicklung, den Einsatz und die Optimierung von Informatiksystemen, bestehend aus Hardware-, Software- und Vernetzungskomponenten. Es ist offensichtlich, dass in einer digitalisierten Welt informatische und informationstechnische Kompetenzen notwendig sind. Welche dies für eine erfolgreiche Teilhabe an und einer Gestaltung von Gesellschaft sowie beruflicher Handlungsfähigkeit sind, wer diese benötigt, wann und wie diese erlernt werden sollen, ist Gegenstand fachdidaktischer und berufswissenschaftlicher Forschung. Die Bezugsdisziplinen der Fachdidaktik sind die Informatik und die Informationstechnik, die im Folgenden dargestellt werden, um Fach und zugehörige Fachdidaktik, thematisch einordnen zu können und begrifflich zu trennen.*

Abgrenzung von Informatik und Informationstechnik

Die Informationstechnik umfasst alle Technologien zur Verarbeitung, Nutzung und Speicherung von Informationen und hat als Bezugsdisziplinen die Informatik, Elektrotechnik und Wirtschaft (Kultusministerkonferenz 2019). Informatik ist die „*Wissenschaft von der systematischen Darstellung, Speicherung, Verarbeitung und Übertragung von Informationen, besonders der automatischen Verarbeitung mithilfe von Digitalrechnern*“ (Claus/Schwill 2006).[1]

Eine mögliche Einteilung der Domäne Informatik/Informationstechnik nahm (ACM/IEEE 2005) vor (siehe Abb. 1) und visualisiert die Disziplinen zweidimensional. Die Tätigkeit (B) beschreibt auf der horizontalen Achse die Ausprägung von

---

1 Informationen und Daten werden in diesem Beitrag synonym verwendet.

(A) Theorie, Prinzipen und Innovation hin zu
(C) Nutzung, Bereitstellung und Konfiguration.

Auf der vertikalen Achse sind fünf Ebenen von Informatiksystemen aufgetragen:

(1) Computer Hardware und Architektur,
(2) Systeme und Infrastruktur,
(3) Softwaremethoden und -technologien,
(4) Anwendungstechnologien,
(5) organisatorische Fragen und Informationssysteme.

Informatik (Computer Science) umfasst nach dieser Einteilung Systeme und Infrastruktur, Softwaremethoden und -technologien sowie Anwendungstechnologien (2–4) beginnend von einer theoretischen Perspektive. Informationstechnik (Information Technology) ergänzt diese um Fragen der Organisation und Informationssysteme (5) und unterscheidet sich im Wesentlichen durch eine stärkere Nutzenorientierung und weniger Theorie. Technische Informatik (Computer Engineering) beschränkt sich auf die unteren Ebenen (1–3), von Theorie bis Anwendung. „Information System" ist dagegen konträr dazu auf den oberen Ebenen (3–5) verortet mit Überlappung auf Ebene 3.

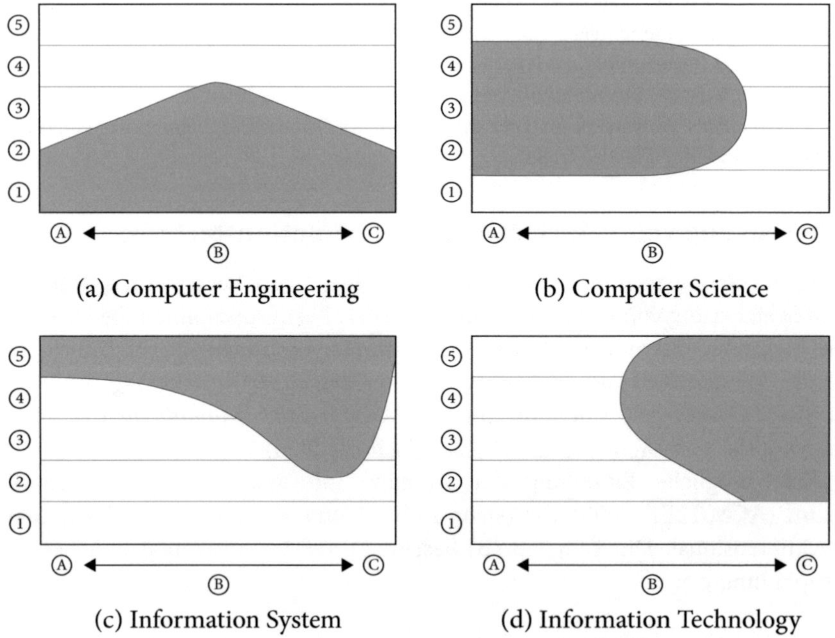

Abb. 1: Vergleich der Informatikdisziplinen (ACM/IEEE 2005)

Legt man die Flächen der Abbildungen b) und d) übereinander, wird deutlich, dass eine scharfe Trennung der Disziplinen aufgrund der Schnittmenge offensichtlich nicht möglich ist, was sich in der oftmals synonymen Verwendung der Begriffe, auch der hier betrachteten Termini Informatik und Informationstechnik, zeigt.

Technik verfolgt dabei keinen Selbstzweck, sondern dient einer Zielvorstellung durch die Substitution oder Komplementierung menschlicher Handlungsfunktionen in soziotechnischen Systemen (Ropohl 2009). Die Abgrenzung der IT zur Informatik erfolgt an dem Punkt, an dem nicht mehr die Erstellung und der Einsatz von Artefakten technischer Systeme im Fokus liegt, sondern die Betrachtung der zugrunde liegenden Ideen und Methoden der Wissenschaft. Selbstverständlich liegen allen soziotechnischen IT-Systemen Erkenntnisse der Informatik zugrunde, die jedoch in diesem Fall als Erkenntnishilfe für Technik fungiert.

Für die Abgrenzung von Informatik und IT kommt erschwerend hinzu, dass sich im Zusammenspiel der Teildisziplinen der Informatik: der Theoretischen Informatik, der Technischen Informatik und Praktischen Informatik, der ingenieurwissenschaftliche und technikwissenschaftliche Charakter der Informatik in der Angewandten Informatik entfaltet, deren Erkenntnisse in informationstechnischen Produkten resultieren und damit wiederum eine Dependenz zur Informationstechnik bildet.

Trotz begrifflicher Unschärfe und Überlappungen der Bereiche IT und Informatik kann man eine Abgrenzung zwischen den Disziplinen ausmachen. Vereinfacht ausgedrückt befasst sich die Informationstechnik mit dem praxisorientierten Einsatz von Artefakten und Systemen und nutzt dazu die von der Informatik erarbeiteten theoretischen Grundlagen und Konzepte zur automatischen Datenverarbeitung.

Didaktik der Informatik und Didaktik der Informationstechnik

Für die Didaktik der Informatik und Didaktik der beruflichen Fachrichtung Informationstechnik werden folgende Arbeitsdefinitionen zugrunde gelegt:

Die Didaktik der beruflichen Fachrichtung Informationstechnik befasst sich mit Fragestellungen der Aus- und Weiterbildung in IT-Berufen, vollschulischen Bildungsgängen mit beruflicher Qualifizierung, Fachoberschulen mit Schwerpunkt Informationstechnik sowie mit den Intentionen, Zielen, Methoden und Medien in Bildungsprozessen kaufmännischer, handwerklicher etc. Berufsgruppen mit IT-Bezug.

Die Didaktik der Informatik befasst sich hingegen mit Fragestellungen der Informatik von der Primarstufe bis zur Sekundarstufe II an allgemeinbildenden Schulen. Dies schließt die Zweige von z. B. technischen Gymnasien zur Erlangung der allgemeinen Hochschulreife mit ein, die Informatik, nicht Informationstechnik oder technische Informatik, als Fach anbieten. Die weiteren Forschungsgebiete der Didaktik der Informatik, wie Informatik an Hochschulen oder Informatik im vorschulischen und außerschulischen Kontext, werden an dieser Stelle nicht betrachtet.

Während der Forschungsgegenstand der Didaktik der Informationstechnik durch die faktisch stattfindenden und durch die KMK-Vorgaben präzisierten Bildungsprozesse der beruflichen Bildung klar umrissen ist, stellt sich dies bei der Didaktik der Informatik etwas anders dar. Deshalb wird im Folgenden die Legitimation der Didaktik der Informatik an allgemeinbildenden Schulen im Zeitalter der Digitalisierung skizziert.

Didaktik der Informatik und digitale Bildung

Seit der allgegenwärtigen politischen und gesellschaftlichen Diskussion zur Digitalisierung, Industrie 4.0, Künstliche Intelligenz etc. wirken die Protagonisten der *Didaktik der Informatik* zunehmend und in mehrfacher Weise in Politik, Gesellschaft und Schulpraxis. Originär ist der Didaktik der Informatik die Erforschung von Lehr-Lernprozessen im Schulfach Informatik immanent. Die Wissenschaft *Didaktik der Informatik* setzt sich aber auch mit der Entwicklung und Erprobung von Lernumgebungen mit den Mitteln der Informatik auseinander. Dadurch nimmt sie häufig die Rolle eines fächerübergreifenden Bindegliedes zwischen anderen Schulfächern und der sogenannten *Digitalen Bildung* und Medienbildung ein. *Digitale Bildung* ist dabei begrifflich doppelt belegt und keinesfalls im wörtlichen Sinne digital. Eine Unterscheidung ist notwendig, um die Rolle der *Didaktik der Informatik* zu verdeutlichen.

Digitalisierung der Bildung

Im Forschungsbereich *digitale Bildung* liegt ein Schwerpunkt auf der Untersuchung von Lehr-Lernprozessen, die mit digitalen Werkzeugen und Medien substituiert, erweitert, verändert oder neu belegt werden (Puentedura 2006). Der Fokus liegt hier auf der Digitalisierung von Bildung durch den Einsatz digitaler Medien in Bildungsprozessen. Eine Einteilung digitaler Medien in vier Kategorien wird der Komplexität deren Einsatzes in Bildungsprozessen zwar nicht vollständig gerecht, genügt aber dennoch einer Orientierung im Spannungsfeld von Medienwissenschaften und Didaktik (Hamilton et al. 2016). Innerhalb der empirischen Unterrichtsforschung der *Didaktik der Informatik* ist die Entwicklung und Evaluation geeigneter Lernumgebungen essentieller Forschungsbestandteil (Methoden und Medien), da im Unterschied zu anderen Fächern und abhängig vom Inhalt, oftmals nicht auf vorhandene und etablierte Lernumgebungen zurückgegriffen werden kann.

Mündigkeit in der digital vernetzten Welt

Unter dem Begriff *Digitale Bildung* werden aber auch alle Lehr-Lernprozesse subsumiert, die zu einer Entwicklung zum/zur mündigen Bürger/-in in einer durch IT-Artefakte geprägten Welt beitragen. Die Gesellschaft für Informatik hat in Zusammenarbeit mit Expertinnen und Experten der Informatik, Didaktik der Informatik, Medienpädagogik, Wirtschaft und Schulpraxis eine Erklärung zur Rolle der Informatik ausgearbeitet, die sich durch das sog. *Dagstuhl-Dreieck* manifestiert (vgl. Abb. 2).

> *„Die gesellschaftlich-kulturelle Perspektive untersucht die Wechselwirkungen der digitalen vernetzten Welt mit Individuen und der Gesellschaft […]. Die technologische Perspektive hinterfragt und bewertet die Funktionsweise der Systeme, die die digitale vernetzte Welt ausmachen […]. Die anwendungsbezogene Perspektive fokussiert auf die zielgerichtete Auswahl von Systemen und deren effektive und effiziente Nutzung zur Umsetzung individueller und kooperativer Vorhaben“ (Brinda et al. 2016).*

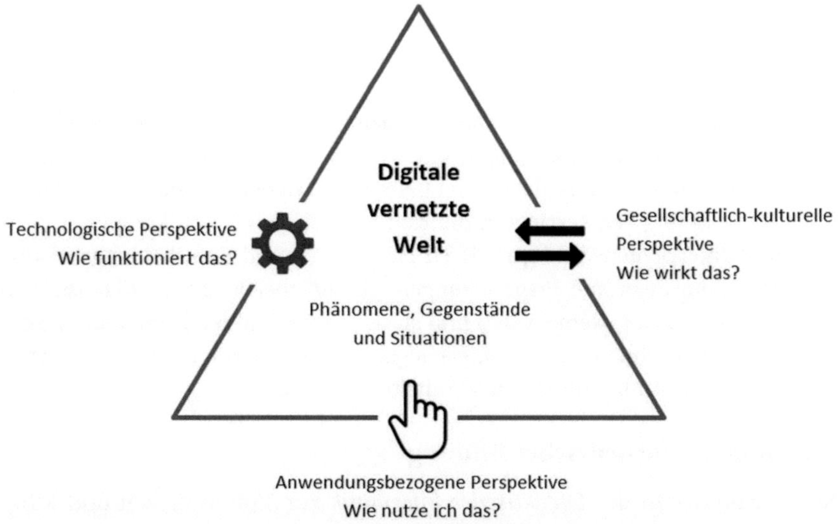

Abb. 2: Dagstuhl-Dreieck (Gesellschaft für Informatik e. V. 2015)

Digitale Bildung soll alle Perspektiven des *Dagstuhl-Dreiecks* berücksichtigen. Während die gesellschaftlich-kulturelle und anwendungsbezogene Perspektive für eine fächerübergreifende Betrachtung mit der Informatik prädestiniert erscheint, bleibt die technologische Perspektive dem Unterrichtsfach Informatik durch die Anwendung langlebiger Informatik-Konzepte und informatischer Modellierung von Weltausschnitten vorbehalten. Im Zentrum des Dreiecks stehen die Betrachtungsgegenstände, die digitalen Artefakte der Informationstechnik wie beispielsweise autonome Fahrzeuge, soziale Netzwerke und die damit in Zusammenhang stehenden Phänomene (Brinda et al. 2016; Brinda et al. 2019). Der allgemeinbildende Informatikunterricht soll digitale Bildung vermitteln und zwar auf allen Bedeutungsebenen. Unter anderem dadurch erhält der Informatikunterricht allgemeinbildenden Charakter.

Zum Verhältnis der Didaktik der Informatik und der Didaktik der Informationstechnik

Weder die Didaktik der Informatik, noch die Didaktik der Informationstechnik werden im Sinne einer Abbilddidaktik verstanden, die lediglich die fachwissenschaftlichen Strukturen auf die für Schule geeignete Komplexität reduziert. Vielmehr bedienen sie sich der Inhalte der Fachdisziplinen zur Analyse und Gestaltung von Lehr- Lernprozessen sowie der Reflexion hinsichtlich ihrer Bedeutung für Bildung und Gesellschaft. Dazu bewegen sich Fachdidaktiker und Fachdidaktikerinnen, also sowohl Wissenschaftlerinnen und Wissenschaftler als auch Lehrerinnen und Lehrer im Spannungsfeld der lehr-/lerntheoretischen Didaktik zur Planung und Analyse von Unterricht (Jank/Meyer 1994). In Wissenschaft und Praxis werden deren Komponenten – Intentionen, Inhalte, Methoden, Medien, soziokulturelle/anthropogene Voraussetzungen und Folgen der Beteiligten sowie situative Rahmenbedingungen – interdependent betrachtet. Diese Eckpunkte stellen Übersicht und Ordnung her, verringern die Komplexität des an sich komplexen Vorgangs des Unterrichtens und generieren Handlungs- und Entscheidungsimpulse sowie forschungsrelevante Fragestellungen (Riedl/Schelten 2013). Klar ist, dass in diesem Beitrag nur exemplarisch und stark verkürzt auf die Komponenten der lehr-/lerntheoretischen Didaktik eingegangen werden kann – als wesentlich wird die Betrachtung von Intentionen und Inhalten angesehen.

Intentionen informatischer Bildung

Den Erkenntnissen der *Didaktik der Informatik* zur Notwendigkeit und Möglichkeit der Kompetenzentwicklung im Bereich Informatik zur digitalen Mündigkeit steht die Bildungspraxis entgegen. Die landesspezifische Ausgestaltung

Nordrhein-Westfalens zur Integration informatischer Kompetenzen ohne ein Unterrichtsfach Informatik steht exemplarisch für ähnliche Herangehensweisen weiterer Bundesländer. Das Kompetenzmodell „*Kompetenzen in der digitalen Welt*“ (Kultusministerkonferenz 2016) bildet die Grundlage für die Neufassung des Medienkompetenzrahmens NRW, der Elemente einer informatischen Grundbildung enthält – beispielsweise *6.2 Algorithmen erkennen*, *6.3 Modellieren und Programmieren* sowie *1.4 Datenschutz und Informationssicherheit* (Medienberatung NRW 2019). Informatische Kompetenz wird dort mit Medienbildung und Medienkompetenz gleichgesetzt und verkennt den allgemeinbildenden Charakter der Informatik. Nach (Gallenbacher 2017, 2019; Heymann 2013) ist dieser gekennzeichnet durch:

- Lebensvorbereitung: All das, was man mit großer Wahrscheinlichkeit notwendig und unverzichtbar braucht und ohne Schule großenteils nicht lernen würde.
- Stiftung kultureller Kohärenz: zentrale Ideen als Brücken zwischen Fach und außerfachlicher Kultur, zur Verdeutlichung der Bedeutung des Fachs für die Kulturentwicklung und der Verknüpfung mit dem Alltag.
- Weltorientierung: Die Annahme, dass ein differenziertes Weltbild einen weiten Urteilshorizont erschließt und sowohl die Klärung des eigenen Standortes in der Welt wie auch seine Relativierung erleichtert.
- Anleitung zum kritischen Vernunftgebrauch: Wer seine Vernunft kritisch gebrauchen kann, nimmt nicht fraglos hin, was institutionelle Macht zumutet und beugt sich nicht umstandslos.
- Entfaltung von Verantwortungsbereitschaft: Verantwortliches Handeln setzt beides voraus, Gefühl und Wissen. Unverantwortliches Handeln ist dann entweder uninformiertes oder aber böses, zynisches, zumindest leichtfertiges Handeln.
- Einübung in Verständigung und Kooperation: Die Rationalität bei Fragen, die alle angehen und über die alle mitentscheiden müssen, hängen in hohem Maße von der gelingenden Kommunikation zwischen Laien und Experten ab.
- Stärkung des Schüler-Ichs: Entwicklung von Selbstbewusstsein, Selbstvertrauen, personaler Identität, auf die Fähigkeit, eigene Ziele, Wünsche und Vorstellungen klar zu erkennen und handelnd zu verwirklichen, mit den eigenen Stärken und auch Schwächen realistisch umzugehen.

Betrachtet man die Bandbreite der Intentionen und Inhalte, die einer Digitalen Bildung und informatischer Bildung mit Allgemeinbildungsanspruch immanent ist, werden die damit verbundenen Herausforderungen an das Bildungspersonal deutlich. Eine fächerübergreifende Integration der Bildungsinhalte sollte daher nur durch Lehrkräfte mit grundständiger informatischer Bildung erfolgen. Diese können gewährleisten, dass ein reduziertes und dennoch unverfälschtes Bild der technologischen Perspektive für die unterschiedlichen Zielgruppen im Sinne des Dagstuhl-Dreiecks vermittelt wird. Diese Perspektive ist notwendig, um Kompetenzen zu erwerben, die über das Anwenden von Medien hinausgehen – beispielsweise Gestaltungskompetenz.

Bildungsstandards Informatik

Weder für die Informatik noch für die Informationstechnik existiert ein vollständiges empirisch überprüftes Kompetenzmodell (Klieme et al. 2007), das der Benennung von Kompetenzen – im Sinne von Resultaten des Lernens zu vorgegebenen Zeitpunkten – dient (Rhode 2013).

Die Bildungsstandards der Informatik orientieren sich, in Ermangelung dieser Kompetenzmodelle, an den in der Praxis erprobten einheitlichen Prüfungsanforderungen in der Abiturprüfung, in denen die Anforderungsbereiche *Reproduktion, Reorganisation und Transfer sowie Reflexion und Problemlösung* unterschieden werden, in Kombination mit den Prozessbereichen *Modellieren und Implementieren, Begründen und Bewerten, Strukturieren und Vernetzen, Kommunizieren und Kooperieren sowie Darstellen und Interpretieren*, die die Formen der Auseinandersetzung (Methodik, Tätigkeit) mit dem Inhalt beschreiben. Die Bildungsstandards definieren intendierte Kompetenzen, die mit Erreichen einer Jahrgangsstufe erworben sein sollen. Als Beispiel sei hier angeführt (Gesellschaft für Informatik e. V. 2016):

> Die Schülerinnen und Schüler ...
>
> I. *Reproduktion:* [...] erkunden ein vorgegebenes Modell oder erproben eine gegebene Implementierung.
> II. *Reorganisation und Transfer:* [...] setzen zur Implementierung eines Modells Entwicklungsumgebungen funktionell ein.
> III. *Reflexion und Problemlösung:* [...] überarbeiten die eigene Lösung unter Berücksichtigung von Effizienz, Allgemeinheit und Wiederverwendbarkeit.

Die Kompetenzerwartung der Gesellschaft für Informatik, an denen sich die Kernlehrpläne Informatik der Bundesländer orientieren (siehe Heuts/Pinkwart 2019), gehen über die Anwendung von alltäglichen Medien und Informatiksystemen im Sinne des Medienkompetenzrahmens hinaus (Medienberatung NRW 2019). Es sollen Kompetenzen ausgebildet werden, die dazu befähigen, ein Leben in einer Informationsgesellschaft selbstbestimmt zu führen und zu gestalten, was auch eine wissenschaftspropädeutische Auseinandersetzung erfordert (Gesellschaft für Informatik e. V. 2016).

> *„Die Ausbildung von Fach-, Methoden-, Sozial- und Selbstkompetenz erfolgt im Informatikunterricht in der Regel ganzheitlich und wechselseitig. In der Auseinandersetzung mit Problemstellungen aus dem Bereich der Informations- und Kommunikationstechnologien werden Fähigkeiten und Fertigkeiten zur informatischen Analyse von Sachverhalten ausgebildet, die sich auf konkrete Lebenssituationen beziehen. Hierzu gehört der Umgang mit Modellierungs- und Strukturierungskonzepten, Softwarewerkzeugen und Programmiersprachen“ (Gesellschaft für Informatik e. V. 2016).*

An dieser Stelle wird explizit auf die Problemstellungen der Informationstechnik verwiesen, deren Lösungen informatische Fähigkeiten und Fertigkeiten erfordern. Im Kontrast zur beruflichen Bildung steht in der allgemeinbildenden Informatik aber nicht die berufliche Wirklichkeit im Vordergrund, sondern die Lebenswelt der Schülerinnen und Schüler.

Intentionen beruflicher Bildung

Die berufliche Informatik beschäftigt sich vorrangig mit den technischen Aspekten der Informatik und wird infolgedessen auch dem IT-Bereich zugeordnet. Durch die Vielzahl von Bildungsgängen (Fachklassen duales System, Ausbildungsvorbereitung, Berufsfachschule, Fachschule, Fachoberschule, Berufliches Gymnasium), deren Lehrpläne teilweise über ein Jahrzehnt gültig sind, existiert eine gewisse Unschärfe in der verwendeten Begrifflichkeit, genügt aber der hier durchgeführten Betrachtung.
Die Datenverarbeitungstechnik steht im Mittelpunkt des exemplarisch betrachteten Bildungsgangs mit Berufsabschluss und allgemeiner Hochschulreife *Informationstechnische Assistentin/Informationstechnischer Assistent*, und wird gerahmt durch Bezugsdisziplinen wie Informatik, Elektrotechnik, Nachrichtentechnik, Wirtschaftsinformatik, Mathematik, Systemtechnik, Betriebswirtschaftslehre und Technische Informatik (MSW NRW 2010). Gefördert wird die Handlungskompetenz, die sich aus einer Schnittmenge von fachlicher und methodischer Kompetenz sowie Personal- und Sozialkompetenz ergibt:

> *„[...] sie schließen die Kompetenzbereiche Fachkompetenz, Humankompetenz und Sozialkompetenz ein. Sie umfassen auch Methodenkompetenz (Bereitschaft und Fähigkeit zu methodengeleitetem Handeln), Lernkompetenz (Weiterentwicklung des erreichten Kompetenzstandes durch Lernen) sowie kommunikative Kompetenz. Methodenkompetenz, Lernkompetenz und kommunikative Kompetenz bezeichnen nicht weitere Dimensionen von Handlungskompetenz, sondern sind integraler Bestandteil sowohl von Fach- als auch von Human-, als auch von Sozialkompetenz“ (MSW 2014).*

Diese Ziele gehen über die informatischen Kompetenzen der Bildungsstandards Informatik hinaus. Neben der gemeinsamen Wissenschaftspropädeutik werden berufliche Handlungskompetenzen erwartet. Beispielhaft für den Beruf *IT-Systemelektroniker/-in* wäre das im Lernfeld *Einfache IT-Systeme*:

> *„Die Schülerinnen und Schüler sollen einzelne IT-Systeme in Einzel- bzw. Teamarbeit für einen Auftrag unter Berücksichtigung der Sicherheitsvorschriften planen, Komponenten begründet auswählen, installieren, konfigurieren, inbetriebnehmen, dokumentieren, präsentieren und handhaben" (Kultusministerkonferenz 1997).*

Maßgeblich für die berufliche Bildung ist die Ausprägung einer beruflichen Handlungskompetenz, die in Bezug auf eine Fachkompetenz gänzlich anderes Wissen und Fertigkeiten voraussetzt, als jene die aufgrund des Allgemeinbildungsanspruchs gefordert werden.

Fachkompetenz ist die Fähigkeit und Bereitschaft, Aufgabenstellungen selbstständig, fachlich richtig und methodengeleitet zu bearbeiten und das Ergebnis zu beurteilen. Fachkompetenz gliedert sich in berufsbezogene Kenntnisse, Fertigkeiten und Fähigkeiten und die Übertragung dieser auf neue berufliche Aufgaben. Diese müssen erkannt, Problemlöse- und Entscheidungsverfahren beherrscht und beurteilt werden. Fachkompetenz korrespondiert mit dem Ziel der Befähigung zur Ausübung einer beruflichen Tätigkeit, die insbesondere selbstständiges Planen, Durchführen und Kontrollieren einschließt.

Der Bildungsauftrag *Erfüllung der Aufgaben im Beruf sowie zur Mitgestaltung der Arbeitswelt und Gesellschaft in sozialer und ökologischer Verantwortung* schließt die gesellschaftlich-kulturelle Dimension des Dagstuhl-Dreiecks oder dem Inhaltsbereich *Informatik, Mensch und Gesellschaft* der Bildungsstandards Informatik ein.

Betrachtet man die in Lehrplänen bzw. Bildungsstandards formulierten Ziele, wird deutlich, dass man sich einerseits auf einer hohen Abstraktionsebene allgemeiner Kompetenzerwartungen bewegt (Handlungskompetenz, Reflexion und Problemlösen) und andererseits konkrete Ziele in den Prozessbereichen der Allgemeinbildung und Lernfeldern der beruflichen Bildung formuliert. Wie bereits erwähnt, existierten wenige empirisch gesicherte Kompetenzmodelle in der beruflichen Bildung in Bezug auf Kompetenzniveaus und Kompetenzentwicklung, sodass diese im Diskussionsprozess der Akteure beruflicher Bildung entstehen.

In empirischen Arbeiten wurden Lernzielklassifikationen verwendet, die die Erwartungen an die Lernenden auf unterschiedlichen kognitiven Niveaus beschreiben (Anderson et al. 2000; Nickolaus et al. 2010). Fuller et al. (2007) haben gezeigt, dass die eindimensionale Betrachtung von kognitiven

Anforderungsniveaus für die Informatik nur bedingt geeignet ist, da diese sich eben zügig über reproduzierende und interpretierende Tätigkeiten hin zu produzierenden Tätigkeiten bewegen. Dies korrespondiert mit der umfassenden Erwartung an die Lernenden aus dem Lehrplan für den Ausbildungsberuf „IT-Systemelektroniker/-in", in dem sehr viele unterschiedliche kognitive Niveaus angesprochen werden, weshalb diese Klassifikation auch für die berufliche Bildung geeignet erscheint.

Inhalt informatischer und informationstechnischer Bildungsprozesse

Die Frage nach dem Inhalt informatischer Bildung ist mit Fehlvorstellungen in Gesellschaft und Politik behaftet, die Informatik und Computer/Smartphones gleichsetzen. Das Zitat *„Computer science is no more about computers than astronomy is about telescopes" (Dijkstra)* wird oftmals in diesem Zusammenhang verwendet, um zu beschreiben, dass Computer nur Werkzeuge der Informatik sind, nicht aber die Wissenschaft selbst. Diese Betrachtung von Informatiksystemen wird der Trialität der Informatik nicht gerecht. Informatiksysteme sind Artefakte, Werkzeuge und Forschungsgegenstand. *„Because the music is not inside the piano"* (Kay 2005) als Analogie erscheint treffend und entspricht dem Konsens, dass nicht Informatiksysteme, also beispielsweise Personalcomputer oder Smartphones (das Piano) im Vordergrund informatischer Bildung stehen, sondern die zugrunde liegenden informatischen Ideen und Konzepte (Humbert et al. 2018; Schwill 1993), die auch ohne Informatiksysteme relevant und übertragbar sind.

Schwill (1993) erstellte einen Katalog fundamentaler Ideen der Informatik, also *Denk-, Handlungs-, Beschreibungs- oder Erklärungsschemata,* mit den Masterideen *strukturierte Zerlegung, Sprachen, Algorithmisierung.* Als Basis zur Identifikation dienten Kriterien, die auf den Softwareentwicklungszyklus angewandt wurden (Schubert/Schwill 2011). Der erstellte Katalog ist nicht vollständig, sondern beschreibt eine mögliche Systematik zur Identifikation weiterer Ideen, die dann über die Softwareentwicklung hinaus auch auf Aspekte der technischen Informatik mit Hardwarebezug angewandt werden können (Büchner 2015).

Heinrich (2017) hat die Ideen von Schwill auf die berufliche Bildung übertragen: *„wenn man bei der angedachten Lernsituation keine Verbindung von beruflicher Handlung mit einer fundamentalen Idee herstellen kann, dann sollte die Lernsituation als ungeeignet verworfen werden".* Wenngleich eine Legitimation mithilfe der fundamentalen Ideen wünschenswert ist, bleibt zu diskutieren, ob eine Beschränkung auf die fundamentalen Ideen zielführend ist. Berufliche Handlungsfähigkeit beruht unter anderem auch auf Fachwissen über konkrete praxisrelevante Technologien, die in ihrer Abstraktionsebene nicht alle Kriterien fundamentaler Ideen erfüllen können, beispielsweise ihrer Bedeutung für Vergangenheit und Zukunft, dem Zeitkriterium.

Zusammenfassung und Fazit

In diesem Beitrag wurden die Fachdidaktik Informatik und die Didaktik der beruflichen Fachrichtung Informationstechnik begrifflich voneinander abgegrenzt. Die Didaktik der beruflichen Fachrichtung Informationstechnik befasst sich im Wesentlichen mit Fragestellungen der gewerblich-technischen Aus- und Weiterbildung in IT-Berufen, vollschulischen Bildungsgängen mit beruflicher Qualifizierung, Fachoberschulen mit Schwerpunkt Informationstechnik. Die Didaktik der allgemeinbildenden Informatik befasst sich mit Fragestellungen der Informatik von der Primarstufe bis zur Sekundarstufe II an allgemeinbildenden Schulen. Zur Analyse von Gemeinsamkeiten und Unterschieden wurden Intentionen und Inhalte, wie sie in den Lehrplänen zu entnehmen sind, herangezogen.

Es zeigt sich, dass die Bildungsziele des allgemeinbildenden Fachs Informatik der Lebensvorbereitung, Stiftung kultureller Kohärenz, Weltorientierung, Anleitung zum kritischen Vernunftgebrauch, Entfaltung von Verantwortungsbereitschaft, Einübung in Verständigung und Kooperation sowie Stärkung des Schüler-Ichs, dient. Dazu sollen Kompetenzen in den Prozessbereichen Modellieren und Implementieren, Begründen und Bewerten, Strukturieren und Vernetzen, Kommunizieren und Kooperieren sowie Darstellen und Interpretieren ausgebildet werden.

In der beruflichen Bildung steht hingegen die berufliche Handlungskompetenz im Fokus, was berufsbezogene Kenntnisse, Fertigkeiten und Fähigkeiten unter anderem in Hinsicht auf Planen, Durchführen und Kontrollieren einschließt. Die Intention der beruflichen Bildung ist darüber hinaus, die Lernenden zur Mitgestaltung der Arbeitswelt und Gesellschaft in sozialer und ökologischer Verantwortung zu befähigen.

Die Legitimation von Inhalten unterscheidet sich hinsichtlich der Zielerfüllung. Während die allgemeinbildende Informatik mit den fundamentalen Ideen ein Konzept zur Legitimation von schnell wechselnden Inhalten der Bezugswissenschaft besitzt, muss in der beruflichen Bildung den Rahmenbedingungen von Erwerbsarbeit Rechnung getragen werden. Inhalte müssen sich also an aktuellen Geschäfts- und Arbeitsprozessen orientieren.

Für die Didaktik der beruflichen Fachrichtung Informationstechnik/Informatik und die Didaktik der allgemeinbildenden Informatik bedeutet dies, dass sie in Forschung und Praxis auf Ergebnisse der jeweilig anderen zurückgreifen können, sofern die Interdependenzen der didaktischen Komponenten beachtet werden. Um diese Synergien auch im Bereich der Bildung sinnvoll nutzen zu können, sind jedoch noch fächerübergreifende Standards und Kompetenzprofile zu definieren.

Literatur

ACM/IEEE. (2005). *Computing Curricula 2005. The Overview Report* (Computing Curricula Series). New York, USA: Association for Computing Machinery (ACM).

Anderson, L. W.; Krathwohl, D. R.; Airasian, P. W.; Cruikshank, K. A.; Mayer, R. E.; Pintrich, P. R.; Raths, J.; Wittrock, M. C. (2000). *A Taxonomy for Learning, Teaching, and Assessing: A Revision of Bloom's Taxonomy of Educational Objectives, Abridged Edition* (2. Aufl.): Allyn & Bacon.

Brinda, T.; Brüggen, N.; Diethelm, I.; Knaus, T.; Kommer, S.; Kopf, C.; Missomelius, P.; Leschke, R.; Tilemann, F.; Weich, A. (2019). Frankfurt-Dreieck zur Bildung in der digital vernetzten Welt. In A. Pasternak (Hrsg.), *Informatik für alle. 18. GI-Fachtagung Informatik und Schule, 16.–18. September 2019 Dortmund* (GI-Edition. Proceedings, Bd. 288). Bonn: Köllen.

Brinda, T.; Diethelm, I.; Gemulla, R.; Romeike, R.; Schöning, J.; Schulte, C.; Bartoschek, T.; Bergner, N.; Dietrich, L.; Honegger, B. D.; Fries, R.; Hartmann, W.; Hellmig, L.; Herzig, B.; Hollatz, J.; Jörissen, B.; Kommer, S. G. K.; Mittag, A.; Kusterer, P.; Oberweis, A.; Otto, T.; Rabe, A.; Röhner, G.; Schelhowe, H.; Scheuermann, B.; Schmitz, B.; Sommer, H.; Zimnol, M. (2016). Dagstuhl-Erklärung: Bildung in der digitalen vernetzten Welt. Eine gemeinsame Erklärung der Teilnehmerinnen und Teilnehmer des Seminars auf Schloss Dagstuhl – Leibniz-Zentrum für Informatik GmbH, Gesellschaft für Informatik e. V. https://gi.de/fileadmin/GI/Hauptseite/Themen/Dagstuhl-Erklarung_2016-03-23.pdf. Zugegriffen: 10. Januar 2020.

Büchner, S. (2015). *Ermittlung zentraler Konzepte der Entwicklung eingebetteter Systeme anhand eines fachdidaktisch begründeten Kriterienkataloges.* Dissertation, Universität Siegen. Siegen. https://dokumentix.ub.uni-siegen.de/opus/volltexte/2015/930/pdf/Dissertation_SteffenBuechner.pdf.

Claus, V.; Schwill, A. (2006). *Duden Informatik A – Z. Fachlexikon für Studium, Ausbildung und Beruf* (Duden, 4. Aufl.). Mannheim.

Fuller, U.; Riedesel, C.; Thompson, E.; Johnson, C. G.; Ahoniemi, T.; Cukierman, D.; Hernán-Losada, I.; Jackova, J.; Lahtinen, E.; Lewis, T. L.; Thompson, D. M. (2007). Developing a computer science-specific learning taxonomy. *ACM SIGCSE Bulletin 39* (4), 152–170. doi:10.1145/1345375.1345438.

Gallenbacher, J. (2017). Allgemeinbildung in der digitalen, gestalteten Lebenswelt. In I. Diethelm (Hrsg.), *Informatische Bildung zum Verstehen und Gestalten der digitalen Welt. 17. GI-Fachtagung Informatik und Schule; 13.–15. September 2017 Oldenburg* (GI-Edition – lecture notes in informatics (LNI) Proceedings, volume P-274, S. 19–28). Bonn: Gesellschaft für Informatik e.V. (GI).

Gallenbacher, J. (2019). Ohne Informatik keine Allgemeinbildung. *Informatik Spektrum 42* (2), 88–96. https://doi.org/10.1007/s00287-019-01159-0.

Gesellschaft für Informatik e. V. (2015). *3. Dagstuhl-Erklärung zur Informatischen Bildung in der Schule 2015.*

Gesellschaft für Informatik e. V. (2016). *Bildungsstandards Informatik für die Sekundarstufe II. Empfehlungen der Gesellschaft für Informatik e. V. erarbeitet vom Arbeitskreis „Bildungsstandards SII"* (Gesellschaft für Informatik e. V. (GI), Hrsg.) (Log in Nr. 1), Berlin.

Hamilton, E. R.; Rosenberg, J. M.; Akcaoglu, M. (2016). The Substitution Augmentation Modification Redefinition (SAMR) Model: a Critical Review and Suggestions for its Use. *TechTrends 60* (5), 433–441. doi:10.1007/s11528-016-0091-y.

Heinrich, N. (2017). Informationstechnik als Querschnittsdimension gewerblich-technischer Facharbeit. Erste Überlegungen zu einem berufsdidaktischen Konzept. In T. Vollmer, S. Jaschke; U. Schwenger (Hrsg.), *Digitale Vernetzung der Facharbeit. Gewerblich-technische Berufsbildung in einer Arbeitswelt des Internets der Dinge* (Berufsbildung, Arbeit und Innovation, Bd. 43, 1. Auflage, 117–136). Bielefeld: W. Bertelsmann Verlag.

Heuts, A.; Pinkwart, N. (2019). Stand der Informatik in der Sekundarstufe II – Themen und Inhalte des Fachs Informatik in der gymnasialen Oberstufe. *LOG IN 39* (1), 28–38.

Heymann, H. W. (2013). *Allgemeinbildung und Mathematik* (2. Aufl.). Weinheim

Humbert, L., Müller, D., Fricke, M., Haselmeier, K. & Siebrecht, D. (2018). 'Because the music is not inside the piano'. *LOG IN 38* (1), 67–72.

Jank, W.; Meyer, H. L. (1994). *Didaktische Modelle* (3. Aufl., 3. Dr). Frankfurt am Main.

Kay, A. (2005). Dyanbook Revisited. A Conversation with Alan Kay.

Klieme, E.; Avenarius, H.; Blum, W.; Döbrich, P.; Gruber, H.; Prenzel, M.; Reiss, K.; Riquarts, K.; Rost, J.; Tenorth, H.-E.; Vollmer, H. J. (2007). *Bildungsforschung Band 1 Expertise Zur Entwicklung nationaler Bildungsstandards.* http://www.bmbf.de/pub/zur_entwicklung_nationaler_bildungsstandards.pdf. Zugegriffen: 10. Januar 2020.

Kultusministerkonferenz. (1997). *Rahmenlehrplan für den Ausbildungsberuf Informations- und Telekommunikationssystem-Elektroniker/Informations- und Telekommunikationssystem-Elektronikerin.*

Kultusministerkonferenz. (2016). *Bildung in der digitalen Welt. Strategie der Kultusministerkonferenz.* Kultusministerkonferenz (KMK). https://www.kmk.org/fileadmin/Dateien/pdf/PresseUndAktuelles/2017/Strategie_neu_2017_datum_1.pdf. Zugegriffen: 10. Januar 2020.

Kultusministerkonferenz. (2019). *Ländergemeinsame inhaltliche Anforderungen für die Fachwissenschaften und Fachdidaktiken in der Lehrerbildung.* Kultusministerkonferenz (KMK).

Medienberatung NRW (Hrsg.). (2019). *Medienkompetenzrahmen NRW* (2. Aufl.). Zugegriffen: 5. Dezember 2019.

MSW. (2014). *Kernlehrplan für die Sekundarstufe II Gymnasium/Gesamtschule in Nordrhein-Westfalen. Informatik* (Ministerium für Schule und Weiterbildung, Hrsg.). Zugegriffen: 27. Dezember 2019.

MSW NRW. (2010). Bildungspläne zur Erprobung. Teil III: Fachlehrplan Technische Informatik.

Nickolaus, R.; Gschwendtner, T.; Geißel, B.; Abele, S. (2010). Konzeptionelle Vorstellungen zur Kompetenzerfassung und Kompetenzmodellierung im Rahmen eines VET-LSA bei Kfz-Mechatronikern und Elektronikern. In A. Schelten & D. Münk (Hrsg.), *Kompetenzermittlung für die Berufsbildung. Verfahren, Probleme und Perspektiven im nationalen, europäischen und internationalen Raum* (1. Aufl., S. 251–268). Bielefeld.

Puentedura, R. R. (2006). Transformation, Technology, and Education. http://www.hippasus.com/resources/tte/. Zugegriffen: 10. Januar 2020.

Rhode, T. (2013). *Entwicklung und Erprobung eines Instruments zur Messung informatischer Modellierungskompetenz im fachdidaktischen Kontext.* Dissertation, Universität Paderborn. Paderborn.

Riedl, A.; Schelten, A. (2013). *Grundbegriffe der Pädagogik und Didaktik beruflicher Bildung* (Pädagogik). Stuttgart: Franz Steiner Verlag.

Ropohl, G. (2009). *Allgemeine Technologie. Eine Systemtheorie der Technik.* Karlsruhe: Universitätsverlag Karlsruhe (3., überarbeitete Auflage).

Schubert, S.; Schwill, A. (2011). *Didaktik der Informatik* (2. Aufl.). Heidelberg: Spektrum Akademischer Verlag.

Schwill, A. (1993). Fundamentale Ideen der Informatik. *ZDM – Zentralblatt für Didaktik der Mathematik* (25), 20–31. http://www.informatikdidaktik.de/Forschung/Schriften/ZDM.pdf. Zugegriffen: 10. Januar 2020.

Jens Siemon

Mögliche Beiträge der Fachdidaktik Wirtschaftslehre zur Genese einer Didaktik der beruflichen Fachrichtung Informationstechnik/ Informatik

Zusammenfassung: *Versucht ein Lehrer oder eine Lehrerin, sich ein Überblick darüber zu verschaffen, welche Theorien und welche Praxis es zur Vermittlung eines Schulfaches gibt, greift er oder sie vermutlich auf eine Fachdidaktik für das jeweilige Fach zurück. Für die noch junge berufliche Fachrichtung Informationstechnik/Informatik würde der Lehrer oder die Lehrerin mit diesem Vorgehen keinen Erfolg haben. Insofern scheint es interessant zu sein, welche Ziele und Inhalte aus anderen Fachdidaktiken auf die berufliche Didaktik Informationstechnik/Informatik adaptierbar sind. Mit dieser Frage beschäftigt sich der vorliegende Beitrag bezogen auf die Didaktik der beruflichen Fachrichtung Wirtschaft und Verwaltung.*

Zunächst werden deduktiv Anforderungen an eine Didaktik der beruflichen Fachrichtung Informationstechnik/Informatik aufgestellt. Nachfolgend werden Lehrwerke der Didaktik der (allgemeinbildenden) Informatik sowie der Wirtschaftslehre daraufhin untersucht, inwiefern sie diese Anforderungen erfüllen und wo ggf. Leerstellen in den jeweiligen Fachdidaktiken existieren. Abschließend werden spezifische didaktische Ansätze der Wirtschaftslehre beschrieben, die einen besonderen Beitrag für eine noch zu entwickelnde Didaktik der beruflichen Fachrichtung Informationstechnik/Informatik zu leisten in der Lage sind.

Einleitung

Kaum ein Individuum kommt bei der Ausführung beruflicher Tätigkeiten heute noch ohne den Einsatz von digitalen Werkzeugen aus. Durch die Digitalisierung der Arbeitswelt werden immer mehr IT-Spezialist(inn)en benötigt, wobei Beschäftigungsfelder nicht lediglich in der IT-Branche zu finden sind. Vielmehr benötigen Unternehmen aller Branchen IT-Spezialist(inn)en für die Aufrechterhaltung ihrer jeweiligen geschäftlichen Tätigkeiten. Diese Entwicklung führt zu einer Ausweitung der Ausbildungsaktivitäten im Bereich der IT-Berufe, da Unternehmen nicht darauf hoffen können, fertig ausgebildete Mitarbeiter/-innen für ihre IT auf dem Arbeitsmarkt zu finden.

Dieser Entwicklung Rechnung tragend hat die KMK zunächst durch die Neuordnung der IT-Berufe im Jahre 1997 Ordnungsmittel für die Ausbildung in den

Tätigkeitsfeldern der IT-Branche geschaffen. Später wurde durch die Einführung der beruflichen Fachrichtung Informationstechnik/Informatik (KMK, aktuelle Fassung 2019) auch die Ausbildung von Lehrkräften für die IT-Berufe aus den Fachrichtungen Wirtschaft und Verwaltung sowie Elektrotechnik in einen eigenständigen Zweig der Lehrerbildung überführt. Tatsächlich offerieren allerdings die wenigsten Ausbildungseinrichtungen, zumeist Universitäten, eine eigenständige Lehrerbildung für diese berufliche Fachrichtung. Grimm (2018) stellt fest, dass die allermeisten Lehrer und Lehrerinnen für die berufliche Fachrichtung Informationstechnik/Informatik nach wie vor angedockt an die Fachrichtungen Wirtschaft und Verwaltung sowie Elektrotechnik, vereinzelt auch zusammen mit der beruflichen Fachrichtung Medientechnik ausgebildet werden.

Ein Problem der noch jungen beruflichen Fachrichtung Informationstechnik/Informatik ist, dass sich aufgrund des noch vergleichsweise jungen Bildungsweges, ihrer geringen Verbreitung an Hochschulen und den vergleichsweise wenigen Wissenschaftler(inne)n, die sich vorrangig mit dem Lehren und Lernen in der Fachrichtung auseinandersetzen, bisher nur ansatzweise eine Didaktik herausgebildet hat. Zumeist werden die Inhalte fachdidaktischer Veranstaltungen für die berufliche Fachrichtung mittels Analogiebildung und Transfer aus den angrenzenden didaktischen Disziplinen übernommen. Mangels verfügbarer Alternativen ist dies sicherlich ein gangbarer Weg, sollte aber nicht dazu führen, den Status quo aufrechtzuerhalten. Vielmehr könnte der Frage nachgegangen werden, welche theoretischen Zugänge, Methoden und best practices aus den Didaktiken angrenzender beruflicher Fachrichtungen adaptiert werden können, um letztlich zu einer eigenständigen Theorie und Praxis des Lehrens und Lernens für die junge berufliche Fachrichtung zu gelangen. Der vorliegende Aufsatz geht ebendieser Frage nach: Welche Ziele und Inhalte können aus der elaborierten und eigenständig gelehrten Didaktik für die berufliche Fachrichtung Wirtschaft und Verwaltung für eine Didaktik der beruflichen Fachrichtung Informationstechnik/Informatik adaptiert werden?

Anforderungen an eine Didaktik Informationstechnik/ Informatik

Für eine Analyse der Anforderungen an eine berufliche Didaktik und zur Identifikation möglicher thematischer Bereiche, die in der Didaktik Informationstechnik/Informatik noch nicht besetzt sind, werden zunächst die Aufgaben der Didaktik herangezogen, wie sie in den ländergemeinsamen Anforderungen der KMK formuliert sind. Ergänzt werden diese durch Anforderungen des Tätigkeitsfeldes der IT-Berufe. Dazu werden Studien aus Arbeitnehmer- und

Arbeitgeberbefragungen sowie Analysen von Stellenanzeigen für IT-Berufe herangezogen.

Anforderungen an die berufliche Didaktik Informationstechnik/ Informatik gemäß KMK

In den „Ländergemeinsame[n] inhaltliche[n] Anforderungen für die Fachwissenschaften und Fachdidaktiken in der Lehrerbildung" werden die folgenden Inhalte für eine Didaktik der beruflichen Fachrichtung Informationstechnik/ Informatik genannt:

- „berufs- und fachdidaktische Konzepte und deren Begründungszusammenhänge sowie aktuelle Rahmenvorgaben
- didaktische Handlungsfelder auf der Makro-, Meso- und Mikroebene des Lehrerhandelns
- theoriegeleitete Planung, Durchführung, Reflexion sowie Analyse und Evaluation kompetenzorientierter Lehr- und Lernprozesse
- Methoden, Techniken und Medien zur Erschließung relevanter informationstechnischer und informatischer [bzw. wirtschaftlicher, Anm. des Verfassers] Inhalte, sodass die visuelle, auditive und haptische Wahrnehmung angesprochen und die Anforderungen an einen sprachsensiblen Unterricht beachtet werden
- Kenntnis, Analyse und didaktische Aufbereitung von Lehr-Lernsituationen durch didaktische Rekonstruktion und didaktische Reduktion beruflicher Handlungssituationen unter Berücksichtigung des Lernfeldkonzepts sowie der Kompetenzorientierung
- Berufsbildungsforschung und fachrichtungsspezifische Lehr-Lernforschung
- Diagnoseverfahren und Konzepte zur individuellen Förderung und Leistungsbeurteilung
- Umgang mit Heterogenität und Inklusion im Sinne der individuellen Förderung und Leistungsbeurteilung" (KMK 2019, S. 105)

Diese werden für die weitere Analyse herangezogen.

Analyse der beruflichen Anforderungen in den IT-Berufen

Um zu beschreiben, welchen Beitrag eine Didaktik der Wirtschaft und Verwaltung zur Didaktik der Informationstechnik leisten kann, muss zudem definiert werden, auf welche beruflichen Anforderungen eine Didaktik der Informationstechnik abzielt. Auch wenn es eine Vielzahl von IT-Berufen und entsprechende Ausbildungswege gibt, stellen doch die vier Ausbildungsberufe im dualen System einen guten Querschnitt dar. Eine Kurzbeschreibung findet sich auf dem Portal BERUFENET der Bundesagentur für Arbeit (2020):

„IT-System-Elektroniker/-innen" *planen* bzw. *installieren* kundenspezifische Systeme der IT-Technik, *konfigurieren* sie und *nehmen* sie *in Betrieb*. Sie *warten* die Systeme, *analysieren* Fehler und *beseitigen* Störungen. Daneben *beraten* und *schulen* sie Kund(inn)en.

„Fachinformatiker/-innen der Fachrichtung Systemintegration" *realisieren* kundenspezifische Informations- und Kommunikationslösungen. Hierfür *vernetzen* sie Hard- und Softwarekomponenten zu komplexen Systemen. Daneben *beraten* und *schulen* sie Benutzer/-innen.

„Fachinformatiker/-innen der Fachrichtung Anwendungsentwicklung" *entwerfen* und *realisieren* Softwareprojekte nach Kundenwunsch. Hierfür *analysieren* und *planen* sie IT -Systeme. Daneben *schulen* sie Benutzer/-innen.

„IT-System-Kaufleute" *konzipieren* und *realisieren* kundenspezifische Systemlösungen der IT-Technik. Sie *beraten* und *schulen* Kund(inn)en, *konzipieren* Marketingstrategien, *arbeiten* Angebote aus und *rechnen* Aufträge ab.

„Informatikkaufleute" *beschaffen* informations- und telekommunikationstechnische Systeme und *verwalten* sie. Sie *ermitteln* Benutzeranforderungen, *planen* und *erstellen* Anwendungslösungen und *sorgen* für die Beratung und Schulung der Anwender/-innen. Zudem *stellen* sie die Wirtschaftlichkeit und kunden- oder nutzerorientierte Organisation von Projekten *sicher*.

Das Gefühl, dass es sich bei den Tätigkeiten in den IT-Berufen um eher kognitiv anspruchsvolle, abstrakte Tätigkeiten handelt, bestätigt sich, wenn man die in den Beschreibungen (oben) mit einem Kategoriensystem zur Einteilung beruflicher Tätigkeiten (vgl. Arntz et al. 2016 basierend auf Analyse von Rohrbach-Schmidt und Tiemann 2013, siehe Tab. 1) abgleicht.

Auch bei einer eher zurückhaltenden Zuordnung tätigkeitsbeschreibender Propositionen der Beschreibungen der IT-Berufe (kursiv, vgl. oben) fallen 23 der 33 (oder 70 %) in den Bereich der abstrakten Tätigkeiten, lediglich sechs (18 %) in den Bereich der manuellen und vier der 33 (oder 12 %) in den Bereich der Routinetätigkeiten.

Zu einem ähnlichen Ergebnis kommen auf der Basis von Betriebsbefragungen hinsichtlich der Arbeitszeiten von Mitarbeiter(inne)n auch Arntz et al. Untersucht wurde, inwiefern sich die Tätigkeiten von Mitarbeiter(inne)n durch die Einführung von 4.0 Technologien verändern. Dabei konnte in der Summe ein Rückgang von Routinetätigkeiten zugunsten von abstrakten Tätigkeiten festgestellt werden (ebd. 2016, 23 ff.).

Abstrakte Tätigkeiten erfordern eine Berücksichtigung mehrerer oder vieler Aspekte ganz unterschiedlicher Natur sowie deren Interaktion miteinander und

Tab. 1: Tätigkeiten in der IT-Branche (Arntz et al. 2016)

Routine	Manuell	Abstract
• Messen, Prüfen oder Qualität kontrollieren • Schreibarbeit, Schriftverkehr oder Formulararbeiten • Kalkulieren, Berechnen oder Buchen • Überwachen oder Steuern von Maschinen, Anlagen oder technischen Prozessen • Manuelle Tätigkeiten zum Herstellen oder Produzieren von Waren • Transportieren, Lagern oder Versenden	• Reparieren, Warten oder Instandsetzen • Bewirten, Bedienen oder Beherbergen • Pflegen, Betreuen oder Heilen • Reinigen, Abfall beseitigen oder Recyceln • Sichern, Schützen oder Bewachen	• Informationen sammeln, Recherchieren, Dokumentieren • Organisieren, Planen und Vorbereiten von Arbeitsprozessen • Entwickeln, Forschen oder Konstruieren • EDV-Tätigkeiten, Programmieren • Gesetze oder Vorschriften anwenden oder auslegen • Ausbilden, Lehren, Unterrichten oder Erziehen • Beraten oder Informieren • Einkaufen, Beschaffen oder Verkaufen • Werben, Marketing, Öffentlichkeitsarbeit, Public Relations • Personal einstellen, Mitarbeiter anleiten, kontrollieren, beurteilen • Verhandeln

grenzen sich so von Routinetätigkeiten und manuellen Tätigkeiten ab. Diese Zunahme der Arbeitskomplexität konnte bereits zuvor von mehreren Untersuchungen zur Zukunft der Arbeit als gemeinsames Ergebnis herausgearbeitet werden (vgl. Arnold et al. 2016, Hirsch-Kreinsen 2016, Kinkel et al. 2007, Hall 2007).

Für die mit der Digitalisierung der Arbeit einhergehenden eher abstrakten und eher komplexen Tätigkeiten verändern sich auch die Anforderungen an Mitarbeiterinnen und Mitarbeiter. Eine Reihe von Untersuchungen gehen der Frage nach, welche Kompetenzen in einer durch IT-Technologien veränderten Arbeitswelt vermehrt nachgefragt werden.

Schaut man sich die Tätigkeiten an, die unter der Rubrik „abstrakte Tätigkeiten" (vgl. Tabelle 1) aufgeführt sind, verwundert es nicht, dass eine Reihe von Studien zu dem Ergebnis kommen, dass es durch vermehrten Einsatz von Informationstechnologie zu einer erhöhten Nachfrage nach kommunikativen

Fähigkeiten kommt (Hammermann/Stettes 2016, Hirsch-Kreinsen 2016, World Economic Forum 2016, Riedl/Zwettler 2010, Hall 2007). Beraten, Schulen, Ausbilden, Werben, Verhandeln sind nur einige der typischen kommunikativen Tätigkeiten, die in der Tabelle genannt werden.

Einige Untersuchungen erkennen einen Zuwachs der Erfordernis, komplexe Probleme lösen zu können und damit einhergehend auch über Kreativität und Intuition zu verfügen (Heindl/Obermeier 2016, World Economic Forum 2016). Diese Kompetenzen werden vor allem in den Tätigkeiten des Entwickelns, Forschens, Konstruierens oder auch beim Programmieren eingefordert.

Das Erfordernis der Fähigkeiten Selbständigkeit, Eigenverantwortlichkeit sowie Planungs- und Organisationsfähigkeit betonen Hammermann und Stettes (2016), Hall (2007) sowie Kinkel et al. (2007). Während Selbstständigkeit und Eigenverantwortung vermutlich in allen beruflichen Tätigkeiten wünschenswert sind und durch die vermehrte Nutzung von IT an Bedeutung gewinnen, werden Planung und Organisation explizit unter den abstrakten Tätigkeiten von IT-Fachkräften genannt.

Ohne dass sich dies direkt aus den in Tabelle 1 beschriebenen Tätigkeiten ableiten ließe, scheint auch Lernkompetenz zu dem Kanon der Kompetenzen zu gehören, die durch den vermehrten Einsatz von IT-Technologien an Bedeutung gewinnen (Arntz et al. 2016, Hall 2007). Dies liegt vor allem daran, dass durch einen beschleunigten technologischen Wandel, der insbesondere in der IT zu beobachten ist, auch die Anforderungen an eine ständige Weiterbildung und eine damit einhergehende dauerhafte Lernbereitschaft wachsen. In fast jedem neuen Projekt werden neue Werkzeuge, Verfahrensweisen oder neues fachbezogenes Wissen benötigt, das man sich zumeist autodidaktisch aneignen muss.

Neue Technologien ermöglichen es zudem, verstärkt auf jeweils spezifische Kundenwünsche durch ein Angebot an individualisierten Produkten und Diensten einzugehen. Damit gewinnen auch Fähigkeiten im Bereich des Kundenkontaktes und des Beziehungsmanagements, zusammengefasst der Kundenorientierung, an Bedeutung (Neuhaus et al. 2016, Koch et al. 2016).

Bzgl. der fachlichen Fähigkeiten von IT-Personal wird insgesamt ein Ansteigen der Anforderungen festgestellt (Hammermann/Stettes 2016). Ein besonderer Bedarf wird dabei offenbar im Bereich der betriebswirtwirtschaftlichen Kenntnisse gesehen (Riedl/Zwettler 2010). Dies liegt m. E. darin begründet, dass IT-Fachkräfte zur Erfüllung ihrer Aufgaben vermehrt interdisziplinär arbeiten und ein Verständnis für das Einsatzgebiet der IT-Lösungen benötigen. Insbesondere beziehen sich diese betriebswirtschaftlichen Grundkenntnisse auf den

Umgang mit Geschäftsprozessen (Arntz et al. 2016, Sobania und Liecke 2016, Demary et al. 2016, Riedl und Zwettler 2010).

Neben diesem Tätigkeitsbereich gibt es eine gleichbleibend hohe Nachfrage nach IT-Fachkräften mit Fähigkeiten im Bereich der Programmierung sowie im Bereich der Netzwerkadministration (Riedl/Zwettler 2010).

Eine Didaktik der Informationstechnik sowie der Informatik, die auf berufliche Tätigkeiten gerichtet ist, sollte Entwicklungen berücksichtigen, die das Tätigkeitsfeld gegenwärtig und zukünftig ausmachen bzw. dort nachgefragt werden. Dies sind entsprechend der zuvor beschriebenen Sichtung der einschlägigen Studien der Umgang mit Komplexität, kommunikative Fähigkeiten, Kreativität und Intuition, Selbstständigkeit, Eigenverantwortlichkeit sowie Planungs- und Organisationsfähigkeit, Lernkompetenz, Kundenorientierung, Umgang mit Geschäftsprozessen sowie Programmierung und Netzwerkadministration.

Sicherlich gibt es eine ganze Reihe weiterer fachlicher Fähigkeiten, ohne die eine kompetente Berufsausübung kaum denkbar ist. Soll allerdings die Frage beantwortet werden, welchen Beitrag eine Didaktik der beruflichen Fachrichtung Wirtschaft und Verwaltung zu einer Didaktik der Informationstechnik/Informatik leisten kann, ist die Suche nach berufsspezifisch fachlichen Zielen, Inhalten und Methoden, die beispielsweise auf die Konfiguration eines Rechnersystems gerichtet sind, wenig sinnvoll. Insofern soll die zuvor genannte Liste an Fähigkeiten für eine weiterführende Analyse herangezogen werden.

Untersuchung und Vergleich allgemeiner Didaktiken der Wirtschaftslehre sowie der Informatik

Untersuchungsdesign

In diesem Abschnitt soll untersucht werden, inwiefern sich Lehrwerke zur Didaktik der Wirtschaftslehre in ihren Zielen und Inhalten von den Lehrwerken zur Didaktik der Informatik unterscheiden. Damit soll herausgearbeitet werden, welche Leerstellen ggf. in den Didaktiken der Informatik existieren und welche Beiträge ggf. eine Adaption des Wissens aus den Didaktiken der Wirtschaftslehre leisten können. Natürlich sind auch Beiträge aus dem Bereich der Didaktik der Informatik für die Wirtschaftslehre denkbar und nach der Überzeugung des Verfassers durchaus auch sinnvoll. Die Betrachtung dieser Richtung entspricht aber nicht der hier behandelten Fragestellung und wäre Gegenstand einer anderen Untersuchung.

Sinnvoll wäre natürlich, für den Bereich der beruflichen Fachrichtung Informationstechnik/Informatik auf Lehrwerke zurückzugreifen, die auf diesen beruflichen Bereich gerichtet sind. In Ermangelung einer einzigen Didaktik für diese berufliche Fachrichtung wird auf Didaktiken für das allgemeinbildende Fach Informatik zurückgegriffen, wie dies vermutlich auch Lehrer und Lehrerinnen müssten, wenn sie nach didaktischen Lehrwerken für ihre berufliche Fachrichtung suchten.

Ein elaboriertes Konstrukt wie die Didaktik der beruflichen Fachrichtung Wirtschaft und Verwaltung ist schwer zu fassen. So würde wahrscheinlich die Frage, was die Fachdidaktik für die berufliche Fachrichtung ausmacht, auf vielfältige Weise beantwortet werden. Insofern wird ein besonderes Augenmerk auf die systematische Auswahl der Quellen gelegt, die als Gegenstand zur Analogiebildung für die Didaktik Informationstechnik/Informatik herangezogen werden. Trotz dieser Sorgfalt ist dem Autor bewusst, dass sich die Vielfalt der Zugänge und Theorien in der Fachdidaktik Wirtschaft und Verwaltung nur ansatzweise (wenn überhaupt) rezipieren lässt.

Als Auswahlkriterien zur Bestimmung der Lehrwerke wurden die folgenden herangezogen:

- Es sollte sich um eine Monografie zur Didaktik der Wirtschaftslehre (oder Synonyme) bzw. der Informatik handeln.
- Die Monografie sollte aktuellen Datums sein, um technologische Entwicklungen der letzten 20 Jahre zu berücksichtigen. In der Wirtschaftslehre gab es eine Häufung von Monografien zur Didaktik in den 1980er und 1990er Jahren. Da diese bereits vor einer relevanten Verbreitung des Internets und anderer Informationstechniken in beruflichen Kontexten verfasst wurden, sollen diese nicht einbezogen werden, auch wenn deren Aktualität hinsichtlich vieler anderer Inhalte nach wie vor gegeben ist.
- Es soll sich zudem um ein allgemeines fachdidaktisches Lehrwerk handeln. Lehrwerke mit einem spezifischen Fokus bzw. Partialdidaktiken wie z. B. mit Fokus auf ethische Themen oder auf Rechnungswesen werden außer Acht gelassen.
- Die Literaturrecherche fand im Fachportal Pädagogik sowie im gemeinsamen Verbundkatalog (GVK) statt.

Unter Berücksichtigung der Auswahlkriterien wurden die folgenden Didaktiken der Wirtschaftslehre sowie der Informatik in die vergleichende Untersuchung einbezogen:

- Wilbers (2019): Wirtschaftsunterricht gestalten
- Speth (2018): Theorie und Praxis des Wirtschaftslehreunterrichts
- Mathes (2016): Wirtschaft unterrichten
- Euler und Hahn (2014): Wirtschaftsdidaktik
- Schubert und Schwill (2011): Didaktik der Informatik
- Hubwieser (2007): Didaktik der Informatik.

Untersucht wurden die Lehrwerke kategorial-inhaltsanalytisch, d. h. alle vorkommenden Themen werden Kategorien zugeordnet, die zuvor (deduktiv) aus der Theorielage abgeleitet wurden (s. o.). Die Kategorie „Berufsbildungsforschung und fachrichtungsspezifische Lehr-Lernforschung" wurde nicht in die Analysekriterien der Lehrbücher aufgenommen, da in allen Lehrbüchern annähernd alle Inhalte auf eben dieser basieren. Man hätte daher alle Seiten dieser Kategorie zuordnen müssen, oder keine.

Bei der Zuordnung Lehrbuchinhalte zu den Kategorien konnte es zu Mehrfachzuordnungen kommen, sofern ein Thema mehrere Kategorien betrifft. Eine Zuordnung wurde nur dann vorgenommen, wenn eine Kategorie explizit im Inhaltsverzeichnis oder im Text behandelt wird. So kann ein Rollenspiel durchaus zu den Kategorien „Methoden, Techniken, …" und „Kommunikative Fähigkeiten" zugeordnet werden, sofern kommunikative Fähigkeiten im Kapitel zu Rollenspielen explizit behandelt werden. Es erfolgt aber nicht schon dadurch eine Zuordnung, weil (implizit) anzunehmen ist, dass Schülerinnen und Schüler ihre kommunikativen Fähigkeiten in einem Rollenspiel gebrauchen und dadurch ggf. auch weiterentwickeln. Notiert wurde jeweils die Anzahl an Seiten. Aufgrund der Umfänge der Didaktiken kommt es zu einer ungleichen Gewichtung, was unter der gegebenen Fragestellung (Beitrag der Didaktik der Wirtschaftslehre …) aber durchaus gerechtfertigt ist, da ein umfangreicheres didaktisches Werk vermutlich auch einen größeren Beitrag leisten kann als ein kürzeres Werk. Insgesamt sind die Umfänge der herangezogenen Didaktiken mit minimal 286 Seiten (Hubwieser 2007) und maximal 654 Seiten (Wilbers 2019) im Umfang durchaus unterschiedlich.

Ergebnisse und Diskussion

Die Auszählung der Seitenzahlen nach den thematischen Kategorien ergab die folgenden Ergebnisse:

Didaktiken der Wirtschaftslehre:

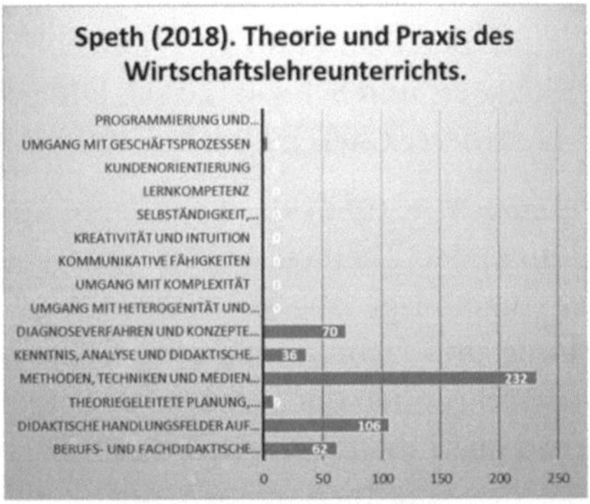

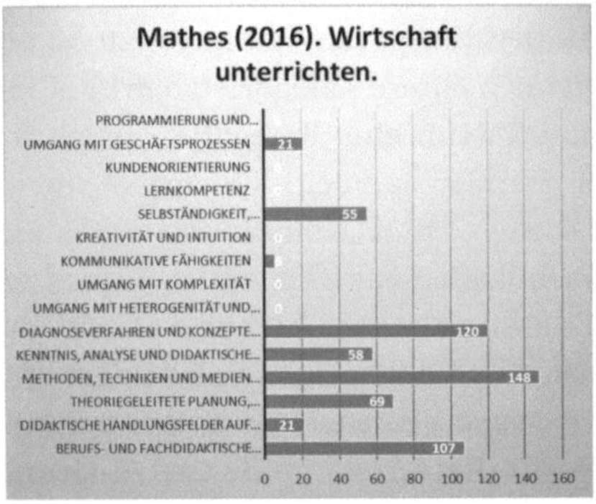

Didaktiken der Informatik:

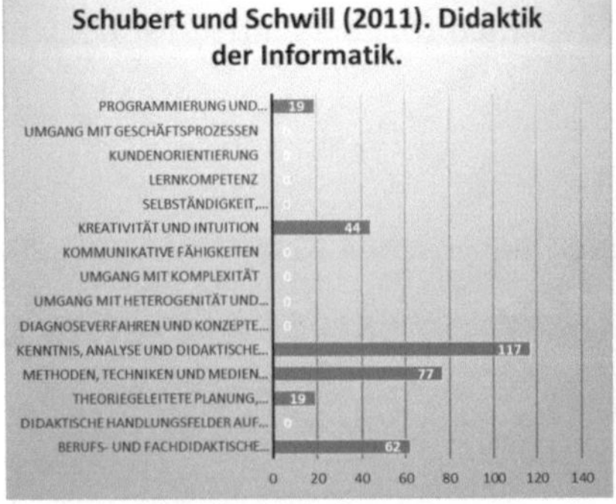

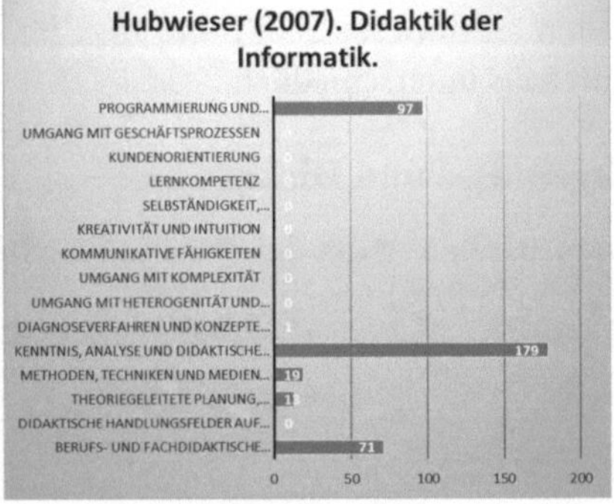

Insgesamt behandeln die Didaktiken der Wirtschaftslehre mit der Ausnahme Speth (2018) mehr Kategorien als die Didaktiken der Informatik. Die beiden Didaktiken der Informatik zeigen eine durchaus homogene Verteilung der Themen mit einem Schwerpunkt auf „Kenntnis, Analyse und didaktische Aufbereitung von Lehr-Lernsituationen durch didaktische Rekonstruktion und didaktische Reduktion beruflicher Handlungssituationen unter Berücksichtigung des Lernfeldkonzepts sowie der Kompetenzorientierung" sowie „berufs- und fachdidaktische Konzepte und deren Begründungszusammenhänge sowie aktuelle Rahmenvorgaben". Bei Schubert und Schwill (2011) findet sich eine deutlich umfangreichere Behandlung der „Methoden, Techniken und Medien zur Erschließung relevanter informationstechnischer und Informatischer Inhalte" während Hubwieser (2007) seinen Fokus sehr ausführlich und detailreich auf die „didaktische Aufbereitung von Lehr-Lernsituationen durch didaktische Rekonstruktion und didaktische Reduktion" legt. Eine Besonderheit ist die ausführliche Behandlung der fachübergreifenden Kompetenzen „Kreativität und Intuition" bei Schubert und Schwill (2011), die sich in keinem anderen betrachteten Lehrwerk der Didaktik wiederfindet.

Auffällig ist, dass die Kategorie „Didaktische Handlungsfelder auf der Makro-, Meso- und Mikroebene des Lehrerhandelns" in keiner der Didaktiken der Informatik vorkommt. Auch die Kategorie „Theoriegeleitete Planung, Durchführung, Reflexion sowie Analyse und Evaluation kompetenzorientierter Lehr- und Lernprozesse", wird, wenn auch nicht so eindeutig, in den Didaktiken der Wirtschaftslehre umfangreicher behandelt. Dies, das ist der Eindruck des Verfassers, liegt insbesondere daran, dass die Didaktiken der Informatik deutlich auf die Gestaltung von fachlichen Lernsituationen abzielen, während zumindest einige der Didaktiken der Wirtschaftslehre auch die weiteren Aktivitäten im Schulkontext sowie insgesamt die weiteren Aufgaben einer Lehrkraft aus verschiedenen Perspektiven in die Betrachtung einbeziehen.

Im Vergleich mit den Didaktiken der Informatik werden in den Wirtschaftsdidaktiken auch die „Diagnoseverfahren und Konzepte zur individuellen Förderung und Leistungsbeurteilung" sehr ausführlich behandelt. Hinsichtlich der zu fördernden fachübergreifenden Kompetenzen wird die Kategorie „Selbstständigkeit, Eigenverantwortlichkeit sowie Planungs- und Organisationsfähigkeit" mit der Ausnahme Speth (2018) in allen Didaktiken der Wirtschaftslehre ausführlich behandelt. Bei Wilbers (2019) findet sich der thematische Schwerpunkt „Umgang mit Heterogenität und Inklusion im Sinne der individuellen Förderung und Leistungsbeurteilung". Euler und Hahn (2014) und Wilbers (2019) setzen sich explizit mit dem „Umgang mit Komplexität" auseinander.

Einen deutlichen thematischen Schwerpunkt setzen Euler und Hahn (2014) auf den Bereich der „kommunikativen Fähigkeiten". Einzig Mathes (2016) behandelt den Umgang mit Geschäftsprozessen.

Für eine berufliche Didaktik der Informationstechnik/Informatik liefern die auf den allgemeinbildenden Sektor bezogenen Didaktiken der Informatik vielfältige fachdidaktische Hinweise, wie mit den spezifisch informatischen Themen unterrichtlich umgegangen werden kann. Bezogen auf berufliche Anforderungen, die aus Arbeitgeber- und Arbeitnehmerbefragungen sowie aus der Analyse von Stellenanzeigen abgeleitet sind, könnten aus den Didaktiken der Wirtschaftslehre eine Reihe von Zielen und Inhalten adaptiert werden. Letztlich wird das Spektrum an Aktivitäten einer Lehrkraft sehr ausführlich in den Didaktiken der Wirtschaftslehre behandelt und könnte einen Beitrag für die Didaktik der beruflichen Fachrichtung Informationstechnik/Informatik leisten.

Spezifische wirtschaftsdidaktische Ansätze und deren Lernpotenzial

Abschließend sollen drei Themengebiete der Wirtschaftspädagogik vorgestellt werden, die aus der Perspektive des Verfassers eine besondere Relevanz für die Didaktik der beruflichen Fachrichtung Informationstechnik/Informatik aufweisen. Dies sind der Umgang mit beruflicher Komplexität, der Umgang mit Geschäftsprozessen sowie der Einbezug von fachübergreifenden Kompetenzen in den beruflichen Unterricht.

Einbezug von fachübergreifenden Kompetenzen in den Wirtschaftslehreunterricht

Gleich mehrere der aus den beruflichen Anforderungsanalysen abgeleiteten Kriterien für die Analyse von Lehrwerken der Didaktik der Informationstechnik/Informatik beziehen sich auf das Konzept der Schlüsselqualifikationen. Für den Verfasser ist die Dissertationsschrift zum „Konzept der Schlüsselqualifikationen – Ansätze, Kritik und konstruktivistische Neuorientierung auf der Basis der Erkenntnisse der Wissenspsychologie" von Dörig (1994) ein didaktischer Beitrag zur Vermittlung der mit Schlüsselqualifikationen in Verbindung stehenden Kompetenzen, der hinsichtlich seiner Argumentation über die Wirtschaftspädagogik hinausgeht und diese lediglich als beispielhaftes Anwendungsfeld in den letzten Kapiteln thematisiert.

Zwei Gedanken kennzeichnen die Arbeit von Dörig. Auf der Basis einer Zusammenstellung der wesentlichen Postulate der Schlüsselqualifikationsidee sieht er Schlüsselqualifikationen als ganzheitliche pädagogische Denkhaltung. Der zweite Gedanke bezieht sich auf den Einsatz und die Vermittelbarkeit von Schlüsselqualifikationen. Dörig begreift diese als Metawissen für den Umgang mit Fachwissen. Damit stellt sich die Frage, wie dieses Wissen zur Anwendung kommt, bzw. wie dieses Wissen transferiert und eine Transferfähigkeit erworben werden kann. Seine Erkenntnisse münden in ein konstruktivistisch geprägtes Basismodell des situierten und prozessorientierten Lehrens und Lernens, das „eine Choreographie des Lehrens und Lernens" (S. 273 ff.) beschreibt. Abschließend werden zwei Beispiele aus dem Bereich des Wirtschaftslehreunterrichts beschrieben und diskutiert, die Dörigs Grundgedanken im Rahmen eines curricular verankerten komplexen Lehr-Lern-Arrangements umsetzen. Eines der beiden wird im folgenden Abschnitt beschrieben.

Umgang mit beruflicher Komplexität

Komplexität liegt dann vor, wenn in einem System oder einem Modell viele Komponenten auf unterschiedliche Weise miteinander interagieren (Johnson 2004). Eine solche Komplexität liegt u. a. in Unternehmen vor, in denen Finanzströme, Güterströme, Informationsströme und Transformationsprozesse innerhalb eines sozialen Systems aufeinander bezogen sind und sich gegenseitig bedingen. Selbst bei Vorliegen vollständiger Informationen ist in einem solchen System eine Vorhersagbarkeit, beispielsweise für das Treffen ökonomischer Entscheidungen, nur bedingt gegeben. Dem gegenüber steht eine Wirtschaftslehre, die gerade dies, also eine Vorhersagbarkeit durch vielfältige Lehrinhalte, zum Beispiel im Rechnungswesenunterricht, im Controlling oder auch in der Produktionslehre suggeriert und mit einer Vielzahl von Regeln, Verfahrensweisen und partialen Perspektiven herzustellen versucht.

Der Ansatz der komplexen Lehr-Lern-Arrangements (Achtenhagen et al. 1992) versucht diese verbreitete Fehleinschätzung der praktizierten Didaktik der Wirtschaftslehre zu überwinden. Ausgangspunkt der Überlegungen ist entsprechend dieses Ansatzes immer ein umfassendes Unternehmensmodell mit allen oder zumindest möglichst vielen Aspekten, das im Anfangsunterricht aus einer generischen Perspektive betrachtet wird. Schon hier sollen ökonomisch sinnvolle Lernhandlungen dazu führen, Entscheidungskompetenz aufzubauen, auch wenn das gesamte System in seinen Details noch nicht überschaubar ist. Von diesem Verständnis ausgehend werden dann Teilsysteme (Rechnungswesen, Absatz, Marketing) ausdifferenziert, aber immer auch auf das Gesamtsystem bezogen und mit weiteren Teilsystemen in Beziehung gesetzt. Theoretisch soll es so möglich werden, die betriebswirtschaftlichen Anteile des Curriculums einer kaufmännischen Ausbildung abzudecken.

Am weitesten vorangetrieben wurde dieser Ansatz im Rahmen des Modellunternehmens A&S GmbH (Achtenhagen et al. 1999). Für den Ausbildungsberuf des Industriekaufmanns/der Industriekauffrau wurden ausgehend von einer multimedialen Repräsentation eines Unternehmens immer weitere Lernfelder mit komplexen Lehr-Lern-Arrangements ausgestattet und erprobt. Zentrales Merkmal des Unternehmensmodells waren die Geschäftsprozesse. Mit der Bestimmung der Qualität der auf Geschäftsprozesse abzielenden Lernaufgaben beschäftigt sich der folgende Abschnitt.

Umgang mit Geschäftsprozessen

Mit seiner Dissertationsschrift zum Thema „ERP-Integration in Schulbüchern für den kaufmännischen Unterricht an berufsbildenden Schulen – Analyse und Design von Lernaufgaben für den Einsatz kaufmännischer Standardsoftware – gezeigt am Beispiel der Handelsakademie" möchte Kombacher (2016) einen Beitrag zur fachdidaktischen Diskussion im Bereich der Wirtschaftslehre leisten. Unter Enterprise Ressource Planning (ERP) versteht man die unternehmerische Aufgabe, zur Verfügung stehende Ressourcen wie Kapital, Güter, Betriebsmittel, Personal oder auch Informationen im Sinne des Unternehmenszwecks rechtzeitig und bedarfsgerecht zu planen, steuern und verwalten. Zur Erfüllung dieser Aufgabe werden hochintegrierte ERP-Softwarepakete eingesetzt. Die Bedeutung einer Integration von ERP-Software in den kaufmännischen Unterricht leitet sich aus dem Umstand ab, dass etwa zwischen 80 % und 90 % aller Unternehmen ERP-Software für die Erledigung ihrer kaufmännischen Aufgaben einsetzen.

Dieser Entwicklung hat der Wirtschaftslehreunterricht an Handelsakademien in Österreich (Gleiches könnte man sicherlich für den gesamten deutschsprachigen Raum konstatieren) noch unzureichend Rechnung getragen. Kombacher (2016) geht zunächst der Frage nach, wie ERP in Lehrbüchern und Curricula enthalten ist. Er kommt zu dem Ergebnis, dass ERP, wenn überhaupt, lediglich im Bereich des Rechnungswesens und Controllings vorkommt. Ein Verständnis hinsichtlich einer unternehmensweiten und vielfach über das einzelne Unternehmen hinausragenden Integration von ERP, wie diese in der unternehmerischen Praxis üblich ist, kann so nicht vermittelt werden. Der Autor entwickelt basierend auf einer umfassenden fachwissenschaftlichen und fachdidaktischen Grundlage Kriterien für die Gestaltung von Lernaufgaben zur ERP-Integration in Unternehmen. Ein zentrales Merkmal dieser Lernaufgaben ist die umfassende Orientierung an Geschäftsprozessen, über die eine integrative Modellierung von

ERP überhaupt erst möglich wird und über die eine Dynamik in das System bzw. den Lerngegenstand Einzug hält. Anhand von Beispielen verdeutlicht Kombacher (2016), wie derartige Lernaufgaben entsprechend der aufgestellten Kriterien aussehen könnten.

Zusammenfassung

Es konnte gezeigt werden, dass die bereits seit Jahrzehnten elaborierte Didaktik der beruflichen Fachrichtung Wirtschaft und Verwaltung vielfältige Beiträge zur Adaption bereithält. Neben einer umfangreichen Auseinandersetzung mit dem Tätigkeitsfeld einer Lehrkraft sind dies auch spezifische, informationstechniknahe, also fachbezogene Inhalte, die übernommen und angepasst werden könnten. Im Bereich der fachübergreifenden Fähigkeiten sind es einzelne Schwerpunkte, die Lehrwerke der Wirtschaftsdidaktik setzen, die für die Anforderungen an zukünftige IT-Mitarbeiter/-innen relevant sind. Letztlich gibt es im Bereich des Umgangs mit Komplexität sowie des Umgangs mit Geschäftsprozessen didaktische Ansätze, die sehr nahe am Tätigkeitsfeld und den Anforderungen an IT-Berufe angesiedelt sind.

Die Genese einer Didaktik der beruflichen Fachrichtung Informationstechnik/Informatik steht noch aus. Sofern ähnliche Analysen auch für weitere verwandte berufliche Didaktiken unternommen werden, wäre ein guter Schritt hinsichtlich dieses Zieles getan.

Literatur

Achtenhagen, F.; Fürstenau, B.; Getsch, U.; John, E. G.; Noß, M.; Preiß, P. et al. (1999): Mastery Learning mit Hilfe eines multimedial repräsentierten Modellunternehmens in der Ausbildung von Industriekaufleuten. In: Sloane, P. F. E. (Hrsg.): Lehren und Lernen in der beruflichen Aus- und Weiterbildung. Ergebnisse der Herbsttagung 1998. Opladen (Schriften der Deutschen Gesellschaft für Erziehungswissenschaft), S. 111–124.

Achtenhagen, F.; John, E. G.; Preiß, P.; Tramm, T.; Schunck, A.; Seemann-Weymar, H. (1992): Lernhandeln in komplexen Situationen. Neue Konzepte in der betriebswirtschaftlichen Ausbildung. Wiesbaden.

Arnold, D.; Butschek, S.; Steffes, S.; Müller, D. (Hrsg.) (2016): Monitor: Digitalisierung am Arbeitsplatz. Aktuelle Ergebnisse einer Betriebs- und Beschäftigtenbefragung. Stand: Januar 2016. Berlin: Bundesministerium für Arbeit und Soziales (ZEW-Gutachten und Forschungsberichte).

Arntz, M.; Gregory, T.; Janssen, S.; Zierahn, U. (2016): Tätigkeitswandel und Weiterbildungsbedarf in der digitalen Transformation. Mannheim. Online verfügbar unter http://hdl.handle.net/10419/148159; http://www.zew.de/de/publikationen/taetigkeitswandel-und-weiterbildungsbedarf-in-der-digitalen-transformation/?cHash=38e53eaada71ffc9be5886617ecb1e33; http://doku.iab.de/externe/2016/k161230r03.pdf. Zugegriffen: 09. Mai 2020.

Demary, V.; Engels, B.; Röhl, K.-H.; Rusche, Ch. (2016): Digitalisierung und Mittelstand. Eine Metastudie. Köln: Institut der deutschen Wirtschaft Medien GmbH (IW-Analysen, Nr. 109).

Doerig, R. (1994): Das Konzept der Schlüsselqualifikationen. Ansätze, Kritik und konstruktivistische Neuorientierung auf der Basis der Erkenntnisse der Wissenspsychologie. Hallstadt.

Euler, D.; Hahn, A. (2014): Wirtschaftsdidaktik. 3., aktualisierte Aufl. Bern (UTB, 2525). Online verfügbar unter http://www.utb-studi-e-book.de/9783838541648.

Grimm, A. (2018): Berufliche Fachdidaktik Informationstechnik. Weinheim (Enzyklopädie Erziehungswissenschaft Online. Fachgebiet Berufs- und Wirtschaftspädagogik). Online verfügbar unter https://doi.org/10.3262/EEO12180408.

Hall, A. (2007): Tätigkeiten und berufliche Anforderungen in wissensintensiven Berufen. Empirische Befunde auf Basis der BIBB/BAuA-Erwerbstätigenbefragung 2006. Gutachten im Rahmen der Berichterstattung zur technologischen Leistungsfähigkeit Deutschlands. Berlin (Studien zum deutschen Innovationssystem. 03-2007). Online verfügbar unter http://doku.iab.de/externe/2007/k071106f05.pdf.

Hammermann, A.; Stettes, O. (2016): Qualifikationsbedarf und Qualifizierung. Anforderungen im Zeichen der Digitalisierung. Köln: Institut der Deutschen Wirtschaft Köln (IW policy paper, 2016/3).

Heindl, A.; Obermeier, B. (2016): Kompetenzen für die Industrie 4.0. Qualifizierungsbedarfe und Lösungsansätze (acatech POSITION).

Hirsch-Kreinsen, H. (2016): Arbeit und Digitalisierung. Bonn: Bundeszentrale für Politische Bildung (Aus Politik und Zeitgeschichte, 66. Jahrgang, 18/19 [2. Mai 2016]).

Hubwieser, P. (2007): Didaktik der Informatik. Grundlagen, Konzepte, Beispiele. 3. Aufl. Berlin, Heidelberg: Springer-Verlag (eXamen.press). Online verfügbar unter http://dx.doi.org/10.1007/978-3-540-72478-0. Zugegriffen: 10. Mai 2020.

Johnson, S. (2004): Emergence. The connected lives of ants, brains, cities and software. New York, NY.

Kinkel, S.; Friedewald, M.; Hüsing, B.; Lay, G.; Lindner, R. (2007): Arbeiten in der Zukunft – Strukturen und Trends der Industriearbeit. Zukunftsreport. Berlin: TAB (TAB-Arbeitsbericht, 113).

KMK (2019): Ländergemeinsame inhaltliche Anforderungen für die Fachwissenschaften und Fachdidaktiken in der Lehrerbildung. (Beschluss der Kultusministerkonferenz vom 16.10.2008 i. d. F. vom 12.02.2015). Bonn: KMK. Online verfügbar unter http://www.kmk.org/fileadmin/veroeffentlichungen_beschluesse/2008/2008_10_16-Fachprofile-Lehrerbildung.pdf.

Koch, P.; Ahlemann, F.; Urbach, N. (2016): Die innovative IT-Organisation in der digitalen Transformation. In: Helmke, S.; Uebel, M. (Hrsg.): Managementorientiertes IT-Controlling und IT-Governance, Bd. 37. Wiesbaden, S. 177–196.

Kombacher, D. M. (2016): ERP-Integration in Schulbüchern für den kaufmännischen Unterricht an berufsbildenden Schulen. Analyse und Design von Lernaufgaben für den Einsatz kaufmännischer Standardsoftware – gezeigt am Beispiel der Handelsakademie. 1st, New ed. Frankfurt a. M.

Mathes, C. (2016): Wirtschaft unterrichten. Methodik und Didaktik der Wirtschaftslehre. 9. Auflage. Haan-Gruiten (Bibliothek der Schulpraxis).

Neuhaus, D.; Helmke, S.; Uebel, M. (2016): Kundenorientierung der IT in mittelständischen Unternehmen. In: Helmke, S.; Uebel, M. (Hrsg.): Managementorientiertes IT-Controlling und IT-Governance. Wiesbaden, S. 73–83.

Riedl, R.; Zwettler, E.-M. (2010): Anforderungen an IT-Personal. In: HMD Praxis der Wirtschaftsinformatik 47 (2), S. 81–90.

Rohrbach-Schmidt, D.; Tiemann, M. (2013): Changes in workplace tasks in Germany—evaluating skill and task measures. In: J Labour Market Res 46 (3), S. 215–237. DOI: 10.1007/s12651-013-0140-3.

Schubert, S.; Schwill, A. (2011): Didaktik der Informatik. 2. Aufl. Heidelberg. Online verfügbar unter https://doi.org/10.1007/978-3-8274-2653-6.

Sobania, K.; Liecke, M. (2016): Wirtschaft 4.0-Ergebnisse einer DIHK-Befragung. In: Controlling 28 (4–5), S. 262–265.

Speth, H. (2018): Theorie und Praxis des Wirtschaftslehreunterrichts. 8. Auflage. Rinteln. (Wirtschaftswissenschaftliche Bücherei für Schule und Praxis).

Wilbers, K. (2019): Wirtschaftsunterricht gestalten. 4. Auflage. Berlin. Online verfügbar unter https://nbn-resolving.org/urn:nbne:0111-pedocs-179496.

World Economic Forum (2016): The future of jobs employment, skills and workforce strategy for the fourth industrial revolution. Genf: World Economic Forum.

Marco Hjelm-Madsen

Zum Verhältnis zwischen Berufs- und Wirtschaftspädagogik und berufsbezogenen Didaktiken – ein Annäherungsversuch am Beispiel der beruflichen Fachrichtung Informationstechnik/Informatik

Zusammenfassung: *Das Verhältnis zwischen Berufs- und Wirtschaftspädagogik und berufsbezogenen Didaktiken ist nicht eindeutig. Im vorliegenden Beitrag werden Überlegungen zu den Interdependenzen jener Beziehung aus unterschiedlichen Zugängen angestellt. Hierzu zählen neben dem Selbstverständnis der berufsbildungsforschenden Fragen der Institutionalisierung und hochschulischen Einbindung, Orientierungspotenziale an der allgemeinen Erziehungswissenschaft sowie Gegenüberstellungen von Objektbereichen. Die Zielstellung des Beitrages besteht in der Skizzierung eines Interpretationsansatzes zu abgrenzenden und verbindenden Momenten von berufsbezogenen Pädagogiken und Didaktiken.*

Intention, Vorgehensweise und Zielstellung einer Annäherung an das Verhältnis zwischen Berufs- und Wirtschaftspädagogik und berufsbezogenen Didaktiken

Die Didaktiken beruflicher Fachrichtungen einerseits und die Berufs- und Wirtschaftspädagogik andererseits stehen in einem nicht immer eindeutigen und – je nach Standpunkt – vielleicht sogar spannungsgeladenen Verhältnis zueinander. Die *grundsätzliche Ungeklärtheit* resultiert aus der Binnendifferenziertheit, Komplexität und Vielschichtigkeit sowie den Interpretationsspielräumen, die sowohl die ihrem Selbstverständnis nach „didaktisch ausgerichteten" berufsbezogenen Wissenschaftsdisziplinen als auch die Berufs- und Wirtschaftspädagogik an und für sich bieten. „Die viel beklagte Unübersichtlichkeit im Feld der Beruflichen Didaktiken ist keine Frage der Epoche, sondern sie ist konstitutiv für die Berufliche (Fach-)Didaktik." (Schütte 2020, S. 396) Dabei lassen schon die möglichen Begriffsbezeichnungen auf eine gewisse Breite schließen: Neben allgemeiner beruflicher Didaktik wird bzw. wurde unter anderem von Berufsdidaktik, berufsbezogener Didaktik bzw. Fachdidaktik sowie beruflichen Fachrichtungen und ihren Didaktiken gesprochen, sodass es sich bis zur weiteren Aufklärung, Schärfung und Differenzierung des „Begriffspluralismus" (vgl. Grimm 2018,

S. 409) anbietet, den recht universellen Terminus der berufsbezogenen Didaktik[1] zu wählen. So fällt es nicht nur Studierenden zum Lehramt an berufsbildenden Schulen bisweilen schwer, Unterschiede und inhaltliche Zuordnungen zwischen den beiden Säulen Didaktik – zumeist verortet in der beruflichen Fachrichtung – und „Berufs- und Wirtschaftspädagogik" zu erkennen, geschweige denn sie mit hinreichender theoretischer Rückbindung selbstständig abzugrenzen.

Nachfolgend soll deshalb einerseits nach bereits bekannten Denkmustern und Setzungen jenes Verhältnisses Ausschau gehalten werden und andererseits der Versuch einer systematisierenden Interpretation unternommen werden. Der analytische Zugriff wird dabei zunächst in grundsätzlicherer Klärungsabsicht (d. h. zunächst ohne eine konkrete Zuspitzung auf die Didaktik der beruflichen Fachrichtung Informationstechnik/Informatik) auf unterschiedlichen Feldern erfolgen.

Die Bezugnahme auf eine universelle Metaebene entspricht einerseits einer der Berufs- und Wirtschaftspädagogik angemessenen – weil in der Tendenz nicht berufsspezifischen – Blickrichtung. Sie bietet sich ferner an, da zunächst nicht davon ausgegangen werden kann, dass es im Grundsatz ausschließlich konstitutionsspezifische – d. h. für die berufliche Fachrichtung Informationstechnik/Informatik geltende – Charakteristika und Argumentationsmuster existieren, die jene in ihrer Interdependenz zur Berufs- und Wirtschaftspädagogik als Einzelfall erscheinen lassen.[2]

Vielmehr ist davon auszugehen, dass sich auch die Interdependenzen zwischen der Didaktik der beruflichen Fachrichtung Informationstechnik/Informatik – sowie der Berufs- und Wirtschaftspädagogik je nach Perspektivität, Gegenstand und Kontextbezug – in unterschiedliche Richtungen entwickeln und interpretieren ließen. Eine gewisse Offenheit und Abstraktion dürfte daher dem zu klärenden Gegenstand angemessen sein und der späteren Ausgewogenheit einer Konkretisierung und Zuspitzung auf die hier vorrangig adressierte

---

1 Der Begriff ist jeweils auch im Plural zu verstehen, da keine Gleichsetzung aller berufsbezogenen Didaktiken vorausgesetzt werden kann. Der Terminus wird an dieser Stelle bewusst vage und unscharf gelassen, um keine unbegründeten Setzungen vorzunehmen. Jene sollen vielmehr im weiteren Verlauf aus verschiedenen analytischen Perspektiven abgeleitet werden.

2 Trotzdem ist davon auszugehen, dass für jede Verhältnisbetrachtung von beruflichen Fachrichtungen zur Berufs- und Wirtschaftspädagogik besondere Spezifika gelten, so kann die berufliche Fachrichtung Informationstechnik/Informatik z. B. aufgrund einer Vielzahl berufsübergreifend relevanter Inhalte als zu allen anderen beruflichen Fachrichtungen querliegend betrachtet werden.

berufliche Fachrichtung dienen. Als Reflexionsmöglichkeiten des Verhältnisses von Berufs- und Wirtschaftspädagogik sowie berufsbezogenen Didaktiken werden nachfolgend herangezogen:

- Differenzierungen im Selbstverständnis beteiligter Personen an der Berufsbildungswissenschaft in der Kommunikation nach „innen" und nach „außen",
- institutionelle Aspekte von Berufs- und Wirtschaftspädagogik einerseits und berufsbezogenen Didaktiken andererseits innerhalb der deutschen Hochschullandschaft – quasi als Trägerfolie ihrer „wissenschaftsdisziplinarischen Verfasstheit",
- das Verhältnis von (allgemeiner) Erziehungswissenschaft zu Allgemeiner Didaktik sowie Fachdidaktiken der allgemeinbildenden Unterrichtsfächer,
- Konturierungen anhand von Objekt- und Aufgabenbereichen innerhalb des Berufsbildungskontextes, auf deren Grundlage sich wiederum Standpunkte und „Zuordnungsmodelle" (vgl. Kuhlmeier/Uhe 1992, S. 129) sowie Überlegungen zu einer Binnendifferenz bzw. Abstufung der berufsbezogenen Didaktiken (vgl. Grüner 1981, S. 546) begründen und überprüfen ließen.[3]

Grundsätzlich sei zur weiteren Vorgehensweise angemerkt, dass nur abstrahierend und keinesfalls universell oder vorschnell von *der berufsbezogenen Didaktik* in ihrem Verhältnis zu *der Berufs- und Wirtschaftspädagogik* ausgegangen werden kann, sondern vielmehr von differenzierten Bedingungen in einer Bandbreite an Möglichkeiten und denkbaren Kombinationen bzw. Zuordnungen. Die mit dem vorliegenden Beitrag verfolgte Zielstellung besteht deshalb weniger in einem universell ausgelegten abschließenden Vorschlag, denn vielmehr in einem Beitrag zur (Wieder-)Belebung eines – je nach Blickrichtung – (inter-)disziplinären Diskurses im Sinne einer ordnenden Annäherung sowie einem Vorschlag zur „wechselseitigen Verortung" und Kooperation, der als subjektive Standortbestimmung angesehen werden sollte.

3 Grüner entgegnete auf die von Klafki vorgenommene Dreiteilung der Didaktik in Allgemeine, Besondere und Fachdidaktik eine Differenzierung in „‚Didaktik des Ausbildungsberufes' – evtl. ‚Didaktik verwandter Ausbildungsberufe im Berufsfeld' – ‚Didaktik der Ausbildung in Ausbildungsberufen' – ‚Didaktik der Berufsausbildung'", die insbesondere den berufsbezogenen Theorie-Praxis-Transfer begünstigen sollte (Grüner 1981, S. 546).

Zum disziplinären Selbstverständnis von Berufsbildungsforschenden

Ausgehend von der Definition von Schelten, nach der unter Berufspädagogik die Wissenschaft und Praxis der Erziehung unter dem Einfluss des Beruflichen verstanden wird (vgl. Schelten 2010, S. 55), könnte man meinen, weitläufigere Überlegungen seien argumentativ recht leicht einzuhegen. So wäre konsequenterweise davon auszugehen, dass praktisch und wissenschaftlich Tätige aus dem Feld der berufsbezogenen Didaktik(en) grundsätzlich mit Fragen der berufsbezogenen Erziehung beschäftigt und damit unzweifelhaft der Zunft der Berufs- und Wirtschaftspädagogik zuzurechnen seien. Man wäre in diesem Sinne wohl recht nah am Verständnis zwischen Erziehungswissenschaft und den (Fach-) Didaktik(en) allgemeinbildender Schulformen, das an späterer Stelle noch als Vergleichsperspektive herangezogen werden wird.

In der Außendarstellung – also gegenüber Personen und Institutionen, die im Sinne der Berufsbildung nicht als einschlägig gelten – mag man sich dieser Zuordnung durchaus „klaglos" fügen. Häufiger ist jedoch auch in der „Außendarstellung" eine Haltung zu vernehmen, nach dem man „Berufsbildner" bzw. „Berufsbildnerin" sei, sodass die Sache mit der universellen Zuordnung zur Berufs- und Wirtschaftspädagogik am Ende doch etwas komplizierter sein könnte. Dies zeigt sich beispielsweise auf Tagungen im Kontext der Berufsbildungswissenschaft, auf denen sich eine innere Differenzierung eröffnet, nach der einige dem Selbstverständnis nach eher als Berufs- und (oder) Wirtschaftspädagoginnen und -pädagogen vorstellig werden, andere sich hingegen als Vertreterinnen und Vertreter von beruflichen Fachrichtungen verstehen bzw. als Repräsentantinnen und Repräsentanten der Berufsbildungs-, Fachrichtungs-, Technik-, Arbeits- oder Wirtschaftsdidaktik und die daher eine Zuordnung zur Berufs- und Wirtschaftspädagogik mit Einschränkungen versehen würden. Die Unterstellung einer „gewissen Nähe" zur Berufs- und Wirtschaftspädagogik wäre wohl weitgehend akzeptiert.[4] Es sei erwähnt, dass der vorliegende Beitrag von einem Autor verfasst wurde, der sich selbst als der Berufs- und Wirtschaftspädagogik bzw. eher noch der Berufspädagogik zugehörig sieht.

Jene Abgrenzungen lassen sich auch außerhalb „gefühlter Sozialsphären" nachzeichnen, so wird z. B. in den Curricula der Lehrkräfteausbildung eine

4 Zu bemerken ist ferner, dass Tagungsformate bisweilen den Eindruck erwecken, sie würden sich bereits in der thematischen Anlage eher auf Fragen der berufsbezogenen Didaktik einerseits oder der allgemeineren Berufs- und Wirtschaftspädagogik andererseits fokussieren.

Trennung zwischen Veranstaltungen der Berufs- oder Wirtschaftspädagogik sowie den berufsbezogenen Didaktiken in den beruflichen Fachrichtungen vorgenommen und damit die, wie eingangs erwähnt, für Studierende nicht immer ganz leicht zu durchschauende Differenz in der Fachlichkeit betont. Aus Sicht von Studierenden werden in den so unterschiedlich verorteten Lehrveranstaltungen jedoch zumeist Inhalte verhandelt, die sie wiederum thematisch nah beieinander wähnen, sehen sie sich doch in allen Lehrveranstaltungen und auch Prüfungskontexten zumeist mit Aspekten von (Berufs-)Bildung, (Berufs-)Erziehung sowie Lernen und Lehren konfrontiert.

Der vorangegangene Exkurs verdeutlicht, wie sehr das (wechselseitige) Rollenverständnis sowie Gemeinsamkeiten und Abgrenzungskriterien eher als implizite und unausgesprochene Standpunkte wirken, denn als eindeutige Grenzziehung. Umso erstaunlicher erscheint dabei, dass Beiträge, in denen berufsbezogene Didaktiken sowie die Berufs- und Wirtschaftspädagogik zugleich in ihren differenzierten Aufgaben- oder Gegenstandsbereichen verhandelt werden, eher rar sind.

Systematisierungspotenziale anhand institutioneller Aspekte

Erste spezifische Didaktikkonzepte berufsbezogener Schulen entstanden im Kontext der Ausbildung von Handelslehrkräften an Handelshochschulen um die Wende zum 20. Jahrhundert. Der gewerblich-technische Zweig folgte mit einiger Verzögerung in den 1920er Jahren (vgl. Rebmann u. a. 2011, S. 198). Der Ausbau universitärer Standorte für den berufsbildenden Bereich vollzog sich dann vor allem in den Anfängen der Bundesrepublik – nahezu parallel zu einem intensiv geführten Diskurs um didaktische Fragestellungen zu Beginn der 1960er Jahre (vgl. Herkner 2018b, S. 389). Angeschoben vom intensiven wissenschaftlichen Austausch rund um Grundsatzfragen didaktischer Aspekte wurde eine zentrale Rolle der beruflichen Fachdidaktik in der ersten Phase der berufsbezogenen Lehramtsausbildung zugewiesen (vgl. Deutscher Bildungsrat, 1972, S. 242 f.), sodass in der Folge ein erheblicher Ausbau entsprechender universitärer Kapazitäten im didaktischen Feld beobachtet werden konnte, wenn auch nach Rauner mit zweifelhafter Prämisse in Bezug auf deren akademische Einbindung.[5]

5 Rauner sieht die Professionalisierung bzw. den Ausbau der akademischen Gewerbelehrerausbildung in jener Zeit durch die Spaltung in „akademische Lehre für Ingenieure (…) und in eine berufliche Bildung für Facharbeiter und Meister“ (Rauner 1993, S. 10) in einem Dilemma, die eine Etablierung berufsbezogener Fachdidaktiken einerseits begünstigte, andererseits selbige aber vor ein nicht aufzulösendes Problem stellte, denn das berufsbezogene Wissen sei sui generis nicht-akademisch: *„Die Annahme, daß das*

Allerdings hat es in diesem Zusammenhang keine einheitliche Form der Institutionalisierung von Berufs- und Wirtschaftspädagogik oder berufsbezogenen Didaktiken an mit der Lehrkräftebildung für die Berufsbildung betrauten deutschen Hochschulen gegeben. Stattdessen konkurrierten (bis heute andauernd), nicht selten aufgrund von wissenschafts- und bildungspolitischen Entscheidungsmustern (vgl. Rebmann u. a. 2011, S. 198), mehrere Formen der wissenschaftssystematischen Einbindung, die längst nicht immer auch aus fachlicher Perspektive nachzuvollziehen sind.

Die vor diesem Hintergrund gewachsene Vielgestaltigkeit formaler hochschulischer Organisations- und Bezugsformen in der berufsbildungsbezogenen Lehrkräfteausbildung vermag aus jenen außerfachlichen Konstitutionszusammenhängen denn auch wenig zur Orientierung und Strukturierung in Bezug auf die theoretisch begründbaren Verhältnisse zwischen berufsbezogenen Didaktiken und Berufs- und Wirtschaftspädagogik beizutragen. Es kommt verklärend hinzu, dass die formalen Bedingungen letztendlich wiederum nur wenig Aufschluss über faktische soziale Praktiken ermöglichen, sodass auf dem Wege einer institutionell ausgerichteten Strukturanalyse nicht einmal im Ansatz eine zufriedenstellende Klärung zu erwarten ist bzw. eine, die mit gelebten Realitäten an Hochschulen kongruent wäre.

Denominationen von Lehrstühlen bzw. Professuren, Organisationsformen von Lehrtätigkeiten, Kooperationsmodelle mit (Fach-) Hochschulen und formale Zuständigkeiten sind so komplex und bisweilen sogar widersprüchlich, dass sich keine inhaltlich kohärente Systematik – weder für das Feld der Berufsbildung an Hochschulen im Allgemeinen einerseits, noch für die universitäre Lehrkräftebildung im beruflichen Kontext andererseits – erschließen lassen mag. Die Berufs- und Wirtschaftspädagogik ist hochschulorganisatorisch – je nach Standort – ebenso in Form eigenständiger Institute, wie auch als angegliederter Bestandteil der Erziehungswissenschaft eingebunden. Sie wird dabei längst nicht immer als eigenständige Disziplin explizit ausgewiesen und erscheint an

---

berufliche Wissen in den Wissenschaften enthalten sei, ist Ausdruck einer deutlichen Überschätzung von Wissenschaft als einer [sic] gesellschaftlichen Praxis. Orientieren sich die Fachdidaktiken zu sehr an der beruflichen Bildungspraxis, entfernen sie sich notgedrungen von den akademischen Fachwissenschaften, eine konsequente Annäherung an die etablierten Wissenschaften führt dagegen zu einem Verlust an Berufs- und Arbeitsbezug. Eine Annäherung an die Berufspädagogik entfremdet sie von beidem (…). Einen Ausweg aus diesem Dilemma können nur die berufsbezogenen Wissenschaften bieten.“ (Rauner 1993, S. 11)

wenigen Universitäten sogar mehr als modularisierter erziehungswissenschaftlicher Lehrinhalt, denn als eigenständig wahrnehmbare Wissenschaftsdisziplin.

Auch die beruflichen Fachrichtungen sind an den Hochschulstandorten überaus unterschiedlich eingebunden, wobei sich einerseits Formen durchgesetzt haben, in denen eine berufsbezogene Didaktik – in Analogie an die Tradition allgemeinbildender Fachdidaktiken – an eine universitäre Fachwissenschaft gekoppelt wird (z. B. eine „Ingenieurswissenschaft") oder andererseits, wie bereits im geschilderten Falle der Berufs- und Wirtschaftspädagogik, eine Anbindung an erziehungswissenschaftliche Institute zu beobachten ist. An manchen Standorten vertreten Lehrende vor den geschilderten Hintergründen so ausschließlich die Berufs- oder Wirtschaftspädagogik oder eine berufliche Fachrichtung bzw. deren berufsbezogene Didaktik.[6] Es ist allerdings auch keine Seltenheit, dass einzelne Professuren mehrere berufliche Fachrichtungen vertreten. Dabei ist zum Teil eine bemerkenswerte fachwissenschaftliche und berufsbezogene didaktische Breite auszuweisen. Zusätzlich zu jener Variante erscheint zunehmend ein Trend in die Richtung zu gehen, dass – zum Teil mehrere – berufliche Fachrichtungen gemeinsam mit der Berufs- und Wirtschaftspädagogik – quasi in Personalunion – vertreten werden (müssen).

Die skizzierte strukturelle Vielfalt der wissenschaftlichen Einbindungsmodelle ist damit reich an Kombinationen und weist zugleich – trotz einer teilweise auch institutionell nachzuvollziehenden Autonomie berufsbezogener Fachdidaktiken – auf eine organisationale Überschneidung von berufsbezogener Didaktik mit der Berufs- und Wirtschaftspädagogik hin. Dies gilt vor allem dann, wenn man bildungsökonomische und -politische Aspekte nicht als ausschlaggebend für eine Zuordnung betonen möchte. Eine einheitlich-systematische Bestimmung der Interdependenz von berufsbezogener Fachdidaktik zur Berufs- und Wirtschaftspädagogik ist allerdings allein aufgrund von Strukturmerkmalen an deutschen (Fach-)Hochschulen nicht eingängig bzw. zielführend. Sowohl für die Berufs- und Wirtschaftspädagogik als auch die berufsbezogenen Didaktiken lassen sich sowohl autonome als auch verwobene Einbindungsmuster entdecken. Die Vernetzungen scheinen dabei jeweils in Richtung vermeintlich übergeordneter Wissenschaftsdisziplinen zu verlaufen.

So wird die Berufs- und Wirtschaftspädagogik gemeinhin als erziehungswissenschaftliche Disziplin gesehen, während bei den berufsbezogenen Didaktiken

---

6 Es existieren auch Standorte der berufsbezogenen Lehrkräftebildung, an denen die beruflichen Fachrichtungen bzw. berufsbezogene Fachdidaktiken nicht professoral vertreten sind.

mit der Berufs- und Wirtschaftspädagogik sowie den jeweils korrespondierenden universitären Fachwissenschaften – so diese auszumachen sind – in ihrer disziplinären Gestalt zwei relativ deutlich unterscheidbare Zuordnungsoptionen existieren.[7] Damit ergibt sich zumindest gegenüber der eingangs vorgenommenen Ableitung – nach der es sich bei den berufsbezogenen Didaktiken um eine berufs- und wirtschaftspädagogische Teildisziplin handele – eine weitere Deutungs- und Zuordnungsoption, zumindest wenn man die Anbindung an nicht-erziehungswissenschaftliche Fachwissenschaften fallbezogen als „engste bestehende wissenschaftliche Verbindung" der jeweiligen berufsbezogenen Didaktik interpretiert. Die Frage nach der „Staatsbürgerschaft" im Sinne der Zugehörigkeit und den „Bezugsdisziplinen, mit denen Fachdidaktik Import- oder Exportgeschäfte betreibt" (vgl. Kuhlmeyer/Tenfelde 2000, S. 29), ist so gesehen zumindest keineswegs pauschal zu beantworten.

Orientierungen am Verhältnis zwischen Erziehungswissenschaft und allgemeinbildungsbezogenen Didaktiken

Zur Annäherung an Interdependenzen zwischen berufsbezogenen Didaktiken und Berufs- und Wirtschaftspädagogik kann eine Orientierung am Verhältnis von Allgemeiner Didaktik, Fachdidaktiken und Pädagogik aus verschiedenen Gründen heraus erkenntnisreich bzw. orientierend sein.

Die Berufs- und Wirtschaftspädagogik ist ihrem Selbstverständnis nach – wenn auch nicht ohne jede Kritik (vgl. Stratmann 1992, S. 186; Herkner 2018a, S. 154) – eine erziehungswissenschaftliche Disziplin. Es wäre insofern folgerichtig, wenn bestimmte Struktur- und Ordnungsmuster sich innerhalb einer wissenschaftlichen Disziplin in ihren Teildisziplinen reproduzierten. Dabei wäre zu erwarten, dass sich aus einer Verhältnisbestimmung zwischen Allgemeiner Didaktik, Fachdidaktik und Pädagogik bzw. Erziehungswissenschaft Analogien für das hier zu interpretierende Verhältnis zwischen berufsbezogener Didaktik sowie Berufs- und Wirtschaftspädagogik ergäben. Dabei ist davon auszugehen, dass die Reibungsfläche der Unterschiedlichkeiten zwischen berufsbezogener und allgemeiner Erziehungswissenschaft dazu verhilft, die Eigenständigkeit von Konturen im berufsbezogenen Kontext freizulegen.

7 Berufswissenschaftliche Modelle werden im Kontext der gegenübergestellten Objektbereiche näher diskutiert, obgleich sie durchaus auch als Vorschlag einer Struktursystematik aufgefasst werden könnten.

Gemeinhin wird davon ausgegangen, dass es sich bei der Didaktik um eine wissenschaftliche Teildisziplin der Pädagogik bzw. der Erziehungswissenschaft handelt, die dabei vor allem als „zentraler Arbeitsbereich der Schulpädagogik“ wahrgenommen wird (vgl. Trautmann 2016, S. 9). Aus jener Betrachtungsweise wird gleichzeitig deutlich, wie eng didaktische Fragestellungen gemeinhin an institutionelle Kontexte des Schulbetriebes geknüpft werden. Nach Kron betrachten Pädagogik und Didaktik so innerhalb eines gemeinsamen Gegenstandsbezuges aus unterschiedlichen Perspektiven vorrangig die Felder Erziehung, Schule und Unterricht. „Während die Pädagogik primär an Sozialisations- und Lernprozessen interessiert ist, hat die Didaktik eher Interesse an Lehr- und Lernprozessen sowie an Momenten, die diese Prozesse bedingen: z. B. die Bildungsinhalte, die Medien, die Sozialformen (…), aber auch die diese wieder bedingenden gesellschaftlichen, sozialen und individuellen Faktoren.“ (Kron 1994, S. 29)

Die häufig synonym verwendeten Begriffe „Pädagogik“ und „Erziehungswissenschaft“ sind dabei insofern unscharf, als dass selten im Gebrauch deutlich wird, ob es sich um eine Gleichsetzung der Termini oder eine bewusst differenzierende Betrachtung handelt, nach der unter Ersterem vor allem eine vorwissenschaftliche Beschäftigung, unter Zweitem eine wissenschaftliche mit Fragen von Bildung und Erziehung verstanden wird. Relevant für die vorliegenden Überlegungen ist vor allem ein Verständnis, das auch auf theoretische Bezüge und empirische Erforschung von Erziehung und Bildung ausgelegt ist. Der Erziehungsbegriff ist allerdings an sich ebenfalls vieldeutig. Erziehung im Allgemeinen lässt sich nach Brezinka verstehen als soziale Handlung mit der Zielstellung der dauerhaften Verbesserung des psychischen Dispositionsgefüges von Menschen bzw. als Erhalt seiner als wertvoll erachteten Komponenten (Brezinka 1977, S. 95), wobei nach moderner, weniger linearer Auslegung nicht direktionale Einwirkungen im Vordergrund stehen, sondern Wechselwirkungen, in denen bidirektionale Anpassungen durch fortlaufende Selbstkorrekturen erfolgen (vgl. Oelkers 2001). Erziehungshandeln kann dabei der Emanzipation des Menschen dienen (vgl. Mollenhauer 1971), wobei jene dabei nicht als allein gültige Zielkategorie misszuverstehen ist (vgl. Oelkers 2001, S. 264 f.).

Die Erziehungswissenschaft betrachtet vor diesem Hintergrund sowohl institutionalisierte Vorgänge (in Schulen, Kindergärten etc.) als auch Vorgänge, die nicht an (pädagogische) Institutionen (z. B. Museumspädagogik, Sozialpädagogik in Sozialarbeit etc.) gebunden sind (vgl. Schelten 2010, S. 9 ff.). Es wurde bereits darauf hingewiesen, wie eng didaktische Fragestellungen gemeinhin an institutionelle Kontexte des Schulbetriebes geknüpft werden – dies lässt sich dergestalt weiter konkretisieren, dass didaktische Forschungen zumeist auf die

Gestaltung und Erforschung von schulischem Unterrichtsgeschehen gerichtet sind (Trautmann 2016, S. 9).

Didaktische Überlegungen haben sich aus pädagogischen Ursprüngen im 17. Jahrhundert entwickelt (vgl. Blankertz 1986, S. 14). Nach Klafki ist allerdings von einer wissenschaftlichen Eigenständigkeit der Didaktik auszugehen, wobei sich vier grundsätzliche Bedeutungen der allgemeinen Didaktik unterscheiden ließen, die stets in unauflösbarem Zusammenhang zu denken seien:

1. „Didaktik als Wissenschaft und Lehre vom Lehren und Lernen in allen Formen und auf allen Stufen (…),
2. Didaktik als Bildungslehre, d. h. als Theorie aller auf Bildung bezogenen Probleme (…),
3. Didaktik als Wissenschaft vom Unterricht (Klafki 1971, S. 4) sowie
4. „Didaktik als Theorie der Bildungsinhalte" (ebd.), aus denen sich das bis heute grundlegend existente Verständnis von Didaktik im engeren und weiteren Sinn sowie deren Interdependenz zur Methodik entwickelt haben.

Eine Differenzierung nach Fachdidaktiken hat sich dabei nach curricularen Setzungsmustern ergeben: Lerninhalte werden im allgemeinbildenden schulischen Kontext zumeist in Fächer gegliedert, die wiederum häufig in propädeutischer Analogie zu Wissenschaftsdisziplinen der Hochschule gesehen werden. Die Eigenständigkeit der Didaktik leitet sich dabei nicht zuletzt auch von der Verantwortung für die Zielgruppe ab, ob „das vorhandene Fächerspektrum die zu erschließende Wirklichkeit zulänglich repräsentiert" (Klafki 1971, S. 9) – wobei damit auch die Notwendigkeit neuer Fächer sowie Umstrukturierungen des bestehenden Kanons angesprochen ist.

Die Frage nach der Wissenschaftlichkeit der Didaktik soll an dieser Stelle nicht allzu ausschweifend erörtert werden. Grundsätzlich lassen sich, wie so häufig, zwei Pole ausmachen: Einerseits stehen didaktische Ansätze – wohl noch stärker als erziehungswissenschaftliche im Allgemeinen ohnehin schon – unter dem Druck, sich als sozialwissenschaftliche Disziplinen zu beweisen, was heutzutage vor allem bedeutet, sich durch methodologisch abgesicherte und empirisch untermauerte Studien im Bereich der Bildungs- bzw. Schulforschung Ergebnisse einzubringen, andererseits lassen umfangreiche theoretische Bezüge und Modelle zur komplexen Beziehung vom organisierten Lehren und Lernen wie die von Blankertz[8] und Terhart (vgl. Blankertz 1986; Terhart 2009) keine

8 Blankertz wandte sich beispielsweise kritisch gegen die extensive Nutzung und den „Verschleiß" des Begriffes Didaktik in Veröffentlichungen, in der „jede pädagogische Maßnahme adjektivisch als ‚didaktisch'" gekennzeichnet würde und sprach sich für

ernsthaften Zweifel an der grundsätzlichen Wissenschaftlichkeit (fach-)didaktischer Disziplinen zu. Mittlerweile hat sich ein Verständnis eigenständiger Aufgabenbereiche von Allgemeiner Didaktik und jeweiliger Fachdidaktik etabliert, die allerdings als eng aufeinander bezogen angesehen wurden (vgl. z. B. die Position von Kerstien 1970, zitiert nach Plöger, 1999, S. 10).

Die skizzierten Interdependenzen zwischen Allgemeiner Didaktik, Fachdidaktiken und Pädagogik bzw. Erziehungswissenschaft ergeben im Hinblick auf die gewünschte Orientierung für das Verhältnis zwischen berufsbezogenen Didaktiken und Berufs- und Wirtschaftspädagogik ein heterogenes Bild: Einerseits lässt sich daran die fortschreitende Emanzipation der Berufsbildungswissenschaft von den auf Allgemeinbildung bezogenen erziehungswissenschaftlichen Disziplinen ablesen, sodass gewisse – zu früheren Zeiten stärker bestehende – Analogien sich durch unterschiedliche Einwirkungen, wie z. B. die Einführung von Lernfeldern in der beruflichen Erstausbildung, zunehmend einebnen und dabei zunehmend und irreversibel zu eigenständigen Konturen geraten. Aus jenen Gründen sind Bezugssysteme wie zwischen Allgemeiner Didaktik und Fachdidaktik im allgemeinbildenden Kontext nur wenig hilfreich zur Klärung der hier vorliegenden Fragenkomplexe. Andererseits bestehen im allgemeinbildenden Kontext ganz andere ökonomische, organisatorische und personelle Kapazitäten zur Bearbeitung und Beobachtung disziplinspezifischer Erkenntnisgegenstände, die wiederum zu entsprechenden Setzungen und Ausdifferenzierungen führen, die für die Berufsbildungsforschung zumindest theoretisch übertragbar wären. So könnte zumindest aus den theoretischen Bezügen heraus auch für den berufsbildenden Bereich die Notwendigkeit gesehen werden, zwischen Bereichs-, Schularten-, Berufsgruppen-,[9] Arbeits-, Technik- und Fachdidaktiken zu unterscheiden. Eine weitere Besonderheit der Berufsbildung im direkten Vergleich zur auf Allgemeinbildung bezogenen Schulpädagogik dürfte darin bestehen, dass keine dezidierte Allgemeine Berufs-(bildungs-)didaktik in Analogie zur Allgemeinen Didaktik existiert. Mit Blick auf die Praxis der Berufsbildungswissenschaft besteht eher der Eindruck, dass jene Forschungs- und Arbeitsperspektiven bislang in arbeitsteiliger, kooperativer und überschneidender Form zwischen berufsbezogenen Didaktiken und Berufs- und

systematische Darstellung der „Aspektverschiedenheiten" differenzierter Ansätze aus, die jedoch jeweils an bildungs-, lern- und informationstheoretische Versuche und Modelle rückzubinden seien (vgl. Blankertz 1986, S. 16 f.).

9 Als Alternative zum vieldeutigen Begriff der Berufsfelder.

Wirtschaftspädagogik eingenommen werden. Weiteres Orientierungspotenzial für das hier zu analysierende Verhältnis berufsbildungswissenschaftlicher Disziplinen ergibt sich aus der skizzierten Differenzierung anhand der Objektbereiche in der allgemeinbildenden Schulpädagogik: Ein Verständnis, nach dem in berufsbezogenen Didaktiken und Berufs- und Wirtschaftspädagogik aus unterschiedlichen Perspektiven auf gemeinsame Erkenntnisgegenstände und Objektbereiche referenziert wird, erscheint auch im Kontext der vorliegenden Fragestellung als anschlussfähig.

Differenzierung anhand der Objektbereiche von Berufs- und Wirtschaftspädagogik und berufsbezogener Didaktik

Aus Perspektive der Objektbereiche kann wohl grundsätzlich von einem universellen Erkenntnisinteresse der Berufs- und Wirtschaftspädagogik gegenüber den berufsbezogenen Didaktiken und beruflichen Fachrichtungen ausgegangen werden. Nach Stratmann handelt es sich bei der Berufs- und Wirtschaftspädagogik um „jene Teildisziplin der Erziehungswissenschaft, die die pädagogischen Probleme beruflicher Bildungs- und Sozialisationsprozesse, vor allem Jugendlicher, erforscht reflektiert und konstruktiv zu klären sucht. Da berufliche Ausbildung in ganz verschiedenen Wirtschaftszweigen und Branchen erfolgt, hat sich schon früh eine Ausdifferenzierung dieser Teildisziplin vollzogen" (Stratmann 1992, S. 186). Ergänzt man diese Sichtweise um die bereits bemühte Definition von Schelten, nach der die Berufs- und Wirtschaftspädagogik als „die Wissenschaft und Praxis der Erziehung unter dem Einfluss des beruflichen" (Schelten 2010, S. 55) zu bezeichnen ist, ergibt sich ein Objektbereich der Berufs- und Wirtschaftspädagogik in einer erheblichen Breite, aus dem sich sui generis zunächst weder institutionelle Kopplungen an Bildungseinrichtungen ergeben noch die Maßgabe der auf Qualifikation ausgerichteten Nützlich- oder Verwendbarkeit oder des Konkreten. Der Objektbereich der Berufs- und Wirtschaftspädagogik besteht in Problemkomplexen der Bildung und Sozialisation von Menschen im Medium des Berufs in seiner gesamten Bandbreite, d. h. in allen kontextuell operationalisierbaren Lebensweltbezügen des Beruflichen.

Berufsbezogene Didaktiken haben demgegenüber spezifischere Objektbereiche ihrer Disziplinen. Als didaktisch relevante Erkenntnisbereiche werden hier vorrangig Komplexe des Lehrens und Lernens gefasst. Das bedeutet nicht, dass Fragen von Bildung und Sozialisation an jener Stelle als irrelevant erachtet würden, sie werden allerdings gegenüber dem breiteren Objektbereich der Berufs- und Wirtschaftspädagogik grundsätzlich konkreter und spezifischer auf einen Kontext von Lehren und Lernen bezogen. Spezifik und Konkretisierungsmomente sind in jenem Zusammenhang häufig auf eine andere Gewichtung von Situiertheit, Berufsbezug und institutioneller bzw. lernortsbezogener Zuwendung bezogen. Dabei findet zunehmend eine Konzentration auf zu erlangende berufliche Handlungskompetenzen im Kontext beruflicher Arbeits- und Geschäftsprozesse statt (vgl. Becker 2020, S. 386).

So könnte man sagen, dass berufsbezogene Didaktiken und Berufs- und Wirtschaftspädagogik durch unterschiedliche Zugänge und Perspektiven als berufsbildungswissenschaftliche Disziplinen im gegenseitigen Austausch die Theorie und Praxis eines gemeinsamen Objektbereiches erforschen, reflektieren, vermitteln und kommunizieren. Dabei bilden sie – bedingt durch unterschiedliche Spezifität und Konkretheit – differenzierte heuristische Schwerpunkte, die bei berufsbezogenen Didaktiken vorrangig in Prozessen von Lehren und Lernen im institutionalisierten Kontext der Berufsbildung liegen, in der Berufs- und Wirtschaftspädagogik hingegen in allgemeineren und institutionell offeneren Fragestellungen von Erziehung, Bildung und Sozialisation im Medium des Berufs. Dabei entstehen jeweils eigenständige Objektbeschreibungen, bei denen die primärheuristische Perspektive der einen Disziplin zum nachgeordneten Element der anderen Disziplin avanciert, sodass – im Falle der berufsbezogenen Didaktik – Erziehung, Bildung und Sozialisation im Medium des Berufs als konkreter und berufs- (gruppen-) spezifischer bzw. fachrichtungsbezogener Bestandteil von beruflichem Lehren und Lernen interpretiert, erforscht, reflektiert, vermittelt und kommuniziert werden kann. Die Berufs- und Wirtschaftspädagogik wiederum interpretiert, erforscht, reflektiert, vermittelt und kommuniziert Prozesse des beruflichen Lehrens und Lernens als Bestandteil von Erziehung, Bildung und Sozialisation im Medium des Berufs, sodass erst aus der gegenseitigen Bezogenheit eine holistische Perspektive der Berufsbildungswissenschaft entsteht, die ein Spektrum von allgemeinen und abstrakten berufsbildungstheoretischen bis hin zu konkreten und berufsspezifischen Themenkomplexen aufzuarbeiten vermag. So interpretiert stellt sich die Interdependenz zwischen berufsbezogenen Didaktiken und Berufs- und Wirtschaftspädagogik als symbiotischer Austausch mit sich überschneidenden – aber unterscheidbaren – inhaltlichen Schwerpunktsetzungen, Vernetzungen und Anschlussfähigkeiten für die Kommunikation und Vermittlung berufsbildungswissenschaftlicher Themenkomplexe in angrenzende Wissenschaftsdisziplinen sowie Praxisfelder dar.

Interdependenz zwischen berufsbezogenen[10] Pädagogiken und berufsbezogenen Didaktiken am Beispiel der beruflichen Fachrichtung Informationstechnik/Informatik

Auf Basis der vorhergehenden Ausführungen kann zusammenfassend festgehalten werden, dass sich aus unterschiedlichen Perspektiven Anhaltspunkte und Eindrücke für Ansätze einer Verhältnisbestimmung von Berufs- und Wirtschaftspädagogik und berufsbezogenen Didaktiken generieren lassen. Dazu zählen sowohl normative als auch organisational-institutionelle, curriculare, aus Objektbezügen generierte Aspekte sowie das differenzierte Selbstverständnis. Keine der in diesem Beitrag nachvollzogenen Perspektiven und Reflexionshintergründe ergibt jedoch für sich eine „zwingende" bzw. gar allumfassende oder allgemeingültige Lesart der Interdependenz von Berufs- und Wirtschaftspädagogik und berufsbezogener Didaktik.

Eine Orientierung am Verhältnis von (allgemeinbildungsbezogener) Erziehungswissenschaft und (allgemeiner und allgemeinbildungsbezogener) Didaktik und Fachdidaktik bietet auf grundsätzlichen Differenzierungsebenen zwar durchaus erste Parallelen und Gemeinsamkeiten,[11] bricht sich am Ende jedoch an der zu großen Unterschiedlichkeit der fachlichen Bezugskulturen von allgemeiner und beruflicher Bildung, sowohl theoretisch im akademischen als auch praxisbezogen im schulischen Umfeld. Zu klar sind auf der einen Seite (in den allermeisten Fällen) im allgemeinbildenden Schulbezug die akademischen Bezugsdisziplinen von „Unterrichtsfächern" zu benennen gegenüber den Rahmenbedingungen an berufsbildenden Schulen auf der anderen Seite, für die – wiederum zumindest in den meisten Fällen – kein exklusiv relevantes akademisches Bezugsfach existiert.[12] In Bezug auf die Frage der grundsätzlichen Bezugsoptionen berufsbezogener Didaktiken besteht damit eine wichtige Unterscheidung gegenüber den allgemeinbildenden Fachdidaktiken, deren Bezugsfeld „üblicherweise das als Lehr- und Lerngefüge organisierte und institutionalisierte Unterrichts- bzw. Unterweisungsfach" (Czycholl 1974, zitiert nach Schanz 1997,

10 Als Sammelbegriff für erziehungswissenschaftlich ausgerichtete Disziplinen mit einer Schwerpunktsetzung des Objektbereiches auf Beruf und Beruflichkeit bzw. Kontexte von diesen.

11 So sind zum Beispiel Abgrenzungen didaktischer Arbeitsfelder wie Allgemeine Didaktik, Felddidaktik, Bereichsdidaktik und Fachdidaktik durchaus übertragbar auf Kontextbezüge der Berufsbildung.

12 Auch hier gibt es Beispiele, wie z. B. die existierenden Schulfächer Sachkunde, Technik, Arbeitslehre, die über keine eindeutige universitäre Fachzuordnung verfügen.

S. 10) darstellt und bei denen jeweils die Option einer primären Ausrichtung an akademischem Bezugsfach oder didaktischem Bezugspunkt in Form der Erziehungswissenschaft in anderer Weise besteht. So mag im Bereich der Physikdidaktik zum Beispiel viel eher ein Entscheidungspotenzial in der Frage bestehen, ob der primäre wissenschaftliche Bezug in der Physik oder in der Erziehungswissenschaft zu sehen ist, als für die Didaktik der beruflichen Fachrichtung Informationstechnik/Informatik.

Das Problem der „fehlenden" einheitlichen Bezugswissenschaften berufsbildender Fachrichtungen wurde in den vergangenen Jahrzehnten vielfach gewendet und es liegen unterschiedliche Konzeptualisierungen vor, in welche Richtung sich die Hochschullandschaft einerseits sowie die berufsbildungsforschenden Wissenschaftsdisziplinen andererseits entwickeln könnten, um den bestehenden Anforderungen rund um berufliche (Fach-)Arbeit gerechter zu werden.[13] Dabei ist augenscheinlich, dass sich bislang keiner dieser Vorschläge in breiter Umsetzung und konsensualer Anwendung befindet. Wissenschaftliche Bezugsdisziplinen beruflicher Fachrichtungen außerhalb der Erziehungswissenschaften bleiben daher zwangsläufig in ihren Überschneidungen zumeist uneindeutig, kleinteilig und fragmentiert – zumindest bemessen an der recht eindeutigen Zuordnung im Kontext allgemeinbildender Schuldisziplinen. Die mangelnde Eindeutigkeit akademischer Bezüge für berufliche Fachrichtungen erwächst nach Kuhlmeier und Uhe unter anderem aus ihrer hohen Überdeckung mit der Berufspraxis: „Für die berufliche Bildung gilt jedoch, daß es zu jeder beruflichen Fachrichtung eine Fülle von Bezugsdisziplinen gibt, so daß eine Zuordnung der Fachdidaktiken zu den Fachwissenschaften sehr schwierig wird. Außerdem ist zu berücksichtigen, daß die Unterrichtsfächer der Berufsschulen nicht einzelnen Wissenschaftsdisziplinen entsprechen. Auch sind die Berufe selbst nicht aus den Schneidungen der Wissenschaftsdisziplinen heraus entstanden und ihre Ausbildungsgegenstände (...) entspringen häufig eher einer tradierten Berufspraxis als wissenschaftlichen Erkenntnissen" (Kuhlmeyer, Uhe 1992, S. 129).

In der beruflichen Fachrichtung Informationstechnik/Informatik zählen zu jenen Bezugsdisziplinen vorrangig die technischen und kaufmännischen akademischen Disziplinen Informatik, Elektrotechnik, Informationstechnik, Mathematik, Betriebswirtschaftslehre sowie weitere Querschnittsbezüge aus unterschiedlichsten Bereichen (vgl. Kultusministerkonferenz 2019, S. 104 f.). Mit jeder der zuvor genannten akademischen Disziplinen teilt die Didaktik der

13 Siehe hierzu beispielsweise die Vorschläge zu einer „Berufswissenschaft" (vgl. Becker 2013) sowie zu einer „Technikdidaktik" (vgl. Tenberg, Bach, Pittich 2019).

beruflichen Fachrichtung Informationstechnik/Informatik demnach Fragmente ihrer Objektbezüge, und wendet diese auf Aspekte von Lehr- und Lernprozesse im Medium des Berufs an.

Die Komplexität und Vielgestaltigkeit der beruflich relevanten akademischen wie außerakademischen Bezugssphäre der Didaktik der beruflichen Fachrichtung Informationstechnik/Informatik lässt so vor allem einen konsistenten Ausgangspunkt wissenschaftlichen Erkenntnisstrebens als Kontinuität hervortreten: Die Erforschung von Lehr- und Lernprozessen im Medium von Beruf und Beruflichkeit ist grundsätzlich und fast schon paradigmatisch gekoppelt an erziehungswissenschaftliche Sichtweisen, die mit Blick auf die Berufsbildungswissenschaft vorrangig in den berufsbezogenen Pädagogiken behandelt werden, sodass sich aus jener Interdependenz nahezu sui generis ein kohärenter wissenschaftlicher Primärbezug zur Berufs- und Wirtschaftspädagogik ergibt,[14] zumindest solange, bis sich deutliche Veränderungen der wissenschaftlichen Vernetzung und Einbettung von beruflichen Fachrichtungen und ihren Didaktiken ergeben haben.

Um im Hinblick auf die wissenschaftsbezogenen Einbindungen konkreter zu werden, lassen sich die Interdependenzen zwischen berufsbezogenen Pädagogiken und Didaktiken anhand einer schematischen Darstellung[15] (Abb. 1, S. 195) verdeutlichen: Eine Didaktik der beruflichen Fachrichtung Informationstechnik/ Informatik ist zunächst als berufsbezogene Didaktik[16] zu verstehen, der berufliche Didaktiken von korrespondierenden Ausbildungsberufen inhärent sind.[17]

---

14 Eine Interdependenz, die sicherlich in den vergangenen Jahrzehnten durch die Implementierung lernfeldorientierter Ansätze verstärkt wurde. Diese beförderten die Sonderstellung der Berufsbildung innerhalb der Erziehungswissenschaft insofern, als dass nahezu zwangsläufig eine Emanzipation fachrichtungsbezogener Didaktiken von klassischen „Fachdidaktiken“ erfolgen musste.

15 Um einerseits die Interdependenz und andererseits die Eigenständigkeit der jeweiligen Disziplinen sowie die Interaktionsfelder hervorzuheben, sind berufsbezogene Pädagogiken und Didaktiken in der Darstellung als unterscheidbare, aber sich überlappende Sphären nachgezeichnet. Wie stark der Überlappungsbereich ausfällt (denkbar bis hin zur Kongruenz) bleibt dabei eine Frage von Positionen und betrachteten Pädagogiken bzw. Didaktiken.

16 Hierbei handelt es sich um einen „Sammelbegriff“ und nicht um eine „Allgemeine Berufliche Didaktik“ im Sinne der Allgemeinen Didaktik aus dem schulpädagogischen Kontext. Unabhängig von der Frage nach den Konstitutionsbedingungen und Legitimationsaspekten einer übergeordneten „Meta-Didaktik“ des Beruflichen ist pragmatisch festzustellen, dass deren Aufgaben derzeit wohl arbeitsteilig und im Austausch zwischen berufsbezogenen Pädagogiken und Didaktiken behandelt werden.

17 Damit entspricht die konkrete Anzahl der Berufsdidaktiken jeweils der Anzahl von zu betrachtenden Ausbildungs- oder Erwerbsberufen, je nach eingenommener Perspektive

Didaktiken beruflicher Fachrichtungen haben fachliche Überschneidungen – die nicht als Hierarchien zu werten sind (vgl. Klafki 1994, S. 13) – zu weiteren berufsbezogenen Didaktiken,[18] wie den Berufsgruppendidaktiken (z. B. eher an kaufmännischen Aspekte ausgerichtete Berufe sowie vorrangig technisch fokussierte Berufe), den Bereichsdidaktiken (z. B. der Berufsschule (vgl. Grüner 1978), der Berufsvorbereitung (vgl. Petersen 2013), der beruflichen Weiterbildung (vgl. Rebmann 2020) des beruflichen Gymnasiums, etc.), der Betriebsdidaktik, der Arbeits-(prozess-)didaktik (vgl. Becker 2020) sowie den Fachdidaktiken und der Technikdidaktik. Letztere verfügen wiederum über fachliche Schneidungen, die z. T. außerhalb der dezidierten Objektbereiche der Berufsbildungswissenschaft liegen.[19]

Die Didaktik der beruflichen Fachrichtung Informationstechnik/Informatik steht dabei im wissenschaftlichen Diskurs und Austausch mit auf der einen Seite – vorrangig technisch, informatisch und kaufmännisch ausgerichteten – Bezugswissenschaften, mit denen sie unterschiedlichste Objektbezüge teilt, sowie auf der anderen Seite den berufsbezogenen Pädagogiken[20], mit denen sie ebenfalls in einem Kommunikationsverhältnis steht, das auf Diskurs, Vermittlung und Austausch im erziehungswissenschaftlichen Feld beruht. In diesem Kontextbezug eröffnet die Didaktik der beruflichen Fachrichtung Informationstechnik/Informatik in Richtung der berufsbezogenen Pädagogiken – vorrangig

---

und Gegenstandsbezug. Nach Grüner kann dem Einwand, „daß dies entschieden zu viel sei, (…) nur entgegnet werden, daß nun mal so viele Ausbildungsberufe vorhanden sind, für die ständig didaktische Entscheidungen getroffen werden müssen“ (Grüner 1981, S. 544).

18 Albers schlug in diesem Zusammenhang eine Differenzierung einer Allgemeinen Didaktik der beruflichen Bildung in Didaktiken nach Lernorten und Lernphasen vor, die nachfolgend um „überfachliche“ Aspekte ergänzt wurden (vgl. Albers 1996, S. 10). Festzustellen ist in diesem Zusammenhang die im Gesamtzusammenhang zu sehende „Diffusionsoffenheit“ der verschiedenen didaktischen Bereiche, d. h., es handelt sich nicht um trennscharfe Abgrenzungen, sondern um ein sich insgesamt überlappendes Feld von „Theoriefamilien“ (vgl. Schütte 2020, S. 389).

19 Die Technikdidaktik besitzt ebenso wie die Fachdidaktiken Überschneidungen mit Bildungsprozessen außerhalb des Berufsbezuges, z. B. in Form allgemeinbildender Schulfächer. Die berufliche Fachrichtung Informationstechnik/Informatik ist hiervon in besonderer Art und Weise betroffen, da Informatik auch als allgemeinbildendes Unterrichtsfach außerhalb der berufsbezogenen Fachrichtungsdidaktik existiert.

20 Hierzu sind neben der Berufspädagogik und der Wirtschaftspädagogik auch die Betriebspädagogik sowie die Arbeitspädagogik zu zählen, wobei zu erwähnen ist, dass die Wirtschafts- und Arbeitspädagogik als Disziplinen jeweils auch Bezüge außerhalb der Berufsbildungswissenschaft adressieren, wie etwa das allgemeinbildende Fach Wirtschaft.

der Berufs- und Wirtschaftspädagogik – berufsspezifische Betrachtungen unter besonderer Beachtung von Lehr- und Lernprozessen, wie z. B. relevante Arbeits- und Geschäftsprozesse, Kompetenz- und Qualifikationsanforderungen, inhärente soziale Praktiken berufsförmiger Arbeit, berufsgenetische Fragestellungen, institutionelle Besonderheiten, berufliche Identitäts- und Sozialisationsaspekte und viele andere mehr. Die berufsbezogenen Pädagogiken – vorrangig die Berufs- und Wirtschaftspädagogik – haben nennenswerte Überschneidungen mit dem eben skizzierten Objektbereich der Didaktik der beruflichen Fachrichtung Informationstechnik/Informatik. Beide Disziplinen betrachten daher für sie relevante Gegenstände im Medium des Berufs. Allerdings ist das Erkenntnisinteresse der Blickrichtung von Didaktiken der beruflichen Fachrichtung jeweils einerseits berufsspezifischer und zielt andererseits – zumindest de facto – eher auf in öffentlichen berufsbildenden Schulen institutionalisierte Lehr- und Lernprozesse ab, während die Berufs- und Wirtschaftspädagogik über ein allgemeineres, berufsübergreifendes Erkenntnisinteresse verfügt und gleichzeitig weniger gebunden bleibt an institutionalisierte Formen der Berufsbildung.[21]

(Vor-)Überlegungen zur Theoriebildung in der Didaktik der beruflichen Fachrichtung Informationstechnik/Informatik

Theoriebildung ist wohl *die* Zielkategorie wissenschaftlichen Handelns schlechthin, man kann sie quasi als konstitutiven wissenschaftlichen Akt der disziplinären Selbstbehauptung verstehen. Eine Didaktik der beruflichen Fachrichtung Informationstechnik/Informatik durch substanzielle Theoriebildung zu untermauern, bleibt so eine letztlich unerlässliche und gleichzeitig höchst anspruchsvolle Aufgabe, eine sozialwissenschaftliche Legitimation, die über die Frage des wissenschaftlichen Standortes hinausgehen sollte (vgl. Schütte 2006, S. 37 ff.). Didaktische Theorien sind dabei zu verstehen als „Aussagesysteme zur Gestaltung und Struktur von Lehr-Lernprozessen", ohne die eine „geistige Vorwegnahme (…) und damit ein begründetes pädagogisches Handeln nicht möglich" ist (Nickolaus 2019, S. 10 f.). Ob ein solch konzeptionelles Vorhaben gelingt, dürfte nicht zuletzt davon abhängen, wie sehr bereits bekannte und ungelöste Problem- und Spannungsfelder bearbeitet und eingehegt werden und auf welchen Geltungsanspruch abgezielt wird (vgl. Nickolaus 2009, S. 35).

21 So werden dem Eindruck nach zum Beispiel nonformale und informelle Bildungsprozesse intensiver in der Berufs- und Wirtschaftspädagogik als in den berufsbezogenen Didaktiken thematisiert.

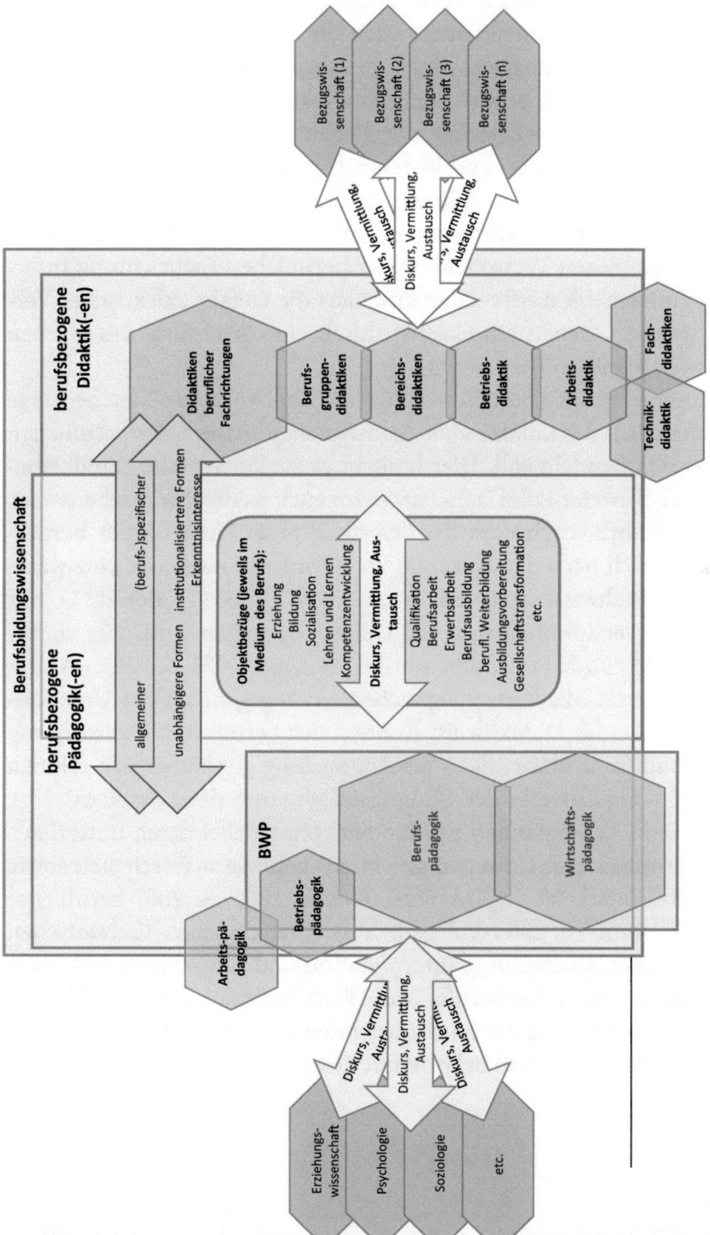

Abb. 1: Interdependenzen zwischen berufsbezogenen Pädagogiken und Didaktiken

So bestehen die von Achtenhagen benannten Problemkreise „fachdidaktischer" Theoriebildung wohl unverändert auch für Didaktiken der beruflichen Fachrichtungen (vgl. Achtenhagen 1981). In rekurrierender Form ist daher anzuraten, dass innerhalb einer auf Eigenständigkeit abzielenden Theoriebildung grundsätzlich die Theoriebezüge der Didaktik einer beruflichen Fachrichtung im Kontext von Berufs- und Wirtschaftspädagogik und benachbarten erziehungswissenschaftlichen Disziplinen einerseits sowie Fachwissenschaft und Ausbildungs- und Unterrichtspraxis andererseits bestimmt und aufgeklärt werden. Bei der komplexen Verwobenheit der beruflichen Fachrichtung Informationstechnik/Informatik dürfte dabei durchaus die Gefahr eklektischer Verstrickungen[22] bestehen, denen am ehesten durch eine Schärfung des eigenen Objektbereiches begegnet werden könnte.

In diesem Zusammenhang besteht wohl die zu beantwortende Gretchenfrage darin, um welche Form des didaktischen Selbstverständnisses einer beruflichen Fachrichtung es sich handeln soll. Hier braucht es zuallererst eine Standortbestimmung innerhalb zweier Pole: Denkbar, wenn auch weniger wünschenswert, ist ein Selbstverständnis, nach dem das Selbstbild einer Didaktik der beruflichen Fachrichtung sich nach der Warnung von Grüner in einer Art „Auswahldisziplin" anderer Fachwissenschaften beschränken ließe, „in der u. U. mit dunklen Methoden verstümmelt und zur Lehre freigegeben wird, was vorher mit transparenten Methoden erforscht wurde?" (Grüner 1975, S. 275). „Ambitiöser" geriete – um mit Blankertz zu sprechen – demgegenüber das Unterfangen der Etablierung einer Didaktik im Kontext der beruflichen Fachrichtung Informationstechnik/Informatik, die – als Abgrenzung gegenüber der „bloßen Unterrichtslehre" – als „Theorie der Bildungsinhalte und des Lehrplans" (vgl. Blankertz 1986, S. 11 f.) verstanden werden will, ohne dabei deren unterrichtliche Konkretisierungen und Umsetzungen in ein Lehr-Lern-Geschehen sowie die „Nicht-Beherrschbarkeit" (vgl. Arnold, Gonon 2006, S. 206) beruflicher Lernprozesse insgesamt zu unterschlagen. Von einem solchen theoretischen Diskurs würde – unter Ausdeutung, Interpretation und Einbezug vielfältigster Bedingungsfaktoren – auch die Berufs- und Wirtschaftspädagogik profitieren, mindestens in dem Sinne, dass die im vorliegenden Beitrag diskutierte Interdependenz eine zurechenbarere und belastbarere Gestalt bekäme.

22 Ein gewisses Maß an Eklektizismus dürfte als kaum vermeidbar und auch hilfreich anzusehen sein (vgl. Riedl 2011, S. 17)

Literatur

Achtenhagen, F. (1981): Theorie der Fachdidaktik. In: Twellmann, Walter (Hrsg.): Handbuch Schule und Unterricht. Düsseldorf, S. 275–296.

Albers, H.-J. (1996): Didaktische Ansätze und Modelle in der Berufsbildung. In: Bonz, B. (Hrsg.): Didaktik der Berufsbildung. Beiträge zur Pädagogik für Schule und Betrieb 17, Stuttgart.

Arnold, R.; Gonon, P. (2006): Einführung in die Berufspädagogik. Opladen u. a.

Becker, M. (2013): Didaktik beruflicher Bildung. In: bwp@, 24, online: http://www.bwpat.de/ausgabe24/becker_bwpat24.pdf.

Becker, M. (2020): Didaktik und Methodik der schulischen Berufsbildung. In: Arnold, R.; Lipsmeier, A.; Rohs, M. (Hrsg.): Handbuch Berufsbildung. 3., völlig neu bearbeitete Auflage, Wiesbaden, S. 367–385.

Blankertz, H. (1986): Theorien und Modelle der Didaktik. 12. Auflage, Weinheim u. a.

Brezinka, W. (1977): Grundbegriffe der Erziehungswissenschaft. 3., verbesserte Auflage, München.

Deutscher Bildungsrat (1973): Empfehlungen der Bildungskommission. Strukturplan für das Bildungswesen. Taschenausgabe, unveränderter Nachdruck der 4. Auflage 1972, Stuttgart.

Grimm, A. (2018): Zukunftsoptionen der beruflichen Fachrichtungen Elektrotechnik und Informationstechnik. In: Becker, M.; Grimm, A.; Herkner, V.; Schlausch, R. (Hrsg.): Flensburger Perspektiven zur Lehre und Forschung für die Berufsbildung. 20 Jahre biat, Berlin, S. 405–410.

Grüner, G. (1975): Die Fachdidaktiken der Fächer des beruflichen Schulwesens. In: Die berufsbildende Schule, 27. Jahrgang, Heft 5, S. 275–278.

Grüner, G. (1978): Bausteine zur Berufsschuldidaktik. Trier.

Grüner, G. (1981): Didaktik des Ausbildungsberufes? In: Zeitschrift für Berufs- und Wirtschaftspädagogik. 77. Band, Heft 7, S. 543–547.

Herkner, V. (2018a): Berufspädagogik als Fachdisziplin und Mittler zwischen Fachdisziplinen. In: Becker, M.; Grimm, A.; Herkner, V.; Schlausch, R. (Hrsg.): Flensburger Perspektiven zur Lehre und Forschung für die Berufsbildung. 20 Jahre biat, Berlin, S. 151–160.

Herkner, V. (2018b): Perspektiven zur Berufspädagogik. In: Becker, M.; Grimm, A.; Herkner, V.; Schlausch, R. (Hrsg.): Flensburger Perspektiven zur Lehre und Forschung für die Berufsbildung. 20 Jahre biat. Berlin, S. 389–397.

Klafki, W. (1971): Didaktik und Methodik. In: Röhrs, Hermann (Hrsg.): Didaktik. Frankfurt am Main, S. 1–16.

Klafki, W. (1994): Zum Verhältnis von Allgemeiner Didaktik und Fachdidaktik. In: Beyer, K. (Hrsg.): Grundlagen der Fachdidaktik Pädagogik. Studientexte zum fachdidaktischen Anteil der Lehrerbildung im Fach Pädagogik. Baltmannsweiler, S. 13–21.

Kuhlmeyer, W.; Tenfelde, W. (2000): ‚Fachdidaktik' im Niemandsland der Wissenschaft? In: Pahl, J.-P.; Schütte, F. (Hrsg.): Berufliche Fachdidaktik im Wandel. Beiträge zur Standortbestimmung der Fachdidaktik Bautechnik. Seelze-Velber, S. 29–49.

Kuhlmeier, W.; Uhe, E. (1992): Aufgaben und Wirkungsfelder beruflicher Fachdidaktiken. In: Berufsbildung, 46 (3), S. 128–131.

Kultusministerkonferenz (KMK) (2019): Ländergemeinsame inhaltliche Anforderungen für die Fachwissenschaften und Fachdidaktiken in der Lehrerbildung (Beschluss der Kultusministerkonferenz vom 16.10.2008 i. d. F. vom 16.05.2019). Online: https://www.kmk.org/fileadmin/Dateien/veroeffentlichungen_beschluesse/2008/2008_10_16-Fachprofile-Lehrerbildung.pdf.

Mollenhauer, K. (1971): Erziehung und Emanzipation: polemische Skizzen. 5. Auflage, München.

Nickolaus, R. (2009): Didaktische Modelle und Konzepte für die Planung und Analyse beruflicher Lehr-Lernprozesse. In: Bonz, B. (Hrsg.) Didaktik und Methodik der Berufsbildung. Berufsbildung konkret Band 10. Baltmannsweiler, S. 33–60.

Nickolaus, R. (2019): Didaktik – Modelle und Konzepte beruflicher Bildung. Orientierungsleistungen für die Praxis. Baltmannsweiler.

Oelkers, J. (2001): Einführung in die Theorie der Erziehung. Weinheim u. a.

Petersen, W. (2013): Eine Didaktik beruflicher Bildung für den Übergangsbereich. bwp@, 24, online: http://www.bwpat.de/ausgabe/24/petersen.

Plöger, W. (1999): Allgemeine Didaktik und Fachdidaktik. München.

Rauner, F. (1993): Zur Begründung und Struktur Gewerblich-Technischer Fachrichtungen als universitäre Fächer. In: Bannwitz, A.; Rauner, F. (Hrsg.): Wissenschaft und Beruf. Bremen, S. 10–37.

Rebmann, K. (2020): Didaktik und Methodik der beruflichen Weiterbildung. In: Arnold, R.; Lipsmeier, A.; Rohs, M. (Hrsg.): Handbuch Berufsbildung. 3., völlig neu bearbeitete Auflage, Wiesbaden, S. 399–410.

Rebmann, K.; Tenfelde, W.; Schlömer, T. (2011): Berufs- und Wirtschaftspädagogik. Eine Einführung in Strukturbegriffe. 4., überarbeitete und erweiterte Auflage, Wiesbaden

Riedl, A. (2011): Didaktik der beruflichen Bildung. 2., komplett überarbeitete und erheblich erweiterte Auflage. Stuttgart.

Schanz, H. (1997): Allgemeine Fächer an beruflichen Schulen: Grundlegungen und Einführung. In: Schanz, H. (Hrsg.): Didaktik allgemeiner Fächer an beruflichen Schulen. Stuttgart, S. 5–23.

Schelten, A. (2010): Einführung in die Berufspädagogik. 4., überarbeitete und aktualisierte Auflage, Stuttgart.

Schütte, F. (2006): Berufliche Fachdidaktik. Theorie und Praxis der Fachdidaktik Metall- und Elektrotechnik – Ein Lehr- und Studienbuch. Stuttgart.

Schütte, F. (2020) Konzepte und Probleme der (Fach-)Didaktiken beruflicher Bildung. In: Arnold, R.; Lipsmeier, A.; Rohs, M. (Hrsg.): Handbuch Berufsbildung. 3., völlig neu bearbeitete Auflage, Wiesbaden, S. 387–398.

Stratmann, K. (1992): Berufs-/Wirtschaftspädagogik. In: Blankertz, H.; Derbolav, J.; Kell, A.; Kutscha, G. (Hrsg.): Enzyklopädie Erziehungswissenschaft. Band 9: Sekundarstufe II – Jugendbildung zwischen Schule und Beruf. Teil 2: Lexikon, Stuttgart, S. 186–189

Tenberg, R. (2006): Didaktik lernfeldstrukturierten Unterrichts. Theorie und Praxis beruflichen Lernens und Lehrens. Hamburg u. a.

Tenberg, R.; Bach, A.; Pittich, D. (2019): Didaktik technischer Berufe. Band 1 – Theorie und Grundlagen. Stuttgart.

Terhart, E. (2009): Didaktik. Eine Einführung. Ditzingen.

Trautmann, M. (2016): Die Allgemeine Didaktik – eine umstrittene Disziplin. In: Porsch, R. (Hrsg.): Einführung in die Allgemeine Didaktik, Münster, S. 9–25.

Teil II: Didaktische Forschungen zur beruflichen Fachrichtung Informationstechnik/ Informatik

Werner Dostal

Berufsgenese am Beispiel der Computerberufe

Zusammenfassung: *In der Arbeitsmarkt- und Berufsforschung hat der Strukturwandel, das Entstehen neuer wie auch das Verschwinden überkommener Berufe immer großes Interesse gefunden. Einerseits war für die Berufsberatung die Zukunft der Berufe schon immer von besonderem Belang, andererseits stand die Berufsbildung immer unter dem Vorwurf, keine aktuellen und kaum zukunftsorientierte Qualifikationen zu vermitteln. Die Entwicklung der Computerberufe in den letzten 50 Jahren ist ein anschauliches Beispiel für die Potenziale und die Defizite einer eher naturwüchsig entstehenden Berufsbildungsstruktur, die vor dem Hintergrund weiterer technologischer und gesellschaftlicher Innovationen sorgfältig beobachtet und kompetent begleitet werden sollte. Eine Übertragungsmöglichkeit auf andere Berufsfelder muss allerdings kritisch geprüft werden.*

Die frühen Computerberufe

Allein schon der Begriff „Computerberufe" hat eine längere Entstehungsgeschichte. Mit dem Aufkommen von Großcomputern, die hohe Investitionen erforderten, war es zunächst völlig unklar, wer sich mit diesen „Elektronischen Rechenanlagen" beschäftigen sollte. In der Frühzeit standen die technischen Details dieser Anlagen im Vordergrund, und so war es naheliegend, jene technischen Fachleute, die diese Anlagen erstellt hatten, auch mit ihrem Betrieb zu beauftragen. So waren es zunächst Ingenieurinnen und Ingenieure sowie Techniker/-innen vor allem aus Elektrotechnik und Feinmechanik, die sich im Umfeld der Computer weiter spezialisierten und den Betrieb dieser Anlagen übernahmen.

Nachdem aber der Einsatz dieser frühen „Datenverarbeitungsanlagen" vor allem im kaufmännischen Rechnungswesen erfolgte, wurden Kaufleute hinzugezogen, die den betriebswirtschaftlichen Sachverstand beisteuern mussten. So wurden interdisziplinäre Teams aufgestellt, die sich um den Computereinsatz kümmerten. Die Aufgabenverteilung in diesen Teams erfolgte meist individuell, je nach den Personen, die sich bereitgefunden hatten, diese neuen erfolgsversprechenden Tätigkeiten zu übernehmen. Diese Erwerbstätigen mussten ihre innovativen Aufgaben selbst strukturieren und zugleich erproben. Die Personalverantwortlichen mussten herausfinden, welche Persönlichkeitsstrukturen notwendig, welche Grundausbildungen am ehesten geeignet waren und welche Fortbildungen ergänzt werden mussten.

Der Routinebetrieb, der wegen der hohen Kosten der Anlagen meist in Schichtarbeit erfolgte, wurde relativ schnell angelernten Fachleuten überlassen, die aus den verschiedensten Berufen kamen. Sie benötigten vor allem das, was damals als „Schlüsselqualifikationen“ etikettiert wurde, also Persönlichkeitsmerkmale wie rasche Auffassungsgabe, Verantwortungsbewusstsein und Monotonieresistenz.

Das größte Problem der frühen Computernutzung war die Antwort auf die Frage der Spezialisierung. Sollten die Computer nur Arbeitsmittel sein, standen sie im Zentrum der beruflichen Kompetenz oder waren neue Hybridberufe erforderlich, in denen die berufsfachlichen Anwendungskompetenzen von gleicher Bedeutung waren wie die Systemkompetenzen, also die Beherrschung der eingesetzten Computerinfrastruktur.

In dieser Diskussion wurde eine Dreiteilung vorgenommen, um den Computerbezug zu charakterisieren:

- Computerkernberufe
- Computermischberufe
- Computerrandberufe

Innovation und Berufsgenese

Neue innovative technische Produkte oder Infrastrukturen – nach dem angloamerikanischen Sprachgebrauch Technologien genannt – werden zunächst von den Innovatoren selbst eingesetzt, bevor sich dann im Laufe der Nutzung herausstellt, welche bereits existierenden Berufe diese Aufgaben übernehmen könnten. Vor allem der Ingenieurberuf transportiert diese innovative Kompetenz: Grundsätzlich erfinden, entwickeln und realisieren diese Berufe derartige neuen Technologien. Doch an ihrem späteren Routinebetrieb, an der Abstimmung mit den Anwendungsgebieten und an der mühevollen Detailarbeit der Optimierung sind sie meist nicht mehr interessiert.

Können keine vorhandenen Berufsfelder gefunden werden, deren Angehörige diese Aufgaben im Sinne der Innovatoren oder aus der Sicht der Anwendungsqualität befriedigend leisten können, dann müssen neue Berufe mit allen ihren Dimensionen entwickelt werden. Derartige neue Berufe finden in der Öffentlichkeit meist eine hohe Aufmerksamkeit, doch ihre innere Struktur ist selten klar zu erkennen und ihre Genese ist oft von Umwegen geprägt und von fehlerhaften Einschätzungen begleitet.

Es ist umstritten, ob neue Berufe allein in der beruflichen Praxis entwickelt werden können oder ob sie auch Impulse aus dem allgemeinen Bildungssystem oder speziell aus der beruflichen Bildung benötigen. Zwar gibt es erheblich mehr tätigkeits- oder aufgabenbezogene Berufsbezeichnungen als Ausbildungsabschlussbezeichnungen – wegen der Unschärfe der Berufsdefinitionen lassen sich Berufe allerdings nicht zählen – doch hier muss unterstellt werden, dass Ausbildungsabschlüsse die berufliche Identifikation weit intensiver prägen als die aktuellen beruflichen Tätigkeiten, wie sie in den Arbeitsplatzbeschreibungen zusammengestellt sind. Dies gilt vor allem dort, wo die beruflichen Anforderungen einem schnellen Wandel unterliegen.

Bemühungen der Berufsbildung

In dieser frühen aus heutiger Sicht eher unbedeutenden Computernutzung wurden Überlegungen zur Entwicklung einschlägiger Ausbildungen zwar immer wieder diskutiert, aber erst nach erheblicher Verzögerung wurden konkrete Strukturen konzipiert, festgelegt und eingeführt.

Dominant waren zunächst Fortbildung und Umschulung Arbeitsloser, da mit dem Arbeitsförderungsgesetz von 1969 – in dieser Zeit etwa begann auch der Einzug der Computer in Unternehmen und Verwaltung – entsprechende Fördermittel zur Verfügung standen. Eine Reihe von Akteuren – Computerhersteller, Computeranwender, Arbeitgeberverbände, Gewerkschaften sowie freie Träger – versuchten, in diesem schnell wachsenden und lukrativen Markt Bildungsangebote zu schaffen, die auch meist gut angenommen wurden. Die Curricula und die Ausbildungsabschlussbezeichnungen waren nicht geregelt, sodass eine weitgehend unübersichtliche Gemengelage entstand, die schnell als unbefriedigend bewertet wurde.

So wurde der Ruf nach allgemein anerkannten Erstausbildungen im Computerbereich immer lauter, und hier entstand zunächst im Dualen Bereich die Ausbildung zum „Datenverarbeitungskaufmann“ (1969), später dann die „Neuen IT-Berufe“ (1997). Zwischendurch gab es noch die Ausbildung zum „Mathematisch-technischen Assistenten“ (etwa ab 1985), einer Abiturientenausbildung, die in einigen wenigen Großunternehmen vermittelt wurde und quantitativ kaum eine Rolle spielte. Erst mit den „Neuen IT-Berufen“ stieg die Zahl der Auszubildenden kräftig an.

Weiterhin wurden noch IT-Ausbildungen an Berufsfachschulen eingerichtet, die auch gerne in Anspruch genommen wurden. Diese haben teilweise dieselben Curricula genutzt, die für den Dualen Bereich oder für Umschulungen entwickelt worden waren. Auch hier waren die Kapazitäten begrenzt.

Doch eigentlich sollte die Ausbildung für die Computerberufe ähnlich wie bei Ingenieur(inn)en und Betriebswirt(inn)en auf der Hochschulebene erfolgen – so wie das im Ausland relativ schnell eingeführt wurde (Computer Science). Auch in Deutschland (und Österreich sowie der Schweiz) wurde nach längerer Planung die Fachrichtung Informatik aus der Taufe gehoben (1969). Die Entwicklung lief aber wenig konform, man schaffte es nicht so schnell, eine einheitliche Ausrichtung zu finden. Sehr früh entstanden Aufspaltungen beispielsweise in „Theoretische Informatik", „Praktische Informatik" oder „Technische Informatik", doch auch Mischausbildungen – allgemein als „Bindestrich-Informatik" bezeichnet, wie beispielsweise Wirtschaftsinformatik, Rechtsinformatik, Bioinformatik oder Medizinische Informatik – wurden konzipiert und jeweils an einigen wenigen Hochschulen eingeführt.

Diese Studiengänge, die an Universitäten/Technischen Hochschulen wie auch an Fachhochschulen eingerichtet wurden, benötigten aber eine längere Zeit, bis sie ausgebaut waren und noch einige Jahre, bis die ersten Absolvent(inn)en auf den Arbeitsmarkt kamen. Auch war die Zahl der Studienplätze weit geringer als der geforderte Bedarf an Absolvent(inn)en.

Auf dem Arbeitsmarkt hatten es die Informatik-Absolvent(inn)en nicht leicht, mit den EDV-Praktiker(inne)n oder Absolvent(inn)en anderer Fachrichtungen zu konkurrieren. Oft wurden die Informatiker/-innen als zu theoretisch und wenig praxistauglich eingeschätzt. In diesem Zusammenhang ist es aber bemerkenswert, dass in den frühen Jahren es vor allem Physiker/-innen und Mathematiker/-innen waren, die mit ihrer ebenfalls theoretischen Grundausbildung sehr erfolgreich im Bereich der EDV die Bewerber(innen) Lücken füllten.

Etwa 1980 war diese vielfältige Landschaft der Erstausbildungen über alle Ebenen weitgehend konsolidiert, doch die Kapazitäten konnten den Bedarf nicht abdecken. So wurde die zunehmende Beschäftigung in diesem Bereich über lange Zeit, ja bis heute, weiterhin durch umgeschulte Quereinsteiger/-innen abgedeckt; dadurch verzögerte sich die Professionalisierung in diesem Tätigkeitsfeld ganz erheblich. Bis heute sind die Probleme dieser Dominanz der Quereinsteiger/-innen in der IT-Beschäftigung zu spüren.

Schließlich darf nicht vergessen werden, dass die IT-Ausbildungen unterhalb der Hochschulebene vor allem von jungen Menschen genutzt wurden, die durchaus eine Hochschulzugangsberechtigung hatten. Parallel dazu war die Abbruchquote in den Informatikstudiengängen, vor allem an den Universitäten und den Technischen Hochschulen, außerordentlich hoch. Viele Abiturient(inn)en waren mit der Theoretisierung der Informatikausbildung unzufrieden oder überfordert und versuchten nun, den Weg in eine IT-Tätigkeit über eine betriebliche Ausbildung oder über eine (Berufs-)Fachschule zu realisieren.

So entstand eine sehr heterogene Ausbildungslandschaft, die bis heute unübersichtlich ist und die Arbeitsmarktvorgänge erschwert. Die Arbeitgeber/-innen waren aber trotz aller Bedarfsmeldungen nie bereit, bei den Computerfachleuten klare Bedarfsvorstellungen nach der gewünschten Qualifikationsebene und -fachrichtung abzugeben, was bei den Ausbildungswähler(inne)n immer wieder zu Verunsicherungen führte.

Ständiger Wandel der Technik, der Infrastruktur und ihrer Nutzung

Inzwischen haben sich die Computer, ihre Nutzung, ihre Möglichkeiten sowie ihre Grenzen immer weiter differenziert. Die anfänglich – aus heutiger Sicht wenig leistungsfähigen – Großcomputer haben sich durch Miniaturisierung, Leistungssteigerung und Preisverfall zu Konsumprodukten entwickelt, die ihrerseits wieder innerhalb weltweiter Computernetze zu globalen Informationssystemen zusammengewachsen sind. Sie bilden inzwischen eine Infrastruktur, in die fast die gesamte Weltbevölkerung eingebunden ist. Früher getrennte Technikfelder wie beispielsweise die Telekommunikation sind inzwischen in diese Computernetze vollständig eingebunden. Aktuell gibt es wieder unter dem Schlagwort „Gesellschaft 5.0“ neue Tendenzen, noch mehr Computerleistung weltweit zur Verfügung zu stellen und zu nutzen.

> *„Und auch Berufstätige überwinden technische Schwierigkeiten und Kenntnisgrenzen eher autodidaktisch durch Ausprobieren und Fragen als systematisch. Mit anderen Worten: Der Aufbau von digitalen Kompetenzen bleibt die zentrale Herausforderung für die Zukunft. Der Prozess der Digitalisierung kann nur dann gesamtgesellschaftlich erfolgreich verlaufen, wenn weitgehend alle Bürgerinnen und Bürger die dafür notwendigen Kompetenzen erwerben.“ (Capgemini/Prognos 2018, S. 40)*

Wegen dieses ständigen, oft sehr schnell verlaufenden Wandels zur Informationsgesellschaft sind auch die Erwerbstätigen gezwungen, sich ständig an die neuen Entwicklungen anzupassen. Neu aber ist, dass sich die berufsbezogene Exklusivität der Techniknutzung, die für längere Zeit Bestand hatte, inzwischen aufzulösen scheint. In vielen Berufsfeldern erfolgt eine Deprofessionalisierung, in der Laien oder Kund(inn)en die früheren Aufgaben von qualifizierten Erwerbstätigen in Eigenarbeit übernehmen. Andererseits treten neue Spezialist(inn)enrollen auf, die in dieser Form bisher nicht existiert haben und bei denen der Zugang weitgehend ungeregelt ist.

Somit unterscheidet sich die aktuelle Situation im Informationsbereich nur wenig von der Situation in den 1960er Jahren: Eine sich schnell entwickelnde Technik findet neue Anwendungsfelder und führt zu erheblichen Strukturwandlungen in der Erwerbstätigkeit und zu einem Aufweichen des Berufsbegriffs. Im Gegensatz dazu hat der eher traditionell aufgestellte Bildungsbereich Mühe, die adäquaten Strategien sowohl für die Berufsbildung als auch für die Allgemeinbildung zu konzipieren und umzusetzen.

> *„Vergessen wird in diesem Zusammenhang aber häufig, dass sich mit der Digitalisierung auch die Art und Weise verändert, wie gearbeitet wird (zum Beispiel Arbeit in virtuellen Teams). Deshalb steigen nicht nur die Anforderungen an das Wissen über Computer und den Umgang mit ihnen, sondern es wird zukünftig auch wichtiger, über soziale Kompetenzen wie Kooperationsbereitschaft, Kommunikationsstärke, Selbstmanagement oder Empathie zu verfügen. Außerdem sollten bei der Aus- und Weiterbildung auch fachübergreifende Kompetenzen vermittelt werden. Beispielsweise sollte nicht nur die Bedienung einer konkreten Maschine oder Anlage im Mittelpunkt stehen, sondern auch vermittelt werden, welche verschiedenen Methoden es gibt, ein bestimmtes Arbeitsergebnis zu erzielen. Nur so kann gewährleistet werden, dass das Wissen über traditionelle Herstellungsmethoden und die Fähigkeit, diese auch anzuwenden, nicht verloren geht. Das könnte einer der wichtigsten Bausteine für die kreative Bewältigung künftiger Probleme sein." (Dengler/Matthes 2018, S. 11)*

Eine stabile Situation ist also weder in der Technologie noch in der Anwendung noch bei den Berufen und ihren Anforderungen erkennbar. Das breite Spektrum der Tätigkeiten lässt sich kaum standardisieren und in überzeugende Berufsbilder zusammenfassen. Wegen der wachsenden Komplexität der meisten Aufgaben wäre eine Akademisierung durchaus angebracht. Aber die Kapazitäten der Hochschulen sind weiterhin unzureichend und die Berufswähler/-innen sind ebenfalls zurückhaltend, da die Knappheit der Fachleute auch die Arbeitsbedingungen immer rigider werden lässt. Der Arbeitsdruck in diesen Berufsfeldern ist erheblich und wird immer weniger akzeptiert.

Versuche, ausländische Computerfachleute anzuwerben („Green Card"), sind weitgehend verpufft. Heute werden eher spezielle Aufgabenpakete weltweit verschoben und in Ländern wie Indien abgearbeitet, in denen ausreichende Personalkapazitäten vorhanden sind und gleichzeitig die Lohnkosten niedrig. So gibt es für die Arbeitgeber durchaus Strategien, diese Knappheit auf dem deutschen Arbeitsmarkt zu umgehen. Zugleich nimmt bei den Berufswähler(inne)n in Deutschland das Interesse an diesen Ausbildungen ab, da sie die potenzielle Billigkonkurrenz fürchten.

Bedeutung dieser Entwicklungen für die Berufsgenese allgemein

Diese exemplarische Betrachtung der Computerberufe lässt sich nur mit Einschränkungen auf andere Berufsfelder verallgemeinern. Insbesondere wenn ein Phänomen betrachtet wird, das in seiner Entwicklungsphase durchaus singulär gewesen ist, sind Verallgemeinerungen sehr problematisch. Ein besonderes Problem bei der Verallgemeinerung liegt in dem verwendeten Ansatz, eine derartige in sich heterogene und vielfältig zersplitterte Berufsgruppe zum Modell für andere Berufsfelder zu stilisieren. Es dürfte nämlich sehr selten vorkommen, dass ausgelöst durch eine neue Technologie eine komplett neue Berufsgruppe mit vielfältigen Einzelberufen entsteht. In diesem Sinne sind die Computerberufe durchaus singulär und ihre Entwicklungsmuster lassen sich in anderen Bereichen der Erwerbstätigkeit nicht finden.

Abgrenzung der Berufe bzw. der Berufsgruppen

Die Berufsgruppe der Computerfachleute ist neu entstanden, vielfältig und nur schwer abzugrenzen zu anderen (traditionellen) Berufen. Diese Abgrenzungsproblematik dürfte unabhängig von der Betrachtungsweise auftreten. Das oben angeführte Modell von Kern-, Misch- und Randberufen erleichterte zwar die Fokussierung, ist aber heute nur noch begrenzt anwendbar. Es wird weiterhin Kernberufe geben, die die hohe Komplexität großer Informationssysteme zu beherrschen haben. Hier dürften sowohl fachlich (Informatik) als auch von der Ebene her (Hochschulabschluss) die Anforderungen vergleichsweise rigide und klar sein.

Bei den Mischberufen ist es dagegen fraglich, ob diese Formen der Kompetenzintegration in einer Person noch sinnvoll sind. Eher dürfte hier die Teamarbeit von Erwerbstätigen unterschiedlicher fachlicher Kompetenz die Lösung sein. Allerdings ist bei den heutigen Computerfachleuten aufgrund ihres historisch geprägten Berufsweges aus anderen Berufen diese Mischqualifikation immer noch vorhanden, wird von den Arbeitgeber(inne)n gerne genutzt und ist oft Grundlage von Organisationsstrukturen. Als Modell einer adäquaten Qualifikationsstruktur sollte dieses Mischmodell eher durch Teamkonzepte substituiert werden.

Randberufe haben sich weitgehend aufgelöst, da die bei ihnen abgeforderten Computerqualifikationen inzwischen durch die Durchdringung unserer Alltagswelt mit computerisierten Informationssystemen (Beispiel Smartphone) zu Allgemeinqualifikationen geworden sind.

Quantitative Bedeutung der betrachteten Berufe bzw. Berufsgruppe

Neu entstandene Berufe zeigen zunächst nur eine geringe quantitative Bedeutung, bevor sie dann möglicherweise an Gewicht zunehmen. Im Falle der Computerberufe ist mittlerweile ein Berufsgewicht von deutlich über einem Prozent aller Erwerbstätigen erreicht worden, ein Wert, den es in anderen neuen Berufen oder Berufsfeldern nur sehr selten geben dürfte. Es ist deshalb zu überlegen, ob es überhaupt einen Schwellenwert für die Identifikation eines neuen Berufs geben sollte oder ob auch dann ein neuer Beruf als nachgewiesen gilt, wenn es nur sehr wenige Berufsangehörige gibt und möglicherweise keine spezielle Ausbildung für diesen Beruf angeboten wird.

Standardisierung neuer Berufe

Wenn die Einheitlichkeit, eine besondere Charakteristik und Eigenart des neu entstandenen Berufes ein wesentliches Kriterium für eine Berufsgenese sein sollte, dann bietet das hier untersuchte Beispiel der Computerberufe wenig Hilfe. Die Computerberufe sind immer noch sehr vielfältig und wenig standardisiert. Eine derartige Standardisierung wird immer sehr stark durch Ausbildungen und Zertifizierungen beeinflusst, doch hat sich bei den Computerberufen gezeigt, dass der Fluss der weiteren Entwicklung derartige Standardisierungen immer wieder obsolet gemacht hat.

Diese wenigen angeführten Kriterien der Berufsgenese machen bereits deutlich, dass die Verallgemeinerung einzelner Elemente sehr unterschiedlich sein kann. In der Gesamtheit des Geneseprozesses lassen sich – werden einzelne Computerberufe innerhalb der gesamten Gruppe betrachtet – allerdings durchaus Parallelen und gemeinsame Ablaufelemente erkennen. Der Professionalisierungsprozess läuft normalerweise in den folgenden Stufen ab (siehe dazu Dostal 2006, S. 11):

- die Tätigkeit wird als Beruf überwiegend in Vollzeit geleistet,
- es gibt eine spezifische Ausbildung oder einen einschlägigen Studiengang,
- eine lokale Interessenvertretung bildet sich,
- ein nationaler/internationaler Berufsverband wird gegründet,
- der Beruf bzw. die Ausbildung wird staatlich reglementiert und
- es entsteht ein berufsethischer Kodex.

So dürfte die Reihenfolge der Abläufe in der Professionalisierung auch bei der Genese anderer Berufe ähnlich strukturiert sein, die Probleme der Abgrenzung und Zuweisung, die Fragen quantitativer Bedeutung sowie die Standardisierungszwänge in der Betrachtung weitgehend auch auf andere Berufe und Berufsfelder verallgemeinerbar sein.

Übertragbarkeit

Offenbar gibt es für den gesamten Berufsgeneseprozess der Computerberufe keine Parallelen, doch für die einzelnen Elemente und Aspekte des Prozesses, für die Details, dürfte es auch aus anderen Berufsfeldern Beispiele und Indizien geben. So sind die folgenden Details auch in anderen Berufsfeldern wirksam:

Das Entstehen neuer Berufe im Arbeitsprozess bzw. im Beschäftigungssystem lässt sich als Basis der Berufsgenese verstehen. Hier gibt es allerdings kaum gesicherte Methoden und wenig empirische Ergebnisse. Ähnlich wie in anderen Innovationsprozessen gibt es eine große Vielfalt von neuen singulären Modellen, von denen sich aber nur wenige durchsetzen. Erst mit einer gewissen „kritischen Masse“ wird der einzelne Berufsgenesestrang relevant und beobachtbar. Oft handelt es sich auch nur um ein vorsichtiges Tasten, und manche neuen Berufe werden schnell wieder von den bereits bestehenden Nachbarberufen aufgesogen bzw. überwuchert. Viele können sich nur kurzlebig behaupten und sind somit unbedeutend.

Die massive Bedeutung der Prägung des Berufsgeneseprozesses durch Aus- und Weiterbildungsinstitutionen, durch speziell konzipierte Ausbildungsgänge, durch Zertifizierungen und Akkreditierungen, ist auch in anderen Berufsfeldern zu erkennen. Die Veränderung der Hochschullandschaft im Gefolge des Bologna-Prozesses ist ein tragfähiges Indiz für diese These. Neue Ausbildungen, oft auch als „Neue Berufe“ verstanden, finden eine hohe Aufmerksamkeit in der Öffentlichkeit und bei den Berufswähler(inne)n. Je stärker der Ausbildungsbereich um seine Ressourcen kämpfen muss, umso eher werden Informations- und Werbekampagnen gestartet, die meist die innovative Kraft beweisen sollen. Dabei steht die Konzipierung neuer Ausbildungen und damit verbunden auch neuer Berufe im Vordergrund.

So ergibt sich die Frage, ob neue Berufe naturwüchsig in der Beschäftigung entstehen und dort identifiziert werden können (und sollen), oder ob sie im Ausbildungsbereich bewusst konzipiert und durchgesetzt werden und von dort aus das Beschäftigungssystem erobern. Da die konkreteren Informationen aus dem Ausbildungssystem kommen – quantifizierte Curricula und durch Prüfungen verifizierte Zertifikate – haben die im Ausbildungssystem „gestalteten“ Berufe mehr Durchsetzungschancen als die im Beschäftigungssystem „geborenen“ Berufe.

Alle weiteren Aspekte der Berufsentstehung dürften ohne Einschränkungen übertragbar sein:

Die Rolle der Berufsverbände – bei den Computerberufen eher schwach ausgeprägt, die Gesellschaft für Informatik ist eher eine akademische Institution mit einer Dominanz der universitären Hochschulen – dürfte bei der Berufsgenese durchaus relevant sein, allerdings nur dann, wenn auch die quantitative Schwelle erreicht wird, ab der die Interessenvertretung ausreichend finanziert werden kann.

Gewerkschaften beobachten die Veränderungen bei den Berufen mit großer Aufmerksamkeit, um das Aufkeimen möglicher neuer Verhandlungsmacht und das Abbröckeln traditioneller Akteure möglichst früh zu erkennen und für sich zu instrumentalisieren. Tendenziell sind sie aber bei der Bewertung neuer Berufe zurückhaltend und eher konservativ, da sie ihre Mitgliederdominanz eher in überkommenen Berufen vorfinden.

Arbeitgeber/-innen und ihre Verbände sind an einem quantitativ und qualitativ ausreichendem Arbeitskräfteangebot interessiert und fördern neue Berufe in ihrem Aufgabenbereich, da sie erkannt haben, dass diese eine Signalwirkung auf Berufswähler/-innen und jene Personen haben, die sich beruflich neu orientieren wollen. Sie sind zugleich daran interessiert, ihre Verhandlungsmacht nicht allzu sehr an die Erwerbstätigen abzugeben. Sie wollen keine beruflichen Monopole oder Engpässe und legen sich auch nicht fest, welchen Berufen welche Aufgaben längerfristig zugewiesen werden. Im Grenzfall nehmen sie auch die Qualifizierung und Zertifizierung in die eigenen Hände.

Im Prozess der Berufsgenese ist irgendwann der Zeitpunkt gekommen, in dem auch spezifische berufsethische Fragen diskutiert werden. Jede stabile und tragfähige Beruflichkeit bedarf einer Besinnung auf ethische Prinzipien. Je problematischer und für die Gesellschaft folgenreicher die Ergebnisse beruflichen Handelns werden, umso stärker wird der Ruf nach ethischen Berufsprinzipien. Wesentlich sind dann aber nicht die Formulierung dieser Prinzipien, sondern die Folgen abweichenden Verhaltens beim Individuum oder bei der Berufsgruppe insgesamt. Hier sind die Erfahrungen bei den Computerberufen äußerst vage, und dies dürfte bei anderen Berufen im Berufsgeneseprozess ähnlich sein.

Neben den auf die Gesellschaft bezogenen beruflichen Aspekten sind auch die inneren erwerbsbezogenen Besonderheiten neuer Berufe von Bedeutung für die Berufsgenese. Je mehr besondere Begleiterscheinungen mit den neuen Berufen verbunden sind, umso stabiler dürfte ihr Bestand als eigenständiger Beruf sein.

Schließlich sind die eher quantitativen und arbeitsmarktbezogenen Aspekte der Berufsgenese weitgehend übertragbar. Erst ab einer gewissen quantitativen Schwelle werden neue Berufe wahrgenommen und registriert. Günstige Arbeitsmarktverhältnisse fördern ihre weitere Entwicklung, klare Bedarfsaussagen motivieren zu einem Einstieg in diese Berufe.

So kann festgehalten werden: Die Übertragbarkeit der Entwicklung der Computerberufe auf andere Berufsgeneseprozesse ist nicht in ihrer Vollständigkeit und in ihrem gesamten Umfang zu erwarten, sondern lediglich in einzelnen Details. Die Schritte sind vermutlich ähnlich, aber ihre Bedeutung, ihr Gewicht im gesamten Prozess wie auch ihre Reihenfolge kann variieren. In der betrachteten Zeit ist kein weiteres Berufsfeld mit ähnlicher Dynamik und quantitativer

Bedeutung neu entstanden. Somit gibt es für dieses Beispiel keine Parallelen. Doch die einzelnen Detailvorgänge lassen sich auch bei anderen neu entstandenen Berufen erkennen und nachweisen.

Extrapolation

Die Computerberufe stehen derzeit immer noch im Geneseprozess. Es kann zwar in einigen Bereichen eine Konsolidierung belegt werden, doch weitere Veränderungen sind durchaus zu erwarten. Viele Elemente der Genese der Computerberufe sind so strukturiert, dass ihre weitere Entwicklung durchaus extrapoliert werden könnte. Dies gilt sowohl für die derzeit existierenden Computerberufe in ihrer Gesamtheit als auch für andere in der Genese befindlichen Berufe.

Die Frage zukünftiger Berufsgenese – aus der exemplarischen Sicht der Computerberufe – steht unter einer Reihe von belastenden Hypotheken, die aus heutiger Sicht nur angerissen werden können. Die folgenden Aspekte stehen im Vordergrund:

1.) Wird es zukünftig überhaupt noch Berufe geben?

Die Thesen von der Entberuflichung (siehe dazu beispielsweise die Ausführungen bei Dostal 2005, S. 77 ff.) bis hin zum Verzicht auf diese Kategorisierung macht auch eine Berufsgenese obsolet. Allerdings ist die Veränderung und Neuentstehung von Tätigkeiten, Kompetenzen oder Qualifikationen, also von jenen Kategorien, die den Beruf substituieren sollen, weiterhin zu erwarten und als Untersuchungsgebiet wahrzunehmen. Es ist damit zu rechnen, dass die Phänomene der Berufsgenese weiterhin stattfinden und identifiziert werden können, nur dass die Begrifflichkeiten andere sein werden und die den Berufsbegriff charakterisierende Integrationsfunktion anderweitig beigebracht werden muss. Auch wenn das Berufskonstrukt Platz macht für andere Definitionen von Erwerbstätigkeit und -qualifizierung und in anderer Weise definiert und verstanden wird, wird es in diesem Feld durchaus Veränderung und Wandel geben. In diesem Sinne ist die Berufsgenese nur begrenzt auf einen allgemein akzeptierten Berufsbegriff angewiesen.

2.) Was ändert sich in der Berufsgenese, wenn sich Erwerbstätigkeit verselbstständigt?

Erwerbsarbeit wird bisher überwiegend im Rahmen abhängiger Beschäftigung geleistet. Die Berufsgenese hat somit die Elemente der Arbeitnehmereigenschaft berücksichtigen müssen. Dazu gehören zunächst feste Vorgaben für Arbeitsort und Arbeitszeit, weiterhin für Inhalte, Anforderungen und Bedingungen der Arbeit selbst sowie Leistungsbemessung und Gratifizierung. Alle diese Elemente abhängiger Arbeit werden genau beobachtet und dokumentiert. Auf dieser Basis sind Berufsgeneseprozesse gut messbar, und diese Messungen können auch Basis für eine Extrapolation dieser Berufe sein.

Im Bereich selbstständiger Arbeit gibt es diese Festlegungen weniger, die Dokumentation der Arbeitsanforderungen und -bedingungen erfolgt nur in Ausnahmefällen. Stattdessen gestalten die Selbstständigen ihre Arbeit nach eigenen Vorstellungen und bedienen Märkte, die als Regulative Erfolg oder Misserfolg sehr unmittelbar zum Ausdruck bringen. In diesem Geflecht von marktbezogenen Belohnungen und Bestrafungen müssen sich auch neue Berufe bewähren. Es ist durchaus möglich, dass in diesem Umfeld der Berufsgeneseprozess anders abläuft als bei abhängiger Beschäftigung.

Die Selbstständigenraten bei Computerberufen sind eher durchschnittlich gewesen. Selbstständigkeit hat es immer wieder gegeben, meist in Form des sog. „Freelancing" und in der Entstehungsphase neuer Unternehmen. Da für die Erstellung und Implementation von Software nur wenig Infrastruktur und Kapital erforderlich sind, ist eine Selbstständigkeit in Computerberufen allerdings weniger mit einer Unternehmensgründung zu vergleichen, sondern eher mit freiberuflicher Tätigkeit von Expert(inn)en bzw. Sachverständigen.

Der vergleichsweise kürzere Bestand selbstständiger Existenz im Vergleich zu abhängiger Beschäftigung in traditionell auf längere Sicht konzipierten Unternehmen könnte dazu führen, dass Berufsgeneseprozesse bei einem Anstieg selbstständiger Beschäftigung anders verlaufen als in traditioneller abhängiger Beschäftigung. Eine Extrapolation bisheriger Erkenntnisse über diesen Prozess ist bei Zunahme selbstständiger Erwerbsaktivität somit weniger möglich.

3.) Gelten die Regeln der Berufsgenese weiterhin?

Berufsgenese ist immer innovativ und es ist die den Innovationsprozessen eigene Charakteristik, dass sie nicht extrapolierbar und somit auch nicht prognostizierbar sind. Es ist ja gerade die Besonderheit der Innovation, dass sie unerwartet auftritt und sich im Diffusionsprozess durchsetzt, ohne langfristig vorhergedacht worden zu sein (siehe dazu Pfeiffer 1971). In diesem Sinne wäre zu erwarten, dass auch in der Berufsgenese neuartige, nicht vorauszusehende und nicht planbare Elemente auftreten, die eine einfache Extrapolation nur begrenzt zulassen. Die aufgefundenen Charakteristika sind somit keine Regeln, die beliebig in die Zukunft fortgeschrieben werden können.

Theoretisches Fundament

Die Überlegungen zur Verallgemeinerung der Erkenntnisse aus der Genese der Computerberufe sind nur dann tragfähig und belastbar, wenn sie auf einem soliden theoretischen und empirischen Fundament gründen. Dieses ist derzeit nur in Umrissen zu erkennen. Berufsgenese kann nur dann solide identifiziert, gemessen, bewertet und evaluiert werden, wenn als Basis eine tragfähige Berufsforschung zur Verfügung steht. Die Erkenntnisse der letzten 40 Jahre Berufsforschung (siehe dazu Dostal 2005) können hier herangezogen werden. Allerdings sind sie nicht ausreichend, um insbesondere für die Berufsgeneseforschung ausreichende Theorien und Methoden zu bieten.

Der hier vorgenommene exemplarische Versuch, am Beispiel eines dynamischen Berufsfeldes die Berufsgenese allgemein zu beschreiben, kann nicht genügen, um alle Phänomene der Berufsgenese in den Blick zu bekommen und adäquat zu beschreiben, sie zu begründen und daraus eine Theorie zu entwickeln. Somit sind die Verallgemeinerungsüberlegungen lediglich erste Versuche, Wege in diesem unübersichtlichen Geflecht von berufsbezogenen Aspekten zu bahnen und die vorgefundenen Zusammenhänge zu systematisieren.

Die Analyse einer speziellen Berufsgenese liefert aber immer wieder Rückmeldungen zu einer allgemeinen Theorie der Berufe. In den Entstehungsdetails zeigen sich immer wieder charakteristische Elemente von Beruf und Beruflichkeit, sodass über die dynamische Genese sich das Phänomen Beruf möglicherweise deutlicher zeigt als bei einer statischen Betrachtung. Gerade die ständigen Veränderungen bei und zwischen Berufen lassen die grundlegenden unterlagerten Strukturen klarer hervorscheinen, als wenn nur eine unveränderte Fassade beruflicher Normalität wahrgenommen wird. In diesem Sinne kann eine exemplarische Berufsgeneseforschung – wie sie hier am Beispiel der Computerberufe dargestellt wurde – die Berufsforschung unterfüttern und belastbarer machen.

Literatur

Baethge, M.; Baethge-Kinsky, V. (1998): Jenseits von Beruf und Beruflichkeit? – Neue Formen von Arbeitsorganisation und Beschäftigung und ihre Bedeutung für eine zentrale Kategorie gesellschaftlicher Integration. MittAB 3 (31), S. 461–472.

Capgemini/Prognos (2018): Gesellschaft 5.0. Implikationen der Digitalisierung für ausgewählte Lebensfelder. Frankfurt a. M./Berlin.

Dengler, K.; Matthes, B. (2018): Wenige Berufsbilder halten mit der Digitalisierung Schritt. IAB-Kurzbericht 4/2018, Nürnberg.

Diebold (Hrsg.) (1974): Der Bedarf an ADV-Fachkräften bis 1978. Leopoldshafen.

Dostal, W. (1980): Datenverarbeitung und Beschäftigung. Teil 2: DV-Fachkräfte – Prognosen und aktuelle Entwicklungen. MittAB 3 (13), 426–442.

Dostal, W. (1988): Informatisierung und Wandel der Berufsstruktur. In: Dienstleistungen im Strukturwandel. Beihefte der Konjunkturpolitik 35, Berlin, S. 105–122.

Dostal, W. (1999): Informatiker im Spannungsfeld zwischen Nachhaltigkeit und Verfall. Informatik-Spektrum 3, S. 192–196.

Dostal, W. (2005): Berufsforschung. Beruf als Forschungsgebiet des Instituts für Arbeitsmarkt- und Berufsforschung (IAB) von 1967 bis 2003. BeitrAB 296, Nürnberg.

Dostal, W. (2006): Berufsgenese. Ein Forschungsfeld der Berufsforschung, erläutert am Beispiel der Computerberufe. BeitrAB 302, Nürnberg.

Pahl, J.-P. Herkner, V. (Hrsg.) (2013): Handbuch Berufsforschung. Bielefeld.

Pfeiffer, W. (1971): Allgemeine Theorie der technischen Entwicklung. Göttingen.

Rauner, F. (Hrsg.) (2005): Handbuch der Berufsbildungsforschung. Bielefeld.

Troll, L. (1996): Die Berufsbezeichnungen in Stelleninseraten als Indikatoren neuer Beschäftigungsfelder. In: Alex, L.; Tessaring, M. (Hrsg.): Neue Qualifizierungs- und Beschäftigungsfelder. BIBB/IAB-Workshop im November 1995. Bielefeld, S. 121–133.

Twiehaus, H.-J., Dostal, W. (1990): Computerberufe. Berufe und Bildung in der Datenverarbeitung. Hamburg.

Carsten Wehmeyer

Arbeit und Ausbildung von IT-Fachkräften – Beitrag zur didaktischen Theoriebildung der beruflichen Fachrichtung Informationstechnik[1]

Zusammenfassung: *Ohne Zweifel hat die Informations- und Telekommunikationstechnik (IT) in einer umfassenden Digitalisierung sämtliche Wirtschafts-, Arbeits- und Lebensbereiche stark durchdrungen. Insbesondere die Telekommunikations- bzw. Fernmeldetechnik aber auch die Informations- bzw. Elektronische Datenverarbeitungstechnik (EDV) sind zwar keine neuen Technik- und Arbeitsbereiche, jedoch haben Mobilfunk, PCs und in den 1990er Jahren auch das Internet die Arbeitswelt und den gesellschaftlichen Alltag so nachhaltig verändert, dass man von einem Wandel von der Industrie- zur Informationsgesellschaft spricht. Digitalisierung ist quasi überall und so stellt sich verstärkt und erneut die Frage, welchem Wandel die Arbeit und Ausbildung von IT-Fachkräften unterliegt.*

Aus Sicht der Berufsbildungsforschung ist bedeutsam, welche neuen Berufs- und Qualifikationsprofile entstanden sind und welche Konsequenzen aus den vielschichtigen Entwicklungen dieses weitreichenden Wandlungsprozesses für die Ausbildungsberufs- und Curriculumentwicklung sowie die fachrichtungsdidaktische Theoriebildung der Informationstechnik zu ziehen sind. Das berufswissenschaftliche Erkenntnisinteresse richtet sich auf die Strukturen, Inhalte und Aufgaben der IT-Berufsarbeit sowie die erforderlichen Fähigkeiten und Kompetenzen der IT-Fachkräfte und leistet folglich einen theoretischen Beitrag zur Etablierung der 2007 von der KMK offiziell in den Stand einer beruflichen Fachrichtung erhobenen Informationstechnik (vgl. Petersen 2010).

Didaktik wird in diesem Beitrag als weitgefasster Begriff einer arbeitsorientierten Berufsdidaktik verstanden, der tradierte Konzepte der Technik- oder Fachdidaktik als Grundlage für die Strukturierung der Ausbildungsprofile, die lernfeldbasierte Curriculumentwicklung und die arbeits- und geschäftsprozessorientierte Ausbildung sowie Unterrichtsgestaltung seit Ende der 1990er Jahre grundlegend verdrängt hat (vgl. Petersen 2005, S. 164).

Wandel beruflicher Arbeit und Ausbildung von IT-Fachkräften in curricularer Perspektive

Aus dem Blickwinkel der Wechselwirkung von Beschäftigungs- und Bildungssystemen (siehe Abb. 1) hat sich insbesondere mit der eigenständigen Etablierung der IT-Branche – mit Wirkung auf viele andere Branchen – eine

1 Der Beitrag basiert u. a. auf den Erkenntnissen von Wehmeyer (2007).

Vielfalt von neuen IT-Geschäfts- und Arbeitsbereichen, IT-Tätigkeitsprofilen bzw. -Erwerbsberufen sowie berufsqualifizierenden IT-Bildungsgängen herausgebildet. In der didaktischen Forschung der beruflichen Fachrichtung Informationstechnik kommt folglich der Entwicklung und Gestaltung von Ausbildungsberufen bzw. der berufsbezogenen Curriculum- und Ausbildungsentwicklung im IT-Bereich und deren Umsetzung eine zukunftsweisende Bedeutung zu. Allerdings ist auf diesem Gebiet bisher kaum fachrichtungsspezifisch geforscht worden, was vor allem mit der branchenübergreifenden Bedeutung der Informations- und Telekommunikationstechnik zusammenhängt. Damit ist etwa auch die Frage verbunden, wer als IT-Fachkraft angesehen werden kann oder in welchen Bereichen es sich „lediglich" um einen durch die Informations- und Telekommunikationstechnik induzierten Berufs- und Arbeitswandel handelt.

Vor dem Hintergrund der Dynamik prozessorientierter Organisations- und Arbeitsstrukturen gibt es mit Blick auf eine entsprechende Berufs- und Curriculumentwicklung zwei große und nach wie vor mit vielen offenen Fragen behaftete Herausforderungen. Erstens, wie die beruflichen Arbeitsinhalte und -anforderungen von IT-Fachkräften zu ermitteln und didaktisch im Sinne einer arbeitsorientierten Profilierung (vertikal wie horizontal) zu bewerten und zu strukturieren sind (vgl. Benner 1996), sowie zweitens, mit welchen didaktisch-methodisch begründeten Transformationskonzepten sich diese in curriculare Strukturen und Inhalte der berufsqualifizierenden Ausbildung prospektiv umsetzen lassen (vgl. Petersen 2002).

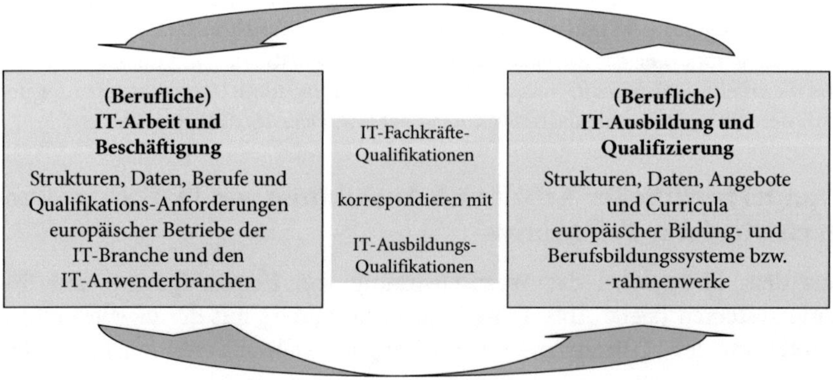

Abb. 1: Wechselwirkung Berufliche Arbeit und Ausbildung

Mit den Analysen kann allerdings nicht einfach eine „schlichte" Erfassung des Technik- und Arbeitswandels mit dem Ziel der Anpassung der Berufsbildungsstrukturen und -inhalte vorgenommen werden (vgl. etwa Petersen 1994, S. 31). Erforderlich sind neue Evaluations- und Analysekonzepte, die die Wechselwirkung von beruflicher Arbeit und Ausbildung problematisieren und methodisch entsprechend behandeln. Mit dem deutschen Berufskonzept des dualen Ausbildungssystems ist die Berufsbildungsforschung hierbei gewissermaßen in doppelter Weise herausgefordert, denn „die heutigen Berufsbildungsstrukturen der Aus- und Weiterbildung sind zwar überwiegend berufsbezogen, nicht aber mit der Berufelandschaft kongruent. Für manche Berufe gibt es keine geschlossenen Ausbildungen, andere sind erst über Weiterbildungszertifikate erreichbar, für manche gibt es lediglich Einarbeitungen. „Berufsausbildung" als ausschließlicher Weg in den jeweiligen Beruf hat – speziell im Dualen System – eine gewisse Tradition, doch daneben zeigen sich zunehmend offene Muster, in denen Bildungselemente individuell gewählt und zusammengestellt werden und somit keine spezifische Beruflichkeit über die Qualifizierung vermittelt wird oder sich noch nicht prägend ausgewirkt hat, da die Entstehung bzw. Schaffung eines Berufsbildes einen langwierigen Prozeß darstellt" (Dostal u. a. 1998, S. 439).

Grundlegend problematisch ist zu dieser Interdependenz bzw. dem Abhängigkeitsverhältnis von Berufsarbeit und Berufsbildung bzw. -ausbildung – hier aus der Sicht der Berufsbildungsforschung –, „daß noch erhebliche theoretische und empirische Defizite bei der Erforschung der Beziehungen zwischen Bildungs- und Beschäftigungssystem bestehen" (vgl. Alex/Weißhuhn 1980, S. 229).[2] Der Wandel von der Industrie- zu einer (globalen) Informations- und Wissensgesellschaft mit einer zunehmenden Vielfalt von Dienstleistungstätigkeiten bzw. -berufen, zu denen die IT- und Medienberufe gerechnet werden können, hat dieses Defizit weiter verdeutlicht.

Hinsichtlich der qualifikatorischen Konsequenzen wird im Zuge der Berufsbildungs- und Ausbildungsordnungsforschung sowie der beruflichen Curriculum- und Ausbildungsgestaltung zunehmend eine arbeitsorientierte Didaktik betont. So ist die berufliche Ausbildung unmittelbar und anforderungsgerecht an der Berufspraxis und den betrieblichen Arbeits- und Dienstleistungsstrukturen auszurichten und in diese zu integrieren (vgl. Benner 1996; BMWi/BMBF 1999; Borch/Schwarz 1999). Dementsprechend sind die Ausbildungsziele und

---

2 Wie auch Baethge und Teichler zu ihrem Beitrag: „Bildungssystem und Beschäftigungssystem" betonen, stehen diese Begriffe als metaphorische Synonyme für Bildung und Arbeit als gesellschaftliche Institutionen und nicht als systemtheoretisch zu betrachtende Größen (vgl. Baethge/Teichler 1995, S. 209).

-inhalte nach Benner (1996, S. 56) „aus der Summe der Berufsinhalte derjenigen Funktions- und Tätigkeitsbereiche auszuwählen, für die ein Ausbildungsberuf entwickelt werden soll". Demnach ist die Ausbildung maßgeblich durch die Orientierung an betrieblichen Geschäfts- und Arbeitsprozessen geprägt. Dies legitimiert eine entsprechende Qualifikations- und Curriculumforschung, also die auf Geschäfts- und Arbeitsprozesse gerichteten Arbeits- und Qualifikationsanalysen sowie entsprechende curriculare Gestaltungsansätze (vgl. Martin/Pangalos/Rauner 2000, S. 22 ff.; Petersen 2002; Gerds u. a. 2002). Damit sind zugleich neue empirisch-analytische Herausforderungen angedeutet, die für den Untersuchungsansatz und die einzelnen Forschungsmethoden aufzunehmen sind.

Aus der Perspektive der Berufsbildungsforschung richtet sich das Erkenntnisinteresse darauf, die Korrespondenz der Strukturen und Curricula der IT-Aus- und Weiterbildung mit den Qualifikationsanforderungen an die IT-Fachkräfte zu klären. Von Bedeutung ist hierzu auch die methodische Frage, inwieweit die arbeitsprozessorientierte Qualifikations- und Curriculumforschung didaktische Impulse für zukunftweisende Strategien zur Planung und Praxis der Berufsbildung geben kann. Konkret ist hierzu die Frage relevant, wie und auf welcher Grundlage sich Arbeit und Ausbildung von IT-Fachkräften beruflich bzw. qualifikatorisch klassifizieren und abgrenzen lassen.

Neben der Analyse und Evaluation bestehender IT-Ausbildungsgänge, die den Anspruch der Geschäfts- und Arbeitsprozessorientierung, wie bei den neuen IT-Ausbildungsberufen bereits geschehen, erheben und folglich für die Auswertung unmittelbar relevant sind, stellt sich die Frage nach den aktuellen und zukünftig bedeutsamen beruflichen Arbeitsinhalten und Qualifikationsanforderungen an IT-Fachkräfte: „Wird berufliche Bildung als ein Beitrag zur Qualifizierung für die berufsförmig organisierten Arbeitsprozesse verstanden, dann kommt es ganz zentral darauf an, berufliche Arbeitsprozesse und berufliche Tätigkeiten zu analysieren, um die Qualifikationsanforderungen so detailliert zu entschlüsseln, dass diese eine Grundlage für berufliche Curricula bilden" (Rauner 2000, S. 331; vgl. auch KMK 2000, S. 4).

Darf die Notwendigkeit empirischer Arbeitsanalysen in der Qualifikations- und Curriculumforschung seit Langem als akzeptiert gelten, so ist die Frage nach geeigneten methodischen Instrumentarien immer noch und vor dem Hintergrund curricular-didaktischer Ansprüche zur Geschäfts- und Arbeitsprozessorientierung bzw. der Orientierung an „Prozessen beruflicher Tätigkeiten" (KMK 2000, S. 4) in neuer Qualität relevant. Dieses gilt sowohl für betriebliche Ausbildungsordnungen als auch schulische Curricula. Die Analyse der IT-Arbeit steht also in einem engen Zusammenhang mit den geschäfts- und arbeitsprozessorientierten Ansprüchen der IT-Ausbildung.

Sozial- und berufswissenschaftlicher Untersuchungsansatz

Für die Theoriebildung sind die Zusammenhänge bzw. Gegensätze von Beruflichkeit bzw. berufs- und funktionsbezogener Qualifizierung als traditionelle sowie der Geschäfts- und Arbeitsprozessorientierung als neue didaktische Bezugsgröße von zentraler Bedeutung. Sie sind im Kontext der aktuellen und durchaus kritischen Diskussionen über berufswissenschaftliche Untersuchungsansätze (vgl. Petersen 2018) sowie Konzepte zu einer arbeitsprozessorientierten Qualifikations- und Curriculumforschung der beruflichen Fachrichtungen zu reflektieren. Es ist folglich darauf einzugehen, welche Ansätze und Konzepte arbeits- bzw. arbeitsprozessorientierter Qualifikations- und Curriculumforschung sich insbesondere mit der (Neu-)Formierung der Berufswissenschaften Ende der 1990er Jahre als Forschungsfeld beruflicher Fachrichtungen herausgebildet haben und in der Forschungspraxis zum Einsatz kommen (können). Mit dem Untersuchungsansatz wird daher auch ein Beitrag zur Weiterentwicklung berufswissenschaftlicher wie arbeitsanalytischer Methoden und Instrumentarien der Qualifikations- und Curriculumforschung geleistet (vgl. Sonntag u. a. 1987; Rauner 2000, S. 336; Spöttl 2000, Becker 2003, Kleiner 2005).

Untersuchungen zur IT-Arbeit und IT-Ausbildung im Zuge einer arbeitsprozessorientierten Qualifikations- und Curriculumforschung

Die Untersuchungen sind im Sinne der Berufsbildungsforschung durch die interdisziplinären Zusammenhänge der Qualifikationsforschung und der Curriculumforschung gekennzeichnet (vgl. dazu Rauner 2004b; vgl. Fischer/Gerds 2002). Diese Analysen unterscheiden sich in ihrer methodischen Anlage von arbeitswissenschaftlichen oder industriesoziologischen Studien zur Qualifikationsforschung (vgl. Rauner 1998, S. 25; vgl. Becker 2003, S. 50 ff.). Nach Teichler (1995, S. 502) erhebt die Qualifikationsforschung zwar allgemein den Anspruch „eine Verbindung zwischen Arbeit, daraus geschlossenen Anforderungen an die Berufstätigkeiten, berufsrelevanten Persönlichkeitsmerkmalen sowie schließlich Inhalten und Prozessen des Lernens herzustellen". Curriculare Fragen werden hierbei jedoch nicht untersucht, weder mit einem didaktischen oder berufspädagogischen Grundverständnis der Curriculumforschung noch aus dem Blickwinkel der Ausbildungsordnungsforschung.

Der Forschungsansatz richtet sich auf die Entwicklung und Begründung abgestimmter Methoden und Instrumente zur Analyse und Evaluation der Arbeit und Ausbildung von IT-Fachkräften (siehe Abb. 2). Die Frage nach den „richtigen" Ausbildungsqualifikationen bleibt zentral, und zwar im Hinblick auf die benötigten Fähigkeiten zur Mitgestaltung von Arbeit und Technik (vgl. Rauner 1985, S. 50). Letztlich, so die These, sind es wiederum die konkreten Arbeits- und Technikzusammenhänge bzw. -inhalte, die zur Mitgestaltung befähigen, sodass auch hier die Ermittlung der relevanten Arbeitsqualifikationen und -inhalten im Zentrum der Untersuchungen steht.

Bei der Entwicklung der Forschungsmethoden muss des Weiteren auf Ansätze der Ausbildungsordnungsforschung, vor allem repräsentiert durch das Bundesinstitut für Berufsbildung, Bezug genommen werden. Im Sinne einer normativen Berufsbildungsforschung (vgl. Rauner 2003) konzentriert sich die Ausbildungsordnungsforschung auf die Erarbeitung von Ausbildungszielen und -inhalten, die „auf der sozialwissenschaftlich ausgerichteten Untersuchung der Beziehungen zwischen Technik, Arbeitsorganisation und Qualifizierungsstrategien" (Sauter 2002a, S. 63) basieren. Da es in den Berufswissenschaften um die Untersuchung konkreter Berufs- und Arbeitsinhalte sowie den damit verbundenen Wandlungsprozessen beruflicher Qualifikationsanforderungen an IT-Fachkräfte geht, muss man nach Rauner (1998, S. 25) forschungsmethodisch dort weiterdenken, wo die empirische Sozialforschung an ihre disziplinären Grenzen stößt.

Entsprechend der zwei Analysebereiche sind auch zwei eigenständige Untersuchungskonzepte erforderlich. So sind für jeden Analysebereich die

IT-Berufsarbeit und -Beschäftigung/IT-Qualifikationsanforderungen	**Gesellschaftliche Wechselwirkung**	**IT-Berufsausbildung/IT-Qualifikationen**
Definition und Klassifizierung von IT-Berufsarbeit und IT-Fachkräften Statistische Analyse und Vergleich des Bestands und Bedarfs an IT-Fachkräften Untersuchung beruflicher Arbeit und Qualifikationsanforderungen an IT-Fachkräfte	Berufliche Arbeitsqualifikationen der IT-Fachkräfte ← korrespondieren mit → Ausbildungsqualifikationen der IT-Aus- und Weiterbildung	Definition und Klassifizierung der IT-Ausbildung und Qualifizierung Statistische Analyse und Vergleich des Angebotes an IT-Fachkräften in Europa Evaluation und international angelegter Vergleich beruflicher IT-Qualifikationsangebote und Curricula in Europa

Abb. 2: Analyse- und Evaluationsansatz in der Wechselwirkung beruflicher Arbeit und Ausbildung von IT-Fachkräften

Untersuchungsinhalte und -methoden sowie die einzusetzenden Instrumente entsprechend zu bestimmen und auszuarbeiten. Dies betrifft im Detail auch die einzubeziehenden Expert(inn)en, da die Expert(inn)en der IT-Arbeit und die der IT-Ausbildung in den Betrieben oft nicht identisch sind bzw. diese ihre je eigenen Erfahrungen und Einblicke haben. So wird durch die beiden Analysebereiche im Ansatz auch gewährleistet, dass die Evaluation der IT-Berufe aus der Arbeits- und der Ausbildungssicht erfolgt und beide Ergebnisbereiche die Grundlage für Bewertungen und Schlussfolgerungen bilden.

Um die Zusammenhänge moderner Arbeitsstrukturen und -inhalte sowie damit korrespondierender Berufs- und Ausbildungsprofile aufzuzeigen, sind die empirischen Untersuchungen auf der Basis neuer Modelle und Konzepte der arbeitsprozessorientierten Qualifikations- und Curriculumforschung durchzuführen (vgl. Petersen 2002; vgl. Rauner 2002, S. 531). Diese bilden konsequenterweise auch die Grundlage für eine „arbeitsprozessorientierte Curriculumentwicklung“ (vgl. Lipsmeier 2001, S. 320). Gefordert ist die Entwicklung eines handhabbaren Analyse- und Gestaltungsmodells zur didaktisch induzierten Geschäfts- und Arbeitsprozessorientierung für die berufsqualifizierende Ausbildung.

Arbeit und Berufe von IT-Fachkräften – Theoretische Annahmen, Begriffsklärungen, Klassifizierungen

Eine zentrale Herausforderung berufswissenschaftlicher Untersuchungen besteht in der qualitativen Analyse, Bewertung und Aufarbeitung beruflicher Arbeitshandlungen und -inhalte sowie den damit verbundenen Fähigkeits- bzw. Qualifikationsanforderungen. Hierzu bedarf es neben der Anwendung der gängigen empirischen Untersuchungsmethoden sozialwissenschaftlicher Forschung, wie etwa die Methode der Leitfaden-Befragung (vgl. Atteslander 2003, S. 156 ff.), der Entwicklung und Begründung eines modellbasierten Arbeitsanalyseverfahrens, mit der die Arbeit von IT-Fachkräften in zunehmend prozessorientierten Arbeitsstrukturen umfassend wie detailliert in berufswissenschaftlicher Perspektive untersucht werden kann.

Die qualitativ vertiefenden Untersuchungen zur beruflichen Arbeit und den Fähigkeiten von IT-Fachkräften gehen wie zahlreiche andere Arbeitsanalyseansätze von der grundlegenden Annahme aus, dass die realen Arbeits- und Qualifikationsanforderungen sowie der zukünftige Qualifikationsbedarf insbesondere an erfahrenen Fachkräften bzw. Facharbeiter(inne)n umfassend und detailliert beschrieben werden können. Die empirischen Analysen von „in der Praxis beobachtbaren Anforderungs- und Qualifikationsprofilen“

(Kath/Sauter 2002, S. 4) dienen der systematischen Beschreibung der Zusammenhänge zum Technik-, Arbeits- und Berufswandel im IT-Bereich und ermöglichen einen nachhaltigen Beitrag zu den aktuellen und künftigen Herausforderungen der Berufs- und Curriculumentwicklung zu leisten und, wie gefordert, „die Entscheider bei einer offenen Gestaltung der Berufsbilder zu unterstützen“ (Kath/Sauter 2002, S. 4). Im Sinne von Abel ergibt sich so in erziehungswissenschaftlicher Perspektive „die Möglichkeit einer Realdefinition von Arbeit und Beruf“ (Abel 1963, S. 3). Benner (1982, S. 74) argumentiert auf der Grundlage damaliger Forschungsaktivitäten für das CEDEFOP, dass berufliche Tätigkeitsanalysen als Grundlage für die Konstruktion von Ausbildungsberufen und Berufsfeldern geeignet sind, und zwar insbesondere deshalb, weil „das Ziel der Berufsausbildung die berufliche Handlungsfähigkeit ist und somit die beruflichen Arbeitsaufgaben auch Gegenstand der Berufsausbildung sein müssen“ (Benner 1982, S. 74). Infrage steht in diesem Zusammenhang, ob berufsqualifizierende Ausbildungsinhalte quasi unmittelbar erhoben werden können, oder ob sie nicht zuvörderst nach gezielten fachdidaktischen Entscheidungen aus den ermittelten Berufs- bzw. Arbeitsinhalten auszuwählen sind (Benner 1982, S. 75).

Die qualitativen Berufs- und Arbeitsanalysen sind mit Blick auf die Fragen der beruflichen Entwicklungen durch einen arbeits- und berufsoffenen Ansatz gekennzeichnet, welcher die dualen Ausbildungsberufe bzw. in diesen ausgebildete IT-Fachkräfte als „nur“ ein (wenn auch ohne Zweifel zentrales) „Teilkollektiv“ (vgl. Kern/Schumann 1984, S. 35) aller IT-Fachkräfte begreift. Die Arbeit von IT-Fachkräften mit einer dualen (oder schulischen) Berufsausbildung ist nach diesem Ansatz Teil umfassender betrieblicher IT-Geschäfts- und Arbeitsprozesse bzw. IT-Projekte. An diesen sind auch akademisch qualifizierte IT-Fachkräfte mit Hochschulabschlüssen und solche mit Fortbildungsberuf bzw. beruflicher Weiterbildung beteiligt und entsprechend in die Untersuchungen einzubeziehen. Neben der berufsfachlichen Abgrenzung zwischen IT-Fachkräften mit einer Berufsausbildung ist also mit den Arbeits- und Qualifikationsanalysen die „vertikale“ Abgrenzung beruflicher Arbeitsaufgaben und Fähigkeitsanforderungen im Sinne unterschiedlicher Qualifikationsstufen („level“) zu untersuchen. Die in ihrer Arbeit zu untersuchenden IT-Fachkräfte werden in Anlehnung an Kern/Schumann (1984, S. 27) hierbei nicht als „Betroffene“ dieser Prozessabläufe, sondern als „Objekt *und* Moment des betrieblichen Ablaufs“ (Hervorhebung im Original) aufgefasst und dementsprechend interviewt und beobachtet.

Das im Rahmen der Forschungsarbeiten der beruflichen Fachrichtung Elektrotechnik/Informatik am biat entwickelte Arbeits- und Aufgabenanalysemodell

GAHPA[3] erhebt den Anspruch, berufliche Arbeit zunächst funktionsübergreifend in betrieblichen IT-Geschäfts- und Arbeitsprozessen zu erfassen. So soll es gelingen, berufliche Arbeitsinhalte und Fähigkeitsanforderungen prozessorientiert zu bestimmen und abzugrenzen. Insbesondere hat das Modell seine Basis in zahlreichen deutschen und europäischen Arbeits- und Fallstudien zu den IT-Berufen, in denen betriebliche IT-Geschäfts- und Arbeitsprozesse „aufdeckt" und zur IT-Arbeit und -Ausbildung beruflich und didaktisch ausgewertet wurden (vgl. Petersen/Wehmeyer 2004).

Die prozessbezogenen Arbeitsanalysen nach dem GAHPA-Modell gehen konzeptionell über primär berufsbezogene Ansätze hinaus, denn es wird nicht die Arbeit von IT-Fachkräften in spezifischen Berufen untersucht, z. B. Fachinformatiker/-in, sondern das gesamte Spektrum der Arbeit von IT-Fachkräften analysiert. Damit werden bestehende „formale" Berufsschneidungen, wie sie etwa durch Berufsklassifizierungen oder die berufsqualifizierende Aus- und Weiterbildung gegeben sind, realen und empirischen Tätigkeits- bzw. Berufsstrukturen in der Arbeitspraxis untergeordnet. Diesem Ansatz liegt die Überzeugung zugrunde, dass prospektive Tätigkeits- bzw. Berufsstrukturen aus der berufsübergreifenden Analyse der Arbeit in Prozessstrukturen generierbar sind. So sind gerade in Arbeitsfeldern wie dem IT-Bereich zahlreiche neue Aufgabengebiete entstanden, die bisher weder in struktureller noch inhaltlicher Hinsicht in entsprechende Berufsprofile und eine darauf bezogene Qualifizierung eingeflossen sind.

Analyse- und Evaluationsergebnisse zum Wandel der Ausbildung von IT-Fachkräften

Um den Wandel der beruflichen IT-Qualifizierung speziell für die duale Berufsausbildung in Deutschland zu skizzieren, muss zunächst die Frage nach den wesentlichen Zielen und Entwicklungsschritten bis zur Verordnung der neuen IT-Ausbildungsberufe im Jahre 1997 sowie mit der IT-Ausbildung im Zusammenhang stehende Entwicklungen bis zum Erlass der neuen Elektroberufe im Jahre 2003 bearbeitet werden. Ausgegangen wird hierzu von den Veränderungen seit Mitte der 1960er Jahre, als die beiden ersten DV-technischen Ausbildungsberufe Mathematisch-technische(r) Assistent/-in (1966) und Datenverarbeitungskaufmann/-kauffrau (1969) erlassen wurden. Parallel hat es in den 1960/70er

3 GAHPA: Geschäftsprozess, Arbeitsprozesse, Handlungs-Phasen, Arbeitsaufgaben. Das Modell wird in Abschnitt 3.2.1 zur Erläuterung der durchgeführten Arbeitsanalysen als Untersuchungsinstrumentarium detailliert vorgestellt.

Jahren entscheidende Weiterentwicklungen der Ausbildungsberufe im Berufsfeld Elektrotechnik gegeben, die in die Neuordnung 1972 mündeten und beispielsweise die Ausbildungsberufe Fernmelde-, Funk- und Industrieelektroniker/-in hervorgebracht hat. Auch für die hochschulische bzw. tertiäre Ausbildung wurden Ende der 1960er-Jahre „Empfehlungen zur Ausbildung auf dem Gebiet der Datenverarbeitung" erstellt und der deutschen Kultusministerkonferenz vorgelegt.[4]

Mit den ausgewählten Entwicklungsschritten im Bereich der IT-Ausbildung wird zugleich erfasst, welche IT-Ausbildungsgänge aktuell existieren und folglich in die weiteren Evaluationsstudien didaktisch und im Sinne der Fachrichtung Informationstechnik einbezogen werden müssen. Wichtig ist, dass diese Analysen eine zuverlässige Beurteilung und Einordnung der IT-Ausbildungsgänge für die thematisch strukturierte Erarbeitung der Untersuchungsinstrumentarien unterstützen. D. h. zum Beispiel, dass für jeden Ausbildungsgang eine Qualifikationsstufe (engl. „qualification level") festgelegt werden muss.

Die Evaluation der IT-Ausbildungsgänge kann nicht allein interpretierend bzw. system- bzw. strukturimmanent erfolgen, sondern muss ebenfalls vonseiten des „wirklichen" Qualifikationsbedarfs der betrieblichen bzw. beruflichen Arbeitswelt empirisch-analytisch angegangen werden. Auf diese Weise können konkrete Anhaltspunkte auch zu der Frage gewonnen werden, ob die IT-Ausbildungsqualifikationen hinsichtlich ihrer berufsfachlichen bzw. inhaltlichen Ausrichtung und vom Niveau her den beruflichen Qualifikationsanforderungen in der IT-Arbeitspraxis aktuell und in prospektiver Hinsicht gerecht werden.

Bei der Evaluationsstudie der IT-Ausbildungsberufe, die u. a. als „wissenschaftlich gestützte Politikberatung" (von Kardorff 2000, S. 241) zu begreifen ist, kann sowohl von einer formativen als auch einer summativen Evaluation gesprochen werden. Bezogen auf den 1997 abgeschlossenen Entwicklungsprozess der Ausbildungsberufe und die Ausbildungsvorgaben handelt es sich um eine summative bzw. ergebnisbezogene Evaluationsstudie, denn die Ergebnisse haben keinen Einfluss mehr auf den abgeschlossenen Entwicklungsprozess. Zu bewerten sind hier die vorliegenden Ausbildungsordnungen für die betriebliche Ausbildung, die in einem umfassenden Gesetzesverfahren sowie inhaltlicher Abstimmung der Sozialpartner entwickelt wurden. Im Hinblick auf die Ausbildungspraxis, also die Planung und Umsetzung der „neuen" Ausbildungsordnungen in den Betrieben, handelt es sich um eine formative bzw. begleitende

4 Siehe http://www.30jahreinformatik.de/geschichte/streiflichter.html; Stand: Dezember 2004.

Untersuchung. Die Evaluationsergebnisse können z. B. zur Ausarbeitung von zielgerichteten Ausbildungsinformationen und -materialien beitragen und so die Ausbildungs- und Prüfungsplanung und -umsetzung beeinflussen. Zu untersuchen ist zunächst allgemein die Bedeutung der curricularen Vorgaben für die betriebliche Ausbildungspraxis. Im Einzelnen geht es im Wirkungsgeflecht der betrieblichen Rahmenbedingungen und IT-Geschäfts- und Arbeitsprozesse um die Qualität der inhaltlichen wie zeitlichen Curriculumstrukturen.

Arbeit und Berufe von IT-Fachkräften

Mit dem Ansatz einer arbeitsprozessorientierten Qualifikations- und Curriculumforschung verbindet sich der Anspruch und die Hoffnung, die Arbeit von IT-Fachkräften in den Betrieben zielgerichtet analysieren und die Ergebnisse berufsstrukturell, in didaktischer Perspektive sowie folglich curricular prospektiv nutzen zu können. Hierzu hat folgende Einschätzung von Krause aus den 1960er-Jahren nach wie vor Gültigkeit: „Dabei verändern sich die Berufs- und Arbeitsinhalte; es bilden sich auch neue Tätigkeiten und Berufe, die berufswissenschaftlich analysiert (Berufsforschung) und als neue Ausbildungsziele ausgewiesen werden müssen“ (Krause 1969, S. 240). Mit der curricular-didaktischen Orientierung der beruflichen Ausbildungskonzepte und -inhalte an den Strukturen und Inhalten beruflich relevanter Geschäfts- und Arbeitsprozesse ist die Evaluation der IT-Ausbildungsberufe überdies von großer Relevanz für die Frage der zukunftsweisenden Gestaltung beruflicher Bildung. Forderte bereits Abel in den 1960er-Jahren eine Berufsausbildung, die „die Tatbestände am Arbeitsplatz, vor allem ihre Wandlungen durch die Industrialisierung berücksichtigt“ (Abel 1963, S. 3), so ist diese Forderung über 50 Jahre später durch die wirtschaftlichen Veränderungen der Tertiärisierung und Informatisierung der Arbeit geprägt. Die Frage nach der Entwicklung von Erwerbsberufen und mit diesen im Einklang stehenden Qualifizierungskonzepten bleibt ein aktueller Forschungsgegenstand verschiedener Wissenschaften.

Empirische Untersuchungen sind auf eine theoretische Fundierung sowie eine breite und konkrete Informations- und Datenbasis zum Untersuchungsgegenstand angewiesen. Eine wichtige Grundlage sowohl für die Informationsbeschaffung, -aufarbeitung und -bewertung als auch die empirischen Untersuchungen besteht in der theoretischen und terminologischen Klärung sowie der klassifizierenden Einordnung von beruflich strukturierter IT-Arbeit und -Ausbildung. Im Mittelpunkt der nachfolgenden Abschnitte steht daher auch die Aufarbeitung der Erkenntnisse hinsichtlich prospektiver und international vergleichbarer Klassifizierungen für berufliche Arbeit und Qualifikationen. Mit Blick auf die Vorgehensweise bestehen Parallelen zu Molle, der diese Aufgabe wie folgt beschreibt: „Im Rahmen der – notwendigen – Neuordnung der Berufssystematik (Klassifizierung der Berufe) sind die Berufstätigkeiten, Funktionen und Anforderungen der Wandlung des Berufsbegriffs genau zu analysieren, exakter und beweglicher zu aggregieren“ (Molle 1968, S. 148).

Der Gegensatz von prozess- und berufsbezogenen Organisationsformen muss nach Meinung anderer Industriesoziologen nicht zwingend auf die Berufsbildung durchschlagen: „Seine (Baethges; C.W.) These von der „Erosion des Berufs“, oder, in Aufnahme von dessen gesellschaftlichen Implikationen, von der „Beruflichkeit“, kann ich nur soweit folgen, wie darin der Übergang zur prozessorientierten Betriebs- und Arbeitsorganisation entwickelt wird. Doch meine Schlussfolgerungen für Berufs- und Ausbildung lassen keine Erosion erwarten“ (Schumann 2003, S. 5). Das bedeutet also, dass prozessorientierte Arbeitsstrukturen nicht mit dem berufsbezogenen Ausbildungsprinzip im Widerspruch stehen müssen. Allerdings sehen Arbeitsmarktexperten sehr wohl eine gewisse Abkoppelung von Berufsausbildung und Berufstätigkeit. Hierbei wird von der Ausbildungsseite her der Versuch unternommen, auf die zunehmende Flexibilität im Arbeitsprozess zu reagieren (vgl. Dostal u. a. 1998, S. 438). Es findet also eine ständige „Justierung“ zwischen berufsqualifizierender Ausbildung und der mehr oder minder stark beruflich geprägten Arbeit auf der Grundlage der Ausbildungsgänge statt.

Arbeitsdefinition: (Berufliche) IT-Fachkraft

Mit gesellschaftlichen und wirtschaftlichen Veränderungen entstehen neue Geschäfts- und Beschäftigungsfelder sowie berufliche Tätigkeitsbereiche bzw. Berufe, wobei das „IT-Geschäfts- und Beschäftigungsfeld“, also jenes der IT-Fachkräfte, als ein seit den 1970er-Jahren eigenständig wahrgenommenes aufgefasst werden kann, welches die von Stooß formulierte Balance neu entstehender Arbeitsplatz- bzw. Berufsprofile und diesen gegenüberstehenden Ausbildungsprofilen nicht unerheblich verändert hat (vgl. Stooß 1991, S. 11). Hiermit sind nicht (nur) die Entwicklungen in einer entsprechend eigenständigen IT-Branche angesprochen, denn die Beschäftigung von IT-Fachkräften ist im Sinne „tertiärisierter Arbeit“ branchenübergreifend von Bedeutung, z. B. in Banken, Versicherungen, der Elektro- und Chemieindustrie.

Die Breite der Arbeit von IT-Fachkräften in mittlerweile nahezu sämtlichen Branchen erfordert eine Ein- und Abgrenzung. Kernpunkt der arbeits- und berufsbezogenen Begriffsdefinitionen des vorliegenden Beitrages ist daher der Versuch, ein neues Verständnis über die Arbeit von IT-Fachkräften herbeizuführen.

In den letzten Jahren sind zahlreiche Vorschläge erarbeitet worden, deren Abgrenzungen im Wesentlichen auf das Modell bzw. die Unterscheidung von IT-Kernberufen, IT-Mischberufen und IT-Randberufen zurückgreifen (vgl. Dostal 2001, S. 207). Hiermit wird zum Ausdruck gebracht, dass sich mit den IT-Kernberufen eine eigenständige Gruppe von Fachkräften herausgebildet hat und das daneben durch die breite Penetration von IT-Produkten und IT-Anwendungen weitere Berufsgruppen stark von der Informations- und Telekommunikationstechnik in ihrer Arbeit beeinflusst sind und Abgrenzungen etwa zu den IT-Mischberufen häufig nicht einfach zu begründen sind.

Im Vorfeld der eingehenden Untersuchungen müssen deshalb die genauen Grenzen des Begriffs „IT-System" offenbleiben bzw. als dynamisch begriffen werden, z. B. mit Blick auf Unterhaltungs- und Funkelektronik oder Multimediasysteme und -anwendungen. Insbesondere auch die Grenzen zu elektronischen Systemen etwa der Automatisierungstechnik sind fließend. Angesprochen sind damit fließende Grenzen zwischen der Elektrotechnik und Informatik. Ein solches Beispiel ist die Telekommunikationstechnik als ingenieurwissenschaftliches Gebiet der Nachrichtentechnik und den entsprechenden Facharbeiterberufen wie etwa IT-Systemelektroniker/-in. Die gleiche Problematik ergibt sich für den kaufmännisch-wirtschaftlichen Bereich, also für die Wirtschaftsinformatik und hinsichtlich der Arbeit von IT-System- und Informatikkaufleuten auf der Facharbeiterebene.

Verwendung findet auch der Begriff „berufliche IT-Fachkräfte" (vgl. Stuber 2002; GI 2002, S. 10), womit zum Ausdruck gebracht werden soll, dass diese IT-Fachkräfte eine Berufsausbildung oder berufliche Fortbildung gemäß Berufsbildungsgesetz abgeschlossen haben, etwa im Gegensatz zu einer Hochschulausbildung. Die Gesellschaft für Informatik grenzt „beruflich qualifizierte IT-Fachkräfte" von hochschulisch ausgebildeten IT-Fachkräften wie folgt ab: „Unter ‚beruflich qualifizierten IT-Fachkräften' verstehen wir alle Personen, die sich entweder in der IT-Ausbildung bzw. IT-Weiterbildung befinden oder diese bereits abgeschlossen haben. Zusätzlich zählen wir hierzu alle diejenigen, die keinen nachweislichen Abschluss in diesen Kategorien haben, aber eine mit IT-Spezialisten (IT-Weiterbildungsprofile, C.W.) gemäß den Spezialistenprofilen vergleichbare Qualifikation besitzen (sog. Quereinsteiger)" (GI 2002, S. 10).

Analyse der Arbeit und Beschäftigung von IT-Fachkräften

Unter dem Dach der Qualifikationsforschung leisten verschiedene Wissenschaftsdisziplinen spezifische Beiträge zur Analyse beruflicher Arbeit und Qualifikationen. Hierbei sind insbesondere die verschiedenen Ziele und

Interessenlagen der jeweiligen Ansätze zu berücksichtigen. Denn für sämtliche Ansätze gilt: „Nur unter dieser Bedingung ist es möglich, ein Analyseinstrumentarium zu entwickeln, dessen Ergebnisse den selbst gesetzten Ansprüchen genügen kann" (Mönikes 1974, S. 15). Dementsprechend gibt es eine Vielfalt an spezifischen methodischen Ansätzen, welche den unterschiedlichen Ziel- und Aufgabenstellungen Rechnung tragen sollen (vgl. BIBB 2005, S. 11). Als voneinander abhängige Forschungsbereiche werden die Qualifikations- und Curriculumforschung aber vor allem in der Berufsbildungsforschung konkretisiert. Hierbei hat der Zusammenhang von beruflicher Arbeit und Qualifizierung wie folgt eine hohe Relevanz: „Vocational training research is both labour market research and educational research. In principle it is interdisciplinary and in addition to economic and social dimensions, it also has to take into account attitudes and motivational or fashionable trends" (Sellin 1998, S. 4).

Wesentliche Fragen dazu stimmen mit den Zielsetzungen der Ausbildungsordnungsforschung überein, die den Zusammenhang beruflicher Arbeit und Ausbildung für die Überarbeitung bestehender oder die Erarbeitung neuer Ausbildungsberufe und beruflicher Curricula – wie bei den IT-Ausbildungsberufen – betrachtet. Nachfolgend geht es daher zunächst darum, welche entsprechenden Arbeitsanalyseansätze als Grundlage für die Berufs- und Curriculumentwicklung entwickelt worden sind und welche Rückschlüsse sich aus den Erfahrungen und Ergebnissen der Analysen für die Entwicklung des eigenen Instrumentariums ergeben. Gesetzliche bzw. normative Rahmenbedingungen, die den „Berufsbildungsdialog" (Sauter 2005) prägen, werden weitgehend ausgeblendet, da es gezielt um Entwicklungen und Möglichkeiten von curricular-didaktisch motivierten Arbeitsanalyseverfahren in der Berufsbildungsforschung gehen soll.

Arbeits-, Tätigkeits- und Berufsanalysen haben in der Ausbildungsordnungsforschung bzw. der berufsbezogenen Curriculumforschung eine lange Tradition (vgl. Rauner 2000, S. 331 f.). Hegelheimer (1977) hat sich in einer umfassenden „Problemstudie über die Bedeutung von Arbeits- und Berufsanalysen für die Entwicklung von Ausbildungsberufen" mit in- und ausländischen Modellen von Arbeits-, Tätigkeits- und Handlungsstruktur-, Lernziel-, Berufs- und Berufsdeckungsanalysen befasst und hierzu alle wesentlichen bis in die 1970er-Jahre hinein entwickelten Ansätze in diesem Bereich aufgearbeitet. Neben der Erwähnung handwerklicher Traditionen stellt er eine erste Phase bei der Erstellung der Ordnungsmittel für damalige Lehr- und Anlernberufe heraus, die mit dem 1908 gegründeten „Deutschen Ausschuß für das technische Schulwesen" (DATSCH) und dem daraus hervorgegangenen staatlichen „Reichsinstituts für Berufsausbildung in Handel und Gewerbe" zunächst bis zum Ende des Krieges festgelegt werden kann.

Auch die nach dem Zweiten Weltkrieg gegründete „Arbeitsstelle für Betriebliche Berufsausbildung" (ABB) hielt zunächst an einem einfachen empirisch-pragmatischen Verfahren fest, in Besprechungen und Beratungen mit Betrieben, Verbänden, Gewerkschaften usw. zu einem auch fachlich vertretbaren Konsensus über Konzeption und Inhalt von Ausbildungsordnungen zu kommen, wobei Anforderungen und Inhalte der Berufstätigkeiten methodisch noch nicht systematisch analysiert wurden (vgl. ebenda, S. 7 ff., in Anlehnung an Krause 1970, S. 4). Krause selbst hat unter Hinweis auf die Defizite in der damaligen Analyse berufsbezogener Arbeitsinhalte auf die Bedeutung breiter, also über einzelne Berufe hinausgehende Analysen hingewiesen, indem er feststellte, dass „die frühere Methode einer isolierten Betrachtung der vorhandenen 20 Ausbildungsberufe den heutigen Verhältnissen nicht mehr gerecht wird, sondern daß nur noch eine totale Erfassung des ganzen Bereichs zum Ziele führen kann" (Krause 1969, S. 243). Dies ist eine Erkenntnis von grundlegender Relevanz, mit der die berufsstrukturelle Dynamik berücksichtigt werden soll und kann. Für die analytischen Untersuchungen gilt, dass in einem berufsoffenen Ansatz die Arbeit möglichst vieler, unterschiedlich qualifizierter IT-Fachkräfte zu untersuchen und zu beschreiben ist. Krause schränkt aber zugleich ein: „Dennoch können sie (die Berufsanalysen, C.W.) nicht das einzige Kriterium für die Regelung von Ausbildungsfragen sein. Wohl gewährleisten sie eine wirklichkeitsbezogene Fundierung der Ausbildungsprogramme, die damit von vornherein an der Praxis orientiert sind. Ohne diesen realistischen Hintergrund wäre jeder Bildungs- und Ausbildungsplan zum Scheitern verurteilt" (Krause 1969, S. 240). Hegelheimer (1977, S. 11 f.) fasst diese methodische Phase wie folgt zusammen: „Wichtigstes Ergebnis dieser zweiten Phase dürfte aber vor allem die Erkenntnis sein, daß künftig – von begründeten Ausnahmen abgesehen – eine Neuordnung der Ausbildungsberufe nicht mehr ohne vorherige Arbeits- und Berufsanalyse vorgenommen werden sollte. Die in der ersten Phase dominierende Expertenbefragung wird durch das Vordringen einer systematischeren, arbeitswissenschaftlichen Konzeption zwar nicht aufgegeben, doch soll sie lediglich zur Ergänzung der Arbeits- und Berufsanalyse herangezogen werden. [...] Die Arbeits- und Berufsanalyse soll dabei eine Ermittlung und Bewertung der Fähigkeiten und Kenntnisse, die Gegenstand der Berufsausbildung und die im Ausbildungsberufsbild zusammengefaßt sind, ermöglichen". Umfassende Analysen wurden in dieser Zeit von der ABB durchgeführt (vgl. Krause 1969; Molle 1965 und Pfeuffer 1972).

Die Diskussion um die Berechtigung, Bedeutung und Ausprägung der neueren Berufswissenschaft als „Heimat" der beruflichen Fachrichtungen, anfangs auch noch Berufsfeldwissenschaft genannt, wird vielfach geführt. Es bleibt abschließend festzuhalten, wo immer man die berufswissenschaftlichen Arbeitsanalysen verorten will und kann, dass die im Verständnis der „neueren" Berufswissenschaft geltende Notwendigkeit der Analyse von beruflichen Arbeitsinhalten und Qualifikationsanforderungen als Grundlage für eine arbeitsprozessorientierte Berufs- und Curriculumentwicklung breite Zustimmung findet. Der erwähnte hohe Aufwand sowie die empirisch bisher unzureichenden Befunde über deren Nutzen bleiben allerdings ein Innovationshemmnis.

Konzept, Instrumentarium und Durchführung der berufswissenschaftlichen Arbeitsanalysen nach GAHPA

Eine erste Bewertung des betrieblichen Qualifikationsbedarfs und der aktuellen Qualifikations- und Ausbildungsgänge im IT-Bereich in Referenz zu den beruflichen Arbeitsinhalten und Anforderungen der IT-Arbeitswelt ließ sich aufbauend auf den Ergebnissen einer schriftlichen Befragung von Unternehmen vornehmen. Mit dem Ziel der Ausarbeitung generisch-berufsbezogener IT-Fähigkeits- und Qualifikationsprofile mit konkreten Empfehlungen für die Berufs- und Curriculumentwicklung ergibt sich die Notwendigkeit, vertiefende empirisch-analytische Untersuchungen zur Arbeits- und Ausbildungspraxis von IT-Fachkräften durchzuführen.

Zum besseren Verständnis sind diesbezüglich methodisch der Fallstudienansatz als methodologisches „Basisdesign in der qualitativen Forschung" (Flick u. a. 2000, S. 253) und die hierzu eingesetzten Methoden der Berufs- und Arbeitsanalysen zu unterscheiden. Zu Letzteren gehören explorative Experteninterviews bzw. leitfadengestützte Befragungen von IT-Fachkräften, ergänzende Betriebsbegehungen mit punktuellen Arbeitsbeobachtungen, sowie insbesondere das Analysemodell bzw. -verfahren „GAHPA" zur strukturell-inhaltlichen Untersuchung der beruflichen Arbeit von IT-Fachkräften in IT-Geschäfts- und Arbeitsprozessen.

Eine besondere methodische Bedeutung für die im Mittelpunkt stehende arbeitsprozessorientierte Berufs- und Curriculumentwicklung kommt dem theoretischen Verfahrens- und Modellansatz „Geschäftsprozess-Arbeitsprozesse-Handlungsphasen-Arbeitsaufgaben" (GAHPA) als berufswissenschaftliches Instrument zur qualitativen Berufs- und Arbeitsanalyse zu. Dieses Modell baut zum einen auf den Erkenntnissen älterer wie aktueller Berufs- und Arbeitsanalyseverfahren auf, z. B. denen von Riedel 1957[5], zum anderen haben bei der

5 Riedel (1957, S. 9) unterscheidet im Rahmen seiner Arbeitsanalysen „Gesamtarbeitskomplex, Einzelarbeitskomplex, Einzelarbeit und Teilarbeit".

Entwicklung und Erprobung dieses Modells die neuen curricular-didaktischen Herausforderungen der Geschäfts- und Arbeitsprozessorientierung eine wesentliche Rolle gespielt.

Ausgangspunkt und Untersuchungsgegenstand sind die betriebstypischen IT-Geschäfts- und Arbeitsprozesse, zu denen sich das Erkenntnisinteresse zunächst auf die Arbeitsinhalte und -aufgaben aller IT-Fachkräfte richtet. Denn es ist davon auszugehen, und zwar ganz gleich um welche Dienstleistung oder Produktherstellung es sich im IT-Bereich handelt, dass an den betrieblichen Geschäfts- und Arbeitsprozessen IT-Fachkräfte der verschiedenen Berufsgruppen und auch unterschiedlicher Berufsqualifikationen beteiligt sind. Dementsprechend ist das Erkenntnisinteresse bei den Analysen mit Blick auf die Fragen der beruflichen Abgrenzung und Stimmigkeit der dualen IT-Berufe auf die Formen der Arbeitsorganisation und der „beruflichen" Aufgabenteilung in den betrieblichen IT-Geschäfts- und Arbeitsprozessen gerichtet. Insofern können die betrieblichen Arbeitsstudien zur IT-Berufsarbeit sowie den „berufstypischen" Aufgaben bzw. Kompetenz- und Qualifikationsanforderungen und folglich zu der Problematik der Differenzierung der Arbeitsinhalte und -aufgaben der IT-Fachkräfte einen neuen und inhaltlich differenzierten Beitrag leisten. Hierbei sind auch die unterschiedlichen betrieblichen Konzepte zur Beschreibung und Anwendung beruflicher IT-Fähigkeitsstufen zu berücksichtigen.

Inhaltlich und methodisch kommen zur Durchführung der „Arbeits- und Qualifikationsanalysen" folgende Instrumente zum Einsatz:

- Expert(inn)engespräche als Gruppengespräche,
- Arbeitsbeobachtungen mit Einzelbefragungen zu IT-Arbeitsprozessen und ausgewählten „beruflichen" Arbeitsaufgaben sowie
- ergänzende Betriebsbegehungen.

Die konkrete Ausgestaltung des „Gesprächs- und Beobachtungsleitfaden" geht vom Untersuchungsgegenstand der Arbeits- und Qualifikationsanalysen aus und folgt insgesamt einer inhaltlichen Struktur von drei Themenkomplexen.

Der Leitfaden beginnt im ersten Themenkomplex mit der Erhebung der im Betrieb aus- und durchgeführter IT-Geschäfts- und Arbeitsprozesse. Mit diesen Fragen ist das Ziel verbunden, das IT-Geschäftsfeld des Betriebes zunächst im Überblick anhand einiger betriebstypischer Kundenaufträge oder Entwicklungs- und Herstellungsprozesse im IT-Bereich aufzunehmen und das Expert(inn)engespräch mit allen Beteiligten inhaltsbezogen einzuleiten. Mit der Kurzdarstellung einer exemplarischen Auswahl von laufenden oder auch zukünftigen IT-Geschäftsprozessen, Projekten oder Kundenaufträgen erfolgt eine erste inhaltliche Erfassung der betriebstypischen IT-Arbeits- und Aufgabenbereiche.

Durch die Erfassung zahlreicher IT-Geschäfts- und Arbeitsprozesse in allen Fallstudien ergeben sich betriebs- und branchenübergreifende Erkenntnisse zur systematischen Abgrenzung und Beschreibung des IT-Geschäftsfeldes als Ganzes (siehe Abb. 3).

Auf dieser Grundlage soll in Abstimmung mit den Gesprächspartner(inne) n des Weiteren die Auswahlmöglichkeit eröffnet werden, einen betriebstypischen Geschäfts- und Arbeitsprozess bzw. eine betriebstypische Auftrags- und Projektbearbeitung im IT-Bereich für die weitere Analyse konkret zu bestimmen. Pfeuffer betont auf der Grundlage der seinerzeit von der Arbeitsstelle für Betriebliche Berufsausbildung (ABB) formulierten Anforderungen in seinen Analysen zur Elektrofacharbeit das Problem der Erfassung möglichst aller bzw. vieler Tätigkeitsfelder („job clusters") mit ihren Anforderungen (vgl. Pfeuffer 1972, S. 9). Der Anspruch auf Vollständigkeit bezieht sich aber bei den qualitativen Geschäfts- und Arbeitsprozessanalysen auf den Versuch, die Breite der Geschäfts- und Technikfelder im IT-Bereich zu erfassen.

Auf der Ergebnisgrundlage sind die weiteren Fragen unmittelbar auf die Qualifikationen bzw. berufsqualifizierende Ausbildung der an den IT-Geschäfts- und

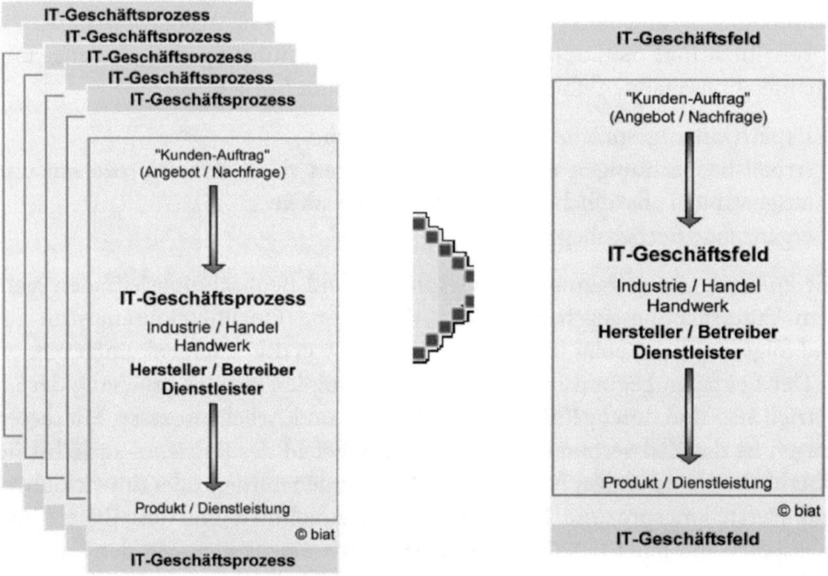

Abb. 3: IT-Geschäftsprozesse und deren Verallgemeinerung zu einem IT-Geschäftsfeld

Arbeitsprozessen beteiligten IT-Fachkräfte gerichtet. Von Bedeutung ist ebenso die Frage nach der Zusammenarbeit der IT-Fachkräfte wie nach der „beruflichen" Abgrenzung bzw. Aufgabenteilung in den Arbeitsprozessen. Übergreifend zielen die Fragen auf die betriebliche Qualifikationsstruktur im IT-Bereich und wo und in welchen Arbeits- und Aufgabenbereichen die IT-Fachkräfte im Betrieb eingesetzt und beschäftigt sind.

Die folgenden Untersuchungen beziehen sich exemplarisch auf einen ausgewählten betriebstypischen IT-Geschäftsprozess bzw. Kundenauftrag. Dieser wird aus der vorher analysierten Vielfalt der betrieblichen IT-Geschäftsprozesse unter Veröffentlichungs- wie Eignungsaspekten nach Kriterien wie Komplexität, Vollständigkeit und Aktualität sowie die Exemplarität mit Blick auf die Breite des IT-Geschäfts- und Technikbereichs (Stichprobe) ausgewählt. Darüber hinaus ist die Anzahl, Qualifikation und Verfügbarkeit der IT-Fachkräfte zu beachten, z. B. IT-Projektmanager/-in, IT-Vertriebsfachkräfte, Software-Entwickler/-in, Netzwerkadministrator(inn)en. Gemäß der Zielsetzung der Arbeitsanalysen ist entscheidend, welche IT-Fachkräfte in welchen Phasen und an welchen Arbeitsaufgaben beteiligt sind. Hierbei sind die IT-Arbeitsschwerpunkte, die fach- bzw. berufliche Ausrichtung, die Erfahrung sowie der Kompetenzlevel und die (formale) Qualifikation der IT-Fachkräfte wichtig.

Der in den Gesprächsmittelpunkt gerückte betriebstypische IT-Geschäftsprozess bzw. Kundenauftrag soll vonseiten der Expert(inn)en zunächst thematisch und z. B. anhand eines Projektplans, Pflichtenheftes und den Kundenanforderungen kurz beschrieben werden. Die weiteren Fragen sind mit Blick auf die spezifische Projekt- und Auftragsbearbeitung z. B. auf die Ablauf- und Arbeitsorganisation oder das Projektmanagement und die Projektplanung gerichtet. Dabei soll die Offenlegung von Organisations- und Planungsdetails einen Einblick in die Prozess- und Arbeitsstrukturen geben und im Weiteren zu Angaben und Erkenntnissen der betrieblichen Zerlegung des IT-Geschäftsprozesses in einzelne Arbeitsprozesse führen. Die begründete allgemeine Annahme hierzu ist, dass sich betriebliche Geschäftsprozesse oder Aufträge generell in mehrere Arbeits- bzw. Teilarbeitsprozesse gliedern bzw. gliedern lassen und sich die jeweilige Struktur und Anzahl der Arbeitsprozesse in Abhängigkeit von der Art und Komplexität der IT-Geschäftsprozesse, den betrieblichen Ablauf- und Organisationsstrukturen wie auch von der Betriebsgröße ergibt. Darüber hinaus ist angedeutet, dass mit den unterscheidbaren Arbeitsprozessen struktur- und inhaltsbedingte Schwerpunkte verbunden sind (vgl. Abb. 4).

Zu den Arbeitsprozessen ist bei den Analysen jeweils von Bedeutung, welche IT-Fachkräfte mit welchen Fähigkeiten, Berufen und (formalen) Qualifikationen beteiligt sind, wie deren Zusammenarbeit organisiert ist und wo die Arbeiten in der Regel ausgeführt werden. Die Fragen zielen damit auch unter konkret-beruflichen Aspekten auf differenzierte Aussagen zu dem was, wie oder wo die Arbeiten in den Arbeitsprozessen von den IT-Fachkräften durchgeführt werden. So sollen IT-Arbeitsprozesse wie z. B. Kundenberatung, Angebotserstellung, Projektplanung, IT-Systementwicklung und -installation, Netzwerkinstallation bis hin zur Übergabe, Anwenderschulung und Rechnungserstellung, die bisher oft nur sehr allgemein entlang einer betrieblichen Geschäftsprozess- und Bearbeitungskette beschrieben wurden, mithilfe der Fragen und Aussagen in ihrer Struktur und dem Arbeitsinhalt „beruflich" konkretisiert und transparenter werden.

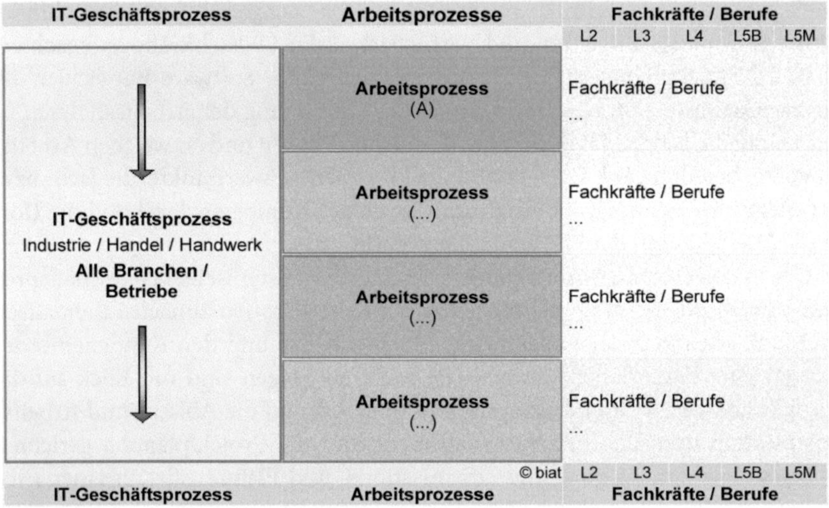

Abb. 4: Betrieblicher IT-Geschäftsprozess bzw. Kundenauftrag in der Struktur und Zerlegung einzelner Arbeitsprozesse

In der Fortführung und Vertiefung dieser Fragen und Analysen zum betriebstypischen IT-Geschäftsprozess sollen die Expertengespräche und Beobachtungen im letzten Themenkomplex spezifisch auf diejenigen Arbeits- bzw. Teilarbeitsprozesse gerichtet werden, an denen IT-Fachkräfte mit dualer Berufsausbildung und der neuen IT-Berufe ganz oder zumindest zu einem gewissen Grad beteiligt sind. Die Fragen zu diesem Themenkomplex konzentrieren sich im ersten Themenbereich auf die weitere Organisationsstruktur bzw. modellhafte Zerlegung der einzelnen Arbeitsprozesse in einzelne Handlungsphasen (siehe Abb. 5).

Auch hierzu gilt wiederum eine begründete allgemeine Annahme, nach der sich die einzelnen betrieblichen Arbeitsprozesse des IT-Geschäftsprozesses generell in mehrere Handlungsphasen gliedern bzw. gliedern lassen und sich die jeweilige Struktur und Anzahl der Handlungsphasen in Abhängigkeit von der Art und Komplexität des jeweiligen Arbeitsprozesses ergibt. Vergleichbar gilt dies für die weitere differenzierte Betrachtung der einzelnen Handlungsphasen, die sich dann auf der konkreten Arbeitsebene der IT-Fachkräfte ebenso in weitere und wiederum mehrere Arbeitsaufgaben zerlegen bzw. gliedern lassen. Die Analysen zu diesen Arbeitsaufgaben werden nach dem ersten Themenbereich mit den Fragen zum zweiten Themenbereich in den Mittelpunkt der Arbeitsstudie gerückt.

Mit den Fragen zum ersten Themenbereich sollen auf der Ergebnisgrundlage der analysierten Struktur und Inhalte der Arbeitsprozesse zunächst die

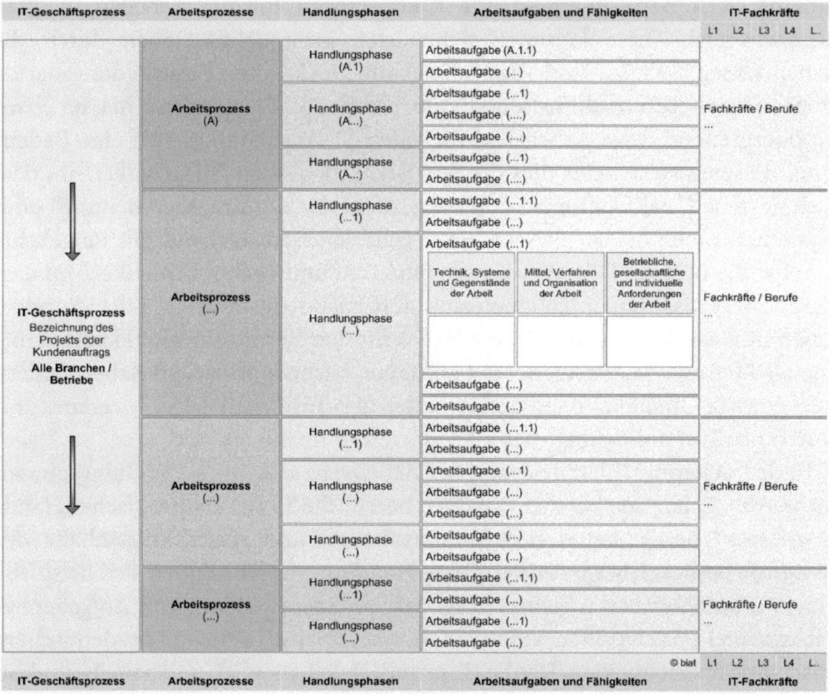

Abb. 5: Der IT-Geschäftsprozess und seine modellhafte Zerlegung in Arbeitsprozesse, Handlungsphasen und Arbeitsaufgaben der IT-Fachkräfte

entsprechenden einzelnen Handlungsphasen mit den jeweils beteiligten IT-Fachkräften (Funktion und Beruf bzw. Qualifikationen) bestimmt werden. Zum betriebstypischen IT-Geschäftsprozess bzw. Kundenauftrag kristallisieren sich dabei im Ergebnis auch konkret die einzelnen Handlungsphasen und Arbeitsaufgaben der IT-Fachkräfte mit dualer Berufsausbildung heraus. Einbezogen sind dabei nach wie vor auch die Fragen nach der Zusammenarbeit der IT-Fachkräfte und nach der „beruflichen" Abgrenzung bei den Arbeiten in den einzelnen Arbeitsprozessen und Handlungsphasen.

Als Hintergrund und Referenz zu den Analysen können bereits die „beruflichen" Arbeitsfelder der dualen IT-Ausbildungsberufe herangezogen werden. Diese kommen in den Berufsbildbeschreibungen und Ausbildungsrahmenplänen als Fachqualifikationen zum Ausdruck und werden hier für die Analysen und Bewertungen als die berufs- und fachspezifischen „Arbeitsfelder" der einzelnen IT-Berufe interpretiert und bezeichnet.

Zu Berufsbildbeschreibungen gehören bei allen IT-Berufen in gewissem Umfang auch berufsübergreifende Kompetenzen für die Arbeiten in allen Arbeitsfeldern. Diese kommen neben den Fachqualifikationen durch die gemeinsamen Arbeits- und Ausbildungsinhalte für alle IT-Ausbildungsberufe im Sinne der Kernqualifikationen zum Ausdruck. Durch diese hat im Prinzip übergreifend jedes Arbeitsfeld für jeden IT-Ausbildungsberuf eine Bedeutung. Beispielsweise heißt dies für den Beruf IT-System-Elektroniker/-in, dass auch gewisse Qualifikationen zum Arbeitsfeld der „Auftragsbearbeitung" oder „Systementwicklung" zu diesem Beruf gehören. Entsprechend gilt umgekehrt u. a. für die Berufe IT-System-Kaufmann/-frau und Fachinformatiker/-in, dass diese z. B. gewisse Qualifikationen zum Arbeitsfeld „Installation" oder „Service" haben müssen. In gleicher Weise gilt dies für den Beruf Informatikkaufmann/-frau als IT-Anwenderberuf, der neben seinen berufsspezifischen Arbeitsfeldern auch gewisse Qualifikationen und Arbeiten z. B. im Arbeitsfeld „Systemintegration" oder „Instandhaltung" der IT-Anbieterberufe mit abdeckt.

In der weiteren Differenzierung der Arbeitsprozesse nach Handlungsphasen (siehe Abb. 5) können bei den Analysen bereits die als berufsspezifische „Handlungsfelder" bezeichneten Berufsbildpositionen und Ausbildungsinhalte der IT-Berufe berücksichtigt werden. Diese Handlungsfelder können sich beispielsweise im betrieblichen Arbeitsprozess der Systementwicklung mit Aufgabenbereichen von IT-Fachkräften anderer IT-Berufe, beispielsweise mit akademischem Abschluss, überschneiden. Das heißt, grundsätzlich möglich und naheliegend ist, dass in dem Arbeitsprozess der „Systementwicklung" und in den entsprechenden Handlungsphasen IT-Fachkräfte mit unterschiedlichen Berufsabschlüssen zusammenarbeiten. Mit den Analysen soll u. a. genau diese Zusammenarbeit der unterschiedlichen IT-Fachkräfte und Berufe mit dem Fokus auf die Arbeiten der dual ausgebildeten IT-Fachkräfte in den betriebstypischen IT-Geschäftsprozessen zum Untersuchungsgegenstand werden.

Im zweiten Themenbereich sind zu den einzelnen Handlungsphasen der Arbeits- bzw. Teilarbeitsprozesse die Fragen unmittelbar auf die beruflichen Tätigkeiten und Arbeitsinhalte gerichtet. Hierzu werden die Handlungsphasen nach dem GAHPA-Modell weiter durch mehrere konkrete Arbeitsaufgaben beschrieben. Mit Konzentration auf die beruflichen Arbeitsaufgaben der IT-Fachkräfte mit einer Berufsausbildung unterhalb akademischer Abschlüsse sollen zu diesen die „eigentlichen" Arbeitsinhalte und beruflich geforderten Handlungskompetenzen systematisch analysiert und beschrieben werden.

Mit der Umsetzung und Anwendung des „Leitfadens" in den Betrieben sind besondere fachliche Herausforderungen verbunden. Die zu berücksichtigenden Themenkomplexe reichen von den betriebstypischen IT-Geschäfts- und Arbeitsprozessen bis hin zu den konkreten Arbeitsinhalten und Arbeitsaufgaben der IT-Fachkräfte verschiedener Berufe. Herausforderungen liegen vor allem in den vielfältigen Innovationen und schnellen Entwicklungen im IT-Bereich, und zwar sowohl in informations- und telekommunikationstechnischer als auch kaufmännisch-betriebswirtschaftlicher Hinsicht. Das heißt, auch die Fragen und Analysen beziehen sich auf permanente Veränderungen der betrieblichen Geschäfts- und Arbeitsprozesse und immer wieder neue Strukturen und Inhalte der IT-Arbeit. Insofern erfolgt die Durchführung der „Arbeits- und Qualifikationsanalysen" und damit die Umsetzung und Anwendung des „Leitfadens" durch Forscher/-innen, die nicht nur den berufswissenschaftlichen Analyseansatz kennen, sondern als Voraussetzung eine grundlegende IT-Fachkompetenz besitzen. Dennoch sind die fachlichen Herausforderungen bei den Fallstudien und Arbeitsprozessanalysen im IT-Bereich und besonders bei den Gesprächen mit den IT-Experten insbesondere in ihrer inhaltlichen Breite etwa vom IT-Marketing über die Softwareentwicklung bis hin zur Telekommunikationstechnik nicht zu unterschätzen.

Zusammenfassung und Ausblick

Aufgrund der Komplexität und Innovationsgeschwindigkeit der IT-Arbeit und IT-Technik ist die theoretische Reflexion und empirische Analyse und Strukturierung beruflicher Arbeit und Ausbildung von IT-Fachkräften eine große Herausforderung, und zwar sowohl aus der Sicht der Arbeitsmarkt- und Berufsforschung als auch der Berufsbildungs- und Curriculumforschung. Grundlage sämtlicher Untersuchungen war ein einheitliches Begriffsverständnis sowie die darauf basierende Analyse aktueller Berufs- und Ausbildungsklassifizierungen mit Blick auf die Arbeit und Ausbildung von IT-Fachkräften. Klar ist, dass IT-Fachkräfte in vielen Branchen beschäftigt sind, sodass sich das soziologische Argument bestätigt, dass eine branchen- bzw. sektor- oder gar betriebsbezogene Differenzierung der IT-Qualifikationsveränderungen nur eine begrenzte Aussagekraft haben kann (vgl. Baethge 1999, S. 256). Zwar könnten auch branchenspezifische IT-Arbeits- und Qualifikationsanforderungen ausgewiesen werden, doch erscheint es mehr in wirtschaftlicher Hinsicht sinnvoll und erforderlich, eine Definition bzw. Klassifizierung der IT-Branche vorzunehmen und die dort beschäftigten IT-Fachkräfte auch in ihrer Abgrenzung zur Gesamtheit aller Beschäftigten in der IT-Branche wirtschaftlich zu klären und klar zu benennen.

Der Untersuchungsansatz ist hierzu quantitativ und qualitativ breit anzulegen, z. B. Fall- und Vergleichsstudien, schriftliche Befragungen, Dokumentenanalysen, Expert(inn)eninterviews und Beobachtungen hinsichtlich der Ziele und des Untersuchungsgegenstandes. Damit hat sich ein berufswissenschaftliches Arbeitsanalyse-, Typisierungs- und Ordnungsmodell bzw. -verfahren entwickelt und begründet, das einen Forschungsbeitrag im Zusammenhang mit der empirischen Analyse und Evaluation beruflicher Arbeit und Ausbildung in prozessorientierten Organisations- und Arbeitsstrukturen leistet (vgl. zur Diskussion und Notwendigkeit bei Rauner 1998 und 2000; Petersen 2002; Spöttl 2000). Der theoretische Modellansatz „GAHPA"/„GAHFA" ist hierbei als Basis für eine neue geschäfts- und arbeitsprozessorientierte Qualifikations- und Curriculumforschung besonders hervorzuheben. Für die Berufsbildungs- und Curriculumforschung sind die vorliegenden Modelle und Ergebnisse vor allem deshalb bedeutsam, da sie den Zusammenhang von prozessorientierten Arbeits-, Qualifikations- und Berufsstrukturen als Gestaltungsmoment für die Berufsausbildung konkretisieren.

Ziel der Fallstudien in Klein-, Mittel- und Großbetrieben der IT-Branche und einiger „Anwenderbranchen" waren strukturell wie inhaltlich detaillierte Erkenntnisse zu den Arbeits- und Qualifikationsanforderungen der (beruflich) qualifizierten IT-Fachkräfte zu erheben. Den Schwerpunkt der Arbeits- und Qualifikationsanalysen bildeten hierbei die in den IT-Geschäfts- und Arbeitsprozessen typischen Arbeits- und Aufgabenbereiche der dual ausgebildeten IT-Fachkräfte. Methodisch basierend auf einer allgemeinen Modellstruktur zur Analyse und Abstraktion der beruflichen Arbeitsinhalte und -anforderungen in IT-Geschäfts- und Arbeitsprozessen (GAHPA) zeigt die Auswertung der betrieblichen Fallstudien als ein erstes Ergebnis, dass sich die Vielfalt der untersuchten betrieblichen IT-Geschäfts- und Arbeitsprozesse im Sinne des induktiven Verfahrens und der Verallgemeinerung in eine generische Struktur mit

IT-Geschäfts- und Arbeitsfeldern sowie Handlungsfeldern und Arbeitsaufgaben (GAHFA) überführen und begründen lässt. Zu diesem allgemeinen Ergebnis gehört des Weiteren, dass sich zu diesen Arbeits- und Handlungsfeldern sowie Arbeitsaufgaben jeweils die IT-Fachkräfte mit ihren beruflichen Fähigkeiten und „formalen" Qualifikationen angeben lassen, die meist in Teams oder allein in diesen Arbeits- und Handlungsfeldern arbeiten und die Arbeitsaufgaben ausführen.

Zum anderen wurde mit den Berufs- und Ausbildungsanalysen die IT-Ausbildungspraxis in den Betrieben ergänzend zu den schriftlichen Befragungen genauer untersucht. Die erkenntnisleitende Verknüpfung der betrieblichen Arbeits- und Ausbildungsanalysen ist in den Strukturen und Inhalten der IT-Geschäfts- und Arbeitsprozesse zu suchen, in denen die IT-Fachkräfte arbeiten und an denen sich die Ausbildung und die Ausbildungsvorgaben orientieren sollten, was zu evaluieren war. Um dieses leisten zu können, wurde ein Forschungsinstrumentarium entwickelt, welches bei der Komplexität betrieblicher Organisationsstrukturen und IT-Geschäfts- und Arbeitsprozesse sowie den jeweils darin involvierten IT-Fachkräften ansetzt. Es wird davon ausgegangen, dass die spezifischen Qualifikationsanforderungen an IT-Fachkräfte mit einer Berufsausbildung mit Blick auf die zielgerichtete Berufs-, Qualifikations- und Curriculumentwicklung nur in Abgrenzung zu denen von Fachkräften mit einem Fortbildungsberuf oder einem Hochschulabschluss ermittelt werden können. In IT-Geschäfts- und Arbeitsprozessen sind die Grenzen der Zuständigkeit zumeist nicht primär nach der formalen Qualifikation bzw. Ausbildung der IT-Fachkräfte zu erkennen.

Mit Blick auf neue didaktische Erkenntnisse zur Gestaltung geschäfts- und arbeitsprozessorientierter Curricula wurde der Frage nachgegangen, ob und inwieweit die inhaltliche Gestaltung und Profilierung bestehender Ausbildungsgänge den zunehmend prozessorientierten Arbeits- und Qualifikationsanforderungen gerecht wird. Der problematisierte Zusammenhang bzw. Widerspruch zwischen dem neuen Paradigma prozessorientierter Arbeits- und Organisationsstrukturen und berufsförmigen Qualifikations- und Ausbildungsprofilen sollte also exemplarisch anhand der IT-Berufsarbeit und IT-Berufsausbildung untersucht werden. Um Inkongruenzen im dynamischen Geflecht von Berufsarbeit und Berufsausbildung zu benennen, wurden die Strukturen, Ziele und Inhalte der neuen IT-Berufe dementsprechend insgesamt wie auch für jeden Ausbildungsberuf einzeln bewertet. Hierbei ist die Abgrenzung zu anderen Ausbildungsberufen der Berufsfelder Elektrotechnik und Wirtschaft sowie hinsichtlich des Niveaus auch zu IT-Fort- und Weiterbildungsabschlüssen und IT-Studiengängen zu berücksichtigen.

Zur Durchdringung des komplexen Untersuchungsgegenstandes wurden gezielte Analysen zur Entwicklung und Klassifizierung des IT-Geschäfts- und Arbeitsfeldes sowie der beruflichen Fachkräfte- und Qualifizierungsstrukturen im IT-Bereich durchgeführt. Im Ergebnis liegen neue, arbeitsorientiert abgegrenzte Definitionen vor. Basierend auf dem GAHPA-Modell zur Analyse und Evaluation der Arbeit in betrieblichen Geschäfts- und Arbeitsprozessen konnten so die generischen Kategorien IT-Geschäftsfeld, IT-Arbeitsfelder, IT-Handlungsfelder sowie die in diesen Feldern typischen beruflichen IT-Arbeitsaufgaben abstrahiert bzw. induziert werden (GAHFA). In diesem Rahmen war es möglich, berufliche Arbeits- und Qualifikationsanforderungen an IT-Fachkräfte in ihrem Wandel sowohl zunächst im Überblick als auch teils detailliert zu strukturieren. Die Analyse der in heterogen besetzten Teams von unterschiedlich qualifizierten IT-Fachkräften bearbeiteten Arbeitsprozesse, Handlungsphasen und Arbeitsaufgaben erlaubt eine arbeitsorientierte Abgrenzung der beruflichen Kompetenzen von IT-Fachkräften. D. h. konkret, dass damit ein empirischer Beitrag zur Gestaltung neuer IT-Berufs- und Fähigkeitsprofile geleistet wird, mit dem eine geeignete Bezugsgröße für die didaktische Profilierung von Ausbildungsberufen und Curricula im IT-Bereich vorliegt und folglich ein Beitrag zur Ausgestaltung einer Didaktik der beruflichen Fachrichtung Informationstechnik geleistet werden sollte.

Literatur

Abel, H. (1963): Das Berufsproblem im gewerblichen Ausbildungs- und Schulwesen Deutschlands (BRD). Braunschweig.

Atteslander, P. (2003): Methoden der empirischen Sozialforschung. Berlin; New York.

Alex, L.; Weißhuhn, G. (1980): Ökonomie der Bildung und des Arbeitsmarktes: theoretische und methodische Grundlagen der Analyse der Bildungsinvestitionen und der Beziehungen zwischen Bildungs- und Beschäftigungssystem. Hannover (Schriften zur Berufsbildungsforschung; 59).

Baethge, M. (1999): Qualitative Sozialforschung und Früherkennung. In: Alex, L.; Bau, H. (Hrsg.): Wandel beruflicher Anforderungen: Der Beitrag des BiBB zum Aufbau eines Früherkennungssystems Qualifikationsentwicklung. Bundesinstitut für Berufsbildung, Der Generalsekretär. Bielefeld, S. 255–269.

Baethge, M.; Teichler, U. (1995): Bildungssystem und Beschäftigungssystem. In: Baethge, M.; Nevermann, K. (Hrsg.): Organisation, Recht und Ökonomie des Bildungswesens. Stuttgart, S. 206–225.

Benner, H. (1996): Ordnung der staatlich anerkannten Ausbildungsberufe. Herausgeber: Bundesinstitut für Berufsbildung, Der Generalsekretär. Bielefeld (2. erw. Aufl.).

Benner, H. (1982): Abgrenzung von Berufsgruppen bzw. Berufsfeldern im Hinblick auf die Berufsausbildung auf Facharbeiter-/Fachangestelltenebene in der EG. Hrsg.: CEDEFOP – Europäisches Zentrum für die Förderung der Berufsbildung. – Luxemburg: Amt für Amtliche Veröffentlichungen der Europäischen Gemeinschaften.

BIBB Bundesinstitut für Berufsbildung, Der Generalsekretär (Hrsg.) (2005): Mittelfristiges Forschungsprogramm 2005 des Bundesinstituts für Berufsbildung. Veröffentlichung im Internet: 15.03.2005.

BMWi Der Bundesminister für Wirtschaft; BMBF Bundesministerium für Bildung und Forschung (Hrsg.) (1999): Die neuen IT-Berufe – Zukunftssicherung durch neue Ausbildungsberufe in der Informations- und Telekommunikationstechnik. Berlin: BMWi; BMBF.

Borch, H.; Schwarz, H. (1999): Zur Konzeption und Entwicklung der neuen IT-Berufe. In: BIBB Bundesinstitut für Berufsbildung (Hrsg.): Gestaltung der betrieblichen Ausbildung in den neuen IT-Berufen: Best Practice Umsetzungsbeispiele aus Klein-, Mittel- und Großbetrieben. Bundesinstitut für Berufsbildung, Der Generalsekretär, Borch, H.; u. a.: Bielefeld, S. 13–31.

Dostal, W.; Stooß, F.; Troll, L. (1998): Beruf – Auflösungstendenzen und erneute Konsolidierung. Sonderdruck aus: Mitteilungen aus der Arbeitsmarkt- und Berufsforschung. Nürnberg: IAB, MittAB, 3, 31. Jg./1998.

Flick, U.; von Kardorff, E.; Steinke, I. (2000): Qualitative Forschung – Ein Handbuch. Reinbek

Gerds, P.; Fischer, M.; Deitmer, L. (20002): Was leistet die Berufsbildungsforschung für die Entwicklung neuer Lernkonzepte? Bielefeld.

GI – Gesellschaft für Informatik e.V. (2002): Strategie zur Integration der beruflich qualifizierten IT-Fachkräfte in die GI. München.

Hegelheimer, A. (1977): Berufsanalyse und Ausbildungsordnung. Eine Problemstudie über die Bedeutung von Arbeits- und Berufsanalysen für die Entwicklung von Ausbildungsberufen. Hannover (Schriften zur Berufsbildungsforschung, Band 49, Hrsg.: Bundesinstitut für Berufsbildung).

Kardorff von, E. (2000): Qualitative Evaluationsforschung. In: Flick, U.; von Kardorff, E.; Steinke, I. (Hrsg.): Qualitative Forschung – Ein Handbuch. Reinbek, S. 238–250.

Kath, F.; Sauter, E. (2002): Früherkennung – neue Impulse für die Ordnungsforschung. In: Berufsbildung in Wissenschaft und Praxis (BWP). Berlin: BIBB, 1 (2002), S. 3–4.

Kern, H.; Schumann, M. (1984): Das Ende der Arbeitsteilung. Rationalisierung in der industriellen Produktion.

KMK Sekretariat der Ständigen Konferenz der Kultusminister der Länder in der Bundesrepublik Deutschland (Hrsg.) (2000): Handreichungen für die Erarbeitung von Rahmenlehrplänen der Kultusministerkonferenz (KMK) für den berufsbezogenen Unterricht in der Berufsschule und ihre Abstimmung mit Ausbildungsordnungen des Bundes für anerkannte Ausbildungsberufe. Bonn: 15.09.2000.

Krause, E. (1970): Aufgaben und Ziele der Arbeitsstelle für Betriebliche Berufsausbildung. Bonn.

Krause, E. (1969): Neustrukturierung der Berufsbildung. In: Die berufsbildende Schule. Wolfenbüttel: Heckners, 21 (1969) 4, S. 240–246.

Lipsmeier, A. (2001): Internationale Trends der Curriculumentwicklung für die Berufsausbildung und in der Lehrerbildung für diesen Bereich. In: Fischer, M. u. a. (Hrsg.): Gestalten statt Anpassen in Arbeit, Technik und Beruf. Bielefeld.

Martin, W.; Pangalos, J.; Rauner, F. (2000): Die Entwicklung der Gewerblich-Technischen Wissenschaften im Spannungsverhältnis von Technozentrik und Arbeitsprozeßorientierung. In: Pahl, J.-P.; Rauner, F.; Spöttl, G. (Hrsg.): Berufliches Arbeitsprozeßwissen – Ein Forschungsgegenstand der Berufsfeldwissenschaften. Baden-Baden, S. 13–30.

Molle, F. (1965): Leitfaden der Berufsanalyse. Anleitung zur Bearbeitung und Verwertung berufskundlicher Grundunterlagen. Opladen.

Mönikes, W. (1974): Zur Bedeutung von Tätigkeitsanalysen für die Berufsbildung – Überlegungen vor einem Versuch. In: BWP 5/74, 1974, S. 14–19.

Petersen, A. W. (2018): Berufswissenschaften als Ansatz und Inhalt beruflicher Fachrichtungen. In: Becker, M.; Grimm, A.; Herkner, V.; Schlausch, R. (Hrsg.): Flensburger Perspektiven zur Lehre und Forschung für die Berufsbildung – 20 Jahre biat. Berlin.

Petersen, A. W. (2010): Berufliche Fachrichtung Informationstechnik. In: Pahl/Herkner (Hrsg.): Handbuch Berufliche Fachrichtungen. Bielefeld, S. 430–446.

Petersen, A. W. (2002): Evaluation der neuen IT-Berufe – Ergebnisse einer bundesweiten Studie. In: Cramer/Kiepe (Hrsg.): Jahrbuch Ausbildungspraxis 2002 – Erfolgreiches Ausbildungsmanagement. Köln, S. 15–24.

Petersen, A. W. (1994): Evaluation und Revision der Rahmenlehrpläne des Landes Hessen – Berufsbilder Metall- und Elektrotechnik. Abschlussbericht. Bremen: Universität Bremen, Institut Technik und Bildung (ITB).

Petersen, A. W.; Wehmeyer, C. (2004): Case Studies on ICT Practitioner Work in ICT Business and Work Processes – Results and Skill Needs of European companies of the ICT sector and ICT user sectors. Flensburg (Leonardo da Vinci II project EUQuaSIT, Part of the Final Report).

Petersen, A. W.; Rauner, F. (1995): Evaluation und Weiterentwicklung der Rahmenlehrpläne des Landes Hessen – Berufsbilder Metall- und Elektrotechnik. Gutachten im Auftrag des Hessischen Kultusministeriums. Bremen: Universität Bremen, Institut Technik und Bildung (ITB).

Pfeuffer, H. (1972): Untersuchungen über den Wandel von Berufsinhalten und die Notwendigkeit neuer Ausbildungsformen dargestellt am Beispiel der elektrotechnischen Ausbildungsberufe. Aachen: RWTH Aachen.

Rauner, F. (2002): Qualifikationsforschung und Curriculum – ein aufzuklärender Zusammenhang. In: Zeitschrift für Berufs- und Wirtschaftspädagogik, Stuttgart, 98. Band, Heft 4, S. 531–554.

Rauner, F. (2000): Der berufswissenschaftliche Beitrag zur Qualifikationsforschung und zur Curriculumentwicklung. In: Pahl, J.-P.; Rauner, F.; Spöttl, G. (Hrsg.): Berufliches Arbeitsprozeßwissen. Ein Forschungsgegenstand der Berufsfeldwissenschaften. Baden-Baden, S. 329–352.

Rauner, F. (1998): Zur methodischen Einordnung berufswissenschaftlicher Arbeitsstudien. In: Pahl, J.-P.; Rauner, F. (Hrsg.): Betrifft: Berufsfeldwissenschaft. Beiträge zur Forschung und Lehre in den gewerblich-technischen Fachrichtungen. Bremen, S. 13–30

Riedel, J. (unter Mitarbeit von Schneider, U.; 1957): Arbeits- und Berufsanalyse in berufspädagogischer Sicht. Braunschweig.

Sauter, E. (2005): Berufsbildungsforschung und Berufsbildungsdialog. In: Rauner, F. (Hrsg.): Handbuch Berufsbildungsforschung. Bielefeld, S. 61–67.

Schumann, M. (2003): Struktureller Wandel und Entwicklung der Qualifikationsanforderungen. In: Berufsbildung im 21. Jahrhundert: Perspektiven für eine globale Gesellschaft; Ergebnisse und Ausblicke; Bundesinstitut für Berufsbildung, BIBB. Bielefeld.

Sellin, B. (1998): Co-operation in Research on Trends in the Development of Occupations and Qualifications in the European Union. Report on the current state, results and development of the CEDEFOP Ciretoq research network. Thessaloniki.

Spöttl, G. (2000): Der Arbeitsprozess als Untersuchungsgegenstand berufswissenschaftlicher Qualifikationsforschung und die besondere Rolle der Experten(-Facharbeiter-)workshops. In: Pahl, J.-P.; Rauner, F.; Spöttl, G.: Berufliches Arbeitsprozesswissen – Ein Forschungsgegenstand der Berufswissenschaft. Baden-Baden, S. 205–221.

Stooß, F. (1991): Quantitative und qualitative Veränderungen auf dem Arbeitsmarkt durch Neue Informations-Technologien (NIT). In: Bonz, B.; Lipsmeier,

A. (Hrsg.): Computer und Berufsbildung. Beiträge zur Didaktik neuer Technologien in der gewerblich-technischen Berufsbildung. Stuttgart (bzp Beiträge zur Pädagogik für Schule und Betrieb; Band 14), S. 9–25.

Stuber, F. (2002): Berufliche Informatik – Kompetenzentwicklung zwischen Arbeitsprozess und informatischer Bildung. Baden-Baden (Bildung und Arbeitswelt, Bd. 7).

Wehmeyer, C. (2007): Arbeit und Ausbildung von IT-Fachkräften im europäischen Vergleich. Hamburg.

Henrik Schwarz

Bedeutung und Entwicklung der vier großen dualen IT-Ausbildungsberufe

Zusammenfassung: *Der Beitrag betrachtet im ersten Teil die Entwicklungsgeschichte der vier großen dualen IT-Berufe im Kontext von Technologietransfer und Fachkräftebedarf. Im Anschluss werden Ergebnisse und Empfehlungen der vom Bundesinstitut für Berufsbildung (BIBB) durchgeführten Evaluationsstudie diskutiert und ergänzt um die Ergebnisse der zwischenzeitlich abgeschlossenen Neuordnung der IT-Berufe.*

Technologietransfer – die Entwicklung der IT-Berufe

Einführung

Die vier dualen IT-Berufe Fachinformatiker/-in, IT-System-Elektroniker/-in, IT-System-Kaufmann/-frau und Informatikkaufmann/-frau (vgl. Tab. 1) trafen bei ihrer Einführung 1997 auf eine große Nachfrage. Bereits im ersten Jahr wurden annähernd 5.000 neue Ausbildungsplätze bereitgestellt und über 1000 neue Betriebe für die duale Berufsausbildung gewonnen (vgl. Borch/Schwarz 1999, S. 157). Mittlerweile liegt die Anzahl der jährlich neu abgeschlossenen Ausbildungsverträge im Durchschnitt bei 15.000 mit einer zuletzt stark ansteigenden Tendenz (vgl. Abb. 1). Seit Einführung dieser neuen Berufe sind damit annähernd 300.000 Fachkräfte ausgebildet worden.

Wenn hier von den IT-Berufen gesprochen wird, sind die oben genannten, gemeinsam entwickelten und nach Anzahl ihrer Ausbildungsverhältnisse größten IT-Berufe gemeint. Daneben umfasst das Feld der aktuellen IT-Berufe weitere Berufe wie Informationselektroniker/-in (Handwerk), Mathematisch-technische/-r Softwareentwickler/-in, Elektroniker/-in für Informations- und Systemtechnik oder Mikrotechnologe/Mikrotechnologin. Die Anzahl der insgesamt in diesen Berufen neu abgeschlossenen Ausbildungsverträge lag in den letzten Jahren bei weniger als 1.000.

Bei den IT-Berufen handelt es sich um sogenannte Querschnittsberufe, Auszubildende und ausgebildete Fachkräfte finden sich in allen Wirtschaftszweigen. Dabei verteilen sich die IT-Fachkräfte etwa zu einem Drittel auf Unternehmen in der IKT-Branche (Informations- und Kommunikationstechnologie) und zu zwei Drittel auf Unternehmen aller anderen Branchen, allen voran das verarbeitende Gewerbe oder die öffentliche Verwaltung. Der Großteil der Auszubildenden wird in kleinen und mittleren Betrieben ausgebildet (vgl. Schwarz/Conein/Tutschner u. a. 2017a, S. 14 ff.). Während sich die Profile der IT-System-Elektroniker/-innen und IT-System-Kaufleute an Hersteller und Dienstleister der IKT-Branche wenden, sind Fachinformatiker/-innen und Informatikkaufleute darüber hinaus in allen anderen Branchen zu finden.

Tab. 1: Tätigkeitsschwerpunkte der vier großen dualen IT-Berufe

Ausbildungsberuf	**Tätigkeitsschwerpunkte**
Fachinformatiker/-in • Fachrichtung Anwendungsentwicklung • Fachrichtung Systemintegration	Softwareentwicklung und Programmierung Betreuen und Verwalten von IT-Systemen
IT-System-Elektroniker/-in	Installieren und Reparieren von IT-Systemen
IT-System-Kaufmann/-Kauffrau	Angebot und Verkauf von IT-Lösungen
Informatikkaufmann/-kauffrau	Betreuung und Verwaltung von IT-Systemen

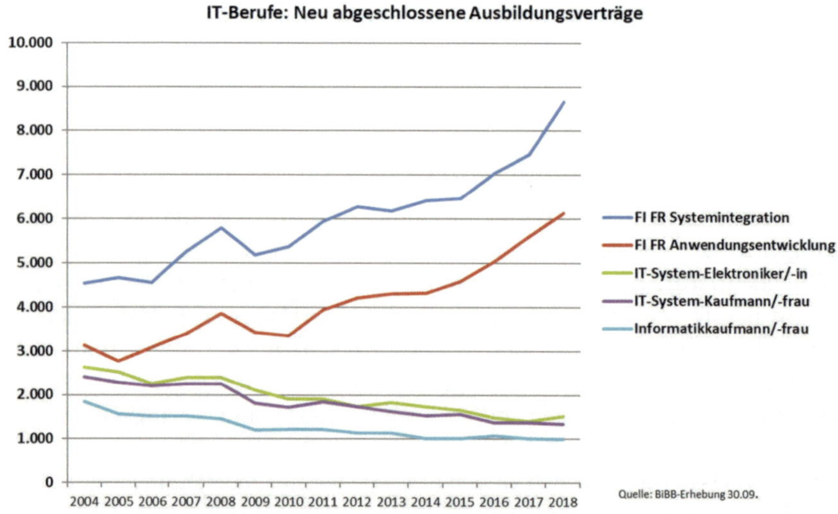

Abb. 1: Entwicklung der Anzahl der neu abgeschlossenen Ausbildungsverträge

IT-Berufe: Technologietransfer und Standardisierung

Die IT-Berufe waren eine Reaktion auf den in den 1980er- und 1990er-Jahren durch die zunehmende Standardisierung von Hard- und Software ausgelösten Boom der Informations- und Kommunikationstechnik, der alle Wirtschaftsbereiche mit neuer, preiswerter und individuell nutzbarer Informations- und Kommunikationstechnik durchdrang. Ein Auslöser dieses Booms war die Einführung des Personal Computers von IBM 1981, der einen neuen Industriestandard setzte, die Informationstechnik individualisierte und an die einzelnen Arbeitsplätze brachte. Mit dem Einsatz normierter Hard- und Softwareschnittstellen, der Entwicklung höherer Programmiersprachen, der Verdrängung teurer und aufwendig zu pflegender individueller Softwarelösungen durch Standardanwendungen geschahen im Wesentlichen drei Dinge: Das Angebot an Hard- und Softwarelösungen und damit verbundene Serviceleistungen wuchs rasant an, die Preise für IT-Lösungen fielen und für die Entwicklung der IT-Berufe von zentraler Bedeutung: Vertrieb, Einsatz und Wartung von IT-Lösungen waren nicht länger ausschließlich an die Verfügbarkeit hoch spezialisierter Fachkräfte, möglichst mit einschlägiger wissenschaftlicher Ausbildung gebunden (s. auch Abb. 2). Die Umsätze der IT-Branche in Deutschland wuchsen in den 1990er-Jahren jährlich um 8–10 Prozent, gleichzeitig sanken die Absolvent(inn)enzahlen in den einschlägigen Studienfächern, sodass Ende der 1990er-Jahre die Anzahl der fehlenden IT-Expert(inn)en in Deutschland auf 75.000(!) angewachsen war (vgl. Borch/Schwarz 1990, S. 159).

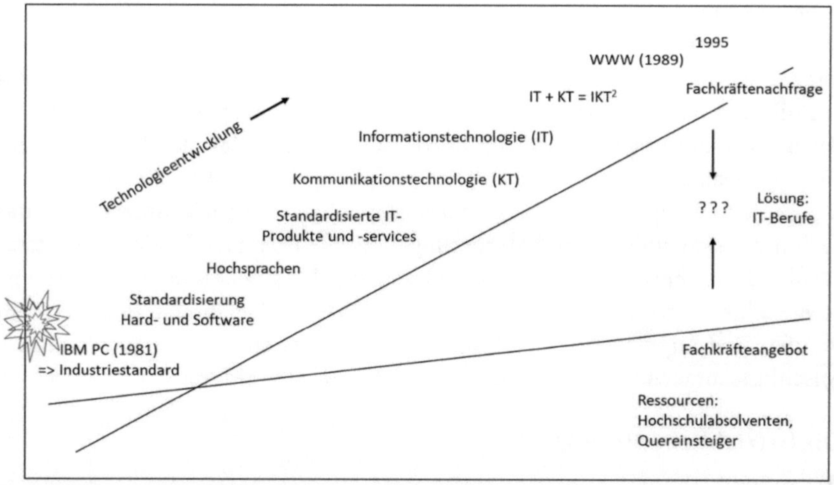

Abb. 2: Technologieentwicklung und Fachkräftebedarf

Die Entwicklung der vier großen dualen IT-Berufe in den 1990er-Jahren entspringt dieser Nachfrage und folgt neuen technologischen Herausforderungen. Der Druck, neue Berufe zu entwickeln, wuchs darüber hinaus auch bildungspolitisch durch die Notwendigkeit, auf die „Krise des dualen Systems" zu reagieren. Einer abnehmenden Anzahl von Ausbildungsbetrieben stand eine wachsende Anzahl von Jugendlichen gegenüber, die keinen Ausbildungsplatz fanden. Vorschläge zur Bewältigung der Krise mündeten schließlich in das „Reformprojekt Berufliche Bildung", das unter anderem vorsah, beschleunigt „neue Berufe in wachsenden Beschäftigungsfeldern" sowie „gestaltungsoffene Ausbildungsberufe" zu entwickeln (BMBF 1998, S. 2).

Neben einem Set unterschiedliche Bedarfe abdeckender, branchenübergreifender Profile, die sich an Hersteller und Anwender von IT-Lösungen wenden, gibt es Konstruktionselemente, die erstmals mit den IT-Berufen eingeführt werden. Dazu gehören berufsübergreifende gemeinsame Kernqualifikationen und eine aus der betrieblichen Praxis resultierende betriebliche Projektarbeit als zentrales Element einer handlungsorientierten Abschlussprüfung.

Der Kern der Qualifikationen

Die gemeinsamen Kernqualifikationen orientieren sich an Geschäftsprozessen, verbinden IT-technische und betriebswirtschaftliche Inhalte mit fachübergreifenden Anforderungen wie Team- und Kommunikationsfähigkeit. Sie umfassen 50 Prozent der gesamten Inhalte und verschränken sich im Verlauf der Ausbildung zunehmend mit den Fachqualifikationen des jeweiligen Berufsprofils. Die Integration von Technik- und Wirtschaftsbildung folgt damit der zunehmenden Integration von Informations- und Kommunikationstechnik mit Produktionstechnik und betriebswirtschaftlicher Steuerung. In Verbindung mit technikoffenen Formulierungen bilden die Kernqualifikationen das stabile Fundament einer auf Dauer angelegten beruflichen Handlungsfähigkeit in diesem Bereich, das projektförmig organisiertes, interdisziplinäres Arbeiten unterstützt und auch unter sich ändernden Anforderungen an die Fachqualifikationen Bestand behält. Dieses berufsübergreifende Fundament der gemeinsamen Berufsfamilie erleichtert darüber hinaus eine hohe horizontale Flexibilität zwischen den Berufen und angrenzenden Anforderungsbereichen sowie eine gute vertikale Anschlussfähigkeit im Rahmen der beruflichen Weiterbildung.

Die betriebliche Projektarbeit

Die Einführung dieses damals neuen Prüfungsinstruments der betrieblichen Projektarbeit entspricht einer projektförmigen, selbst organisierten Arbeitsweise in anspruchsvollen Aufgabenbereichen mit hoher Dynamik und flachen Hierarchien. Die Planung, Durchführung und Kontrolle realer betrieblicher Projektarbeit durch den Prüfling selbst ermöglicht eine unter Realbedingungen durchgeführte Feststellung der beruflichen Handlungsfähigkeit unter prüfungsökonomisch akzeptablen Bedingungen.

Einsatzgebiete und Fachbereiche

Neben gemeinsamen Kernqualifikationen und der betrieblichen Projektarbeit verfügen die IT-Berufe über wählbare Elemente wie Fachbereiche beim Ausbildungsberuf Informatikkaufmann/-frau sowie Einsatzgebiete bei den drei übrigen Berufen. Als einer der Nachfolger des ehemaligen Ausbildungsberufs Datenverarbeitungskaufmann/-frau agiert der/die Informatikkaufmann/-frau in seiner jeweiligen Branche auf der Schnittstelle zwischen Fachabteilung und IT-Abteilung. Aufgaben der IT-Administration sowie IT-technische Anforderungen bearbeiten Informatikkaufleute, die in Versicherungen, Banken oder Industriebetrieben eingesetzt werden, auf der Basis ihrer Qualifikationen in diesen Fachbereichen. Für diese einschlägige fachbereichsspezifische Ausbildung enthält die Ausbildungsordnung entsprechende wählbare Fachbereiche, die durch differenzierte Inhalte im Ausbildungsrahmenplan unterlegt sind.

Wählbare Einsatzgebiete wie Festnetze, Funknetze oder Endgeräte im Ausbildungsberuf IT-System-Elektroniker/-in, oder kaufmännische Systeme, Expertensysteme oder Multimediasysteme im Ausbildungsberuf Fachinformatiker/-in in der Fachrichtung Anwendungsentwicklung sollen betriebliche Spezifika adressieren. Sie sind insbesondere im dritten Ausbildungsjahr mit der Position im Ausbildungsrahmenplan „Fachaufgaben im Einsatzgebiet“ verbunden. Die Ausbildungsinhalte dieser Position beziehen sich auf Themen zur Projektplanung, -durchführung und -kontrolle. Die projektbezogenen Fachaufgaben sollen einsatzgebietsspezifisch vermittelt werden und so auf die Durchführung der betrieblichen Projektarbeit in der Abschlussprüfung vorbereiten.

Die IT-Berufe sind Produkt, Mittler und Treiber eines Transfers der Innovationen der Informations- und Kommunikationstechnologie in alle Bereiche der Wirtschaft und des gesellschaftlichen Lebens. Sie resultieren aus dem wachsenden Bedarf an Fachkräften auf einer mittleren Qualifikationsebene durch die wachsende Verwertung technischen Wissens. Sie sind Mittler und Treiber von Innovationen, wenn auf der Anwendungsebene neue Bedarfe und Lösungen entstehen. In dieser Hinsicht können Auszubildende und duale Ausbildung auch ein Treiber für Innovationen in den Betrieben sein.

Diese Prozesse, die in den 1990er-Jahren zur Herausbildung der IT-Berufe geführt haben, setzen sich heute beschleunigt fort, getrieben durch eine neue Qualität der digitalen Vernetzung sowie des maschinellen Lernens, gekennzeichnet durch Schlagworte wie Internet of Things, Künstliche Intelligenz und Industrie 4.0. Die rasant wachsende Anzahl miteinander vernetzter Sensoren und Aktoren in der Fertigung, softwareintensive eingebettete Systeme sowie die Digitalisierung kompletter Geschäftsprozesse werden die Anforderungen an die Ausfallsicherheit der Netze, die Echtzeitverarbeitung, die Datensicherheit und das Verarbeiten großer Datenmengen weiter erhöhen. Die daraus resultierenden Themen wie z. B. Software-Entwicklung, Cloud- und Edge-Computing, Big Data sowie das Mega-Thema IT-Security sind zwar nicht grundsätzlich neu, universelle und komplexe Anwendungsszenarien führen jedoch zu neuen Anforderungen an die IT-Fachkräfte. Diese Anforderungen betreffen nicht nur den fachlichen Bereich, sondern auch die personalen und sozialen Kompetenzen. IT-Fachkräfte arbeiten immer öfter in interdisziplinären Teams oder müssen sich zumindest mit Inhalten beschäftigen, die nicht originär informationstechnischer Natur sind. Sie sind zudem häufig an Schnittstellen unterschiedlicher fachlicher Domänen und technischer Systeme tätig und müssen mit unterschiedlichen Zielgruppen kommunizieren.

Der Arbeitsmarkt für IT-Fachkräfte in der IKT-Branche

2016 erwirtschafteten annähernd 1,2 Millionen Beschäftigte in 107.000 Unternehmen der IKT-Branche einen Umsatz von 344 Milliarden Euro Umsatz. Ein Großteil der Unternehmen (90 %) ist dem Bereich IKT-Dienstleistungen zuzuordnen (vgl. Destatis 2018, S. 4). Mit 250.000 neuen Arbeitsplätzen zwischen 2010 und 2017 weist die IKT-Branche im Branchenvergleich die höchste Wachstumsrate auf. Im Durchschnitt werden jährlich rund 6.000 Unternehmen gegründet. Damit ist die IKT-Branche auch Spitzenreiter bei den Unternehmensgründungen (BMWi 2018, S. 7 ff.). Allerdings befürchten viele Unternehmen, dass insbesondere der Mangel an Fachkräften das Voranschreiten der Digitalisierung behindern könne (vgl. BMWi 2018, S. 53). Der Branchenverband Bitkom sieht aktuell 55.000 Jobs für IT-Spezialisten unbesetzt (vgl. Bitkom 2017).

Der lange Weg zur Neuordnung der IT-Berufe

Die IT-Berufe blieben seit über 20 Jahren in ihrer Grundstruktur unverändert. Das ist erstaunlich in den Zeiten von VierPunktNull und einer beschleunigten

Digitalisierung aller Lebensbereiche. Gründe für dieses lange Überdauern liegen sicherlich in der schon angesprochenen gestaltungsoffenen und flexiblen Struktur der Berufe, die neben technikneutralen Formulierungen über gemeinsame Kernqualifikationen, wählbare Einsatzgebiete und Fachbereiche sowie mit der betrieblichen Projektarbeit über eine an der betrieblichen Praxis orientierte Abschlussprüfung verfügen.

Erste Evaluation der IT-Berufe

Hinweise zur Überarbeitung der IT-Berufe resultieren aus einer schon zu Beginn der 2000er-Jahre durchgeführten Evaluation und manifestieren sich in den darauffolgenden Jahren auch quantitativ durch eine unterschiedliche Entwicklung der Ausbildungszahlen. Während die Zahlen des Ausbildungsberufes Fachinformatiker/-in in den letzten Jahren kontinuierlich nach oben zeigen, bewegen sich die Zahlen der drei anderen Berufe von einem ohnehin kleineren Niveau tendenziell nach unten (vgl. Abb. 1). Ergebnisse einer bundesweiten Studie zu den IT-Berufen deuten schon recht frühzeitig darauf hin, dass die Profilabgrenzung zwischen den beiden kaufmännisch orientierten IT-Berufen IT-System-Kaufmann/-frau und Informatikkaufmann/-frau eher unklar ist, sodass die Hälfte der befragten Betriebe diese Struktur für „nicht sachgerecht und unnötig hält" (Petersen/Wehmeyer 2000, S. 16). Der kontinuierliche Rückgang der Zahlen beim Ausbildungsberuf IT-System-Elektroniker/-in dürfte einerseits aus einer großen inhaltlichen Überschneidung mit dem Ausbildungsberuf Fachinformatiker/-in, Fachrichtung Systemintegration, „insbesondere in den Themenfeldern Netzwerktechnik, Hardwarekenntnisse, Installation und Service" resultieren (vgl. Schwarz/Conein/Tutschner 2017b, S. 21 f.). Neben der generell abnehmenden Bedeutung von Hardwarekenntnissen dürfte zum anderen bei diesem „Telekom-Beruf" auch die Verdrängung analoger Vermittlungstechnik durch digitale und IP-basierende Techniken eine Rolle spielen.

Trotz einiger Anzeichen für die Notwendigkeit einer Überarbeitung konnte über die letzten Jahre hinweg keine Einigung über eine Neuordnung der IT-Berufe erzielt werden. Während Vertreter/-innen von KMU, Berufsschulen und Arbeitnehmerorganisationen sich überwiegend für eine Neuordnung aussprachen, waren die Reaktionen bei Großbetrieben und Arbeitgeberorganisationen eher zurückhaltend. Dabei spielte sicherlich die große Anzahl beteiligter Akteure bei diesen branchenübergreifenden „Querschnittsberufen" eine Rolle, vielleicht auch die Sorge, die große Offenheit der gegebenen Ordnungsmittel durch die derzeit geltenden Standards für die Beschreibung von Inhalten, Prüfungen und Struktur von dualen Ausbildungsberufen zu verlieren.

Schließlich einigten sich 2015 die beteiligten Akteure unter Moderation des Bundesministeriums für Wirtschaft und Energie (BMWi) und des Bundesministeriums für Bildung und Forschung (BMBF) auf eine Evaluation der IT-Berufe, die vom BIBB durchgeführt wurde.

Zweite Evaluation der IT-Berufe

Ziel der vom BIBB im Jahr 2016 abgeschlossenen Evaluation der IT-Berufe war es, den Novellierungsbedarf der IT-Berufe zu prüfen und Vorschläge für die zukünftige Gestaltung der IT-Berufe zu folgenden Bereichen zu erarbeiten:

- Fortschreibung der Berufsprofile,
- Struktur der Berufe,
- Künftige Gestaltung der Prüfung,
- Schnittstellen Ausbildung/Fortbildung/Hochschule.

Die Untersuchung folgte einem dreischrittigen Design (vgl. Abb. 3), das aus einer explorativen Phase, einer Phase mit qualitativen und einer Phase mit quantitativen Erhebungen bestand.

Die explorative Phase diente der Sondierung des Feldes und der Vorbereitung des Feldzuganges. In der sich anschließenden qualitativen Phase wurden

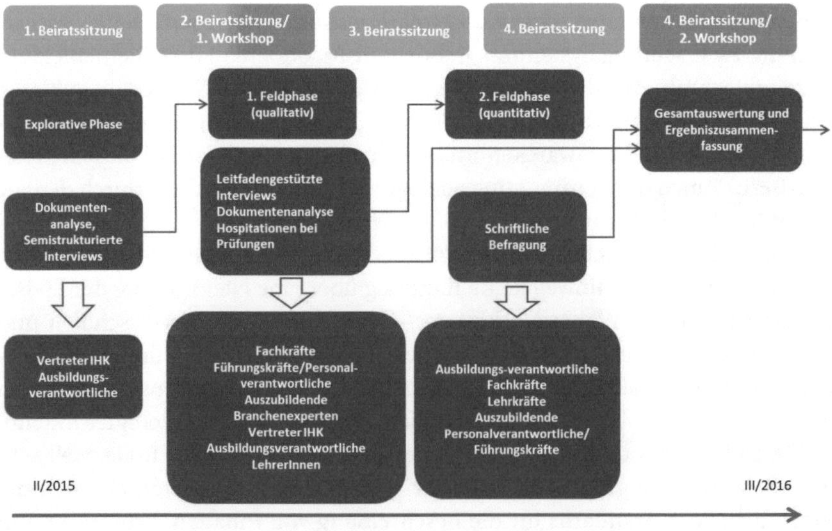

Abb. 3: Untersuchungsdesign der BIBB-Evaluation 2015–2016

Tab. 2: Verteilung der Antwortenden der Onlinebefragung nach Zielgruppen

Zielgruppe	**N**	**%**
Auszubildende	1.767	29,0 %
IT-Fachkräfte	1.911	31,3 %
Ausbildungsverantwortliche	1.237	20.3 %
Personalverantwortliche, Betriebsräte, Jugend- und Auszubildendenvertretung, Leitungspersonal	748	12,3 %
Lehrkräfte an Berufsschule für IT-Berufe	438	7,2 %
Gesamt	6.101	100.0 %

in ausgewählten Betrieben Auszubildende, Ausbildungsverantwortliche, Personalverantwortliche sowie Führungskräfte in Expert(inn)eninterviews befragt. Weitere Interviews erfolgten mit Branchenexpert(inn)en, Lehrkräften und Vertreter(inne)n von Industrie- und Handelskammern. Die Ergebnisse aus den Interviews dienten in der dritten Phase als Grundlage für eine breiter angelegte Onlinebefragung. Die Auswertung der Daten aller drei Phasen war dann die Basis der abschließenden Gesamtauswertung. Workshops mit Fachexpert(inn) en ergänzten die qualitativen und quantitativen Erhebungen und dienten der fachlichen Vertiefung ausgewählter Themen sowie dem Feedback und der Sicherung von Zwischenergebnissen.

Die durch die Erhebungen erreichte Datenbasis ist sehr groß. In der qualitativen Phase der Untersuchung wurden insgesamt 54 Expert(inn)eninterviews durchgeführt. Bei der nachfolgenden Onlinebefragung wurden 6.101 Fragebögen auswertbar ausgefüllt. Diese Fragebögen verteilen sich wie folgt auf die fünf Zielgruppen (vgl. Tab. 2). Ergänzt wurden die Befragungen durch die nicht-teilnehmende Beobachtung von sieben Abschlussprüfungen.

Zusammenfassung der Ergebnisse

Im Überblick kommt die Evaluation zu folgenden Ergebnissen (vgl. Schwarz/Conein/Tutschner u. a. 2017a):

Bewertung der Berufe insgesamt:

- Insgesamt genießen die IT-Berufe eine hohe Wertschätzung.

Nachfrage:

- Insbesondere im Bereich der Softwareentwicklung ist eine hohe Nachfrage zu verzeichnen.

Inhalte:

- Es besteht insgesamt eine große Zustimmung zu den bestehenden Inhalten.
- Wenn Inhalte vermisst werden, dann insbesondere: IT-Security, Virtualisierung, Cloud-Computing, Mobile Computing, Mobile Devices.
- Wenn Inhalte als überflüssig angesehen werden, dann insbesondere:Geschäfts- und Leistungsprozesse (im Bereich der Kernqualifikationen) in den technisch orientierten IT-Berufen.

Berufsprofile:

- Softwareentwicklung ist ein klares Alleinstellungsmerkmal im Ausbildungsberuf Fachinformatiker/-in.
- Die beiden Fachrichtungen des Ausbildungsberufs Fachinformatiker/-in sind durch eine hohe Profilschärfe gekennzeichnet.
- Zwischen den Ausbildungsberufen Fachinformatiker/-in, Fachrichtung Systemintegration und IT-System-Elektroniker/-in gibt es deutliche Profilüberschneidungen.
- Zwischen den beiden kaufmännisch orientierten IT-Berufen IT-System-Elektroniker/-in und Informatikkaufmann/-frau gibt es erhebliche Profilüberschneidungen.

Berufsbezeichnungen:

- In den kaufmännischen Berufen werden die Berufsbezeichnungen als adäquat und attraktiv angesehen.
- Die Berufsbezeichnungen bei den technischen IT-Berufen sind weniger attraktiv für die Zielgruppe der Frauen.

Organisation der Ausbildung:

- Insgesamt besteht große Zufriedenheit mit der Organisation der Ausbildung, insbesondere der betrieblichen Ausbildung.
- Die Ausbildung in der Berufsschule wird eher kritisch gesehen.
- Die Abstimmung zwischen den Lernorten erscheint verbesserungswürdig.

Prüfung:

- Die betriebliche Projektarbeit hat sich insgesamt bewährt.
- Bei den Durchführungszeiten der betrieblichen Projektarbeit ist eine Neujustierung erforderlich.
- Der Wechsel zum Modell der gestreckten Abschlussprüfung wäre eine Option.

Weiterbildung:

- Die berufliche Weiterbildung genießt einen hohen Stellenwert.
- Das IT-Weiterbildungssystem wird allerdings kaum genutzt.
- In der Weiterbildung stehen (Hersteller-)Zertifikate, insbesondere zu speziellen Fachthemen, im Fokus.

Empfehlungen zur Neuordnung der IT-Berufe

In ihrer Empfehlung kommt die Untersuchung zu dem Schluss, die IT-Berufe unter Berücksichtigung der dargestellten Ergebnisse zu überarbeiten. Neben inhaltlichen Modernisierungen sollte die Neuordnung insbesondere dazu genutzt werden, die beiden kaufmännischen Profile zusammenzulegen, die gestreckte Abschlussprüfung einzuführen und zu prüfen, ob im Hinblick auf das an Bedeutung gewinnende Thema Industrie 4.0 dem Ausbildungsberuf Fachinformatiker/-in eine neue Fachrichtung „Produktions- und Fertigungsprozesse" hinzugefügt werden sollte. Zugleich sollte überlegt werden, die Struktur der Berufe zu überarbeiten und statt einer Differenzierung in Form von Einsatzgebieten und Fachbereichen das Instrument der Wahlqualifikationen einzuführen. Während Einsatzgebiete eigentlich kein Instrument zur inhaltlichen Differenzierung darstellen, werden Fachbereiche aufgrund einer zwischenzeitlich stattgefundenen Standardisierung ohnehin nicht mehr als Differenzierungsmodell verordnet.[1]

Wahlqualifikationen als flexibles Differenzierungsmodell

Wahlqualifikationen in Ausbildungsordnungen sind wähl- und kombinierbare, inhaltlich und zeitlich „abgegrenzte Bündel spezifischer Qualifikationen, die miteinander kombiniert werden können". Ihre Inhalte umfassen bis zu einem Drittel der Ausbildungszeit und beziehen sich z. B. auf unterschiedliche Produkte, Herstellungsverfahren oder Werkstoffe, um spezifische Anforderungsprofile innerhalb eines Ausbildungsberufes darstellen zu können (vgl. Schwarz/Bretschneider/Schröder u. a. 2015, S. 67). In den IT-Berufen könnten sie bestimmte Themen differenzieren und vertiefen, z. B. IT-Security, App-Entwicklung, Embedded Systems, Businesslösungen, Web-Entwicklung, Netzspezifika, Hardwaresupport, Qualitätssicherung etc. Neben der Möglichkeit, für alle Profile gemeinsame sowie nur auf bestimmte Profile bezogene Wahlqualifikationen

---

1 Zum Differenzierungsinstrument der Wahlqualifikationen vergleiche auch SCHWARZ/CONEIN/TUTSCHNER u. a. 2017a, S. 115.

zu definieren, könnten nicht gewählte Wahlqualifikationen (in begrenztem Umfang) auch dazu genutzt werden, zertifizierte Zusatzqualifikationen anzubieten. Auch die bisher nur dem Ausbildungsberuf IT-System-Elektroniker/-in vorbehaltenen elektrotechnischen Qualifikationen, die ihn zum Einsatz als Elektrofachkraft befähigen, könnten über das Instrument der Wahl- bzw. Zusatzqualifikation auch für die anderen Profile verfügbar gemacht werden.

Für den Einsatz von Wahlqualifikationen spricht auch die große Heterogenität in den Anforderungen zwischen den einzelnen Wirtschaftszweigen. Themen wie Cloud-Computing haben eine andere Bedeutung für Anbieter von Cloudlösungen in der IT-Branche als für Anwendungsunternehmen in den übrigen Wirtschaftszweigen. Diese Unterschiede in der Hersteller- und Anwenderperspektive trifft auch für andere Themenbereiche und die damit verbundenen Kompetenzanforderungen zu. Die unterschiedlichen Facetten des Themas IT-Sicherheit wie Datenschutz, Datensicherheit, Verfügbarkeit, Integrität, nationale und internationale rechtliche Aspekte haben unterschiedliche Gewichte bezogen auf die Herstellung von Hard- und Softwarelösungen oder deren Nutzung in ganz unterschiedlichen Anwendungsbereichen. Hier müssten, neben berufsübergreifenden Standard-Kompetenzen für alle (IT-)Berufe, nach Tiefe und Breite unterschiedliche Kompetenzen für unterschiedliche Anwendungsfälle definiert werden. Auch dafür ließen sich aufeinander aufbauende sowie kombinierbare Wahlqualifikationen entwickeln. Wahlqualifikationen bieten schließlich die Möglichkeit, Ausbildungsordnungen im Bedarfsfalle flexibler und schneller anzupassen, da gegebenenfalls nur einzelne Wahlqualifikationen modifiziert, ergänzt oder zusammengelegt werden müssten. Wahlqualifikationen können im Rahmenlehrplan für die Berufsschulen im dritten Ausbildungsjahr im Umfang von maximal 80 Stunden, das heißt für maximal zwei Lernfelder, abgebildet werden. Die Entscheidung darüber obliegt dem Rahmenlehrplanausschuss, welcher den Rahmenlehrplan für den jeweiligen Ausbildungsberuf entwickelt.

Neuordnung der IT-Berufe in zwei Phasen

Die Ergebnisse der oben genannten BIBB-Untersuchung wurden in zahlreichen Veranstaltungen mit Fachverbänden, Kammern, Ministerien und Hochschulvertreter(inne)n vorgestellt und diskutiert. Schließlich einigten sich die beteiligten Akteure der Arbeitgeber- und Arbeitnehmerverbände im Juni 2017 in einem sogenannten Sozialpartnergespräch unter Leitung des BMWi und des BMBF auf ein zweistufiges Verfahren zur Neuordnung der IT-Berufe. In einer ersten Phase sollten zunächst die dringendsten Änderungen in den Ausbildungsordnungen und den Rahmenlehrplänen im Rahmen einer Änderungsverordnung

Tab. 3: Position 5.4 „IT-Sicherheit, Datenschutz und Urheberrecht" (vgl. Bundesgesetzblatt 2018)

5.4	*IT-Sicherheit, Datenschutz und Urheberrecht*	*a) rechtliche Regelungen und betriebliche Vorgaben zur IT-Sicherheit einhalten* *b) Bedrohungsszenarien und Schadenspotenziale erkennen und bewerten* *c) Schutzmechanismen für informations- und telekommunikationstechnische Systeme anwenden* *d) Vorschriften zum Datenschutz einhalten* *e) Vorschriften zum Urheberrecht einhalten*

vorgenommen werden und zum 1. August 2018 in Kraft treten. Diese Maßnahme war verbunden mit der Einigung darauf, in einem zweiten Schritt eine grundlegende Überarbeitung der Ausbildungsberufe vorzunehmen.

Die Änderungen der ersten Phase wurden im Sommer 2017 vorbereitet und auf einer Sachverständigensitzung im September 2017 abgestimmt. Sie bestanden im Wesentlichen darin, eine neue, für alle IT-Berufe gemeinsame integrativ zu vermittelnde Berufsbildposition „IT-Sicherheit, Datenschutz und Urheberrecht" aufzunehmen, um dem Thema IT-Sicherheit in der Ausbildung ein stärkeres Gewicht zu verleihen (vgl. Tab. 3). Zusätzlich wurden ergänzende Formulierungen zu diesem Thema auch an einigen Stellen in den Fachprofilen und den Prüfungsanforderungen aufgenommen. In die berufsübergreifende Berufsbildposition 3.1 „Informieren und Kommunizieren" wurde zusätzlich ein neues Lernziel zum Umgang mit digitalen Medien aufgenommen. Eine Überarbeitung der Rahmenlehrpläne durch die KMK erfolgte nicht. Die KMK verwies darauf, dass die jetzigen Neuerungen durch die bestehenden Rahmenlehrpläne schon mit abgedeckt werden würden. Eine grundlegende Überarbeitung der Rahmenlehrpläne solle erst in Phase II der Neuordnung erfolgen.

In die neu formulierte Position 5.4 „IT-Sicherheit, Datenschutz und Urheberrecht" wurden folgende Lernziele aufgenommen (vgl. Bundesgesetzblatt 2018):

Daten und Prozesse: Phase II der Neuordnung der IT-Berufe

Phase II der Neuordnung der IT-Berufe startete bereits im Herbst 2017 mit Vorgesprächen zur Entwicklung von Eckwerten, die in einem Antragsgespräch beim zuständigen Verordnungsgeber, dem BMWi, Ende Januar 2018 beraten und beschlossen wurden. Die daraufhin Anfang März 2018 erteilte Weisung des BMWi an das BIBB zur Neuordnung der IT-Berufe umfasste im Wesentlichen folgende Punkte, die mit einer Reihe von Prüfaufträgen verbunden waren:

- Es sollte weiterhin bei vier Berufen bleiben, wobei der Ausbildungsberuf Informatikkaufmann/-frau durch ein neues Profil mit dem Arbeitstitel „Datenkaufmann/-frau" ersetzt werden und dessen Profil im Sachverständigenverfahren weiter geschärft werden sollte.
- Die Struktur der Berufe mit Einsatzgebieten bei drei Berufen sowie mit Fachrichtungen beim Ausbildungsberuf Fachinformatiker/-in sollte erhalten bleiben. Für das neue Profil „Datenkaufmann/-frau" sollte geprüft werden, ob ebenfalls Einsatzgebiete geschaffen werden können.
- Auch die bisherige Struktur mit berufsübergreifenden Kern- und Fachqualifikationen sollte erhalten bleiben, allerdings sollten die mit den Eckwerten eingereichten Positionen noch einmal geprüft werden, da die Kataloge der für alle Berufe gemeinsamen Positionen zwischen den Berufen voneinander abwichen.
- Beim Ausbildungsberuf Fachinformatiker/-in sollte geprüft werden, ob eine zusätzliche Fachrichtung oder eine Zusatzqualifikation nötig sei, um z. B. Inhalte zum Thema Industrie 4.0 mit aufzunehmen.
- Die gemeinsamen kaufmännischen Inhalte sollten beibehalten werden.
- Beim Ausbildungsberuf IT-System-Elektroniker/-in sollten die elektrotechnischen Inhalte dahin gehend geprüft werden, ob sie den Anforderungen für den Einsatz als Elektrofachkraft genügten. Zusätzlich sollte geprüft werden, ob diese elektrotechnischen Inhalte auch als Zusatzqualifikation angeboten werden könnten.
- Bei der Formulierung der Ausbildungsinhalte sollte ein Abgleich mit dem europäischen e-Competence Framework vorgenommen werden mit dem Ziel, das erreichte Niveau zu dokumentieren.
- Als Prüfungsform sollte eine gestreckte Abschlussprüfung angestrebt und deren Umsetzbarkeit im Sachverständigenverfahren geprüft werden.
- Die Möglichkeit einer gemeinsamen Beschulung der beiden Ausbildungsberufe IT-System-Elektroniker/-in und Fachinformatiker/-in sollte im bisherigen Umfang beibehalten werden.
- Unter Berücksichtigung der neuen Inhalte der „Datenkaufleute" sollte geprüft werden, in welchem Umfang eine gemeinsame Beschulung der beiden kaufmännischen Berufe zukünftig möglich sei.

Das vom BIBB geleitete Sachverständigenverfahren zur Erarbeitung der Ausbildungsordnungen und Ausbildungsrahmenpläne startete Ende April 2018 mit mehr als 40 Sachverständigen (inklusive Vertreter/-innen). Parallel dazu wurden seitens des Sekretariats der KMK zwei Rahmenlehrplanausschüsse, jeweils einen für die beiden technischen sowie die beiden kaufmännischen IT-Berufe, eingerichtet. Aufgrund diverser Prüfaufträge, der intensiven Beratungen zur Neuprofilierung des Ausbildungsberufes Fachinformatiker/-in sowie des Nachfolgeberufes zum/zur Informatikkaufmann/-frau bedurfte es insgesamt elf regulärer Sitzungen sowie diverser AG-Sitzungen und Telefonkonferenzen, um die Arbeiten zum Abschluss zu bringen. Einige Lösungen, die unter Vorbehalt standen, erforderten zudem die zwischenzeitliche Befassung des Hauptausschusses des BIBB als auch des Bund-Länder-Koordinierungsausschusses Ausbildungsordnungen/Rahmenlehrpläne sowie der Spitzenverbände der Arbeitgeber- und Arbeitnehmerorganisationen, sodass die Beratungen erst im November 2019 abgeschlossen werden konnten.

Die Ergebnisse der Neuordnung im Überblick:

Neben der Aktualisierung aller Fachinhalte sind folgende wesentliche Änderungen Ergebnis der Sachverständigenarbeit (vgl. auch Abb. 4):

- Als Berufsfamilie verfügen alle Berufe nach wie vor über gemeinsame berufsübergreifende Inhalte (Kernqualifikationen), die 50 Prozent der Ausbildungszeit umfassen und mit den Fachinhalten der jeweiligen Berufsprofile verschränkt sind.
- Alle Berufe verfügen jetzt über Einsatzgebiete, die zum Teil neu festgelegt wurden.
- Der Ausbildungsberuf Fachinformatiker/-in wird um die beiden weiteren Fachrichtungen „Daten- und Prozessanalyse" sowie „Digitale Vernetzung" ergänzt.
- Die kaufmännisch orientierten IT-Berufe IT-System-Kaufmann/-frau und Informatikkaufmann/-frau werden neu profiliert, teils zusammengelegt, teils um ein neues Profil ergänzt. Neben dem neuen Ausbildungsberuf Kaufmann/-frau für IT-System-Management, der den/die IT-System-Kaufmann/-frau ersetzt und Inhalte des/der Informatikkaufmann/-frau mit aufnimmt, wird ein neues Profil treten, der Ausbildungsberuf Kaufmann/-frau für Digitalisierungsmanagement.
- Die bisherige Zwischen- und Abschlussprüfung wird ersetzt durch die Einführung einer gestreckten Abschlussprüfung (Abschlussprüfung in zwei voneinander getrennten Teilen).
- Der sich auf die gemeinsamen, berufsübergreifenden Inhalte beziehende Teil 1 der Abschlussprüfung besteht aus dem Prüfungsbereich „Einrichten eines IT-gestützten Arbeitsplatzes"; die praxisbezogenen Aufgaben sind schriftlich zu bearbeiten. Teil 1 der Prüfung wird mit 20 Prozent gewichtet.

- Das Prüfungsinstrument der betrieblichen Projektarbeit wird im Kern beibehalten, allerdings in den Beschreibungen der Anforderungen klarer gefasst, zudem werden die Durchführungszeiten geändert.
- Teil 2 der Abschlussprüfung besteht aus vier Prüfungsbereichen, der „Betrieblichen Projektarbeit" (50 %) sowie drei schriftlich zu bearbeitende Prüfungsbereiche (inklusive WISO), die mit jeweils 10 Prozent gewichtet werden. Die Prüfungszeiten für zwei der drei schriftlich zu bearbeitenden Prüfungsbereiche betragen jeweils 90 Minuten, für den Bereich WISO 60 Minuten.
- Die betriebliche Projektarbeit besteht aus zwei Teilen: Im ersten Teil der betrieblichen Projektarbeit hat der Prüfling „eine betriebliche Projektarbeit durchzuführen und mit praxisbezogenen Unterlagen zu dokumentieren. Vor der Durchführung der betrieblichen Projektarbeit hat er dem Prüfungsausschuss eine Projektbeschreibung zur Genehmigung vorzulegen. In der Projektbeschreibung hat er die Ausgangssituation und das Projektziel zu beschreiben und eine Zeitplanung aufzustellen." (Aus dem Entwurf der Verordnungen). Die Prüfungszeit beträgt für die betriebliche Projektarbeit und für die Dokumentation mit praxisbezogenen Unterlagen für die Fachrichtung Anwendungsentwicklung im Ausbildungsberuf Fachinformatiker/-in höchstens 80 Stunden, in allen anderen Fällen der IT-Berufe 40 Stunden. Im

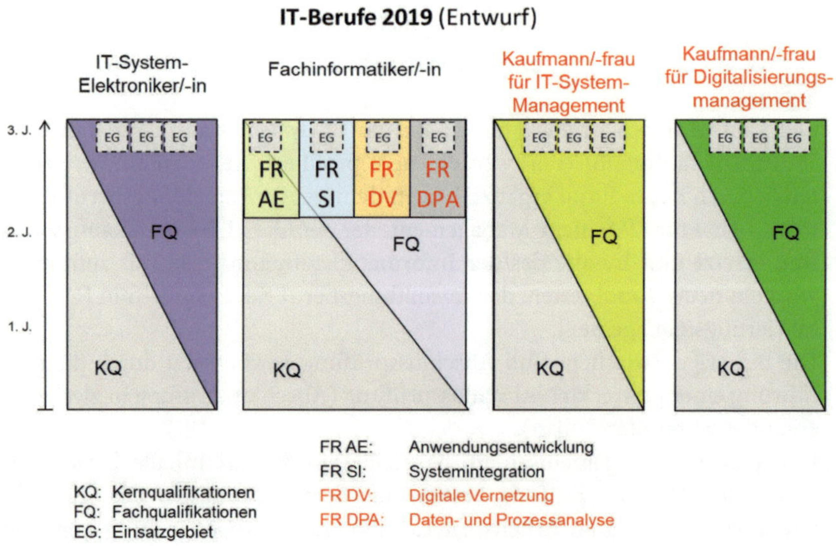

Abb. 4: Die neu geordneten IT-Berufe in der Übersicht (Entwurf)

zweiten Teil der betrieblichen Projektarbeit hat der Prüfling die betriebliche Projektarbeit zu präsentieren und ein Fachgespräch über die betriebliche Projektarbeit zu führen. Beide Teile der betrieblichen Projektarbeit sind jeweils mit 50 Prozent zu gewichten.

- Das Thema IT-Security wurde nochmals verstärkt verankert.
- Das Thema Barrierefreiheit ist an einigen Stellen explizit mit aufgenommen worden.

Die beruflichen Handlungsfelder der einzelnen IT-Berufe im Überblick[2]

- **IT-System-Elektroniker/-innen** arbeiten in der IT-Branche, in Unternehmen nahezu aller Wirtschaftsbereiche sowie in Organisationen und im Öffentlichen Dienst. Sie finden insbesondere Beschäftigung bei Herstellern und Betreibern von IT-Infrastrukturen und IT-Systemen sowie bei Installationsbetrieben für Sicherheitstechnik. Ihre Tätigkeit umfasst auch elektrotechnische Arbeiten im IT-Bereich.
- **Fachinformatiker/-innen der Fachrichtung Anwendungsentwicklung** arbeiten in der IT-Branche, in Unternehmen nahezu aller Wirtschaftsbereiche sowie in Organisationen und im Öffentlichen Dienst. Sie entwickeln Softwarelösungen für interne und externe Kund(inn)en.
- **Fachinformatiker/-innen der Fachrichtung Systemintegration** arbeiten in der IT-Branche, in Unternehmen nahezu aller Wirtschaftsbereiche sowie in Organisationen und im Öffentlichen Dienst. Sie konzipieren, installieren und administrieren vernetzte IT-Systeme für interne und externe Kund(inn)en.
- **Fachinformatiker/-innen der Fachrichtung Daten- und Prozessanalyse** arbeiten in der IT-Branche, in Unternehmen nahezu aller Wirtschaftsbereiche sowie in Organisationen und im Öffentlichen Dienst. Sie stellen die Verfügbarkeit sowie Qualität und Quantität von Daten sicher und entwickeln IT-Lösungen für digitale Produktions- und Geschäftsprozesse.
- **Fachinformatiker/-innen der Fachrichtung Digitale Vernetzung** arbeiten in der IT-Branche, in Unternehmen nahezu aller Wirtschaftsbereiche sowie in Organisationen und im Öffentlichen Dienst. Sie arbeiten mit der Netzwerkinfrastruktur und den Schnittstellen zwischen Netzwerkkomponenten und Cyber-Physischen Systemen. Sie vernetzen und optimieren Systeme und

2 Bei allen Ausführungen zur Neugestaltung handelt es sich derzeit noch um Entwürfe, die noch nicht alle Gremien passiert haben. Bei den nachfolgenden Beschreibungen der beruflichen Handlungsfelder handelt es sich um Auszüge aus den Entwürfen der Zeugniserläuterungen.

Anwendungen auf IT-Ebene. Sie sichern Daten gegen unerlaubte Zugriffe und vermeiden/beheben Systemausfälle.

- **Kaufleute für Digitalisierungsmanagement** arbeiten in der IT-Branche, in Unternehmen nahezu aller Wirtschaftsbereiche sowie in Organisationen und im Öffentlichen Dienst. Sie sind Fachkräfte im Umgang mit Daten und Prozessen aus einer ökonomisch-betriebswirtschaftlichen Perspektive. Sie machen Informationen und Wissen verfügbar, um aus der zunehmenden Digitalisierung wirtschaftlichen Nutzen zu ziehen; sie managen die Digitalisierung von Geschäftsprozessen auf der operativen Ebene.
- **Kaufleute für IT-System-Management** arbeiten in der IT-Branche, in Unternehmen nahezu aller Wirtschaftsbereiche sowie in Organisationen und im Öffentlichen Dienst. Sie sind Fachkräfte für die Vermarktung und das Anbieten von IT-Dienstleistungen (Hardware/Software/Services). Darüber hinaus managen und administrieren sie IT-Systeme.

Ausblick

Durch die Modernisierung der Inhalte und erweitert um neue Profile, die Themen wie digitale Vernetzung und Datenprozessmanagement aufgreifen, sollten die neuen IT-Berufe für aktuelle und zukünftige Herausforderungen gut gerüstet sein. Die Implementation wird von vielen Akteuren und Organisationen unterstützt werden. Das BIBB wird die Einführung der IT-Berufe mit Praxishilfen aus der Reihe Ausbildung gestalten begleiten. Die modernisierten dualen IT-Berufe sind eine gute Antwort auf eine wachsende Nachfrage nach IT-Expert(inn) en. Das mit der Einführung der „neuen IT-Berufe“ verbundene Momentum sollte nicht nur dazu genutzt werden, in einem Feld mit vielen jungen und neu gegründeten Unternehmen die Attraktivität der dualen Berufsausbildung herauszustellen; es sollte auch dazu genutzt werden, die berufliche Weiterbildung durch die jetzt ebenfalls anstehende Neuordnung des IT-Weiterbildungssystems zu befördern.

Literatur

Bitkom (2017): 55.000 Jobs für IT-Spezialisten sind unbesetzt. Pressemitteilung des Branchenverbandes Bitkom vom 07. November 2017. – URL https://www.bitkom.org/Presse/Presseinformation/55000-Jobs-fuer-IT-Spezialisten-sind-unbesetzt.html (abgefragt: 10.12.2019).

BMBF – Bundesministerium für Bildung, Wissenschaft, Forschung und Technologie (Hrsg.) BMBF 1998: Berufsbildungsbericht 1998, Bonn 1998.

BMWi – Bundesministerium für Wirtschaft und Energie (Hrsg.) (2018): Monitoring-Report Wirtschaft DIGITAL 2018. Der IKT-Standort Deutschland und seine Position im internationalen Vergleich. – URL https://www.de.digital/DIGITAL/Redaktion/DE/Publikation/monitoring-report-wirtschaft-digital-2018-langfassung.pdf?__blob=publicationFile&v=4 (abgefragt: 10.12.2019).

Borch, H.; Schwarz, H.: Die IT-Berufe. In: Cramer/Kiepe (Hrsg.) Jahrbuch Ausbildungspraxis 2000. Erfolgreiches Ausbildungsmanagement, Köln 1999.

Bundesgesetzblatt Jahrgang 2018 Teil I Nr. 19 vom 11. Juni 2018: Erste Verordnung zur Änderung der Verordnung über die Berufsausbildung im Bereich der Informations- und Telekommunikationstechnik Vom 28. Mai 201. – URL https://www.bibb.de/tools/berufesuche/index.php/regulation/aendinformations_und_telekommunikationstechnik_2018.pdf (abgefragt: 10.12.2019).

Destatis – Statistisches Bundesamt (2018): IKT-Branche 2016. – URL https://www.destatis.de/DE/Themen/Branchen-Unternehmen/Unternehmen/IKT-in-Unternehmen-IKT-Branche/Publikationen/Downloads-IKT/flyer-ikt-branche-5529106167004.pdf?__blob=publicationFile&v=4 (abgefragt: 10.12.2019).

Petersen, W. A.; Wehmeyer, C. (2000): Die neuen IT-Berufe auf dem Prüfstand. Erste Ergebnisse der bundesweiten IT-Studie. In: Berufsbildung in Wissenschaft und Praxis, Heft 6/2000, S. 13 – 18. – URL https://www.bibb.de/veroeffentlichungen/de/publication/download/544 (abgefragt: 10.12.2019).

Schwarz, H.; Bretschneider, M.; Schröder, J. u. a. (2015): Strukturierung anerkannter Ausbildungsberufe im dualen System. Abschlussbericht. Bonn 2015 – URL https://www.bibb.de/tools/dapro/data/documents/pdf/eb_42381.pdf (abgefragt: 10.12.2019).

Schwarz, H.; Conein, S.; Tutschner, H. u. a. (2017a): Voruntersuchung IT-Berufe, Abschlussbericht, Bonn 2017. – URL https://www2.bibb.de/bibbtools/tools/dapro/data/documents/pdf/eb_42497.pdf (abgefragt: 10.12.2019).

Schwarz, H.; Conein, S.; Tutschner, H. u. a. (2017b): Modernisierung der IT-Berufe in Zeiten von VierPunktNull. In: Berufsbildung in Wissenschaft und Praxis, Heft 2/2017, S. 19 – 23. – URL https://www.bibb.de/veroeffentlichungen/de/publication/download/8291 (abgefragt: 10.12.2019).

Angelika Lippe-Heinrich

Berufsbildung in informationstechnischen Berufen – ein Weg zu gleichen Chancen und Gendergerechtigkeit in der Arbeitswelt? Befunde und Fazit aus der Praxis eines Wirtschaftsmodellversuchs

Zusammenfassung: *Der Wirtschaftsmodellversuch „IT-Kompetenz und Gender Mainstreaming in der betrieblichen Aus- und Weiterbildung“ (im Folgenden nur noch WiMo genannt), dessen zentrale Ergebnisse aus der Sicht der wissenschaftlichen Begleitung im Folgenden dargestellt werden, trägt den Arbeitstitel „IT-Kompetenz und Gender Mainstreaming in Aus- und Weiterbildung“. Er ist dem Schwerpunkt „Prozessorientierte und erfahrungsgeleitete berufliche Bildung“ zuzuordnen und bislang einziger Wirtschaftsmodellversuch in Deutschland, der sich der Gestaltung innovativer Lernformen im Kontext informationstechnischer Vernetzung und der Gestaltung gendergerechter Bildungsprozesse widmete.*[1]

Ausgangslage und Arbeitsauftrag

Ausgangslage und offene, forschungsrelevante Fragen

Festzuhalten ist, dass die Gleichstellung von Männern und Frauen seit vielen Jahren in allen Ländern der Europäischen Gemeinschaft und somit auch in Deutschland gesetzlich verankert ist. Gleichstellungsziele manifestieren sich seit 1945 bis in die heutige Zeit in unterschiedlichen Gesetzen, Verordnungen und europäischen Verträgen, angefangen von Texten der Vereinten Nationen (1945), dem deutschen Grundgesetz (GG Artikel 3.3 von 1949), der europäischen Menschenrechtskonvention (1950), dem Amsterdamer Vertrag (1997) oder den Zielvorgaben des europäischen Vertrags von Lissabon. Danach sollte die Gleichberechtigung der Geschlechter vor dem Gesetz längst vollzogen sein, insbesondere was z. B. den Zugang zu Ausbildung und Beruf angeht und die Lohngleichheit. Selbst das im Jahr 2005 in Deutschland verabschiedete Gesetz zur Quotierung des Anteils von Frauen in Aufsichtsräten mitbestimmter

1 **Gender Mainstreaming** ist der Begriff für die Politik der Kommission der Europäischen Gemeinschaft, deren Ziel es ist, alle vorhandenen Ressourcen in allen Bereichen des Lebens für Frauen wie Männer gleichermaßen zugänglich zu machen.

Unternehmen hat bislang wenig an spürbaren Veränderungen gebracht. Einen Teil dieser Problematik hat der vorliegende WiMo exemplarisch untersucht.

Hinsichtlich der forschungsrelevanten Fragen, die schwerpunktmäßig untersucht wurden, standen fällige Innovationen hinsichtlich der gendergerechten Gestaltung von innovativer Methodik und zeitgemäßer Didaktik in der beruflichen Bildung im Fokus des Erkenntnisinteresses. Im Zentrum der zentralen Fragestellungen der Evaluation und des Begleitforschungsansatzes standen damit die folgenden forschungsrelevanten Fragen:

> ***Frage 1:*** *Werden Frauen und Mädchen in den IT-Ausbildungsberufen durch das Vorhandensein von direkten Diskriminierungsmechanismen in direkter Form oder eher durch Formen indirekter Diskriminierung benachteiligt und wenn ja, durch welche?*
> ***Frage 2:*** *Wie sind die geschlechtsspezifischen Barrieren für Frauen hinsichtlich Ausbildung und Karriere in der Informationstechnik und ihren Berufen zu beseitigen?*
> ***Frage 3:*** *Wie kann auf der Ebene methodisch-didaktischer Interventionen und Gestaltungsmuster darauf hingewirkt werden, dass die Anzahl der erfolgreich abgeschlossenen Ausbildungsverhältnisse von Frauen in der Informationstechnik steigt? Wie lassen sich diese gezielten, methodisch-didaktischen Ansätze und Parameter für eine gendergerechte Ausbildung in übergreifenden Geschäftsprozessen identifizieren?*

Gleichstellung von Männern und Frauen, incl. der Verabschiedung des Gesetzes zur Quote, konnte an dem heute im Jahr 2019 immer noch deutlich feststellbaren „Gender Gap" hinsichtlich Bezahlung und Renten, dem geringen Frauenanteil in Ingenieurwissenschaften und IT-Ausbildungsberufen nichts Wesentliches ändern. Analog dazu ist festzuhalten, dass seitdem unverändert ein nach wie vor unterproportionaler Frauenanteil in Führungsgremien der deutschen Wirtschaft zu verzeichnen ist.

Die Repräsentanz von Frauen in den Studienfächern der Informations- und Kommunikationstechnik ist nach wie vor marginal im Vergleich zu den männlichen Absolventen. So kamen 2015 immerhin 7,5 % der männlichen Absolventen aus IKT-Fächern, bei lediglich 1,6 % weiblichen Absolventen.[2] Somit ist der Anteil männlicher Absolventen in IKT-Berufen mehr als drei Mal so hoch wie bei den Frauen. Neuere Studien aus dem Jahr 2019 zeigen, dass es sogar einen

2 (www.heise.de/newsticker, 10.08.2019)

Trend gibt zur weiteren Polarisierung des Geschlechterverhältnisses in den IT-Berufen.[3]

Die bereits 2005 von der wissenschaftlichen Begleitforschung des MV festgestellte Disparität zwischen männlichen und weiblichen Berufschancen in den IT-Berufen aufgrund des Fortbestands tradierter, verborgener und Geschlechterstereotypen hat sich nicht nur nicht aufgelöst, sondern scheint sich zu verfestigen. Dies läuft nicht nur entsprechenden Bemühungen um die Veränderung der geschlechterbezogenen Familien- und Berufsrollen zuwider, sondern auch dem Anspruch der Frauen auf Gleichstellung und Gleichberechtigung in der Arbeitswelt. Die Tatsache, dass in den letzten 15 Jahren seit Beendigung des hier präsentierten WiMo wenig bis nichts an Strukturveränderungen passiert ist, und die Entwicklung hinsichtlich der Repräsentanz von Frauen in der Informationstechnik eher stagniert bzw. rückläufig ist, macht den vorliegenden Beitrag auch aus heutiger Sicht relevant.

Was ist ein Wirtschaftsmodellversuch (WiMo) und welche Ziele wurden im Kontext des vorliegenden WiMo verfolgt?

Modellversuche haben seit mehr als dreißig Jahren in Deutschland eine wichtige Aufgabe in der Weiterentwicklung von Inhalten, Methoden und Strukturen der Berufsbildung. Sie greifen sowohl innovative Trends auf als auch leiten sie bildungspolitisch relevante Schritte ein. Obligatorisch bei der Planung und Durchführung von Modellversuchen ist die Zusammenarbeit der Akteure der beruflichen Bildung in Deutschland. Diese Kooperation der Akteure erfolgt im Rahmen von gemeinsamen Modellversuchen von Arbeitgeber- und Arbeitnehmerorganisationen.

Das Bundesinstitut für Berufsbildung (BIBB) begleitet diese Modellversuche im Auftrag des Bundesministeriums für Bildung und Forschung (BMBF), ordnet sie einzelnen zukunftsweisenden Schwerpunkten der bildungspolitischen Diskussion zu und wertet die Ergebnisse dieser Vorhaben der Bildungsforschung aus. Zudem hat es die Aufgabe für den Transfer der innovativen Erkenntnisse zu sorgen. Aktuell wird diese Arbeit mit dem Selbstverständnis eines Bildungsdienstleisters für die Unternehmen wahrgenommen.[4] Konkret geht es dabei

---

3 (EU-Studie: Wachsende Kluft zwischen Männern und Frauen in IT-Berufen, 3990260.html, 10.08.2019)

4 Holz, H./Schemme, D./Westhoff, G.: Aktuelle Wirtschaftsmodellversuche fördern Bildungsinnovationen, in: BWP 2/2004, S. 5.

nach Schemme (2002) um zwei Kardinalfragen[5]: Erfordern offene, dynamische Systeme mit prozess- und dialogorientierten Entwicklungsansätzen veränderte Konzepte und Instrumente zur Analyse und Gestaltung innovativer beruflicher Bildung? Welche Forschungsansätze haben sich in der Praxis bewährt, um komplexe und vernetzte Arbeits- und Lernformen zu erfassen?

Das erklärte Ziel des vorliegenden WiMo war es die Repräsentation von Frauen in Führungspositionen der IT-Branche zu erhöhen und ggfs. die Barrieren aufzuzeigen, die der Karriere und dem beruflichen Entwicklungsweg von Frauen in der beruflichen Erstausbildung der neu geordneten IT-Berufe im Wege stehen. Somit wurde eine doppelte Zielstellung verfolgt:

a) Identifizierung und Orientierung zu liefern hinsichtlich der Identifikation von Gestaltungsfaktoren und Parametern gendergerechter beruflicher Bildung. Hierbei ist anzumerken, dass es erst nach einer mehrjährigen Vorbereitung gelang, diesen Modellversuch als Pionier gendergerechter Ausbildung genehmigt zu erhalten, da viele Instanzen zu durchlaufen waren, ehe der offizielle Startschuss fallen konnte.
b) Erfahrungswerte aus der Praxis der beruflichen Erstausbildung hinsichtlich innovativer Methoden prozessorientierter Ausbildungsprozesse zu identifizieren und zu dokumentieren.

Im Folgenden werden zentrale Befunde des bislang einzigen Wirtschaftsmodellversuchs (Laufzeit: 2001–2005) zur Frage der verstärkten Förderung weiblicher Auszubildender in Ausbildungsberufen der IT hinsichtlich der Gestaltung von Arbeits- und Lernaufgaben, aber auch gendergerechter Methodik und Didaktik aus der Perspektive der wissenschaftlichen Begleitung in einer Ex-Post-Betrachtung mehr als 15 Jahre nach Abschluss der Begleitforschung erläutert und zusammengefasst.

Die Tatsache, dass Frauen in der Berufsausbildung der neuen IT-Berufe sowie in allen Führungspositionen der IT-Branche unterrepräsentiert sind, stand bei der Konzeption und Initiierung des Modellversuchs im Vordergrund. Demzufolge sollten Barrieren für die berufliche Erstausbildung von jungen Frauen und Mädchen identifiziert werden, um so Aufschluss zu erhalten über verbesserte Bedingungen und Gestaltungsfaktoren hinsichtlich gendergerechter und prozessorientierter Ausbildungsprozesse. Beides sind Erfordernisse, die anerkanntermaßen zur Bewältigung des Strukturwandels in der betrieblichen Arbeit und

---

5 Internes Einladungsschreiben zum Treffen der WB des BIBB am 26.02.2002 in Nürnberg.

der Gesellschaft beitragen. Es ging somit um den verbesserten Zugang von jungen Frauen in die neuen IT-Berufe, somit um die Frage der Vermeidung von geschlechtsspezifischen Ausgrenzungsprozessen in der beruflichen Erstausbildung der IT-Berufe.

Das globale Ziel des vorliegenden WiMo war es, in erster Linie die Auszubildenden zu befähigen, in ganzheitlichen Geschäftsprozessen kompetent und damit auch genderkompetent zu handeln. Im Fokus der Arbeit standen weitere inhaltliche Schwerpunkte, wie z. B. die Frage, wie der Frauenanteil in IT-Ausbildungsberufen erhöht werden kann. Dies würde mittel- und langfristig zur Erhöhung des weiblichen Führungskräftepotenzials in der IT beitragen sowie insgesamt die Qualität der dualen Ausbildung in den IT-Berufen hinsichtlich innovativer Methodik und Didaktik für die Ausbildung in ganzheitlichen Geschäftsprozessen fördern.

Durch den WiMo sollten nicht zuletzt Ergebnisse erarbeitet werden, die die Auszubildenden durch eine innovative Gestaltung der Lernaufgaben für Prozesse der direkten und indirekten Benachteiligung sensibilisieren und dazu befähigen, die Anforderungen in übergreifenden Geschäftsprozessen als Teil eines Teams gendergerecht zu bewältigen. Dabei spielen ganzheitliche Aufgaben eine wesentliche Rolle. Damit bietet der WiMo nicht zuletzt auch einen Beitrag zur Verringerung von Ausbildungsabbrüchen und zur Vermeidung einer falschen Berufswahl.

Beteiligte und Aufgabenverteilung

Das bfw Berlin-Brandenburg hatte in seiner Funktion als Träger die Modellversuchsarbeit durchzuführen und die Gesamtverantwortung für den WiMo wahrzunehmen. Der Handwerkskammer Hamburg (HWK Hamburg) oblag die Aufgabe der wissenschaftlichen Begleitforschung (WB). Im Gegensatz zu anderen Ansätzen der Begleitforschung, die erst im Nachhinein ansetzen und Analysen zu den Wirkungszusammenhängen und Ergebnissen betreiben, war die WB von Anfang an ein konstituierender und integraler Bestandteil des Gesamtvorhabens.

Das Begleitforschungskonzept: Ansatz, Vorgehen und Instrumente

Konkretisierung des Untersuchungsfelds durch vorgeschaltete Pilotstudie

Zur Entwicklung eines differenzierten Begleitforschungs- und Umsetzungskonzepts wurden Literaturrecherchen sowie eine vorbereitende Pilotstudie von der

Wissenschaftlichen Begleitung (WB) angefertigt. Angesichts des Fehlens vergleichbarer Studien hinsichtlich theoretischer Ansätze und bewährter Ansätze wie Verfahren erschien es notwendig, eine der unmittelbaren Projektdurchführung vorgeschaltete Machbarkeitsstudie durchzuführen, um aus der Empirie geeignete Anhaltspunkte für die praxisgerechte Gestaltung des Modellversuchs zu gewinnen.

Damit wurde der Blick in exemplarischer Weise auf die konkrete, betriebliche Umsetzungsebene gelenkt. Die Pilotstudie ergab, dass der Modellversuch vor massiven Herausforderungen mit weitreichenden Konsequenzen für seine technisch-organisatorische Umsetzung stand. Um nur einige zu nennen:

- Die schlechte Wirtschaftslage in den kleinen Berliner IT-ausbildenden Unternehmen (KMU) führte in der Projektlaufzeit zu einer geringen Anzahl von i. d. R. männlichen Azubis. Es bestand somit keine Bereitschaft zur vermehrten betrieblichen Ausbildung von weiblichen Auszubildenden.
- Die Untersuchung ergab zudem, dass in der Regel in den klein- und mittelständischen IT-Betrieben nur max. zwei Auszubildende aufgenommen werden.
- Nicht zuletzt wurde festgestellt, dass es seitens der KMU nicht möglich sein würde, sich über einen Zeitraum von 1,5 bis 2 Jahren aktiv am Modellversuch zu beteiligen.

Insofern fehlte in den IT-Berufe ausbildenden Berliner KMU die Kapazität und auch die Motivation, als aktive Partner kontinuierlich am WiMo mitzuarbeiten. Als Fazit erfolgte daher die Empfehlung der WB, den Fokus der Projektdurchführung vom Schwerpunkt KMU auf große IT-ausbildende Unternehmen Berlins zu verlagern. Drei ausgewählte Unternehmen wiesen nicht nur eine ausreichend hohe Anzahl an weiblichen Auszubildenden auf, sondern erklärten sich zudem nicht nur zur kontinuierlichen Teilnahme während der gesamten Laufzeit des Modellversuchs bereit, sondern auch zur explorativen Entwicklung und Durchführung gendergerechter Ausbildungssequenzen in ganzheitlichen Arbeitsaufgaben.

In diesen Unternehmen war auch die gezielte Bildung und Beobachtung des Verhaltens männlicher und weiblicher Azubis in gemischt-geschlechtlichen Gruppen möglich. Damit konnte in teilnehmenden Beobachtungen überdies das gruppenspezifische Sozialverhalten der einzelnen Gruppenteilnehmer/-innen während der designierten Projektwochen ausgewertet werden.

Das folgende, aus der Berliner Ausbildungssituation entwickelte, Begleitforschungskonzept beinhaltet sowohl eine formative Begleitung des Gesamtprozesses mit Teilverantwortung für das Gelingen des Vorhabens als auch eine verstärkte Kooperation mit den beteiligten großen Ausbildungsunternehmen bei der Entwicklung und Durchführung der betrieblichen Begleitvorhaben.

Hierbei gestaltete sich die Kooperation mit den Führungskräften, den gewerkschaftlichen Sozialpartnern der ausbildenden Unternehmen und ihren Ausbildungsleitern in vorbildlicher Weise, sodass ihre Anteile an der erfolgreichen Durchführung des Gesamtvorhabens letztlich wesentlich größer einzuschätzen sind, als ursprünglich geplant.

Methodischer Ansatz und technisch-organisatorisches Konzept

Das hier dargelegte Konzept für die Durchführung der betrieblichen Begleitprojekte wurde, in Übereinstimmung mit den geltenden Standards der DEGEVAL, unter Einbeziehung spezifischer Arbeiten von Jenewein durch die Begleitforschung Lippe-Heinrich (HWK Hamburg) für den Modellversuch entwickelt.

Zur Beantwortung der offenen Fragen, die sich aus den Ambivalenzen und signifikanten Widersprüchen zwischen Anspruch, betrieblicher Realität und Statistik ergeben, wurde im Rahmen des vorliegenden bfw-Wirtschaftsmodellversuchs ein komplexes Begleitforschungsarrangement entwickelt.[6]

Die Wissenschaftliche Begleitung (WB) verfolgte den Ansatz der formativen Begleitforschung mit umfassender Teilverantwortung und gleichzeitig der Aktionsforschung mit konstruktivistischem Ansatz. Wie die Literaturstudie und die Recherche zum Forschungsstand ergeben hat, existierten nur vereinzelte Ansatzpunkte für theoretische und methodische Grundlagen zur Fragestellung.

Daher wurde in der Begleitforschung für diesen ersten WiMo mit dem dezidierten Fokus auf Fragen der Gleichstellung und Gender Mainstreaming im Rahmen der formativen Evaluation ein Top-Down-Ansatz verworfen und ein Mix zwischen dem Bottom-Up und dem Top-Down-Ansatz favorisiert.

Wie die Darstellung der eingesetzten Verfahrensweisen und Methoden aufzeigt, handelt es sich bei diesem zunächst in der Phase I (09/02–06/03) und Phase II (07/03–08/04) des Vorhabens stark empirisch geprägten Ansatz, um einen bewährten Ansatz der Gewinnung von Erkenntnissen in einem wenig bekannten Untersuchungsfeld. Dieser Ansatz hat sich erfahrungsgemäß immer dort bewährt, wo es um die Generierung von relevanten Hypothesen zu weitgehend offenen Fragen und um die Gewinnung von Annahmen für die weitere Forschungsarbeit geht.

---

6 Vgl. hierzu die internen Zwischenberichte für die Jahre 2001–2003 und den Abschlussbericht 2005.

Phase I diente der Vorbereitung und Modifikation des Projektdesigns, Phase II beinhaltete die selbstständige Erarbeitung von Übungsaufgaben in Projektform durch die jeweiligen Auszubildenden-Teams. In Phase III des Wirtschaftsmodellversuchs (09/04–04/05) konnten die Auszubildenden-Teams mehr und mehr selbstständig erarbeitete Teilprojekte präsentieren. Die WB hat diese Untersuchungszeiträume evaluiert und aktiv begleitet, sodass alle in Kapitel 4 und 5 dargestellten Befunde aus der modellhaften Praxis der Begleitprojekte auf betrieblicher Ebene resultieren bzw. aus den Prozessen der Triangulation einzelner Untersuchungsebenen, der Reflexion, dem Erfahrungsaustausch und weiteren Literaturstudien.

Hinsichtlich der Untersuchungsebenen wurden drei Schwerpunkte seitens der WB ausgewählt, nämlich die Ebene der Prozesse, der Methoden des Lehrens und Lernens sowie der exemplarischen, gendergerechten Gestaltung von Ausbildungsmaterialien. Dies beinhaltete die Leistungen der Prozessgestaltung, Prozessbegleitung und der Ergebnisbewertung, incl. Dokumentation und Transfer.

Instrumentarien der empirischen Begleitforschung

Das folgende Schaubild zeigt in der Gesamtschau, welche Instrumente der empirischen Sozialforschung in der Evaluation des Gesamtvorhabens zu einem Gesamtarrangement gebündelt wurden. Insbesondere für die Erforschung der

- Datenanalyse
- Literaturrecherchen
- Entwicklung, Aufbau und Begleitung betrieblicher Demonstrationsvorhaben als exemplarische Praxisfälle in Kooperation mit den betrieblichen Akteuren
- teilnehmende Beobachtung der exemplarischen, betrieblichen Ausbildungssequenzen
- qualitative Interviews mit halb offenem Leitfaden

mit unterschiedlichen Zielgruppen/Akteuren auf betrieblicher Ebene:
- Führungskräfte
- Gewerkschaftsvertretern
- Ausbildenden
- Auszubildenden (männlich/weiblich)

als Experten auf unterschiedlichen Ebenen
- Gruppengespräche mit Ausbildern, sogen. „Round-Table"-Gespräche
- Delphi-Befragung
- Triangulation der empirischen Befunde und Gesamtschau
- Interpretation und Reflexion der Ergebnisse, insbes. mit Ausbildungsleitern im Gruppen- und Einzelgespräch
- Selbstreflexion der wissenschaftlichen Begleitung

Abb. 1: Eingesetzte Methoden der Evaluation

forschungsrelevanten Fragen bei einzelnen Zielgruppen auf den unterschiedlichen Untersuchungsebenen der betrieblichen Begleitprojekte wurden die klassischen Instrumente qualitativer empirischer Sozialforschung eingesetzt (vgl. Abb. 1).

Einbeziehung aller Akteure als Handelnde und Gestaltende

Abweichend von klassischen Formen der Begleitforschung wird in diesem Konzept demzufolge von der Notwendigkeit ausgegangen, eine aktive Einbeziehung der betrieblichen Akteure und damit die aktive Einbeziehung der Zielgruppen während der gesamten Laufzeit des Vorhabens vorzunehmen.

Es wurden somit nicht nur auf der Ebene von Vorständen, Geschäftsführer(inne)n, Personalchefs und Ausbildungsleiter(inne)n einschlägige Expertengespräche durchgeführt. Interviews, Gespräche und ein intensiver Erfahrungsaustausch bzw. eine direkte Beteiligung der Unternehmen erfolgte vor allem auch auf der Ebene der betrieblichen Ausbildenden sowie der Auszubildenden beiderlei Geschlechts.

Die analytische Interpretation der empirischen Befunde strebt eine qualitative Validität an, da die einbezogenen Auszubildenden-Gruppen exemplarischen Charakter haben. Durch die abschließende Triangulation der Untersuchungsergebnisse auf den drei verschiedenen Ebenen und die umfassende Diskussion der empirischen und theoretischen Teilergebnisse im Rahmen des projekteigenen, parallel laufenden Arbeitskreises der IT-Ausbildenden konnte

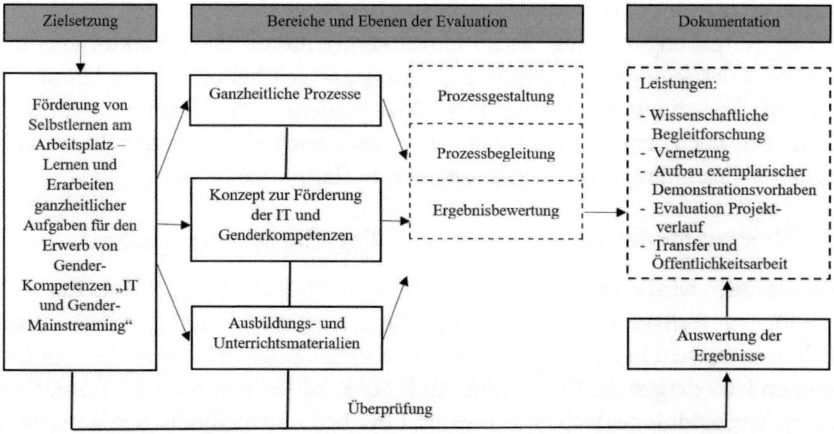

Abb. 2: Evaluationskonzept – Aufgaben und Vorgehen der Begleitforschung

der Geltungsbereich der abschließenden Erkenntnisse jedoch deutlich gesichert und erweitert werden (vgl. Abb. 2).

Betriebliche Demonstrationsvorhaben

Angesichts des Fehlens statistischer Daten zur Repräsentanz von Frauen in den IT-Berufen auf Berliner Ebene wurde in der Kontaktaufnahme mit ausbildenden Unternehmen schnell offensichtlich, dass der ursprüngliche Ansatz der Fokussierung von IT-Ausbildungsprozessen in kleinen und mittleren Unternehmen (KMU) nicht gangbar sein würde. Zum einen waren sehr wenige Frauen in den IT-Unternehmen als Auszubildende vorzufinden. Zum anderen sahen sich die ausbildenden KMU aufgrund aktueller, krisenhafter Entwicklungen nicht in der Lage kontinuierlich an einem derartigen Wirtschaftsmodellversuch von mehrjähriger Dauer mitzuwirken.

Drei namhafte Berliner Großunternehmen, die im Rahmen der Pilotstudie kontaktiert wurden, erklärten sich jedoch bereit im Rahmen des Wirtschaftsmodellversuchs kontinuierlich mitzuarbeiten und gemeinsam mit ihren Ausbildenden nach exemplarischen Lösungsansätzen zu suchen, die dazu beitragen können die Projektziele zu realisieren. Bei den Unternehmen handelte es sich um die Telekom Niederlassung Berlin (BB1), die Siemens Medienakademie (BB2) und Berlin Wasser (BB3).

Nachdem die betrieblichen Sozialpartner und das Management grundsätzlich zugestimmt hatten, was in mehreren Planungs- und Entscheidungsrunden erzielt werden konnte, wurde gemeinsam mit den Ausbildungsverantwortlichen anlässlich mehrerer Treffen erörtert, in welcher Form die Zielstellung „gendergerechter Aufgabengestaltung“ incl. innovativer Methodik und Didaktik in einen Abschnitt der regulären Ausbildungsordnung „eingearbeitet“ werden könnte.

Hierbei wurde davon ausgegangen, dass gendergerechte Ausbildung grundsätzlich in der Form von Zusatzaufgaben, aber auch als integraler Bestandteil regulärer Ausbildungsinhalte und -sequenzen stattfinden kann.

Ein übergreifendes Ausbildungs- und Forschungsarrangement

Im Folgenden wird zunächst zum besseren Verständnis die übergreifende Konzeption für den Aufbau und die Durchführung der betrieblichen Begleitprojekte als auch die einzelnen Begleitprojekte in den drei beteiligten betrieblichen Großunternehmen kurz dargestellt. Das nachfolgende Schaubild ist von zentraler Bedeutung für das Verständnis des technisch-organisatorischen und methodischen Vorgehens bei der Gewinnung von Erkenntnissen aus der betrieblichen Ausbildungspraxis für die Beantwortung der eingangs formulierten, forschungsrelevanten Fragen. Es zeigt, dass es in drei relevanten Ausbildungsbetrieben möglich war, unterschiedliche Ausbildungsgruppen von drei verschiedenen IT-Ausbildungsberufen zu gewinnen, in denen die Ziele und Anliegen des Modellversuchs planvoll über einen längeren Zeitraum gemeinsam mit den verantwortlichen, betrieblichen Ausbildern und den Auszubildenden thematisiert und begleitet werden konnten.

Angesichts eines mehr oder minder deutlich geäußerten Desinteresses seitens der Auszubildenden beiderlei Geschlechts hatte hier die WB eine überaus wichtige Gelegenheit mit den Instrumenten empirischer Sozialforschung, insbesondere der Triangulation nachzuforschen, ob und inwiefern die zum Teil „kessen" Selbstdarstellungen der heutigen auszubildenden Frauen und Männer in den IT-Berufen nicht nur subjektiv der Wahrheit bzw. einem eingeschränkten persönlichen Erfahrungshintergrund entsprechen, sondern auch aus objektiver Sicht Bestand haben.

In jedem dieser Unternehmen war es möglich, im 2. Ausbildungsjahr eine jeweils exemplarisch ausgewählte und im Sinne der Gleichstellung als relevant identifizierte Ausbildungssequenz der regulären betrieblichen Ausbildung zu erproben und zu begleiten. Leider verfügten die beteiligten Begleitbetriebe, trotz ihres Engagements hinsichtlich der angeschnittenen Fragen, mit einer einzigen Ausnahme über keine weiblichen Ausbildenden, geschweige denn weibliche Führungskräfte.

Die einzige „Ausnahmefrau" bei BB1 hatte eine tragende Leitungsfunktion und konnte daher aus Gründen der Arbeitsbelastung keine aktive Rolle in dem vorliegenden Projekt übernehmen.[7]

Die folgende Übersicht verdeutlicht überdies, mit welchen Aufgabenstellungen der drei Ausbildungsunternehmen BB1, BB2 und BB3 die sogenannten Begleitprojekte als exemplarische Referenzvorhaben entwickelt und durchgeführt wurden (vgl. Abb. 3).

7 Im Einzelinterview mit der bis dato einzigen, weiblichen IT-Führungskraft im IT-Bereich der Stadt Berlin stellte sich heraus, dass sie a) ihre Ausbildung in der ehemaligen DDR erworben hatte und dort Ingenieurwesen studiert hat und b) von frühester Jugend an von ihrem Vater in technischen Fragen gefördert wurde und es daher für sie selbstverständlich war einen technischen Beruf zu ergreifen. Als Ausbildende ist sie als eine der erfahrensten Ausbilderinnen ihres Unternehmens zu betrachten und gab zahlreiche Anregungen für die Entwicklung der „gendergerechten Paradigmen ganzheitlichen Lernens".

Ausbildungsberuf	**Ex. Methoden (BB1, BB2 und BB3)**	**Ex. Lernaufgaben**
IT-Systemkaufmann/ IT-Systemkauffrau (BB1)	Projektmethode für komplexe Aufgaben	„Genderkompetentes Marketing im T-Punkt" Dauer: 4 Wochen
	Genderintegrierte Aufgaben	
	Innovative Lernformen, z. B. entdeckendes, selbst organisiertes Lernen	
IT-Fachkraft für Veranstaltungstechnik (BB2)	Rollenspiele	„Angebotserstellung für licht- und tontechnische Raumausstattung im Kundenauftrag" Dauer: 1 Woche
	Reflexion im Team	
	Reflexion im Plenum	
Fachinformatiker/-in Informatikkaufmann/ Informatikkauffrau (BB3)	Marktrecherchen	„Kugelschreiberfabrik" Dauer: 3 Monate
	Reflexion	
	Dokumentation	
	Ausbildende als Coach	
	Beachtung der Paradigmen gendergerechter Ausbildung	

Abb. 3: Übersicht über die betrieblichen Begleitprojekte

Auf Vorschlag der hauptamtlich beschäftigten und für die Betreuung der Arbeiten des WiMo benannten Ausbildenden wurden zudem für die teilnehmende Beobachtung der Entwicklung und Umsetzung der gendergerechten Ausbildungsarrangements auf betrieblicher Ebene gemischt-geschlechtliche Gruppen gebildet und zwar mit unterschiedlichen Frauenanteilen.

Die genderintegrierten Aufgabenstellungen wurden in zwei der drei Unternehmen von den Ausbildenden entwickelt und den Ausbildungsgruppen zugeteilt, wohingegen die praktische Erarbeitung in der Form gendersensibler und gendergerechter Ausbildungsprojekte den einzelnen Gruppen überlassen wurde. Die selbstständige und eigenständige Erarbeitung der Aufgabenstellung durch die Auszubildenden-Gruppen wurde als Teil der Ausbildung begriffen.

Die Ausbildenden – in der Rolle von Coaches – standen nur im Konfliktfall bzw. bei nicht von der Gruppe zu lösenden Fragen zur Verfügung. Die Unternehmen BB1 und BB2 haben in den Aufgabenstellungen entsprechende Ausbildungsinhalte lt. Rahmenplan ausgewählt und diese dann „genderintegriert", aber gezielt im Sinne einer deutlichen Differenzierung nach Kundenwünschen abgearbeitet. Die Dokumentation des Unternehmens BB1 zeigt beispielhaft, wie dies geschah und dass es durchaus machbar ist, im betrieblichen Kontext die gängigen Standards der Ausbildung zu differenzieren.

Telekom: „Genderkompetentes Marketing im T-Punkt“

Das exemplarische Ausbildungsprojekt der Telekom Ausbildung am Standort Berlin (BB1) wurde integriert in die Ausbildung zum/zur Fachinformatiker/-in bzw. Informatikkaufmann/frau, die am Standort Berlin durchgeführt wird.

Die Aufgabe wurde vom Ausbildungsverantwortlichen mit Bezug auf den regulären Ausbildungsrahmenplan geschlechtsspezifisch ausformuliert, also „gegendert“.

Dieses Ausbildungsprojekt von BB1 kann damit als exemplarisches Beispiel gelten für eine „genderintegrierte“ Aufgabenstellung, die als Zusatzanforderung an eine reguläre Aufgabe nach dem Ausbildungsrahmenplan integriert wird, indem Genderfragen thematisiert werden. Es war mit einer Zeitdauer von insgesamt vier Wochen geplant, incl. Durchführung.

Es handelte sich hierbei um eine Projektwoche, in der die Auszubildenden eigenständig an der Aufgabe arbeiten, diese dokumentieren und nach ihren eigenen Vorstellungen lösen sollten.

Gemäß dem neuen Paradigma von Führung durfte der Ausbilder/die Ausbilderin in der neuen Rolle als Coach nur als Berater/-in in Konfliktfällen auftreten bzw. für den Fall, dass das Projektteam der Azubis allein nicht mehr weiterkommt. Der Ausbildende hielt sich zurück und wurde nur nach Anforderung durch die Auszubildenden aktiv.

Wichtig festzuhalten ist, dass bei diesem Vorhaben im Projekt nicht nur theoretisch gearbeitet wurde, sondern von den Azubis auch praktische Einsätze in einzelnen Telekomshops zu bewerkstelligen waren. Diese Einsätze erfolgten in der Form von sogenannten „Gender-Duos“, also Mini-Teams von einem männlichen und einem weiblichen Auszubildenden. Sie bekamen die Gelegenheit ihre neuen Gender-Erkenntnisse im Kundenkontakt gleich „an den Mann oder die Frau“ zu bringen. Charakteristisch für diese fachpraktischen Einsätze war die Erprobung kundenspezifischen Verhaltens.

Es stellte sich sehr schnell heraus, dass nicht nur unter den scheinbar selbstbewusst auftretenden Azubis, sondern auch bei den Kunden althergebrachte Stereotypen vorhanden waren. Die Auszubildenden berichteten später, dass die Kunden mit ihren servicebezogenen Fragen sich meist zuerst an den männlichen Service-Mitarbeiter wendeten. Und dies geschah selbst dann, wenn eine weibliche, fertig ausgebildete Fachkraft anwesend war. Offensichtlich in der Annahme, dass dieser Mann qualifizierter sei als die gleichzeitig anwesende, ältere, weibliche Servicekraft. Diese Erfahrung gab dann doch manchen Teilnehmenden zu denken, die zu Beginn des Vorhabens davon überzeugt waren, dass der Genderaspekt „eigentlich überflüssig“ sei.

Siemens Medienakademie: „Gendergerechte Gestaltung eines Messestandes“

Das betriebliche Begleitvorhaben der Siemens Medienakademie (BB2) wurde eingebettet in eine Projektwoche und umfasste ebenfalls eine komplexe Aufgabe nach Rahmenplan, nämlich die „Erstellung eines Angebots für die licht- und tontechnische Raumausstattung im Kundenauftrag“ im Rahmen der beruflichen Erstausbildung zum/zur „Veranstaltungskaufmann/-kauffrau“.

Die o.g. reguläre Aufgabenstellung wurde als Bestandteil des Ausbildungsrahmenplans der beruflichen Erstausbildung im Bereich der Veranstaltungstechnik „gegendert“, indem zusätzliche Aufgabenbestandteile hineinformuliert wurden, die eine Gendersensibilisierung verlangten. Somit wurde auch hier gemeinsam mit den Ausbildungsverantwortlichen ein „genderintegriertes Projektthema“ erarbeitet, das als „genderintegrierter Ansatz“ das Ziel verfolgte, sowohl die fachpraktischen Lernziele als auch die Lernziele des sozialen Lernens, wie Orientierung auf geschlechtsspezifische Ungleichgewichte und Ungleichbehandlungen, zu thematisieren, zu bearbeiten und entsprechende Kompetenzen für einen „Perspektivwechsel“ zu vermitteln.

Auch bei BB2 kam bei der Bildung unterschiedlicher Projektteams von Vierer-Gruppen das Anliegen des Gendermix zum Tragen, je nach der Anzahl weiblicher Azubis in den Teams. Insgesamt war jedoch ein Frauenanteil von unter 25 % zu verzeichnen. Dabei wurden die wenigen Frauen auf drei Projektgruppen von je vier Personen aufgeteilt. Das vierte Team beinhaltete keine Frau und war ein reines Männerteam. Die vier Teams wiesen daher einen unterschiedlichen Frauenanteil aus: 0 % (keine Frau), 50 % (zwei Frauen) und zwei Mal 25 % (jeweils eine Frau).

Der Gendermix, der auf Anregung der Ausbildenden als Gestaltungselement eingebracht wurde, war insofern von Relevanz, als es die Aufgabe der wissenschaftlichen Begleitung sein sollte, die geschlechtsspezifische Interaktion in den einzelnen Gruppen mit unterschiedlichem Frauenanteil durch teilnehmende Beobachtung zu begleiten. Dieser Ansatz war sehr aufschlussreich, da die teilnehmende Beobachtung eine genderspezifische Interaktion von Frauen und Männern in den Gruppen offenlegte und zudem – dies ist besonders relevant als Sachverhalt festzuhalten – überall da, wo der Frauenanteil bei 25 % lag, die Frauen sehr defensiv agierten und kaum in der Gruppendynamik auffielen, sich besonders in der Repräsentation der Arbeitsergebnisse nach außen (im Plenum) zurückhielten und sehr angestrengt wirkten. Die beteiligten Frauen bei BB2 waren sämtlich sehr leistungsstark, aktiv und kompetent, aber mit einer Ausnahme traten sie weder als Sprecherin noch als Berichterstatterin auf. Sie betätigten sich eher im Hintergrund als Protokollführerin und als diejenigen, die selbst in der Pause durcharbeiteten.

Bei den Männern war offensichtlich, dass sie die Sprecher- und Leitungsrolle in den gemischten Gruppen gerne von Anfang an für sich beanspruchten, wobei sie dann sogar dazu übergingen zusätzliche Leitungsfunktionen zu schaffen, wenn es mehr als einen Mann in der Gruppe gab. Es war offensichtlich, dass sie nicht auf eine leitende Stellung in der Gruppe verzichten wollten.

Die Frauen traten diesbezüglich nicht mit einem Führungsanspruch in Erscheinung. Sie arbeiteten konstant als Mitglied eines Teams, überaus fleißig und unauffällig für die Außenstehenden.

Berliner Wasserbetriebe: „Kaufmännische und ganzheitliche IT-Ausbildung"

Das Begleitprojekt der Berliner Wasserbetriebe (BB3) war ebenfalls integriert in die reguläre Berufsausbildung des 2. Ausbildungsjahrs der betrieblichen Ausbildung zum/zur Informatikkaufmann/-kauffrau. Gegenstand des Erfahrungsaustauschs mit Ausbildenden und Auszubildenden war die Durchführung des Planspiels „Kugelschreiberfabrik". Dieses hatte sich bereits als regulärer Bestandteil der Ausbildung bewährt. Das Begleitprojekt bei BB3 war auf drei Monate angelegt und enthielt keine expliziten, genderspezifischen Bestandteile oder Aufgaben. Hier wurde mithilfe des Projektspiels „Kugelschreiberfabrik" ein projektbezogenes Gruppenprojekt durchgeführt und zwar in der Form eines geschäftsprozessübergreifenden, vollständigen Geschäftsprozesses.

Von den Auszubildenden in BB3 wurde keine gesonderte Thematisierung des Aspekts weiblicher Benachteiligung oder der Genderperspektive hinsichtlich fachlicher Fragen erwünscht. Die Gruppen artikulierten, keinen Bedarf an frauenspezifischen Themen zu haben, da ja Frauen in der Ausbildung in der Mehrheit seien und daher kein besonderer Förderbedarf postuliert werden sollte. Wichtig war darüber hinaus die Feststellung der Ausbildenden und des Ausbildungsleiters, dass frauenspezifische Maßnahmen nicht erwünscht und gerechtfertigt erscheinen, wo der Frauenanteil bei 50 % liegt, also die Ziele jedes Frauenförderplans und eine „umfassende Repräsentation des bislang unterrepräsentierten Geschlechts" erreicht sei.

Auch in den teilnehmenden Beobachtungen lief die Gruppenarbeit in den Gruppen mit einem hohen Frauenanteil zudem augenscheinlich reibungslos und ohne besondere Auffälligkeiten ab. Da die Auszubildenden selbst unter Hinweis auf den nahezu 50%igen Frauenanteil in diesem Ausbildungsgang das „Gendern" – die Integration geschlechtsspezifischer Perspektiven – dieses Planspiels ablehnten, war u. a. in Anbetracht der knappen Personalkapazität seitens der WB davon auszugehen, dass bei derart hohen Frauenanteilen eine gesonderte Sensibilisierung gegenüber den Anliegen von weiblichen Auszubildenden weniger relevant sei als bei den anderen Begleitvorhaben, in denen Frauen sowohl prozentual als auch hinsichtlich absoluter Zahlen in der Minderheit waren.

Somit lag der Fokus des Begleitvorhabens bei BB3 auf den Verfahren und Methoden bei der Vermittlung ganzheitlicher Kompetenzen. Damit steht die Projektmethode im Mittelpunkt von BB3, gefolgt von den Befunden der Einzelinterviews mit Auszubildenden und der teilnehmenden Beobachtung.

Empirische Befunde: komprimiert

Die sukzessive Abarbeitung des Begleitforschungsprogramms ergab in der Gesamtschau ein komplexes, aber schließlich ein immer deutlicher hervortretendes Bild von gelebten und gleichzeitig geleugneten bzw. verborgenen Unterschiedlichkeiten der Geschlechter hinsichtlich ihrer Berufsrollen, Zuschreibungen und antizipierenden Rollenerwartungen, die die eingangs skizzierten geschlechterdifferenten Strukturen formen und hervorbringen – und zwar bei Männern und Frauen.

Gesamtschau der genderbezogenen Interaktion in den Ausbildungsgruppen

Die Triangulation der Befunde von teilnehmender Beobachtung des genderspezifischen Verhaltens und der Interaktion in der Gruppenarbeit mit den empirischen Befunden, erhoben durch qualitative Befragungen der Auszubildenden in Einzel- und Gruppeninterviews ergab für die geschlechtsspezifische Interaktion in allen drei betrieblichen Begleitprojekten eine sehr deutliche Diskrepanz zwischen verbalen Äußerungen und unbewusstem Verhalten bzw. genderspezifischer Interaktion und Rollenverhalten in den Ausbildungsgruppen.

Hinsichtlich der folgenden Befunde ist anzumerken, dass sie aus der Triangulation von Interviewergebnissen mit der teilnehmenden Beobachtung der genderspezifischen Interaktion in den Ausbildungsgruppen aller Begleitprojekte abgeleitet sind. Wenn auch mit unterschiedlichen zeitlichen Anteilen wurden alle drei Begleitprojekte aufmerksam begleitet und evaluiert. Ein Vergleich der Genderinteraktion in den einzelnen Teams und Gruppen bei BB3 war jedoch nur zum Teil möglich, da die wissenschaftliche Begleitung mit einer geringen Personalausstattung von einer halben Stelle nicht in allen drei Begleitprojekten gleichzeitig durchgängig anwesend und präsent sein konnte.

Die lückenlose Anwesenheit mit teilnehmender Beobachtung aller Interaktionen, auch in den Pausen, war damit lediglich beim Begleitprojekt von BB2 von einwöchiger Dauer möglich sowie bei der Projektwoche zur Teamarbeit bei BB1. Die teilnehmende Beobachtung von BB3 war nur in Ausschnitten möglich, da dieses Projekt der „Kugelschreiberfabrik" ganze drei Monate dauerte.

Aufgrund der wahrgenommenen Genderinteraktion in den beiden Begleitprojekten bei BB1 und BB2 kann die wissenschaftliche Begleitung die These nicht bestätigen, dass gemischte Gruppen besser arbeiten als rein homogene Männer- oder Frauengruppen.

Es kann lediglich die These als bewiesen gelten, dass bei einem geringen Frauenanteil in den Teams die Frauen deutlich sichtbar in eine defensive Gruppenrolle kommen und entweder als Leitung zum „Token" mutieren oder sehr verhalten in der Gruppenarbeit agieren. In Gruppen mit einer Frau blieben diese dann nahezu unsichtbar. Sie agierten sehr verhalten und leise. Sie standen sogar in den Pausen kaum auf, so als fürchteten sie aufzufallen. Dieses defensive Verhalten der weiblichen Auszubildenden von BB2 stand in krassem Gegensatz zu ihrem Fleiß, ihrer Disziplin und ihrer Leistungsstärke.

Es kann aber auch die These nicht bestätigt werden, dass Frauen kollegialer arbeiten als Männer. In einer Gruppe von BB1, die von einer Frau geleitet wurde, war auffällig, dass eine andere Frau, die ihr eigentlich aufgrund schwächerer Leistungen als Team-Mitglied untergeordnet war, stark gegen sie opponierte, andere männliche Gruppenmitglieder auf ihre Seite zog und durch diese Polarisierung den Erfolg der ganzen Gruppenarbeit in Gefahr brachte.

In dieser und anderen Projektgruppen von BB1 und BB2, die von einer Frau geleitet wurden, ist bei den selbst gesetzten Gruppenregeln für die Zusammenarbeit auffällig, dass zwar gleiches Stimmrecht für alle konzediert und als selbst gesetzte Regel aufgeschrieben wurde, aber neben einer Vielfalt kooperativer Elemente auch mehr autoritäre Elemente eingebaut wurden (z. B. bei Streitigkeiten entscheidet die Teamleiterin).

Darüber hinaus wurden klassische Disziplinregeln, wie z. B. die Anwesenheitspflicht von den einzelnen Teams im Vorfeld ihrer Zusammenarbeit in der Konstituierungsphase festgeschrieben. Insbesondere das reine Männerteam bei BB2 legte großen Wert in der Gruppenarbeit auf die Wahrung von Umgangsformen (aussprechen lassen, zuhören, konstruktive Kritik geben) und das Einhalten von Zeitplänen. Weiterhin wurde von dem reinen Männerteam als Gruppenregel konstituiert, dass alle verfügbaren Informationen an alle Gruppenmitglieder weitergegeben werden und die Arbeitsaufteilung nach einer entsprechenden Sondierung von Stärken und Schwächen der einzelnen Teammitglieder erfolgt. Aufschlussreich war, dass die Gruppe ohne Frauen sehr spielerisch und entspannt arbeitete, wobei es zu einer beobachtbaren, überaus kollegialen Arbeitsatmosphäre kam und zu einem lebhaften, sehr gekonnten, raumgreifenden Rollenspiel. Sie wiesen in ihrer Interaktion viele Elemente einer guten Gruppenarbeit auf. Ihre selbstdefinierten Teamregeln umfassten dezidiert: Respekt, Höflichkeit, Pünktlichkeit, Demokratie, positives und negatives Feedback sofort geben an den Teamsprecher, Handyverbot in den Meetings und „Kunde ist König".

Die kooperative Gruppenstruktur wurde ebenso von den gemischten Teams angestrebt und von den einzelnen Gruppen verwirklicht, wenn auch die Arbeitserfüllung in den gemischten Gruppen mit unterschiedlichem Frauenanteil sehr viel angestrengter erfolgte und sich daher von der reinen Männergruppe stark unterschied. Die Frauen waren nicht nur sehr diszipliniert und sehr fleißig, sondern auch sehr still und nahezu nicht wahrnehmbar. Einige von ihnen arbeiteten sogar in den Pausen durch. Möglicherweise lag dies daran, dass sie in nahezu allen Gruppen in der Minderheit waren bzw. die Situation in der teilnehmenden Beobachtung für sie ein Stresselement darstellte. Auffällig ist zudem, dass die selbst gesetzten Teamregeln in den von Frauen geleiteten Teams sehr stark auf ein gleichberechtigtes Miteinander abstellen, z. B. durch die Regel: „Jeder hat das Recht eigene Ideen, Vorschläge und Anregungen in das Team einzubringen" und „Jeder Beitrag ist gleich viel wert". Sie legten damit größeren Wert auf Kooperation innerhalb der Gruppe als die Männer.

Deutlich erkennbar war jedoch die Tatsache, dass beide Geschlechter in den Ausbildungsgruppen von Anfang an mehrheitlich unterschiedliche Rollen anstrebten und darin deutlich erkennbar in traditionellen, stereotypen Verhaltensmustern agierten. Die Frauen übernahmen z. B. mehrheitlich bereitwillig das Schreiben der Protokolle und die „Back-Office-Aufgaben", wobei die Männer direkt auf die Rolle der Gruppensprecher und Teamleiter zusteuerten, d. h. viel stärker nach außen agierten.

Es war zu beobachten, dass die weiblichen Auszubildenden in den Teams ohne Aufforderung freiwillig ihre gesamten Arbeitsergebnisse an die männlichen „Sprecher" übergaben, da sie selbst im Hintergrund bleiben und weder offiziell im Plenum verantwortlich präsentieren noch im Plenum nach außen auftreten wollten. Diese vorzeitige Spezialisierung wurde vom Ausbildungsleiter des Unternehmens BB3 unterbunden und er wies darauf hin, dass er dies für nicht zielführend hält. Um Gleichstellung und Gendergerechtigkeit in der betrieblichen Ausbildung, wie im überbetrieblichen Unterricht herzustellen, heißt dies im Klartext, dass der Ausbildungsleiter von BB3 verlangte, dass alle, auch die Männer, Protokolle schreiben. Die Frauen hingegen sollten sich darin üben, eigenständig ihre Arbeitsergebnisse zu präsentieren und sich in der freien Rede vor einer größeren Gruppe zu üben.

Er wies auf die Gefahr vorzeitiger Spezialisierung hin und fasste das Fazit hierzu als Gruppenregel in einem einzigen Satz zusammen: „In den Ausbildungsgruppen machen alle Alles".

Befragungsergebnisse aus Einzelinterviews mit unterschiedlichen Zielgruppen

Ziel der Evaluation, sowohl in den teilnehmenden Beobachtungen wie auch in den individuellen Befragungen und Gruppengesprächen mit den Zielgruppen war es, nicht zuletzt zu erfahren, an welchen Interessenlagen seitens der Ausbildenden und der Auszubildenden beim Aufbau dieser Vorhaben anzuknüpfen ist, was z. B. die Ausbildenden für sinnvoll erachten bzw. die IT-Auszubildenden aus ihrer Warte unter einer „guten Ausbildung" verstehen. Weiterhin ging es um die Frage, in welcher Form die Gleichstellungsthematik in der betrieblichen IT-Ausbildung eine nennenswerte Dimension erhalten kann und sollte, zumal sich die Auszubildenden in den IT-Berufen nicht nur hinsichtlich des Alters, sondern auch hinsichtlich des Bildungsstands und der Erwartungen stark von traditionellen Auszubildenden unterscheiden. Die Befragungen umfassten 36 Auszubildende (27 Männer (M) und 9 Frauen (F)) zwischen 20 und 26 Jahren. Der Frauenanteil in den Gruppen der Begleitvorhaben war unterschiedlich: 40 % (BB3), 28 % (BB2) und 16 % (BB1).

Ergebnisse der Führungskräftebefragung

Explorative Expertengespräche mit Führungskräften IT-ausbildender Unternehmen ließen keinerlei vorhandene Stereotypen oder Vorurteile hinsichtlich der Berufswahl und des beruflichen Werdegangs von Mädchen und Frauen erkennen. Immerhin waren die Führungskräfte bereit das Gesamtvorhaben durch die kontinuierliche Teilnahme und überaus aktive Kooperation zu unterstützen. Und dies war kein kleines Engagement, weil es insgesamt für jedes Unternehmen und die beteiligten Ausbildenden eine zusätzliche Arbeitsbelastung von 1,5-jähriger Dauer mit entsprechenden Kosten bedeutete.

Ergebnisse der Koordinationsrunden mit betrieblichen Sozialpartnern

Geschäftsprozessübergreifende Ausbildungsprojekte sind nach dem Gesetz zur Mitbestimmung zustimmungspflichtig und müssen von allen Sozialpartnern im Unternehmen befürwortet werden. Da bei den IT-Ausbildungsprojekten überwiegend ganzheitliche Aufgabenstellungen und damit übergreifende

Geschäftsprozesse involviert sind, waren diese Koordinationsrunden von Vertreter(inne)n des Managements und der betrieblichen Gewerkschaften von großer Relevanz für den Fortgang der Arbeiten auf betrieblicher Ebene. Ergebnis war, dass in allen drei avisierten Ausbildungsunternehmen die Bereitschaft seitens aller betrieblichen Sozialpartner zur aktiven und kontinuierlichen Teilnahme am Modellversuch signalisiert wurde. Mit diesen Konstellationen wurden die Weichen gestellt für die erfolgreiche, kooperative Entwicklung der Begleitvorhaben und damit für die praxisnahe und praxisgerechte Durchführung des Wirtschaftsmodellversuchs. Daher ist der Beitrag dieser Unternehmen sowohl vonseiten des Managements wie auch vonseiten der gewerkschaftlichen Interessenvertretungen auf betrieblicher Ebene im Rahmen dieses WiMo nicht hoch genug einzuschätzen.

Ergebnisse des Erfahrungsaustauschs im Arbeitskreis der Ausbilder

Die Befragungen der Ausbildenden und auch der Erfahrungsaustausch im Rahmen des Arbeitskreises der Ausbildenden und den sogenannten „Runden Tischen" hat zum Teil signifikante Hinweise für die Entwicklung der Begleitprojekte im jeweiligen Unternehmen gegeben.

Insgesamt ist festzuhalten, dass die ausbildungsverantwortlichen Führungskräfte, wie die Ausbildungsleiter/-innen und beteiligte Dozent(inn)en ein sehr starkes Interesse zeigten modellhafte und exemplarisch erfolgreiche, gute Lösungen zu erarbeiten und sich dabei sehr engagiert zeigten. Die Befragungen ergaben zusätzliche Qualifizierungswünsche seitens der Ausbildenden, insbesondere was die Methoden innovativer Lehre und Ausbildung angeht, aber auch aktive Methoden und erfolgreiche Ansätze der Sensibilisierung für Fragen der Chancengleichheit und Gendergerechtigkeit.

Ergebnisse der Einzelinterviews mit Auszubildenden

Die im Rahmen des bfw-Wirtschaftsmodellversuchs von der WB befragten jungen Männer und Frauen im 2. Jahr der betrieblichen IT- Ausbildung gingen nicht davon aus, dass die Zielstellung der gleichen Rechte für Männer und Frauen heute noch aktuell ist. Die folgenden Äußerungen waren des Öfteren deutlich seitens der Auszubildenden beiderlei Geschlechts zu hören:

> *„Die Benachteiligung der Frauen im Arbeitsleben ist ein Relikt aus einer alten Zeit. Die Bevorzugung junger Männer wird nur noch von Älteren, meist älteren Männern ausgeübt, aber nicht mehr von den jungen."*

Weniger charmant und noch unverblümter kommt dies in der folgenden Reflexion eines männlichen Azubis zum Ausdruck:

„Die Benachteiligung von Frauen ist ein Problem der sogenannten Feministinnen, die wahrscheinlich unter einem anerzogenen Mangel an Selbstbewusstsein leiden. Für mich als Mann ist das aktuell sowieso kein Problem."

Auch die befragten Frauen geben glaubhaft an, bislang keine Benachteiligung erfahren zu haben. Andererseits ergaben die Einzelgespräche mit den männlichen und weiblichen Auszubildenden, dass die Männer dezidierte und gezielte Karrierewünsche im Kopf hatten und selbst die schwächeren Auszubildenden die aktuelle Ausbildung als Schritt für die spätere Karriere kontinuierlich durchgeplant hatten. Demgegenüber äußerten die Frauen, auch wenn sie noch so selbstbewusst im Plenum auftraten, in den Einzelinterviews, auf die Frage, wie sie sich ihre berufliche Zukunft vorstellen, *„im Falle der Mutterschaft erst mal Heimarbeit machen zu wollen"* bzw. *„erst mal abwarten, was sich nach der Geburt eines Kindes so ergibt"*. Keine Befragte hatte die berufliche Zukunft fest geplant.

Eine kontinuierliche und gezielte Laufbahnplanung der jungen IT-Auszubildenden kann angesichts dieser vagen Äußerungen ansonsten sehr selbstbewusst auftretender und leistungsstarker Frauen nicht unterstellt werden. An diesem Beispiel zeigt sich sehr deutlich, dass verbale Äußerungen mitunter in starkem Kontrast zu Verhaltensstandards und Rollenerwartungen stehen. Die unbewusst praktizierten Rollen- und Verhaltensmuster, aber auch antizipierte Ereignisse können damit den Ausbildungsabschluss, wie auch die späteren Berufsverläufe maßgeblich beeinflussen.

In Anbetracht der feststellbaren Diskrepanzen zwischen der verbalen Äußerung einzelner Auszubildender keine Gendersensibilisierung zu benötigen und der in Einzelinterviews manifest deutlich werdender traditioneller Geschlechterrollen, ist davon auszugehen, dass althergebrachte Stereotypen bei männlichen, wie weiblichen Personen selbst bei diesem Personenkreis der sehr selbstbewusst auftretenden Auszubildenden durchaus noch vorhanden sind. Deren Aussagen zur Berufsorientierung, wie auch zur erwarteten Entwicklung von Karriere und Berufswegen, zeigt dies recht deutlich. Das immer noch bestehende Gewicht althergebrachter Stereotypen und „blinder Flecken" im Bewusstsein von allen Akteur(inn)en der Berufsbildung ist als ein ernst zu nehmender, zentraler Befund zu thematisieren (vgl. Lippe-Heinrich 2019).

Wunschzettel von befragten Azubis an eine gute IT-Ausbildung

Der folgende Wunschzettel (Abb. 4) aller befragten Azubis liest sich wie ein Anforderungskatalog an innovative Methoden und Lernkonzepte moderner Berufsbildung. Es wird deutlich, dass die Auszubildenden nach langen Jahren überwiegend „verschulten" Lernens in ein ganzheitliches Praxislernen aktiv

Von beiden Geschlechtern als prioritär genannte Anforderungen:
1. Aktivierende Methoden (Projektlernen motiviert)
2. Selbstlernen (ja, aber mit Anleitung)
3. Lernen in Zusammenhängen (prüfungsrelevant)
4. Ausbildung für das Leben/die Arbeit
5. **Keine Extrawürste für Frauen, aber:**
6. **Stärkere helfen Schwächeren, unabhängig vom Geschlecht**

Abb. 4: Wunschzettel der Auszubildenden an eine gute Ausbildung

einbezogen sein wollen und eine eigenverantwortliche Projektarbeit gegenüber eher passiven Formen des Lernens mit Frontalunterricht bevorzugen.

Analog zu den eingangs zitierten Äußerungen ist in diesem Wunschzettelkatalog das Genderlernen nicht enthalten. Es wird sogar mit der Bezeichnung „keine Extrawurst für Frauen", insbes. von den jungen Frauen vehement abgelehnt. Die Begründung beider Geschlechter hierfür lautet:

> *„Schwächer können sowohl Frauen als auch Männer sein. Deshalb sollen Stärkere den Schwachen helfen."*

Offensichtlich fühlen sich sowohl Frauen als auch Männer schwach und stark zugleich, denn „zum Teil gehen gute Fähigkeiten in Mathematik nicht einher mit Muskelkraft".

Keine Frau berichtete über Diskriminierungserfahrungen. Die einzige Ausnahme war der Bericht einer weiblichen Auszubildenden über Mobbingversuche unter Azubis gegenüber einzelnen, besonders leistungsstark und selbstbewusst auftretenden Frauen. *„Lass mich mal ran, Tusse"*, dieser Satz fiel wohl bei BB2 als es darum ging, eine besonders knifflige Aufgabe zu lösen.

Da die weiblichen Auszubildenden noch nie im Beruf standen, sind sie jedoch weitgehend ohne bewusste Diskriminierungserfahrungen durch Vorgesetzte. Sie gehen deshalb davon aus, dass für alle Beschäftigten hinsichtlich Beschäftigungschancen, Karrieremöglichkeiten und Bezahlung die gleichen Bedingungen gelten. Die Auszubildenden, die zur Recherche ihrer Ausgangslage in den beteiligten Begleitbetrieben interviewt wurden, sahen daher die Frage der Unterrepräsentanz von Frauen in den technischen Berufen weitgehend als obsolet an.

Dieses wird sich vermutlich spätestens mit dem Ausbildungsabschluss ändern, wenn sich herausstellt, dass es die Frauen sehr viel schwerer haben, sich beruflich zu etablieren und auf der Karriereleiter aufzusteigen, wie die Statistik zeigt.

Nahezu ausnahmslos schließen die befragten Männer und Frauen bei den Interviews in der Regel von ihrem persönlichen Erfahrungshintergrund auf das

Ganze, ohne ihren begrenzten Erfahrungsschatz zu hinterfragen oder die Statistiken des Arbeitsmarktes zu kennen. Phänomene, wie Gender Pay Gap, Pension Gap und Unterrepräsentanz von Frauen in Top-Positionen waren unbekannt.

Fazit zu Innovationen in Methodik und Didaktik in der IT-Ausbildung

Es ist festzuhalten, dass das Engagement der Ausbildungsleiter/-innen eine treibende Kraft war bei der Entwicklung der drei Begleitvorhaben und diese mit großem Engagement für das Gelingen des WiMo eintraten, indem sie alles Nötige auf betrieblicher Ebene veranlassten und initiierten, was für die Umsetzung der zum Teil komplexen Begleitprojekte erforderlich schien. Durch die Personalverantwortung, die sie als Ausbildende tragen, konnten sie maßgeblich dazu beitragen, dass die Begleitprojekte – trotz der Skepsis und der Ablehnung durch manche Auszubildende –in allen drei Unternehmen erfolgreich durchgeführt werden konnten. Als es darum ging, die in den betrieblichen Begleitprojekten ermittelten Befunde aus der Evaluation zu überprüfen, war der Erfahrungsaustausch mit den Ausbildenden noch einmal überaus wertvoll, da sie aus der Perspektive ihrer Ausbildungspraxis ihre Einschätzung abgeben konnten.

Zum Stellenwert althergebrachter, unbewusster Stereotypen

Wie die zahlreichen Befragungen und der Erfahrungsaustausch mit den personalverantwortlichen Führungskräften und Ausbildenden ergaben, kann nicht vom Vorhandensein gezielter und bewusster Diskriminierung gegenüber weiblichen Bewerbern oder Auszubildenden ausgegangen werden. Auf der Ebene unbewusster Verhaltensweisen, Einstellungen und Rollenmuster ist hingegen bei allen Akteuren, die befragten jungen Frauen eingeschlossen, deutlich zu erkennen, dass unbewusste Stereotypen und dysfunktionale Rollenbilder nach wie vor verbreitet sind und berufliche Entscheidungen, wie Erwartungen, Verhalten und Berufswahlmuster beeinflussen und prägen.

Die Triangulation der empirischen Befunde aus Gruppen- und Einzelinterviews, teilnehmender Beobachtung und der Vergleich der Aussagen von jungen Männern und Frauen ergibt eindeutig das Gewicht und die Aktualität versteckter und verborgender Stereotypen bei allen Befragten.

Ganz besonders deutlich wird dies am Beispiel der Karriere- und Berufswegeplanung. Die jungen Männer planen ihr zukünftiges Berufsleben stringent, wohingegen die jungen Frauen unsicher sind, was sie erwartet, wenn *„sie erst einmal Kinder haben“*. Daher geben Sie an, abwarten zu wollen, was sich ergibt und die berufliche Aktivität entsprechend *„einzurichten“*. Die Karriere- und

Berufswegeplanung wird von den Befragten vom Partner und den Kindern abhängig gemacht. Dies korreliert stark mit traditionellen Rollen, was die jungen Frauen und Männer in den IT-Berufen angeht. Es ist deutlich zu erkennen, dass die traditionellen Familienrollen mit der primären Zuständigkeit der Mütter für die Kinder nach wie vor im Bewusstsein der jungen Frauen, wie auch der Männer, verankert ist. Dies zeigt deutlich den Bedarf an neuen Leitbildern und Familienmodellen, in denen Frauen und Männer gemeinsam die Verantwortung für den Nachwuchs tragen. Die Männer der Generation X und Y zeigen sich jedoch mehr und mehr sensibilisiert für Fragen der Vereinbarkeit im Kontext des Wandels betrieblicher Arbeit in der „informatisierten Gesellschaft", wie Lippe-Heinrich (2019) mit zahlreichen anschaulichen Praxisbeispielen ausführt. Hervorzuheben ist, dass in den Einzelinterviews der WB mit den Auszubildenden dieses WiMO im Jahr 2003 nur die jungen Männer ihre berufliche Zukunft geradlinig und ohne Einschränkungen planten, wobei sie wie selbstverständlich eine gute Karriere und eine gut bezahlte Position anpeilten. Hier sind signifikante Unterschiede zwischen den Geschlechtern und das Vorhandensein verborgener, unbewusst praktizierter Geschlechterstereotypen erkennbar, die der gleichberechtigten Entwicklung von Frauen im Berufsleben offensichtlich zuwiderlaufen.

Aus einigen Äußerungen der Auszubildenden beiderlei Geschlechts wurde deutlich, dass sie das Thema der Gendergerechtigkeit für sich und ihre Ausbildung mehr oder minder vehement ablehnten. Hinzu kommt, dass gerade für die leistungsstarken Frauen, die sich in zahlreichen Assessments durchgesetzt haben, das Anliegen der Gleichstellung von Frauen und Männern im Beruf und in der betrieblichen Ausbildung (noch) kein bewusstes Thema zu sein scheint. An diesem Beispiel wird deutlich, dass sich das Projekt mit der Fragestellung von Gendergerechtigkeit und Gender Mainstreaming in einem Minenfeld bewegte, das große Vorsicht, Fingerspitzengefühl und Bedacht erforderte, um das Gelingen des Gesamtprojekts nicht zu gefährden. Letztendlich ergibt sich daraus die Frage nach dem geeigneten pädagogischen Konzept bei der Implementierung von Chancengleichheit und Gendergerechtigkeit.

Offensichtlich wird überall dort, wo die Frauenanteile in den Gruppen mehr als 30 % betragen, die Zusammenarbeit der Geschlechter in der betrieblichen Ausbildung weitgehend zum Selbstläufer und die Frauen haben weniger Hemmungen ihre Leistung offen zu zeigen. Zumindest bei den hier vorgestellten Begleitbetrieben ist davon auszugehen, dass sich Frauen – in Gruppen mit einem Frauenanteil zwischen 30 % und 50 % – eher als gleichberechtigte Teammitglieder und ohne rollenspezifische Hemmungen besser entfalten können, da ihr Minderheitenstatus nicht mehr für besondere Aufmerksamkeit oder

Ungleichbehandlung sorgt. Es wird dann für sie leichter als Gleichberechtigte in den Teams ihre Rolle zu finden und ihr Leistungspotenzial zu entwickeln.

Die Gruppenarbeit erlaubt es allen zudem nach selbst gesetzten Regeln im Rahmen der regulären Teamsitzungen entsprechende Sachverhalte zu thematisieren und aufzuarbeiten, ggf. mit Unterstützung durch den Ausbildenden bzw. den Coach.

Diese Befunde sind Ergebnis qualitativer Erhebungen und können daher nicht als abgesicherte Erkenntnisse verallgemeinert werden. Angesichts der wahrnehmbaren Widersprüche lässt sich jedoch vermuten, dass das Gewicht der unbewusst kolportierten, verinnerlichten, traditionellen Rollenbilder und Stereotypen sehr viel stärker ist als verbale Äußerungen vermuten lassen.

Auch die Befunde aus der teilnehmenden Beobachtung der Ausbildungsgruppen legen den Schluss nahe, dass es zielführend ist, in Ausbildungs- und Arbeitsprozessen eine vorzeitige Spezialisierung nach geschlechtsspezifischen Verhaltensmustern und Stereotypen zu unterbinden, gemäß dem Leitmotiv: „Alle machen Alles". Indem nämlich von allen Gruppenmitgliedern verlangt wird, alle Arbeitsaufgaben zu lösen, werden beide Geschlechter aufgefordert, in gleicher Weise sach- und zielgerecht zu arbeiten. Damit werden die Beteiligten gezwungen, unabhängig von traditionellen Stereotypen zu agieren und geschlechtsunabhängige Verhaltensmuster einzuüben. Dies ist von zentraler Bedeutung, da die meisten diese Stereotypen i. d. R. so stark verinnerlicht haben, dass sie diese verhaltenssteuernden Muster nicht einmal mehr selbst wahrnehmen.

Unabhängig von gesellschaftlichen und kulturellen Normen und Konventionen sowie geschlechtsspezifischen Rollenmustern sollte jede Person den Beruf wählen und erlernen, den sie am besten kann. Wie seit vielen Jahren erkannt, sind Fähigkeiten und Kompetenzen nicht an ein biologisches Geschlecht gebunden, sondern an individuelle Interessen und Begabungen, persönliche Motivation sowie an entsprechende Lern- und Arbeitschancen. Insofern stellen traditionelle Berufszuschreibungen und Einschränkungen der Berufswahl gravierende Einschnitte in die Persönlichkeitsrechte der jungen Menschen dar, da sie sich bei ihrer Berufswahl nicht an ihren Stärken, sondern an traditionellen Geschlechterrollen und Konventionen orientieren.

Aufwertung von Soft Skills im Zuge der Vernetzung von Arbeitsprozessen

Die teilnehmende Beobachtung ergab in erster Linie die Einsicht, dass es für eine gelungene und erfolgreiche Gruppenarbeit der Stärkung und Aufwertung von Interaktions- und Kommunikationskompetenzen bedarf. Dies verlangt nach einer Aufwertung der Soft Skills im Kontext der betrieblichen Ausbildungsprozesse, aber auch bei der Bewertung von beruflicher Kompetenz schlechthin.

Vernetzte Arbeits- und Informationsverarbeitungsprozesse haben eine neue Arbeits- und Lernkultur hervorgebracht, als deren Zielvorstellung nach Erpenbeck/Heyse und Rosenstiehl das Modell der ganzheitlichen, lebenslangen Kompetenzentwicklung steht. Im Kontext dieses Kompetenzmodells, das aus den Teilbereichen fachlicher, fachübergreifender, personaler und sozialer Kompetenzen besteht, wird es unumgänglich Ausbildungsprozesse so zu gestalten, dass sie insbesondere die Fähigkeit zum methodisch fundierten Arbeiten, aber auch der sozialen Interaktion und Kommunikation in einer gelungenen Gruppenarbeit schulen. Diese früher als nicht prüfungsrelevant begriffenen Kompetenzen sind sowohl für die zukünftige Arbeit in vernetzten Arbeitsprozessen als auch zur Herstellung und Wahrung der Chancengleichheit für benachteiligte Personengruppen bzw. Angehörige von Minderheiten vonnöten. Dies ist eine Notwendigkeit in mehrfacher Hinsicht:

- Soft Skills werden zur zentralen Größe hinsichtlich beruflicher Kompetenzen, da einmal erworbene Wissensbestände rasch veralten und lebenslang erneuert werden müssen,
- Soft Skills sind aufzuwerten, wenn es um die Entwicklung einer zukunftsfähigen Lern-, Innovations- und Unternehmenskultur mit heterogenen Belegschaften geht,
- Soft Skills mit allen Facetten methodischen und übergreifenden Wissens, aber auch der Fähigkeit zur sozialen Interaktion und komplexen Interaktion in Gruppenprozessen, sind die zentrale Voraussetzung zur Bewältigung neuer Anforderungen in einer vernetzten Arbeitswelt.

Die Unterschätzung von Soft Skills, z. B. als marginale Leistungskategorie bei Prüfungen, ist im Kontext ganzheitlicher Arbeitsanforderungen und lebenslanger Kompetenzentwicklung abzubauen. Statt der Vorgabe von eng definierten Aufgaben und Lösungswegen hat die Aufwertung und Stärkung von Soft Skills für die Entwicklung eigenständiger Problemlösungen zu erfolgen. Nicht zuletzt angesichts der Herausforderungen beim zunehmenden Einsatz von IT und intelligenter Systeme der Künstlichen Intelligenz.

Genderintegrierte Lern- und Arbeitsaufgaben in Projekten

Es ist zielführend, „genderspezifische Aufgaben“ als integrale Bestandteile in reguläre Ausbildungsrahmenpläne zu integrieren. Durch diese „genderintegrierten Lernkonzepte“ wird zur Sensibilisierung und Orientierung der Lernenden und damit zu ihrer Kompetenzentwicklung beigetragen.

Der Einsatz der Projektmethode als Methode ganzheitlichen Kompetenzerwerbs hat das Ziel einer Förderung von ganzheitlichem Lernen in übergreifenden Geschäftsprozessen. In diesem Zusammenhang sind alle Methoden des selbst gesteuerten und selbst organisierten sowie entdeckenden Lernens von zentraler Bedeutung komplementär zu den sogenannten Primärtugenden.

Aber auch das Einüben von Rollenspielen und Kreativtechniken findet hier einen wichtigen Stellenwert, da es hilfreich ist für das Erarbeiten eigener Problemlösungsansätze im Kontext von überaus komplexen und ganzheitlichen Aufgabenstellungen und Arbeitsprozessen, die im Zuge der zukünftigen Digitalisierung aller Arbeitsprozesse immer wichtiger werden. Elementar wichtig im Kontext geschäftsprozessübergreifender Arbeitsanforderungen ist die Einführung der Projektmethode, da nur sie – mit selbst gesetzten Regeln der Gruppenarbeit und der Führung in individuell zusammengesetzten Teams – als ganzheitliche Methode es erlaubt, völlig neue, weitgehend autonome bzw. teilautonome Führungsformen einzuüben. Genderintegrierte Projekte, Rollenspiele und gemeinsame Reflexion als innovative Methoden sind im Kontext der Aufwertung von Soft Skills bzw. der Kompetenzen zur Interaktion in Gruppenprozessen als unabdingbare Methoden der Kompetenzentwicklung zu verstehen. Hierunter sind genderintegrierte Aufgaben, Projektarbeiten und gendersensibilisierende Rollenspiele zu verstehen, wie auch die Reflexion und der gemeinsame Erfahrungsaustausch in der Lerngruppe. Die Stärkung und Aufwertung der Gruppenarbeit gegenüber der Einzelarbeit bzw. der sogenannten „Soft-Skills" im Kontext neuer Paradigma des Führens und Leitens in der betrieblichen Ausbildung sind eine notwendige Konsequenz aus überbetrieblicher Vernetzung und daraus resultierenden, neuen Arbeits- und Lernerfordernissen, die sich durch ständig wachsende, hohe und permanent veränderliche Ansprüche an die Beschäftigten auszeichnen.

Die gezielte Förderung der Fähigkeit zur Gruppenarbeit und zur Reflexion, den personalen und sozialen Kompetenzen der Gesprächsführung, wie der Reflexion in Verbindung mit der Entwicklung von Eigenverantwortlichkeit sind zentrale Bestandteile von Kompetenzentwicklung im Umgang mit aktuellen und zukünftigen Arbeitsanforderungen in der IT. All dieses hat das Ziel die Gruppenarbeit effektiver zu machen und damit sowohl die Arbeitseffektivität zu stärken, wie den Einzelnen zu befähigen, die Anforderungen von schnell wechselnden Arbeitsanforderungen in Eigenverantwortung zu bewältigen. Hinzu gehört nicht zuletzt die Kompetenz zur Bewältigung der Entgrenzung von informationstechnisch durchdrungener, betrieblicher Arbeit in übergreifenden Geschäftsprozessen.

Die Regeln einer genderintegrierten Gruppenarbeit, wie sie sich aus der Gesamtheit der Arbeiten aus den Begleitprojekten ableiten lassen, zeigt die folgende Übersicht (vgl. Abb. 5).

Es ist für jeden Ausbildungsgang ein abgestuftes Konzept einer genderintegrierten Berufsbildung zu entwickeln, das beginnt mit Sensibilisierung und Orientierung, weiter voranschreitet mit genderintegriertem Projektlernen und dann in gendergerechte Arbeitszusammenhänge führt.

Die Darstellung von Geschlechterrollen in Wort, Sprache und Bild hat dabei einen zentralen Stellenwert. Daraus ist nicht zuletzt ein Bedarf zur Überarbeitung vorhandener Ausbildungsrahmenpläne abzuleiten.

Regel 1: Jedes Team klärt vorab die Regeln seiner Zusammenarbeit.
Regel 2: Alle Teamangehörige befolgen diese Regeln als gleichberechtigte Partner.
Regel 3: Es erfolgt keine unnötige Spezialisierung auf „geschlechtsspezifische“ Aufgaben auf der Grundlage einseitiger Rollenbilder und Zuschreibungen.
Regel 4: Alle haben das Recht in gleicher Länge zu sprechen und gehört zu werden. Besonders zurückhaltende Personen werden zur Aktivität aufgefordert.
Regel 5: Jeder fragt gezielt nach, wenn er/sie etwas nicht versteht…
Regel 6: Alle präsentieren die Ergebnisse ihre Arbeit im Team/im Plenum.
Regel 7: Jede Person hat ihre Teilaufgaben verantwortlich zu übernehmen.
Regel 8: Alle Teamangehörige werden wertschätzend behandelt. Keine Person wird durch stereotype Zuschreibungen stigmatisiert.

Abb. 5: Zentrale Regeln für eine gendergerechte Teamarbeit

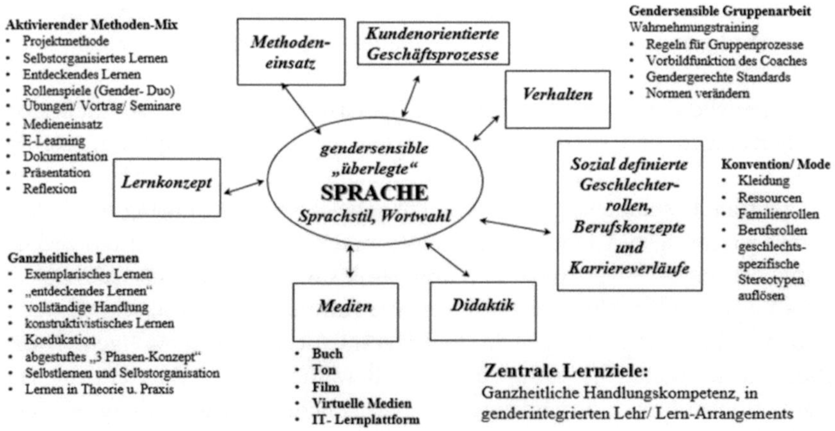

Abb. 6: Paradigmen gendergerechter Ausbildungsprozesse

Die nachfolgende Übersicht 5 stellt eine Gesamtschau dar der notwendigen Eckpfeiler für die Gestaltung gendergerechter Ausbildungs- und Lernprozesse. Sie erhebt keinen Anspruch auf Vollständigkeit, zeigt aber doch, wie komplex und miteinander verwoben die einzelnen Ebenen sind.

Handlungsbedarf hinsichtlich notwendiger Innovationen in der IT-Bildung

Hinsichtlich der Validität folgender Schlussfolgerungen ist davon auszugehen, dass die folgenden Verfahren, eingesetzten Methoden und empirischen Befunde nicht nur für die Ausbildung in den neuen IT-Berufen gelten können. Sie enthalten zahlreiche Anhaltspunkte dafür, wie die Lern- und Ausbildungsprozesse generell nachhaltiger gestaltet werden können. Auch hier ist es das Ziel die Qualität der betrieblichen Ausbildung zu erhöhen, Frauen mehr zu fördern und Ausbildungsabbrüche generell zu verringern.

Handlungsbedarfe hinsichtlich der forschungsrelevanten Fragen

In den folgenden Absätzen wird jeweils ein kurzes, prägnantes Fazit zu den forschungsrelevanten Fragen gezogen, das für einen exemplarischen Handlungsbedarf steht.

Antwort zu Frage 1: Werden Frauen und Mädchen in den IT-Ausbildungsberufen durch das Vorhandensein von direkten Diskriminierungsmechanismen in direkter Form oder eher durch Formen indirekter Diskriminierung benachteiligt und wenn ja, durch welche?

Hinsichtlich direkter und indirekter Diskriminierung konnten keine bzw. nur geringe Anhaltspunkte in den Arbeiten der Begleitforschung gefunden werden. Anders ist es mit der Feststellung, dass bewusste und unbewusste Stereotypen viele Entscheidungsprozesse und auch die Wahrnehmung der Akteure prägen, mitbestimmen bzw. wenigstens beeinflussen. Die Auflösung von Stereotypen ist daher eine prominente Aufgabe bei den Strukturveränderungen im Bereich der Berufe und der Berufsbildung (vgl. Lippe-Heinrich 2019).

Antwort zu Frage 2: Wie sind die geschlechtsspezifischen Barrieren für Frauen hinsichtlich Ausbildung und Karriere in der Informationstechnik und ihren Berufen zu beseitigen?

Leider sind Veränderungsprozesse auf beiden Ebenen seit 2005 bis heute nur schleppend vollzogen worden. Auch kann heute immer noch davon ausgegangen werden, dass in Bezug auf die Fragestellung faktisch in der Berufswelt kaum etwas zum Besseren verändert wurde. Unbewusste Stereotypen und geschlechtsspezifische, traditionelle Berufs- und Familienrollen beeinflussen immer noch sowohl die Berufswahlentscheidungen als auch die Karriereplanung und

Entwicklung noch immer maßgeblich und zwar seitens aller Akteure, die beteiligten Frauen eingeschlossen.

Es gilt daher, diese direkten und indirekten Stereotypen zu bestimmen, anzugehen und aufzulösen. Auf allen Ebenen der Berufe sind diese anzutreffen, z. B. hinsichtlich

- Berufsorientierung,
- Berufswahl,
- Berufsausbildung,
- Berufsabschlüsse,
- Einmündung an der ersten Schwelle in den Beruf nach der Ausbildung,
- Kontinuierliche Laufbahnentwicklung und Beschäftigung,
- berufliche Aufstiegsmuster und Karriereentwicklung.

Frage 3: Wie kann auf der Ebene methodisch-didaktischer Interventionen und Gestaltungsmuster darauf hingewirkt werden, dass die Anzahl der erfolgreich abgeschlossenen Ausbildungsverhältnisse von Frauen in der Informationstechnik steigt?

Eine gendergerechte und innovative Methodik und Didaktik, vermittelt durch gendersensible Ausbildungsarrangements und genderintegrierte Aufgabenstellungen, die durch Projektarbeit in selbstständiges Planen, Entscheiden und Handeln hineinführen, sind das Mittel der Wahl, um Frauen und Männer nicht nur für einen informationstechnischen bzw. frauenuntypischen Beruf zu begeistern. Sie werden auch zum Durchhalten motivieren, bis ein qualifizierter Berufsabschluss und die Einmündung in eine berufliche Position erreicht sind. Es ist festzuhalten, dass innovative Methoden in der Berufsbildung, auch in den IT-Berufen, hinsichtlich fachdidaktischer Ansätze und ganzheitlicher Lehr-, Lern- und Arbeitsformen derzeit bereits teilweise innoviert und auf den erforderlichen Stand gebracht worden sind, jedoch unter Vernachlässigung des Genderaspekts. Dies lässt sich nur mit unbewussten Mechanismen zur Fortführung patriarchaler Macht und Dominanzstreben von Männern erklären.

An dieser Stelle wird noch einmal auf die in diesem Beitrag genannten Ansatzpunkte einer gendergerechten Berufsbildung hingewiesen, insbesondere den Bedarf zur Auflösung von Geschlechterstereotypen und das, aus der Ausbildungspraxis von BB1 entwickelte Schaubild „Paradigmen gendergerechter Bildungsprozesse“ (vgl. Abb. 6).

Fazit zu erforderlichen Innovationen in der Berufsbildung

Angesichts der Fakten wird deutlich, dass es gezielter Anstrengungen in Form komplexer Maßnahmenbündel bedarf, um Veränderungen in Berufsorientierung,

Berufswahlmustern und Strukturen zu bewirken. Punktuelle Maßnahmen werden scheitern, angesichts des Beharrungsvermögens von Jahrhunderte alten, patriarchalischen Strukturen, Denk- und Verhaltensmustern.

Es gilt abschließend festzustellen, dass trotz zahlreicher betrieblicher Strukturmaßnahmen hinsichtlich verbesserter Vereinbarkeit von Beruf und Familie die zentralen Management- und Führungskonzepte hinsichtlich der Gleichstellung von Frauen, insbesondere in kleinen und mittleren Unternehmen vielfach den veränderten Anforderungen an das Arbeiten, Ausbilden und Wirtschaften im digitalen Wandel seit dem Ende des WiMo kaum bzw. nur zögerlich angepasst wurden.

Dies gilt ganz besonders für das Anliegen der beruflichen Ausbildung und Frauenförderung in frauenuntypischen Berufen, aber auch für die Repräsentanz von weiblichen Fach- und Führungskräften in gut bezahlten Toppositionen der deutschen Wirtschaft.

Doch auch noch heute, fast 15 Jahre nach Beendigung des hier dargestellten Modellversuchs, wählen Jungs und Mädels nach dem Schulabschluss vorrangig einige wenige Ausbildungsberufe. Dies ungeachtet einer nach wie vor bestehenden, immensen Vielfalt von Berufen und staatlich anerkannten Abschlüssen. Berufsberatungen und berufskundliche Informationen haben es nicht geschafft, die Orientierung der Frauen und Männer auf wenige frauen- bzw. männertypische Berufe und Tätigkeitsfelder zu korrigieren. Hieraus resultieren nicht nur hohe Abbruchquoten in der beruflichen Erstausbildung, sondern auch viele berufliche Fehlstarts von fertig ausgebildeten Personen, die den erlernten Beruf nur ungern oder nie ausüben bzw. nach kurzer Zeit eine neue Berufsausbildung beginnen. Dies führt individuell zu verlorenen Jahren, verbunden mit dem Verlust an persönlichen, wie beruflichen Entwicklungschancen. Es bleiben somit wertvolle Potenziale im Leben zahlreicher Menschen unentdeckt. Ihre Stärken bleiben unterentwickelt und sind damit gesellschaftlich nicht nutzbar. Derartige Fehlentwicklungen behindern zwingend erforderliche Strukturentwicklungsprozesse und Innovationen in Berufsbildung, Wirtschaft und Gesellschaft und verstärken den Fachkräftemangel.

Empfehlung des Hauptausschusses für eine Überwachung der Fortschritte durch strukturelle Veränderungen im Berufsbildungsbericht

Angesicht der fehlenden Fortschritte in der Repräsentanz von Frauen in den IT-Berufen ist festzustellen, dass in der deutschen Gesellschaft patriarchalische Verhaltensstereotypen nach wie vor verankert sind. Dies bedeutet im Klartext, dass die Bemühungen engagierter Akteure zur Auflösung von geschlechtsbezogenen Berufswahl- und Karrieremustern bislang immer noch ins Leere laufen. Und dies ungeachtet der Tatsache, dass es inzwischen zum Mainstream der Personalpolitik in den bedeutendsten Groß-, Mittel- und Kleinunternehmen der deutschen Wirtschaft gehört, beachtliche Anstrengungen hinsichtlich der Schaffung eines familienfreundlichen Klimas in der Unternehmensführung zu unternehmen. Zahlreiche, exemplarische Unternehmensbeispiele für den personalpolitischen Ansatz von Diversity Management und das Family Audit zeigen die Vorteile einer guten, betrieblichen Praxis hinsichtlich einer verbesserten Vereinbarkeit von Familie und Beruf. Dies kann u. a. als ein Beitrag zur Chancengleichheit von Männern und Frauen verstanden werden (vgl. Lippe-Heinrich 2019). Es setzt allerdings eine Kompetenz zum Wechsel der Perspektive und zur Wahrnehmung von Genderstereotypen voraus sowie das Wissen um strukturelle Zusammenhänge.

Dazu ist anzumerken, dass Chancengleichheit und Potenzialentwicklung bislang benachteiligter Personengruppen, insbesondere von Frauen, angesichts eines größer werdenden Bedarfs an talentierten Nachwuchskräften bereits heute überlebensnotwendig für die deutsche Wirtschaft sind. Eine dringliche Aufforderung zum Handeln betrifft alle Bildungsinstanzen, angefangen vom Kindergarten bis zu den Angeboten der Berufsorientierung und Beratung seitens der Arbeitsagentur bzw. der berufskundlichen Aktivitäten von allgemeinbildenden Schulen im Fach Arbeitslehre. Sie betrifft auch die Öffentlichkeitsarbeit der Kammern und Informationstage von Berufsakademien und Universitäten bis hin zur Praxis der beruflichen und überbetrieblichen Ausbildung in allen Einrichtungen der Berufs- und Allgemeinbildung. Es ist von großer Bedeutung Geschlechterstereotypen in der Gesellschaft abzubauen. Die Schwerpunktberufe der IT, aber auch in anderen informationstechnisch vernetzten Branchen und Tätigkeitsfeldern der Wirtschaft, insbesondere jedoch die Führungspositionen im mittleren Management, der Geschäftsführung von KMU sowie den Aufsichtsräten und Vorständen mitbestimmter Unternehmen sind für leistungsstarke Frauen und Angehörige sozialer Minderheiten zu öffnen, anstatt wie bisher das Anliegen der Chancengleichheit für Männer und Frauen betriebsblind auszusitzen.[8]

Nicht zuletzt ist hier die Forderung nach strukturellen Änderungen im Berufsbildungsbericht zu verstehen, z. B. die Einführung einer gesonderten Rubrik im

8 Dies gilt insbes. für die betriebliche Förderung der Chancengleichheit aller benachteiligten Personengruppen nach dem Ansatz des Diversity Management, s. Lippe-Heinrich (2019).

jährlichen Berufsbildungsbericht, die die Fortschritte bei der Besetzung von Ausbildungsstellen nach Geschlecht und Berufen durch präzise Statistiken auf Landesebene ausweist. Damit würden die Akteure der Bildung in den Regionen in die Pflicht genommen, wobei Fortschritte in der Statistik als Erfolgsfaktor ausgewiesen werden könnten.

Nur die Einführung entsprechender Instrumente in der Berufsbildungsstatistik und weitere Initiativen, wie Projekte des Bundes und der Länder können dazu beitragen, dass es hinsichtlich der Strukturveränderungen zu einem Fortschritt bezüglich der Repräsentanz von Frauen in den informationstechnischen und in den frauenuntypischen Berufen kommt. So könnte z. B. die Einführung entsprechender Rubriken und das Ausweisen der jeweiligen Stände im Berufsbildungsbericht Transparenz ermöglichen und auch Kontrolle ausüben.

Bezüglich der Wahrnehmung und Sensibilisierung gegenüber überkommenen Rollenbildern und Stereotypen erscheint es überdies zwingend notwendig mehr Mittel und personelle Ressourcen in die Überarbeitung von Curricula und Lehrmaterialien der Schulen sowie in die Weiterbildung von Lehrenden zu investieren. Öffentlichkeitswirksame Aktionen und schulische Wandertage, wie „Girls und Boys Day" reichen nicht zur Orientierung und Sensibilisierung für neue Rollenbilder. Ein einziger Tag im Jahr kann 364 Tage im Jahr, die genderblind ablaufen, nicht korrigieren. Nicht zuletzt ist der Fortbestand eines Gender Pay Gap und eines noch dramatischeren Gender Pension Gap in einem entwickelten Sozialstaat angesichts der Vielzahl gut ausgebildeter Frauen unwürdig.

Es ist hohe Zeit für eine entsprechende Empfehlung des Hauptausschusses des BIBB und eine aktive Berufsbildungspolitik seitens der Wirtschaft, der Kammern, der Politik und der Sozialpartner. Es sind wirksame Maßnahmen zu ergreifen hinsichtlich der geschlechtsspezifischen Durchmischung der Berufe in der Arbeitswelt und einer Veränderung der Berufswahlmuster, insbesondere in Anbetracht der informationstechnischen Integration in alle Berufe, Tätigkeiten und Branchen.

Literatur

Bednarz, S.; Lippe-Heinrich, A.; Schmidt, E. (2008): Gender Mainstreaming in der beruflichen Bildung. In: Bednarz, S.; Schmidt, E. (Hrsg.): Arbeitsprozessorientierte und gendergerechte IT-Ausbildung, Handreichungen, Umsetzungsempfehlungen – Beispiele für die Praxis, Berichte zur beruflichen Bildung, Schriftenreihe des BIBB, Bonn, S. 39–56.

BFW Berlin und HWK Hamburg (2005): IT-Kompetenz und Gender Mainstreaming in der Aus- und Weiterbildung, gemeinsamer Abschlussbericht zum Modellversuch des BIBB, 2001–2005, Berlin, https://www.bibb.de/tools/mido/upload/D076800_D542100, 7.9.2019, 14:22.

Holz, H.; Schemme, D. (2005): Wissenschaftliche Begleitung bei der Neugestaltung des Lernens, Innovation fördern, Transfer sichern, Bielefeld.

Holz, H. (2004): Modellversuche initiieren und unterstützen – Erfolgsgeschichten der deutschen Berufsbildung. In: BWP, Heft 2/2004.

Holz, H.; Schemme, D.; Westhoff, G. (2004): Aktuelle Wirtschaftsmodellversuche fördern Bildungsinnovationen. In: BWP 2/2004, S. 5.

Jennewein, K. (2005): Evaluation im Rahmen wissenschaftlicher Begleitforschung zu Modellversuchen in der Berufsbildung. In: Holz, H.; Schemme, D. (Hrsg.): Wissenschaftliche Begleitung bei der Neugestaltung des Lernens, Innovation fördern, Transfer sichern. Bielefeld, S. 72–87.

Lippe-Heinrich, A. (2002): IT-Kompetenzen und Gender Mainstreaming, Machbarkeitsstudie für den Raum Berlin, Manuskript und CD im Eigenverlag, Berlin.

Lippe-Heinrich, A.; Schmidt, E. (2003): Erster Zwischenbericht zum WiMo „IT-Kompetenz und Gender Mainstreaming…“, bfw-Berlin-Brandenburg, Berlin.

Lippe-Heinrich, A. (2004): Berichterstattung der Wissenschaftlichen Begleitung. In: bfw Berlin-Brandenburg, 2. Zwischenbericht zum WiMo „IT-Kompetenz und Gender Mainstreaming in Aus- und Weiterbildung. Kapitel 4 und 5, Berlin.

Lippe-Heinrich, A. (2006): „Genderlernen in den neuen IT- und Medienberufen – Befunde empirischer Erhebungen – ein Fazit aus der Sicht der wissenschaftlichen Begleitforschung. In: Bendl, R. (Hrsg.): Betriebswirtschaftslehre und Geschlechterforschung, Verortung geschlechterkonstituierender (Re-) Produktionsprozesse zur Standortbestimmung der Betriebswirtschaftslehre. Frankfurt/Main.

Lippe-Heinrich, A. (2019): Personalmanagement in der digitalen Arbeitswelt-Konzepte, Instrumente und betriebliche Ansätze. Wiesbaden.

Fred Rasch

Facharbeit und duale Berufsausbildung unter den Neuerungen von „Voice over Internet Protocol“[1]

Zusammenfassung: *Der Beitrag thematisiert die Veränderungen der Facharbeit und der dualen Berufsausbildung unter den Neuerungen von „Voice over Internet Protocol“. Ausgehend von einer qualitativen Erhebung werden Einschätzungen hinsichtlich erforderlicher Lerninhalte und Kompetenzen für die berufsschulische Ausbildung herausgefunden. Die Grundlagen der Netzwerktechnik werden als unverzichtbar eingestuft. Ähnlich, wenn auch nicht ganz so deutlich, sieht es mit den Punkten Konfiguration von VoIP-Komponenten, Bereitstellung von VoIP-Anschlüssen, VoIP-Serviceaufgaben, Umgang mit der VoIP-Protokollumgebung, der Dienstgüte von VoIP und der VoIP-Datensicherheit aus.*

Technologischer Fortschritt impliziert Veränderungen in der Facharbeit

Schon immer haben industrielle Revolutionen die Arbeit bzw. die Facharbeit verändert. So gab es im vorindustriellen Zeitalter lediglich die Möglichkeit der manuellen Handarbeit. Mit der ersten industriellen Revolution kamen Dampfmaschinen zum Einsatz und veränderten für Teile der Bevölkerung die Facharbeit. So veränderten sich Arbeitsprozesse und somit auch die Arbeit selbst. Dampfmaschinen mussten hergestellt, betrieben und instand gesetzt werden und erledigten dann Arbeiten, die zuvor manuell erledigt wurden. Man hatte verstanden, dass mit Energieumwandlung Bewegungen ermöglicht werden können (Harari 2017, S. 411 f.). Die zweite industrielle Revolution führte ebenfalls zu Veränderungen in der Facharbeit. Jetzt wurde als Energieform die elektrische Arbeit entdeckt und in der Produktion das Fließband eingeführt. Arbeiten wurden simpler wie die Fließbandarbeit oder mussten neu gelernt werden wie der Umgang mit dem elektrischen Strom. Die dritte industrielle Revolution basierte auf dem Gedanken der Automatisierung, die die Produktion mithilfe von Elektronik, von programmierbaren Abläufen und dem Einsatz von Informationstechnologie „revolutionierte“. Auch hier änderten sich Arbeitsabläufe und

1 Der vorliegende Beitrag ist im Rahmen eines aktuellen Promotionsvorhabens an der Europa-Universität Flensburg entstanden.

Arbeitsaufgaben. Aufgrund von Bedarfen entstanden wiederum neue Berufe. Als Beispiele seien Anlagenführer/-innen, Elektroniker/-innen, Programmierer/-innen und IT-Administrator(inn)en genannt. Vor diesem Hintergrund wird auch die vierte industrielle Revolution zu Veränderungen in der Facharbeit und neuen Berufsbildern bzw. Arbeitsaufgaben und Arbeitsprozessen führen. Der bereits eingeleitete Prozess der totalen Vernetzung im Internet der Dinge teilweise unter Anwendung von Virtualisierungen und kryptografischen Regeln sowie von Systemen, die mit mathematischen Algorithmen Entscheidungen treffen, wird unter dem Schlagwort „Industrie 4.0" zusammengefasst.

Zum Übergang von der Festnetztelefonie zur Internettelefonie

In der Telekommunikation vollzieht sich aktuell ein einschneidender Wandel. Die Festnetztelefonie wird zur Internettelefonie (Stichwort Voice over Internet Protocol – VoIP)[2]. Hintergrund ist hier neben der totalen Vernetzung die Ein-Netz-Strategie der Netzbetreiber mit der Konsequenz des Abschaltens des „alten" Festnetzes, das sich aus marktwirtschaftlichen Konstellationen ergibt.

Es ergibt sich der Zwang, die Telefonie respektive den Telefondienst in das Internet zu überführen. Diese Implementation birgt jedoch einige Gefahren. Die Kund(inn)en sind nach jahrzehntelanger Nutzung des Festnetzes mit dessen Qualität vertraut und haben sich daran gewöhnt, dass Telefonate quasi in Echtzeit und nahezu störungsfrei weltweit möglich sind. Mit der Überführung des Telefondienstes in das Internet wird ein Qualitätsverlust unumgänglich, da die Sprach- und Videodaten aus dem leitungsvermittelnden Festnetz mit der Nutzung exklusiver Leitungen bzw. Übertragungswege in das Paket vermittelnde Internet transportiert werden müssen. Letztere Übermittlung vollzieht sich nur nach Bedarf. Es wird keine garantierte Bandbreite vorgehalten respektive garantiert und jedes Paket muss mit den nötigen Adressinformationen des Zieles versehen werden. Somit liegen streng genommen nicht einmal Verkehrswege fest. Auch Paketlaufzeiten können differieren. Dieser Problematik kann mit der Einhaltung von QoS-Anforderungen begegnet werden. „Unter QoS (Quality of Service), auch Dienstgüte genannt, wird die Fähigkeit eines IP-Netzes verstanden, einer Anwendung oder einer Klasse von Anwendungen eine geforderte Bandbreite einer Verbindung bzw. zusätzlich eine maximale Übertragungszeit im Netz zu garantieren, eine möglichst geringe Anzahl von Übertragungsfehlern

2 VoIP meint Internettelefonie. Der Begriff wird in diesem Artikel so verwendet. Er wird aber insgesamt globaler verstanden, da streng genommen auch Video-Echtzeit-Datenübertragung in dieselbe Problematik fällt.

und eine geringe Schwankung der Übermittlungszeit zu bieten“ (Badach 2007, S. 99). Dem widerspricht allerdings der freie europäische Gedanke der ungehinderten, diskriminierungsfreien Übermittlung aller Datenpakete, die am 27. Oktober 2015 vom Europaparlament in einer Verordnung verabschiedet wurde (BMWi 2015).

Mitentscheidend für VoIP-Übertragungen und bei allen anderen Datenübertragungen zum Kunden ist die Qualität der „letzten Meile“. Die meisten Störungen treten im physikalischen Bereich der Anschlüsse, ergo in der Schicht 1 des OSI-Modells (ISO/IEC 1994, S. 28), auf, hier konkret in den Leitungen bzw. Kabeln. Neben den zu berücksichtigen Kabelparameter wie Leitungsdämpfung, Nebensprechdämpfung, Reflexionsdämpfung, Signallaufzeiten, Signallaufzeitdifferenzen und elektrischer Widerstand muss außerdem ein deutliches Augenmerk auf die Elektromagnetische Verträglichkeit (EMV) der Leitungen gelegt werden, da die Video-Datenübertragungen in Echtzeit als äußerst EMV-kritisch angesehen werden können.

Um den technischen Qualitätsverlusten entgegenzuwirken und den Ansprüchen der Kund(inn)en gerecht zu werden, wurden eine Reihe von Maßnahmen aufgelegt, die die Qualität von VoIP verbessern und so die Akzeptanz in der Gesellschaft steigern sollen. Sie werden unter dem Oberbegriff „Quality of Service (QoS)“ zusammengefasst. Nachfolgend werden einige Beispiele aufgeführt, die auch in unterschiedlichen Kombinationen eingesetzt werden können (vgl. Trick/Weber 2009, S. 113 f.):

- Nutzung von Lichtwellenleitern für die „letzte Meile“ (Stichwort FTTx[3]),
- Nutzung des Codecs[4] HD[5] Voice nach ITU-T G.722 (erhöhter Frequenzbereich und erhöhte Abtastrate gegenüber anderen Codecs wie G.711 bei ISDN),
- Überdimensionierung des Netzes,
- Integrated Services (garantierte Bandbreite),
- Differentiated Services (Priorisierung durch Dienstklassen),
- Traffic Engineering und Constraint-Based Routing (Vermeidung von Verkehrsengpässen) und
- Multiprotocol Label Switching (Reservierung von Netzressourcen).

Auch das Bundesamt für Sicherheit in der Informationstechnik sieht in der Priorisierung durch Dienstklassen (Differentiated Services in der Router-Technologie),

3 Akronym für Fiber to the x (B = Building, C = Curb, D = Desk, H = Home).
4 Ein Codec kodiert analoge Daten (Audio und Video) in digitale und dekodiert digitale zurück in analoge.
5 Akronym für High Definition (hohe Auflösung).

der Verwendung des IEEE-Standards 802.1p (Priorisierung im Ethernet-Rahmen in der Switch-Technologie), dem Einsatz von MPLS in Weitverkehrsnetzen (Isolierung von Verkehr und Garantieren von Bandbreite) wichtige Ansätze zur Einhaltung der Dienstgüte (BSI 2016, S. 4639 f.).

Da die Überführung der Echtzeitanwendungen vom Festnetz in das IP-Netz durch die Provider aufgrund der globalen Wettbewerbssituation aktuell umgesetzt wird, verändert sich unter Berücksichtigung der oben aufgezeigten Problematik die Facharbeit und muss sich somit den neuen Herausforderungen stellen.

Digitalisierung und deren Auswirkungen auf die Facharbeit

Um auf eine digitalisierte Arbeitswelt gut vorbereitet zu sein, müssen schon vor Eintritt in das Berufsleben digitale Kompetenzen entwickelt werden. Diese Thematik wurde in den letzten Jahren in der Bundesrepublik Deutschland in Politik, Wirtschaft und Öffentlichkeit intensiv diskutiert und mündete u. a. im „DigitalPakt Schule", der von Bundestag und Bundesrat beschlossen wurde. Im Internetauftritt des Bundesministeriums für Bildung und Forschung (BMBF) heißt es dazu: „Digitale Systeme und Werkzeuge durchdringen die Gesellschaft. Die Arbeitswelt verändert sich im Zuge der fortschreitenden Digitalisierung. Viele nutzen selbstverständlich digitale Angebote, häufig ohne die dahinterstehenden Algorithmen und Geschäftsmodelle zu verstehen. Digitale Kompetenz ist deshalb von entscheidender Bedeutung: für jeden Einzelnen und jede Einzelne, um digitale Medien selbstbestimmt und verantwortungsvoll nutzen zu können und um gute Chancen auf dem Arbeitsmarkt zu haben; und für die Gesellschaft, um Demokratie und Wohlstand im 21. Jahrhundert zu erhalten" (BMBF 2019).

Mit dem Eintritt in das Berufsleben setzt sich der anzustrebende digitale Kompetenzzuwachs kontinuierlich fort. Hackel schreibt dazu: „In einer digitalisierten Arbeitswelt wird zudem berufsspezifische Medien- und IT-Kompetenz zu einer erfolgsrelevanten Größe. Die angemessene Kommunikation innerhalb und außerhalb des Unternehmens, IT-Sicherheit und Datenschutz sind Aspekte, mit denen immer mehr Mitarbeiter/-innen im Rahmen ihrer jeweiligen Tätigkeit konfrontiert werden. Je nach Berufsbild haben diese Aspekte unterschiedliche Ausprägungen und Tiefe. Kürzere Veränderungszyklen in der Arbeitswelt begründen zudem die Forderung nach lebenslangem Lernen und die Fähigkeit, sich Informationen selbstständig und effektiv zu erschließen. Auch hierzu muss duale Ausbildung befähigen" (Hackel 2017, S. 89). Damit sieht Hackel die duale Berufsausbildung in der Pflicht und weist auf den Bezug zur Facharbeit und das gesteigerte Interesse der Betriebe an digitalen Kompetenzen der Mitarbeiter/-innen hin.

Eine vergleichbare Thematik, die im Rahmen der Digitalisierung, der einhergehenden Vernetzung und des Datenschutzes ebenfalls Facharbeit verändert und somit in die Berufsausbildung über deren Ordnungsmittel Einzug erhalten hat bzw. wird, ist der Themenkomplex IT-Sicherheit. Bereits vollzogen wurden die Anpassungen in den Ausbildungsordnungen (BIBB 2018) und Rahmenlehrplänen[6] (KMK 2018, S. 6) der industriellen Elektro- und Metallberufe. Mit der geplanten Neuordnung der IT-Berufe wird es ebenfalls Anpassungen geben (Schwarz et al. 2016, S. 110). Hintergrund ist auch hier, dass sich Facharbeit verändert und die Berufsausbildung adäquat angepasst werden muss.

Spöttl et al. haben ebenfalls die Auswirkungen von Digitalisierung jedoch unter dem Aspekt Industrie 4.0 auf die Aus- und Weiterbildung in der Metall- und Elektro-Industrie in Bayern untersucht und sind u. a. zu folgendem Ergebnis gekommen: „Eine der zentralen Aussagen bezüglich der Anforderungsprofile ist, dass Fachkräfte den „Umgang mit Komplexität beherrschen müssen: D. h., mit Steuerungstechnik, Software, Anlagen, Antriebstechnik, IT-Systemen und den verschiedensten Verknüpfungen"(Spöttl et al. 2016, S. 77).

Die neue Qualität, die die Digitalisierung mit sich bringt, ist ihre Durchdringung in alle Bereiche und nicht nur in die gewerblich-technischen wie zunächst angenommen werden könnte. Das zeigt u. a. eine Studie von Seibold und Stieler (2016). Sie haben sich mit der Digitalisierung von Bürotätigkeiten beschäftigt. Eines ihrer Ergebnisse lautet: „Tendenziell steigen die Anforderungen an Beschäftigte und ganzheitliche/umfassendere Aufgabenzuschnitte sind die Folge. Häufig stehen der Gesamtblick und Systemblick im Vordergrund. Damit verbunden sind: interdisziplinäres Können, fachlicher Überblick (Abläufe/Prozesse/hinterlegte Routinen), Abweichungen von Routinen, Problemlösung, Kreativität, IT-Wissen, Selbstorganisation und Umgang mit Freiheiten bei flexibler Arbeit" (Seibold/Stieler 2016, S. 30 f.).

Bestätigt wird die Durchdringung der Digitalisierung von Grimm (2016). Er betrachtet die Veränderungen in der Facharbeit und der Lehrerbildung aus der Metaebene und kommt zu folgendem Ergebnis: „Die Informationstechnik diffundiert in noch stärkeren Maße in die traditionellen Branchen und Berufsbilder, als es noch zur Jahrtausendwende planbar gewesen wäre" (Grimm 2016, S. 189). Weiter schreibt er: „Der Einzug der mobilen Endgeräte (die zunehmend auch als VoIP-Endgeräte konfiguriert und eingesetzt werden – Anmerkung des

6 Es wird stellvertretend für die elf Ausbildungsberufe der Rahmenlehrplan für den Ausbildungsberuf Elektroniker für Geräte und Systeme/Elektronikerin für Geräte und Systeme vom 23.02.2018 angeführt.

Autors) in die Facharbeit des Handwerks und der Industrie ist bereits fortgeschritten“ (ebd. S. 191).

Die digitale Welt hält somit zunehmend Einzug in die Facharbeit. Die Anforderungen an die Facharbeiter/-innen steigen durch die fortschreitende Digitalisierung und die damit einhergehenden Veränderungen der Prozesse.

Erkenntnisinteresse des Forschungsvorhabens

Bei einer Neuordnung der IT-Ausbildungsberufe und bei der Erarbeitung von schulinternen Curricula sowie betrieblichen bzw. überbetrieblichen Ausbildungsinhalten ist zu prüfen, inwieweit die zuvor beschriebenen Entwicklungen inhaltlich und methodisch Einzug nehmen sollten. Insbesondere werden diese durch die dargestellte Migration der Echtzeitanwendungen aus dem Festnetz in ein IP-basiertes Netz betroffen sein. Konkret wird ein hochfrequentierter Dienst in ein anderes Netz verlagert, das durch die Ein-Netz-Strategie der Provider diesen Dienst adäquat unterstützen und bedienen muss. Vor dem oben dargestellten Hintergrund werden mithilfe dieser empirischen Arbeit Handlungsempfehlungen, die sich evidenzbasierend aus dem Forschungsvorhaben ergeben, für die zu aktualisierenden Rahmenlehrpläne der IT-Berufe sowie für eine schulinterne curriculare Umsetzung abgeleitet und formuliert werden.

Die dargestellte Problematik mündet schließlich in der folgenden Forschungsfrage, die in dieser Arbeit untersucht und beantwortet werden soll: Welche Veränderungen ergeben sich in der betrieblichen Facharbeit durch den Übergang von der Festnetztelefonie zur Internet-Telefonie und wie lassen sich diese in die berufsschulische Ausbildung in den IT-Berufen curricular integrieren?

Zur beruflichen Facharbeit mit der leitungsgebundenen Telefonie lassen sich weiterführend folgende Thesen aufstellen:

- Die Facharbeit wird sich durch die voranschreitende Digitalisierung im Allgemeinen und die Verlagerung der leitungsgebundenen Telefonie im Speziellen verändern.
- Die Facharbeiter/-innen benötigen neue Kompetenzen zur Bewältigung ihrer zukünftigen neuen Arbeitsaufgaben.
- Die Facharbeiter/-innen müssen sich dazu neue Kenntnisse und Fähigkeiten aneignen. Beispiel sind der Umgang mit der VoIP-Technik, die Erledigung von VoIP-Bereitstellungen und Installationen, VoIP-Instandsetzungen, der Einsatz und die Nutzung von VoIP-Messgeräten, die Konfiguration von VoIP-Komponenten, die Einrichtung von VoIP-Dienst- und Leistungsmerkmalen und die Fähigkeit, Kund(inn)en adäquat zu beraten und zu informieren.

- Die Facharbeiter/-innen müssen zur Erlangung bestimmter neuer Kenntnisse und Fähigkeit geschult werden. Dazu gehören der Einsatz und die Nutzung von VoIP-Messtechnik, der verantwortungsbewusste Umgang mit sowie der fachgerechte Einsatz von VoIP-Sicherheit, die Konfiguration von VoIP-Komponenten, der Umgang mit VoIP-Protokollen und die Bedeutung von VoIP-Codecs zur Digitalisierung der Sprache und der Daten.
- Teile der vorhandenen Kompetenzen aus dem Festnetz werden nicht mehr benötigt und können somit in der Berufsausbildung vernachlässigt werden.
- Einige Kompetenzen des Berufswissens zur Festnetztelefonie werden weiterhin benötigt und müssen dementsprechend im Curriculum verbleiben.

Die oben aufgestellten Thesen sollen durch das hier vorgestellte Forschungsvorhaben verifiziert bzw. falsifiziert werden, um dadurch die Forschungsfrage beantworten zu können.

Forschungsmethodik

Um eine möglichst umfassende Beantwortung der Forschungsfrage zu ermöglichen, wurden sowohl Elemente der qualitativen als auch der quantitativen Sozialforschung herangezogen. Nach Mayring gehört dieser Ansatz in der Regel zu einem Forschungs- und Erkenntnisprozess (Mayring 2016, S. 19). Nach Hopf dienen teilstandardisierte Interviews[7] u. a. der Vorbereitung quantitativer Forschungsprojekte (vgl. Hopf 2017, S. 349), was ebenfalls für die Verwendung beider Ansätze in der gewählten Reihenfolge spricht.

Qualitative Vorgehensweise

Konkret wurde der Forschungsgegenstand qualitativ in teilstandardisierten bzw. leitfragengestützten Interviews untersucht. So konnten die hier gewonnenen Erkenntnisse formativ in die quantitative Forschung einfließen bzw. implementiert werden. Durch das Betrachten von Einzelfällen in den Interviews zu Beginn der Forschung wurde dem Forschungsgegenstand offen entgegengetreten, sodass Korrekturen und Ergänzungen direkt in das weitere qualitative und quantitative Vorgehen einflossen. Ziel dieses Vorgehens war es „die Voraussetzungen

7 In dieser Arbeit wird der Begriff teilstandardisiertes Interview nach Hopf (Hopf 2017, S. 349) verwendet. Mayring benutzt in demselben Kontext problemzentriertes Interview (Mayring 2016, S. 67 ff.) und Döring und Bortz verwenden teil- bzw. halbstrukturiertes Interview sowie Interviewleitfaden (vgl. Döring und Bortz, S. 372). Die Verwendung der Begrifflichkeiten ist synonym zu verstehen.

für sinnvolle Quantifizierungen zur Absicherung und Verallgemeinerbarkeit der Ergebnisse“ (Mayring 2016, S. 38) zu schaffen.

Vor dem beschriebenen Hintergrund wurden als qualitatives Analyseverfahren teilstandardisierte Interviews verwendet. Sie bieten die Möglichkeit durch konkrete vorformulierte Fragestellungen die Befragung zu lenken, gleichzeitig lassen sie offene Antworten zu (vgl. Mayring 2016, S. 69 und Hopf 2017, S. 351) und sorgen für Vergleichbarkeit (vgl. Döring und Bortz, S. 372). Außerdem ergeben sich durch die Anwendung dieser Vorgehensweise Freiheitsgrade, die vertiefende und zusätzliche Fragen sowie die Abweichung vom Leitfaden ermöglichen und zulassen. Es werden somit bewusst keine Antwortvorgaben vorgegeben (ebd.). Becker und Spöttl stützen diesen Ansatz: „Fachinterviews sind in der Regel halb strukturiert und werden mit Hilfe eines Interviewleitfadens (kein geschlossener Fragebogen) durchgeführt“ (Becker und Spöttl 2015, S. 94). Weiter heißt es: „Die Fachlichkeit der interviewten Person, des Interviewers, des Interviewgegenstandes wie des Interviewumfeldes spielt eine bedeutende Rolle für die Ergiebigkeit und Anwendbarkeit der Methode“ (Becker und Spöttl 2015, S. 93). Der Interviewleitfaden wurde aus dem Berufswissen des Autors[8] entwickelt und in vier Bereiche gegliedert. Insgesamt umfasst er neun Fragestellungen und behandelt zusätzliche Fachtermini. So ging es zu Beginn der Befragung um die Bewältigung der Arbeitsaufgaben mit VoIP. Dazu wurden sechs Fragen nahezu unverändert in allen Interviews behandelt. Dasselbe gilt für die beiden Fragen zur Berufsschule, die ebenfalls durchgängig behandelt wurden. Die additiven Fachbegriffe ergaben sich aus den Interviews heraus und führten zu interessanten Aspekten, sodass sie formativ in die folgenden Interviews eingefügt wurden, um möglichst viele Bereiche der Facharbeit abzudecken und diese in die nachfolgende quantitative Studie einfließen zu lassen. Die abschließende vorbereitete Frage diente als Einstieg in den offenen Bereich.

Nach Kuckartz kommt der Beachtung der Entstehungsbedingungen eines Interviews besondere Bedeutung zu (Kuckartz 2018, S. 18). So wurden für die vorliegende Arbeit die Interviewpartner aus dem Fundus der 110 IT-Ausbildungsbetriebe mit insgesamt 280 Auszubildenden aus dem Bereich der IHK zu Kiel (Stand November 2018) unter besonderer Berücksichtigung der Sparte und der Betriebsgröße ausgewählt. Die Sparten wurden mithilfe der

---

8 Der Autor hat in der Telekommunikationsbranche selbst Erfahrung sammeln können, konkret durch eine einschlägige Berufsausbildung, durch ein Ingenieurstudium der Nachrichtentechnik, durch zwanzigjährige betriebliche Ingenieursarbeit bei einem international agierenden Provider und durch sieben unterrichtliche Jahre im Bereich IT an einer berufsbildenden Schule.

Klassifikation der Wirtschaftszweige (Ausgabe 2008) des Statistischen Bundesamtes ermittelt und auf die zur Verfügung stehenden Betriebe des IHK-Bezirkes Kiel angewendet.

Interviewt wurden insgesamt vierzehn betriebliche Fachkräfte aus zwölf Betrieben des IHK-Bezirkes Kiel ausschließlich durch den Forscher selbst. Somit konnten fast 11 % der IT-Ausbildungsbetriebe im genannten Bezirk erreicht werden.

Die Auswertung der durchgeführten Interviews erfolgte iterativ nach Kategorien, die selbst induktiv aus den Transkripten durch den Autor in einem vollständigen Durchlauf des Materials entwickelt wurden. Zwei nachfolgende Auswertungsdurchläufe erwiesen sich als sinnvoll, da mit zunehmender formativ erlangter Erfahrung tiefer und fokussierter ausgewertet werden konnte. Der Schwerpunkt im Querschnitt aller Interviews liegt auf der zu erledigenden Facharbeit und der damit verbundenen Beherrschung der Technik. Die hier verwendete induktive Kategorienbildung, die direkt am Material vorgenommen wurde, ist nach Kuckartz (2018, S. 72) ein häufig praktizierter Weg in der qualitativen Forschung.

Quantitative Vorgehensweise

Zur Durchführung der quantitativen Studie wurde ein Fragebogen erstellt. Dieser ist allen ausbildenden IT-Betrieben im Bezirk der IHK zu Kiel online zur Verfügung gestellt worden. Dazu sind die Betriebe persönlich, fernmündlich oder per E-Mail auf das Forschungsvorhaben hingewiesen worden.

Nach der Durchführung der teilstandardisierten Interviews und deren Kategorie geleiteter Auswertung wurden die daraus ermittelten Ergebnisse und abgeleiteten Erkenntnisse zur Entwicklung des Fragebogens der quantitativen Untersuchung herangezogen. Die inhaltliche Gestaltung des Fragebogens ergab sich im Wesentlichen dadurch, dass die Kategorie geleitete Auswertung der Interviews an der Forschungsfrage gespiegelt wurde. Dazu wurde der Fragebogen in vier Frageblöcke geteilt:

1. Allgemeine Fragen zur Person und zur Berufstätigkeit,
2. Fragen zur betrieblichen Facharbeit,
3. Fragen zur Berufsausbildung,
4. Anregungen und Hinweise.

Die Auswertung der teilstandardisierten Interviews ergab zwei inhaltliche Schwerpunkte zum Untersuchungsgegenstand, die sich auf die betriebliche Facharbeit und die Berufsausbildung beziehen und vor diesem Hintergrund zu je einem

Frageblock subsumiert wurden. Der Frageblock zur Berufsausbildung enthält dabei die zentralen Fragen auf dem Wege zur Beantwortung der Forschungsfrage. Da der Bereich um die betriebliche Facharbeit den Befragten jedoch durch ihre tägliche Facharbeit deutlich näher und somit leichter zu beantworten ist, wurde er aus Gründen der Motivation dem Frageblock zur Berufsausbildung vorangestellt. Eingerahmt werden diese beiden inhaltlichen Blöcke durch allgemeine Fragen zur Person und zur Berufstätigkeit, die die Befragten zum Thema hinführen und die dem Forscher später zum Auffinden von Korrelationen dienen sollen. Am Ende des Fragebogens steht ein offener Frageblock für Anregungen und Hinweise bereit. Hier können die Befragten unter anderem Feedback geben, Sachverhalte, die nicht erwähnt wurden oder unter- bzw. überrepräsentiert waren, thematisieren.

Durch den zweiten Frageblock *Fragen zur betrieblichen Facharbeit* soll aus dem betrieblichen Umfeld heraus ermittelt werden, wie häufig Facharbeit mit VoIP anfällt, wie das Maß der Veränderung durch VoIP bewertet wird, ob das vorhandene Wissen zum Festnetz weiter benötigt wird[9], wie viele Fortbildungstage pro Jahr wahrgenommen werden und ob bzw. welche Fortbildungen aktuell benötigt werden[10]. Die ersten vier Fragen werden geschlossen gestellt, damit das „Universum der Antwortformate"[11] erfasst werden kann, während die letzte Frage nach weiteren Fortbildungen selbstverständlich offen gestellt werden muss.

Der dritte Frageblock enthält *Fragen zur Berufsausbildung*. Danach folgen achtzehn Fragen, von denen jeweils zwei zusammengehören und die insgesamt als Ergebnis der qualitativen Untersuchung den inhaltlichen Kern der quantitativen Befragung bilden. Zum einen wird dort nach der Qualität der Vorbereitung auf die Facharbeit durch die Berufsschule gefragt und zum anderen direkt anschließend und zugehörig nach deren Relevanz. Konkret handelt es sich bei den Fragen um die Vorbereitung auf die Facharbeit mit VoIP, um zu erledigende Arbeitsaufgaben[12] (wie Konfigurationen, Bereitstellungen und Serviceaufgaben) und um technische Grundlagen[13] wie Netzwerktechnik, VoIP-Protokolle,

---

9 Weiter zu untersuchendes Ergebnis aus der vierten Kategorie (noch zu behandelnde Techniken und Arbeitsaufgaben) und der fünften Kategorie (nicht mehr zu behandelnden auslaufenden Techniken und Arbeitsaufgaben) der qualitativen Studie.

10 Weiter zu untersuchendes Ergebnis aus der dritten Kategorie (Schulungen für die Facharbeiter) der qualitativen Studie.

11 Begriff entlehnt von Porst (2009, S. 63).

12 Weiter zu untersuchendes Ergebnis aus der ersten Kategorie (zu erledigende Arbeitsaufgaben) der qualitativen Studie.

13 Weiter zu untersuchendes Ergebnis aus der zweiten Kategorie (erforderliche technische Grundlagen) der qualitativen Studie.

Dienstgüte, Datensicherheit und VoIP-Telefax-Technologie). Alle Antwortformate sind auch hier geschlossen und repetieren sich nach den zwei jeweils zusammengehörigen Fragen unverändert fortlaufend.

Es wurden Betriebe, die einen deutlichen Anteil an Arbeiten mit VoIP zu erledigen haben, telefonisch über die Studie aufgeklärt und direkt anschließend per E-Mail gebeten ebenfalls teilzunehmen. Zusätzlich wurden alle 112 zurzeit ausbildenden IT-Betriebe im Bezirk der IHK Kiel[14] persönlich per E-Mail anschrieben, auf den Hintergrund und die Studie hingewiesen und gebetet ebenfalls mit ihren Facharbeiter(inne)n teilzunehmen. Insgesamt konnten 152 Onlinefragebögen mithilfe des Evaluierungssystems „Evasys" der Europa-Universität Flensburg quantitativ erfasst werden, die konkret zur Auswertung bereitstehen. Die Auswertung der quantitativen Studie steht als nächster Arbeitsschritt unmittelbar bevor.

Erste Ergebnisse der Studie

Die Studie ist noch nicht abgeschlossen, daher können zunächst nur erste Einblicke in die Untersuchungsergebnisse für den vorliegenden Beitrag gewährt werden. Nach Abschluss der Promotion werden die Ergebnisse im Rahmen einer Buchveröffentlichung nachzulesen sein.

Ausgewählte Ergebnisse aus der qualitativen Erhebung

Die qualitative Forschung war zum Zeitpunkt des Verfassens des vorliegenden Artikels bereits abgeschlossen und ausgewertet, sodass konkrete Ergebnisse vorliegen, die nachfolgend in ihren Kategorien beschrieben werden.

Sechs Kategorien wurden insgesamt entwickelt. Die erste Kategorie beinhaltet die *Zu erledigenden Arbeitsaufgaben*[15], für die die Facharbeiter/-innen verantwortlich sind. In die zweite Kategorie wurden die zur Erledigung der Facharbeit *Erforderlichen technischen Grundlagen* aufgenommen. Die dritte Kategorie führt *Sinnvolle Schulungen* für die Facharbeiter/-innen auf. Die vierte und fünfte Kategorie beschreiben sowohl die in der Berufsschule *Noch zu behandelnden auslaufenden Techniken und Arbeitsaufgaben* als auch die *Nicht mehr zu behandelnden auslaufenden Techniken und Arbeitsaufgaben.* In der sechsten Kategorie geht es schließlich um Auswirkungen auf den Berufsschulunterricht. Es werden *Grundsätzliche Tipps für den Unterricht* kategorisiert.

---

14 Stand Januar 2019.

15 Die Titel der gebildeten Kategorien sowie der Subkategorien werden zur übersichtlicheren Darstellung kursiv abgebildet.

Die auf Basis der Kategorie geleitete Auswertung der vierzehn durchgeführten teilstandardisierten Interviews ergab eine deutliche inhaltliche Priorisierung der beiden Kategorien *Zu erledigende Arbeitsaufgaben* und *Erforderliche technische Grundlagen*. Vor diesem Hintergrund wurden deren Subkategorien *Konfigurationen von Komponenten, Bereitstellungen* und *Serviceaufgabe* sowie *Netzwerktechnik, VoIP-Protokolle, Quality of Service, Datensicherheit* und *Telefaxtechnologie* gebildet. Konkret wurden u. a. nachfolgende Kompetenzen von den Facharbeiterinnen und Facharbeitern dazu eingefordert:

- Konfiguration von VoIP-TK-Systemen[16] inklusive zugehöriger Endgeräte,
- Konfiguration von klassischen Netzwerkkomponenten,
- Bereitstellung von VoIP-Anschlüssen und Endgeräten,
- Umstellung von Festnetzanschlüssen auf VoIP-Anschlüsse,
- Bereitstellung der Telefax-Technologie im VoIP-Umfeld,
- Umgang mit einem Protokollanalysetool,
- Vermittlung der Grundlagen der Netzwerktechnik,
- messtechnische Protokollierung der Signalisierung,
- Konfiguration der Dienstgüte und
- Konfiguration der Datensicherheit.

Die Auswertung der vier weiteren gebildeten Kategorien *Sinnvolle Schulungen, Noch zu behandelnden Techniken und Arbeitsaufgaben, Nicht mehr zu behandelnde auslaufende Techniken und Arbeitsaufgaben* und *Grundsätzliche Tipps für den Unterricht* wurden in den Interviews deutlich schwächer thematisiert und damit weniger priorisiert. Dennoch sind auch hier Punkte enthalten, die zur Beantwortung der Forschungsfrage – gegebenenfalls subsumiert – weiter untersucht werden müssen und somit ebenfalls Einzug, wenn auch im geringeren Maße, in den Fragebogen erhalten werden. Hier wurden u. a. Herstellerschulungen zu VoIP-TK-Anlage, Routern und Messtechniken und mehr praktische Unterrichtseinheiten genannt.

Ausgewählte Ergebnisse aus der quantitativen Erhebung

Die Auswertung der 152 Fragebögen aus der quantitativen Studie wurde zum aktuellen Zeitpunkt noch nicht abschließend durchgeführt, sodass lediglich erste Ergebnisse genannt werden können.

---

16 Akronym für Voice over Internet Protocol-Telekommunikationssysteme. Gemeint sind damit Telekommunikationsanlagen, die VoIP-fähig sind und im Local Area Network (LAN) eingesetzt werden.

Zunächst wird das Maß der Veränderungen der eigenen Facharbeit von gut 80 % der Befragten als spürbar, groß oder sehr groß angesehen. 73 % beurteilen Fachwissen zu VoIP als nützlich, sehr nützlich oder unverzichtbar und haben täglich mit VoIP zu tun. Bei den Vergleichen der Vorbereitung durch die Berufsschule und der Relevanz dieser Vorbereitung ist durchgängig erkennbar, dass die Relevanz jeweils deutlich benannt wird, jedoch die Vorbereitung auf die entsprechende Technik durch die Berufsschule noch nicht auf einem Niveau liegt, wie es von den Befragten gewünscht wird.

Insgesamt kann anhand der ersten Ergebnisse festgehalten werden, dass die Forschungsfrage relevant ist und ihre Beantwortung zu einer besseren Vorbereitung auf die Facharbeit mit VoIP führen wird.

Erste Rückschlüsse bezüglich veränderter Anforderungen in der Facharbeit

Grundsätzlich ist erkennbar, dass die Berufsschulen die Veränderungen der Facharbeit mit VoIP curricular aufnehmen und die Thematik mit ihren Facetten intensiv vermitteln müssen. Das gilt nicht nur für theoretische, sondern auch für praktische Inhalte. So wird z. B. die Vorbereitung der Berufsschule auf die Grundlagen der Netzwerktechnik von fast alle Befragten als sehr wichtig oder sogar unverzichtbar eingestuft. Dieser Punkt wird zwar schon heute deutlich thematisiert, muss aber noch weiterentwickelt werden, sodass die Facharbeiter/-innen adäquat auf ihre Facharbeit mit VoIP vorbereitet werden können. Ähnlich, wenn auch nicht ganz so deutlich, sieht es mit den Punkten Konfiguration von VoIP-Komponenten, Bereitstellung von VoIP-Anschlüssen, VoIP-Serviceaufgaben, Umgang mit der VoIP-Protokollumgebung, der Dienstgüte von VoIP und der VoIP-Datensicherheit aus.

Ausblick

Schon heute ist erkennbar, dass durch die Verlagerung der leitungsgebundenen Telefonie vom Festnetz in das IP-Netz sich die Facharbeit in diesem Segment deutlich verändern wird und dass die Fachkräfte, die diese Entwicklung aktiv begleiten, das erkannt haben und entsprechend auf die neuen Entwicklungen vorbereitet werden wollen und müssen.

Somit werden am Ende dieses Forschungsvorhabens evidenzbasierte Handlungsempfehlungen stehen, die einen Handlungsrahmen gestalten, durch den die Thematik VoIP nachhaltig in den Rahmenlehrplänen und schulinternen Curricula verankert werden kann.

Literatur

Badach, A. (2007): Voice over IP. Die Technik. München.

Becker, M.; Spöttl, G. (2015): Berufswissenschaftliche Forschung. Ein Arbeitsbuch für Studium und Praxis. Frankfurt am Main.

BIBB, Bundesinstitut für Berufsbildung (2018): URL: https://www.bibb.de/de/newsletter/pressemitteilung_81175.htm (letzter Zugriff am 15.04.2019).

BMBF Bundesministerium für Bildung und Forschung: Wissenswertes zum DigitalPakt Schule. URL: https://www.bmbf.de/de/wissenswertes-zum-digitalpakt-schule-6496.php (letzter Zugriff am 23.06.2019).

BMWi Bundesministerium für Wirtschaft und Energie: Netzneutralität. URL: http://www.bmwi.de/DE/Themen/Digitale-Welt/Netzpolitik/netzneutralitaet (letzter Zugriff am 31.10.2015).

BSI Bundesamt für Sicherheit in der Informationstechnik (2016): IT-Grundschutz-Kataloge. 15. Ergänzungslieferung. Bonn.

Döring, N.; Bortz, J. (2016): Forschungsmethoden und Evaluation in den Sozial- und Humanwissenschaften. Berlin und Heidelberg.

Grimm, A. (2016): Netzkompetenz als Querschnittskompetenz in der Lehrerbildung. In: Jaschke, S.; Schwenger, U.; Vollmer, T. (Hrsg.): Digitale Vernetzung der Facharbeit. Gewerblich-technische Berufsbildung in einer Arbeitswelt des Internets der Dinge. Bielefeld.

Hackel, M. (2017): Zukünftige Entwicklungen hinsichtlich Neuordnungen anerkannter Ausbildungsberufe nach Berufsbildungsgesetz (BBiG)/Handwerksordnung (HwO). In: BIBB: Datenreport zum Berufsbildungsbericht 2017. Bonn.

Harari, Y. (2015): Eine kurze Geschichte der Menschheit. 27. Auflage. München.

Hopf, Ch. (2017): Qualitative Interviews – ein Überblick. In: Flick, U.; Kardorff, E. von; Steinke, I. (Hrsg.): Qualitative Forschung. Ein Handbuch. Reinbek bei Hamburg.

ISO/IEC 7498-1. International Standard. Information Technology – Open Systems Interconnection – Basis Reference Model: The Basic Model: 1994.

KMK Sekretariat der Kultusministerkonferenz (2018): Rahmenlehrplan für den Ausbildungsberuf Elektroniker für Geräte und Systeme/Elektronikerin für Geräte und Systeme. Berlin und Bonn.

Kuckartz, U. (2018): Qualitative Inhaltsanalyse. Methoden, Praxis, Computerunterstützung. Weinheim.

Mayring, P. (2016): Einführung in die qualitative Sozialforschung. Weinheim.

Porst, R. (2009): Fragebogen. Ein Arbeitsbuch. Wiesbaden.

Schwarz, H.; Conein, S.; Tutschner, H.; Isenmann, M.; Schmickler, A.; Kröll, J.; Engin-Stock, T. (2016): BIBB Voruntersuchung IT-Berufe Abschlussbericht – Teil A. Bonn.

Seibold, B.; Stieler, S. (2016): Digitalisierung der Bürotätigkeiten. Stuttgart.

Spöttl, G. et al. (2016): Industrie 4.0 – Auswirkungen auf Aus- und Weiterbildung in der M+E Industrie. Bremen.

Statistisches Amt der Europäischen Union (eurostat): URL: https://ec.europa.eu/eurostat/statistics-explained/index.php/Glossary:Enterprise_size/de (letzter Zugriff am 15.10.2018).

Statistisches Bundesamt (2008): Klassifikation der Wirtschaftszweige. Mit Erläuterungen. Wiesbaden.

Trick, U.; Weber, F. (2009): SIP, TCP/IP und Telekommunikationsnetze. Next Generation Networks und VoIP – konkret. München.

Stefanie Hiestand

Kompetenzentwicklung im Kontext moderner Wissensarbeit

Zusammenfassung: *Die Zunahme von technologischer und organisatorischer Komplexität von Arbeit hat zur Folge, dass Tätigkeiten, die Kreativität, soziale Intelligenz und analytische Fertigkeiten sowie die Fähigkeit zur Selbstreflexion und strukturellen Reflexion fordern, an Bedeutung gewinnen. Zukünftig reicht ein umfangreiches Fachwissen alleine nicht mehr aus, um solche Arbeitsprozesse zu bewältigen. Gerade Wissensarbeiter/-innen benötigen zum einen Kompetenzbündel, die es ihnen ermöglichen, in der Praxis auftretende Herausforderungen selbst organisiert zu bewältigen und zum anderen ihre berufliche Handlungskompetenz lebensbegleitend zu entwickeln. Dabei gilt es die individuelle Veränderungsenergie der Wissensarbeiter/-innen zu berücksichtigen und den Lernort Betrieb lern- und kompetenzförderlich zu gestalten.*

Ambiguitäten in der Wissensarbeit

Arbeits- und Organisationskonzepte befinden sich angesichts derzeitiger Dynamiken, wie z. B. Subjektivierung und Digitalisierung von Arbeit, im Umbruch. Diese Veränderungen erfordern in Bezug auf ihre Komplexität von Beschäftigten vermehrt kreative, soziale und analytische Fähigkeiten und Fertigkeiten (vgl. Hiestand 2018). Die Zunahme projektbasierter Arbeit und die durch Informations- und Kommunikationstechnologien geschaffenen Möglichkeiten Arbeitszeit und -ort zu flexibilisieren ermöglichen den Beschäftigten mehr Selbststeuerung, führen jedoch auch zu spezifischen Belastungen (vgl. Pfeiffer et al. 2018). Vor allem im Bereich der Wissensarbeit lassen sich hinsichtlich der Veränderungen der Arbeits- und Organisationskonzepte verschiedene Ambiguitäten[1] identifizieren.

Die Arbeitsform Wissensarbeit basiert primär auf kognitiven Fähigkeiten, die „mit immateriellem Arbeitsergebnis, deren Wertschöpfung in der Verarbeitung von Informationen, der Kreativität und daraus folgend der Generierung

1 Unter Ambiguitäten werden in diesem Beitrag Prozesse und Strukturen verstanden, die mehrdeutig und teils auch widersprüchlich sind. Es handelt sich konkret um ambivalente Bedürfnisse, Gefühle und Vorstellungen, die gegensätzlich sind, jedoch nebeneinander bestehen und daher zu inneren Spannungen führen. Aus ihnen resultieren neue Anforderungen, Belastungen und Unsicherheiten für Subjekte.

von Kommunikation von Wissen begründet [sind]“ (North 2014, S. 23). Wissensarbeiter/-innen besitzen im Allgemeinen ein hohes Maß an Freiheitsgraden und Selbststeuerung. Sie beschäftigen sich mit neuen komplexen Fragestellungen und Problemlösungen, die zum einen mit wenig standardisierbaren Abläufen, geringer Planungssicherheit und Zielklarheit und zum anderen mit großen Handlungsspielräumen verbunden sind.

Eine grundsätzliche Problematik von Wissensarbeit ringt sich um die Art und Weise des Zusammenspiels von individuellem und organisationalem Wissen und um die Frage, wie sich dieses Zusammenspiel organisieren und steuern lässt (vgl. exempl. Kels et al. 2015; Wilkesmann 2010; Willke 1998). In der Einführung von agilem Prozessmanagement sehen vermehrt IT-Unternehmen die Chance dieses Zusammenspiel zu managen (vgl. exempl. Sauter et al. 2018; Schwaber/Sutherland 2018; Hofert 2018; Brückner/von Ameln 2016).

Im Kontext von moderner Wissensarbeit entstehen jedoch auch neue Anforderungen und Belastungsformen, wie Entgrenzung der Arbeit und Tendenzen zur „freiwilligen“ Selbstausbeutung (vgl. Bauer/Hofmann 2018; Moosbrugger 2012; Kriegesmann/Striewe 2010). Organisationen versuchen in größerem Umfang Nutzen aus der Subjektivität ihrer Mitglieder zu ziehen (vgl. Gottschalk/Voß 2005; Moldaschl/Voß 2003), d. h. es werden nicht lediglich arbeitsplatzbezogene Fachkompetenzen abgerufen, sondern z. B. auch Kreativitätspotenziale und Selbstmanagementkompetenzen. Deutschmann (2019) verweist in diesem Kontext auf den in wissensintensiven Branchen vorherrschenden Authentizitäts- und Kreativitätsimperativ.

Im Zuge der digitalen Transformation kommt es auch zu neuen Steuerungs- und Produktionsmodellen im Bereich der wissensintensiven Arbeit: Wissensarbeit wird zunehmend kleinschrittiger, routinierter und standardisierter und folgt dabei den Prinzipien eines „digitalen Taylorismus“ (vgl. Boes/Kämpf 2016; Boes et al. 2014). Ferner entwickelt sich ein erhöhter Leistungsdruck in Verbindung mit einem Gefühl des „permanenten Ungenügens“ (Dunkel et al. 2010, S. 358). Zentral dabei ist, dass dies nicht nur zu einem „Mehr“ an geforderter Leistung einhergeht (und mit einer Intensivierung der Arbeitsdichte), sondern sich neue für die/den Wissensarbeiter/-in belastende Steuerungsformen bilden: Die Flexibilisierung von Beschäftigungsverhältnissen und die Zunahme an Selbstkontrolle erlauben es Individuen, Arbeit und Leben nach ihren eigenen Bedürfnissen zeitlich und räumlich zu strukturieren. Zugleich aber nehmen über Zielvorgaben kommunizierte Leistungsanforderungen sowie eine individualisierte Zuschreibung von Verantwortung für das Nichterreichen dieser Zielvorgaben zu (vgl. ebd.). So werden jährliche Steigerungen der Ertragsziele als permanent wachsende Beanspruchung erlebt. „Die Beschäftigten erfahren in einem „System permanenter Bewährung“ ein gravierendes Missverhältnis zwischen Aufwand und Ertrag ihrer Arbeit und büßen ihre wichtigste Ressource zur Salutogenese ein, nämlich kohärente Sinnstrukturen und die damit verbundene Handlungsfähigkeit“ (Kämpf 2015, S. 133).[2]

Es stellt sich daher die Frage, inwiefern betriebliche Strukturen und Prozesse sowie individuelle Kompetenzen dazu beitragen können, diese Ambiguitäten im Kontext der Wissensarbeit auszubalancieren bzw. mit diesen konstruktiv umgehen zu können, um weiterhin handlungsfähig bleiben zu können. Wie lässt sich der Lernort Betrieb vor dem Hintergrund dieser Ambivalenzen lern- und kompetenzförderlich gestalten?

Die folgenden Ausführungen beziehen sich auf 23 fokussierte und problemorientierte Interviews, die mit Softwareentwickler(inne)n und deren Teamleiter(inne)n deutscher mittelständischer IT-Unternehmen geführt wurden. Softwareentwickler/-innen planen, analysieren und entwickeln/programmieren Software bzw. Softwarebausteine und sind daher Wissensarbeiter/-innen.

Kompetenzentwicklung in der Wissensarbeit

Der pädagogische Blickwinkel auf die Methodik des beruflichen und betrieblichen Lernens hat sich durch den Wechsel von einer Qualifikations- zu einer Kompetenzdiskussion geändert. Ausgehend von der Qualifikationsentwicklung verlaufen die betrieblichen Lernprozesse meist nach einer Input-Output-Didaktik, also nach einem linearen Vermittlungsprozess. Dem Lernenden wird dabei eine passiv-rezeptive Rolle zugewiesen und die Lernziele werden meist extern, z. B. durch die Personalentwicklungsabteilung, bestimmt (vgl. Rebmann/Tenfelde 2008). Kompetenzentwicklung wird dagegen durch ein ganzheitliches Lernen ermöglicht, denn unter Kompetenzen werden Fähigkeiten, Kenntnisse und Wertvorstellungen verstanden, die ein Leben lang weiterentwickelt werden (vgl. Dehnbostel 2015). Kompetenzen sind nicht frei übertragbar, sondern hoch individualisiert und durch Handlungen und mentale Modelle geprägt. Kompetenzen sind stets subjektbezogen, da sie sozial-kommunikative, aktionale und persönliche Handlungsdispositionen umfassen. Qualifikationen dagegen beziehen sich auf die Erfüllung konkreter Nachfrage und Anforderungen des Arbeitsmarktes und sind somit tätigkeitsbezogen (vgl. u. a. Arnold/Schüssler 2001). Sie sind fachbezogene Kenntnisse und Teil von Kompetenzen: „Es gibt keine Kompetenzen ohne Fertigkeiten, ohne Wissen, ohne Qualifikationen. Aber Fertigkeiten,

2 Dies wird auch unter dem Stichwort „Gratifikationskrise“ (vgl. Siegrist 1996; Siegrist/Dragano 2008) diskutiert.

Wissen, Qualifikationen „sind" keine Kompetenzen, sondern nur Grundbestandteile davon. Sonst gäbe es nicht so viel hoch qualifizierte Inkompetente" (Erpenbeck/Sauter 2013, S. 32).

Kompetenzentwicklung kann nur durch das Subjekt selbst stattfinden, d. h. Kompetenzen können nicht vermittelt, sondern es kann lediglich ein Rahmen geschaffen werden, innerhalb dessen jeder einzelne Mitarbeiter und jede einzelne Mitarbeiterin aus sich selbst heraus Kompetenzen entwickelt. Bestimmte Fähigkeiten und Fertigkeiten, wie beispielsweise Ambiguitätstoleranz, Planungs- und Entscheidungsfähigkeit oder soziale Verantwortung, lassen sich im besonderen Maße am Lernort Betrieb entwickeln, denn Arbeit ist u. a. durch explizite und implizite Strukturen und Routinen geprägt. Zudem stehen nur bestimmte und begrenzte Ressourcen (Zeit, Arbeitsmittel etc.) zur Bewältigung von Arbeitsanforderungen zur Verfügung und es gibt in der Regel (Ziel-)Vorgaben durch die Unternehmensleitung, die von den Beschäftigten einzuhalten sind. Das Individuum muss die teils in der betrieblichen Praxis vorherrschenden Widersprüchlichkeiten in Strukturen, Ressourcen und Zielvorgaben ausgleichen und individuelle Handlungsstrategien entwickeln, die auf der jeweiligen beruflichen Handlungskompetenz aufbauen. Die betriebliche Gemeinschaft der Beschäftigten, also die Kollektivität und die sozialen Interaktionen, fördern individuelle Reflexionsprozesse und damit auch die Änderung von Deutungs- und Handlungsmustern.

Berufliche Handlungskompetenz ist das Ergebnis eines komplexen Entwicklungsprozesses, der einer reflexiven Verknüpfung verschiedener Lernformen bedarf. Reflektiert beispielsweise eine Arbeitnehmerin ihre Erfahrungen aus der Bewältigung einer bestimmten Arbeitshandlung mit ihrem abstrakten Wissen, können neues Wissen und neue Fähigkeiten entstehen und sich auch individuelle Deutungs- und Handlungsmuster wandeln. Es liegt jedoch kein rein kumulativer Entwicklungsprozess vor: Zum Lernen gehört auch Entlernen, d. h., dass sich in manchen Situationen der/die Lernende bewusst entscheiden muss, bisher Gelerntes nicht mehr anzuwenden, um neue Sichtweisen und Lerninhalte in sich aufnehmen und Kompetenz entwickeln zu können. Dies erfordert in der Regel eine reflexive Steuerung der mentalen Modelle (vgl. Hiestand 2017).

Wissensarbeit bringt in ihrer Struktur zwar grundsätzlich förderliche Voraussetzungen für das Lernen mit (z. B. durch große Handlungsspielräume), jedoch resultieren daraus auch Lernhindernisse. Beispielsweise besteht häufig keine ausreichende Wechselwirkung zwischen formalem, nicht-formalem und informellem Lernen sowie eine mangelnde Eindeutigkeit zwischen Arbeits- und Lernorganisationsformen (vgl. Dehnbostel 2015; Rohs 2007; Harz 2004). Bei der Gestaltung betrieblicher Strukturen, die die Entwicklung von Kompetenzen anregen, ist also die reflexive Verknüpfung von formalen (organisiertes Lernen) und informellen Lernprozessen (Lernen über Erfahrung) bzw. von Theorie- und Erfahrungswissen zu berücksichtigen: Bei der Vermittlung von theoretischem und abstraktem Wissen bedarf es auch eines passenden Praxiswissens und -könnens, denn „nur so wird es lebendiges und konkret relevantes abstraktes Wissen, nur so erwirbt man sich die Fähigkeit einer Re-Kontextualisierung des Abstrakten“ (Pfeiffer 2012, S. 208). Auch praktische Aneignungsprozesse in der Arbeit (Learning by Doing) müssen durch theoretisches Wissen und kognitive Lernprozesse flankiert werden – „Erfahrung braucht immer auch eine Fähigkeit zu Re-Abstrahierung“ (ebd.).

Beschäftigte in der Wissensarbeit betrachten das permanente Lernen als integralen Bestandteil ihrer Arbeit. Für sie ist es Voraussetzung und Herausforderung zugleich: Einerseits wird Lernen mit Arbeiten gleichgesetzt, andererseits besteht die Notwendigkeit, zwischen Lern- und Arbeitsprozess zu differenzieren, da die aktive und bewusste Gestaltung jener Prozesse ohne eine persönliche Systematisierung schwierig ist (vgl. Müller/Meyer 2012). Um dies leisten zu können, ist die Reflexion der eigenen Arbeits- und Lernerfahrungen und des erworbenen Wissens zentral. Daraus ergibt sich, dass Wissensarbeiter/-innen neben der individuellen Einstellung zum Lernen als impliziter Bestandteil ihrer Arbeit auf organisationale Strukturen und Prozesse angewiesen sind, die ein reflektiertes Lernen und Arbeiten bieten. Agile Arbeitsmethoden sehen beispielsweise solche Reflexionselemente vor, z. B. in Form von verschiedenen Meetingstrukturen. Doch überwiegend sind die Wissensarbeiter/-innen mit der eigenständigen Organisation dieser Lern- und Reflexionsprozesse konfrontiert (vgl. Hiestand 2017).

Die Fähigkeit und Fertigkeit selbst gesteuert Lernen zu können ist daher in wissensintensiven Branchen von zentraler Bedeutung, denn die Selbststeuerung des Lernprozesses ist in diesem Kontext zum einen entscheidende Voraussetzung, da Kompetenzen aus subjektiven Lern- und Entwicklungsprozessen resultieren, die nur schwer fremdbestimmt werden können. Die Notwendigkeit der Selbstorganisation des Lernens liegt zum anderen darin, dass hier über vorher festgelegte Ziele hinausgegangen wird und sich Selbstorganisationsdispositionen als konkrete Kompetenzen entwickeln.

Veränderungsenergie und -bereitschaft

Der Faktor Zeit stellt sich als beeinträchtigendes Moment im Arbeitsalltag von Wissensarbeiter(inne)n dar – Zeit für bewusstes Lernen, das ein ausdrückliches Zurückziehen aus der Arbeitstätigkeit bedeutet, ist nur selten vorhanden.

Ähnlich gestaltet es sich für den Freiraum für Kreativität. Doch gerade Softwareentwickler/-innen empfinden es förderlich für ihren eigenen Lern- und Entwicklungsprozess, also für ihre persönliche Veränderungsenergie, wenn durch die Organisation zeitliche Ressourcen für „Schubladenprojekte“ bzw. „Slacktime“[3] zur Verfügung gestellt wird. Slacktime fördert ein informelles und selbst gesteuertes Lernen, das wiederum durch individuelle und kollektive Reflexion konstruktiv beeinflusst wird (vgl. Hiestand 2017).

Zudem fördert diese Zeit für Kreativität die berufliche Identität und damit die Motivation und Lernbereitschaft der Wissensarbeiter/-innen. Berufliche Identität kann im Sinne von Holland (1997) und seiner berufsbezogenen Persönlichkeitstheorie gedeutet werden. Demnach ist die berufliche Identität in dem Maße gegeben, in welchem sich der/die Beschäftigte seiner/ihrer Ziele, Interessen und Kompetenzen bewusst ist. Bremer und Haasler (2004) setzen die berufliche Identität mit den beruflichen Kompetenzen bzw. der Fähigkeit berufsspezifische Aufgaben zu lösen gleich. Berufliche Identität wird als bereichsspezifische Identität, d. h. als jenen Aspekt der Identität einer Person definiert, der sich auf den Lebensbereich von Beruf und Arbeit bezieht (vgl. exempl. Heinzer/Reichenbach 2013; Achtenhagen/Bendorf 2006). Das Selbstverständnis und die berufliche Identität von Softwareentwickler(inne)n ist von hoher Veränderungsenergie geprägt. Dies äußert sich im Bedürfnis sich kontinuierlich weiter zu entwickeln, um einen „perfekten“ Code schreiben zu können. Im Fokus steht – im Vergleich zur Produktionsarbeit – nicht das Unternehmen für das die Entwickler/-innen arbeiten, sondern das Produkt. So verwundert es nicht, dass ein wiederholter Wechsel des Arbeitgebers nicht als belastend, sondern als gewinnbringend wahrgenommen wird, um so an mehreren „coolen Projekten“ mitarbeiten und vielfältiges Erfahrungswissen sammeln zu können (vgl. Antoni 2013). Darüber hinaus zeichnet sich die berufliche Identität der Softwareentwickler/-innen durch hohes Arbeitsengagement und durch die intrinsische Motivation aus, sich stetig zu professionalisieren. Dies kann auch die Tendenz zu interessengeleiteter Selbstausbeutung noch verstärken. Inkrementelle Verhaltensanpassungen und eine kontinuierliche individuelle und kollektive Reflexion werden als selbstverständlich – als Teil des professionellen Arbeitens – wahrgenommen und beschrieben (vgl. Hiestand 2017).

---

3 Slacktime ist Teil einer agilen Arbeitsgestaltung und bedeutet, dass Beschäftigte einen bestimmten Teil der Arbeitszeit ohne Vorgaben mit den Dingen verbringen können, die sie interessieren, solange sie im Interesse des Unternehmens sind.

Die Veränderungsenergie von Softwareentwickler(inne)n wird zudem von der Mitgliedschaft in Communities of Practice (vgl. exempl. Wegner 2004) gefördert. Durch die regelmäßigen Treffen im Rahmen von Weiterbildung (Seminare, duales oder berufsbegleitendes Studium, Produktschulungen) entsteht ein sozial-berufliches Netzwerk – eine Community of Practice, die als unterstützendes Instrument bei der Problembewältigung im Tagesgeschäft wahrgenommen wird. Innerhalb dieser Communities werden, neben dem fachlichen Rat bei alltäglichen Herausforderungen, auch der gespendete emotionale Beistand von den Community-Mitgliedern als hilfreich und wertvoll hinsichtlich ihrer persönlichen Entwicklung und der Bewältigung von Arbeitsanforderungen von den Entwickler(inne)n empfunden. D. h., dass Communities of Practice (die auch über die Unternehmensgrenzen hinweg existieren) nicht nur zur individuellen Kompetenzentwicklung beitragen, sondern sich ebenfalls positiv auf die Arbeitsmotivation und -leistung auswirken. Dass im Austausch innerhalb einer Community of Practice auch Kompetenzen gefördert und entwickelt werden, ist den Wissensarbeiter(inne)n in der Regel nicht direkt bewusst. Sie verweisen aber beispielsweise darauf, dass sich ihr Sozialverhalten (z. B. Kommunikationsverhalten und Delegationsfähigkeit) und ihre Selbstregulation (z. B. Priorisierung der Arbeitsschritte, Zeitmanagement, Kritikfähigkeit und Reflexionsvermögen) durch die Community-Mitgliedschaft verändert hat (vgl. Hiestand 2017).

Die Veränderungsenergie und -bereitschaft von Wissensarbeiter(inne)n wird zudem von der Vereinbarkeit von Arbeit, Leben und Lernen beeinflusst. Es handelt sich dabei um ein komplexes Zusammenspiel verschiedener Dimensionen: Arbeits-, Lern- und Lebenszeit, Leistung und Anerkennung, Anforderungen und Kompetenzen, Belastungen und Ressourcen. Eine ausgewogene Work-Learn-Life-Balance ist kein Zustand, sondern ein dynamisches Verhältnis, in das Veränderungen und Flexibilitätserfordernisse der Arbeitswelt, aber auch der privaten Lebenswelt und der individuellen Biographie eingehen. Dieses Verhältnis muss immer wieder neu justiert und von betrieblichen Strukturen flankiert werden (vgl. Antoni et al. 2014). Jährliche Mitarbeitergespräche sind in der Regel an Zielvereinbarungen bzw. Potenzialanalysen gekoppelt und damit an den Erwerb von Zertifikaten (Weiterbildung). Der/die Mitarbeiter/-in ist an der Zielerreichung interessiert, da der Grad dieser Erreichung Auswirkungen auf das Gehalt nimmt. Teilweise sind die Ziele aus der Perspektive der Mitarbeiter/-innen zu hoch und können nur mit äußerst großer Anstrengung erreicht werden. Zum einen wird deutlich, wie dies auch schon Dunkel et al. (2010) beschrieben haben, dass es teils zu einer Zielspirale kommt, d. h., jedes Jahr werden höhere und umfangreicher Ziele festgelegt. Zum anderen ist es gerade Beschäftigten, die im Privatbereich gefordert sind, z. B. durch Erziehung von Kleinkindern, Hausbau oder Pflege eines Elternteils, nicht möglich dieser Zielspirale gerecht zu werden. Die Vereinbarkeit der Bereiche Arbeit, Lernen und Leben ist bisher kaum Gegenstand strategischer Personalentwicklung (vgl. Antoni et al. 2014) und somit auch nur eingeschränkt Teil von Mitarbeiter- und Entwicklungsgesprächen. Vor dem Hintergrund der beschriebenen Ambiguitäten und den daraus resultierenden Belastungen scheint es jedoch sinnvoll die Vereinbarkeit von Arbeit, Lernen und Leben zu berücksichtigen.

Kompetenzförderliche Strukturen und Prozesse

Wissensbasierte Unternehmen sind gefordert, „organisationale Rahmenbedingungen sowie Führungs- und Managementpraktiken zu etablieren, die Wissensträger dazu befähigen und motivieren, ihre Expertise und Kompetenz für die Kombination und Weiterentwicklung der Wissensbasis, für Kreativität und Innovation und den individuellen und organisationalen Kompetenzaufbau bereitzustellen" (Kels et al. 2015, S. 15). Doch welche Praktiken, Routinen und Strukturen erweisen sich dabei als förderlich?

Bedeutsam für eine kompetenzförderliche Arbeitsstruktur ist die Schaffung einer individuellen *Balance zwischen Routine und einer kooperativen, kreativen Arbeitsweise*. Routine trägt im Arbeitsalltag zur mentalen Entlastung bei und stärkt die individuelle Selbstwirksamkeit. Doch nimmt diese Arbeitsform überhand, kommt es zu erhöhten Flüchtigkeitsfehlern, Demotivation, fehlender Identifikation mit der Arbeit und Unterforderung. Kreative und konzeptionelle Arbeitseinheiten und das Lösen von bisher unbekannten und neuartigen Problemen und Aufgaben, also ein situiertes Lernen im Kontext von Arbeit, werden von den Beschäftigten hingegen in der Regel nicht als belastend, sondern als lernförderlich und motivierend empfunden, allerdings unter der Voraussetzung, dass folgende Faktoren gegeben sind (vgl. Hiestand 2017):

Ein von den Beschäftigten als ausreichend *wahrgenommener Handlungsspielraum* in Kombination mit hinreichenden zeitlichen Ressourcen ermöglicht ein gründliches Analysieren und Ausprobieren alternativer Lösungswege, was motivierend hinsichtlich der individuellen Kompetenzentwicklung wirkt. Die Möglichkeit des selbstständigen Analysierens fördert ein problemlösendes, abstraktes und vernetztes Denken sowie die Fähigkeit, Informationen zu beschaffen und Entscheidungen zu treffen. In diesem Kontext wirkt der Freiraum, selbst gesteuert im Arbeitsprozess zu agieren und zu lernen, positiv auf das individuelle Lernverhalten, d. h. auf die Lernbereitschaft und das Engagement von Wissensarbeiter(inne)n.

Vertrauen des Vorgesetzten in die Kompetenzen der Mitarbeiter/-innen und das Gefühl, Fehler machen zu dürfen, beeinflussen die Kreativität und den Mut zu unkonventionellen Lösungsstrategien positiv, was vor allem auch ein organisationales Lernen ermöglicht. Deutungs- und Handlungsmuster sowie explizite und implizite Regeln und betriebliche Ressourcen werden von den Beschäftigten infrage gestellt und damit die Möglichkeit geschaffen, organisationale Muster (Strukturen) zu reflektieren und zu verändern, da die Mitarbeiter/-innen keine Angst vor Repressalien haben müssen. Schlüsselgröße ist dabei ein positives Lernklima. Dieses äußert sich beispielsweise, indem Beschäftigte persönliche und fachliche Defizite offen ansprechen können, ohne dass negative Folgen wie z. B. Gehaltseinbußen befürchtet werden müssen. Ein ausgeprägtes Kooperations- und Partizipationsverhalten seitens der Führungskräfte sowie eine gelebte Feedbackkultur wirken motivierend und erhöhen die Veränderungsenergie der Beschäftigten.

Regelmäßiges Feedback durch Vorgesetzte sowie durch Kolleg(inn)en fungiert als förderlicher Begleitprozess für die individuelle Entwicklung von Kompetenzen. Das Feedback wirkt als stetiger Anstoß zur Selbstreflexion der eigenen Handlung und als Quelle neuer Ideen. Die Reflexion über sich selbst, d. h. konkret über das eigene Verhalten und Agieren im Arbeitsprozess, innerhalb des Teams oder in der Zusammenarbeit mit Kolleg(inn)en sowie mit Kundinnen und Kunden, wirkt sich förderlich auf den individuellen Lernprozess in der Arbeit aus. Instrumente wie Peer-, Cross- und Reserve-Mentoring sowie kollegiale Beratung können beispielsweise diese Reflexions- und Lernprozesse gezielt flankieren.

Die Möglichkeit zur *persönlichen Entfaltung* nimmt in positiver Weise Einfluss auf die individuellen Lern- und Entwicklungsprozesse. Mit individueller Entfaltung ist sowohl formale als auch informelle Weiterbildung gemeint aber auch persönliche Karrieremöglichkeiten (vertikal, aber vor allem horizontal) und Prozesse der Persönlichkeitsentwicklung. Die Möglichkeit zur persönlichen Entfaltung im Kontext von Arbeit wird von Mitarbeiter(inne)n häufig als sinnstiftend wahrgenommen. Zudem erhöhen die als ausreichend wahrgenommene Entfaltungsmöglichkeiten die Selbstwirksamkeitsüberzeugung der Wissensarbeiter/-innen. Dabei gilt es, das jeweilige Lerntempo und die private Lebenssituation der Mitarbeiter/-innen zu berücksichtigen.

Selbst gesteuerte Lernprozesse, die ein weiterer zentraler Baustein einer kompetenzförderlichen Arbeitsgestaltung sind, implizieren, dass Lernende ihr eigenes Lerntempo berücksichtigen und dadurch externe Zeitvorgaben nur begrenzt möglich sind. Durch diese unterschiedlichen Lerntempi bzw. durch Zeitautonomie entsteht „Ungleichzeitigkeit" innerhalb einer betrieblichen Organisation.

Aufgabe des Managements ist es somit in Unternehmen Strukturen zu bilden, die auch die unterschiedlichen Geschwindigkeiten im Prozess des selbst gesteuerten Lernens ihrer Beschäftigten berücksichtigen. Um ein selbst gesteuertes Handeln zu gewährleisten, sind also Handlungsspielräume (objektive Freiheits- und Entscheidungsgrade; Autonomie) nötig. Klare Regelungen der Verantwortlichkeiten sind hierfür eine Voraussetzung.

Fazit und Ausblick

Deutlich wird, dass eine umfassende berufliche Handlungskompetenz bei einem konstruktiven Umgang mit bestehenden Ambiguitäten unabdingbar ist. Die Entwicklung der beruflichen Handlungskompetenz erfolgt dabei sowohl durch formale, nicht formale und informelle Lern- und Entwicklungsprozesse im Lernort Betrieb. Um den Belastungen und Anforderungen einer modernen Wissensarbeit begegnen zu können, scheint es daher, vor allem vor dem Hintergrund der hohen Veränderungsenergie der Beschäftigten, sinnvoll, formale und informelle Lernprozesse durch eine kompetenzförderliche Arbeitsgestaltung zu verknüpfen. In diesem Kontext gilt es noch zu eruieren, inwiefern bzw. unter welchen Bedingungen ein agiles Prozessmanagement dabei förderlich oder hinderlich wirkt. In Bezug auf die berufliche Bildung bleibt zu klären, inwiefern die Veränderungsenergie, die Teil der beruflichen Identität ist, mit den individuellen Selbstwirksamkeitsüberzeugungen zusammenhängen und wie sich dies in der didaktischen Gestaltung von Lehr-/Lernsettings berücksichtigen lässt.

Literatur

Achtenhagen, F.; Bendorf, M. (2006): Persönlichkeitsentwicklung und berufliche Qualifizierung. In D. Euler (Hrsg.): Facetten des beruflichen Lernens, Bern, S. 85–149.

Antoni, C.; Friedrich, P.; Haunschild, A.; Josten, M.; Meyer, R. (2014): Work-Learn-Life-Balance in der Wissensarbeit – Herausforderungen, Erfolgsfaktoren und Gestaltungshilfen für die betriebliche Praxis. Wiesbaden.

Antoni, C.; Haunschild, A.; Hiestand, S.; Meyer, R.; Oertel, R. (2013): „Niemand weiß immer alles". Über den Zusammenhang von Kompetenz- und Organisationsentwicklung in der Wissensarbeit, Berlin.

Arnold, R.; Schüssler, I. (2001): Entwicklung des Kompetenzbegriffs und seine Bedeutung für die Berufsbildung und für die Berufsforschung. In Franke, G. (Hrsg.): Komplexität und Kompetenz – ausgewählte Fragen der Kompetenzforschung. Bundesinstitut für Berufsbildung, Bielefeld, S. 52–74.

Bauer, W.; Hofmann, J. (2018): Digitalisierung, IT und Arbeit. In: J. Hofmann (Hrsg.): Arbeit 4.0 – Digitalisierung, IT und Arbeit. IT als Treiber der digitalen Transformation. Wiesbaden, S. 1–16.

Boes, A.; Kämpf, T. (2016). Digitalisierung und „Wissensarbeit": Der Informationsraum als Fundament der Arbeitswelt der Zukunft. (URL: www.bpb.de/apuz/225695/digitalisierung-und-wissensarbeit?p=0 [abgerufen am 15.06.2016]).

Boes, A.; Kämpf, T.; Langes, B.; Lühr, T. (2014): Informatisierung und neue Entwicklungstendenzen von Arbeit. Arbeits- und Industriesoziologische Studien, (7), Heft 1; S. 5–23.

Bremer, R.; Haasler, B. (2004). Analyse der Entwicklung fachlicher Kompetenz und beruflichen Identität in der beruflichen Erstausbildung. Zeitschrift für Pädagogik, 50 (2), S 162–181.

Brückner, F.; von Ameln, F. (2016): Agilität. In: Gruppe, Interaktion, Organisation – Zeitschrift für Angewandte Organisationspsychologie (GIO), Jg. 47, (4), S. 383–386.

Dehnbostel, P. (2015): Betriebliche Bildungsarbeit. Kompetenzbasierte Aus- und Weiterbildung im Betrieb. 2. erweiterte und neu bearbeitete Auflage. Baltmannsweiler.

Deutschmann, C. (2019): Kapitalistische Dynamik. Eine gesellschaftstheoretische Perspektive. 2. Aufl., Wiesbaden.

Dunkel, W.; Kratzer, N.; Menz, W. (2010): „Permanentes Ungenügen" und „Veränderung in Permanenz" – Belastungen durch neue Steuerungsformen. WSI Mitteilungen, (7), Frankfurt a.M., S. 357–364.

Erpenbeck, J.; Sauter, W. (2013): So werden wir lernen! Berlin.

Gottschall, K.; Voß, G. (2003): Entgrenzung von Arbeit und Leben. München/Mering.

Hartz, S. (2004): Biographizität und Professionalität. Eine Fallstudie zur Bedeutung von Aneignungsprozessen in organisatorischen Modernisierungsstrategien. Wiesbaden.

Heinzer, S.; Reichenbach, R. (2013). Schlussbericht zum Forschungsprojekt: Die Entwicklung der beruflichen Identität, Zürich.

Hiestand, S. (2017): BITs & BIER: Eine empirische Analyse im Brauwesen und in der IT-Branche zur Verknüpfung individueller Kompetenz- und betrieblicher Organisationsentwicklung. Augsburg/München.

Hiestand, S. (2018): Lernort Betrieb ‚reloaded' – Zur Bedeutung einer lern- und kompetenzförderlichen Arbeitsgestaltung. In Johns, H.; Vedder, G. (Hrsg.): Organisation von Arbeit und berufsbegleitendem Lernen. Augsburg/München, S. 95–114.

Hofert, S. (2018): Agiler führen – Einfache Maßnahmen für bessere Teamarbeit, mehr Leistung und höhere Kreativität. Wiesbaden.

Holland, J. L. (1997). Making vocational choices. A theory of vocational personalities and work environments (3rd ed.). Odessa Verlag.

Kämpf, T. (2015): „Ausgebrannte Arbeitswelt" – Wie erleben Beschäftigte neue Formen von Belastung in modernen Feldern der Wissensarbeit? Berlin Journal für Soziologie (25), Wiesbaden, S. 133–159.

Kels, P.; Clerc, I.; Artho, S. (2015): Karrieremanagement in wissensbasierten Unternehmen. Innovative Ansätze zur Karriereentwicklung und Personalbindung, Wiesbaden.

Kriegesmann, B.; Striewe, F. (2010): Partizipation, Arbeitszufriedenheit und Belastung von Unternehmensberatern – Empirische Befunde zu den Auswirkungen der Arbeit in wissensintensiven Arbeitsformen. Zeitschrift Industrielle Beziehung, Jg. 17, Heft 1, Mering, S. 73–101.

Moldaschl, M.; Voß, G. (2003): Subjektivierung von Arbeit. München.

Moosbrugger, J. (2012): Subjektivierung von Arbeit: Freiwillige Selbstausbeutung Ein Erklärungsmodell für die Verausgabungsbereitschaft von Hochqualifizierten. 2. Aufl., Wiesbaden.

Müller, J. K.; Meyer, R. (2012): Lernen und Arbeiten in Balance? Vereinbarkeitsstrategien von Beschäftigten in wissensintensiven Branchen. In: Faßhauer, U.; Fürstenau, B.; Wuttke, E. (Hrsg.): Berufs- und wirtschaftspädagogische Analysen – Aktuelle Forschungen zur beruflichen Bildung. Opladen, S. 153–164.

North, K. (2014): Wissensarbeit – Wertschöpfung im Wandel. In: Antoni, C.; Friedrich, P.; Haunschild, A.; Josten, M.; Meyer, R. (Hrsg.): Work-Learn-Life-Balance in der Wissensarbeit – Herausforderungen, Erfolgsfaktoren und Gestaltungshilfen für die betriebliche Praxis. Wiesbaden, S. 21–37.

Pfeiffer, S. (2012): Wissenschaftliches Wissen und Erfahrungswissen, ihre Bedeutung in innovativen Unternehmen und was das mit (beruflicher) Bildung zu tun hat. In Kuda, E.; Strauß, J.; Spöttl, G.; Kaßebaum, B. (Hrsg.): Akademisierung der Arbeit: Hat berufliche Bildung noch eine Zukunft? Hamburg, S. 203–219.

Pfeiffer, S.; Held, M. & Lee, H. (2018): Digitalisierung „machen" – Ansichten im Engineering zur partizipativen Gestaltung von Industrie 4.0. In: J. Hofmann (Hrsg.): Arbeit 4.0 – Digitalisierung, IT und Arbeit. IT als Treiber der digitalen Transformation. Wiesbaden, S. 113–129.

Rebmann, K.; Tenfelde, W. (2008): Betriebliches Lernen: Explorationen zur theoriegeleiteten Begründung, Modellierung und praktischen Gestaltung arbeitsbezogenen Lernens. Augsburg/München.

Rohs, M. (2007): Zur Theorie formellen und informellen Lernens in der IT-Weiterbildung. Hamburg.

Sauter, R.; Sauter, W.; Wolfig, R. (2018): Agile Werte- und Kompetenzentwicklung – Wege in eine neue Arbeitswelt. Berlin.

Schwaber, K.; Sutherland, J. (2018): Scrumguides. (URL: https://www.scrumguides.org/scrum-guide.html [abgerufen am 16.05.2019]).

Siegrist, J. (1996). Soziale Krisen und Gesundheit. Eine Theorie der Gesundheitsförderung am Beispiel von Herz-Kreislaufrisiken im Erwerbsleben. Göttingen.

Siegrist, J.; Dragano, N. (2008). Psychosoziale Belastungen und Erkrankungsrisiken im Erwerbsleben. Bundesgesundheitsblatt, 51(3), S. 305–312.

Wegner, E. (2004): Communities of practice. Learning, meaning and identity, Cambridge.

Wilkesmann, U. (2010): Die Organisation von Wissensarbeit. Die Dysfunktionalität von Kontrolle und Anreize bei Wissensarbeiter. In Moldaschl, M.; Stehr, N. (Hrsg.): Wissensökonomie und Innovation – Beiträge zur Ökonomie der Wissensgesellschaft. Marburg, S. 481–504.

Willke, H. (1998): Organisierte Wissensarbeit. In: Zeitschrift für Soziologie, Jg. 27, Heft 3, S. 161–177. (URL: http://www.uni-bielefeld.de/soz/globalgov/Lit/Willke_ZfS.pdf [aufgerufen am 02.02.2007]).

Nicolai Ringkewitz

Projektorientiertes Lernen mit Scrum im beruflichen Unterricht

Zusammenfassung: *Der vorliegende Beitrag beschäftigt sich mit den Potenzialen von projektartigen Unterrichtssettings. Im Speziellen wird die Verwendung der Methode Scrum im beruflichen Unterricht betrachtet. Dazu ist zuerst ein theoretischer Einblick in Scrum nötig, um ein Verständnis der Methode zu erlangen, da es sich von klassischen Vorgehensmodellen im Projektmanagement stark unterscheidet. Scrum besteht aus komplexen Regeln und verfügt über eine eigene Sprache und Fachbegriffe. Nach der Vorstellung der Methode werden Erfahrungen aus einer qualitativen Studie vorgestellt und es erfolgt eine Einordnung von Interviewaussagen.*

Projekte im Unterricht

Handlungsorientierung ist seit Einführung der Lernfelder eine der wichtigsten Maximen für beruflichen Unterricht. Durch die Handlungsorientierung soll eine berufliche Handlungskompetenz erreicht werden. Dazu wurden Lernfelder geschaffen, die sich thematisch an Arbeits- und Geschäftsprozessen orientieren und die fachwissenschaftlich geprägten Lehrpläne abgelöst haben. Zur Umsetzung im Unterricht hat sich die vollständige Handlung als Basiskonzept etabliert. Nach Bonz kann man die Projektmethode als Idealform einer handlungsorientierten Methode ansehen, die sich an der vollständigen Handlung orientiert. Zugleich weist Bonz darauf hin, dass nicht alles ein Projekt ist, was als solches bezeichnet wird (vgl. Bonz 2009, S. 121). Projekte zeichnen sich, egal ob Unterrichtsprojekte oder wirtschaftliche Projekte, durch die Organisationsform, die komplexen Ziele und zeitliche, personelle und organisatorisch begrenzte Ressourcen aus (vgl. Gessler/Uhlig-Schoenian 2009, S. 5). Für eine schulische Umsetzung bedeutet dies vor allem, dass die zur Verfügung stehende Zeit begrenzt ist und dass die Aufgabenstellung ein Ziel darstellt, beispielsweise ein zu lösendes Problem oder ein Produkt und nicht die Erarbeitung klassischen Lernstoffs. Hinzukommt, dass die Organisationsform lernendenzentriert ist und durch Schülerinnen und Schüler gelenkt wird. Gruppenarbeit ist eine weitere fast unumgängliche Voraussetzung.

Projektartige Unterrichtsansätze sind stark mit den Namen Dewey und Kilpatrick verbunden. So veröffentlichte Kilpatrick 1918 einen viel beachteten Aufsatz mit dem Namen „The Project Method“ (vgl. Frey 2010, S. 14). Auch

Kerschensteiner hat schon 1912 Ansätze von Dewey übernommen, aber Projekte noch eher lehrerzentriert betrachtet (vgl. Bonz 2009, S. 123). Trotz dieser schon langen Historie ist Frey „niemand bekannt, der mit empirischen Mitteln exakt nachgewiesen hat, was die Projektmethode leistet und was sie nicht leistet“ (Frey 2010, S. 175). Dieses Desiderat kann in diesem Beitrag nicht aufgelöst werden. Es sollen aber einige Effekte, die im beruflichen Unterricht mit der besonderen Projektorganisationsform Scrum erzielt wurden, dargestellt werden.

Beruflicher Unterricht mit Scrum

Zur theoretischen Einordnung von Scrum

Scrum ist eine Methode zur Projektorganisation aus der Softwareentwicklung und hat sich dort in den letzten Jahren etabliert. Das klassische Projektmanagement geht davon aus, dass die Ziele eines Projektes bereits am Anfang bekannt sowie eindeutig beschrieben sind und sich im Laufe des Projektes nicht mehr ändern. Deswegen steht die Planung mit Meilensteinen und der Zeit- und Ressourcenplanung am Anfang des Projektes. Scrum dagegen wird den sogenannten agilen Methoden zugerechnet und geht von einer anderen Prämisse aus. So ist die Grundannahme bei agilen Methoden, dass Anforderungen vorab nicht vollständig beschrieben werden können, weil beispielsweise durch Digitalisierung, Vernetzung und Globalisierung eine Langfristplanung im Detail nicht mehr möglich ist (vgl. Komus/Koberg 2017, S. 7). Deswegen sind agile Vorgehensmodelle inkrementell (in Teile zerlegt) und iterativ (in Schritte aufgeteilt). Das heißt, es wird im ersten Schritt nur ein Teil des gesamten Produkts entwickelt und mit jedem weiteren Schritt wird das Produkt um weitere Teile ergänzt. Scrum ist ein Vertreter dieser agilen Methoden und wurde von Ken Schwaber und Jeff Sutherland entwickelt und wird von diesen im Scrum Guide beschrieben und fortentwickelt.

Eine wesentliche Idee von Scrum ist die Steigerung der Prognosesicherheit von Terminen und Ergebnissen sowie die Minimierung des Risikos indem Erfahrungswissen genutzt wird (vgl. Schwaber/Sutherland 2013, S. 3). Erreicht werden soll dies, indem das Produkt als Projektziel in jeder Iteration komplexer – beispielsweise durch mehr Funktionen – und zugleich durch das Korrigieren von Fehlern besser wird. Um dies zu gewährleisten, soll der Prozess transparent sein. Voraussetzung dafür ist, dass das Projektteam ein gemeinsames Verständnis des Geschehens, eine gemeinsame Prozesssprache und ein gemeinsames Verständnis der zu erbringenden Ergebnisse hat. Letzteres nennt sich in Scrum *Definition von Done*[1]. Dies ist der Zustand, zu dem eine Aufgabe als vollständig erfüllt angesehen wird. Wichtig ist nach Scrum Guide die Überprüfung der Prozesse. Das heißt, das Team soll regelmäßig kontrollieren, ob der Fortschritt des Projektes die Erreichbarkeit des Ziels noch zulässt. Wenn das Team eine Abweichung feststellt, muss eine Anpassung stattfinden. Dazu gibt es im Prozessablauf verschiedene Meetings (vgl. ebd., S. 4). Eine Iteration heißt in Scrum *Sprint* und hat das Ziel, ein „fertiges, nutzbares und potenziell auslieferbares *Produkt-Inkrement* (Hervorhebung durch Autor)" herzustellen (ebd., S. 8). Durch die zeitliche Begrenzung eines *Sprints* auf maximal einen Monat, wird zugleich das wirtschaftliche Risiko begrenzt, da durch die anstehende Kontrolle nach spätestens einem Monat Fehlentwicklungen jeglicher Art korrigiert werden können (vgl. ebd., S. 8). Neben den Ereignissen ist Scrum durch Rollen und Artefakte und die durch Regeln zwischen diesen festgelegten Wechselwirkungen bestimmt (vgl. ebd., S. 3). Die Anwendung von Scrum bedeutet sicherlich einen Mehraufwand, aber bei einer Studie zum Einsatz agiler Methoden, die die Hochschule Koblenz gemeinsam mit der GPM Deutsche Gesellschaft für Projektmanagement e. V. durchgeführt hat, bewerten 91 % der Befragten den Aufwand von Scrum positiv. Das heißt, die erzielten Ergebnisse sind höher oder sehr viel höher als der Aufwand zu bewerten. 73 % der Befragten gaben an, dass durch den Einsatz agiler Methoden eine Verbesserung von Ergebnissen und Effizienz eingetreten ist (vgl. Komus/Kuberg, S. 21 f.).

Einige der beschriebenen Effekte von Scrum aus dem Einsatz in Arbeitsprozessen lassen die Vermutung zu, dass Scrum auch unterrichtliche Problemstellungen lösen kann, indem die Regeln und die Vorgehensweise von Scrum genutzt werden. Im projektartigen Unterricht auftretende Schwierigkeiten sind Klassiker der Unterrichtspraxis, die auch in der einschlägigen Literatur thematisiert werden. So beschreibt Bonz, dass es bei Kleingruppen Probleme durch Abschweifungen vom Thema geben kann oder dass die Kumulierung der Ergebnisse aus Gruppenunterricht Probleme bereiten kann, bzw. sehr zeitintensiv ist (vgl. Bonz 2009, S. 102). Zudem treten in der Schule Schwierigkeiten auf, die die Transparenz des Projektfortschritts und die Organisationsform der Gruppen betreffen. Riedel und Schelten plädieren deswegen für die Einführung von „Fixpunkten", zu denen die Teilnehmer ihre eigentliche Arbeit am Projekt unterbrechen, um sich gegenseitig über erfolgte Aktivitäten zu informieren (vgl. Riedel/

1 Bezeichnungen, die aus dem offiziellen Scrum Guide (dem Regelwerk zur Methode) stammen, werden im folgenden Fließtext kursiv gedruckt, um Missverständnissen vorzubeugen.

Schelten 2013, S. 220 f.). „Fixpunkte beugen vor, dass sich Lernende in ihren eigenen Aktivitäten verlieren, in planlose Aktivität geraten oder in einen Produktionszwang verfallen" (ebd., S. 221). Außerdem fordern sie, dass in sogenannten „Metainteraktionen" eine reflektierte Auseinandersetzung über das Geschehen im Projekt und den Umgang miteinander stattfindet (ebd., S. 220 f.).

Kurze Einführung in Scrum

Transparenz im Prozess durch Artefakte

Als Artefakte werden in der Softwareentwicklung Zwischenergebnisse bezeichnet. Bei Artefakten in Scrum handelt es sich nicht um Gegenstände, sondern im weitesten Sinne um Dateien, die für alle Beteiligten einsehbar und nachvollziehbar sind. Scrum definiert drei Artefakte: Das *Product Backlog*, das *Sprint Backlog* und das *Produkt-Inkrement* (vgl. Preußig 2017, S. 136 f.).

Das *Product Backlog* ist eine geordnete Liste von allem, was in dem fertigen Produkt enthalten sein soll. Diese Liste ist niemals vollständig, sondern unterliegt immer der Änderungsmöglichkeit. Das *Product Backlog* enthält Aufwand und Priorität als Attribute, das heißt, zu jedem Planungspunkt gibt es eine Priorität und einen geschätzten Aufwand. Durch das Merkmal der Unvollständigkeit können stetig weitere Punkte der Planung hinzugefügt und durch Priorität und Aufwand gewichtet werden. Indem die Datei per Definition unvollständig ist, handelt es sich eben auch um ein Artefakt; ein Zwischenergebnis. Durch die Veränderbarkeit soll der Tatsache Rechnung getragen werden, dass ein Produkt, solange es lebt, immer mit neuen Anforderungen – die durch Konkurrenten, Nutzer oder anderes ausgelöst werden – konfrontiert sein wird (vgl. Schwaber/Sutherland 2013, S. 13 ff.). Die Einträge im *Product Backlog* beschreiben Anforderungen aus Kundensicht.

Das *Sprint Backlog* ist die Teilmenge der für den aktuellen Sprint ausgewählten *Product-Backlog*-Einträge und beschreibt die Funktionen des *Produkt-Inkrements*, das manchmal auch nur Inkrement genannt wird. Das *Sprint Backlog* soll den aktuellen Stand der Arbeiten darstellen und wird vom Entwicklerteam stetig angepasst (vgl. Schwaber/Sutherland 2013, S. 13 ff.).

Das *Produkt-Inkrement* ist das Ergebnis des aktuellen und aller vorangegangenen *Sprints*. Das bedeutet, es ist die Summe aller bisher umgesetzten Funktionen. Es muss am Ende einer Iteration immer ein funktionsfähiges Produkt sein, selbst wenn die Auslieferung noch gar nicht geplant ist oder der Kunde es noch nicht einsetzen möchte (vgl. Preußig 2017, S. 137).

Rollen in Scrum

Die Rollen bei Scrum sind *Product Owner*, *Entwicklungsteam* und *Scrum Master*. Am einfachsten ist sicherlich die Rolle *Entwicklungsteam* zu verstehen, dabei handelt es sich schlicht um die Personen, die an der Umsetzung des Projektziels beteiligt sind und keine der beiden anderen Rollen innehaben. In der Tradition von Scrum sind das eben Software-Entwicklerinnen und Entwickler und somit das *Entwicklungsteam*. Dieses managt sich selbst und führt das *Sprint Backlog* (wobei Backlog für Auftragsbestand steht).

Die Rolle *Product Owner* kann man als Auftraggeberin oder Auftraggeber verstehen. Nur der *Product Owner* ist für das sogenannte *Product Backlog* verantwortlich. Er oder sie kann die Arbeit am *Product Backlog* an das *Entwicklungsteam* delegieren, muss dann aber für Fragen zur Verfügung stehen. Die Rolle kann nur von einer Person ausgeführt werden, nicht von einer Organisation. So soll sichergestellt werden, dass nur eine Ansprechpartnerin bzw. ein Ansprechpartner nötig ist, aber die Entscheidungen von allen respektiert werden. Die getroffenen Entscheidungen sind in Form der *Product Backlog-Einträge* transparent und für alle sichtbar dokumentiert. Wenn zwei Einträgen die gleiche Priorität zugeordnet wurde, bestimmt die Kundin bzw. der Kunde (vertreten durch die Rolle des *Product Owners*) auch die Reihenfolge der Einträge im *Product Backlog* (vgl. Preußig 2017, S. 137 ff.).

Der *Scrum Master* ist für die Durchführung des Prozesses nach den Scrum Regeln verantwortlich, dazu gehört das Beraten des *Entwicklungsteams* ebenso wie des *Product Owners*. Er oder sie sorgt dafür, dass die entsprechenden Meetings stattfinden und überwacht auch die Einhaltung der anderen Scrum-Regeln (vgl. ebd., S. 136 ff.).

Im Falle der unterrichtlichen Umsetzung von Scrum sind die Schülerinnen und Schüler der Klasse vermutlich ein oder mehrere Entwicklungsteams. Die Rolle *Product Owner* wird, wenn es sich nicht um ein Lernortskooperationsmodell handelt, wahrscheinlich die Lehrkraft einnehmen. Auch die Rolle des *Scrum Masters* ist im unterrichtlichen Zusammenhang zumindest bei unerfahrenen Gruppen von der Lehrkraft zu erfüllen. Falls erfahrene Schüler oder Schülerinnen bzw. andere Personen zur Verfügung stehen, können auch diese die Rolle ausfüllen.

Regeln oder Spielregeln

Der offizielle Scrum Guide nutzt das Wort Spielregeln gemeinsam mit dem Wort Leitfaden auf dem Titelblatt. Regeln in Scrum dienen also dazu, das Zusammenspiel der Beteiligten sicherzustellen. Eine dieser Regeln ist, dass jeder *Sprint* mit einem *Planungsmeeting* startet und mit einem *Sprint Review* und einer *Sprint Retrospektive* endet. Die Trennung der beiden Abschluss-Meetings ist wichtig. Ein *Sprint Review* thematisiert fachliche Fragestellungen. Bei der *Retrospektive* dagegen geht es um den Prozess, also die Frage, wie zusammengearbeitet wurde und wie die Zusammenarbeit im Team verbessert werden kann. Im Planungsmeeting am Anfang eines *Sprints* findet die Verständigung in Form einer Planung darauf statt, was in dieser Iteration an Arbeiten zu erledigen ist und wie das Ziel erreicht werden kann. Die für diesen *Sprint* geplanten Arbeiten werden aus dem *Product Backlog* in das *Sprint Backlog* überführt.

Ein *Sprint* hat eine vorher festgelegte Länge, dauert jedoch maximal einen Monat. Am Ende der Iteration soll ein potenziell nutzbares *Produktinkrement* stehen, also ein funktionsfähiges Produkt. Deswegen verfügt jeder *Sprint* mit dem *Sprint Backlog* über einen definierten Leistungsumfang mit Aufgaben, die während der Laufzeit zu erbringen sind. Am Ende eines *Sprints* startet sofort ein Neuer, dieser beginnt wiederum mit einem Planungsmeeting, in dem ein neuer *Sprint Backlog* abgestimmt wird. Jede Iteration kann so auch als eigenes Projekt gesehen werden (vgl. Schwaber/Sutherland 2013, S. 8).

Jeder Tag innerhalb eines *Sprints* beginnt mit einem sogenannten *Daily Scrum*. Dieses Meeting dauert maximal 15 Minuten, während der alle Teilnehmer stehen (vgl. Abb. 1). Dadurch soll sichergestellt werden, dass sich alle Beteiligten kurzfassen. Jedes Mitglied des Entwicklungsteams beantworte dabei die folgenden Fragen:

Abb. 1: Daily Scrum Meeting

- „Was habe ich seit dem letzten Daily Scrum getan?
- Was plane ich, bis zum nächsten Daily Scrum zu tun?
- Was hat mich bei der Arbeit behindert (Impediments)?“ (Kriegisch o. J.)

Das kurze *tägliche* Treffen soll die Wahrscheinlichkeit erhöhen, das Ziel der Iteration zu erreichen, indem das Projektteam den Fortschritt seiner Aktivitäten überprüft und beispielsweise den geschätzten Aufwand und die noch verbleibende Zeit gegenüber den Einträgen im *Product Backlog* abgleicht. Detaillierte Neuplanungen sind nicht Bestandteil des *Daily Scrum*. Sie finden – wenn sie nötig sind – in gesonderten Meetings direkt im Anschluss statt (vgl. Schwaber/Sutherland 2013, S. 11).

„Projekt Board", „User Stories", „Tasks" und „Planning Poker"

Transparenz ist ein wichtiges Prinzip in Scrum und kann durch die Visualisierung bestimmter Schritte unterstützt werden. Eine dieser Visualisierungsmöglichkeiten ist das Projekt Board, das aber kein fester Bestandteil von Scrum ist, da Scrum nur Prozesse und keine Techniken vorschreibt. Man kann ein Projekt Board auf Papier führen, beispielsweise mit Stellwänden und Metaplantechniken oder digitalisieren und mit entsprechender Software am PC nutzen. Klassisch ist die Version mit Stift und Papier.

Ein Projekt Board besteht aus einer großen Tabelle mit mindestens drei bzw. vier Spalten. Die Spalte „Task“ beinhaltet die Aufgabe bzw. Teilaufgaben und kann wie in Abb. 2 dargestellt erneut unterteilt werden. Die darauffolgende Spalte hat

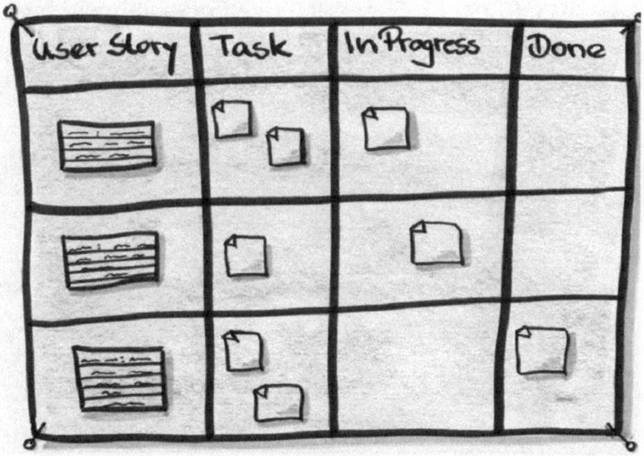

Abb. 2: Schematische Darstellung eines Scrum Boards

die Überschrift „In Progress“, die letzte Spalte hat die Überschrift „Done“ oder „Complete“. Wenn mit weiteren Spalten gearbeitet wird, könnte es auch noch „Testing“ oder „Verify“ geben, um die Testphase vor dem „Done“ zu visualisieren. In der Vertikalen wird jede identifizierte Aufgabe in einer separaten Reihe dargestellt. Aufgaben werden häufig in Form von Tasks aus User Stories abgeleitet, dann wird die erste Spalte des Projekt Boards geteilt und als User Stories und Tasks visualisiert. Mehrere Tasks, die zu einer User Story gehören, können in derselben Reihe nebeneinander visualisiert werden. Tasks werden, je nach Bearbeitungsstand, einer Spalte der Tabelle zugeordnet, deswegen werden Tasks auf Karten geschrieben, damit sie je nach Prozessverlauf neu zugeordnet werden können.

User Stories, Planning Poker und Tasks gehören nicht zu Scrum, stellen aber eine sehr gute Ergänzung dazu dar und werden deswegen hier kurz vorgestellt. User Stories beschreiben in kurzer Form Funktionalität und Fähigkeit des zu entwickelnden Produkts. Eine User Story besteht in der Regel aus nur einem Satz oder wenigen Sätzen (vgl. Preußig 2017, S. 93; Abb. 3) und beschreibt eine Funktion. Kastl u. a. die in Bayern Schulversuche zu Scrum im allgemeinbildenden Unterricht begleitet haben, lassen die User Stories von Hand schreiben und geben als Richtwert an, dass eine User Story auf eine Karteikarte passen soll. Sie stellen außerdem klar, dass User Stories die umzusetzende Aktivität aus Sicht des Kunden beschreiben und deswegen ohne Programmierkenntnisse zu verstehen sein müssen. Deswegen werden auch keine technischen Begriffe verwendet und keine Werkzeuge spezifiziert. Eine User Story braucht außerdem einen Titel und es ist zu jeder User Story nach der Erstellung eine Priorität und eine Aufwandsschätzung festzuhalten. Alle User Stories gemeinsam beschreiben das Projektziel (vgl. Kastel u. a. 2015, S. 193 f.). Die endgültige Entscheidung über die Priorität trifft wegen der Reihenfolge im *Product Backlog* der *Product Owner*.

Abb. 3: Symbolische Darstellung einer User Story

Planning Poker ist eine spielerische aber effektive Methode, um beispielsweise Aufwände oder Prioritäten zu bestimmen und kann in Gruppen dafür genutzt werden, um schnell zu einem gemeinsamen Ergebnis zu gelangen. Jeder Teilnehmer bzw. jede Teilnehmerin erhält dazu einen Satz Karten (es gibt auch spezielle Apps für das Smartphone, die man sehr gut nutzen kann, wenn der Einsatz von Smartphones im Unterricht gewollt ist). Die Karten haben je nach Hersteller unterschiedliche Werte, beispielsweise Zahlen, die an die Fibonacci-Folge erinnern (vgl. Abb. 4). Vor Beginn muss die Bedeutung der Symbole allen Teilnehmern klar sein. In der Regel ist dabei nur die Einheit zu klären, also entspricht die Eins einer Stunde oder einem Tag, oder noch etwas Anderem. Die Tasse bedeutet, dass eine Teilnehmerin bzw. ein Teilnehmer eine Pause benötigt, das Fragezeichen, dass noch Unklarheiten bestehen, also nicht eindeutig ist, was geschätzt werden soll. Die höchste Zahl soll symbolisieren, dass der Aufwand als zu komplex angesehen wird (manchmal steht deswegen auch statt einer hohen Zahl ein Unendlichkeitssymbol). Die Null bedeutet, dass die Aufgabe als zu gering für eine eigene Aufgabe betrachtet wird. Die Zahlen steigen so stark an, um deutlich zu machen, dass Aufwände, je größer sie sind, umso ungenauer abzuschätzen sind. Jeder Teilnehmer bzw. jede Teilnehmerin wählt aus seinem Stapel verdeckt eine Karte aus, die dem Aufwand seiner Meinung nach entspricht; dann drehen alle gleichzeitig ihre Karten um.

Das verdeckte Auswählen und das gleichzeitige Umdrehen sind wichtig, um eine Beeinflussung der Teilnehmenden untereinander zu verhindern. Bei wesentlichen Abweichungen werden die höchste und die niedrigste Karte

Abb. 4: Schematische Darstellung von Planning Poker Karten

begründet. Danach sollte die Runde wiederholt werden, um sicherzugehen, dass nicht zu leicht oder kompliziert gedacht wurde (vgl. Preußig, S. 99 ff.). In den Fällen, in denen ähnliche Werte gewählt wurden, kann auch ein Durchschnittswert gebildet werden (vgl. Kastl u. a., S. 196).

Aus einer User Story lassen sich ein oder mehrere Tasks ableiten. Im Unterschied zur User Story findet dabei ein Perspektivwechsel statt. Jeder Task ist eine Aufgabenbeschreibung aus Sicht des Entwicklungsteams, deswegen sind technische Einzelheiten und Begriffe hier zulässig. Wenn User Stories auf Karteikarten notiert werden, dann bietet es sich an, für Tasks auf vom Format kleineres Papier zum Beispiel Post-its zu setzen. Der Aufwand eines Tasks kann wiederum mit Planning Poker bestimmt werden (vgl. Kastl u. a., S. 194 f.).

Empirische Untersuchung zu Scrum im beruflichen Unterricht

Forschungsdesign

Über den Einsatz von Scrum im beruflichen Unterricht liegen bisher keine Veröffentlichungen vor. Für den allgemeinbildenden Informatikunterricht gibt es wenige Veröffentlichungen, die wie der Beitrag von Kastl u. a. einen eher beschreibenden Charakter haben oder sich selbst als Best-Practice-Beispiel verstehen. In dieser Untersuchung standen deswegen die Erfahrungen, die Lehrkräfte beruflicher Schulen beim Einsatz von Scrum gemacht haben, im Mittelpunkt. Da keinerlei Kenntnisse darüber vorlagen, ob beruflicher Unterricht mit Scrum erfolgreich ist und wie er gestaltet wird, ist ein offener, qualitativer Ansatz gewählt worden. Es konnten zwei Lehrkräfte gefunden werden, die Scrum im Unterricht eingesetzt haben und die zur Zusammenarbeit bereit waren. Als Erhebungsmethode sind offene, nicht standardisierte, problemzentrierte Interviews genutzt worden. Den Interviews lag ein Leitfaden zugrunde, von dem im Bedarfsfall abgewichen wurde (vgl. Mayring 2016, S. 67 ff.). Problemzentrierte Interviews bieten sich nach Mayring an, wenn eine eher theoriegeleitete Forschung stattfindet (ebd., S. 71), wie im vorliegenden Fall mit einer vorangegangenen Einarbeitung in Scrum und projektartigen Unterrichtsprozessen. Während des Interviews sollten die Lehrkräfte ihren Unterricht beschreiben und Einblicke in ihre Überlegungen vor und nach dem Unterricht geben. Um den Unterricht nicht durch den Besuch zu beeinflussen, wurde sich bewusst gegen eine Unterrichtsbeobachtung entschieden, sondern es wurde auf die Beobachtungen und Reflexionsfähigkeit der Lehrkräfte vertraut.

Die Auswertung der Interviews erfolgte in Anlehnung an die qualitative Inhaltsanalyse nach Mayring. Dazu wurden die Interviews aufgezeichnet und anschließend vollständig und fast unkommentiert transkribiert. Das heißt lediglich lange Pausen wurden kodiert in den Text übernommen. Eine sprachliche Färbung der Interviews lag nicht vor. Es wurde keine sprachliche Glättung vorgenommen, die allermeisten „Ähs" und andere Füllwörter wurden nicht transkribiert, sodass in einer Mischung aus schriftdeutsch und literarischer Umschrift transkribiert wurde (vgl. Mayring 2016, S. 99 ff.), wenn beispielsweise zu verstehende aber nicht gebräuchliche Wörter oder Worterfindungen bzw. Mischungen aus deutschen und englischen Wörtern verwendet wurden. Die Interviews wurden dann geleitet an Kategorien ausgewertet. Einige der Kategorien sind im Vorfeld festgelegt worden, andere sind beim Prozess neu entwickelt worden, um unvorhergesehene Aussagen aus den Interviews aufzunehmen. Die hier vorgestellten Ergebnisse stellen nur einen Ausschnitt aus den Interviews dar. Die in diesem Beitrag zitierten Interviewpassagen sind für die Veröffentlichung paraphrasiert worden, um die Lesbarkeit zu verbessern.

Beide Experten verfügen über ein abgeschlossenes Informatikstudium und haben im Anschluss Lehramt an beruflichen Schulen studiert und sind als Lehrkraft an beruflichen Schulen tätig. In ihrer Beschäftigungszeit vor der Schullaufbahn haben beide Scrum bereits beruflich eingesetzt oder sogar andere bei der Einführung von Scrum beraten. Der erste Experte (Exp1) hat bereits mehrere Jahre Erfahrung mit der Durchführung von Unterricht nach den Scrum Regeln. Der zweite Experte (Exp2) hat eine Unterrichtsreihe mit Scrum durchgeführt.

Zusätzlich konnte auf eine quantitative Auswertung von Experte 2 zurückgegriffen werden, die er im Nachgang zur seiner Unterrichtseinheit mit den Schülerinnen und Schülern der Klasse vorgenommen hatte.

Ausgewählte Aussagen aus den Interviews

Aufgabenstellung an die Klasse

Im Folgenden werden die Aufgabenstellungen, so wie die Lehrkräfte sie im Interview beschrieben haben, wiedergegeben. Bei der ersten Erhebung handelt es sich um eine Klasse im Ausbildungsberuf „Fachinformatiker/-in" mit der Fachrichtung Anwendungsentwicklung im zweiten Ausbildungsjahr. Der Lehrer hatte sich dazu entschieden, mit einem einzigen Entwicklerteam zu arbeiten. Zur Aufgabenstellung und Begründung sagte er:

> *„Es gibt immer einen Kundenauftrag der erfordert, dass eine Software im Team geplant werden muss. Bei mir waren die Klassengrößen zwischen 11 und 14 Schülerinnen und Schüler, sodass ich immer nur mit einem Scrum-Team gearbeitet habe. Ich habe den Gruppen dann gesagt, dass wir in diesem Block soundso viel Zeit haben und sie am Ende ein Ergebnis abliefern müssen. Bis dahin können sie mit den Stunden aber selbstständig*

interagieren. Normalerweise übernehme ich die Rolle des Kunden und mache daraus auch ein Rollenspiel. Ich trete dann als fiktiver englischer Kunde auf und kommuniziere mit den Klassen auch nur auf Englisch. Dazu gehört auch, dass ich ihnen nicht immer zur Verfügung stehe. Sie müssen mich quasi anrufen und dann komme ich zu einem Meeting. In diesem Zusammenhang üben wir dann auch, wie man sich bei einem dienstlichen Termin von Handschlag bis zum Platzanbieten verhält. In den Meetings konnten die Schülerinnen und Schüler dann die notwendigen Informationen erfragen. Nebenbei wurde so die Scrum-Rolle des Product-Owners verdeutlicht. Also die Rolle, bei der ein Mitglied des Teams die Sicht des Kunden einnimmt, um zu vermeiden, dass der Kunde ständig wegen leichter Fragen kontaktiert wird. Aus diesem Grund habe ich den gesamten Aufwand rund um den Kunden absichtlich geplant. Daraus hat sich damit die erste Annäherung an Scrum ergeben." (Exp1)

Bei der zweiten Klasse handelte es sich um eine Klasse des Beruflichen Gymnasiums Wirtschaft. Die Lehrkraft unterrichtet dort das allgemeinbildende Fach Informatik als Profilfach. Die Klasse wurde in sechs Scrum-Teams mit jeweils drei Schülerinnen und Schülern aufgeteilt. Die Aufgabenstellung beschrieb die Lehrkraft so:

„Ich habe mir einen fiktiven Kunden ausgedacht, um die für Scrum benötigte Situation darzustellen. Das besondere an Scrum ist ja, dass es keinen expliziten und fertig ausformulierten Arbeitsauftrag gibt. In diesem Fall haben die Schülerinnen und Schüler eine E-Mail von einem Kunden erhalten, in der stand, dass der Kunde Lernmaterialien für Einsteiger zur Programmiersprache Python vermarkten möchte. Er kann diese aber nicht selbst erstellen, sondern beauftragt das ebenfalls fiktive Unternehmen der Arbeitsgruppe. In einer zweiten E-Mail wurde den Schülerinnen und Schülern dann mitgeteilt, dass der Kunde wegen der großen Unsicherheit gerne nach einem Monat in einem Meeting einen Zwischenstand präsentiert bekommen möchte, um dort das weitere Vorgehen und evtl. Änderungen zu besprechen, die bis zu einem weiteren Meeting erfolgen sollen. Damit ist der erste Sprint quasi festgelegt." (Exp2)

Selbstkritik der Lehrkräfte

Einzelne selbstkritische Aussagen der Lehrkräfte in den Interviews betreffen klassische Problemfelder schulischen Unterrichts. So spricht der zweite Experte die Gruppengröße explizit an. Diese lag bei den befragten Lehrern mit drei Schülerinnen und Schülern einmal an der unteren Grenze von dem, was der Scrum Guide empfiehlt (Exp2) und beim anderen Experten mit 14 Lernenden darüber (Exp1).

„Drei Schüler sind zu wenig, zukünftig würde ich größere Gruppen machen. […] Das hat zu Motivationsproblemen bei den Schülern geführt, weil sie es als zu viel Methode empfanden." (Exp2)

Der erste Experte bezieht sich auf die maximale Anzahl von Unterrichtsstunden, die an einem Tag mit Scrum ausgestaltet werden sollten, wobei statt der beschriebenen sechs Doppelstunden wohl eher drei Doppelstunden bzw. sechs Einzelstunden gemeint sein dürften:

> *„Die Stunden müssen lang genug sein. Ich komme mit zwei Doppelstunden sehr gut klar. Sechs Doppelstunden waren in meinen Augen ideal, bei acht Stunden steigen einige Schüler dann auch aus." (Exp1)*

Effekte der Methode – Aussagen aus den Interviews

Die Experten haben positive Auswirkungen der Unterrichtseinheit festgestellt, die sie der Methode zuschreiben.

- Die Schülerinnen und Schüler sind neugierig auf die Methode, weil Sie wissen, dass ihre Kolleginnen und Kollegen teure Fortbildungen zum Thema Scrum besuchen.
- Die Schülerinnen und Schüler kommen ab Tag zwei morgens pünktlich.
- Schülerinnen und Schüler verlieren die Scheu, vor der Gruppe zu sprechen.
- Es macht der Klasse Spaß, sich Aufgabenpakete als selbstbestimmtes Lernen aussuchen zu können (vgl. Exp1).

Experte 1 beschreibt die Situation durch den Einsatz von Scrum in seiner Klasse so:

> *„Das heißt, der Klassenverband ist aufgelöst und damit auch die Sitzordnung und das führt […] grundsätzlich zu […] mehr Lebendigkeit mehr Interaktion und irgendwie mehr Freude, deswegen hat das so gut geklappt." (Exp1)*

Auch Experte 2 hat in seiner Klasse durch den Einsatz von Scrum Veränderungen gegenüber dem normalen Unterrichtsgeschehen festgestellt:

> *„Die Kommunikation im Team ist viel stärker gewesen. […] Durch Daily Scrums und Retrospektive wird das Team besser und effektiver." (Exp2).*

Schüler Feedback

Experte 1 beurteilt die Rückmeldungen der Schülerinnen und Schüler aus seinen Klasse über die Jahre positiv.

> *„Ich mache grundsätzlich immer vor und nach der Unterrichtsreihe eine Evaluation, das heißt vorher meistens um herauszufinden, wieviel die Schüler […] schon wissen und hinterher um herauszufinden wie es ihnen gefallen hat. […] die Rückmeldungen sind immer ziemlich positiv bis sehr positiv gewesen." (Exp1).*

8. Wie bewerten Sie die Vorgehensweisen/Methoden nach SCRUM bei der Bearbeitung des Projektes (SCRUM-Planungsraster, Burn-Down-Chart, Planning-Poker, Daily Scrum,...)?

Die Methoden waren hilfreich:	5,9% (n=1)
Die Methoden waren eher hilfreich:	52,9% (n=9)
Die Methoden haben eher gestört/waren eher hinderlich:	35,3% (n=6)
Die Methoden haben gestört/waren hinderlich:	5,9% (n=1)

Abb. 5: Quantitative Auswertung der Methode durch Schülerinnen und Schüler

Experte 2 hat eine eigene quantitative Befragung durchgeführt, die er zur Verfügung gestellt hat (vgl. Abb. 5). Exemplarisch daraus hier einige Auszüge.

Ausgewählte Einzelaussagen von Schülerinnen und Schülern der Klasse von Experte 2 decken das nicht eindeutig positive Bild und zeigen zugleich, warum das Meinungsbild der Klasse nicht so positiv ist wie die Meinung der Lehrkraft:

- „Zwar leicht zu überblicken aber bei der Größe der Gruppe eher überflüssig. Bei einer höheren Anzahl von Schülern eher hilfreich."
- „Durch die Bearbeitung mit den Scrum Punkten hatte man einen sehr guten Überblick über den aktuellen Stand der Ausarbeitung."
- „Die Methoden waren unnötig und haben einfach nur Arbeit gemacht, die meiner Meinung nach nicht sein müsste, außerdem ging so viel Zeit dafür drauf, diese hätte man lieber in die Ausarbeitung stecken können."
- „Ich fokussiere mich lieber auf die Arbeit und auch ohne alles irgendwo zu beschreiben und anzukreuzen kann ich produktiv arbeiten."

Einordnung der Forschungsergebnisse

Die Aufgabenstellungen der beiden Experten machen deutlich, dass es für die Schülerinnen und Schüler kein eindeutiges Ziel des Lernsettings gab. Dies kann für einige den Eindruck der Beliebigkeit erwecken, ist aber gewollt. Existiert nur ein vorher feststehendes gewolltes Ergebnis, dann ist Scrum nicht die richtige Methode. Bei den Aufgabenstellungen zeigt sich, dass die Scrum spezifischen Vorgehensweisen schon in den Arbeitsaufträgen angelegt sind. So soll der Kunde nicht häufig gestört werden (Exp1) und der zweite Experte hat sogar schon in der Situationsbeschreibung die erste und zweite Iteration mit Besprechung der Zwischenergebnisse angelegt.

Bei beiden Experten war die Gruppengröße ein Faktor. Es stellt sich wohl so dar, dass die im Scrum Guide genannte Größenangabe nicht als zwingend für die Schule zu sehen ist. Dort steht neben den Anzahlen aber auch: „Die optimale Größe des Entwicklungsteams ist klein genug, um flink zu bleiben und groß genug, um bedeutende Arbeit innerhalb eines Sprints erledigen zu können. (…) Große Entwicklungsteams erzeugen eine zu hohe Komplexität, um durch einen empirischen Prozess gemanagt werden zu können" (Schwaber/Sutherland 2013, S. 6). Wahrscheinlich ist die Komplexität in einem schulischen Setting (Schwierigkeit der Aufgabe, Parallelität der Aufgaben, Abhängigkeiten zwischen Teilaufgaben) noch nicht so hoch, sodass auch größere Teams funktionieren und durch die Größe des Teams überhaupt erst eine bedeutsame Arbeit entstehen kann. Gleichwohl zeigt sich durch die Aussage des ersten Experten, dass wenn an einem gesamten Schultag nur Unterricht nach den Regeln von Scrum stattfindet, dies für einige Schülerinnen und Schüler zu herausfordernd ist. Dies könnte einerseits mit der großen Gruppengröße oder der besonderen Schulsituation andererseits zusammenhängen. So sind vermutlich alle Schülerinnen und Schüler den gesamten Tag in einem Raum und es gibt keine echte Mittagspause, die den Tag unterbricht. Der erste Experte vermutete auch, dass das Fehlen von Routinetätigkeiten für das Aussteigen einzelner Lernender verantwortlich sei. Erfahrungen aus der Schulpraxis zeigen jedoch auch, dass Methoden- und Sozialformwechsel wichtig sind, wenn unerwünschte Nebenwirkungen der Methode auftreten (vgl. Bonz 2009, S. 265).

Die positiven Auswirkungen der Methode zeigen sich nach den Aussagen der Experten vor allem im Verhalten der Schülerinnen und Schüler. So sind positive Veränderungen in der Klassenstruktur zu erkennen, und zwar einerseits in der Klasse insgesamt, wie sich andererseits auch individuelle Veränderungen ergeben. Einzelne Schülerinnen und Schüler könnten von der klaren Struktur profitieren, indem sie genau wissen, was sie wann zu sagen haben. Ebenso sind die Zuständigkeiten für definierte Tätigkeiten klar geregelt und namentlich benannt. Diese Kombination könnte Lernenden helfen, ihre Rolle im Klassenverband bzw. dem Projektteam zu finden und auszufüllen. Für die Lerngruppe als Gesamtheit beschreiben beide Experten die Kommunikation innerhalb der Klasse als verbessert. Die Begründung dafür liegt vermutlich in den Regeln und deren Einhaltung begründet. Kommunizieren gehört in Scrum immer wieder zum geregelten Ablauf des Tages bzw. der Unterrichtseinheit. Durch das Umsetzen der Regeln kann das Entwicklungsteam die Bedeutung der Kommunikation im Prozess des Projektes selbst erfahren und kommuniziert auch außerhalb der bis dahin üblichen Partner stärker untereinander.

Die Schülerinnen und Schüler beurteilen den Einsatz von Scrum im Unterricht nicht so eindeutig positiv wie ihre Lehrer. Trotzdem kommt die quantitative Auswertung des zweiten Experten zu einer insgesamt positiven Einschätzung durch die Lernenden. So beurteilen 58,8 % der Klasse die Methoden als eher hilfreich und hilfreich. Die freien Äußerungen zur Methode sind aber auch deutlich kritisch. So stellen die Schülerinnen und Schüler vor allem den Aufwand der Methode infrage. Um diese Äußerungen genauer einschätzen zu können, fehlt leider entsprechendes Hintergrundwissen über die Klasse und die Bildungsbiografien der Lernenden. So ist beispielsweise unklar, ob sie andere Projektmanagementmethoden kennen und bereits angewandt haben. Sind schon unterrichtliche Projekte gescheitert oder drohten zu scheitern, weil es an Struktur und Kommunikation gemangelt hat? Haben sie wegen Scrum das erste Mal eine Aufwandsschätzung betrieben und kennen sie den Nutzen einer Aufwandsschätzung aus anderen Zusammenhängen? Da diese und ähnliche Fragen nicht zu beantworten sind, bleibt es bei der Vermutung, dass Auszubildende durch ihre berufliche Tätigkeit außerhalb von Schule einen anderen erfahrungsbasierten Zugang zu Projektmanagement und den zugehörigen Methoden haben als Schülerinnen und Schüler einer Vollzeitschulform. Die Einschätzung der Methode könnte dadurch beeinflusst worden sein.

Die Verallgemeinerung qualitativer Erkenntnisse ist grundsätzlich nur schwer möglich, dies liegt zumeist an den kleinen untersuchten Fallzahlen (vgl. Mayring 2016, S. 24). Diese Problematik existiert bei der vorgestellten Untersuchung mit nur zwei Experten im besonderen Maße. Trotzdem gibt es Argumente, die für eine Verallgemeinerbarkeit der Ergebnisse sprechen. Erstens ist Scrum eine selbst auf Empirie basierende Methode (vgl. Schwaber/Sutherland 2013, S. 3 f.). Das heißt, die Erfinder von Scrum haben begründet auf Erfahrungen ein Modell entwickelt und passen dieses weiterhin an. Zweitens zeigen auch Untersuchungen aus der betrieblichen Anwendung, dass der Einsatz von Scrum Verbesserungen bei Ergebnissen und Effizienz ermöglicht (vgl. Komus/Kuberg 2017, S. 21).

Auf der anderen Seite zeigt die kritische Haltung der Klasse des beruflichen Gymnasiums, dass strukturierte und geregelte Arbeitsweisen mit formalen Aspekten nicht allen Lernenden sofort sinnvoll erscheinen. Die meisten Auszubildenden zur Fachinformatikerin bzw. zum Fachinformatiker haben in diesem Bereich vermutlich Vorerfahrungen. Als Schlussfolgerung könnte die Akzeptanz der Methode und damit die Übertragung der positiven Ergebnisse auf andere gewerblich-technische Ausbildungsberufe durch betriebliche oder schulische Vorerfahrungen mir formalisierten Arbeitsweisen erleichtert werden.

Fazit

Projektartige Unterrichtssettings sind ein Klassiker nicht nur in der beruflichen Bildung und sind zu Recht aus Schule und Unterricht nicht wegzudenken. Scrum im Unterricht einzusetzen bietet den Vorteil, dass es Methode und Inhalt zugleich ist. Der Unterricht ist somit nicht nur handlungs- sondern auch geschäfts- und arbeitsprozessorientiert. Hinzukommt, dass Scrum als Vorgehensmodell auch außerhalb der IT-Welt immer mehr an Bedeutung gewinnt (vgl. Komus/Kuberg 2017, S. 7). Die Methode angewandt zu haben und zu beherrschen, stellt für angehende Fachkräfte somit einen Beitrag zur Beschäftigungssicherung im Zeitalter der Digitalisierung dar.

Scrum eignet sich, um Metainteraktionen und Fixpunkte – wie sie von Riedel und Schelten gefordert werden – umzusetzen. Durch die zu Scrum gehörenden Reflexionsmeetings drängt sich der unterrichtliche Einsatz schon fast auf. Werden diese Meetings konstruktiv genutzt, dann können echte Verbesserungen im Arbeitsverhalten der Schülerinnen und Schüler erreicht werden, wie die Experten bestätigt haben.

Scrum ist besonders geeignet für größere Projektgruppen. Eine zu geringe Anzahl an Schülerinnen und Schüler im Scrum-Team sollte vermieden werden. Die Gruppengröße kann dagegen im schulischen Einsatz die im Scrum Guide genannte maximale Teilnehmer Anzahl überschreiten, ohne dass negative Einflüsse zu befürchten sind.

Die Schülerinnen und Schüler beurteilen die Methode mehrheitlich positiv, auch wenn einigen die Organisationsform zu aufwendig ist. Scrum fördert genau deswegen nicht nur die Fachkompetenz, sondern auch Methoden-, Selbst- und Sozialkompetenz der Teilnehmenden, indem eine geleitete, strukturierte und formalisierte Arbeitsweise im Team geübt wird.

Literatur

Bonz, B. (2013): Methoden der Berufsbildung. 2. Auflage, Stuttgart.

Frey, K. (2010): Die Projektmethode. 11., neu ausgestattete Auflage, Weinheim.

Gessler, M.; Uhlig-Schoenian, J. (2009): Projektmanagement macht Schule, Selbstorganisiertes Lernen und Arbeiten mit Plan. Nürnberg.

Kastl, P.; März, S.; Romeike, R. (2015): Agile Softwareentwicklung im Informatik Unterricht – Ein Best-Practice-Beispiel am Spiel „Pengu“ In: Gallenbacher, Jens (Hrsg.): Infos 2015, Informatik allgemeinbildend begreifen. Bonn, S. 191–199.

Komus, A.; Kuberg, M. (2017): Status Quo Agile, Studie zu Verbreitung und Nutzen agiler Methoden, Eine empirische Untersuchung. Koblenz.

Kriegisch, A. (o. J.): Daily Scrum Meeting. Internet: http://scrum-master.de/Scrum-Meetings/Daily_Scrum_Meeting (Zuletzt geprüft 16.04.2018).

Mayring, P. (2016): Einführung in die qualitative Sozialforschung. 6. überarbeitete Auflage. Weinheim und Basel.

Preußig, J. (2015): Agiles Projektmanagement – Scrum, Use Cases, Task Boards & Co. Freiburg.

Riedel, A.; Schelten, A. (2013): Grundbegriffe der Pädagogik und Didaktik beruflicher Bildung. Stuttgart.

Schwaber, K.; Sutherland, J. (2013): Der Scrum Guide. Internet: https://www.scrumguides.org/docs/scrumguide/v1/Scrum-Guide-DE.pdf (Zuletzt geprüft 27.2.2018).

Jonas Gebhardt

Netzkompetenz als Ziel informationstechnischer Bildung

Zusammenfassung: *Die Zukunft der Arbeitswelt und der gesamten Gesellschaft wird durch eine wachsende informationstechnische Vernetzung geprägt sein. Im Umfeld von Megatrends wie Industrie 4.0, Digitale Transformation sowie Globalisierung können durch Vernetzungen neue Zusammenhänge zwischen ehemals isolierten Arbeits-, Geschäfts- und Lebensbereichen entstehen. In einer Welt, deren Ganzheit zu begreifen eine immer größere Herausforderung darstellt, kommt der informationstechnischen Bildung gepaart mit der bildungspraktischen Ausgestaltung innovativer Querschnittskompetenzen eine gewichtige Rolle zu. Lehrende sowie die Lernenden sollten sich beruflich und privat kompetent behaupten können, indem sie die vernetzten Prozesse nachvollziehen und Handlungs- sowie Gestaltungsmöglichkeiten erkennen. Im Folgenden wird dargestellt, wie sich eine Querschnittskompetenz und die informationstechnische Bildung gegenseitig bedingen.*

Gedankliche Einordnung

Mit der steigenden Präsenz von Informationstechnik wandeln sich auch Berufsbilder. Die wachsende ganzheitliche informationstechnische Vernetzung, die Internationalisierung betrieblicher und privater Infrastrukturen, gepaart mit der permanenten Verfügbarkeit von Informationen lassen die Komplexität der Facharbeit steigen. Berufe und Prozesse unterschiedlicher Sektoren wachsen im Arbeitsprozess näher zusammen und werden durch Wissensarbeit geprägt sein. Für die mittlere Qualifikationsebene gilt es Schlüsselkompetenzen zu definieren, um Potenziale bezüglich Problemlösung, Kreativität und Innovation zu heben (vgl. Eichhorst/Buhlmann 2015, S. 12).

> *„Wie kann so (…) eine Schlüsselkompetenz bei Schülern nach der 10. Klasse aussehen, damit wir diese in der Berufsbildung weiter entwickeln können?“ (Esser 2016)*

In einem Vortrag zur nachhaltigen Gestaltung der Berufsausbildung im Zusammenhang mit den Entwicklungen um *Industrie 4.0,* äußert Prof. Dr. Hubert Esser, Präsident des Bundesinstituts für Berufsbildung (BIBB), die Suche nach einer notwendigen Schlüsselkompetenz. Jene Kompetenz soll bereits bei den potenziellen Auszubildenden nach der 10. Klasse vorhanden sein, damit die Berufsbildung darauf aufbauen kann. Der Bedarf einer schulformübergreifenden Schlüsselkompetenz geht einher mit der *Digitalen Transformation* sowie den

4.0-Entwicklungen und wird zu einer Herausforderung. Für die Berufsbildung gilt es, fortwährend Merkmale einer solchen Schlüsselkompetenz zu antizipieren und didaktisch zu schraffieren, um auf die individuellen Anforderungen an den Menschen und des Berufsalltags in der mittleren Qualifikationsebene vorzubereiten.

Im nationalen Diskurs und auch aus europäisch vergleichender Perspektive, wie dem 2016 veröffentlichten länderspezifischen CEDEFOP-Report zu den *key competences in vocational education and training*, rücken auch hier *key competences* in den Fokus, damit ein ganzheitlicheres Verständnis für die verschiedenen Einflüsse auf das Berufsbildungssystem wachsen kann.

> *„Key competencies are not explicitly mentioned in training regulations or framework school curricula in Germany. But they influence education and training by the holistic understanding of how vocational action competence is acquired; an understanding which forms the basis of vocational education and training. Key competences are a central and integral element of VET and are acquired both in the school-based as well as in the company-based part of apprenticeship. The level of the individual competences also differs between sectors and occupations, and other influencing factors such as the size of the company, the position in the company and the company location. […]. Particularly worth mentioning with regard to this are foreign language and IT skills." (Hensen/Hippach-Schneider 2016, S. 12).*

Key competence wird als Sektor übergreifende Kompetenz skizziert, deren Charakter sich besonders aus permanenten Bezügen zur IT und Kommunikation in Betrieben, Schulen und Gesellschaft formt. IT und Kommunikation werden somit zu dem Sektor übergreifenden und integralen Element von Berufsbildung. Die Notwendigkeit der Entwicklung einer Schlüsselkompetenz kann ein fester Bestandteil des lebenslangen Lernens sein. Dieser Prozess ist fortlaufend und geht über das Erreichen von Ausbildungsqualifikation hinaus (vgl. Hensen/Hipp-Schneider 2016, S. 12).

Die von Esser thematisierte Weiterentwicklung der Berufsbildung kann mit der CEDEFOP-Aufforderung verbunden werden, innerhalb der gesamten Bildungslandschaft eine oder mehrere Schlüsselkompetenzen Bildungsgang übergreifend zu etablieren: So wiederzuerkennen im Strategiepapier der Kultusministerkonferenz (KMK) zur *Bildung in der digitalen Welt* (KMK 2017a). Jene verbindliche Umsetzung für die Lehrenden soll die wirtschaftliche Konkurrenzfähigkeit fördern, indem die *Kompetenzen für die digitale Welt* die persönliche und berufliche Teilhabe sowie soziale und ökologische Verantwortung des Einzelnen stärken sollen. Man kann aus diesen KMK-Richtlinien schlussfolgern, dass sich auch die Verbindlichkeit des Lehrauftrags der Lehrenden der informationstechnischen Bildung erweitert wird (vgl. KMK 2017b, S. 2).

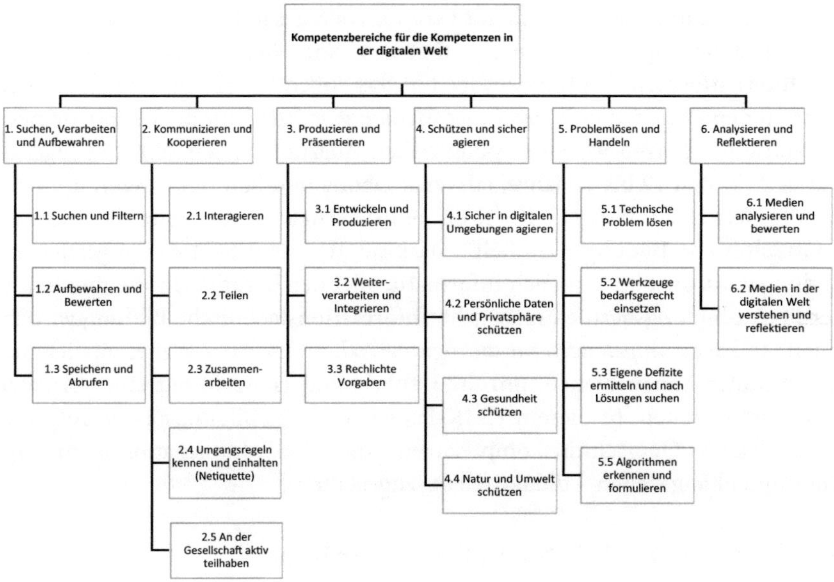

Abb. 1: Die ersten beiden Ebenen der Kompetenzbereiche der Kompetenzen in der digitalen Welt (KMK 2016)

Aus der Darstellung der Kompetenzen dieses bundeslandübergreifenden Beschlusses ist eine Bedarfslage einer diffundierenden informationstechnischen Bildung erkennbar (vgl. Abb. 1). Die Benennungen der Kompetenzebenen weisen informationstechnische Merkmale auf:

- *1.3 Speichern und Abrufen*
- *2.1 Interagieren*
- *3.2 Weiterverarbeiten und Integrieren*
- *3.3 Rechtliche Vorgaben beachten*
- *4.1 Sicher in digitalen Umgebungen agieren*
- *4.2 Persönliche Daten und Privatsphäre schützen*
- *5.5 Algorithmen erkennen und formulieren*
- *6.2 Medien in der digitalen Welt verstehen und reflektieren.*

Die KMK stellt die an die Informatik entlehnten Namensgebungen als Kompetenzen dar, die im Zuge permanenter Verfügbarkeit von Informationstechnologie und Informationen fortentwickelt werden sollen. Diese Verfügbarkeit zeichnet sich besonders im Privaten durch die Verbreitung des Internets und smarter Endgeräte und ihrer damit verbundenen gesamtgesellschaftlichen Vernetzung durch digitale Kommunikation aus. Nach den aktuellen Ergebnissen des Internationalen Zentralinstituts für das Jugend- und Bildungsfernsehen (IZI) zu den *Grunddaten Jugend und Medien von 2019*, mit über 1200 Teilnehmer(inne)n, besitzen 98 % der potenziellen Auszubildenden, also der Jugendlichen zwischen 12 bis 19 Jahre, ein Smartphone und kommunizieren über das mobile Netz (IZI 2019). Die KMK öffnet in ihrem Strategiepapier die informationstechnische Bildung. Das heißt, dass sie Teil einer Sektor übergreifenden Bildung wird, die über das Fach Informatik oder den beruflichen Fachunterricht der IT-Ausbildungsberufe hinausgeht. Informationstechnische Bildung wird zu einem Teil der *Kompetenzen für die digitale Welt* und soll der Weiterentwicklung aller Schüler/-innen dienen, um ihr Denken und Handeln auf eine vernetzte Welt vorzubereiten. In diesem KMK-Papier wird die Bildungspraxis aufgefordert, solcherlei Querschnittskompetenzen – die mit der Informationstechnik im Zusammenhang stehen – didaktisch auszugestalten.

Netzkompetenz als informationstechnische Schlüsselkompetenz

An dieser Stelle sei die berufsbildungspraktische Ausgestaltung einer *Netzkompetenz* genannt (vgl. Gebhardt 2017; Gebhardt 2016; Gebhardt/Grimm/Neugebauer 2015). Bei der Herausbildung von *Netzkompetenz* geht es nicht darum, ein professionalisiertes Tiefenwissen von Programmiersprachen oder IP-Netzwerken bei allen Ausbildungsberufen oder in allen Schulformen zu entwickeln. Vielmehr steht *Netzkompetenz* dafür, inwiefern Kenntnisse von Basiskonzepten zusammenhängender Fachinhalte und Arbeitsbereiche im Arbeitsprozess bekannt sind und eingeordnet werden können. *Netzkompetenz* ist als gestaltbarer und inhaltsoffener didaktischer Rahmen einer Querschnittskompetenz zu verstehen. Diese *Netzkompetenz* könnte als eine Querschnittskompetenz der Suche nach einer Schlüsselkompetenz entsprechen. Sie baut schulformübergreifend auf den KMK-Kompetenzbereichen der *Kompetenzen in der digitalen Welt* auf und ließe sich nach der 10. Klasse auch in der Berufsbildung fortführen. *Netzkompetenz* kann als didaktischer Meta-Rahmen für die Querschnittskompetenzen zur *Bildung in der digitalen Welt* der KMK und zur Weiterentwicklung in der Berufsbildung dienen. Die Idee des Konstrukts der *Netzkompetenz* erschien erstmals im Jahr 2000 im Umfeld einer BIBB-Studie zur *„Internetionalisierung"* (vgl. Wordelmann 2000) des Arbeitsalltags von kaufmännischen Ausbildungsberufen. Der Terminus *Netzkompetenz* reduziert den Netzbegriff nicht auf den Umgang mit Technik, auch fokussiert sie nicht alleinig die informationstechnischen

Netzwerke. *Netzkompetenz* begreift in den Ursprüngen die Herausforderung einer vernetzten Arbeit mit dem Internet und den damit neu entstehenden Zusammenhängen und Netzwerken. Wordelmann ist von einer zunehmenden Virtualisierung von Tätigkeiten und der Vernetzung interpersonaler Kommunikation ausgegangen und schlussfolgerten, dass die Arbeitnehmer/-innen der Informationsgesellschaft eine *Netzkompetenz* als Querschnittskompetenz bedürfen. Mit dem Zugang zum Internet wachsen die Menschen, Maschinen, Produkte und Prozesse auf logischen und physikalischen Ebenen immer weiter zusammen. Dynamische Prozesse scheinen online und offline, in interdisziplinären, internationalen und interkulturellen Kontexten und Beziehungen zu geschehen. Die Idee der *Netzkompetenz* wird durch das KMK-Strategiepapier bestärkt. Ein Bildungsziel für die Entwicklung und didaktische Implementierung dieser Querschnittskompetenz kann es sein, die menschlichen Aktant(inn) en und ihr Handeln in den neu entstehenden Netzwerken, in der Arbeitswelt und im gesamtgesellschaftlichen Umfeld, zu stärken. Mit dieser Stärkung könnte es für die Menschen unproblematischer werden, die neuen Zusammenhänge zu verstehen. Der Konvergenzgrad ihrer Kompetenz und ihrer aktiven Teilhabe in diesen Netzwerken, sozialer und/oder technologischer Natur, könnte sich somit parallel zu dem steigenden Innovationsgrad der künstlichen Netzwerke mitentwickeln (Schulz-Schaeffer 1998, S. 138).

Netzkompetenz – empirische Befunde

Das BMBF-geförderte Forschungsvorhaben PROKOM 4.0 (2015–2017) analysierte zukünftige Anforderungen an die *Facharbeit in der High-Tech Industrie*[1]. Abb. 2 verdeutlicht als ein Resultat einen möglichen Gestaltungsrahmen der *Netzkompetenz*. Diese Darstellung ergibt sich u. a. aus Kategorienbildungen, die aus qualitativen berufswissenschaftlichen Studien des Arbeitsalltags der gewerblich-technischen Facharbeit hervorgegangen ist. Die Visualisierung kann sich in die Kompetenzbereiche für die *Kompetenzen in der digitalen* Welt einfügen. Gleichfalls kann die *Netzkompetenz* durch jene KMK-Vorgaben individuell gestaltet werden.

Aufbauend auf dem Konstrukt der *Netzkompetenz* nach Pförtsch und Wordelmann wurde die Neuinterpretation der *Netzkompetenz* an die gegenwärtigen Megatrends der 4.0-Entwicklungen angepasst. Diese Querschnittskompetenz

1 Die *High-Tech-Industrie* steht als ein Metabegriff für die zusammenhängenden Veränderungen durch die Digitale Transformation und 4.0-Entwicklungen in Arbeit und Leben.

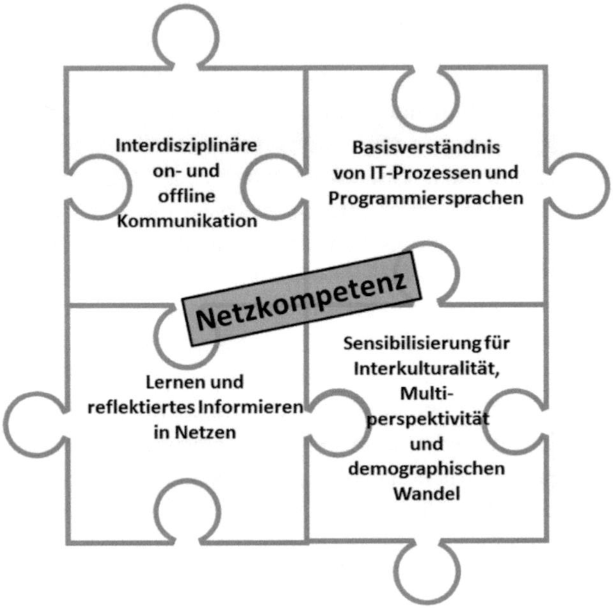

Abb. 2: Netzkompetenz als gestaltbares Konstrukt einer Querschnittskompetenz (Gebhardt und Grimm 2019)

speist sich theoretisch außerdem aus dem transdisziplinären Ansatz der konstruktivistischen Wissenschafts- und Technikforschung, der *Akteur-Netzwerk-Theorie* aus der Soziologie. Die *Akteur-Netzwerk-Theorie* untersucht das sich stetig verändernde Zusammenspiel verschiedenartiger Elemente in einem Netzwerk, um ein kohärentes Ganzes zu verstehen. Das gilt auch für das Zusammenspiel zwischen materiellen und sozialen Elementen, damit weit reichendere Handlungs- und Sinnzusammenhänge verdeutlicht werden, die z. B. aus der wachsenden Diffusion von informationstechnischer Kommunikation und Internationalisierung in Gesellschaft und Arbeitswelt hervorgehen (Kneer 2009).

Um ein Verständnis für *Netzkompetenz* und die empirischen Zugänge zu ermöglichen, werden nun exemplarisch Projektergebnisse vorgestellt. Im Folgenden wird ein Beispiel für ein netzkompetentes Handeln eines Facharbeiters dargestellt, wie es im Forschungsprojekt analysiert wurde:

> *„Das habe ich mir während der Arbeitszeit beigebracht, Basic-Programmierung wird doch bei YouTube beschrieben. […] Die Softwarevorgabe durch den Hersteller dauerte zu lange und da habe ich selber etwas entwickelt und jetzt können alle gleichzeitig auf*

die Abfrage zugreifen. […] Das Programm habe ich dann vorgestellt und es wurde von der Team- und Werksleitung für gut befunden und dann habe ich auch selbst die Einweisung für die Mitarbeiter gegeben." So die Aussage eines Kommunikationselektronikers aus dem Bereich des After-Sales-Managements mobiler Endgeräte. Dieser Facharbeiter wird auch auf internationale englischsprachige Fortbildungen namhafter Smartphone-Hersteller entsendet. In Folge obliegt es dann seiner Verantwortung die Fortbildung in englischer Sprache entsprechend aufzubereiten und eine deutschsprachige Inhouse-Fortbildung für Mitarbeiter/-innen durchzuführen und entsprechende Anleitungen zu verfassen. (Eigene Erhebung; Performanzbeobachtung eines Facharbeiters; Kommunikationselektroniker in einem KMU in SH 2016).

Im Forschungsprojekt PROKOM 4.0 wurde auf der Ebene der Performanz, also in der Arbeitspraxis der gewerblich-technischen Facharbeit in kleinen und mittelständischen Unternehmen, dokumentierend-partizipierende Arbeitsbeobachtungen durchgeführt. Die Renovierung des *Netzkompetenz*begriffs speiste sich somit aus diesen qualitativen Feldzugängen zur authentischen Performanz der Facharbeit. Allgemein ließen sich Veränderungen im Umfeld der digitalen Transformation beobachten. Facharbeiter/-innen kommunizieren mittels betrieblicher und privater *smarter Endgeräte* im Arbeitseinsatz miteinander und suchen gemeinsam nach fachlichen Lösungen für akut aufgetretene Probleme im Arbeitskontext. E-Mail oder Messenger-Apps auf privaten Smartphones dienten dem fachlichen Austausch. Sofern keine Firmenlösung für eine ortsunabhängige digitale Kommunikation zugängig war, nutzten die Facharbeiter/-innen die Messenger-Dienste z. B. zum Versenden von Bildern und Schaltplänen, um im Telefonat oder komprimierten Nachrichten fachlich und lösungsorientiert zu kommunizieren. Hotspots wurden für den mobilen und ortsungebundenen kollegialen Dialog und für Materialbestellungen eingerichtet. In weiteren Fällen gestalteten Facharbeiter/-innen informationstechnisch vernetzte Arbeitsprozesse im Unternehmen aktiv mit. Die fehlende informationstechnische Qualifikation hielt sie nicht davon ab, sich in den Prozess auf der Ebene der Performanz lösungsorientiert in IT-Prozesse einzubringen (siehe obiges Beispiel).

Die Bedeutung von fachübergreifender Kommunikation in qualifikationsheterogenen Arbeitsteams wurde ebenfalls beobachtet und als bedeutend eingeschätzt. Während der Erhebungen wurde diese explizite Situation bei einer jungen Fachinformatikerin für Anwendungsentwicklung beobachtet, die die Hauptverantwortung für die Durchführung eines Projektes hatte. Bei dem Projekt ging es um die nachträgliche Informatisierung eines Arbeitsprozesses in einem Eisenwerk. In diesem haben ihr u. a. Ingenieurinnen und Ingenieure zugearbeitet und sie war ebenso verantwortlich für die direkte Kommunikation mit dem Kunden (vgl. Abb. 3).

Arbeitsaufgabe: **Informatikerin für Anwendungsentwicklung**	**Gegenstand der Facharbeit**	**Arbeitsmittel, Methoden Organisation**	**Anforderungen an die FA und Technik**	**Deskriptoren für Netzkompetenz**
Bsp.: Auftragsannahme, Datenerstellung				
Teilt Mitarbeiter ein, bzw. nennt Vorstellungen, wer sie beim Besuch im Unternehmen, zur Fehleranalyse und Zielabschätzung, wann eine Inbetriebnahme zu geschehenen hat (IN KW 43) **Analyse und Durchsicht von Process-Data/Programm-Befehlen der IT-Lösung für den Kunden (Daten) und das entwickelte LEVEL 2-System** **Geht auf Frage zur Vorgehensweisen ein, zur Problembeseitigung im Analyseprozess der Software**	**Kommunikation mit dem Kunden** **Vorschläge werden im Team mit Diplom Mathematiker besprochen** Programmieren	Einzelarbeit Entwickelte Software für den Kunden (Level 2. System zur Materialerfassung und zum Teil Erfassung von Messwerten: Optimierungssystem, Anlagenplanung, Leitsystem)	Telefonat mit Kunden Vorschläge wird im Team mit (u. a. Diplom Mathematiker) besprochen	**Facharbeiterin hat die volle Projekt-verantwortung** DEZENTRALE REMOTE: SUPPORT UND SIMULATION **Qualifikations-heterogenes Projektteam**

Abb. 3: Performanzbeobachtung einer Fachinformatikerin für Anwendungsentwicklung (Gebhardt 2017)

Wachsende demografische, kulturelle und sprachliche Anforderungen an die Facharbeit wurden auch beobachtet. In global agierenden Firmen und im Vorfeld von Auslandsarbeitseinsätzen haben Facharbeiter/-innen betriebliche Schulungen erfahren. Diese Schulungen zielen auf die Sensibilisierung der Mitarbeiter/-innen hinsichtlich der individuellen sprachlichen, politischen und kulturellen Gegebenheiten am Einsatzort bzw. der Kommunikation mit den kooperierenden ausländischen Mitarbeiter(inne)n ab.

Durch die wachsende internationale Vernetzung der Wertschöpfungsketten und Unternehmensnetzwerke und die heterogenen Migrationshintergründe von Kolleg(inn)en bedarf die Facharbeit einer erweiterten Kommunikations- und Kulturkompetenz. Dieses gilt für englischsprachige Anleitungen, den Kontakt mit Supportzentren, technische Schulungen und Weiterbildungen ebenso wie für die Kommunikation mit anderssprachigen Kolleg(inn)en über E-Mail, Messenger, Telefon oder *Face2Face*. Eine kulturelle und sprachliche Sensibilisierung ist Teil einer *Netzkompetenz* (vgl. Abb. 2), weil Sprache und kulturelle Diversität die vernetzten Arbeitsalltage prägen. Die sprachliche und kulturelle Sensibilisierung wird zu einer Bedingung für eine innovative Berufsbildung. *Berufsspezifische Fremdsprachenkompetenzen* sind Teil von Querschnittskompetenzen und nach dem KMK-Beschuss *„Berufliche Schulen 4.0"* in der beruflichen Bildung zu erweitern (KMK 2017b, S. 8). Überdies ist es vorstellbar, dass Lehrkräfte der informationstechnischen Bildung die Weiterbildung für die eigenen Kolleg(inn)en organisieren und durchführen, um als ein Abbild der vernetzten Welt auch in der Schule inter- und transfachlich zu agieren. Informationstechnische Bildung ist Teil der *Netzkompetenz* und zugleich verbindet Informationstechnik auch die unterschiedlichen Kompetenzbereiche verschiedener Fächer in nahezu allen Ausbildungsberufen. Die Fachkompetenz der Facharbeit scheint sich in virtuelle Netze auszubreiten, z. B. bei der Onlineberatung, beim fachlichen und kollegialen Austausch mit Kund(inn)en oder Kolleg(inn)en sowie bei der Wartung und Überwachung von Prozessen und Systemen.

Der Sektor übergreifende und interdisziplinäre Charakter geht über das Entwickeln eines technologischen Netzverständnisses hinaus. Es geht darum einander bedingende Anforderungsstrukturen in den Lern- und Arbeitsbereichen unterschiedlicher Niveaus zu erkennen und sichtbar zu machen, dieses kann zu einer breiteren Reflexion und Selbstständigkeit des eigenen Handels führen.

Netzkompetenz im Berufsschulunterricht

Eine Unterrichtsplanung zur Entwicklung von *Netzkompetenz* als eine Querschnittskompetenz bei Auszubildenden, entlang der notwendigen inhaltlichen

Abb. 4: Schüler in einer Mechatroniker(innen)fachklasse erfahren an einer 4.0-Demonstrationsanlage die Grundlagen von IoT und Vernetzung in einem Unterricht zur Netzkompetenz (Gebhardt 2017)

Bedienung der jeweiligen Lernfelder, kann Lehrkräfte, und besonders Lehranfänger, vor inhaltliche Herausforderungen und womöglich Rechtfertigungszwänge stellen. Die neu entstehenden Zusammenhänge in der vernetzten Welt sind erst zu erschließen und nachzuvollziehen, bevor sie passgenau didaktisiert werden. Die aktuellen Strategiepapiere der KMK bilden einen innovativen und relevanten Handlungsrahmen für die Gestaltung von *Netzkompetenz* und für die Erschließung neuer Kontexte. Die Qualität der Umsetzung von arbeitsprozessorientierten Lehr-Lern-Prozessen im Unterricht bedingt sich auch durch die methodische Vielfalt und das Erfahrungswissen der Lehrkräfte. Es bleibt in diesem Zusammenhang wichtig, ähnlich des Lernens im Arbeitsprozess, die Lernförderlichkeit und Relevanz des Unterrichtsinhalts im ganzen Prozess zu betrachten und mögliche Fragen, bezüglich Authentizität, Situiertheit, sozialer

Kontexte und Perspektiven, didaktisch sicher zu beantworten (Dehnbostel 2008, S. 6). Dieses gilt durchweg für die Umsetzung von *Netzkompetenz* als Querschnittskompetenz, angelehnt an die *Kompetenzen für die digitale Welt.*

Fortan durchdringt die Informationstechnik inhaltlich oder als mediales Instrument die Unterrichtsgestaltung aller Fächer und Lernfelder an berufsbildenden Schulen. IT-Berufsschullehrkräfte haben diesen Umstand mitzugestalten, damit auch das informationstechnische Potenzial bei Nicht-IT-Lehrkräften und auch bei nicht IT-Ausbildungsklassen erweitert wird. Die IT-Lehrkräfte sind eine tragende Säule der Umsetzung des Handlungsrahmens der KMK zu den *Kompetenzen in der digitalen Welt* (vgl. Abb. 4) und von *Netzkompetenz.* In den Kompetenzbereichen der KMK werden Vernetzung und Informationstechnik zentrale Bestandteile für die *Bildung in der digitalen Welt.* Dieses gilt beispielsweise auch für Ausbildungsberufe, die nicht der IT-Berufsfamilie angehören, wie für den Ausbildungsberuf „Mechatroniker/-in", der bereits von Beginn an Inhaltsbereich zu Datenverarbeitungsanlagen und Software aufwies. Im Lernfeld 5 des Ausbildungsrahmenplans zum/zur Mechatroniker/-in wird diese Relevanz anschaulich beschrieben: (Mechatroniker/-innen) kommunizieren mithilfe von Datenverarbeitungssystemen. Die Auszubildenden beschreiben den Einsatz von Datenverarbeitungsanlagen und deren Einordnung in betriebliche Abläufe sowie die Strukturen vernetzter Systeme und die daraus resultierenden Sicherheitsanforderungen. Sie analysieren Arbeitsaufträge, indem sie sich dazu betriebliche Informationen beschaffen und können diese mittels branchenüblicher Software aufbereiten und dokumentieren. Sie können Lösungshilfen aus englischsprachigen Handbüchern entnehmen (vgl. KMK 1998, S. 6 ff.).

Die Vermittlung von informationstechnischen Inhalten dient dem Grundlagenverständnis für IT-Prozesse. Die unterrichtliche Didaktisierung der zusammenhängenden Vernetzung von Arbeitsprozessen lässt sich fortlaufend in die Umsetzung der KMK-Strategie und in den kompetenzorientierten Unterricht einbetten. In Anlehnung an die fundamentale Idee des Informatikdidaktikers Schwill wäre ein zielgruppengerechter inhaltlicher Reduktionsraum zu generieren. Vorstellbar wäre es reduzierte IT-Fertigkeiten zu entwickeln, indem eine App programmiert wird oder Grundlagen für die objektorientierte Programmierung erfahrbar gemacht werden, wie z. B. bei *GREENFOOT* oder *Scratch* (Heinrich 2017, S. 121). Auf diese Weise können Lerner/-innen auch aus ehemals informationstechnisch fernen Ausbildungsberufen informationstechnische Bildung erfahren und die Relevanz von IT zu ihren eigenen individuellen und beruflichen Kontexten in Bezug setzen.

Ein projektorientierter und selbst gesteuerter Unterricht könnte auch in Kombination mit der Methodik des *Serious Gaming* umgesetzt werden, um die

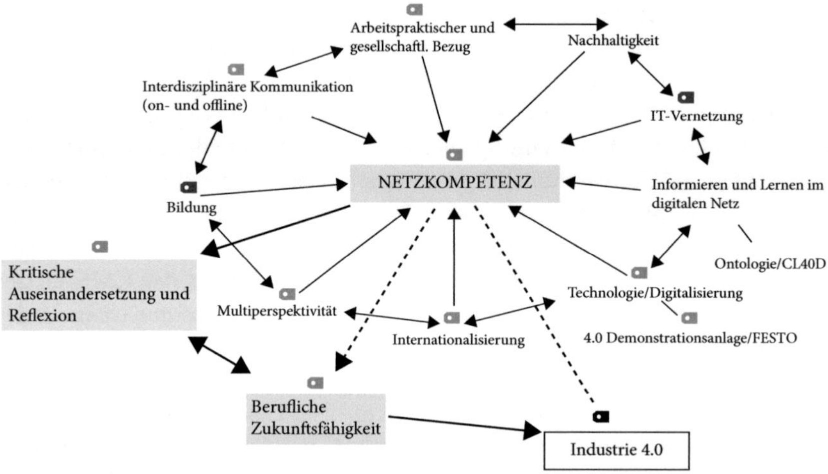

Abb. 5: Kartographie der inhaltlichen Themen für eine Netzkompetenzeinheit zur Sensibilisierung für Industrie 4.0

Komplexität von Prozessen im Unterricht nachzuvollziehen und *Netzkompetenz* im Prozess und in der Performanz einer interdisziplinären Teamarbeit in Mensch-Technik-Rollennetzwerken zu entwickeln (Dworschak, Zaiser 2017, S. 274; Bremer 2017, S. 180 f.). Diese Didaktisierung von *Netzkompetenz* kann sowohl mit virtuellen als auch mit realbetrieblichen Elementen geschehen. Entscheidend für das Gelingen, z. B. der Steigerung einer kritischen Reflexion der vernetzten Prozesse (hier am Beispiel von Themen im Umfeld von Industrie 4.0; siehe Abb. 5), ist es, reale Arbeitsprozesse als Ausgangspunkt für die unterrichtliche Planung heranzuziehen. Es geht um das Nachvollziehen von vernetzten Zusammenhängen, mit dem Anspruch ein ganzheitlicheres Verständnis zu erreichen.

Ausblick

Als Grundgedanke von *Netzkompetenz* und ihrer Ausgestaltung im Unterricht kann das Ziel zusammengefasst werden, dass die Lernenden und Lehrenden in informationstechnisch miteinander verbundenen Prozessen kompetent sind. Die *Netzkompetenz*, gleichbedeutend mit der Notwendigkeit einer gesteigerten informationstechnischen Bildung, ist andockbar an die *Kompetenzen in der digitalen Welt* (KMK). Die Suche nach einer Schlüsselkompetenz mündet in der

Schraffur von Querschnittskompetenzen, wie der *Netzkompetenz*. Sie entspringt aus den wachsenden technologischen und gesellschaftlichen Ansprüchen an den Menschen. Die Entwicklung von *Netzkompetenz* kann den Individuen, Lehrenden und Lernenden eine Orientierung bieten, um die eigenen Handlungs- und Gestaltungsmöglichkeiten in der vernetzten Welt sicherer auszuloten und zu entscheiden. Neben der informationstechnischen Vernetzung zählt dieses auch für die internationale Vernetzung im Arbeitsalltag. Parallel zur eigenen Fachlichkeit sind folgerichtig auch die eigene Kommunikationsfähigkeit und der eigene kulturelle Habitus stärker zu reflektieren. Die Verantwortlichen der informationstechnischen Bildung sollten, durch die steigende informationstechnische Durchdringung und die IT-Kommunikation, verstärkter in die gesamte Gestaltung der Berufsausbildung integriert werden, damit alle Akteure informationstechnische Kompetenzen als Komponente ihres individuellen beruflichen Selbstverständnisses entwickeln. Das Grundlagenverständnis von informatischen Prozessen ist somit Teil der *Netzkompetenz*, sodass diese Querschnittskompetenz folglich auch Teil der *Kompetenzen in der digitalen Welt* sein kann. Das Verstehen und didaktische Aufbereiten der verschiedenen Inhalte der vernetzten Arbeitsprozesse und der Netzwerke der Auszubildenden und der Facharbeit, mit ihren berufsbedingten und individuellen Arbeits- und Lebenswelten, bleibt die Herausforderung für die didaktische Umsetzung von *Netzkompetenz*. Die Kompetenz- und Handlungsorientierung bieten weiterhin eine gelungene Rahmung für die erfolgreiche Bildungspraxis. Im Sinne der *Netzkompetenz* und einer innovativen zukunftsorientierten Bildung muss es erlaubt sein, kritisch zu hinterfragen, wie und ob sich Lernprozesse in der vernetzten Welt ändern und ändern sollten.

Literatur

Bremer, A. (2017): Diffusion des Internet der Dinge auf die mittlere Beschäftigungsebene der Industrie, Bielefeld 2017.

Bund-Länder-Koordinierungsstelle für den Deutschen Qualifikationsrahmen für lebenslanges Lernen (2013) (Hrsg.): Handbuch zum Deutschen Qualifikationsrahmen. Struktur – Zuordnungen – Verfahren – Zuständigkeiten, Berlin (abgerufen 15.08.2019 von https://www.dqr.de/media/content/DQR_Handbuch_01_08_2013.pdf).

Dehnbostel, P. (2008): Lern- und kompetenzförderliche Arbeitsgestaltung. In: BWP 2/2008, Bielefeld. S. 5–8.

Dworschak, B.; Zaiser, H. (2017): Kompetenzentwicklung in und für die Industrie 4.0 – Ein Konzept. In Spöttl, G. & Windelband, L. (Hrsg.): Industrie 4.0. Risiken und Chancen für die Berufsbildung, Bielefeld, 261–278.

Eichhorst, W.; Buhlmann, F. (2015): Die Zukunft der Arbeit und der Wandel der Arbeitswelt. In: IZA: IZA Standpunkte Nr. 77, Bonn.

Esser, H. (2016): Fachkräfte; neue Qualifikationsbedarfe, Wandel von Berufsbildern, lernförderliche Arbeitsgestaltung/Weiterbildung. Vortrag. auf dem BMWi-Kongress „Arbeiten in der digitalen Welt – Mensch I Organisation I Technik" am 28.01.2016, Berlin.

Gebhardt, J. (2016): Digital ist besser zu begegnen. Netzkompetenz als zukunftsorientierte Querschnittskompetenz für die Facharbeit. In: berufsbildung. Zeitschrift für Praxis und Theorie in Betrieb und Schule, 16. Jg. (Heft 159), S. 14–16.

Gebhardt, J. (2017): Digital ist besser!? – Herausforderungen für die Facharbeit und die Berufsbildungspraxis. In: Jaschke, S.; Schwenger, U.; Vollmer, T. (Hrsg.): Digitale Vernetzung der Facharbeit. Gewerblich-technische Berufsbildung in einer Arbeitswelt des Internets der Dinge. Band 43. Bielefeld, S. 137–154.

Gebhardt, J.; Grimm, A.; Neugebauer, L. (2015): Developments 4.0 – Prospects on future requirements and impacts on work and vocational education. In: Journal of Technical Education (JOTED), 3. Jg. (Heft 2), S. 117–133.

Grimm, A. (2011): Planungsmerkmale von kompetenzorientiertem Berufsschulunterricht. In: Fischer, N.; Grimm, A. (Hrsg.): Lernen und Lehren in der beruflichen Bildung. Professionalisierung im Spannungsfeld von Hochschule und Schule. Friedhelm Schütte zum 60. Geburtstag. Frankfurt am Main, S. 269–282.

Grimm, A. (2017): *Netzkompetenz* als Querschnittskompetenz in der Lehrerbildung. In: Jaschke, S.; Schwenger, U.; Vollmer, T. (Hrsg.): Digitale Vernetzung der Facharbeit. Gewerblich-technische Berufsbildung in einer Arbeitswelt des Internets der Dinge. Band 43. Bielefeld, S. 189–204.

Heinrich, N. (2017); Informationstechnik als Querschnittsdimension gewerblich-technischer Facharbeit. In: Jaschke, S.; Schwenger, U.; Vollmer, T. (Hrsg.): Digitale Vernetzung der Facharbeit. Gewerblich-technische Berufsbildung in einer Arbeitswelt des Internets der Dinge. Band 43. Bielefeld, S. 117–136.

Hensen, K.; Hippach-Schneider, U. (2016): Supporting teachers and trainers for successful reforms and quality of VET.

Jepsen, M. (2018): Innovation als Kennzeichen und Herausforderung in der beruflichen Fachrichtung Informationstechnik. In: Becker, M., Grimm, A.,

Herkner, V., Schlausch, R. (Hrsg.): Flensburger Perspektiven zur Lehre und Forschung für die Berufsbildung. 20 Jahre biat, Berlin, S. 219–225.

IZI (2019): Grunddaten Jugend und Medien 2019, München (abgerufen 15.08.2019 von https://www.br-online.de/jugend/izi/deutsch/Grundddaten_Jugend_Medien.pdf).

KMK (2016): Kompetenzen in der digitalen Welt – Kompetenzbereiche, Berlin (abgerufen 15.08.2019 von https://www.kmk.org/fileadmin/Dateien/pdf/PresseUndAktuelles/2017/KMK_Kompetenzen_-_Bildung_in_der_digitalen_Welt_Web.html).

KMK (2017a): Strategie der Kultusministerkonferenz „Bildung in der digitalen Welt". Beschluss der Kultusministerkonferenz vom 08.12.2016 in der Fassung vom 07.12.2017, Berlin.

KMK (2017b): Berufliche Schule 4.0. Weiterentwicklung von Innovationskraft und Integrationsleistung der beruflichen Schulen in Deutschland in der kommenden Dekade. Beschluss der Kultusministerkonferenz vom 07.12.2017, Berlin.

Kneer, G. (2009): Akteur-Netzwerk-Theorie. In: Kneer G., Schroer M. (Hrsg.): Handbuch Soziologische Theorien. VS Verlag für Sozialwissenschaften, Wiesbaden.

Petersen, A. W. (2010): Berufliche Fachrichtung Informationstechnik. In: Pahl, J. P.; Herkner. V. (Hrsg.): Handbuch berufliche Fachrichtungen, Bielefeld, S. 430–444.

Reinmann-Rothmeier, G.; Mandl, H. (2001): Lernen in Unternehmen: Von einer gemeinsamen Vision zu einer effektiven Förderung des Lernens. In: DEHNBOSTEL, P. u. a. (Hrsg.): Berufliche Bildung im lernenden Unternehmen. Berlin, S. 195–216.

Schulz-Schaeffer, I. (1998): Akteure, Aktanten und Agenten. Konstruktive und rekonstruktive Bemühungen um die Handlungsfähigkeit von Technik. In: Malsch, Th. (Hrsg.): Sozionik. Soziologische Ansichten künstliche Sozialität, Berlin, S. 128–167 (abgerufen 15.08.2019 von https://www.uni-due.de/imperia/md/content/soziologie/akteureaktantenagenten.pdf).

Wordelmann, P. (2000): Internetionalisierung und Netzkompetenz. In: Berufsbildung in Wissenschaft und Praxis, 29. Jg., H. 6, S. 31 - 35

Maik Jepsen

Lehrplanentwicklung an Fachschulen

Zusammenfassung: *Durch die Zuordnung auf das Niveau 6 des Deutschen Qualifikationsrahmens (DQR) haben die Abschlüsse an Fachschulen eine Wertschätzung im Rahmen des Bildungssystems erfahren. Um die Einordnung und Akzeptanz dieser beruflichen Weiterbildungsangebote auch in Zukunft zu gewährleisten, werden aktuelle und relevante Lehrpläne als formale Rahmenvorgaben benötigt. In einer bundesweiten Onlineumfrage wurden Vertreter/-innen von Fachschulen über die Qualität ihrer derzeitigen Curricula befragt. Zudem wurden Informationen über die Arbeitsweise in Lehrplankommissionen ermittelt. Die Ergebnisse zeigen, dass lernergebnisorientierte Curricula im gewerblich-technischen Bereich bisher nur vereinzelt vorzufinden sind. Darüber hinaus wird ihnen nur ein begrenzter Nutzen zugeschrieben. Aus der Arbeit in Lehrplankommissionen tritt eine Schwäche zutage: Die Teilnehmer/-innen dieser Kommissionen sind ausschließlich auf Einzelinformationen, basierend auf Erfahrungen aus Kooperationen mit Absolvent(inn)en und Betrieben angewiesen. Es mangelt an gesicherten Informationen über berufliche Anforderungen in der Arbeit. Dies kann zu einer curricularen Beliebigkeit führen, da die Inhalte nicht frei von Eigeninteressen sind und durch zufällige Impulse beeinflusst werden.*

Einführung

Der vorliegende Beitrag resultiert aus den Vorüberlegungen für ein Promotionsvorhaben an der Europa-Universität Flensburg. Darin wird das Ziel verfolgt, mithilfe von Arbeitsmarkt- und Berufsinformationen die Curriculumentwicklung des Weiterbildungsangebots für staatlich geprüfte Techniker/-innen im Bereich der Informationstechnik/Informatik an Fachschulen zu verbessern. Hierzu gehört einerseits die Ermittlung des Bedarfs an Informatik/Informationstechnik-Qualifikationen auf dem Arbeitsmarkt gegenwärtig und ggf. in Zukunft, um ein mögliches Bildungsangebot zu begründen. Andererseits besteht das Erkenntnisinteresse darin, die beruflichen Arbeitsaufgaben dieser Gruppe von Berufen zu identifizieren, um mögliche Inhalte für die curriculare Konstruktion zu legitimieren. Der vorliegende Beitrag beabsichtigt daher zunächst, die derzeitige Situation bzgl. der Curriculumentwicklung an Fachschulen darzustellen, um darauf aufbauend einen Ausblick in die Promotionsarbeit zu geben.

Problem- und Fragestellung

Lehrpläne bilden eine Grundlage, um allgemeine Unterrichtsziele im Rahmen eines Bildungsprogramms festzulegen. Mit der Festlegung von Lerninhalten wird u. a. beabsichtigt, eine Koordination zwischen Schulen sicherzustellen, ein ausgeglichenes Anspruchsniveau zu gewährleisten und klare Voraussetzungen für Prüfungen zu schaffen (vgl. Dubs 2001, S. 64). Für Lehrkräfte, Lernende und weitere interessierte Personen geben Lehrpläne Orientierung und schaffen Sicherheit (vgl. ebd.). Dadurch lässt sich Beliebigkeit vorbeugen und Absolvent(inn)en können in abgestimmten Kompetenzbereichen befähigt werden.

Zudem können aktuelle Lehrplanvorgaben die Attraktivität und Akzeptanz insbesondere beruflicher Bildungsangebote verbessern, indem sie Innovationen und Fortschritt in die Schule hineinbringen (vgl. ebd.). Im Rahmen der beruflichen Weiterbildung an Fachschulen wird dies durch den Anspruch, dessen Absolvent(inn)en zu befähigen, den technologischen Wandel zu bewältigen und die sich daraus ergebenen Entwicklungen der Wirtschaft mitzugestalten, deutlich (vgl. KMK 2014, S. 16). Daher besteht Konsens, dass sich die Lehrplaninhalte insbesondere an den Erfordernissen der beruflichen Praxis orientieren (vgl. ebd.). Die Ausgestaltung der curricularen Vorgaben erfährt darüber hinaus Impulse aus der Einführung europäischer und nationaler Qualifikationsrahmen. So wird bei einer Überarbeitung von Lehrplänen von der Bund-Länder-Koordinierungsstelle für den DQR gefordert, sich an Kompetenzen zu orientieren und Lernergebnisse (Learning Outcomes) bei der Gestaltung zu berücksichtigen (vgl. B-L-KS DQR 2013, S. 10). Durch klare Zielformulierungen aus der Sicht der Lernenden wird u. a. eine größere Motivation und aktive Steuerung ihres eigenen Lernprozesses erwartet (vgl. Cedefop 2011, S. 4).

Mit der Einführung des Deutschen Qualifikationsrahmens (DQR) wurde den Weiterbildungsangeboten an Fachschulen eine hohe Wertschätzung entgegengebracht. Sie stehen gleichwertig neben akademischen Bachelorqualifikationen auf der Kompetenzniveaustufe Sechs. Daher ist es durchaus von Bedeutung, die Forderungen der Bund-Länder-Koordinierungsstelle im Rahmen von Lehrplanrevisionen zu berücksichtigen. Dadurch lässt sich auch in Zukunft Transparenz und Vergleichbarkeit im europäischen Rahmen sicherstellen. Auch zukünftig kann zur Attraktivität der Fachschulangebote beitragen, wenn die formulierten Anforderungen in den Ordnungsmitteln die Niveaustufe des Referenzrahmes reflektieren und dessen Einordnung sicherstellen.

Unabhängig von diesen Aspekten besteht der Anspruch, dass Lehrpläne inhaltlich und strukturell geeignet sind, Lehrkräfte im Rahmen ihrer Unterrichtsarbeit zu unterstützen. Von der Akzeptanz dieser Vorgaben kann abhängen, inwieweit die Lehrpläne tatsächlich die Unterrichtsplanung bzw. Erstellung schulweiter Abstimmungen beeinflussen.

Diese dargestellten Ansprüche an curriculare Vorgaben sind mit Herausforderungen verbunden: Lehrplankommissionen sind zur Erstellung rein schulischer Berufsbildungsangebote auf sich allein gestellt. Verglichen mit der Curriculumentwicklung im Geltungsbereich des BBiG/HWO existiert keine vergleichbare Beteiligung unterschiedlicher Akteure (Sozialpartner), um eine inhaltliche Abstimmung und damit einhergehende Akzeptanz des Bildungsangebots auf dem Arbeitsmarkt zu verbessern. Es ist daher unklar, mit welchen Verfahren die Länder die Arbeit in den Lehrplanausschüssen unterstützen, um Fragen über die Nachfrage von Fachschulabschlüssen, berufliche Handlungsfelder, Kompetenzbereiche etc. zu identifizieren.

Aus diesen dargestellten Aspekten resultiert ein Erkenntnisinteresse, dass dieser Untersuchung zugrunde liegt. Es lässt sich durch folgende Fragen konkretisieren:

1. Inwieweit wird der Anspruch hinsichtlich einer Arbeits- und Kompetenzorientierung in den Fachschullehrplänen bisher verwirklicht?
2. Inwieweit sind die Fachschullehrpläne als Hilfsmittel im Rahmen der Unterrichtsplanung geeignet?
3. Mit welchen Verfahren erfolgt die Lehrplanentwicklungsarbeit, um eine Arbeits- und Kompetenzorientierung sicherzustellen?

Theorie, Forschungsstand

Im Zuge der Einführung des DQR vor rund zehn Jahren zeigte sich, dass es an einer konsequenten Lernergebnisorientierung in den seinerzeit vorliegenden Lehrplänen noch mangelte (vgl. B-L-KS DQR 2013, S. 26). Dennoch wurde insbesondere den Ordnungsmitteln der dualen Erstausbildung zuerkannt, dass sie grundsätzlich den im DQR vorgesehenen Ansätzen zur Kompetenzorientierung entsprechen (vgl. Frank 2014, S. 31). Zur Gestaltung zukünftiger Ordnungsmittel für den betrieblichen Teil der Ausbildung hat das BIBB entsprechende Empfehlungen erarbeitet, um auch zukünftig die DQR-Kompetenzdimensionen zu integrieren (vgl. BIBB 2016, S. 2).

Zu dem Maß, inwieweit die Forderungen der Bund-Länder-Koordinierungsstelle zu Lehrplanreformen insbesondere an Fachschulen geführt haben, sind derzeit keine bundesweiten Befunde bekannt. In der BMBF-Studie zu den Nutzungspotenzialen des DQR aus dem Jahre 2016 wird allerdings deutlich, dass dieser insgesamt noch unter einem zu geringen Bekanntheitsgrad leidet (vgl.

FHAM 2016, S. 28). Die Akteure in Hochschulen und berufsbildenden Schulen haben vor allem Verständnisschwierigkeiten im Umgang mit dem abstrakt und komplex wahrgenommenen Kompetenzbegriff des DQR (vgl. ebd.). Dementsprechend wünschen sie sich Unterstützungsinstrumente, u. a. Formulierungshilfen, Verfahren sowie Instrumente zu Kompetenzbeschreibungen sowie Ansprechpartner/-innen und Schulungen (vgl. FHAM 2016, S. 29 f.).

Im Zusammenhang mit der Frage nach der Bedeutung von Lehrplänen im Rahmen des Unterrichts fällt der Ausdruck „heimlicher Lehrplan". Darunter wird verstanden, dass sich Lehrkräfte anstelle formaler Vorgaben, am Greifbaren, wie z. B. an Schulbüchern, vorliegenden Unterrichtsmaterialien, bestehenden Prüfungen oder persönlichem theoretischen/beruflichen Wissen orientieren (vgl. Tenberg 2006, S. 152). Tenberg begründet dies mit dem z. T. geringen sektoralen Wissen der Lehrkräfte über aktuelle beruflich-professionelle Bezüge (vgl. ebd. S. 153). Dubs kritisiert dagegen u. a. die inhaltliche und strukturelle Gestaltung der Lehrpläne. Er wendet beispielsweise ein, dass es schwerfällt, Lerninhalte in genügend genauer Weise zu umschreiben, um einerseits die Koordination (Abstimmung zwischen einzelnen Schulstufen und zwischen Schulen) sicherzustellen und andererseits ein entsprechendes Anspruchsniveau insbesondere vor dem Hintergrund zentraler Prüfungen zu formulieren (vgl. Dubs 2001, S. 64). Darüber hinaus weist er auf die zu lang andauernden Lehrplanreformen hin, wodurch die Innovationskraft der Lehrpläne infrage gestellt wird (vgl. Dubs 2001, S. 64).

Der letzte Aspekt verweist auf eine Schwierigkeit, die besonders das Verfahren zur Curriculumentwicklung beruflicher Bildungsangebote an Schulen adressiert. Hier fällt es besonders schwer, den Anspruch einzulösen, Curricula an den Erfordernissen beruflicher Aufgabenfelder zu orientieren. Aus den Vorgaben der KMK bzw. auch Handreichungen geht bislang nicht hervor, wie nachgefragte Arbeitsmarktanforderungen zu ermitteln sind (KMK 2017a). Stratmann, Teichler und Rauner weisen darauf hin, dass es diesbezüglich einer Qualifikationsforschung bedarf, um den Zusammenhang zwischen beruflicher Arbeit und curricularer Inhalte und Strukturen sinnvoll zu begründen (vgl. Stratmann 1975, Teichler 1995, S. 502, Rauner 2004, S. 10). Pätzold und Rauner kritisieren, dass die beteiligten Lehrkräfte in den Lehrplankommissionen „weder über die Zuständigkeit noch über die Ressourcen, (für) die dafür erforderliche und unter Beteiligung der universitären Berufsbildungsforschung zu organisierende Qualifikationsforschung", verfügen (Pätzold und Rauner 2006, S. 14). Deutlich wird dies am Beispiel der jüngsten KMK-Veröffentlichung „Kompetenzorientiertes Qualifikationsprofil zur Integration der Thematik ‚Industrie 4.0' in die Ausbildung an Fachschulen für Technik" (KMK 2017b). Das vierseitige

Papier beinhaltet mögliche, übergeordnete Handlungsfelder in einer Industrie 4.0 und kann als Impulsgeber für denkbare Lehrplanreformen der Länder dienen. Allerdings sind diese Empfehlungen sehr abstrakt und lassen sich nicht unmittelbar in curriculare Vorgaben umsetzen.

Bundesweite Onlinebefragung an Fachschulen

Um Antworten auf die aufgeworfenen Fragen zu finden, wurde ein Onlinefragebogen konstruiert und bundesweit an Vertreter/-innen von Fachschulen verteilt. Das Anschreiben sowie die Bitte zur Teilnahme erfolgten hierbei im Namen des Bundesarbeitskreises Fachschule für Technik[1] (BAK FST).

Der Fragebogen besteht aus unterschiedlichen geschlossenen und offenen Fragen. Als Fragetypen werden einerseits Fakten (z. B. Bundesland, Alter der Lehrpläne, Fachrichtung), Meinungen bzw. Erfahrungen (Beurteilung der Relevanz und Nützlichkeit von Lehrplänen) sowie die Kombination aus beidem (Wie werden Lehrpläne erstellt? – Beurteilen sie die Bedeutung der Verfahren.) unterschieden. Die Operationalisierung der einzelnen Fragen erfolgt durch vorgegebene Items bzw. jeweils einer offenen Antwortmöglichkeit. Diese werden zur besseren Übersicht tabellarisch dargestellt. Die Bewertung der Aussagen wird mithilfe einer vierstufigen Likert-Skala (überhaupt nicht wichtig … sehr wichtig) erfasst (vgl. Kirchhoff 2010, S. 21). Zudem existiert jeweils eine Enthaltungskategorie (kann ich nicht beurteilen).

Bei der Konstruktion des Fragebogens wurde angenommen, dass sich der befragte Personenkreis zwei verschiedenen Gruppen zuordnen lassen kann. Zum einen Lehrkräfte, für die der jeweilige Lehrplan die vorgegebene Rahmenrichtlinie für ihre Unterrichtsaktivitäten bildet. Hierbei wird beabsichtigt, Informationen aus Anwendersicht über Form, Inhalte, Alter sowie über die Eignung der Lehrpläne in der unterrichtlichen Umsetzung zu erhalten. Der Fragebogen beginnt mit diesem Analysekomplex. Eine weitere Gruppe bilden Personen, die bereits selbst an einer Lehrplanentwicklung teilgenommen haben und diesbezüglich über Erfahrungen verfügen. Sofern die Mitarbeit in einer Lehrplankommission bestätigt wird, eröffnen sich Fragen zu diesem Thema wie z. B. beteiligte Akteure sowie deren methodisches Vorgehen. Nach diesem Abschnitt erfolgt

1 Der Bundesarbeitskreise Fachschule für Technik (BAK FST) ist ein informeller Zusammenschluss von Berufsbildungszentren mit Technikerausbildung sowohl staatlicher als auch freier Trägerschaft. Er verfolgt u. a. das Ziel, Fachschulen bei der Anpassung bestehender und Entwicklung zukünftiger Bildungsangebote zu unterstützen http://www.bak-fst.de.

eine an beide Gruppen gerichtete, offene Abschlussfrage hinsichtlich aus ihrer Sicht notwendiger Unterstützungsmöglichkeiten zur Erstellung/Aktualisierung von Lehrplänen. Die Teilnehmer/-innen haben zudem die Möglichkeit anzugeben, ob sie an einer Rückmeldung interessiert sind.

Ergebnisse der Befragung

In den folgenden Abschnitten werden die Ergebnisse der Befragung themenbezogen zusammengestellt. Die insgesamt 22 Rückmeldungen aus der Befragung im Juni 2017 verteilen sich auf die Bundesländer Baden-Württemberg (13,6 %), Bayern (13,6 %), Bremen (4,5 %), Hessen (13,6 %), Niedersachsen (4,5 %), Nordrhein-Westfalen (9,1 %), Schleswig-Holstein (36,4 %) und Thüringen (4,5 %). Die Antworten beziehen sich auf dreizehn verschiedene gewerblich-technische Fachrichtungen (vgl. Tab. 1). Dabei sind die Elektrotechnik sowie die Maschinentechnik/Maschinenbautechnik die häufigsten zurückgemeldeten beruflichen Fachrichtungen.

Tab. 1: Erhobene berufliche Fachrichtungen

Fachrichtung	**N**
Bautechnik	2
Elektrotechnik	6
Fahrzeugtechnik	1
Gebäudesystemtechnik	1
Holztechnik	1
Informationstechnik	1
Informatik	1
Kältetechnik	1
Karosserie- und Fahrzeugtechnik	1
Maschinen-/Maschinenbautechnik	8
Mechatronik	2
Technische Betriebswirtschaft	1
Windenergietechnik	1

Aktualität

Aus den Rückmeldungen geht hervor, dass der größte Anteil (rund 32 %) der bestehenden Curricula älter als 10 Jahre sind (vgl. Abb. 1).

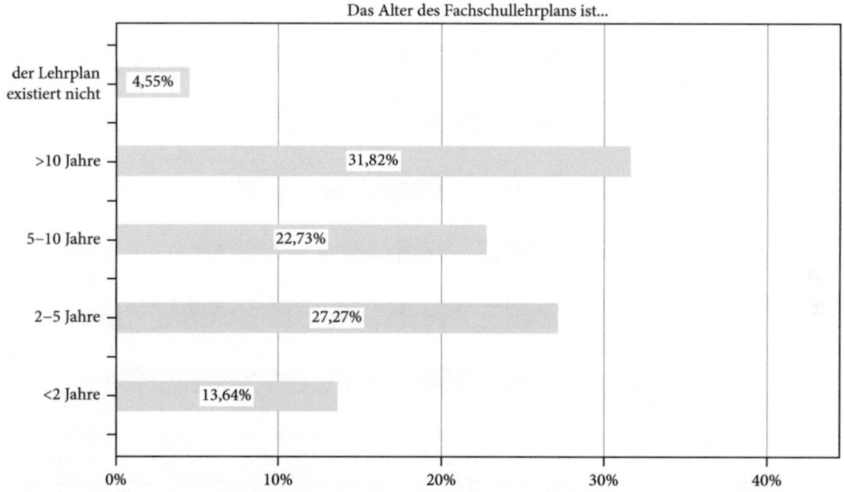

Abb. 1: Aktualität der Lehrpläne an Fachschulen für Technik

Zwischen 5 und 10 Jahren sind knapp 23 % der Lehrpläne bzw. 27 % der Lehrpläne (zwischen 2 und 5 Jahren). Der Anteil der aktuellsten Pläne, mit einem Alter unter 2 Jahren liegt bei ca. 14 %. Für 4 % der rückgemeldeten Fachrichtungen existieren gar keine Lehrpläne.

Learning Outcomes

Die Frage, inwieweit die Lehrpläne Lernergebnisse im Sinne des DQR formulieren, wurde für ca. drei Viertel der Pläne verneint bzw. als weniger zutreffend beurteilt. Für jeweils 13 % traf die Lernergebnisorientierung mehr bzw. ganz und gar zu (vgl. Abb. 2).

Relevanz und Nützlichkeit

Nach Einschätzung der Befragten werden in knapp der Hälfte aller Lehrpläne aktuelle Anforderungen der beruflichen Arbeit mehr bzw. voll und ganz widergespiegelt. Für die übrigen Curricula trifft dies eher weniger (29,4 %) bzw. gar nicht (23,5 %) zu. Knapp mehr als die Hälfte (53 %) der Lehrpläne wird zuerkannt, insgesamt ein in Breite und Tiefe attraktives Bildungsangebot für Arbeitsmarkt und Bewerber/-innen widerzuspiegeln. Für jeweils 23,5 % der Curricula triff dies eher weniger bzw. nicht zu.

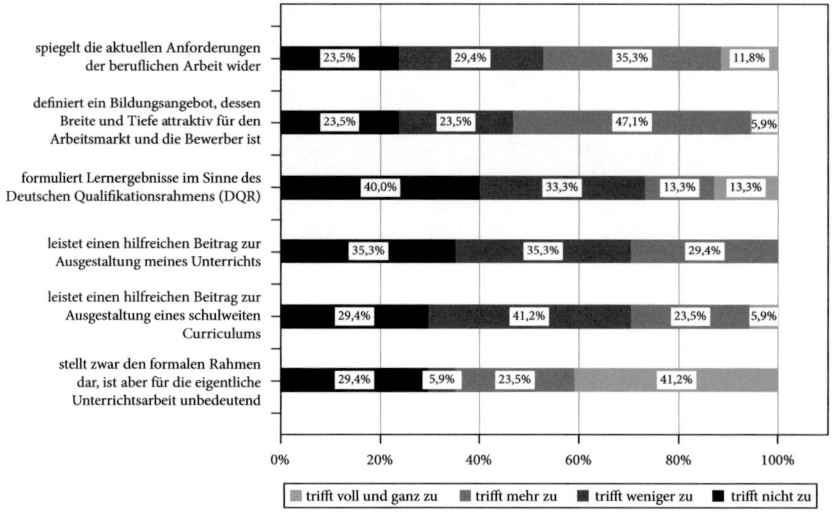

Abb. 2: Eignung derzeitiger Lehrpläne an Fachschulen für Technik

Bei der Frage der Nützlichkeit von curricularen Vorgaben werden die Anwendungsfälle

- Ausgestaltung des eigenen Unterrichts sowie
- Ausgestaltung eines schulweiten Curriculums

unterschieden (vgl. Abb. 2).

Die Ergebnisse stimmen für beide Bereiche nahezu überein. Mehr als zwei Drittel aller Lehrpläne sind demnach nur wenig oder überhaupt nicht für diesen Zweck nützlich. Entsprechend gegensätzlich wird der Aussage mehr bzw. voll zugestimmt, dass knapp zwei Drittel der Lehrpläne zwar einen formalen Rahmen darstellen, aber für die eigentliche Unterrichtsarbeit unbedeutend sind.

Doch auf welcher Basis kommen die befragten Lehrkräfte insbesondere zu ihrer Einschätzung hinsichtlich der Arbeitsmarktrelevanz curricularer Vorgaben?

Diesbezüglich gaben alle Umfrageteilnehmer/-innen an, Absolvent(inn)enbefragungen und Lernortskooperationen durchzuführen, 87 % werten Statistiken aus und 82 % nutzen weitere Verfahren wie z. B.

- Feedback der Schüler/-innen

- Direkte Absprachen mit den entsprechenden Fachabteilungen in Unternehmen.

Hinsichtlich der Eignung dieser Verfahren kann zusammenfassend festgehalten werden, dass Absolvent(inn)enbefragungen, Lernortskooperationen (Projektarbeiten in Betrieben o. ä.) durch die Teilnehmer/-innen weitestgehend als geeignet bzw. sehr geeignet beurteilt werden.

Unterrichtliche Umsetzung

Worauf beziehen sich die Lehrkräfte bei der Auswahl von Unterrichtsinhalten?

Fast alle Befragten gaben an, dass sich die Unterrichtsgestaltung grundsätzlich auf die landesweiten Lehrpläne bezieht, obgleich 70 % der Ansicht sind, dass die darin aufgeführten Inhalte wenig bzw. nicht geeignet sind. Als geeignet bis sehr gut geeignet bewerten rund 80 % der Befragten hingegen Ergebnisse aus Kooperationen mit regionalen Betrieben. Als geeignet bzw. sehr gut geeignet beurteilen die Lehrkräfte darüber hinaus folgende Quellen, die im Rahmen der offenen Antwortkategorie aufgeführt wurden:

- *Lernplattformen von am Markt tätigen Unternehmen (Cisco, Oracle),*
- *Beobachtung der neuesten Entwicklungen,*
- *eigene Erfahrungen im Berufsfeld,*
- *Rückmeldungen von Schüler/-innen,*
- *Anforderungen der regionalen Unternehmen,*
- *eigene Zusammenstellungen,*
- *Erfahrungen der Kolleginnen und Kollegen.*

Verfahren zur Lehrplanentwicklung

Die Hälfte der befragten Teilnehmer/-innen gaben an, bereits an der Entwicklung/Aktualisierung von Bildungsangeboten z. B. landesweite Lehrpläne, Schulversuche etc. mitgewirkt zu haben. Aus dieser Erfahrung resultieren die folgenden Ergebnisse.

Die nachfolgende Abb. 3 gibt Auskunft über den Teilnehmer(innen)kreis derartiger Lehrplankommissionen. In dem Diagramm sind die Mehrfachantworten wie folgt dargestellt.

Alle Befragten (100 %) gaben an, dass Lehrkräfte der betreffenden Fachrichtungen in den Kommissionen teilnehmen. 36 % gaben an, dass Fachvertreter/-innen der Landesseminare beteiligt sind. Von der offenen Antwortkategorie wurde nicht Gebrauch gemacht.

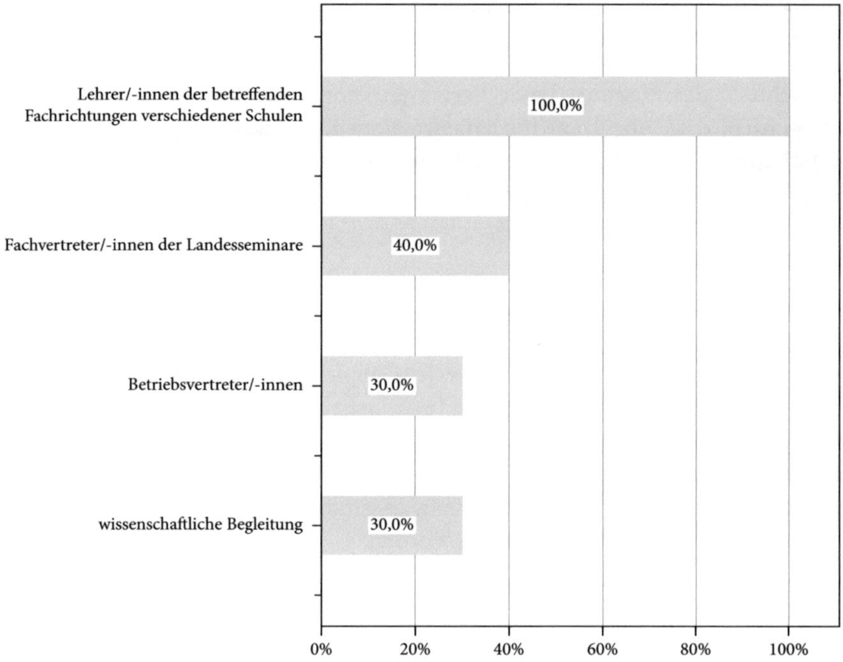

Abb. 3: Angaben über den Teilnehmerkreis in Lehrplankommissionen

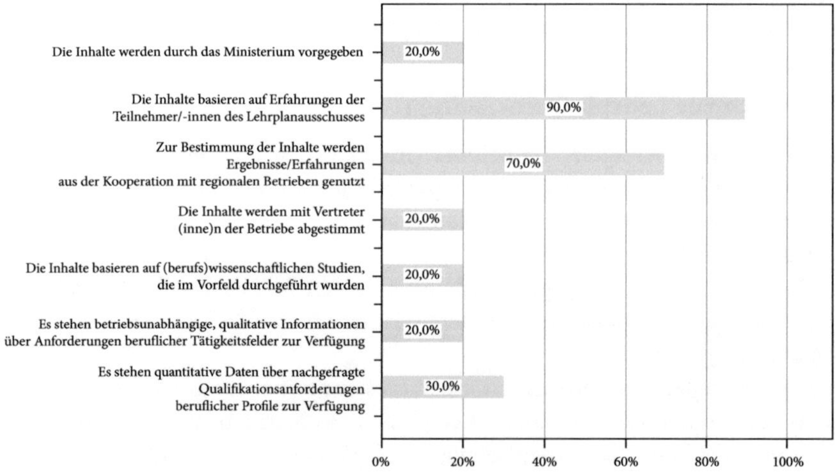

Abb. 4: Methoden zur Entwicklung von Curricula an Fachschulen

Ein weiterer Aspekt betrifft die Vorgehensweise, mit der die Kommissionen zu neuen bzw. aktualisierten Lehrplänen kommen (vgl. Abb. 4).

Da diese Frage wiederum durch Mehrfachnennungen beantwortet werden konnte, liest sich das Diagramm wie folgt: 90 % der Befragten gaben an, dass die Inhalte auf den Erfahrungen der Teilnehmer/-innen beruhen. Am Zweithäufigsten (70 %) bestätigten die Teilnehmer/-innen, dass die Lehrplaninhalte auf Erfahrungen und Ergebnissen aus der Kooperation mit regionalen Betrieben basieren. Alle weiteren aufgeführten Möglichkeiten wurden von 20 % bzw. 30 % der befragten Personen genannt.

Aus den offenen Antwortmöglichkeiten geht hervor, dass die Lehrplankommissionen hauptsächlich folgende Quellen nutzen:

- *Eigene Erfahrungen aus dem Unterricht und Fortbildungen,*
- *Dialog mit Absolvent(inn)en und Verantwortlichen in den Betrieben,*
- *Nutzung des eigenen Netzwerks,*
- *Lehrpläne anderer Bundesländer,*
- *Beobachtungen der industriellen Entwicklungen.*

Bezüglich Schwierigkeiten und Problemen in der Lehrplanarbeit äußerten die Befragten nachstehende Aspekte:

- *Absolventenbefragungen können nur auf freiwilliger Basis durchgeführt werden.*
- *Abstimmung zwischen notwendiger Breite der Ausbildung gegenüber einer Spezialisierung*
- *Informationen sind grundsätzlich nicht aktuell.*
- *Keine gesicherte Erkenntnis als Basis vorhanden, fundierte Arbeitsplatzanforderungen liegen nicht vor.*
- *Viel wird eingeschätzt und basiert auf zufälligen Impulsen aus den Unternehmenskontakten, keine fundierte Datenbasis.*
- *Zu viele Eigeninteressen verwässern die Ergebnisse.*

In der abschließenden Frage wurden die Teilnehmer/-innen nach Unterstützungsmöglichkeiten für die Arbeit in den Kommissionen befragt. Nach ihrer Einschätzung wären folgende Dinge notwendig:

- Bereitstellung von Ressourcen vom Land,
- Einbindung der Technikerverbände,
- Handreichungen, Beispiele anderer Schulen,
- regionsbezogene Arbeitskreise für berufliche Aufstiegsfortbildung,
- wissenschaftliche Begleitung regionaler Arbeitsplatzstudien.

Diskussion und Fazit

Mit der durchgeführten Umfrage wurde beabsichtigt, Informationen über Aktualität und Qualität von Lehrplänen an Fachschulen für Technik zu ermitteln. Insbesondere liegt ein Interesse daran, zu erfahren, inwieweit die geforderte Lernergebnisorientierung in den Lehrplänen umgesetzt wurde. Darüber hinaus galt es zu klären, wie die Arbeit in den Lehrplankommissionen abläuft, um die in diesem Weiterbildungsgang geforderte Arbeitsorientierung zu berücksichtigen.

Aus methodischer Sicht lassen sich diverse Vorteile der – in Form einer Onlineerhebung durchgeführten – Befragung, resümieren. Neben der Objektivität bei der Durchführung, die Bedingung der Befragung ist standardisiert und unabhängig von fragenden Personen, lässt sich eine objektive Auswertung erreichen, da die Teilnehmer/-innen u. a. vorgegebene Antwortmöglichkeiten ankreuzen. Darüber hinaus ist das Verfahren sehr ökonomisch, da keine weiteren Durchführungskosten anfielen. Zudem konnte über den E-Mail-Verteiler des Bundesarbeitskreises Fachschulen für Technik eine passgenaue Zielgruppe adressiert werden. Leider hat dies nur zu einem begrenzten Rücklauf (insgesamt 22 verwertbare Datensätze) geführt, wodurch die Erkenntnisse keinen Anspruch auf Repräsentativität erheben. Die Ergebnisse stellen daher die Lehrplansituation aus 13 verschiedenen Fachrichtungen in insgesamt 8 Bundesländern nur beispielhaft dar. Da der Fokus dieser Untersuchung darin bestand, die Situation bzgl. der Fachschullehrpläne übergeordnet darzustellen, wurde auf eine länder- bzw. fachrichtungsspezifische Auswertung verzichtet, obgleich die Datensätze dies ermöglichen.

In Bezug auf die eingangs gestellten Fragen lassen sich folgende Ergebnisse zusammenfassen und Schlussfolgerungen ziehen:

Die zum Zeitpunkt der Umfrage betrachteten Lehrpläne technischer Fachrichtungen an Fachschulen weisen nur eine sehr begrenzte Arbeits- und Kompetenzorientierung auf. Nur knapp die Hälfte der Befragten gab an, dass die Lehrpläne ein attraktives Bildungsangebot für den Arbeitsmarkt widerspiegeln und den aktuellen beruflichen Anforderungen gerecht werden. Das ist nicht verwunderlich, da viele Lehrpläne bereits veraltet sind bzw. z. T. überhaupt nicht existieren. Damit lässt sich einmal mehr der von Grüner bereits in den 1960er-Jahren vermutete Zustand, dass berufsbildende Schulen hinsichtlich der Aktualität ihrer curricularen Vorgaben der beruflichen Praxis nachhinken anstelle ihr vorauszueilen, bestätigen (vgl. Grüner 1975, S. 143).

Die im Rahmen der DQR-Einführung geforderte Kompetenzorientierung bzw. Lernergebnisformulierung wurde darüber hinaus nur vereinzelnd eingeführt. Dies könnte sich bei zukünftigen Überprüfungen möglicherweise negativ auf die DQR-Einordnung auswirken. Zudem werden die prognostizierten Vorteile von lernergebnisformulierten Curricula (vgl. Cedefop 2011, S. 4) nicht wirksam bzw. können in der Praxis nicht erprobt werden. Die Chance, mit der DQR-Einführung, Innovationen in die curriculare Gestaltung und letztendlich besserer Lernprozesse zu initiieren, wurde bisher noch nicht genutzt.

Daher besteht für die Länder nach wie vor die Aufgabe, entsprechend tätig zu werden und durch valide, lernergebnisorientierte Curricula die Qualifikationsebene staatlich geprüfter Techniker/-innen angemessen widerzuspiegeln. Dadurch ließe sich auch längerfristig diese nicht akademische Weiterbildungsform attraktiv gestalten.

Die überwiegende Anzahl der Befragten gab an, dass die derzeitigen Lehrpläne nur einen geringen Beitrag für die unterrichtliche Umsetzung leisten. Die Pläne bilden zwar unbestritten den formalen Rahmen, inhaltlich sind sie für die Lehrkräfte allerdings wenig bedeutend. An dieser Stelle bedarf es einer zukünftigen Klärung, inwieweit neben der mangelnden Aktualität auch strukturelle Gründe für die geringe Akzeptanz der Lehrpläne führen. Aus der geringen Akzeptanz lässt sich aber dennoch schließen, dass sich die Lehrkräfte möglicherweise an anderen Vorgaben im Sinne eines „heimlichen Lehrplans" orientieren (vgl. Tenberg 2006, S. 152). Das Ziel sollte hingegen sein, dass Lehrpläne ein zuverlässiges und wirksames Instrument zur Unterrichtsplanung darstellen.

Dennoch gelingt es den Lehrkräften, das Lernen mit Inhalten aus der Arbeitswelt zu ermöglichen. Lehrkräfte nutzen hierzu ihre Beziehungen zur regionalen Unternehmen, Kontakte zu Absolvent(inn)en usw., um unterrichtliche Themen/Inhalte abzuleiten. Diese Vorgehensweise sichert unabhängig von veralteten Rahmenvorgaben die benötigte Orientierung an der beruflichen Praxis. Der Lehrplan erfährt in diesem Sinne eine Selbstregulierung, wie sie bereits Grüner in den 1960er-Jahren geschildert hat (vgl. Grüner 1975, S. 145).

Von diesem Engagement profitieren die Lehrplankommissionen, die hauptsächlich durch Lehrkräfte beruflicher Schulen vertreten werden. Allerdings bringen die Befragten ein ungelöstes Problem auf den Punkt: Die vorhandenen Informationen zur Gestaltung zukünftiger Bildungsangebote basieren hauptsächlich auf Einzelinformationen, die sich i. d. R. aus den Kooperationen mit regionalen Betrieben und Kontakten zu Absolvent(inn)en ergeben. Aufgrund der Zusammensetzung des Teilnehmer(innen)kreises sind sie zudem nicht frei von Eigeninteressen. Daraus resultieren Unsicherheiten über die Qualität des Bildungsangebots insgesamt und möglicherweise eine geringe Nachfrage ihrer zukünftigen Absolvent(inn)en auf dem Arbeitsmarkt.

Die Situation in den Lehrplankommissionen untermauert daher die von Rauner und Pätzold beschriebene Notwendigkeit einer unter Beteiligung der universitären Berufsbildungsforschung zu organisierenden Qualifikationsforschung (Pätzold und Rauner 2006, S. 14). Die berufswissenschaftliche Begleitung der Lehrplankommissionen könnte einerseits zu einer fundierten Datenlage über (auch zukünftige) Arbeitsanforderungen von Fachschulabsolvent/-innen beitragen sowie andererseits die curriculare Umsetzung zur Kompetenz-/Lernergebnisorientierung unterstützen.

Ausblick

In dem zugrunde liegenden Promotionsvorhaben wird an diese Problematik angeknüpft. Insbesondere wird mit dem berufswissenschaftlichen Forschungsvorhaben beabsichtigt, die Curriculumentwicklung an Fachschulen im Bereich der Informatik/Informationstechnik zu unterstützen. Ein Merkmal dieser Arbeit besteht darin, auf bestehende Daten der Bundesagentur für Arbeit (BA) bzw. des Instituts für Arbeitsmarkt- und Berufsforschung (IAB) zurückzugreifen. Diese Daten über Arbeitsmarkt- und Berufsinformationen wurden bisher im Rahmen der berufswissenschaftlichen Forschung nur untergeordnet verwendet, obgleich insbesondere auf internationaler Ebene deren Gebrauch wiederholt empfohlen wird (vgl. Řihová 2016).

In dem zu entwickelnden Verfahren werden Berufs- und Arbeitsmarktinformationen exemplarisch aus der Gruppe der Informatik- und anderer Informations- und Telekommunikationstechnologie-Berufe mithilfe qualitativer und quantitativer Methoden analysiert. Diese Gruppe repräsentiert Erwerbsberufe, in denen Absolvent(inn)en einer Informatik/Informationstechnik-Weiterbildung an Fachschulen gewöhnlich tätig werden können. Deren nachgefragten Arbeitsaufgaben gilt das Interesse. Die Beruflichkeit innerhalb des Feldes der Informatik/Informationstechnik bildet somit eine Orientierung für eine Didaktik der beruflichen Fachrichtung. Mithilfe von Beschäftigungsstatistiken dieser Berufe werden Indikatoren entwickelt, die Auskunft über die derzeitige und zukünftige Nachfrage geben können. Dazu werden die Beschäftigungszahlen sowohl im Querschnitt als auch im Längsschnitt über sechs Jahre betrachtet. Erste Ergebnisse identifizieren zum einen beschäftigungsstarke als auch überdurchschnittlich wachsende Informatik/IKT-Berufsuntergruppen. Durch Projektion der Beschäftigtenzahlen auf Wirtschaftszweige, lassen sich zudem branchenspezifische bzw. auch branchenübergreifende Informatik/IKT-Berufe ermitteln. Die Ergebnisse können z. B. durch Schwerpunktsetzungen bei neu zu entwickelnden IT-Bildungsangeboten Integration finden.

Mithilfe einer qualitativen Inhaltsanalyse werden auf Basis von 103 Datensätzen mit beruflichen Beschreibungen Aufgabenfelder identifiziert. Diese charakterisieren die Informatik/IKT-Erwerbsarbeit. Anhand weiterer quantitativer Analysen der Codehäufigkeiten lässt sich die Durchdringung der Aufgabenfelder in den verschiedenen Erwerbsberufen ermitteln. Dadurch können insbesondere berufsübergreifende Aufgabenfelder identifiziert werden, aus denen sich im Hinblick einer späteren Curriculumentwicklung ggf. grundlegende Qualifikationsanforderungen ableiten lassen. Bezüglich eines mit Lernergebnissen gestalteten Curriculums wird ein exemplarischer Vorschlag aufgezeigt, um einerseits die verschiedenen DQR-Kompetenzdimensionen zuzuordnen, als auch Indikatoren zur Einordnung und Unterscheidung verschiedener Anforderungsebenen zu gewinnen. Die konkretisierten Aufgabenfelder können darüber hinaus als Impulse für die Interpretation und inhaltliche Umsetzung der lernfeldstrukturierten Curricula dienen.

Literatur

BIBB (2016): Empfehlung des Hauptausschusses des Bundesinstituts für Berufsbildung vom 26. Juni 2014 - geändert am 21. Juni 2016 - zur Struktur und Gestaltung von Ausbildungsordnungen –Ausbildungsberufsbild, Ausbildungsrahmenplan. Bundesinstitut für Berufsbildung (BIBB) (Hrsg.).

B-L-KS DQR (2013): Handbuch zum Deutschen Qualifikationsrahmen. Struktur – Zuordnungen – Verfahren – Zuständigkeiten; [DQR-Handbuch]. Stand: 01.08.2013. Berlin.

Cedefop (2011): Using Learning Outcomes. Luxembourg: Publications Office of the European Union (European Qualifications Framework Series, Note 4).

Dubs, R. (2001): Curriculare Vorgaben und Lehr-Lernprozesse in beruflichen Schulen. In: Bernhard Bonz (Hrsg.): Didaktik der beruflichen Bildung (Berufsbildung konkret, 2), S. 50–70.

Frank, I. (2014): Umsetzung des Deutschen Qualifikationsrahmens (DQR) – Konsequenzen für die Gestaltung von Aus- und Fortbildungsberufen und das Prüfungswesen. In: Severing, E.; Weiß. R. (Hrsg.): Weiterentwicklung von Berufen. Herausforderungen für die Berufsbildungsforschung. 1. Aufl. (Berichte zur beruflichen Bildung), S. 31–56.

FHAM (2016): Studie zu den Nutzungspotenzialen des Deutschen Qualifikationsrahmens für lebenslanges Lernen (DQR). Hochschule für angewandtes Management; Koordinierungsstelle Weiterbildung und Beschäftigung e. V.

Grüner, G. (Hrsg.) (1975): Curriculumproblematik der Berufsschule. Zur Entwicklungsgeschichte der Lehrpläne gewerblicher Berufsschulen. Stuttgart: Holland & Josenhans (Texte zur Berufsschulpädagogik, 6).

Kirchhoff, S. (2010): Der Fragebogen. Datenbasis, Konstruktion und Auswertung. 5. Aufl., Wiesbaden.

KMK (1972): Gemeinsames Ergebnisprotokoll betreffend das Verfahren bei der Abstimmung von Ausbildungsordnungen und Rahmenlehrplänen im Bereich der beruflichen Bildung zwischen der Bundesregierung und den Kultusministern (-senatoren) der Länder. Sekretariat der Ständigen Konferenz der Kultusminister der Länder in der Bundesrepublik Deutschland (KMK) (Hrsg.).

KMK (2014): Rahmenvereinbarung über Fachschulen. (Beschluss der Kultusministerkonferenz vom 07.11.2002 i.d.F. vom 25.09.2014). KMK (Hrsg.). Sekretariat der Ständigen Konferenz der Kultusminister der Länder in der Bundesrepublik Deutschland (KMK).

KMK (2017a): Handreichung für die Erarbeitung von Rahmenlehrplänen der Kultusministerkonferenz für den berufsbezogenen Unterricht in der Berufsschule und ihre Abstimmung mit Ausbildungsordnungen des Bundes für anerkannte Ausbildungsberufe. Sekretariat der Ständigen Konferenz der Kultusminister der Länder in der Bundesrepublik Deutschland (KMK). Berlin.

KMK (2017b): Qualifikationsprofil Fachschule Industrie 4.0. Unter Mitarbeit von Länderoffene Ad-hoc-Arbeitsgruppe.

KMK (Hrsg.) (2017c): Rahmenvereinbarung über Fachschulen. (Beschluss der Kultusministerkonferenz vom 07.11.2002 i.d.F. vom 19.05.2017). Sekretariat der Ständigen Konferenz der Kultusminister der Länder in der Bundesrepublik Deutschland (KMK).

Pätzold, G.; Rauner, F. (Hrsg.) (2006): Qualifikationsforschung und Curriculumentwicklung: Franz Steiner Verlag (ZBW – Zeitschrift für Berufs- und Wirtschaftspädagogik, Beiheft 19).

Rauner, F. (2004): Qualifikationsforschung und Curriculum – ein aufzuklärender Zusammenhang. In: Felix Rauner (Hrsg.): Qualifikationsforschung und Curriculum. Analysieren und Gestalten beruflicher Arbeit und Bildung. Bielefeld: W. Bertelsmann Verlag (Berufsbildung, Arbeit und Innovation Forschungsberichte, 25), S. 9–43.

Řihová, H. (2016): Using labour market information. Luxembourg: Publications Office of the European Union (Compendium on anticipation and matching of skills, Volume 1).

Stratmann, K. (1975): Curriculum und Curriculumprojekte im Bereich der beruflichen Aus- und Fortbildung. In: Frey, K. (Hrsg.): Curriculum-Handbuch, Band III. München: Pieper, S. 335–349.

Teichler, U. (1995): Qualifikationsforschung. In: Rolf Arnold und Antonius Lipsmeier (Hrsg.): Handbuch der Berufsbildung. Opladen: Leske + Budrich, S. 501–508.

Tenberg, R. (2006): Didaktik lernfeldstrukturierten Unterrichts. Theorie und Praxis beruflichen Lernens und Lehrens. Hamburg: Verl. Handwerk und Technik.

Michael Tärre

Kompetenzanforderungen an IT-Fachkräfte

Zusammenfassung: *Kompetenzen nehmen die als besonders relevant erachteten Anforderungen aus einem abgegrenzten Handlungs- bzw. Tätigkeitsfeld auf. Zur Identifikation von Kompetenzanforderungen werden Tätigkeitsprofile bzw. Tätigkeitsfelder erfragt (z. B. Befragungen von Mitgliedern von Berufsverbänden, Absolventenbefragungen, Expertenbefragungen) oder ermittelt (z. B. amtliche Statistiken, Sektoranalysen, Fallstudien, Arbeitsprozessanalysen, Experten-Facharbeiter-Workshops, Stellenanzeigenanalysen). Im Beitrag werden Forschungsergebnisse zu Tätigkeitsfeldern und Kompetenzanforderungen an dual ausgebildete IT-Fachkräfte aus dem Zeitraum Anfang/Mitte der 2000er-Jahre mit aktuellen Forschungsergebnissen verglichen sowie aktuelle Entwicklungen skizziert.*

Kompetenzbegriff, Domäne und Kompetenzmodell

Ein Zugang auf Kompetenzen ist nicht direkt, sondern nur indirekt über die daraus generierten Handlungen möglich. Die Annahme, aus der Qualität und dem Ergebnis einer Handlung auf die zugrunde liegenden Dispositionen schließen zu können, ist jedoch dann legitim, wenn die Kompetenzbeurteilung nicht nur auf einer einzelnen Handlung, sondern vielmehr immer auf mehreren selbstständigen Handlungen in variablen Situationen, häufig innerhalb einer Domäne, beruht. Die einzelne Handlung wird dabei in Anlehnung an Chomsky (1962) als Performanz bezeichnet. Damit wird der Unterschied betont, der zwischen dem besteht, was das selbstständige Handeln ermöglicht, bedingt und bestimmt und der eigentlichen Handlung selbst. Kompetenz im Sinne von White (1959) ist eine Voraussetzung von Performanz, die das Individuum aufgrund von selbst motivierter Interaktion mit seiner Umwelt herausbildet.

Die OECD (2005, S. 6) definiert Kompetenz als „die Fähigkeit der Bewältigung komplexer Anforderungen, indem in einem bestimmten Kontext psychosoziale Ressourcen (einschließlich kognitive Fähigkeiten, Einstellungen und Verhaltensweisen) herangezogen und eingesetzt werden." Betont wird, dass „der Begriff Kompetenzen Wissen, Fertigkeiten, Einstellungen und Wertvorstellungen umfasst" (ebd.). Das wesentliche Charakteristikum des o. g. Kompetenzbegriffs ist die Kontextabhängigkeit. Kompetenzen beziehen sich demnach auf Situationen und Anforderungen in bestimmten Domänen. Demzufolge charakterisiert berufliche Kompetenz eine enge Bindung von Kompetenzen an die jeweilige Domäne und den Kontext von Facharbeit.

Der Begriff der Kompetenzen wurde auch zum Dreh- und Angelpunkt der Diskussion über den „Output" von Bildung und Ausbildung. Im Kontext der internationalen Vergleichsuntersuchungen (z. B. TIMSS, PISA) wurden Kompetenz(struktur)modelle zur Messung von Kompetenzen (Kompetenzdimensionen und -niveaus) entwickelt. Diese Modelle differenzieren in einem spezifischen Bereich (Domäne), welche und wie viele verschiedene Kompetenzdimensionen unterscheidbar sind. Die Kompetenzniveaus beschreiben, welche konkreten und situativen Anforderungen Personen bei welcher Ausprägung einer Kompetenz bewältigen können.

In der PISA-Rahmenkonzeption werden auch motivationale Orientierungen, Einstellungen, Selbstbilder und Berufserwartungen berücksichtigt bzw. erfasst, die in Abb. 1 nicht dargestellt sind.

Bezogen auf die Teilkompetenzen bzw. -dimensionen in den o. g. Studien ist bedeutsam (siehe dazu Naumann u. a. 2010, S. 39; Sälzer u. a. 2013, S. 82), dass auch Kombinationen von Kompetenzstufen mit großen Unterschieden vorkommen, wobei der Großteil der Lernenden sich allerdings in den verschiedenen Subskalen auf einem vergleichbaren – nicht zwangsläufig identischen – Kompetenzniveau befindet.

In den KMK-Handreichungen für die Erarbeitung von Rahmenlehrplänen für den berufsbezogenen Unterricht liegt ein komplexes Modell zugrunde, in dem den drei Dimensionen Fach-, Sozial- und Selbstkompetenz die immanenten Bestandteile kommunikative Kompetenz, Methoden- und Lernkompetenz zugeordnet werden. In den einzelnen Lernfeldern dominieren allerdings fachliche Aspekte, wobei häufig nicht berufliche Kompetenzen, sondern überwiegend berufliche Handlungen (Performanzen) bzw. Tätigkeiten beschrieben werden.

Der DQR unterscheidet zwei Kompetenzdimensionen. Fachkompetenz, unterteilt in Wissen und Fertigkeiten, und personale Kompetenz, unterteilt in Sozialkompetenz und Selbstständigkeit. Auf insgesamt acht Niveaus werden fachliche und personale Kompetenzen beschrieben, die für die Erlangung einer Niveaustufe notwendig sind.

Die Klassifikation der Berufe 2010 konstituiert „Beruf" durch zwei zentrale Dimensionen:

1. Berufsfachlichkeit als horizontale Dimension, da sich „Beruf" durch ein Bündel von Tätigkeiten auszeichnet.
2. Anforderungsniveau als vertikale Dimension, da ein bestimmtes Kenntnis- und Fertigkeitsniveau vorhanden sein muss, um einen Beruf ausüben zu können (vgl. BA 2011a, S. 26).

Kompetenzdimension(en)	**Lesekompetenz (erste Dimension: drei Teilskalen/-kompetenzen, zweite Dimension: zwei Skalen)**				
Kompetenzbereich(e)	Suchen und Extrahieren	Kombinieren und Interpretieren	Reflektieren und Bewerten		
	Textformate:	Kontinuierliche Texte	Nichtkontinuierliche Texte		
	Kontexte:	Private Situationen	Öffentliche Situationen	Bildungsbezogene Situationen	Berufsbezogene Situationen
	Mathematische Kompetenz (vier Teilskalen, Inhaltsbereiche mathematischer K.)				
	Veränderungen u. Beziehungen	Raum und Form	Quantität	Unsicherheit u. Daten	
	Prozesse:	Situationen mathematisch formulieren	Mathematische Konzepte, Fakten, Prozeduren und Schlussfolgerungen anwenden	Mathematische Ergebnisse interpretieren, anwenden und bewerten	
	Kontexte:	Persönlich	Beruflich	Gesellschaftlich	Wissenschaftlich
	Naturwissenschaftliche Kompetenz (drei Teilskalen/-kompetenzen, zwei Teilskalen: Wissensbereiche, drei Teilskalen: Wissenssysteme)				
	Phänomene naturwissenschaftlich erklären	Naturwissenschaftliche Forschung bewerten und Untersuchungen planen	Daten und Evidenz naturwissenschaftlich interpretieren		
	Wissensarten:	Konzeptuelles Wissen	Prozedural-epistemisches Wissen		
	Wissenssysteme:	Physikalische Systeme	Lebende Systeme	Erd- u. Weltraumsysteme	
	Kontexte:	Persönlich	Regional/National	Global	
Lesekompetenz	Sieben Kompetenzstufen				
Mathemat. K.	Sechs Kompetenzstufen				
Naturwissens. K.	Sieben Kompetenzstufen				

Abb. 1: PISA-Kompetenzmodelle (eigene Darstellung, Quellen: Naumann u. a. 2010, S. 25, 28; Sälzer u. a. 2013, S. 58, 61; Schiepe-Tiska u. a. 2016, S. 50, 69, 89)

Der European e-Competence Framework (e-CF) als erste Sektor spezifische Umsetzung des Europäischen Qualifikationsrahmens besteht aus 40 Kompetenzen, die nach fünf Hauptgeschäftsfeldern (Planen, Erstellen, Durchführen, Ermöglichen, Steuern) strukturiert sind. Die Kompetenzanforderungen beschreiben Aufgaben und Verantwortungsbereiche am Arbeitsplatz, die es zu bewältigen gilt, um erfolgreich zu sein. Zielsetzungen des e-CF sind, Transparenz, Mobilität und Effizienz in der Personalentwicklung zu erhöhen.

Das Kompetenzentwicklungsmodell von Dreyfus/Dreyfus charakterisiert die Kompetenzentwicklung vom Anfänger zum Experten in einer Domäne auf fünf Niveaus. Mit dem Modell wird kein absolutes Kompetenzniveau für Experten definiert, da eine Person nicht generell Experte ist, sondern dies lediglich für bestimmte Kompetenzbereiche sein kann. Eine IT-Fachkraft beispielsweise mag Experte für Programmierung sein, während er gleichzeitig ein lediglich kompetenter Systemadministrator ist und ein völliger Neuling, wenn es um IT-Sicherheit geht. Ein Experte ist somit nicht Spezialist für alle Aufgaben seines Fachgebietes, sondern Expertise ist stets eine relative Größe. Kompetenzbereiche kennzeichnen demzufolge das Profil eines Berufes, wobei Kompetenzniveaus den Kernarbeitsaufgaben zugeordnet werden und IT-Fachkräfte im Kontext der Arbeitsprozesse bei der Bearbeitung von Aufgabenstellungen zu einem gewissen Grad kompetent sind.

Zusammenfassend lässt sich festhalten, dass in der beruflichen Bildung zunächst Ansätze im Vordergrund standen, die die Vergleichbarkeit von Lernergebnissen bzw. Typisierungen von Kompetenzniveaus ermöglichen sollten, um Mobilität und Transparenz innerhalb eines globalen Weltarbeitsmarktes zu erhöhen. Ansätze einer validen und zuverlässigen Kompetenzmessung in der beruflichen Bildung entstanden im Lichte der internationalen Schulleistungsstudien. Vorbild bei diesen Ansätzen war und ist die psychometrische Basis der PISA-Studien (vgl. Abb. 2).

Fragestellung und Vorgehensweise

Wie kann die Frage beantwortet werden, ob eine IT-Fachkraft nach ihrer dualen Berufsausbildung, z. B. im Ausbildungsberuf Fachinformatiker/-in mit der Fachrichtung Anwendungsentwicklung, kompetent ist, um beispielsweise für das Entwickeln von Anwendungssystemen eine Programmentwicklungsmethode anzuwenden und die (Anwendungs-)Programme auf der Grundlage bekannter Algorithmen und Datenstrukturen unter Nutzung von Softwareentwicklungsumgebungen zu erstellen (vgl. KMK 1997, S. 6, eine Zielformulierung aus dem Lernfeld 6 der Fachrichtung Anwendungsentwicklung). Der erste Schritt zur

<table>
<tr><td rowspan="3">Kompetenz-dimension(en)
Kompetenz-bereich(e)</td><td colspan="3">Methodenkompetenz, kommunikative Kompetenz und Lernkompetenz (KMK)
sind immanenter Bestandteil von Fach-, Selbst- und Sozialkompetenz.</td></tr>
<tr><td>Fachkompetenz (KMK)</td><td>Selbstkompetenz (KMK)</td><td>Sozialkompetenz (KMK)</td></tr>
<tr><td>Fachkompetenz (DQR)
unterteilt in Wissen und Fertigkeiten.</td><td colspan="2">Personale Kompetenz (DQR)
unterteilt in Sozialkompetenz und Selbstständigkeit.</td></tr>
<tr><td>Handlungskompetenz (KMK)
wird verstanden als die Bereitschaft und Befähigung des Einzelnen, sich in beruflichen, gesellschaftlichen und privaten Situationen sachgerecht durchdacht sowie individuell und sozial verantwortlich zu verhalten.
Erwerb einer umfassenden Handlungsfähigkeit (DQR)</td><td colspan="3">Anforderungsniveau als vertikale Dimension
<u>Klassifikation der Berufe 2010</u> (vier Anforderungsniveaus): Helfer- und Anlerntätigkeiten (Helfer), fachlich ausgerichtete Tätigkeiten (Fachkräfte), komplexe Spezialistentätigkeiten (Spezialisten), hoch komplexe Tätigkeiten (Experten).
<u>Deutscher Qualifikationsrahmen (DQR)</u> (acht Niveaus)
Z. B.: Niveau 4: u. a. duale Berufsausbildung (3- und 3 ½ jährige Ausbildungen).
<u>European e-Competence Framework</u> (e-CF) (fünf Niveaus)
Niveaus 3–8 des Europäischen Qualifikationsrahmens (EQR).
<u>Internationale Standardklassifikation der Berufe 2008</u> (ISCO-08) (vier Anforderungsniveaus): (1) Einfache, routinemäßige, manuelle Aufgaben; (2) Erfüllung von Aufgaben, die Bedienung, Reparatur, Instandhaltung, Dokumentation und Fahren von Fahrzeugen einschließen; (3) Durchführung von komplexen technischen und praktischen Aufgaben; (4) Erledigung von Aufgaben, die komplexe Problemlösungen und Entscheidungsfindungen erfordern.
<u>Kompetenzentwicklungsmodell nach Dreyfus/Dreyfus</u> (fünf Niveaus), Domänen: überwiegend außerhalb des Berufes: Schach, Fahrzeug lenken, Sprachen lernen.
Anfänger (Novice), fortgeschrittener Anfänger (Advanced beginner), Kompetenter (Competent), Erfahrener (Proficient), Experte (Expert).</td></tr>
</table>

Abb. 2: Standardisierungen zur Vergleichbarkeit von Lernergebnissen bzw. Typisierungen von Kompetenzniveaus (eigene Darstellung, Quellen (BA 2011a, S. 27, 28; CEN 2014, S. 11; DQR 2019, S. 13; Dreyfus/Dreyfus 1986, S. 50; ILO 2012, S. 12, 13; KMK 2018, S. 15, 16))

Beantwortung der Frage wäre, was die Kompetenz in diesem beruflichen Tätigkeits- bzw. Handlungsfeld begründet. Kompetenzen nehmen die als besonders relevant erachteten Anforderungen aus einem abgegrenzten Handlungs- bzw. Tätigkeitsfeld auf, sodass zwei zentrale Fragen im Mittelpunkt stehen:

1. Welche Tätigkeitsfelder existieren und welche Tätigkeitsfelder sind für IT-Fachkräfte mit einer dualen Berufsausbildung (sog. IT-Berufe) von besonderer Bedeutung?
2. Welche Kompetenzanforderungen/Tätigkeitsmerkmale müssen in dem jeweiligen Tätigkeitsfeld, das in den Gesamtprozess eingebettet ist, in ihren fachlichen und sozialen Abläufen erfüllt werden?[1]

Wichtige Erkenntnisse über die geforderten Kompetenzen im Kontext des jeweiligen Arbeits- bzw. Geschäftsprozesses können qualitativ gut aus persönlichen Interviews mit Fachleuten gewonnen werden. Den Kern der Analyse des Untersuchungskomplexes „Tätigkeitsfelder und Kompetenzanforderungen an zukünftige IT-Fachkräfte mit einer dualen Ausbildung" bilden daher 22 Leitfaden gestützte Experteninterviews. Interviews spielen in der qualitativen Forschung eine zentrale Rolle. Entsprechend ausdifferenziert sind die Interviewtechniken, die zur Befragung herangezogen werden. Das zentrale Charakteristikum von Leitfadeninterviews (auch halb standardisierte Interviews) besteht darin, dass vor dem Interview ein Leitfaden mit vorformulierten Fragen oder Themen erarbeitet wird. Leitfadeninterviews setzen daher aufseiten der Forschenden ein gewisses Vorverständnis des Untersuchungsgegenstandes voraus, denn das Erkenntnisinteresse richtet sich i. d. R. auf vorab bereits als relevant ermittelte Themenkomplexe (vgl. Friebertshäuser 1997, S. 371, 375). Zur Vorbereitung auf die Interviews wurden daher bereits vorliegende Untersuchungen sowie Literaturrecherchen zum Untersuchungskomplex „Tätigkeitsfelder und Kompetenzanforderungen an IT-Fachkräfte" ausgewertet. Auf dieser Basis wurde zur Gestaltung der Interviews ein Interviewleitfaden (siehe dazu Tärre 2005, Anhang 1) erstellt, der allen Interviewpartnern mehrere Tage vor dem eigentlichen Interviewtermin zur Vorbereitung auf die geplanten Gesprächsinhalte vorgelegen hat. Die vorformulierten Fragen wurden in jedem Interview angesprochen und von jedem der Befragten auch vollständig beantwortet, wobei die Reihenfolge der Fragen nicht starr abzuarbeiten war und für die Interviewten darüber hinaus die

1 Die Fragestellungen sowie die Ergebnisdarstellung sind Teil einer Dissertation aus dem Jahr 2005, sodass einerseits eine Ausschnittbildung erfolgt, und andererseits zur Aktualisierung auch neuere Forschungsergebnisse einbezogen werden.

Möglichkeit bestand, eigene Aspekte zu ergänzen. Alle Interviews wurden auf Tonband aufgezeichnet und zur Auswertung transkribiert.[2] Die mittlere Interviewdauer betrug ca. 60 Minuten. Die Analyse der Transkriptionen erfolgte auf konventionelle Weise, d. h. zur Textauswertung sind keine computergestützten Verfahren herangezogen worden. Anhand der Transkriptionen erfolgte eine qualitative Textanalyse, die neben den groben Auswertungskategorien „Tätigkeitsfelder" und „Kompetenzanforderungen" durch „Arbeiten am Material" zur weiteren Ausdifferenzierung der Ergebnisse führte. Die Auswertungsstrategie bestand zusammenfassend aus den Arbeitsschritten Transkribieren, Kategorisieren und zusammenfassendes Interpretieren im Rahmen einer qualitativen Inhaltsanalyse (vgl. Tärre 2005, S. 40). Zunächst werden die Texte paraphrasiert, d. h. „nicht-inhaltstragende, ausschmückende Wendungen werden fallen gelassen, um auf einer einheitlichen Sprachebene in einer grammatikalischen Kurzform zu einem Kurztext zu gelangen" (Mayring 1985, S. 194 f.). Im nächsten Schritt werden dann Paraphrasen mit gleicher Bedeutung herausgestrichen, um die verbleibenden Paraphrasen zu bündeln, wenn eine inhaltliche Nähe gegeben ist und sie somit als Kategorie gefasst werden können. Diese Kategorien werden dann noch einmal mit dem Transkript verglichen, ob diese Kurzform das Material „repräsentiert" (vgl. ebd., S. 196).

Die in die Untersuchung einbezogenen Unternehmen haben zum Zeitpunkt der Interviewdurchführung konkret IT-Fachkräfte auf dem Arbeitsmarkt nachgefragt. Somit hatten die Fragen zu den Tätigkeitsfeldern und den damit verbundenen IT-Kompetenzanforderungen nicht theoretischen Charakter, sondern waren für die Stellenbesetzungen unmittelbar von aktueller Bedeutung. Als Gesprächspartner/-innen standen Fachexpert(inn)en zur Verfügung, die mehrheitlich akademisch qualifiziert waren (vgl. Abb. 3).

Tätigkeitsfelder und Tätigkeitsprofile – Kompetenzanforderungen

Petersen/Wehmeyer haben anhand von betrieblichen Fallstudien sechs IT-Arbeits- bzw. Tätigkeitsfelder identifiziert, die die unterschiedlichen Inhalte und Strukturen der IT-Arbeitsprozesse in Klein-, Mittel- und Großbetrieben der IT-Branche und den Anwenderbranchen („Nicht-IT-Branche") repräsentieren (siehe Abb. 4).

---

2 Auf direkte Zitate der Interviewpartner, die in der Dissertation zur Darstellung einheitlicher, gegensätzlicher oder unterschiedlicher Auffassung enthalten sind, wird in diesem Beitrag aus Platzgründen verzichtet.

IT-Branche (14 Unternehmen)
5 Großbetriebe (> 500 Mitarbeiter/-innen), davon
Großbetrieb, Ausbildung IT-System-Elektroniker/-in u. IT-System-Kaufmann/-frau
Großbetrieb, Ausbildung Fachinformatiker/-in Fachrichtung (FR) Anwendungsentwicklung (AW) u. Systemintegration (SI)
Großbetrieb, Ausbildung Fachinformatiker/-in FR AW
5 Mittelbetriebe (50 – 500 Mitarbeiter/-innen), davon
Mittelbetrieb, Ausbildung Fachinformatiker/-in FR AW u. SI
Mittelbetrieb, Ausbildung Fachinformatiker/-in FR SI
3 Kleinbetriebe (10–49 Mitarbeiter/-innen)
1 Kleinstbetrieb (1–9 Mitarbeiter/-innen)
„Nicht-IT-Branche" (8 Unternehmen)
Großbetrieb, produzierendes Untern. der Sicherheitsbranche, Ausbildung Informatikkaufmann/-kauffrau
Großbetrieb, Versicherung, Ausbildung Fachinformatiker/-in FR AW u. SI
Großbetrieb, Gesundheitswesen
Großbetrieb, Verkehr
Mittelbetrieb, produzierendes Untern. der Optikbranche, Ausbildung Informatikkaufmann/-kauffrau
Mittelbetrieb, Dienstleistung
Mittelbetrieb, Versicherung
Kleinstbetrieb, Bildungseinrichtung, Ausbildung Fachinformatiker/-in FR SI

Abb. 3: Befragte Unternehmen im Überblick (vgl. Tärre 2005, S. 42)

Diese sechs Arbeitsfelder korrespondieren mit den von Tärre (siehe dazu 2005, Kap. 2.6) identifizierten Tätigkeitsfeldern, wobei Einteilung und Abgrenzung der IT-Arbeits- bzw. Tätigkeitsfelder nicht trennscharf sind, da diese auch von der Betriebsgröße und der Organisations- und Ablaufstruktur des Unternehmens beeinflusst werden. In den Unternehmen besteht ein breites Tätigkeits- und Aufgabenspektrum für IT-Fachkräfte. Als Hauptaufgabengebiete in den Unternehmen der IT-Branche haben sich die Tätigkeitsfelder „Softwareentwicklung" sowie die „Organisation/Beratung" zur informationstechnischen Unterstützung bzw. Abwicklung der Geschäfts- oder Produktionsprozesse herauskristallisiert. Als Hauptaufgabengebiete in den Anwenderunternehmen („Nicht-IT-Branche") haben sich die Tätigkeitsfelder „Netzwerke/IT-Systeme" und „Service/Support" herauskristallisiert. Der höhere Stellenwert der Betreuung der bestehenden IT-Infrastruktur sowie der Schulung und Betreuung der Mitarbeiter/-innen in den übrigen Unternehmensabteilungen kommt auch in einer Untersuchung von Petersen/Wehmeyer (vgl. 2002, S. 118) zum Ausdruck. Die Evaluation zu den IT-Berufen (bezogen auf die Ordnungsmittel, die 1997 in Kraft traten) zeigte, dass in den Betrieben der „Nicht IT-Branche“ insbesondere die Aufgaben System-Betreuung und -Verwaltung einen höheren Stellenwert einnehmen. Die Hauptaufgaben der IT-Fachkräfte stehen in unmittelbarem Zusammenhang zur IT-Infrastruktur in den Anwenderunternehmen. Alle in die Untersuchung (vgl. Tärre 2005, S. 130) einbezogenen Anwenderunternehmen

- betreiben Client-Server-Netzwerke,
- verwenden Standardsystem- und Standardanwendungssoftware,
- verwenden Individualsoftware zur informationstechnischen Unterstützung bzw. Abwicklung der Geschäfts-, Arbeits- oder Produktionsprozesse,
- setzen Datenbanken zur Verwaltung und Auswertung der Datenbestände ein und
- präsentieren sich und ihre Produkte/Dienstleistungen im Internet.

Hinzu kommen mittlerweile Cloudlösungen, die einen permanenten und ortsunabhängigen Zugriff auf Daten außerhalb eines Unternehmens ermöglichen. Unternehmen lagern daher auch IT-Dienste wie Datenspeicherung, Rechenleistung oder Anwendungssoftware aus, sodass sie nicht mit der eigenen Hard- und Software arbeiten müssen.

Die IT-Ausbildungsberufe, deren Ordnungsmittel 1997 erstmals in Kraft traten, wurden im Jahr 2017 durch die Stärkung des Themas IT-Sicherheit erstmalig modernisiert. Eine weitere grundlegende Überarbeitung sowie Neuordnung der Ordnungsmittel der dualen IT-Berufe soll zum 1. August 2020 in Kraft treten. Zur Prüfung des Novellierungsbedarfes wurde eine quantitative und breit angelegte Onlinebefragung durchgeführt. Bezogen auf die drei meistgenannten Tätigkeitsprofile a) bis c) (siehe Abb. 4) besteht eine große Überschneidung zwischen den einzelnen Berufen – ausgenommen Fachinformatiker/-in FR Anwendungsentwicklung –, da diese Tätigkeitsfelder bei diesen Berufen immer auf den ersten drei Plätzen rangieren und z. T. nur Platz 1 und Platz 3 vertauscht sind. Deutlich wird auch die fachliche Nähe zwischen den Berufen Fachinformatiker/-in mit der Fachrichtung Systemintegration und Informations- und Telekommunikationssystemelektroniker/-in sowie zwischen den Berufen Informatikkaufmann/-frau und Informations- und Telekommunikationssystem-Kaufmann/-frau. Die Softwareentwicklung nimmt eine Sonderstellung bei den Fachinformatiker(inne)n mit der Fachrichtung Anwendungsentwicklung ein.

Insgesamt besteht eine relativ große Übereinstimmung zwischen den Ergebnissen der Onlinebefragung und den zeitlich früheren Untersuchungen von Petersen/Wehmeyer und Tärre.

Abb. 4: Arbeits- und Tätigkeitsfelder, Tätigkeitsprofile und „Kernarbeitsaufgaben-Kernkompetenzen" von IT-Fachkräften

Arbeits- bzw. Tätigkeitsfelder		**Kernarbeitsaufgaben-Kernkompetenzen** in Anlehnung an Klassifikation der Berufe 2010 (vgl. BA 2011b, S. 783, 785, 787, 790, 794, 795, 796, 798, 799, 805, 807)
Ergebnisse Petersen/ Wehmeyer, „Fallstudien" (vgl. 2003, S. 296)	Ergebnisse Tärre, „Leitfadengestützte Experten-Interviews" (siehe dazu 2005, Kap. 2.6)	
(1) IT-Marketing, -Beratung und -Vertrieb, (2) IT-Auftrags- und Projektbearbeitung.	Organisation/ Beratung	• Analysieren von Geschäfts-, Arbeits- oder Produktionsprozessen sowie von vorhandenen Systemen und konzipieren von IT-Lösungen für die jeweiligen Anwenderbedürfnisse, • Vertreiben von verschiedener Hard-, Software sowie anderen Gütern und Dienstleistungen, • Unterstützung beim Betrieb und beim Überwachen von IT-Systemen, von Peripheriegeräten, von Hard- und Software, um eine optimale Performance zu gewährleisten und eventuelle Probleme zu identifizieren.
(3) IT-System- und Anwendungsentwicklung	Softwareentwicklung	• Unterstützung akademisch qualifizierter Softwareentwickler/-innen bei der Programmierung von neu entwickelter Software, • Nutzen von Programmiersprachen und Entwicklungsumgebungen, um Systemkomponenten, Dienst- und Organisationssoftware sowie Anwendungen zu erstellen oder an neue Anforderungen anzupassen, • Fehlersuche in Programmcodes und beschreiben der Funktionsweise von Programmen für Anwender/-innen.
(3)	Datenbanken	• Konzipieren, konfigurieren, überwachen und pflegen von Datenbanksystemen, • Erstellen von spezialisierten Datenbanken (z. B. Data-Warehouse), um in Unternehmen Daten gezielt zu sammeln, strukturiert bereitzustellen und zu analysieren.

Arbeits- bzw. Tätigkeitsfelder		**Kernarbeitsaufgaben-Kernkompetenzen**
Ergebnisse Petersen/ Wehmeyer, „Fallstudien" (vgl. 2003, S. 296)	Ergebnisse Tärre, „Leitfadengestützte Experten-Interviews" (siehe dazu 2005, Kap. 2.6)	in Anlehnung an Klassifikation der Berufe 2010 (vgl. BA 2011b, S. 783, 785, 787, 790, 794, 795, 796, 798, 799, 805, 807)
(3), (4) IT-Integration und -Administration.	Internetanwendungen	• Warten, überwachen und unterstützen des optimalen Funktionierens von Websites im Internet und Intranet sowie der Hard- und Software von Webservern, • Erarbeitung von Sicherheitskonzepten und Aufspüren von unberechtigten Zugriffen auf Websites, Sprach- und Datennetzen.
(4), (5) IT-Infrastruktur und Installation.	Netzwerke/ IT-Systeme	• Analysieren, konzipieren, betreiben und warten von Netzwerken und Netzwerkdaten, • Konfigurieren und pflegen vernetzter IT-Systeme und -Netzen, • Organisieren des Betriebs von Hard- und Software einschließlich automatischer Updates und Back-ups, • Anpassen von IT-Systemen an neue Anforderungen sowie Organisation der Daten sowie des Benutzersupports.
(5), (6) IT-Support und Systemservice.	Service/Support	• Anwender/-innen zu IT-Projekten und -Produkten beraten, • Technischen Support, Hilfe und Unterstützung beim Einsatz, der Installation und Wartung von IT-Systemen leisten.

(fortgeführt)

Abb. 4: Fortsetzung

<table>
<tr><th colspan="2">Arbeits- bzw. Tätigkeitsfelder</th><th colspan="3">Kernarbeitsaufgaben-Kernkompetenzen</th></tr>
<tr><td>Ergebnisse Petersen/ Wehmeyer, „Fallstudien“ (vgl. 2003, S. 296)</td><td>Ergebnisse Tärre, „Leitfadengestützte Experten-Interviews“ (siehe dazu 2005, Kap. 2.6)</td><td colspan="3">in Anlehnung an Klassifikation der Berufe 2010 (vgl. BA 2011b, S. 783, 785, 787, 790, 794, 795, 796, 798, 799, 805, 807)</td></tr>
<tr><td colspan="5">Tätigkeitsprofile (Befragte: IT-Fachkräfte), Ergebnisse BIBB-Onlinebefragung (vgl. Schwarz u. a. 2016, S. 21, 24–28)</td></tr>
<tr><td colspan="5">a) Systemintegration/-administration (63,0 %), b) Installation und Instandhaltung von IT-Systemen (54,5 %), c) IT- und TK-Service, Support und Anwenderberatung (52,0 %), d) Softwareentwicklung (49,0 %), e) Test/Simulation von IT-Systemen (34,8 %), f) Qualitätssicherung, -management (28,8 %), g) Aus- und Weiterbildung (22,3 %), h) IT-Produktion (Hardware) (7,2 %), i) Vertrieb von IT-Lösungen (7,1 %), j) Marketing (2,6 %), k) andere Tätigkeitsbereiche (7,6 %), keine Angabe (0,2 %), (N = 1911).</td></tr>
<tr><td colspan="5">Tätigkeitsprofile nach Beruf (Befragte: IT-Fachkräfte)</td></tr>
<tr><td>Fachinformatiker/-in FR AW (N = 347)</td><td>Fachinformatiker/-in FR SI (N = 513)</td><td>Informatik-kaufmann/ -frau (N = 84)</td><td>IT-System-Elektroniker/-in (N = 157)</td><td>IT-System-Kaufmann/ -frau (N = 49)</td></tr>
<tr><td>a) 39,2 % (2. Rang),
b) 36,0 % (4. Rang),
c) 38,0 % (3. Rang),
d) 89,0 % (1. Rang).</td><td>a) 90,4 % (1. Rang),
b) 78,6 % (2. Rang),
c) 65,1 % (3. Rang),
e) 39,6 % (4. Rang).</td><td>a) 72,6 % (3. Rang),
b) 76,2 % (2. Rang),
c) 77,4 % (1. Rang),
e) 42,9 % (4. Rang).</td><td>a) 74,5 % (1. Rang),
b) 73,9 % (2. Rang),
c) 72,6 % (3. Rang),
e) 42,7 % (4. Rang).</td><td>a) 51,0 % (3. Rang),
b) 55,1 % (2. Rang),
c) 69,4 % (1. Rang),
f) 40,8 % (4. Rang).</td></tr>
</table>

Den identifizierten Arbeits- bzw. Tätigkeitsfeldern sind mithilfe der Klassifikation der Berufe 2010 „Kernarbeitsaufgaben-Kernkompetenzen“ zugeordnet, da die empirische Clusteranalyse der BA zur neuen Klassifikation der Berufe zur Ausdifferenzierung der horizontalen Dimension Berufsfachlichkeit mithilfe einer binären Codierung (zugeordnet/nicht zugeordnet) erfolgt. Somit werden zwar keine Überschneidungen erfasst, jedoch lassen sich somit „Kernarbeitsaufgaben-Kernkompetenzen“ identifizieren. Eine Zuordnung zu Arbeits- bzw. Tätigkeitsfeldern ist möglich, da in den Berufsuntergruppen z. B. Berufe in der Softwareentwicklung, Berufe in der Datenbankentwicklung etc. erläutert werden. Zugeordnet sind ausschließlich Aufgaben des Anforderungsniveaus „fachlich ausgerichtete Tätigkeiten“ (Fachkräfte).

Zusammenfassend lassen sich berufstypische bzw. exemplarische Kernarbeitsprozesse für nicht-akademische IT-Fachkräfte identifizieren (siehe dazu auch Tärre 2005, S. 123 f., 131 ff.):

- Branchenspezifische Software entwickeln, programmieren, anpassen, implementieren, installieren, testen, pflegen und dokumentieren, wobei die Softwareentwicklung überwiegend von akademisch qualifizierten IT-Fachkräften bewältigt wird.
- IT-Systeme entwickeln, optimieren, auswählen, integrieren, administrieren und dokumentieren, wobei die Entwicklung wiederum schwerpunktmäßig von Akademiker(inne)n übernommen wird.
- Installieren, pflegen, kontrollieren, reparieren von IT-Systemen, Komponenten und Modulen sowie konfigurieren von Anwendungen.
- Analysieren und beheben von Störungen, einrichten von Anwenderzugängen für Informationsdienste und Expertensysteme, beschaffen und aussondern von Hard- und Software, beraten und einweisen von Anwender(inne)n bzw. Benutzer(inne)n.

Im Sinne des Kompetenzentwicklungsmodells von Dreyfus/Dreyfus ist davon auszugehen, dass dual ausgebildete IT-Fachkräfte nach der Ausbildung nicht sofort in allen Arbeits- bzw. Tätigkeitsfeldern der Domäne Expertenniveau erreichen, wobei trotz Akademisierung weiterhin Beschäftigungsperspektiven für nicht akademisch qualifizierte IT-Fachkräfte prognostiziert werden.

(Perspektivische) Kompetenzanforderungen

IT-Berufe sind in mehrfacher Hinsicht Querschnitts- bzw. Schnittstellenberufe. IT-Fachkräfte arbeiten sowohl branchenspezifisch bei IT-Entwicklern, -Herstellern und -Anbietern als auch branchenübergreifend aufseiten der

Anwenderunternehmen, wo nahezu alle anderen Branchen vertreten sind, da die Digitalisierung der Arbeitswelt annähernd in allen Branchen voranschreitet. Des Weiteren sind es Schnittstellenberufe, da Informations- und Kommunikationstechnik mit Produktions-, Automatisierungs- und Medientechnik sowie betriebswirtschaftlicher Prozesssteuerung verbunden sind. Die Komplexität der Schnittstellenfunktionen ist hoch und wird weiter steigen, da die Vernetzung der Komponenten und Systeme weiter steigt. D. h., dass IT-Fachkräfte neben fundierten Fachkompetenzen im Kernaufgabenbereich auch über diesen hinaus, über Schnittstellen- bzw. Vernetzungskompetenz verfügen müssen, da sie i. d. R. Teil innerhalb eines Gesamtprozesses sind und das „Ganze" mehr als die „Summe der Teile" ist (siehe dazu auch Tärre 2005, S. 149). Eine starke innere sowie äußere Vernetzung, ein häufig hoher Abstraktionsgrad, eine enorme Komplexität, kurze Reaktionszeiten, virtuelle Lern- und Arbeitsumgebungen, arbeitsplatzintegrierte digitale Assistenzsysteme, eine Mischung aus Analyse und Synthese, aus Konstruktion und Integration dominieren das Denken, Handeln, die Kommunikation und Kooperation in der Informationstechnik.

IT-Entwicklungs- und Konstruktionsprozesse umfassen Arbeitsaufgaben auf unterschiedlichem Niveau mit starker Geschäftsprozess-, Dienstleistungs-, Markt- und Kunden- sowie Teamorientierung, wobei Tätigkeiten auf hohem Anforderungsniveau verbunden mit Autodidaktik im Sinne von „Lernen im Prozess der Arbeit" überwiegen bzw. perspektivisch weiter zunehmen. Dienstleistungen bzw. Anwendungen können prinzipiell orts- und zeitunabhängig abgerufen werden. Die Zahl ortsgebundener klassischer Arbeitsplätze nimmt ab, da Arbeitsleistung global zur Verfügung steht und global nachgefragt wird. Die Entgrenzung der Arbeit erhält mit der Digitalisierung eine Beschleunigung, die Virtualisierung und Globalisierung vorantreibt. Infolgedessen müssen besondere sprachliche und kulturelle Kompetenzen entwickelt werden, da die weltweite Kommunikation i. d. R. auf Englisch erfolgt und neben den Migrationsbewegungen globale Arbeitsprozesse eine Sensibilisierung für kulturelle Unterschiede erfordern.

Informationen, Wissen und Technologien sind überall zugänglich. Zunehmend sind nicht (nur) fehlende Informationen und fehlendes Wissen für das Individuum problematisch, sondern der Umgang mit der Informationsflut. Die Herausforderung besteht darin, Informationen in Wissen und Kompetenzen umzusetzen und gleichzeitig ein ständig wachsendes Basiswissen bzw. Basiskompetenzen zu erwerben. IT-Fachkräften kommt somit auch die Aufgabe zu, Wissen und Expertise zu replizieren und auf Maschinen zu übertragen.

Geistige Produkte dominieren, da die bisherige Entwicklung gezeigt hat und diese Entwicklung dürfte weiterhin Bestand haben, dass Hardware durch

Software ersetzt wird, wenn bzw. wann immer dies möglich ist. Software spielt in allen Anwendungsbereichen eine herausragende Rolle, da sich mithilfe von Software große Mengen von Informationen besser strukturieren, verarbeiten und aufbereiten lassen. Basis dafür sind in den modernen Wissens- bzw. Industriegesellschaften Informatikinfrastrukturen aus Netzen, aus Informatikgeräten und eingebetteten Softwaresystemen sowie Softwareapplikationen, die so gut integriert sind, dass sie nicht mehr unmittelbar wahrgenommen werden, da eine Verschiebung von Hard- zur Software mit Miniaturisierung eng verbunden ist.

Neben der Vernetzung wird die Kollaboration immer wichtiger werden, da trotz fortschreitender Digitalisierung noch enorme Automatisierungspotenziale bestehen (siehe dazu Frey/Osborne 2013). Für IT-Fachkräfte besteht damit die Anforderung, mit intelligenten Maschinen zu interagieren und Arbeitsprozesse in der „Zusammenarbeit" mit Robotern zu innovieren. Die Mensch-Maschine-Schnittstellen nehmen zu, womit Sinnhaftigkeit, Verträglichkeit, Ergonomie, soziale sowie ethische Auswirkungen, Persönlichkeitsrechte, Datenschutz etc. verdeutlichen, dass IT-Technikfolgenabschätzungen statt Technik-Determinismus als Anforderung zu berücksichtigen sind.

Zusammenfassend lässt sich festhalten, dass IT-Fachkräfte neben der Bedienung von IT-Systemen insbesondere die darauf ausgerichteten Denkmodelle und Methoden beherrschen müssen. Analytische Fähigkeiten für präzise Denkweisen, konstruktives sowie planvolles Vorgehen, Modellierung und Simulation, Vernetzung und Kollaboration, Nutzung von Lern-, Kommunikations- und Arbeitsplattformen sowie arbeitsplatzintegrierten digitalen Assistenzsystemen, Nutzung und Erstellung von Werkzeugen, Anwenderorientierung, selbstständiges Arbeiten sowie Arbeit im Team und eine schnelle Einarbeitung bzw. Umsetzung neuer Erkenntnisse repräsentieren ein hohes Anforderungsprofil.

Literatur

Bundesagentur für Arbeit (BA) (Hrsg.) (2011a): Klassifikation der Berufe 2010 – Band 1: Systematischer und alphabetischer Teil mit Erläuterungen, Nürnberg.

Bundesagentur für Arbeit (BA) (Hrsg.) (2011b): Klassifikation der Berufe 2010 – Band 2: Definitorischer und beschreibender Teil, Nürnberg.

Bund-Länder-Koordinierungsstelle für den Deutschen Qualifikationsrahmen für lebenslanges Lernen (DQR) (Hrsg.) (2019): Liste der zugeordneten Qualifikationen. Stand: 1. August 2019, Berlin.

Europäisches Komitee für Normung (CEN) (Hrsg.) (2014): European e-Competence Framework 3.0, Brüssel.

Chomsky, N. (1962): Explanatory Models in Linguistics. In: Nagel, P.; Suppes, P.; Tarski, A. (Hrsg.): Logic, Methodology and Philosophie of Science. Stanford, S. 528–555.

Dreyfus, H. L.; Dreyfus, S. E. (1986): Mind over Machine: The Power of Human Intuition and Expertise in the Era of the Computer, New York.

Frey, C.; Osborne, M. A. (2013): The Future of Employment: How Susceptible are Jobs to Computerization? University of Oxford.

Friebertshäuser, B (1997): Interviewtechniken – ein Überblick. In: Friebertshäuser, B.; Prengel, A. (Hrsg.): Handbuch Qualitative Forschungsmethoden in der Erziehungswissenschaft. Weinheim/München, S. 371–395.

International Labour Organization (ILO) (Hrsg.) (2012): International Standard Classification of Occupations. Structure, group definitions and correspondence tables, Genf.

Kultusministerkonferenz (KMK) (Hrsg.) (1997): Rahmenlehrplan für den Ausbildungsberuf Fachinformatiker/-in (Beschluss der KMK vom 25. April 1997), Berlin.

Kultusministerkonferenz (KMK) (Hrsg.) (2018): Handreichung für die Erarbeitung von Rahmenlehrplänen der Kultusministerkonferenz für den berufsbezogenen Unterricht in der Berufsschule und ihre Abstimmung mit Ausbildungsordnungen des Bundes für anerkannte Ausbildungsberufe, Berlin.

Mayring, P. (1985): Qualitative Inhaltsanalyse. In: Jüttemann, G. (Hrsg.): Qualitative Forschung in der Psychologie. Weinheim/Basel, S. 187–211.

Naumann, J.; Artelt, C.; Schneider, W.; Stanat, P. (2010): Lesekompetenz von PISA 2000 bis PISA 2009. In: Klieme, E.; Artelt, C.; Hartig, J.; Jude, N.; Köller, O.; Prenzel, M.; Schneider, W.; Stanat, P. (Hrsg.): PISA 2009. Bilanz nach einem Jahrzehnt. Münster, S. 23–72.

Organisation für wirtschaftliche Zusammenarbeit und Entwicklung (OECD) (Hrsg.) (2005): Definition und Auswahl von Schlüsselkompetenzen. Zusammenfassung. Berlin/Paris.

Petersen, A. W.; Wehmeyer, C. (2002): Evaluation der neuen IT-Berufe IT-Systemelektroniker/-in, IT-Systemkaufmann/-frau, IT-Fachinformatiker/-in, und Informatikkaufmann/-frau. In: Borch, H.; Weißmann, H. (Hrsg.): IT-Berufe machen Karriere. Bonn, S. 101–140.

Petersen, A. W.; Wehmeyer, C. (2003): Aufgedeckt: IT-Arbeitsprozesse und Ausbildung in der Betriebspraxis. Dokumentation und Auswertung der Fallstudien zur Arbeit und Ausbildung in den IT-Berufen. Abschlussbericht, Flensburg.

Sälzer, C.; Reiss, K.; Schiepe-Tiska, A.; Prenzel, M.; Heinze, A. (2013): Zwischen Grundlagenwissen und Anwendungsbezug: Mathematische Kompetenz im internationalen Vergleich. In: Prenzel, M.; Sälzer, C.; Klieme, E.; Köller, O. (Hrsg.): PISA 2012. Fortschritte und Herausforderungen in Deutschland. Münster, S. 47–97.

Schiepe-Tiska, A.; Rönnebeck, S.; Schöps, K.; Neumann, K.; Schmidtner, S.; Parchmann, I.; Prenzel, M. (2016): Naturwissenschaftliche Kompetenz in PISA 2015 – Ergebnisse des internationalen Vergleichs mit einem modifizierten Testansatz. In: Reiss, K.; Sälzer, C.; Schiepe-Tiska, A.; Klieme, E.; Köller, O. (Hrsg.): PISA 2015. Eine Studie zwischen Kontinuität und Innovation. Münster, S. 45–98.

Schwarz, H. u. a. (2016): Voruntersuchung IT-Berufe. Abschlussbericht – Teil A., Bonn.

Tärre, M. (2005): Duale IT-Berufe: Kompetenzanforderungen auf mittlerem Qualifikationsniveau und Konsequenzen für die Berufsausbildung, Berlin.

White, R. W. (1959): Motivation reconsidered: The concept of competence. In: Psychol. Rev., 66, S. 297–333.

Torben Karges

Kompetenzmatrizen zur Unterstützung der Ausbildung in IT-Berufen

Zusammenfassung: *Arbeitsprozesse im Bereich der Informations- und Telekommunikationstechnologien sind hochdynamisch, was u. a. die Gestaltung von Lernprozessen erschwert. Dies trifft besonders dann zu, wenn Berufsausbildung in betrieblichen Leistungserstellungsprozessen stattfindet. Angehende IT-Fachkräfte müssen in diesem Umfeld zu Expert(inn)en bei der Bearbeitung und Lösung komplexer und dynamischer Aufgabenstellungen und Problemsituationen werden. Der vorliegende Beitrag beschreibt die Entwicklung und Nutzung von anforderungsbezogenen Kompetenzmatrizen, um einerseits benötigte berufliche Kompetenzen zu identifizieren und mit diesen die berufliche Handlungsfähigkeit von Fachkräften zu bestimmen, sowie andererseits Ausbildungs- und Lernprozesse für den Erwerb umfassender beruflicher Handlungskompetenz optimal gestalten zu können.*

Ständiger Wandel als Herausforderung für die informationstechnische Berufsbildung

Die kontinuierliche Weiterentwicklung und Anpassung der beruflichen Handlungsfähigkeit ist heute eine selbstverständliche Anforderung an Fachkräfte, die insbesondere in den Berufen der Informationstechnik – deren fachliche Grundlagen und Arbeitsmethoden einem schnellen und fortwährenden Wandel unterzogen sind – von enorm großer Relevanz erscheint. Berufsschule und Betrieb müssen den Auszubildenden die dafür notwendige Kompetenzentwicklung ermöglichen. Dabei kommt einer Ausbildung in bzw. an betrieblichen Arbeitsprozessen eine zentrale Rolle zu. Die Orientierung an Arbeitsprozessen ermöglicht den Auszubildenden ein selbst gesteuertes Lernen und befähigt diese, ihre Lernprozesse zu überwachen. Mit geeigneten Instrumenten gilt es, den angehenden Fachkräften Möglichkeiten zu geben, den Verlauf ihres Kompetenzentwicklungsprozesses selbstständig planen, umsetzen und reflektieren zu können. Ziel eines Projektes der Telekom Ausbildung und der Universitäten Flensburg und Hannover[1] war es

1 An dem Projekt „Selbst gesteuerte Kompetenzerfassung" waren die Deutsche Telekom AG – Telekom Ausbildung (ASQ), das Berufsbildungsinstitut Arbeit und Technik (biat) der Europa-Universität Flensburg sowie das Institut für Berufswissenschaften der Metalltechnik (IBM) an der Leibniz Universität Hannover beteiligt. Weitere Informationen: https://www.uni-flensburg.de/?12796 (11.02.2020).

daher, ein Instrument zu gestalten, das Auszubildenden eine selbst gesteuerte Planung und Reflexion des Kompetenzentwicklungsprozesses ermöglicht, sowie als Basis für den Austausch mit dem Ausbildungspersonal dienen kann.

Kompetenzanalysen und Kompetenzbeschreibungen

Eine Berufsausbildung, die im Betrieb auf das Lernen in Arbeitsprozessen setzt und sich in der Berufsschule an realen Arbeitsaufgaben orientiert, erfordert als Grundlage die Identifikation der benötigten und erwerbbaren Kompetenzen für und an berufliche(n) Aufgabenstellungen. Dieses kann nicht durch eine analytisch getrennte Beschreibung von Kompetenzen in verschiedenen abstrakten Dimensionen geleistet werden (vgl. Becker 2014, S. 184). Daher wurden zur Entwicklung von anforderungsbezogenen Kompetenzbeschreibungen, die ein selbst gesteuertes Lernen und Reflektieren in der Ausbildung ermöglichen und zugleich als Grundlage zur Gestaltung von Lernsituationen dienen können, berufswissenschaftliche Analysen (vgl. Becker/Spöttl 2008) in verschiedenen Einsatzgebieten[2] der Deutschen Telekom durchgeführt.

Zum Einsatz kamen primär Arbeitsprozessstudien, um diejenigen Kompetenzen von Fachkräften zu identifizieren, die diese für die Bewältigung ihrer beruflichen Aufgabenstellungen benötigen. Die Fachkräfte wurden dazu in ihrem Arbeitsalltag an realen Einsatzorten begleitet und es wurden die Aufgabenstellungen und Vorgehensweisen analysiert und dokumentiert. Als Analysemethoden wurden dabei Arbeitsbeobachtungen (vgl. Becker 2005a; Becker/Spöttl 2008, S. 109 ff.) und handlungsorientierte Fachinterviews (vgl. Becker 2005b; Becker/Spöttl 2008, S. 93 ff.) eingesetzt.

Die Auswahl geeigneter Fälle für die Arbeitsprozessstudien orientierte sich an einem Modell von Petersen und Wehmeyer (vgl. 2003, S 324, 338), nach dem die beruflichen Handlungsfelder der IT-Berufe in „Support und Service", „Installation und Konzeption", „Systementwicklung und Administration" sowie „Projektbearbeitung und Vertrieb" unterschieden werden können. Nahezu alle identifizierten „Kernarbeitsprozesse" berühren mehrere der Handlungsfelder, was darauf hindeutet, dass diese sich in Unternehmen nicht vollständig separieren lassen und viele Aufgaben in den IT-Berufen sich zumindest in Teilen handlungsfeldübergreifend gestalten.

2 Neben den Einsatzgebieten von IT-Systemelektroniker(inne)n, IT-Systemkaufleuten und Fachinformatiker(inne)n waren dies auch kaufmännische Bereiche (Industriekaufleute, Kaufleute für Dialogmarketing, Kaufleute im Einzelhandel, Kaufleute für Büromanagement).

Mithilfe der Arbeitsbeobachtungen wurden die Prozesse (z. B. die Installation eines WLAN Netzwerks in einem Hotel, die Fehlerdiagnose an einem DSLAM, die Kalkulation eines IT-Projekts u. s. w.) im Sinne des Gegenstands der beruflichen Aufgabe einschließlich des gesamten Ablaufs, der dabei zum Ausdruck kommenden Anforderungen (durch Kund(inn)en, betriebliche Vorgaben, Kooperationsbedarfe, gesetzliche Richtlinien, gesellschaftliche Normen), der zum Einsatz kommenden Werkzeuge und Methoden sowie der Arbeitsorganisation identifiziert. Mithilfe von Fachinterviews am Einsatzort konnten die Beziehungen zwischen diesen Dimensionen im Verlauf der Aufgabenbearbeitung durch die Fachkraft aufgeklärt werden und eine Objektivierung des Beobachteten durch Hinterfragen der Handlungen erfolgen, was u. a. zu einer hohen inhaltlichen Validität der Ergebnisse beiträgt (vgl. Becker/Spöttl 2008, S. 112 ff.). Diese handlungsorientierte Vorgehensweise erlaubt es, die jeweilige subjektive Bedeutsamkeit für das Handeln im Arbeitsprozess und das Bearbeiten der Aufgabenstellung in den Mittelpunkt zu stellen, um die damit einhergehenden Kompetenzanforderungen zu erkennen und aufgabenbezogen auszudrücken. Die Erfahrungen zeigen, dass betriebliche Strukturierungen, wie beispielsweise die Aufteilung in Abteilungen, dabei in den Hintergrund treten, da Arbeitsprozesse und die dafür erforderlichen Kompetenzen häufig nicht nach diesen Strukturierungsmustern isoliert nur für einen Bereich identifiziert werden können, was auch als Indiz für eine abteilungs- und betriebsübergreifende Gültigkeit der Ergebnisse gewertet werden kann.

In einem zweiten Schritt wurden die identifizierten und ausformulierten Kompetenzen einer Validierung und Optimierung mittels „Experten-Workshops" unterzogen[3], die an einem zentralen Ort und meistens zweitägig stattfanden sowie von den Forschern moderiert wurden. Dabei wurden die Kompetenzen diskutiert, geprüft und bei Bedarf optimiert. Vornehmliches Ziel war es, zu prüfen, ob alle Dimensionen der Facharbeit und alle aufgabenbezogenen Kompetenzanforderungen in den Formulierungen enthalten sind. Weiterhin wurde die Zuordnung der Kompetenzen zu sogenannten übergreifenden „Kernarbeitsprozessen" und die Einstufung der Kompetenzen in verschiedene Kompetenzniveaus geprüft und wenn nötig angepasst (vgl. Spöttl 2005, S. 615). Für die Ordnung und Strukturierung der

3 Diese Workshops orientierten sich am Instrument der Experten-Facharbeiter-Workshops (vgl. Becker/Spöttl 2008; Spöttl 2005), wurden jedoch im Verlauf des Projekts mehrfach modifiziert, um neben den ursprünglich begleiteten Fachkräften auch weitere Berufsexpert(inn)en einbeziehen zu können.

Beschreibungen wurde ein berufsbezogenes Kompetenzentwicklungsmodell in Anlehnung an Dreyfus und Dreyfus verwendet (vgl. Markowitsch/Becker/Spöttl 2006).

Der gewählte Untersuchungs- und Entwicklungsansatz verfolgt zwei Ziele, die die oben genannten Ansprüche an die Kompetenzentwicklung in sich schnell wandelnden Berufsbereichen wie den IT-Berufen berücksichtigen:

- Die arbeitsprozessbezogenen Kompetenzbeschreibungen, die sich ausschließlich auf berufliche Aufgabenstellungen beziehen und keine „Didaktisierung" erfahren, unterstützen dabei, nicht nur „Aufhänger" für ein berufliches Lernen zu generieren, das dann am Ende doch fachsystematisch strukturiert wird, sondern die eigentlichen Strukturen des Arbeitsprozesses für das Lernen zu nutzen (vgl. Becker 2014, S. 187). Mit ihrer Hilfe können allerdings auch vom Arbeitsprozess separierte Lernsituationen geschaffen werden, die über das Niveau eines „pseudo-handlungsorientierten" Einstiegs hinausgehen und reale Arbeitsprozesse zum Inhalt haben.
- Die Strukturierung der Kompetenzbeschreibungen nach Kernarbeitsprozessen und auf Kompetenzniveaustufen ermöglicht den Auszubildenden, aber auch Fachkräften, das Erkennen und Reflektieren der eigenen Kompetenzentwicklung und liefert Ansatzpunkte für ein selbst gesteuertes Lernen und das Setzen von Kompetenzentwicklungszielen (vgl. ebd.).

Kompetenzmatrizen

Um die identifizierten Kompetenzen einerseits präzise, berufsbezogen und knapp, andererseits aber nicht zu abstrakt darzustellen, werden Kompetenzmatrizen genutzt. Diese umfassen alle in den Arbeitsprozessstudien vorgefundenen beruflichen Aufgabenstellungen und ermöglichen es den Auszubildenden, eine Selbsteinschätzung des eigenen Kompetenzentwicklungsstandes sowie darauf aufbauend eine Selbststeuerung ihres Kompetenzerwerbs vorzunehmen. Kompetenz wird hierbei verstanden als zusammenhängendes und unauflösliches Gebilde von kognitiven Kompetenzen (Kenntnissen und Fertigkeiten), funktionalen Kompetenzen (Fähigkeiten) sowie personalen und sozialen Kompetenzen (Verhaltensweisen, Einstellungen, Motiven). Um die Kontextabhängigkeit und einen engen Bezug zur beruflichen Realität sicherzustellen, werden die Kompetenzen entsprechend aufgaben- und kriterienorientiert ausformuliert und in der Matrix einem von mehreren Kernarbeitsprozessen zugeordnet. Bei den Kernarbeitsprozessen handelt es sich um umfassende, alle Herausforderungen aufgreifende Aufgaben innerhalb eines Berufsprofils, die Fachkräfte zu bearbeiten in der Lage sind (z. B. *„IT-Systeme und IT Anwendungen auswählen, integrieren, konfigurieren, testen, dokumentieren und schulen“* bei Fachinformatiker(inne)n mit der Fachrichtung Systemintegration, *„Beraten von Kunden zum Einsatz von IT-Systemen einschließlich Systemanalyse, Konzeption, Verkauf und Controlling“* bei IT-Systemkaufleuten oder *„Installieren, Konfigurieren und Instandsetzen von Informations- und Telekommunikationsgeräten und -systemen“* bei IT-Systemelektroniker(inne)n).

Aufbau der Kompetenzmatrizen

Die Kompetenzmatrizen (vgl. Abb. 1) dokumentieren die in den Arbeitsprozessstudien identifizierten und in den Expertenworkshops validierten beruflichen Kompetenzen auf unterschiedlichen Niveaustufen. Die Beschreibungen der Kompetenzen umfassen alle Herausforderungen, die sich bei der Bearbeitung einer Aufgabe stellen, und bilden immer eine zusammenhängende Aufgabenstruktur ab, sie sind „holistisch“. Dies bedeutet, dass die beschriebene Kompetenz nicht nur einzelne Facetten wie Wissen, Fertigkeiten, Verhaltensweisen, Einstellungen, Werte und Motive betont, sondern diese Facetten auf die Aufgabe und den Kontext der (prozesshaften) Aufgabenbearbeitung bezieht.

Jedes Kompetenzniveau bildet dabei die Kompetenzentwicklung bezogen auf den Kernarbeitsprozess ab. Die Unterscheidung der einzelnen Niveaus, die Graduierung, hängt von verschiedenen, voneinander nicht unabhängigen Faktoren ab:

- Kompetenzbeschreibungen auf höheren Niveaus beziehen die Kompetenzen auf den darunterliegenden Stufen mit ein. Die Aufgabenstruktur der höher liegenden Niveaus hat jedoch einen eigenständigen Charakter; dies ist die Voraussetzung für die Beschreibung eines neuen Kompetenzniveaus. Eigenständig meint dabei, dass stets ein neues Aufgabenniveau mit der Beschreibung verbunden sein muss. Die Entscheidung darüber, ob ein neues Aufgabenniveau und damit eine Eigenständigkeit der Kompetenzbeschreibung gegeben ist, wird vor dem Hintergrund eines Kompetenzentwicklungsmodells (vgl. Dreyfus/Dreyfus 1988) empirisch durch Arbeitsprozessanalysen und durch Fachexperten in Workshops getroffen.
- Die Beurteilung der Eigenständigkeit der Aufgabe ist auf einen Validierungsprozess angewiesen. Es wird beurteilt, ob der Niveauunterschied beispielsweise auf einem paradigmatischen Unterschied der Aufgaben, Fälle und Situationen (vgl. Benner 1997) und damit verbundenen Kompetenzen beruht. Es muss also ein eigenständiger Aufgabenanspruch vorhanden sein, der eine Fachkraft vor neue, bislang nicht beherrschte Herausforderungen in

Kernarbeitsprozess	**Kompetenzniveaustufen**				
	Leicht, Anfänger ◄——————► Schwierig, Experte				
KAP 1: Umfassende, alle Herausforderungen aufgreifende Aufgabe innerhalb eines Berufsprofils	*Kompetenz 1 Kompetenz 2 Kompetenz X*	*Kompetenz 1 Kompetenz 2 Kompetenz X*	*Kompetenz 1 Kompetenz 2 Kompetenz X*	*Kompetenz 1 Kompetenz 2 Kompetenz X*	*Kompetenz 1 Kompetenz 2 Kompetenz X*
KAP 2:…	*Kompetenz 1 Kompetenz X*	*Kompetenz 1 Kompetenz X*	…	…	
KAP 3:…	*Kompetenz X*	…	…	…	…
KAP X:…	…	…	…	…	

Abb. 1: Aufbau einer Kompetenzmatrix

seiner Gesamtheit stellt. Dies ist durch die Expert(inn)en in den Workshops einzuschätzen. Auch Lernende, die Aufgaben als besonders herausfordernd charakterisieren und wahrnehmen, können Anhaltspunkte für deren paradigmatischen Charakter liefern.

In der Kompetenzmatrix beschreiben die einzelnen Kompetenzniveaustufen auf diese Weise den Kompetenzerwerb vom Anfänger bzw. von der Anfängerin zum Experten bzw. zur Expertin und sind kontextbezogen formuliert. Sie ermöglichen eine Feststellung der Kompetenzentwicklung per Selbst- und Fremdeinschätzung, wie sie für ein gestuftes personenbezogenes Kompetenzprofil erforderlich ist. Das Kompetenzniveau steigt auf der horizontalen Achse an, ein Vergleich der erreichten Kompetenzniveaustufen in den verschiedenen vertikal angeordneten Kernarbeitsprozessen ist jedoch nicht möglich, da nicht jeder Kernarbeitsprozess die gleiche Anzahl an Kompetenzniveaustufen aufweisen muss bzw. die Niveaustufen nicht immer vergleichbar sind.

Formulierung der Kompetenzbeschreibungen

Die Formulierung der Kompetenzniveaus erfolgt in einer allgemein verständlichen Sprache, nutzt aber auch Fachbegriffe, wo dieses notwendig ist, oder wenn deren Kenntnis für den Kompetenzerwerb erforderlich ist. Ein Verzeichnis der verwendeten Fachbegriffe und Abkürzungen ist als Nebenresultat der Arbeitsprozessanalysen für die Auszubildenden bei der Orientierung in teils komplexen betrieblichen Aufgabenstrukturen hilfreich. Die holistische Beschreibung der Kompetenzniveaus (vgl. vorheriger Abschnitt) erleichtert zudem die Selbsteinschätzung der persönlichen Kompetenz, da die Aufgabenbeschreibungen weder zu stark abstrahiert noch zu separiert (z. B. in Einzelverrichtungen oder als Kompetenzfacetten) dargestellt werden. Um den Auszubildenden die Identifikation mit den formulierten Kompetenzen zu erleichtern und damit die Einschätzungsleistung zu erhöhen, werden alle Kompetenzniveaus mithilfe von „Er/Sie kann…“-Sätzen als aktiv auszuführende berufliche Aufgaben formuliert.

Kompetenzraster als Einschätzungshilfe und zur Lernzielidentifikation

Den einzelnen Kompetenzniveaus der Matrizen werden zur Unterstützung der Kompetenzeinschätzung differenzierte Kompetenzraster, sogenannte „Rubrics“, hinzugefügt. Diese enthalten spezifische Bestandteile einer komplexen beruflichen Herausforderung, die aber alleine genommen immer noch eine Aufgabe darstellen (beispielsweise die fachlich korrekte Installation einer Netzwerkdose im Rahmen einer Netzwerkinstallation). Sie erlauben die Differenzierung innerhalb eines Kompetenzniveaus und erleichtern die Kompetenzeinschätzung, da sie kleinteiligere berufliche Tätigkeiten aufgreifen. Um die Identifikation mit den Aufgaben noch weiter zu erhöhen, werden diese in den Rubrics personenbezogen als „Ich kann …“-Sätze formuliert.

Die Rubrics übernehmen zudem eine weitere wichtige Funktion, indem sie das Selbstlernen der Auszubildenden anregen und die Selbststeuerung unterstützen. Sie stellen Einstiegspunkte dar, die auf konkrete Lernmöglichkeiten ebenso verweisen können, wie auf weiterführende Informationen zum Selbstlernen, z. B. im Internet oder in entsprechender Fachliteratur. Diese Funktionalität setzt eine digitale Umsetzung der Kompetenzmatrizen voraus, die auch weitere Funktionen wie ein Kompetenzportfolio oder ein Lerntagebuch basierend auf den beschriebenen Kompetenzen ermöglicht.

Kompetenzmatrizen als didaktisches Element in der Informationstechnik

Lernen und Kompetenzentwicklungsprozesse sollten in Branchen mit großer Innovationsdynamik, wie oben bereits erwähnt, handlungs- und arbeitsorientiert erfolgen, um angehende Fachkräfte auf ihre zukünftigen Anforderungen vorzubereiten. Nur so können Auszubildende erlernen, mit situativen Herausforderungen umzugehen und sich in wenig beständigen Aufgabenbereichen permanent neues Wissen und neue Kompetenzen anzueignen. Die vorgestellten Kompetenzmatrizen unterstützen Auszubildende und Ausbildende dabei, ein arbeitsprozessintegriertes Lernen (vgl. Rohs 2002) in realen Arbeitssituationen zu ermöglichen und erlauben darüber hinaus die Gestaltung spezifischer Lernsituationen, die arbeitsprozessorientiertes Lernen fördern.

Die Nutzung der identifizierten Kompetenzen in schulischen Kontexten stellt Ansprüche an die berufliche Didaktik auf allen Ebenen von der Curriculum-, über die Schul- bis zur Unterrichtsentwicklung (vgl. Becker 2013, Bader 2003)[4]. Die Identifikation realer betrieblicher Aufgaben als Grundlage eines handlungsorientierten Unterrichts und einer entsprechenden Gestaltung von Lernprozessen und Aufgaben stellt für Lehrkräfte an beruflichen Schulen eine große Herausforderung dar, dessen schwierige Umsetzung nicht selten zu einem eher fachsystematisch ausgerichteten Unterricht führt, der wiederum die oben genannten Ansprüche zur Vorbereitung der Auszubildenden auf eine dynamische Arbeitswelt nicht erfüllen kann. Lehrkräfte sind aus zeitlichen Gründen meistens nicht in der Lage, sich empirisch mit den betrieblichen Aufgabenstellungen in einem Ausbildungsberuf auseinanderzusetzen. Der Rückgriff auf eine eigene Ausbildung oder Berufstätigkeit ist darüber hinaus, wenn überhaupt vorhanden, nur einen begrenzten Zeitraum möglich, da die Arbeitswelt sich permanent wandelt. Aufgabenbezogene Kompetenzbeschreibungen im Stil der Kompetenzmatrizen können daher nicht nur im Betrieb zu einer Verbesserung der Ausbildungsprozesse beitragen, sondern auch das Lernen in der Schule und durch eine enge Verzahnung beider Ausbildungsorte eine Lernortskooperation unterstützen.

Im Rahmen des Projekts wurden die Kompetenzmatrizen in der betrieblichen Ausbildung mit weiteren Instrumenten über den gesamten Verlauf der Ausbildung verbunden, um einheitliche Qualitätsstandards durch Verbindlichkeit, Dokumentation und Transparenz zu schaffen. Auszubildende, Fachkräfte als betriebliche Ausbilder/-innen und pädagogisches Personal können den Entwicklungsstand der Lernenden an den Beschreibungen der Kompetenzmatrix spiegeln und mit deren Hilfe fehlende Kompetenzen und einzuleitende Lernprozesse bestimmen. Bereits zu Beginn der Ausbildung bietet die Kompetenzmatrix eine Orientierung über die Kompetenzanforderungen in der Ausbildung und kann helfen, schon vorhandene Kompetenzen zu identifizieren und zu dokumentieren. Im Rahmen von regelmäßig stattfindenden Reflexionsgesprächen werden Lernzielvereinbarungen getroffen, um eine langfristige Planung von Lernzielen sowie deren Umsetzung zu ermöglichen. Bei der Planung und

4 Im Projekt war eine rein betriebliche Nutzung der Kompetenzmatrizen vorgesehen, die hier dargestellten Überlegungen beziehen sich auf die Nutzung von Kompetenzmatrizen im Allgemeinen.

auch bei der Reflexion von Lernergebnissen im Rahmen einer Auswertung, bei der vereinbarte und tatsächlich wahrgenommene Aufgaben gegenübergestellt werden, unterstützt die Kompetenzmatrix als nützliches Hilfsmittel zur Identifikation erwerbbarer bzw. erworbener Kompetenzen sowie als gemeinsame Grundlage zur Festlegung der Lernziele, Lernwege und Erfolgskriterien zwischen Auszubildenden, Ausbilder(inne)n und pädagogischem Personal. Dabei nutzen die Auszubildenden zur Bewertung ihrer eigenen Kompetenzen auch die hinterlegten Rubrics (siehe oben) und können sich so jederzeit einen Überblick über den Stand ihrer Kompetenzentwicklung in der Ausbildung sowie mögliche Entwicklungschancen verschaffen.

Fazit

Inzwischen liegen für alle IT-Berufe sowie weitere vorwiegend kaufmännische Ausbildungsberufe bei der Deutschen Telekom AG-Telekom Ausbildung Kompetenzmatrizen vor. Im Erstellungsprozess hat sich gezeigt, dass das oben beschriebene Verfahren der Kompetenzerfassung sich in verschiedenen Domänen bewährt, die Qualität der empirischen Erkenntnisse jedoch unmittelbar von der Verfügbarkeit einer ausreichenden Anzahl an Arbeitsprozessanalysen, die die gesamte Breite der Aufgaben des jeweiligen Berufes abdecken, abhängt.

Die erstellten Kompetenzmatrizen lassen sich vielfältig in den Ausbildungsprozess integrieren. Sie unterstützen die Auszubildenden und das Ausbildungspersonal bei der Planung, Durchführung, Dokumentation, Evaluation und Bewertung von Lernprozessen. So können Lernangebote und Lernmöglichkeiten identifiziert, der Verlauf von Lernphasen geplant, entwickelte Kompetenzen dokumentiert und Kompetenzprofile erstellt werden. Die Bewertung kann selbsttätig als Fremdeinschätzung oder gemeinsam durchgeführt werden. Die Kommunikation zwischen Lernenden und Ausbildenden kann basierend auf den Kompetenzen insgesamt zielgerichteter erfolgen und individuelle Kompetenzentwicklungsprozesse in den Blick nehmen.

Aus den Erkenntnissen des Projektes ergeben sich aus didaktischer Perspektive u. a. Fragen zum Verhältnis konstruktivistischer und anleitender Ansätze sowie zu Art und Umfang der Integration von Kompetenzbeschreibungen in Bildungsprozessen. Bei der Erfassung der Kompetenzen und der Erstellung der Kompetenzmatrizen ist u. a. zu berücksichtigen, dass holistisch beschriebene Kompetenzen immer auf einem schmalen Grat zwischen zu sehr generalisierten und zu spezifischen Beschreibungen liegen, von diesem dünnen Grat aber hängt die Nutzbarkeit der Beschreibungen zur Selbsteinschätzung der erworbenen Kompetenzen und Selbststeuerung des Lernens ab. Ganz praktisch stellt sich die Frage, wann die identifizierten und formulierten Kompetenzen Aktualisierungs- und Änderungsbedarf aufweisen und wie dieser idealerweise erkannt und berücksichtigt werden kann.

Literatur

Bader, R. (2003): Lernfelder konstruieren – Lernsituationen entwickeln. Eine Handreichung zur Erarbeitung didaktischer Jahresplanungen für die Berufsschule. In: Die berufsbildende Schule, 55. Jg., H. 7–8, S. 210–217.

Becker, M. (2005a): Beobachtungsverfahren. In: Rauner, F. (Hrsg.): Handbuch Berufsbildungsforschung. Bielefeld, S. 628–633.

Becker, M. (2005b): Handlungsorientierte Fachinterviews. In: Rauner, F. (Hrsg.): Handbuch Berufsbildungsforschung. Bielefeld, S. 601–606.

Becker, M. (2013): Arbeitsprozessorientierte Didaktik. In: bwp@ Berufs- und Wirtschaftspädagogik – online, Ausgabe 24, S. 1–22. Verfügbar im Internet: https://www.bwpat.de/ausgabe24/becker_bwpat24.pdf.

Becker, M (2014): Mit Arbeitsprozessanalysen zu Kompetenzmatrizen für die Berufsausbildung. In: Spöttl, G; Becker, M.; Fischer, M. (Hrsg.): Arbeitsforschung und berufliches Lernen. Frankfurt a. M., S. 181–200.

Becker, M.; Spöttl, G. (2008): Berufswissenschaftliche Forschung. Reihe Berufliche Bildung in Forschung, Schule und Arbeitswelt – Band 2. Frankfurt am Main.

Benner, P. (1997): Stufen zur Pflegekompetenz. From Novice to Expert. 2. Nachdruck. Bern u. a. O.

Dreyfus, H. L.; Dreyfus, S. E. (1988): Künstliche Intelligenz – Von den Grenzen der Denkmaschine und dem Wert der Intuition. Reinbek.

Markowitsch, J.; Becker, M.; Spöttl, G. (2006): Zur Problematik eines European Credit Transfer System in Vocational Education and Training (ECVET). In: Grollmann, P.; Rauner, F.; Spöttl, G.; (Hrsg.): Europäisierung Beruflicher Bildung – eine Gestaltungsaufgabe. Hamburg, S. 173–198.

Petersen, A. W.; Wehmeyer, C. (2003): Aufgedeckt: IT-Arbeitsprozesse und Ausbildung in der Betriebspraxis. Betriebliche Fallstudien: Dokumentation und Auswertung der Fallstudien zur Arbeit und Ausbildung in den IT-Berufen – eine bundesweite Studie im Auftrag des Bundesinstituts für Berufsbildung BIBB. Evaluation der neuen IT-Berufe – Teilprojekt 2: Abschlussbericht. Flensburg: Berufsbildungsinstitut Arbeit und Technik.

Rohs, M. (2002): Arbeitsprozessintegriertes Lernen: Neue Ansätze für die berufliche Bildung. Münster.

Spöttl, G. (2005): Experten-Facharbeiter-Workshops. In: Rauner, F. (Hrsg.): Handbuch Berufsbildungsforschung. Bielefeld, S. 611–616.

Axel Grimm, Nicolai Ringkewitz

Zur Beschulungssituation der IT-Ausbildungsberufe an berufsbildenden Schulen in Schleswig-Holstein

Zusammenfassung: *Flächenländer stehen bei der Organisation des Berufsschulunterrichts zunehmend unter Handlungsdruck. Dieser wird maßgeblich durch zwei Faktoren aufgebaut und zukünftig verstärkt: die demografische Entwicklung und das Bildungsverhalten von Jugendlichen. Die Beschulung in einer so kleinen Berufsfamilie, wie der der IT-Ausbildungsberufe, erschwert die Situation zusätzlich. Am Beispiel der berufsbildenden Schulen in Schleswig-Holstein wird in dem folgenden Beitrag auf die existierenden Probleme und die unterschiedlichen Umsetzungsstrategien im Spannungsfeld zwischen ortsnaher Beschulung, monoberuflichem Unterricht und auskömmlichen Klassengrößen eingegangen.*

Vorbemerkung

Die Anzahl an Schüler/-innen an berufsbildenden Schulen unterliegen ständigen Veränderungen. Die Ursachen dafür sind vielfältig und erschweren schulorganisatorische Planungen. So sind die Auswirkungen und die damit einhergehenden Probleme der demografischen Entwicklungen ein bedeutender Einflussfaktor. Als Grundlage derartiger Betrachtungen dienen die aus der Demografie – oder mit anderen Worten: der Bevölkerungswissenschaft – stammenden Prognosen für verschiedene räumlich begrenzte Einheiten. Im Kern werden diese Prognosen aus dem Geburtenverhalten, der Sterblichkeit und der Zu- und Abwanderung ermittelt. Noch im Jahr 2011 wurde vom Statistischen Landesamt ein Bevölkerungsrückgang für Schleswig-Holstein prognostiziert. So sollten im Jahr 2017 beispielsweise 2.824.500 Menschen in Schleswig-Holstein leben. In der Realität waren es aber 2.889.821, was einer Zunahme entsprach und keiner Abnahme wie prognostiziert (Statistikamt Nord 2018b). Im Vergleich zum Jahr 2009 – das als Grundlage der Prognose galt – ist die Bevölkerung damit real um ca. 57.000 Menschen gestiegen und nicht wie prognostiziert um 7 500 gesunken. Dabei war der bevorstehende Bevölkerungsrückgang lange Zeit politisch und wissenschaftlich unstrittig; die unerwartete Migration nach Europa und Deutschland aus den Jahren 2015 und 2016 kann als der Hauptgrund für diese Veränderungen angesehen werden.

Als weiterer relevanter Einflussfaktor haben sich die Veränderungen im Bildungsverhalten von Schüler(inne)n herausgestellt. Das Bildungsverhalten der Schüler/-innen unterliegt einem stetigen Wandel, hin zu höheren Schulabschlüssen. In Schleswig-Holstein hat sich in den letzten fünfzehn Jahren die Zahl der Jugendlichen, die eine allgemeinbildende Schule ohne einen Abschluss verlassen, um knapp 30 Prozent verringert. Die Anzahl der Jugendlichen, die mit einem Realschulabschluss die Schule verlassen haben, und die Absolvent(inn) enanzahl mit Hochschulzugangsberechtigung stiegen demgegenüber an. Die Anzahl der Jugendlichen mit allgemeiner Hochschulreife stieg um knapp die Hälfte, die der Absolvent(inn)en mit Fachhochschulreife um fast drei Viertel (Statistikamt Nord 2014).

Durch die KMK werden seit den frühen 1960er-Jahren Vorausberechnungen der Schüler(innen)anzahl veröffentlicht, die auf den jeweiligen Modellrechnungen der Bundesländer basieren. Die berufsbildenden Schulen in Schleswig-Holstein werden ausgehend vom Jahr 2011 bis zum Jahr 2025 mit einem Rückgang der absoluten Schüler(innen)anzahl von knapp 17 Prozent rechnen müssen. Für die Berufsschule wird ausgehend von 64.471 Berufsschüler(inne)n (2011) ein Absinken auf 54.250 Berufsschüler/-innen (2025) prognostiziert. Dies entspricht einem Verlust von etwa 16 Prozent. Gewinner scheinen die allgemeinbildenden Schulen zu sein. Während bundesweit sich die Absolvent(inn)enanzahl allgemeinbildender Schulen um ca. 17 Prozent verringert, sieht die Prognose für Schleswig-Holstein nur eine Verringerung um ca. 5 Prozent vor. Bundesweit erwerben ca. 42 Prozent der Jugendlichen eines Jahrganges die Hochschulzugangsberechtigung und dies relativ konstant von 2011 bis 2025. In Schleswig-Holstein wird es zu einer Entwicklung kommen, bei der mehr als jeder zweite Jugendliche eine Hochschulzugangsberechtigung haben wird (2011: 34 %, 2025: ca. 52 %, vgl. Tab. 1; KMK 2013).

Als weiterer Einflussfaktor wäre die Popularität bestimmter Ausbildungsberufe zu nennen, die sich wahrscheinlich am schlechtesten prognostizieren lässt. So ist der Ausbildungsberuf „Fachinformatiker/-in" in den letzten Jahren zu

Tab. 1: Absolvent(inn)en aus allgemein- und berufsbildenden Schulen mit Hochschulreife – Anteil an der gleichaltrigen Bevölkerung (KMK 2013)

Jahr	**Schleswig-Holstein**	**Deutschland**
2011	34,1 %	41,2 %
2015	43,8 %	41,7 %
2020	51,8 %	41,6 %
2025	51,6 %	43,0 %

einem der zehn am meisten ausgebildeten Berufe geworden. Im Jahr 2017 stieg er auf Platz neun in die Top Ten ein (vgl. BIBB 2018) und hat sich im Jahr 2018 weiter verbessert. Die Anzahl der Neuabschlüsse hat sich um gut 2.000 Ausbildungsverträge gesteigert. Der Ausbildungsberuf „Fachinformatiker/-in" steht damit auf Rang 7 der am meisten ausgebildeten Berufe (vgl. BIBB 2019). Gleichzeitig sinken bei den drei anderen IT-Berufen die Neuabschlüsse (vgl. Abb. 1).

Auch in Schleswig-Holstein steigt die Schüler(innen)anzahl in den IT-Berufen an (vgl. Abb. 2). Damit stellen sich die Neuabschlüsse in den IT-Ausbildungsberufen gegen den allgemeinen Trend der Anzahl an Schüler/-innen an den berufsbildenden Schulen im Land. Dort sinken die Schüler(innen)zahlen derzeit zwar nur leicht, dies resultiert aber aus den unerwarteten Steigerungen in Folge der sogenannten „Flüchtlingswelle". Die Gesamtzahl ist vom Schuljahr 2016/17 von 101 454 auf 100 709 zum Schuljahr 2017/18 gesunken. Am deutlichsten im beruflichen Gymnasium mit einem Rückgang von 9 883 Schüler(inne)n im Schuljahr 2016/17 auf 9 427 im Schuljahr 2017/18 (vgl. Statistikamt Nord 2018, S. 4).

Dass die Anzahl an Auszubildenden in den IT-Ausbildungsberufen an den berufsbildenden Schulen im Land gegen den Trend wächst, stellt die Schulen teilweise vor großen Herausforderungen. Kommt es zu einem wachsenden Personalbedarf an Lehrkräften mit einer Facultas für die berufliche Fachrichtung Informationstechnik, so kann der Fall eintreten, dass eine eigentlich benötigte Planstelle bei einer insgesamt rückläufigen Anzahl an Schüler(inne)n in den anderen Bildungsgängen nicht besetzt werden kann, da die Schule auf Grund

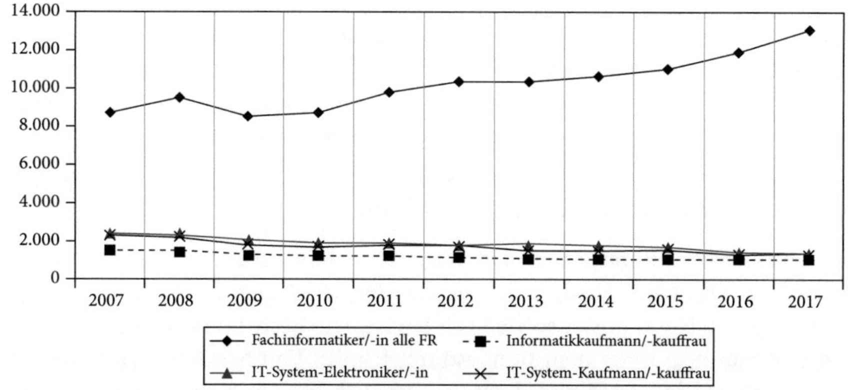

Abb. 1: Neuabschlüsse der IT-Kernberufe ab 2007 in Deutschland (eigene Darstellung auf Basis DAZUBI)

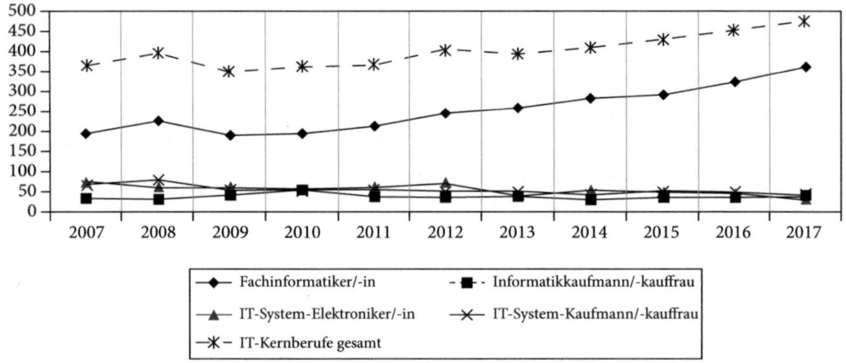

Abb. 2: Neuabschlüsse der IT-Kernberufe ab 2007 in Schleswig-Holstein (eigene Darstellung auf Basis DAZUBI)

der Anzahl von Lehrkräften im Verhältnis zur Anzahl der Schüler/-innen ausreichend versorgt ist (hierfür ist das sogenannte Planstellungszuweisungsverfahren verantwortlich). Hinzukommt, dass es nur sehr wenige Laufbahnbewerber/-innen mit einer beruflichen Fachrichtung Informationstechnik deutschlandweit gibt.

Region, Demografie, Migration, Ausbildungsverhalten und Bildungsaspirationen wirken auf das berufliche Schulwesen ein. Die Schulart „Berufsschule" als Kern der berufsbildenden Schulen sieht sich hierbei besonderen bildungsökonomischen Zwängen ausgesetzt, die sich aufgrund der zu erwartenden Entwicklungen zunehmend und regional unterschiedlich entwickeln werden. Den von außen ausgesetzten – meist ökonomisch motivierten – Zwängen steht aber eine regionale Verantwortung gegenüber, die sich auf das Recht auf Daseinsvorsorge berufen sollte und somit die Voraussetzungen schaffen muss, Jugendlichen einer Region eine breite berufliche Entfaltungsmöglichkeit zu bieten.

Schleswig-Holstein – ein Flächenland

Im nördlichsten Bundesland der Bundesrepublik leben ca. 2,9 Millionen Menschen. Das Land gliedert sich in die vier kreisfreien Städte Kiel, Lübeck, Flensburg und Neumünster sowie in elf Kreise. Die Besiedlungsdichte in Schleswig-Holstein liegt unter dem Bundesdurchschnitt. Von Norden nach Süden ist eine zunehmende Besiedlungsdichte zu verzeichnen, die sich mit der Nähe zu Hamburg weiter erhöht. Ferner liegt eine starke Einwohnerkonzentration auf sehr kleine Gemeinden vor. Annähernd 20 Prozent der Bevölkerung leben in

Gemeinden unter 2.000 Einwohnern, viermal mehr Bürger/-innen als im Bundesdurchschnitt leben in Gemeinden, die weniger als 1.000 Einwohner/-innen zu verzeichnen haben.

Kleinere und mittlere Betriebe mit weniger als 250 Beschäftigten prägen zu fast 99 Prozent die Wirtschaftsstruktur. 77,5 Prozent der Wertschöpfung im Land werden im Bereich der Dienstleistungen erbracht; das verarbeitende Gewerbe hat nur einen Anteil von 15,2 Prozent. Strukturell sind die Städte Kiel, Lübeck und Flensburg, die Kreise um Hamburg sowie die ländlich strukturierten Gebiete zu unterscheiden. Hamburg strahlt positiv in die Anrainerkreise. Rund 140.000 Pendler fahren zur Arbeit nach Hamburg. Im Hamburger Umland sind etwa gleich viele Betriebe wie in Hamburg selbst angesiedelt (vgl. Böhss u. a. 2014).

Die Gesamtsituation der berufsbildenden Schulen in Schleswig-Holstein ist als ausgesprochen heterogen zu charakterisieren. Circa 100.000 Schülerinnen und Schüler besuchen 34 öffentliche berufsbildende Schulen. Aktuell sind 19 Schulen in Regionale Berufsbildungszentren (RBZ) umgewandelt. RBZ sind rechtsfähige Anstalten öffentlichen Rechts und sollen „als ein modernes Dienstleistungsunternehmen für berufliche Bildung in einer Region" (Nommensen 2006) agieren. In den Städten existieren Schwerpunktschulen, wie z. B. in Kiel das RBZ Wirtschaft und das RBZ Technik. Auf dem Land sind die Schulen „Gemischtwarenläden", die, wie z. B. die beiden beruflichen Schulen des Kreises Nordfriesland in Niebüll und Husum, jeweils eine ausdifferenzierte Breite des berufsbildenden Angebots für die Region vorhalten. Die Bevölkerungsentwicklung in Schleswig-Holstein stellt sich als eine der zukünftigen Herausforderungen an die berufsbildenden Schulen dar. Eine gleichförmige Entwicklung im Land wird es nicht geben, stattdessen müssen sehr spezifische Entwicklungen Stadt/Land und Nord/Süd betrachtet werden. Die letzte Bevölkerungsprognose des Statistikamtes Nord von 2011– verdeutlicht die Brisanz in der relevanten Altersgruppe bis 21 Jahre. Für das gesamte Bundesland werden äußerst unterschiedliche Bevölkerungsentwicklungen prognostiziert, die sich zwischen leichten Zuwächsen in Kiel (+2,2 %) und z. T. dramatischen Rückgängen, z. B. im Kreis Dithmarschen (-21,15 %), im Kreis Nordfriesland (-26,69 %) und im Kreis Steinburg (-30,54 %), bewegen (Statistikamt Nord 2011). Somit sehen sich die beruflichen Schulen in der zukünftigen Entwicklung der Schüler(innen)zahlen mit demografischen Effekten konfrontiert, die sich je nach Region unterschiedlich auswirken. Vor allem für die ländlich geprägten Regionen wird ein starker Bevölkerungsrückgang innerhalb der relevanten Altersgruppe erwartet. Regionale Spezifika wirken auf die Gestaltbarkeit beruflicher Bildung ein und sollten zukünftig innerhalb der Berufsbildungsplanung differenzierter Betrachtungen und ordnungspolitischer Regelungen unterliegen.

Administrative Steuermechanismen

Die Organisationsstruktur der Bildungsgänge der dualen Berufsausbildung an den Berufsschulen in Schleswig-Holstein unterliegt einer Dreiteilung. Neben der „klassischen" Beschulung in Fachklassen gibt es eine Vielzahl an Ausbildungsberufen, die aufgrund von zu geringen Auszubildendenzahlen an wenigen Standorten konzentriert wurden. Für diese Konzentrationen bestehen wiederum zwei unterschiedliche Ausprägungen. In Landesberufsschulen wird der Berufsschulunterricht eines dualen Ausbildungsberufes für das gesamte Bundesland organisiert. Die Bezirksfachklassen lassen sich als überregionale Bündelungen von Ausbildungsberufen beschreiben. Verankert ist diese Regelung im Schulgesetz des Landes Schleswig-Holstein: „Lassen sich Fachklassen an einer Berufsschule nicht bilden, soll das für Bildung zuständige Ministerium sie für die Einzugsbereiche mehrerer Berufsschulen als Bezirksfachklassen oder für das ganze Land als Landesberufsschulen bilden. In bestimmten Berufen kann auch für eine Fachrichtung oder einen Schwerpunkt oder eine andere Spezialisierung innerhalb eines Berufes eine Bezirksfachklasse oder eine Landesberufsschule gebildet werden" (SchulG § 88 Abs. 3). Ob die Regelungen der Bezirksfachklassen bzw. Landesberufsschulen angewandt werden müssen, begründet sich maßgeblich aufgrund des „Planstellenzuweisungsverfahrens". Hier sind die Klassenfrequenzen für die verschiedenen Schulformen, respektive Bildungsgänge, durch das Ministerium für Bildung und Wissenschaft des Landes Schleswig-Holstein festgelegt. Für die Schulform Berufsschule gilt ein Schlüssel von durchschnittlich 19,1 Schüler(inne)n. Unterschiedliche Bemessungsgrößen begründen sich bisher durch das Berufsfeld und den pädagogischen Aufwand. Für elektrotechnische Berufe gilt eine Klassenfrequenz von 20 Schüler(inne)n. Informationstechnische Ausbildungsberufe werden nicht gesondert aufgeführt; es liegt daher die Vermutung nahe, dass der gleiche Schlüssel gilt.

Die Regelungen der Bezirksfachklassen und Landesberufsschulen können dann geltend gemacht werden, wenn die Anzahl der Schüler/-innen an einem Standort gegenüber der vorgeschriebenen Klassenfrequenz aus dem Planstellenzuweisungsverfahren dauerhaft unterschritten wird. Bei sogenannten „unterkritischen Klassen" – hier ist eine Schüler(innen)anzahl von 15 Schüler(inne)n an Berufsschulen angegeben worden – ist eine Beschulung vor Ort gefährdet.

Für keinen der Ausbildungsberufe der IT-Berufsfamilie besteht bislang eine Landesberufsschule. Das „Verzeichnis der Bezirksfachklassen in

Schleswig-Holstein“ (2018) führt auf, wie die Beschulung geregelt ist. Insgesamt wird in Schleswig-Holstein der Unterricht für die IT-Ausbildungsberufe in sieben Kreisen bzw. kreisfreien Städten angeboten. Mehr als die Hälfte der Kreise bzw. kreisfreien Städte bieten somit keine Beschulung vor Ort an, sondern setzen in Verbindung mit anderen Kreisen bzw. kreisfreien Städten auf eine Bezirksfachklassenregelung.

In der Rahmenvereinbarung über die Berufsschule hat die KMK eine weitere Form der Beschulung ermöglicht, nämlich die Beschulung in Fachklassen „affiner Ausbildungsberufe (Berufsgruppen)“ (KMK 2015, S. 3). Auch dieses Verfahren wird angewendet, wenn auf Basis einer monoberuflichen Beschulung dauerhaft unterkritische Klassengrößen zu erwarten sind.

Beschulungssituation der IT-Ausbildungsberufe

Um die Beschulungssituation möglichst vollständig zu erfassen, wurden die Internetangebote der beruflichen Schulen im Land analysiert und telefonische Interviews mit Abteilungsleitungen oder beteiligten Lehrkräften geführt.

Ordnungspolitisch existieren vier duale IT-Ausbildungsberufe. De facto sollte man aber von fünf Berufen sprechen, da die beiden Fachrichtungen des Ausbildungsberufs „Fachinformatiker/-in“ eigentlich von allen beteiligten Lehrkräften als getrennte Berufe bewertet werden, die eigene unterrichtliche Anforderungen stellen. Bei der Einführung der IT-Berufsfamilie hat man erstmals ein neues Verfahren angewendet, dass nicht, wie in anderen Berufen üblich gewesen, auf eine berufsfeldbreite Grundbildung zurückgriff, sondern dass mit einer Systematik aus Kern- und Fachqualifikationen entwickelt wurde. Im Gegensatz zur berufsfeldbreiten Grundbildung sollen ab dem ersten Schuljahr sowohl die Kernqualifikationen unterrichtet werden, die für alle Berufe gleich sind, als auch die Spezifika jedes Berufs bzw. jeder Fachrichtung, die Fachqualifikationen.

Die Anzahl der Auszubildenden der IT-Berufsfamilie in Schleswig-Holstein folgt dem bundesdeutschen Trend. Einerseits sind starke Zuwächse beim Ausbildungsberuf „Fachinformatiker/-in“ vorhanden; die drei anderen IT-Ausbildungsberufe haben dafür andererseits sinkende Ausbildungszahlen. Da die beiden Fachrichtungen des Berufs „Fachinformatiker/-in“ ab dem ersten Ausbildungsjahr einen Differenzierungsanteil ausweisen, wurden sie in der Tab. 2 getrennt aufgeführt. Der Beruf „Fachinformatiker/-in Fachrichtung Systemintegration“ ist der mit Abstand am stärksten nachgefragte Beruf. Von 2010 bis 2017 hat sich die Anzahl der Auszubildenden von 360 auf 570 gesteigert.

Für die kreisfreien Städte Kiel, Lübeck und Flensburg sowie den Kreis Steinburg existieren Bezirksfachklassenregelungen in allen IT-Ausbildungsberufen.

Tab. 2: Anzahl der Auszubildende in den IT-Berufe in Schleswig-Holstein. (Quelle Dazubi)

	2010	2011	2012	2013	2014	2015	2016	2017
Fachinformatiker/-in FR Anwendungsentwicklung	186	195	207	219	234	237	285	321
Fachinformatiker/-in FR Systemintegration	360	348	402	435	471	507	522	570
Informatikkaufmann/-kauffrau	123	126	123	114	93	93	93	99
IT-System-Elektroniker/-in	171	168	165	147	138	132	135	114
IT-System-Kaufmann/-Kauffrau	147	138	135	123	114	120	129	123
Gesamtzahl	987	975	1.032	1.038	1.050	1.089	1.164	1.227

Die jeweiligen Standorte bieten die Beschulung für die umliegenden Kreise bzw. für die kreisfreie Stadt Neumünster an. An der Westküste in Dithmarschen und Nordfriesland sowie in Rendsburg-Eckernförde hat man sich gegen die Bildung von Bezirksfachklassen entschieden. Die Kreise beschulen die IT-Ausbildungsberufe in ihren Kreisberufsschulen. In den Städten Kiel, Lübeck und Flensburg sowie im Kreis Rendsburg-Eckernförde sind jeweils zwei berufliche Schulen – eine mit gewerblich-technischem und eine mit kaufmännischem Schwerpunkt – für die Ausbildung zuständig. In Flensburg und Rendsburg teilen sich die kaufmännischen und gewerblich-technischen Schulen den Unterricht nach Lernfeldern auf. Das heißt, die IT-Auszubildenden müssen die berufliche Schule wechseln oder werden anders ausgedrückt an zwei Schulen beschult. In Rendsburg werden alle IT-Auszubildenden berufsübergreifend in einer Klasse beschult. Daher wechselt die gesamte Klasse die Schule. In Flensburg werden die Berufe in zwei Gruppen aufgeteilt. Die eher wirtschaftlichen Berufe werden federführend von der kaufmännischen Schule betreut und die eher technischen Berufe sind an der gewerblich-technischen Schule beheimatet. Für den Unterricht in den nicht affinen Lernfeldern wechseln die IT-Auszubildenden dann an einem Tag in der Woche die Schule. An anderen Standorten wie Lübeck hat man dieses Modell schon vor längerer Zeit aufgegeben und die Zuständigkeit für einen Beruf vollumfänglich einer Schule zugeordnet. In den beiden größten Städten des Landes Kiel und Lübeck sind die eher technischen Berufe an den gewerblich-technischen Berufsschulen verortet und werden dort komplett beschult. Im Gegenzug werden die kaufmännischen Berufe an der Berufsschule mit Wirtschaftsbezug unterrichtet.

Auf der Ebene der Schulorganisation wird an allen Standorten auf berufsübergreifende Beschulung gesetzt, wenn auch die Ausprägungen und Häufigkeiten stark unterschiedlich sind. Im ganzen Land existieren keine monoberuflichen Klassen in einem der beiden kaufmännischen IT-Berufe. Auch die kaufmännischen Schulen in den Städten beschulen beide Berufe gemeinsam in einer Klasse. Am stärksten ausgeprägt ist die berufsübergreifende Beschulung in den Kreisberufsschulen. Dort werden in der Regel alle IT-Ausbildungsberufe gemeinsam in einer Klasse beschult, wobei an einem Standort die Ausbildung zum/zur IT-System-Elektroniker/-in derzeit von den Betrieben nicht angeboten wird und stattdessen eine Verschiebung hin zum Ausbildungsberuf „Fachinformatiker/-in der Fachrichtung Systemintegration" stattgefunden hat. Bei den gewerblich-technischen Schulen in den Städten sieht die Situation etwas anders aus. Die gewerblich-technische Schule in Lübeck, die Schule mit der höchsten Anzahl an IT-Auszubildenden, setzt auf monoberufliche Beschulung. Aber auch dort gibt es organisatorische Zwänge, die zu Ausnahmen führen können, beispielsweise wird dann zusammengelegt, wenn ansonsten zwei unterkritische Klassen aus unterschiedlichen IT-Ausbildungsberufen entstehen würden. So wurden bereits gemischte Klassen aus Fachinformatiker(inne)n beider Fachrichtungen gebildet. Die IT-System-Elektroniker/-innen werden in Lübeck monoberuflich beschult. In Kiel und Flensburg wird dieser Beruf in gemischten Klassen zusammen mit dem Ausbildungsberuf „Fachinformatiker/-in Fachrichtung Systemintegration" beschult. Flensburg setzt bei dem Ausbildungsberuf „Fachinformatiker/-in Fachrichtung Anwendungsentwicklung" auf monostrukturierte Beschulung. In Kiel dagegen gibt es bei den Fachinformatiker(inne)n sowohl monostrukturierte Beschulung in der jeweiligen Fachrichtung als auch gemischte Klassen aus beiden Fachrichtungen. Gleichzeitig werden in Kiel wie in Flensburg Berufsschulklassen aus den Ausbildungsberufen „Fachinformatiker/-in FR Systemintegration" und „IT-System-Elektroniker/-in" gebildet.

Die Entscheidung warum und welche Ausbildungsberufe aus der IT-Berufsfamilie gemeinsam beschult werden, trifft der jeweilige Standort. Schulorganisatorisch werden unterschiedliche Unterrichtsmodelle an den beruflichen Schulen durchgeführt. So organisieren das RBZ Technik in Kiel und die Flensburger Schulen den Berufsschulunterricht in sechswöchigen Blockveranstaltungen je Ausbildungshalbjahr. In Kiel gibt es zusätzlich einen zweiwöchigen Projektblock im zweiten Ausbildungsjahr, in dem die Klassenzugehörigkeit aufgehoben ist und die Möglichkeit besteht, Wahlangebote nach Interesse zu besuchen. Die Emil-Possehl-Schule in Lübeck hingegen setzt auf mehrheitlich zweiwöchige Blöcke, die nur in Ausnahmefällen auch mal drei Wochen dauern. Dadurch hat jede Klasse drei Präsenszeiten an der Schule pro Halbjahr. Blockunterricht ist insgesamt die überwiegende Beschulungsform, wobei sich die Blocklängen stark unterscheiden und zwischen den genannten zwei und sechs Wochen liegen und variieren können. Lediglich eine Schule setzt noch auf wöchentliche Berufsschultage. Die Aufteilung ist zwei Tage Berufsschule in den ersten drei Halbjahren und ein Berufsschultag in den Halbjahren vier bis sechs.

Die gemeinsame Beschulung unterschiedlicher Berufe in einer Klasse erfordert eine Differenzierung der Unterrichtsinhalte. Hier sind ebenfalls unterschiedliche Modelle von den Schulen genannt worden. So richtet sich eine Schule, die alle Berufe gemeinsam beschult, nach der höchsten im Lehrplan angegeben Stundenzahl. Für die Auszubildenden bedeutet dies deutlich mehr Unterricht; die Betriebe sind nach Auskunft der Schule mit diesem Verfahren einverstanden. Andere Schulen differenzieren nach eigenen Angaben für bestimmte Berufe beispielsweise in Anwendungsentwicklung oder in Elektrotechnik in Form von Zusatzunterricht oder Klassenteilungen. Wenn nur zwei IT-Ausbildungsberufe in einer Klasse gemeinsam beschult werden, stellt sich die Frage nach Differenzierung für die Schulen eher weniger bzw. es wird eher auf Methoden der Binnendifferenzierung verwiesen.

Für mehrere Schulen stellt ein weiterer Zuwachs an Auszubildenden ein Problem dar, da entweder Räume oder Lehrkräfte für eine weitere Klasse fehlen. Verstärkt wird das Problem dadurch, dass Schulen selten vorab von den Betrieben informiert werden, wenn diese die Anzahl ihrer Ausbildungsplätze erhöhen oder die Ausbildung neu ins Portfolio aufnehmen. Keiner der befragten Vertreterinnen oder Vertreter der Schulpraxis hat berichtet, dass die Verantwortlichen in den Betrieben mit der Beschulungssituation grundsätzlich unzufrieden wären. Der Vorteil einer relativ ortsnahen Beschulung scheint die Nachteile einer berufsübergreifenden Beschulung auszugleichen, sodass alle vorgestellten Modelle auf Akzeptanz stoßen.

Zukünftige Entwicklungen und mögliche Reaktionen

Schon jetzt wird den Auszubildenden ein hohes Maß an Flexibilität abverlangt. Es kann davon ausgegangen werden, dass sich Jugendliche – gerade wenn ihre Mobilität (z. B. altersbedingt) eingeschränkt ist – für Bildungs- bzw. Ausbildungsangebote entscheiden, die möglichst in der Nähe ihres Wohnortes liegen. Landesberufsschulen und Bezirksfachklassen stellen erheblich höhere Anforderungen an die Mobilität der Berufsschüler/-innen (vgl. Tab. 5). So liegen die durchschnittlichen Entfernungsdaten zwischen Wohnort und Berufsschule von Schülerinnen und Schülern, die eine Landesberufsschule besuchen, bei knapp 47 km. Auszubildende mit Bezirksfachklassenregelungen haben durchschnittlich

Tab. 3: Mittelwerte der Entfernung zwischen Wohnort und Berufsschule (Böhss u. a. 2014, S. 82)

Mittelwerte der Entfernung Wohnort-Schule	
Landesberufsschule (Lbs)	46,98 km
Bezirksfachklasse (Bzfk)	18,50 km
Berufsschule (Duales System ohne Lbs/Bzfk)	13,50 km
Berufsschule insgesamt	**18,37 km**

18,5 Kilometer Anfahrt zur Berufsschule und diejenigen in regionalen Fachklassen 13,5 Kilometer. Vor allem in ländlichen Regionen könnten Bildungsentscheidungen maßgeblich durch die Entfernung zur Berufsschule beeinflusst werden (vgl. Böhss u. a. 2014).

Um in den Regionen den Berufsschulunterricht in Ausbildungsklassen mit geringerer Auszubildendenanzahl als im Planstellenzuweisungsverfahren angeführt sicherstellen und damit auch auf Schwankungen im Ausbildungsverhalten der Betriebe reagieren zu können, bestehen bereits heute schulinterne Umsetzungsstrategien des Planstellenzuweisungsverfahrens. Hauptsächlich können duale Ausbildungsgänge dadurch in der Region gehalten werden, wenn Teilungsstunden, die der Schulart zustehen, umfunktioniert und die Klassenfrequenzen bei Vollzeitbildungsgängen deutlich überschritten werden. Diese Ausgleichsverrechnung gelingt nur so lange, wie auch die nötige Menge in den weiteren Schularten an den berufsbildenden Schulen vorhanden ist. Bereits mittelfristig – auch aufgrund der Einführung der Gemeinschaftsschule in Schleswig-Holstein – muss allerdings davon ausgegangen werden, dass den berufsbildenden Schulen im Vollzeitsegment ein weiterer Rückgang an Schüler(inne)n bevorsteht.

Wenn auf sinkende Auszubildendenzahlen mit den bisherigen Mitteln der Bezirksfachklassenregelung bzw. sogar der Zusammenlegung zu Landesberufsschulen reagiert wird, so profitiert (zunächst) rein quantitativ ein Berufsschulstandort und andere müssen den Ausbildungsgang einstellen – aus Sicht der Bildungsökonomie eine nachvollziehbare Entscheidung. Nun können allerdings Effekte hinzutreten, die das rein ökonomische Entscheidungskriterium infrage stellen. Das Ausbildungsverhalten der Betriebe ist eng an den regionalen Partner Berufsschule geknüpft. Veränderungen beim dualen Partner Berufsschule können zu einem veränderten Ausbildungsverhalten der Betriebe führen (z. B. Beendigung der Ausbildungsbereitschaft, Umorientierung zu anderen Ausbildungsberufen). Somit kann die Ausbildung in bestimmten Ausbildungsberufen in kurzen Zyklen noch weniger planbar werden. Kommt es zu Zentralisierungen, so ist in der Tendenz zu vermuten, dass eher die berufsbildenden Schulen in den kreisfreien Städten des Landes profitieren werden. Weitere Reaktionen der Betriebe wären dann abzuwarten. Das Bild einer zumindest quantitativen Abwärtsspirale für einen Ausbildungsberuf kann entworfen werden. Im Ergebnis gibt es keinen bildungsökonomischen Nutzen, da bisherige (traditionelle) Ausbildungsplätze in den (strukturschwächeren) Regionen verloren gehen könnten. Der ohnehin schon schwierigen Lage von Jugendlichen in ländlichen Regionen droht durch den Verlust von Ausbildungskapazitäten eine Verschärfung. Damit wäre das individuelle Recht auf (berufliche) Entfaltung gefährdet.

Die Entscheidung der Schulen auf eine möglichst ortsnahe aber berufsübergreifende Beschulung zu setzen, statt sich stärker in Bezirksfachklassen oder sogar auf Landesberufsschulen zu konzentrieren, erscheint richtig. Vergleicht man die IT-Berufe beispielsweise mit dem Beruf „Elektroniker/-in für Automatisierungstechnik", der in einer Landesberufsschule organisiert ist, so sind dort Ausweichbewegungen auf den Beruf „Elektroniker/-in für Betriebstechnik" zu verzeichnen, der geografisch näher an mehreren Standorten im Land angeboten wird.

Mit der anstehenden Neuordnung der IT-Berufe kommt eine weitere Unsicherheit auf die Schulen zu. Wenn es zu einer Zusammenlegung der kaufmännischen Berufe kommen sollte, dann wäre das auf dem Papier eine Verbesserung der Beschulungssituation, da zumindest in den Städten damit eine monoberufliche Beschulung gestärkt werden würde. Sollten neue IT-Ausbildungsberufe hinzukommen bzw. die Anzahl der Fachrichtungen erhöht werden, so sind die Auswirkungen nur schwer vorhersagbar. Ein Beibehalten der gemeinsamen Kernqualifikationen erscheint als bedeutend, damit die Beschulung in der Fläche gehalten werden kann. Ob die Gemeinsamkeiten und Ähnlichkeiten zwischen allen IT-Berufen dann ausreichend sind, um durch ein differenziertes Vorgehen bei den Fachqualifikationen eine gemeinsame Beschulung aller Berufe zu ermöglichen, scheint offen. Wünschenswert wäre es, wenn bei der Neuordnung die Problemlagen der Beschulung in der Fläche mitgedacht würden, um die schulinternen gestalterischen Spielräume zu erhalten, die es den Betrieben ermöglichen, Ausbildungsberufe nach Berufsprofil und nicht nach regionalem Angebot auszuwählen und auszubilden. Grundsätzlich wäre es auch möglich, Bezirksfachklassen- und Landesberufsschulregelungen erst ab dem zweiten oder dritten Ausbildungsjahr einzuführen. Zu diesem Zeitpunkt besitzen die Auszubildenden oftmals bereits ein höheres Maß an Mobilität.

Als weitere didaktisch-methodische Option, auf zu geringe Auszubildendenzahlen zu reagieren, sei hier neben dem berufsübergreifenden Unterricht der jahrgangsübergreifende Unterricht angesprochen (vgl. Herkner/Schönbeck

2013). Sogenannte UMO-Klassen – d. h. U(nterstufe), M(ittelstufe), O(berstufe) – in unterschiedlichen Konstellationen (z. B. UM, MO, UMO) gestalten Handlungsspielräume in regionaler Verantwortung. Novizen und Experten lernen gemeinsam in handlungsorientierten Lehr-Lernarrangements und erweitern dadurch ihre Handlungskompetenzen. Alternativ wäre auch eine Beschulung nach dem Paternoster Verfahren zu prüfen, bei der die Unterrichtsinhalte regelmäßig im selben Turnus wiederholt werden, sodass alle Lernenden über die Gesamtzeit ihrer Ausbildung alle notwendigen Kompetenzen erwerben können (vgl. Hahn/Clement 2006, S. 7 f.).

Ausblick

Auf der Grundlage einer kleinen regionalen Erhebung wurde ein Einblick in die Beschulungssituation der IT-Berufsfamilie im Land Schleswig-Holstein gegeben. Die Erhaltung von Regionalität und die Verantwortung gegenüber der Wirtschaft und den Auszubildenden zeichnet sich als eine der berufsbildungspolitischen Herausforderungen der nächsten Jahre heraus. Mittelfristig sollte – so auch die Meinung einiger Schulvertreter/-innen – auch über eine Verringerung der Ausbildungsberufe nachgedacht werden. Dass verschiedenste Interessenlagen bei einem Neuordnungsverfahren berücksichtigt werden müssen, ist nachvollziehbar, aber die Perspektive der Schulen scheint bisher wenig Berücksichtigung zu finden. Handlungsdruck besteht aber in den strukturschwächeren Regionen in jedem Falle: Die Beschulungssituation an den berufsbildenden Schulen steht in einem engen Abhängigkeitsverhältnis zur Attraktivität der dualen Berufsausbildung für Jugendliche. Somit stellen Investitionen in die schulische Berufsbildung, beispielsweise das Absenken von vorgegebenen zu erfüllenden Klassenfrequenzen nach dem Planstellenzuweisungsverfahren, eine indirekte Wirtschaftsförderung strukturschwacher Regionen dar. Dies könnte einfach dadurch erreicht werden, indem die Kapazitäten an Lehrkräften in den berufsbildenden Schulen trotz sinkender Schüler(innen)zahlen konstant gehalten werden – als sogenannte „demographische Rendite" – und dadurch Gestaltungsräume zur Unterrichtsversorgung eröffnet werden können.

Literatur

BIBB (2018): Die Top 10-Ausbildungsberufe 2017. Online: https://www.bibb.de/dokumente/pdf/stabpr_naa_2017.pdf (30.04.2019).

BIBB (2019): Erfolgreicher Start für Kaufleute im E-Commerce, BIBB veröffentlicht Rangliste der Ausbildungsberufe 2018. Online: https://www.bibb.de/dokumente/pdf/pmnaa.pdf (30.04.2019).

Böhss, M.; Grimm, A.; Herkner, V.; Rüth, M. (2014): Weiterentwicklung der Berufsschule im Kontext der Regionalen Berufsbildungszentren (RBZ) und der Berufsbildenden Schulen des Landes Schleswig-Holstein. Abschlussbericht, bisher unveröffentlicht.

Herkner, V.; Schönbeck, M. (2013): Didaktisch-methodische Aspekte klassenübergreifenden Unterrichts an berufsbildenden Schulen. In: bwp@ Berufs- und Wirtschaftspädagogik – online, 13. Jg., Ausgabe 24, S. 1–19, online: http://www.bwpat.de/ausgabe24/herkner_schoenbeck_bwpat24.pdf (08.05.2019).

Hahn, C.; Clement, U. (2006): Handbuch klassenübergreifender Unterricht, Wiesbaden. Online: http://berufliche.bildung.hessen.de/portal_selbstverantwortung_plus_X/pbtp1/material/Handbuch_klassenubergreifender_Unterricht.pdf (08.05.2019).

Jepsen, M. (2015): IT-Ausbildungsberufe – schulische Ansätze für breite berufspraktische Herausforderungen. In: lernen & lehren, Heft 120, Wolfenbüttel, S. 157–162.

KMK (2013): Statistische Veröffentlichungen der Kultusministerkonferenz, Nr. 200, Berlin, Mai 2013, online: http://www.kmk.org/fileadmin/pdf/Statistik/Dokumentationen/Dokumentation_Nr._200_web.pdf (08.05.2019).

KMK (2015): Rahmenvereinbarung über die Berufsschule. Beschlussnummer 323. Online: https://www.kmk.org/fileadmin/veroeffentlichungen_beschluesse/2015/2015_03_12-RV-Berufsschule.pdf (30.04.2019).

Nommensen, I. (2006): Das Projekt „Weiterentwicklung der beruflichen Schulen zu Regionalen Berufsbildungszentren (RBZ)“ in Schleswig-Holstein. In: lernen & lehren, Sonderheft 2, S. 6–11.

Statistikamt Nord (2011): Statistisches Amt für Hamburg und Schleswig-Holstein: Bevölkerungsentwicklung in den Kreisen und kreisfreien Städten Schleswig-Holsteins bis 2025 – Statistische Berichte A I 8 – 2011, online: http://www.statistik-nord.de/uploads/ tx_standocuments/A_I_8_j11_S.pdf (08.05.2019).

Statistikamt Nord (2014): Statistisches Amt für Hamburg und Schleswig-Holstein: Die allgemeinbildenden Schulen im Schuljahr 2012/2013 in Schleswig-Holstein. Statistische Berichte, Kennziffer: B I 1 – j 12 SH Online: https://www.destatis.de/GPStatistik/servlets/MCRFileNodeServlet/SHHeft_derivate_00001255/B_I_1_j_2012_SH.pdf (30.04.2019).

Statistikamt Nord (2018a): Die berufsbildenden Schulen in Schleswig-Holstein im Schuljahr 2017/18. Statistische Berichte, Kennziffer: B II 1 – j 17 SH Online: https://www.statistik-nord.de/fileadmin/Dokumente/Statistische_Berichte/arbeit_und_soziales/B_II_1_j_S/B_II_1_j17_SH.pdf (06.05.2019).

Statistikamt Nord (2018b): Statistik informiert … Nr. 136/2018. Online: https://www.statistik-nord.de/fileadmin/Dokumente/Presseinformationen/SI18_136.pdf (07.05.2019)

Verzeichnis der Bezirksfachklassen in Schleswig-Holstein (2018), Stand: 1. August 2018.

Verzeichnis der Autorinnen und Autoren

Baumhauer, Maren, Dr. phil., Vertretungsprofessorin, Berufs- und Wirtschaftspädagogik, Universität Osnabrück, maren.baumhauer@uni-osnabrück.de.

Dostal, Werner, Dr. phil., Dipl.-Ing., LtdWDir a. D., bis 2005 Leiter des Arbeitsbereiches „Berufs- und Qualifikationsforschung" im Institut für Arbeitsmarkt- und Berufsforschung der Bundesagentur für Arbeit in Nürnberg, werner.dostal@t-online.de.

Gebhardt, Jonas, Berufsbildungsinstitut Arbeit und Technik, Europa-Universität Flensburg, jonas.gebhardt@uni-flensburg.de.

Grimm, Axel, Prof. Dr., Berufsbildungsinstitut Arbeit und Technik, Europa-Universität Flensburg, axel.grimm@uni-flensburg.de.

Hiestand, Stefanie, Prof. Dr., Pädagogische Hochschule Freiburg, Institut für Berufs- und Wirtschaftspädagogik, stefanie.hiestand@ph-freiburg.de.

Hjelm-Madsen, Marco, Dr., Berufsbildungsinstitut Arbeit und Technik, Europa-Universität Flensburg, hjelm-madsen@uni-flensburg.de.

Jaschke, Steffen, Dr., Computer Science Education/Didaktik der Informatik (DDI), Universität Siegen, Steffen.Jaschke@uni-siegen.de.

Jenewein, Klaus, Prof. Dr., Ingenieurpädagogik und gewerblich-technische Fachdidaktiken, Otto-von-Guericke-Universität Magdeburg, jenewein@ovgu.de.

Jepsen, Maik, OStR., Berufsbildungsinstitut Arbeit und Technik, Europa-Universität Flensburg, maik.jepsen@uni-flensburg.de.

Karges, Torben, Dr., Berufsbildungsinstitut Arbeit und Technik, Europa-Universität Flensburg, torben.karges@uni-flensburg.de.

Lippe-Heinrich, Angelika, Dr., Senior Lecturer, Institut für Strategisches Personalmanagement, Leuphana Universität Lüneburg, a.lippe@yahoo.com.

Meyer, Rita, Prof. Dr., Institut für Berufspädagogik und Erwachsenenbildung, Leibniz Universität Hannover, rita.meyer@ifbe.uni-hannover.de.

Rasch, Fred, StD., Abteilungsleiter Informationstechnik, RBZ Technik in Kiel, fred.rasch@rbz-technik.de.

Ringkewitz, Nicolai, StR., Berufsbildungsinstitut Arbeit und Technik, Europa-Universität Flensburg, nicolai.ringkewitz@uni-flensburg.de.

Siemon, Jens, Prof. Dr., Berufspädagogik, Berufliche Bildung und Lebenslanges Lernen (EW 3), Universität Hamburg, jens.siemon@uni-hamburg.de.

Schwarz, Henrik, Arbeitsbereichsleiter Elektro-, IT- und naturwissenschaftliche Berufe, Bundesinstitut für Berufsbildung, schwarz@bibb.de.

Tärre, Michael, Dr., StD., Abteilungsleiter für studienbezogene Bildung an den Berufsbildenden Schulen Neustadt der Region Hannover, taerre.michael@bbs-nrue.de.

Wehmeyer, Carsten, Dr., OStD., Schulleiter der Berufsbildenden Schule II – Osterode am Harz (BBS II), Regionales Kompetenzzentrum des Landkreises Göttingen, wehmeyer@bbs2osterode.de.